KB047725

법학방법론

오세혁

박영사

머리말

　미국식 로스쿨(law school)을 지향하는 법학전문대학원의 도입은 법학교육 제도의 변화에 그치지 않고 법학 그 자체에도 크나큰 변화를 가져왔다. 무엇보다도 실천적인 학문의 속성을 지닌 법학의 정체성, 즉 법학이 학문인가 아니면 기술인가에 대한 논쟁에서 그 균형추가 후자로 기울게 되었다. 특히 기초법학의 경우 법학의 학문성에 대한 의문에서 비롯되는 법학의 위기 속에서 고사의 불안감을 떨치기 어려운 지경에 이르렀다. 법학도 학문인 이상 실무지향적인 기술에 그칠 수는 없다. 법학과 기초법학의 위기 때마다 주목을 받아온 법학방법론이 지금 또 다시 법학자들의 주목을 받고 있는 것도 이러한 맥락에서 이해될 수 있을 것이다.

　하지만 법학방법론에 대한 관심과 이해는 법실무가는 물론 실정법을 전공하는 법학자에게도 여전히 부족하다. 법학방법론이 법철학이나 법이론의 영역으로서 실정법학자가 손 댈 연구대상이 아니라고 여기는 기존의 통념도 유효한 듯싶다. 너무나 당연하기에 곧잘 잊혀버리지만, 법의 해석과 적용에 오류가 있는 판결은 하자 있는 판결로서 상급심에서 취소된다. 따라서 법전문가라면 누구라도 법학방법론에 대한 기초지식을 습득하고 개별 사건에 체계적으로 적용하는 데에 노력할 필요가 있다. 그럼에도 대부분의 법실무가, 그리고 상당수의 실정법학자는 법학방법론에 대하여 잘 모르고 관심이 없다. 이러한 무지와 무관심에 대해서 법철학계의 책임도 적지 않다. 전통적으로 법철학계가 미래의 법실무가로 하여금 법학방법론을 이해하기 쉽게 제공하는 데에 소홀했기 때문이다.

　이 책은 법학전문대학원 시대에 한층 더 깊고 넓게 논의되어야 할 법학방법론을 저자의 전공인 법철학의 관점에서 논의할 의도로 서술되었다. 그렇다고 법학방법론을 이론 차원에서 논의하는 데에 그치지 않으려 하였다. 우리나라 실무에서 실제로 이루어지는 법해석 및 법적용의 방법을 분석하고 평가함으로써 한 국적 법학방법론의 토대를 마련하려는 데에도 고심하였다.

사실 오래전부터 저자는 우리나라의 법학자나 실무가에게 실제로 도움이 되는 법학방법론에 관한 단행본을 구상해왔다. 그러면서도 독일의 논의에 편중된 접근방법이나 시각을 벗어나 영미의 논의까지 아우르는 체계화된 전문서적을 고민해왔다. 하지만 법철학사, 법철학 입문서를 저술하고 개정하느라 한동안 우선순위에서 밀려나 있었다. 그보다는 저자가 법학방법론에 대한 체계적인 저서를 저술하기에는 법학방법론에 대한 이해의 폭이나 깊이가 부족했었다는 것이 솔직한 이유일 것이다.

다행스럽게도 그 사이에 우리나라에서 법학방법론에 대한 논의는 양적으로나 질적으로나 풍성해졌다. 법학방법론에 대한 주요 논문들을 엮은 논문집들도 여러 권 출간되었으며, 법학방법론이라는 제목에 걸맞게 법학방법론에 대한 역사적·비교법적 분석을 시도하는 단행본도 출간되었다. 하지만 상당수의 문헌은 체계성이나 일관성의 미흡 또는 부정확한 용어 사용 등의 이유로 주요 개념이나 이론을 이해하기 어렵게 만드는 한계가 없지 않았다.

꽤 오랜 기간 동안 저자가 고민한 것은 법학방법론에 관한 교과서적인 저술이라고 할지라도 그 성격을 어떻게 잡을 것인가의 문제였다. 이제 막 법학을 공부하는 법과대학 또는 법학전문대학원 학생이나 법학방법론에 관심을 갖는 실무가를 대상으로 법의 해석과 방법에 관한 기본이론을 간단히 설명하고 사례를 다루는 입문서를 지향해야 할지, 아니면 주된 독자층이 법학자 또는 법학 전공 대학원생이라는 것을 전제로 법학방법론 전반을 다루면서 고전적 법학방법론에 대한 분석과 비판을 함께하는 전문적인 연구서를 지향할지를 두고 고민해왔다. 이는 단순히 독자층의 문제에 그치는 것이 아니라 집필의 방향, 폭과 깊이와 관련된 것이기에 고민을 거듭할 수밖에 없었다. 만일 입문서를 지향한다면 법학방법론의 주요 쟁점에 대한 고전적인 이론을 살펴보고 주요 판례를 소개하고 인용하는 데에 초점을 맞추면 충분할 것이다. 하지만 전문연구서를 지향할 경우에는 현대적 법학방법론까지 폭넓게 논의해야 하고, 또 관련 판례에 대한 소개 내지 인용을 넘어 분석, 평가 내지 비판이 뒤따라야 하기 때문에 가독성이 떨어질 수밖에 없다. 독자들의 예상대로 저자의 최종 결론은 절충적으로 입문서와 전문연구서를 겸하도록 저술하자는 것이었지만, 정작 마무리를 짓고 보니 입문서라기에는 폭과 깊이가 지나치고 전문 연구서라기에는 폭과 깊이가 아쉬운 결과물이 되고 말았다. 아무쪼록 저술과정에서 거듭되었던 저자의 고민이 조금이나마 독자들에게 전달되기를 바랄 뿐이다. 또 검토대상이 된 주요 판례야 그렇다 치더라도, 집필의 토대가 된 저자의 논문들이 길게는 20여 년이 지난 터라 나름대로 최근의 연구성과를 반영하여 수정하려고 노력했지만 여전히 부적절한 서술도 남아 있으리라 생각한다. 이러한 한계들은 앞으로 기회가 닿는 대로 보완할 예정이다.

이와 관련하여 독자들을 위한 나름의 길라잡이를 제공하자면, 법철학 전공자 내지 기초법학자들은 제1장부터 순서대로 읽어도 무방하지만, 법학방법론의 초학자들은 제2장부터 읽기를 권한다. 어쩌면 제2장부터 읽고 제1장을 마지막으로, 그것도 필요한 경우에만 읽는 것이 법학방법론에 대한 관심과 흥미를 잃지 않을 수 있는 방안으로 보인다. 제2장도 법철학의 예비지식이 부족한 경우에는 제2절부터 읽는 것이 좋을 듯하다. 아예 제3장부터 읽는 것이 법학방법론의 문외한들에게는 더 나을 지도 모르겠다. 그리고 독자들로서는 발췌 인용된 판결 이유만 읽기도 벅차겠지만, 시간이 되는대로 판결 전문을 찾아 정독하면서 심층적으로 이해해주면 좋겠다.

그리고 외국 문헌의 인용과 관련하여 미리 양해를 구하고자 한다. 초학자들이 그러하듯 저자 역시 법학을 공부하면서 원서보다 번역서를 먼저 접했고 학습과 연구에 많은 도움을 받았다. 그런데 일부 번역서는 부적절한 용어선택이나 부분적인 오역을 떠나 도대체 그 내용을 이해하기 어려운 번역도 적지 않아 차라리 원서를 직접 참조하는 것이 나을 정도였다. 물론 그로부터 30년이 훌쩍 지난 지금 외국 문헌의 번역은 과거와 비교할 수 없을 정도로 높은 수준에 도달하여 대부분 그 내용을 이해하는 데에 지장이 없다. 그럼에도 여전히 번역이 불만스러운 번역서가 없지 않고 또 낡거나 아예 절판된 번역서도 적지 않아 이를 인용하는 것이 오히려 독자에게 불필요한 번거로움을 안겨줄 수 있다고 생각하였다. 그렇다고 양질의 번역서만을 선별하여 인용하는 것은 주관적인 편견이 작용하는 것 같아 저자는 일률적으로 번역서가 아닌 원서를 인용하기로 하였다. 결코 번역의 노고나 번역서의 학문적 가치를 폄훼하는 것이 아니니 힘들게 번역서를 출간하신 동료 학자들께서는 오해하지 않으시길 바란다.

이 책 역시 저자의 다른 책과 마찬가지로 한국법철학회 회원들을 비롯한 법철학 및 법학방법론 연구자들의 선행연구에 크게 빚지고 있다. 이제는 돌아가신

스승 심헌섭 선생님을 비롯한 원로 학자들의 연구는 이 책의 초석이 되었고 분석력과 통찰력을 갖춘 중진 및 신진 학자들의 연구는 이 책의 기둥이 되었다. 물론 이 책의 흠과 한계는 오로지 그 연구성과를 제대로 소화하지 못한 저자의 허물이다. 아울러 다양한 법적 쟁점에 대한 토론을 통해 이 책의 밑거름을 제공해 준 중앙대학교 법학전문대학원의 동료 교수들께도 감사드린다. 또 법학방법론 세미나의 토론과 초고 교정을 통해 저술의 마무리를 도와준 이승엽, 정성훈, 여재호 군을 비롯한 법학전문대학원 원생들에게도 감사드린다. 그리고 흔쾌히 출간을 허락해 주신 박영사의 안종만 회장님, 안상준 대표님과 조성호 이사님, 편집을 위해 애써 주신 심성보 편집위원님께도 진심으로 감사드린다. 끝으로 다른 듯 같은 길을 걸으며 늘 곁을 지켜주는 동반자 은영(銀榮)에게 고마움을 전하고 싶다.

2024년 2월 흑석동 연구실에서
저자

차 례

■ 제 1 장　법학방법론 일반

■ 제 4 장 법의 해석 I: 일반론

■ 제 5 장 법의 해석 II: 법원의 실무

■ 제 6 장 법의 흠결과 그 보충

■ 제 7 장 법의 충돌과 그 해소

■■■ 제 8 장 법학방법론의 과제와 전망 / 491

제 1 장
법학방법론 일반

오늘날 법은 주로 법령(法令), 다시 말해 법률, 명령 등 제정법의 형태로 등장한다. 입법자는 법령을 제정하면서 규율하고자 하는 사안을 가급적 널리 포섭하기 위하여 일반적이고 추상적인 언어로 법규정을 만든다. 그로 인해 법령은 열린 구조(open texture)를 갖게 되고 개별 사건에 적용하기 위해서는 그 의미를 구체적으로 파악하기 위한 해석이 필요하게 된다. 이는 우리나라와 같은 제정법 중심의 이른바 성문법 국가에서는 불가피하다.

그런데 언어의 형태로 표현되는 법규정은 자연언어의 속성상 다양한 해석가능성을 지니기 마련이다. 해석의 폭 내지 재량은 사용된 언어가 일반적이고 추상적일수록 더 커진다. 여기에서 개별 사건에서 어떤 해석이 최선의 해석인지, 또 법령 해석이 문제되는 모든 사건에서 어떤 방법이 해석을 위한 올바른 접근방법인지의 문제가 등장한다.[1] 요컨대 법이 있고, 법학이 있는 곳에 법학방법론이 없을 수 없다.

우리나라의 경우 오랫동안 법해석론(Rechtsdogmatik, legal dogmatics)이 법학의 주류적인 연구방법으로 자리매김했음에도 불구하고 정작 법의 해석이나 적용을 논의하는 법학방법론은 법학자들의 관심을 끌지 못하였다. 1970년대 초 법철학 분야에서 법학방법론에 대한 논의가 시작되었으나 학계로부터 크게 주목받지

---

1) MacCormick/Summers(1991), 511면.

못하였다. 그러다가 1980년대에 접어들어 주로 형법 분야에서 법학방법론의 주요 주제들이 다루어지면서 법학방법론에 대한 관심이 확산되기 시작하였다. 1990년대 중반 이후 법학방법론의 중요성이 다른 전공의 법학자나 실무가에게도 널리 인식되면서 오늘날에는 법학자뿐 아니라 실무가도 법학방법론에 대한 논의에 부분적으로 참여하고 있다.[2] 법학전문대학원이 출범한 이후에는 법철학이 침체되는 것과는 대조적으로 법학방법론에 대한 논의는 오히려 활성화되는 현상을 보인다.

과거의 예에 비추어 보면 법학방법론은 법학의 학문성에 대한 세간의 의심이 짙어질 때마다 법학의 전면에 부상해왔다. 즉 법학방법론은 법학의 위기를 반영한다. 이는 오래전 키르히만(Julius H. von Kirchmann, 1802-1884)의 문제 제기에서도 드러난 바 있다. 그는 1847년 베를린 법률가대회에서 '법학의 학문으로서의 무가치성(Die Wertlosigkeit der Jurisprudenz als Wissenschaft)'이라는 제목으로 강연하면서 실정법에 대한 맹목적 추종에 대한 문제 제기와 함께 개념법학적 방법을 학문적으로 무가치하다고 통렬하게 비판하였다.[3]

키르히만에 따르면, 실정법은 고정적이다. 그러나 현실은 진보한다. 따라서 실정법이 지니는 진실은 시간이 지나면 허위가 된다. 이를 지적하여 그는 다음과 같이 말하였다. "입법자가 세 마디만 고치면 도서관의 모든 법서는 곧 휴지가 되어버린다(drei berichtigende Worte des Gesetzgebers und ganze Bibliotheken werden zu Makulatur)."[4]

우리가 잘 알고 있는 목적법학, 이익법학, 자유법학 등은 이러한 비판에 대한 대응 과정에서 차례로 등장하여 법학방법론의 전성기를 이끌었다. 이렇게 보면 최근 법학방법론에 대한 법학계의 관심도 법학전문대학원의 출범 이후 법학의 학문성이 위협받고 있다는 사실을 방증하는 듯하다.

법학의 위기상황에서 법학방법론이 거듭 논의되었던 것은 법학의 정체성에 대한 근본적인 의문과 무관치 않다. 법학은 학문(science)인가, 아니면 기술(skill)

---

2) 자세히는 오세혁, "우리나라 법학방법론의 전개", 『법철학연구』 제11권 2호(2008), 227-258면 참조.
3) 다만 키르히만의 비판은 법과 법학을 구별하지 않은 것으로서 비록 법이 가변적이라고 할지라도 그 법을 탐구하는 법학의 학문적 체계는 쉽게 변하지 않는다는 점을 간과한 데서 비롯된 그릇된 비판이 아닐 수 없다.
4) J. von Kirchmann, *Die Wertlosigkeit der Jurisprudenz als Wissenschaft*, Berlin: Julius Springer, 1848, 23면.

인가? 이는 법학이 법을 통한 현실문제의 해결을 지향하는 실천과학인 이상[5] 피할 수 없는 질문이다. 실정법의 해석이 오늘날 법실무에 과몰입된 법학의 우선적인 과제라고 하더라도 법학이 기술에 그칠 수만은 없다. 법학의 정체성에 대한 의문과는 별개로, 적어도 법학의 학문성은 더 이상 의심받지 않는다.[6] 학문이 체계적으로 정리된 지식이라는 전래적인 이해를 받아들인다면 법학이 학문이라는 점을 부인할 수는 없다. 철학, 역사학, 사회학 등을 활용하여 법 일반(law in general)을 연구하는 기초법학뿐 아니라 실정법을 대상으로 그 의미를 탐구하는 실정법학도 이 점에서는 다를 바 없다.[7]

법학방법론은 이론적 정합성을 추구하는 법학자로 하여금 법학의 체계화를 가능케 하고, 이른바 결정강제(Entscheidungszwang) 아래에 있는 법관으로 하여금 적정하고 신속한 법적 추론을 가능케 한다. 법학방법론은 법적 분쟁에 대한 해결방안을 제시하는 데에 그치지 않고 올바르고 정의로운 해결을 목표로 삼는다. 법학방법론이 올바르고 정의로운 결과를 도출하기 위한 합리적이고 적정한 절차와 방법을 모색하는 데에 관심을 기울이는 이상, 이러한 규범적 요소는 법학방법론에 내재될 수밖에 없다. 요컨대 법적 판단이나 결정의 적정성 및 정당성을 확보하고 이를 심사하기 위하여 법학방법론에 대한 논의는 반드시 필요하다.

---

5) "법학이 존재한 이래로 법학은 실천과학(praktische Wissenschaft)이다." Engisch(1977), 8면.

6) 법학의 학문성이나 학문적 위상에 대한 다양한 논의는 Engisch(2010), 33-40면 및 128면 각주14; Rüthers/Fischer/Birk(2022), 179-208면; T. Kuntz, "Recht als Gegenstand der Rechtswissenschaft und performative Rechtserzeugung: Zugleich ein Beitrag zur Möglichkeit von Dogmatik", *AcP 216* (2016), 866-910면; 심헌섭(2001), 3-46면; 남기윤(2014), 90-110면; 김주영, "법학의 과학성에 대한 시론", 『법학』(서울대) 제50권 제1호 (2009), 83-121면 참조.

7) 오늘날 'Rechtswissenschaft'나 'legal science'가 법에 관한 학문 일반의 의미로 넓게 이해되는 것과 달리, 라틴어 'jurisprudentia'에서 유래한 'Jurisprudenz'나 'Jurisprudence'는 시대별로, 또 법계나 법체계별로 상이한 의미를 지니고 있기 때문에 이를 좁은 의미의 법학이나 실무 지향적 법학으로 이해하는 것은 적절치 않다.

제1절 법과 법해석, 그리고 방법론

법학방법론(Juristische Methodenlehre)은 전통적으로 '법의 해석과 적용에 관한 이론'으로 인식되었다. 언어분석철학의 관점에서는 '법인식, 즉 법에 대한 내용적인 언명(言明)에 이르는 사고절차와 그 분석에 관한 진술의 총체'로 이해될 수도 있을 것이다.[8] 이러한 관점에서 법학방법론을 이해하면 과거의 일반법학(Allgemeine Rechtslehre)이나 현대의 법이론(Rechtstheorie)도 법학방법론과 다르지 않다.

하지만 오늘날 법학자들은 법학방법론이 법적 결정을 근거 짓고 당사자들을 설득하는 논증 형식을 제공한다는 점에 주목하여 법적 결정을 정당화하거나 근거 짓는 이론으로 법학방법론을 이해하려는 경향을 보인다. 이를 반영하듯이 법해석 방법에 치중하는 전통적 법학방법론의 한계를 뛰어넘어 법해석학, 법의미론, 토픽법학, 법적 논증이론과 같은 다양한 방법론적 시도가 이어지고 있다. 나아가 법경제학, 포스트모더니즘 법학과 같이 법 자체에 대한 새로운 이해의 지평을 여는 접근방법도 등장하고 있다. 이러한 법학방법론의 다원화 시대에서 법학방법론은 법 및 법학을 분석하고 비판하기 위한 모든 방법론으로 넓게 이해될 수 있겠다.

이와 관련하여 지적해 둘 것은, 법계(法系)에 따라서 법학방법론의 의미는 다소 차이를 보인다는 점이다. 대륙법계의 법학방법론(Juristische Methodenlehre)과 영미법계의 법적 방법(Legal Method)이라는 상이한 용어에서 비롯되는 미묘한 차이를 애써 무시한다고 하더라도 양자는 연구범위부터 차이를 보인다.

우선 법텍스트(legal text)의 해석과 적용에 있어서 대륙법계의 법학방법론이 법령(statutes)의 해석과 적용에 초점이 맞춰져 있는데 비하여, 영미법계는 법령에 못지않게 판례(precedents)의 해석과 적용에도 관심을 기울인다.[9] 이는 판례를 법원(法源)으로 인정하는 판례법 국가의 특성을 감안하면 당연한 것으로 보이는데, 그로 인해 법령에 비해 검색이 용이하지 않은 판례에 대한 검색의 중요성이 강조

---

8) 심헌섭(2001), 207면.
9) 예컨대 J. Ginsburg/D. Louk, *Legal Methods: Case Analysis and Statutory Interpretation*, 5th ed., New York: Foundation Press, 2020.

되면서 법정보조사(legal research)가 법학방법론의 주요 분야로 함께 다루어진다.

나아가 영미법계의 법학방법론은 종종 법해석 및 법적용의 주체와 절차에 관한 논의로 사법제도론과 사법절차론을 담고 있으며, 법령의 입법절차 및 입법 기술까지 다루기도 한다.10) 그에 따라 영미법계의 법학방법론 교재는 법에 대한 기본적 접근방법(approach)과 법적 추론(legal reasoning)을 공통적으로 다룬다는 점을 제외하면, 연구 주제나 범위에 있어서 다양한 스펙트럼을 보인다.

이처럼 법학방법론은 법계별로 또 국가별로 크고 작은 차이를 보인다. 따라서 법학방법론에 대한 비교법적 검토는 법학방법론을 풍성하게 만들고 정교하게 발전시키는 데에 기여한다.11) 하지만 그렇다고 해도 법학방법론이 국가별로 완전히 상이한 특성을 갖고 있다는 주장에는 동의하기 어렵다. 법해석과 법적용에 있어서 제정법 중심 국가와 판례법 중심 국가 사이의 차이는 기껏해야 양적 차이에 불과한 것으로 보이기 때문이다.12) 국가별로 고립된 법학방법론은 현대법의 복잡성에 적절하게 부응할 수 없다. 법학방법론은 보편지향적이고 초국가적인 기초법학의 한 분야이다. 실제로 법학방법론은 오래전부터 서로 교류하고 상호 영향을 미치면서 수렴하는 경향을 보여 왔다. 다만 법문화적인 배경이나 사법제도의 차이 등에서 비롯되는 각자의 고유한 특성은 일정 부분 남아 있을 수밖에 없다. 우리나라는 대륙법계의 제정법 중심 국가이기 때문에 이하에서는 대륙법계의 법학방법론을 중점적으로 다루게 될 것이다.

1. 법학방법론에 대한 다양한 이해

법학방법론은 전통적으로는 법의 해석 및 적용에 관한 이론, 또 현대적으로는 법의 정당화 내지 근거지음에 관한 이론으로 받아들여지고 있다. 하지만 법학자들이 법학방법론에서 다루는 주제들을 보면 학자마다 법학방법론에 대한 이해가 다양하다는 것을 확인하게 된다.

사비니(F.C. von Savigny) 이래 오랫동안 법학방법론은 법의 해석과 적용에 관한 이론으로 이해되어 왔다. 그에 따라 전통적으로 법학방법론의 기본 체계는

---

10) 예컨대 C. Stychin/L. Mulcahy, *Legal Method, 2nd ed.*, London: Sweet&Maxwell, 2003.
11) 비교법학적 관점에서 서술된 주요 참고문헌으로는 기념비적인 공동저작이었던 MacCormick/Summers(1991), MacCormick/Summers(1997) 이외에 Fikentscher(1975-77), Vogenauer(2001), Hager(2009) 등이 있다.
12) MacCormick(1978), 213-219면.

법의 해석과 적용을 그 중심에 두고 법규정의 의미 및 구조, 법의 흠결에 따른 흠결 보충 등으로 구성되어 있었다.

오늘날 법학방법론을 대표하는 학자들 역시 주요 주제, 법규범에 대한 논의의 포함 여부, 법해석학적 성과의 수용 정도 등에 있어서 차이가 있지만, 대체로 아래와 같은 내용으로 법학방법론을 이해하고 있다. 가령 엥기쉬 ─Engisch(1977)─ 는 전형적으로 법규정의 의미와 구조, 법규정으로부터 구체적 법판단의 획득, 추상적 법판단의 획득으로서 법규정의 해석, 법조법(Juristenrecht)의 문제로서 흠결 보충과 규범충돌, 그리고 하자 있는 법의 보정(補正)을 주요 내용으로 다룬다. 라렌츠 ─Larenz(1991)─ 도 법학방법론에 대한 역사적 고찰을 제외하면 법학방법론 일반론에 기초하여 법규정론, 사태의 구성과 법적 평가, 법률의 해석, 법관의 법형성 방법을 순서대로 다룬다. 한편 크릴레 ─Kriele(1976)─ 는 '법획득'이라는 이름으로 현대 법학방법론의 관점에서 법의 해석과 적용 문제를 집중적으로 논의한다. 뮐러 ─Müller(1995)─ 역시 현대 법학방법론의 관점에서 법의 해석과 적용 문제를 '규범의 구체화(Konkretisierung)'라는 이름으로 다룬다. 파블로브스키 ─Pawlowski(1999)─ 의 경우 규범이론에 바탕하여 법령론, 법해석론, 판례론으로 나누어 서술한다는 점에서 기본적인 틀은 상이해 보이지만, 내용적으로는 법학방법론의 전통적 주제들을 다루고 있다.

다만 치펠리우스 ─Zippelius(2021)─ 는 법의 적용 및 해석과 관련되는 법이론(Rechtstheorie)[13]의 주요 주제까지 논의대상을 확대한다. 가령 법규정의 구조 분석에 앞서 법의 개념과 기능을 다루며 법 해석 및 적용 외에 법의 논리적 분석 및 전자자료처리(EDV)까지 덧붙인다. 뤼터스 등 ─Rüthers/Fischer/Birk(2023)─ 은 법이론과 법학방법론을 아예 통합하여 법적용 이외에 법의 개념과 기능, 효력 등을 주요 내용으로 함께 다룬다. 그 밖에 코흐와 뤼스만 ─Koch/Rüßmann (1982)─ 처럼 '법적 근거지음 이론(Juristische Begründungslehre)'이라는 이름으로 법적 결정의 정당화 구조, 법률해석과 법형성, 사실확정, 법률 구속을 초월하는 접근방법 등의 문제를 다루는 것도 법학방법론을 넓게 이해하는 범주에 포함될

---

13) 법이론은 법에 대한 학문이론(Wissenschaft)적 탐구이다. 법이론의 의의에 대해서는 A. Kaufmann, "Rechtsphilosophie, Rechtstheorie, Rechtsdogmatik", *Einführung in die Rechtsphilosophie und Rechtstheorie der Gegenwart*, 8. Aufl. (A. Kaufmann/W. Hassemer/U. Neumann hrsg.), Heidelberg: C.F. Müller, 2011, 1-25면; Rüthers/Fischer/ Birk(2022), 7-29면; 배종대(1987), 12-16면 참조.

수 있을 것이다.[14)]

비들린스키 ─Bydlinski(1991)─ 의 경우 법개념의 방법론적 의미, 법획득의 방법이라는 두 부분으로 나누어 전통적인 법학방법론을 다루고, 입법기술을 중심으로 한 입법학적 논의를 부록 형태로 추가하고 있다. 사실 법해석은 법제정의 방식과 반대로 추상화된 법문의 의미를 현실 상황에 맞게 구현하는 작업이다. 입법자가 입법학의 도움을 받아 일정한 목표를 법텍스트로 문서화하고자 한다면, 법해석자는 법학방법론의 도움을 받아 법텍스트에 기초하여 입법자의 목표를 인식하여 실행에 옮기는 것이다. 이 점에서 법학방법론은 일종의 전도(顚倒)된 입법학이다. 따라서 법해석의 메커니즘은 항상 법제정의 메커니즘과 연관시켜 이해하여야 한다. 요약하면, 입법학이 분쟁해결의 기준이나 절차를 법으로 구성하는 코딩(coding)의 학문이라면, 법학방법론은 분쟁해결을 위하여 법을 해석하는 디코딩(decoding)의 학문이다.

같은 맥락에서 법학방법론은 정의 실현을 위한 입법과 사법의 분업 및 협업의 미학이다.[15)] 오늘날 법령을 제정하는 과정, 특히 초안을 마련하는 과정에 다수의 법학자와 법률가들이 참여한다. 따라서 법령이 입법기술적으로 논란 없이, 즉 다툼을 야기할 수 있는 불명확함이나 흠 없이 제정되고, 또 의도치 않은 부작용이나 중대한 부정의를 피할 수 있도록 제정되는 데에 대하여 법학자 및 법률가는 입법자와 공동책임을 부담한다.[16)] 이처럼 입법학과 법학방법론은 긴밀한 상관관계를 갖고 있으므로 입법학을 법학방법론의 영역에 포함시키는 것은 충분히 이해된다. 크라머 ─Kramer(2019)─ 역시 법해석을 비롯한 법적용의 방법을 주로 다루면서도 입법학을 포함한 법제정의 방법도 법학방법론의 주요 분야로 파악하고 있다.[17)]

피켄처 ─Fikentscher I~V(1975-77)─ 와 같이 법학방법론을 법 인식에 대한 연구방법론으로 가장 넓게 이해함으로써 사실상 법학의 기본적인 접근방법

---

14) 다만 코흐와 뤼스만은 법적 근거지음 이론이 첫째로 전통적으로 등한시되던 사실확정, 평가, 결정여지 등의 문제도 연구 주제에 포함시킨다는 점, 둘째로 학제적으로 접근한다는 점에서 전래적인 법학방법론과 차별화된다고 보았다. Koch/Rüßmann(1982), 2-3면.

15) 김학태(2017), 13면.

16) Schmalz(1992), 58면.

17) 특히 법학방법론에는 이미 법제화된 법규범의 해석을 다루는 전통적인 회고적 방법뿐 아니라 전략적인 미래적이고 창조적인 방법도 필요하다는 점을 강조하면서 입법론, 법관의 법형성론 등을 후자에 포함시킨다. Kramer(2019), 39-41면 및 58-62면.

내지 기초법학과 동일시할 수도 있다. 법학방법론이 궁극적으로 법학, 특히 기초법학의 여러 분야와 직·간접적으로 관련을 맺고 있다는 점을 감안하면 피켄처와 같이 최광의로 이해하는 법학방법론도 가능할 것이다.

사실 법학방법론의 발전은 근대 후기 법철학의 발전과정과 밀접히 관련되어 있다. 법학방법론의 의의와 역사를 이해하기 위해서는 19세기에 등장한 법학의 주요 사조에 대한 이해가 선행되어야 한다. 그에 따라 상당수의 법학방법론 단행본은 19세기 사비니의 역사법학 이래로 현대의 평가법학에 이르기까지 전개되었던 주요 법학(Rechtslehre)들을 다룬다.[18] 법학방법론을 법에 대한 기본적인 접근방법 내지 관점으로 이해한다면 이는 법철학이나 법사회학의 주요 이론까지 포함할 수밖에 없다. 실제로 켈젠(H. Kelsen)의 순수법학이나 하트(H.L.A. Hart)의 분석법학, 루만(N. Luhmann)의 체계이론은 법학방법론에 대한 단순한 시사를 넘어 비범한 통찰을 제공해왔다. 하지만 법학방법론을 지나치게 넓게 이해하면 기초법학과 외연이 같아지므로 법학방법론을 따로 논의하는 것조차 무의미해질 것이다.

그렇다면 법에 대한 기본적 관점 내지 접근방법이 부분적으로 법학방법론에 포함될 수 있다는 점을 인정하더라도, 개념법학, 목적법학, 자유법학, 이익법학, 평가법학 그리고 토픽법학, 법적 논증이론과 같이 법학방법론의 핵심 주제와 밀접하게 관련된 법이론에 논의를 한정할 필요가 있다.

2. 법학방법론의 발전: 고전적 법학방법론에서 현대적 법학방법론으로

전통적으로 법학방법론은 법의 해석과 적용에 관한 이론으로 이해되어 왔기 때문에 고전적 법학방법론은 법해석론과 법적용론이라는 양대 분야로 구성된다. 먼저 법의 해석은 사비니 이래 문언적 해석, 체계적 해석, 역사적 해석, 목적론적 해석의 4가지 고전적 해석방법으로 논의되는데 해석방법들의 상호관련성과 함께 우선순위(서열)도 다루어진다. 법의 해석방법과 별개로 해석 과정에서 활용되는 확장해석이나 축소해석 등 다양한 해석기술(기법)도 다루어진다. 법의 해석은 그 출발점이 법의 문언(verba legis)이라는 점에서, 법에 따른 해석(secundum legem), 법을 넘어선 해석(praeter legem), 법에 반하는 해석(contra legem)으로 분류되어 논의되기도 한다.

---

18) 예컨대 Larenz(1991), 11-185면; Bydlinski(1991), 109-139면.

한편 법의 적용은 전통적으로 법규정을 대전제로, 사실을 소전제로 결론인 법적 판단이 내려지는 법(률)적 삼단논법으로 이해되었다. 이는 법적 삼단논법에서 소전제의 획득과정으로서의 포섭이 중시된다는 점에서 포섭 모델로도 불린다. 물론 법을 적용하기 위해서는 중간과정으로 법발견(Rechtsfindung)과 법형성(Rechtsfortbildung)이 필요하다. 전형적인 사건에서는 이미 존재하는 법을 발견하는 것만으로 충분하지만, 법이 흠결된 경우에는 유추 등을 통한 법형성이 필요하다. 법형성은 독일어권에서 법발견뿐 아니라 법해석과도 개념적으로 구별되었다. 통상 '법문의 의미', 다시 말해 '법 문언의 어의(Wortsinn)'를 기준으로 그 한계(Wortsinngrenze) 내에 있으면 법해석, 그 한계를 넘어서면 법형성으로 이해된다. 20세기 초 헤크(P. Heck)에 의하여 제안된 '법 문언의 가능한 의미(möglicher Sinn)'는 통설과 판례에서 법해석과 법형성의 경계로 받아들여졌다. 실제로 법형성임에도 법관이 자신의 해석(Interpretation)을 법의 해석(Auslegung)으로 표현하는 경우가 빈번하지만 오늘날까지도 법해석과 법형성의 경계는 객관적으로 설정 가능한 것처럼 받아들여진다. 다만 사법(私法) 영역에서는 유추 등을 통해 법 문언의 가능한 의미를 넘어서는 것도 종종 정당화되기 때문에 법해석과 법형성의 구별이 실제로 크게 의미를 갖지는 못한다.

고전적 법학방법론에 따르면, 법해석은 법관의 통상적인 직무이다. 해석의 영역에 머물러 있는 한 특별한 정당화가 필요 없다. 법의 해석이 옳거나 옳지 않을 수 있지만, 해석 자체가 입법자의 권한을 침해하지는 않는다. 하지만 법의 흠결을 전제로 하는 법관의 법형성은 이와 다르다. 원칙적으로 법의 흠결이 존재한다는 사실을 증명하는 것이 법관에 의한 법형성의 전제조건이다.[19] 법 문언에 반하는 해석처럼 현행법으로부터 이탈하는 것 또한 법관의 통상적인 직무 수행이 아니다. 따라서 법관은 개별 사건에서의 법형성이 입법부의 권한을 침해하지 않는다는 점을 논증하여야 한다. 요컨대 법 문언의 가능한 의미 안에서 이루어지는 법해석은 정당한 것으로 허용되는 반면, 이를 넘어서거나 반하는 법형성은 정당성 심사를 통과하는 경우에만 허용된다. 특히 죄형법정주의가 지배하는 형사사건에서 법 문언의 가능한 의미를 넘어서는 해석은 법해석이 아니라 법형성이므로 금지된다. 이러한 고전적 법학방법론은 오랫동안 법학과 법실무를 지배하

19) 다만 '법의 흠결이 법형성의 전제조건'이라는 말의 정확한 의미에 대해서는 법학자들마다 의견이 엇갈린다. Pawlowski(1999), 208-209면.

였다.

그러나 20세기 중반 무렵 법해석과 법형성이 구별될 수 있는지에 대한 의문이 제기되고 또 전통적인 법적용 이론이 현실에서 이루어지는 실무와 상당한 괴리가 있다는 사실이 드러나기 시작하였다. 무엇보다도 현대 언어분석철학 및 메타윤리학, 또 해석학(Hermeneutik)의 연구성과가 확산되면서 고전적 법학방법론의 한계가 선명하게 부각되었다. 그로 인해 법관은 각자의 선이해(先理解)에 따라 판결을 내리기 때문에 고전적 해석방법이 제대로 기능하지 못한다는 비판, 목적론적 해석이 순환적이므로 쓸모없다는 비판, 나아가 법학방법론이 법해석이론의 역할을 제대로 규명하지 못한다는 비판들이 쏟아졌다. 급기야 법해석 및 법적용의 이론과 실천이 와해되고 학계의 법학방법론이 법관에게 아무런 도움이 되지 못하고 법관을 통제하지도 못한다는 냉정한 자기반성까지 등장하였다.[20] 이러한 인식을 통해 기존 법학방법론의 한계를 극복하기 위한 다양한 방법론적 모색과 탐구가 이어지면서 전통적 법학방법론은 현대적 법학방법론으로 진화하기에 이르렀다.[21]

현대적 법학방법론에 따르면, 법의 적용은 단순히 포섭이 아니라 법적 정당화 과정으로 이해된다. 법적 정당화는 내적 정당화(internal justification)와 외적 정당화(external justification)로 나뉠 수 있다.[22] 전자가 구체적인 법적 판단이 전제에서 논리적으로 타당하게 추론되는지를 문제 삼는다면, 후자는 그 판단 과정에서 사용되는 전제의 타당성을 문제 삼는다. 즉 내적 정당화가 법적 결정의 정당화로서 법적 논증의 타당성을 심사하는 것이라면, 외적 정당화는 법규범의 정당화로서 내적 정당화에 사용되는 전제들의 타당성을 심사하는 것이다. 전통적인 법학방법론이 내적 정당화에 치중하였다면 현대적 법학방법론은 오히려 외적 정당화에 초점을 맞춘다.

또 판결이 법적 삼단논법을 통하여 법률로부터 연역적으로 도출된다고 보았던 전통적 견해와 달리, 사후적 심사 내지 통제의 관점에서 판결의 정당화에 초

---

20) Esser(1970), 7면.
21) 고전적 법학방법론에 비판적인 입장을 취한 에써 등의 방법론을 포스트모던 법학방법론이라 부르면서 고전적 법학방법론과 포스트모던 법학방법론을 동시에 극복하기 위한 21세기의 현대적 법학방법론을 주창하는 입장으로는 Möllers(2023), 2-7면 및 532-533면.
22) Wroblewski(1974), 33-45면, 특히 39-40면; Alexy(1978), 273-287면; 심헌섭(2001), 208면. 내적 정당화/외적 정당화 대신 정당화/이차 정당화(second-order justification)로 구분하는 견해로 MacCormick(1978), 101-108면.

점을 맞추는 것도 현대 법학방법론의 또 다른 특징이다. 그에 따라 법의 해석방법 역시 법관의 법해석을 사전적으로 결정하는 것이 아니라 사후적으로 근거짓는 논증으로 이해된다.[23]

 나아가 현대 법학방법론은 방법론이 올바른 결과를 보증한다거나 유일하게 올바른 결과에 이르게 한다는 전제를 고집하지 않는다. 또 법령에 의해 명백히 결정되지 않는 이른바 판결하기 어려운 사건(hard case)에서는 법관의 평가적인 결정이 필요하다는 점을 인정한다. 그에 따라 드워킨(R. Dworkin)의 '헤라클레스 법관'이 상징하듯이 법관은 수동적으로 법을 적용하는 데 그치는 것이 아니라 독자적으로 법을 형성해 나가는 존재가 된다. 물론 법령에 의해 쉽게 규율될 수 있는 통상적인 사건에서는 입법자의 평가가 우선한다. 입법자에 의한 평가는 민주적으로 정당화될 수 있을 뿐 아니라 법적 안정성과 결과 수용성을 보증한다. 반면 입법자의 평가가 확인되지 않는 비(非)통상적 사건에서는 법관의 평가적인 결정이 불가피하다. 즉 법적 결정은 법관의 인격적인 결정 내지 결단을 필요로 한다.[24] 다만 법관의 평가적인 결정은 자의적으로 이루어져서는 안 되고 기존 법질서에 조화롭게 편입될 수 있어야 한다. 이렇듯 법의 해석이 법적 결정을 산출하는 과정의 일환으로 파악됨에 따라 법의 해석과 적용은 법획득(Rechtsgewinnung)으로 통합된다.

 이러한 법의 해석과 적용에 어한 이해의 변화와 맞물려 법해석과 법형성의 경계도 허물어지기 시작한다. 원래부터 프랑스어권과 영미권에서는 법해석과 법형성의 경계가 분명치 않았는데, 독일어권에서도 이러한 경향이 확대되기 시작하였다. 나아가 법해석학의 성과가 반영되면서 법을 해석하는 과정에서 해석자의 선이해가 작용하며 해석자와 법 텍스트 사이의 해석학적 순환이 이루어진다는 점이 부각되었다. 그에 따라 기존의 법 해석방법은 물론 유추와 목적론적 축소, 심지어 반문언적 법형성까지도 법획득 방법으로 통합되기에 이르렀다.[25] 그 과정에서 확장해석과 유추 사이, 또 축소해석과 목적론적 축소 사이의 경계도 유동적인 것으로 이해된다. 한 걸음 더 나아가 아예 법해석이 법형성에 통합되어 재구성되기도 한다.[26]

---

23) 이상돈(2018), 138면.
24) Pawlowski(1999), 97면.
25) 예컨대 Schmalz(1992), 102-158면, 특히 157면.
26) 예컨대 Larenz/Canaris(1995), 187-190면, 특히 189면. 법 해석 및 적용이 구체적 법규범

요컨대 현대적 법학방법론에 따르면 법해석과 법적용, 또 법해석과 법형성은 본질적으로 상이한 것이 아니라 긴밀한 상호관련성 내지 연속성이 존재하는 것으로 이해된다. 우리나라에서도 일각에서는 현대적 법학방법론의 성과를 수용하여 법해석과 법형성을 명확하게 경계짓지 않고 법형성을 법해석의 연장으로 인정하고 있지만, 여전히 법해석과 법형성을 구분 짓고 법발견과 법창조를 구별하는 입장이 법학계와 실무계의 주류적인 흐름인 듯하다.[27)]

3. 법학방법론의 주요 주제: 이 책의 구성

법학방법론은 일반적으로 법학방법론 일반론, 법규정의 구조와 유형, 법의 적용, 법의 해석, 법의 흠결, 법의 충돌, 법논리학, 입법학 등을 주요 연구주제로 삼는다. 법학의 본질 및 유형, 법학방법론의 의미와 역사 등을 다루는 법학방법론 일반론은 다른 연구주제들을 논의하기 위한 이론적 기초가 된다.

'법규정의 구조나 유형'에 대한 논의는 법학방법론의 출발점이 된다. 법을 구성하는 법규범의 언어적 표현으로서 법규정을 분석하기 위해서는 법(규범)에 대한 이해가 선행되어야 한다. 물론 법학방법론의 관점에서는 법의 본질에 대한 논의보다 법에 대한 개념정의가 더 중요하다. 그리고 법규범과 법규정(법규)을 명확하게 이해하기 위해서는 '법과 언어'의 문제를 다루는 법언어학 내지 법기호학에 대한 약간의 검토가 필요하다. 그리고 법규정의 유형과 관련하여 법의 연원에 관한 논의, 즉 법원론(法源論)이 다루어져야 하고 이를 위해서는 법체계의 구조나 구성원리에 대한 논의가 추가되어야 한다.

법학방법론의 중추로서 '법의 적용'에 대한 논의에서는 연역적 모델을 중심으로 하는 고전적 법적용 이론과 해석학적 모델을 중심으로 하는 현대적 법적용 이론의 대비를 통하여 법적용의 기본구조를 분석할 필요가 있다. 현대 이론에서는 법적용자의 창조적 역할을 감안하여 법의 발견보다는 법의 획득, 또 사실관계의 확정보다는 구성이라는 용어를 선호하는 듯하다. 법적용 과정은 법규정의 발견 내지 획득, 사실의 확정, 법적 판단 내지 결정의 3단계로 구성되는데, 종래 소홀히 다루어져온 사실의 확정에 대한 논의에서 입증 이외에 이를 보완하는 추정·

의 형성이라는 의미에서 법형성이라고 보는 견해로 이상돈(2018), 108-109면.

27) 우리나라 학계의 논의 현황에 대한 개관에서 출발하여 법발견과 법형성의 구별뿐 아니라 그 개념들의 필요성에 대하여 회의적으로 보는 견해로 박준석(2018), 6-9면.

의제 등에 대한 고찰이 필요하다.

또 다른 핵심 주제로서 '법의 해석'에서는 해석의 목표, 해석방법(기준) 및 해석기술, 기타 해석논거 등이 다루어진다. 주지하다시피, 해석목표를 둘러싸고 주관적 해석이론과 객관적 해석이론이 대립하고 있으며, 해석방법으로는 고전적 해석방법 이외에 다양한 현대적 해석방법들이 추가적으로 논의된다.

법학방법론의 고전적인 주제 중 하나인 '법의 흠결'과 관련하여 과거에는 흠결의 존재부터 논란이 있었으나 오늘날에는 흠결의 존재를 전제로 흠결을 보충하기 위한 법형성의 한계나 흠결의 보충방법에 초점을 맞추어 논의가 이루어지고 있다. '법의 충돌' 역시 과거에는 충돌의 존재 여부가 논란이 되었지만 오늘날에는 그 존재 가능성을 전제로 충돌의 확정 및 그 해소방법에 초점이 맞춰지고 있다.

그 밖에 법과 논리의 연관성을 다루는 '법논리학'에서는 형식적·논리적 접근방법과 변증론적·수사적 접근방법의 두 방법론을 중심으로 법에 대한 논리칙의 적용가능성, 법논리학의 주요 체계 등이 논의된다. 그리고 전도(顚倒)된 법해석 방법론으로서의 '입법학'에서는 입법의 본질·기능·한계를 다루는 입법 일반론, 입법원리, 입법기술, 그리고 입법과정(절차) 등이 다루어진다.

이상의 주요 주제 중에서 '법규정의 구조 및 유형'부터 '법의 적용', '법의 해석', '법의 흠결'까지 네 분야가 이론적으로나 실무적으로나 가장 중요한 영역으로 대부분의 법학방법론 교재에서 중점적으로 다루어진다. 이 책에서는 법학방법론의 차원에서 '법의 충돌'이 갖는 이론적 중요성을 감안하여 이를 포함시켜 각각의 장(章)으로 다루기로 한다. 다만 법학방법론의 핵심 영역인 '법의 해석'은 일반론뿐 아니라 우리나라 판례에 대한 상세한 분석과 평가가 필요하므로 '법해석의 일반론'과 '법해석의 실무'로 장을 나누어 서술한다.

제2절 법학방법론의 주요 접근방법

법학방법론은 법적 판단이나 결정을 내리는 인간의 법적 사고(思考)를 문제 삼는다. 일반적으로 법적 사고는 체계적인 인식을 강조하는 체계중심적 사고와 개별 문제 해결에 초점을 맞추는 문제중심적 사고로 나뉜다. 로마법 이래로 법과 법학이 법질서의 통일성을 지향함에 따라 법학방법론에서도 체계적 사고가 지배적인 흐름을 이루었다. 개념법학에서 절정에 다다른 체계적 사고는 법학을 학문으로 확고하게 자리 잡게 하였을 뿐 아니라 이론적 발전에도 크게 기여하였다. 그러나 법이 분쟁해결의 수단이고 법학이 궁극적으로 개별적인 법적 문제를 해결하기 위하여 발전된 실천과학이라는 점을 고려하면 법이나 법학에서 체계를 고집하는 것만으로는 종종 만족스러운 해결방안을 얻기 어렵다. 그러한 이유로 현대 법학방법론에서 문제중심적 사고가 다시금 각광 받게 되었다.

한편 20세기 후반 법학방법론의 핵심문제인 법의 적용이나 법적 정당화와 관련하여 법논리학에 대한 관심도 전 세계적으로 확산되었다. 오늘날 법논리학은 전통적인 법적 삼단논법을 뒷받침하는 형식논리적 경향에서 벗어나 법적 문제와 관련하여 '올바른 판단' 또는 '수용할 만한' 판단에 어떻게 도달하게 되는지를 탐구하는 변증론·수사학적 경향까지 다양한 방식으로 논의되고 있다. 일반론적으로 말하면, 형식논리적 경향은 체계중심적 사고와, 변증론·수사학적 경향은 문제중심적 사고와 긴밀한 관련을 맺고 있다.[28]

1. 법적 사고(思考)의 차원[29]

법적 사고는 단계적인 사고(Denken in Schritten)이면서도 대안적인 사고(Denken in Alternativen)이다.[30] 법적 인식이나 결정은 단계적인 과정을 거쳐, 또 대안에 대한 고려를 거쳐 최종적으로 내려질 수 있다. 법적 인식이나 결정을 정당화하는 방법으로는 법감정이나 직관,[31] 증명 그리고 논증을 생각할 수 있다. 그러나 법 자체를 비롯해서 법학에서 다루는 개념들은 물리적 실체가 아니어서 사람에 따라 관념의 차이가 크기 때문에 객관성이나 간주관성을 보장하기 어렵다. 따라서 법감정이나 직관만으로 법을 이해하거나 판결을 근거짓는 것은 신뢰

---

28) 나아가 피벡의 체계적 사고/아포리아적 사고, 드워킨의 규칙중심적 사고/원리중심적 사고 또 베렌스의 제도적 사고/원리적 사고의 대비도 비슷한 맥락에서 체계적 사고/문제중심적 사고 내지 형식논리적 경향/변증론·수사학적 경향의 대비와 대응될 수 있을 듯하다. Viehweg(1974), 31–45면; Dworkin(1977), 14–80면; O. Behrends, "Institutionelle und prinzipielles Denken im römischen Privatrecht", *Zeitschrift der Savigny-Stiftung für Rechtsgeschichte, Rom. Abt. Bd. 95* (1978), 187–231면.

29) 이하의 서술은 오세혁(2012), 393–397면을 수정·보완한 것이다.

30) Schmalz(1992), 57면 및 103면.

31) 법적 인식이나 결정에 있어 직관의 의미에 대해서는 권영준, "민사재판에 있어서 이론, 법리, 실무", 『법학』(서울대) 제49권 제3호(2008), 313–354면, 특히 339–347면 참조.

하기 어렵다. 그렇다고 해서 인간의 실천적 행위를 다루는 법학에서 수학 또는 자연과학과 같은 엄밀한 증명을 요구할 수도 없다. 결국 법적 추론 내지 법적 논증이 법규범을 구체적으로 인식, 획득하고 근거 짓는 주된 방법이 될 수밖에 없다.

　법과 법학은 체계화를 지향한다. 물론 고도로 발전되고 분화된 현대 사회에서 법질서가 다양한 분야로 분기되고 새로운 규범이 양산됨에 따라 법체계의 통일성은 많이 약화되었다. 그렇다면 법학에 있어서 체계사상 또는 체계중심적 방법론도 오늘날 그 의미를 상실한다고 볼 것인가? 과거 자유법론자들은 법이 하나의 개념 체계로 구성되어 있다고 주장하는 개념법학에 대해 공격하면서 법의 체계성을 부정하고 나섰으며, 미국의 법현실주의자들도 법 및 법적 인식의 통일성을 거부하였다. 한동안 맹위를 떨쳤던 포스트모더니즘 법학 또한 법에서의 체계적 사고를 포기하려 하였다.

　그러나 법체계의 통일성은 여전히 법실증주의나 분석법학을 비롯한 현대 법이론의 명시적, 묵시적 전제가 되고 있다. 현대 법학의 주류적인 방법으로서의 법해석론(legal dogmatics) 역시 여전히 체계중심적 사고에 바탕해 있다. 현대 법학의 특징으로 일컬어지는 평가법학으로의 전환, 포섭 모델에 대한 비판, 나아가 개별사례의 정의뿐 아니라 논증절차의 우위까지도 법학에서의 체계형성의 가능성과 효용에 대한 새로운 논의로 인도한다.[32] 이렇게 볼 때 법과 법학에 대한 올바른 이해는 체계중심적 사고와 문제중심적 사고의 상호보완을 통해서만 가능하다 하겠다.

(1) 체계중심적 사고

　법은 법규범이 개별적으로 존재하는 것이 아니라 체계 내지 질서를 이루며 존재한다. 특히 법은 하나의 국가 내에서는 단일한 체계로서 존재한다. 법이 실제로 체계적으로 구성되어 규범들이 서로 조화롭게 공존하는지는 의문스럽다. 하지만 법이 통일적인 체계로 구성되어야 한다는 당위적인 요청의 타당성에 대해서는 별다른 의문이 없을 것이다. 왜냐하면 법이 통일적인 체계를 구성하지 못하는 경우에는 수범자에게 올바른 행위 기준을 제공하지 못하기 때문이다.

　체계중심적 사고는 이미 17-18세기 그로티우스, 푸펜도르프에서 볼프와 칸트에 이르는 이성법적 자연법론, 즉 유클리드 기하학의 공리체계에 따라 자명한

---

32) Engisch(1977), 193-197면; Larenz(1991), 124면.

신법(神法)으로부터 하위 법규범을 이끌어내어 법체계를 구성하려 했던 입장까지 거슬러갈 수 있다. 하지만 체계중심적 사고는 19세기 푸흐타로 대표되는 개념법학에서 가장 완벽하게 관철되었다. 당시 개념법학자들은 법체계가 하나의 형식논리적 체계라는 전제하에 개별규범은 이미 일반규범에 포함되어 있고 단지 판결을 통해 구체화되는 것에 불과하기 때문에 규범의 정당화는 일반규범에 포섭되는지 여부에 따라 결정된다고 보았다. 다시 말해 그들은 법체계를 법적 삼단논법으로 대표되는 포섭원리에 따라 구성되는 법규범들의 논리적인 체계로 이해하려 하였다.

하지만 20세기 전반 법을 사회현실과 관련하여 이해하고 또 법학을 경험적 기초 위에 세우려는 헤크의 이익법학, 칸토로비츠 등의 자유법 운동, 프랑크·르웰린 등의 미국 법현실주의 등이 등장하면서 판결이 단순히 법규범의 적용에 불과한 것이 아니라 창조적인 행위의 결과이며, 개별규범이 일반규범으로부터 법적 삼단논법을 통하여 도출될 수 있다는 믿음이 환상에 불과하다는 인식이 널리 확산되기 시작하였다. 결국 법체계를 연역적 체계로 구성하려는 시도가 현실적으로 가능하지 않다는 것이 밝혀지면서 개념법학과 같은 극단적인 견해는 더 이상 지지를 얻지 못하게 되었다.

물론 논리칙의 적용을 통해 법의 통일성을 확보하려는 시도 역시 없지 않다. 이는 법논리학의 발전과 더불어 한층 더 정교한 형태로 등장하는데, 바로 법체계를 기호논리학에서 말하는 공리적-연역적(axiomatic-deductive) 체계로 이해하려는 입장이 그것이다. 이에 따르면 법체계는 고도의 추상성을 가진 법규범을 공리로 하여 추론규칙을 통하여 획득되는 하위 법규범들로 구성되는 체계이다.[33] 이러한 법체계야말로 이상적일 것이나 현실의 법체계가 그 정도의 논리적 일관성을 갖출 수 없다는 것은 의심의 여지가 없다. 이에 오늘날에는 헤크(P. Heck)의 내적 체계, 카나리스(C.-W. Canaris)의 가치론·목적론적 체계와 같이[34] 법체계를 법이념에 기초하여 법규범들 사이, 특히 법원리와 법규칙 사이의 조화를 지향하는 정합적인 체계로 이해하려는 입장이 주류적인 흐름을 보이고 있다.

---

33) Alchourron/Bulygin(1971), 181–196면.
34) Heck(1932), 139–140면; Canaris(1983b), 41–46면.

(2) 문제중심적 사고

법은 개별 사건에서 적절한 해결책을 찾아내고 이를 강제적으로 실현한다. 법학 또한 일정한 사례 내지 사례군에서 적절한 해결방법을 제공하는 데에 실천적인 목표를 두고 있다. 현대 법학의 모태가 되는 로마법학 역시 구체적인 법적 문제에 대한 해결방안을 모색하는 데에서 출발한 것이었다. 특히 로마법학자들은 법적 문제를 해결하는 데에 있어서 개별 사건에서의 구체적 타당성을 추구하는 결의론적 방법(casuistic method)을 선호하였다. 이러한 법학의 기원은 오늘날 학문의 체계 이념에 가려져 퇴색되었지만, 법학이 법의 실천지향적 속성을 포기하지 않는 한 문제중심적 사고를 포기할 수는 없다. 물론 실무지향적인 법률가들이 문제중심적 사고의 틀을 벗어나기 어려운 것은 당연해 보이지만, 상당수 법학자들까지 법학의 실천성에 주목하여 이러한 입장에 동조하고 있다. 한 걸음 더 나아가 일부 법학자들은 법학의 체계성을 포기하는 대가를 치르더라도 구체적 사안에 적합한 해결방법을 제시하는 것이 더 중요하다고 생각하고, 법률 텍스트를 넘어 개별 사안에 직접 관련되는 방법론적 보조수단에 관심을 기울였다. 20세기 중반에 등장한 피벡의 토픽법학, 라렌츠의 유형적 사고, 피켄처의 사건규범이론, 뮐러의 규범영역이론 등이 이를 대표한다.

이러한 입장을 통칭하여 문제중심적 사고 또는 사안중심적 사고라고 부를 수 있는데 주로 실용주의적 전통 아래에 있는 영미의 법학자들, 그리고 영미법학의 영향을 강하게 받은 유럽대륙의 일부 학자들이 이러한 경향을 보인다. 독일의 경우 저명한 민법학자로서 현대 법학방법론의 발전에도 크게 기여한 에써(J. Esser)를 그 대표자로 꼽을 수 있을 것이다.

에써는 지난 세기 중반부터 『법관의 법형성에 있어서 원칙과 규범(*Grundsatz und Norm in der richterlichen Fortbildung des Privatrechts*, 1956)』, 『법발견에 있어서 선이해와 방법 선택(*Vorverständnis und Methodenwahl in der Rechtsfindung*, 1970)』 등을 통해 포섭 모델로 대표되는 기존의 법적용 이론이 현실과 유리되어 있을 뿐 아니라 이론적 한계도 보여준다고 비판하면서 새로운 법학방법론을 제안하였다.[35]

에써는 전통적인 법실증주의적 사고에서 벗어나 영미의 판례법적 사고에 착

---

35) 에써의 법학방법론에 대해서는 김형석, "법발견에서 원리의 기능과 법학방법론 ─요제프 에써의 『원칙과 규범』을 중심으로─", 『법학』(서울대) 제57권 제1호(2016), 1-59면 참조.

안하여 사법의 창조적 활동과 법의 형성에 대한 법관의 기여를 강조하였다. 그에 따르면, 법관은 해당 사건에 규범(Norm)을 적용하는 데에 그치지 않고 다수의 사건에서 원칙(Grundsatz)에 기초하여 법을 형성한다. 또 법관은 일정한 선이해 (Vorverständnis)를 갖고 사건에 접근하며, 사건의 구성은 일종의 사전(事前) 결정에 의해 규정된다. 법관은 법령을 해석할 때 전문적인 법적 기술을 동원하며 법적으로 정당한 것의 내용에 관한 특정한 고려를 지침으로 삼는다. 실제로 법관이 적절한 규범을 찾거나 어떤 규범을 선택하는 것, 나아가 어떤 규범의 적용 여부를 결정하는 것 등은 그와 같은 사전 예측에 의해 좌우되는 경우가 종종 있다는 것이다. 이렇게 보면 결국 판결의 합리성을 보장하기 위하여 법관의 선이해를 통제하는 것이 관건이 된다. 에써는 전체 법체계와의 조화를 요구하는 정합성 통제 그리고 개별 사건의 실질관계를 고려하는 정당성 통제라는 두 가지 통제방안을 통해 이를 확보하고자 하였다.

2. 법적 논리의 차원[36]

여타의 학문 분야와 마찬가지로, 법학에서도 논리가 법적 사고의 명료성과 정합성을 제고시켜준다는 점에서 법과 논리의 관련성은 의심 없이 받아들여지고 있다. 실제로 법규정의 구조, 법의 적용 및 해석, 법에 있어서의 충돌과 흠결 등의 문제를 분석하고 해결하는 데에 법논리학이 유용하게 활용되고 있다.

법논리학(legal logic)은 법에 논리가 적용되는가, 또 적용된다면 어떤 방식으로 적용되는가의 문제를 다루는 논리학의 한 분과이다. 전통 논리학과 달리 현대 논리학은 문자 대신에 기호를 사용함으로써 복잡한 언어 구조를 분석하고 엄밀하게 추론할 수 있게 하였고, 양상논리나 의무논리 등의 새로운 분야를 개척함으로써 논리학의 지평을 넓혔다. 이러한 현대 논리학의 성과는 법철학과 법학방법론의 논의에도 다각도로 영향을 미쳤다.

(1) 형식논리적 경향

오늘날 법이 종전의 포섭원리와 같은 형식논리적 방법만으로 인식되거나 획득될 수 없다는 사실은 더 이상 논쟁거리가 되지 않는다. 그렇다고 하더라도 여

---

36) 이하의 서술은 오세혁, "법과 논리", 『한림법학 forum』 제5권(1996), 237-261면 및 오세혁(2012)을 수정·보완한 것이다.

전히 법적 삼단논법으로 대표되는 논리적 추론관계가 법적 결정 과정의 핵심적 요소이며 법적 정당화를 위한 필수불가결한 요소라는 점에 의문이 없는 이상, 법과 형식논리의 연관성은 아무리 강조해도 지나치지 않을 것이다.

형식논리적 접근방법은 법이론·법학방법론뿐 아니라 법해석론에서도 필요하고 또 유용하다. 가령 논증형태와 관련된 오류론은 법적 사고의 타당성과 적정성을 검토하는 유용한 도구가 된다. 실제로 배중률(tertium non datur) 등 사유법칙 위반 이외에 순환논증(circulus vitiosus) 내지 선결문제요구의 오류(petitio principii), 침묵으로부터의 논증(argumentum ex silentio; argumentum e silento), 비약논증 내지 부당한 생략논증(saltus in concludendo) 등은 법적 사고에서 흔히 발견되는 오류이다.[37]

그럼에도 불구하고, 법학자들은 법과 논리의 관계에 대해 그다지 관심을 기울이지 않았다. 그저 고전 논리학(classical logic)이 법적 논의에도 별다른 문제없이 적용될 수 있을 것이라고 믿었다. 그러다가 20세기 후반에 접어들어 법적 담론을 포함한 실천적 담론의 특성이 부각되면서 의무논리(deontic logic) 또는 규범논리(Normlogik)를 비롯한 새로운 법논리학이 등장하기 시작하였다.

사실 법규범 자체가 아닌 언어적으로 표현된 법규정을 다루는 한, 그에 대하여 논리가 적용된다는 것은 일견 당연해 보인다. 하지만 판단이 아닌 의욕의 표현으로서의 법규범 그 자체에 논리가 적용되는지, 또 적용된다면 어떠한 논리 체계가 적용되는지는 쉽게 답할 수 있는 문제가 아니다.

이 문제는, 원래 법이 아닌 명령에 대해 유사한 의문을 제기한 논리실증주의자 예르겐센(J. Jørgensen)의 이름을 붙여 '예르겐센의 딜레마'라는 주제로 논의되었다.[38] '명령은 진위(眞僞)일 수 없다', '추론은 진리관계이다'라는 두 전제들로부터 '명령의 추론관계가 존재한다'는 결론이 도출될 수는 없다. 하지만 하나 이상의 명령적 전제를 포함한 전제들로부터 명령적 결론이 도출되는 명령 추론관계가 존재할 뿐 아니라 그것이 타당한 것처럼 보인다는 데에 딜레마가 존재한다.

아래의 명령 추론은 직관적으로 자명해 보인다. 이른바 총체 및 개무의 원리(dictum de omni et nullo), 즉 '모두에 타당한 것은 그에 속한 개체에도 타당하

---

37) Möllers(2023), 188-192면.

38) J. Jørgensen, "Imperatives and Logic", *Erkenntnis* 7 (1937/38), 288-296면, 특히 290면. 원래 예르겐센은 수수께끼(puzzle)라고 했으나 로스에 의하여 처음 예르겐센의 딜레마라는 표현이 사용되면서 일반화되었다. Ross(1941), 53-71면.

다'는 원리가 적용되는 전형적인 사례이기 때문이다. 총체 및 개무의 원리는 서술문의 영역뿐 아니라 명령이나 규범의 영역에서도 타당하다.[39]

    ① 모든 상자들을 역으로 옮겨라(Take all the boxes to the station).
    ② 이 상자는 위 상자들 중의 하나이다(This is one of the boxes).
∴ ③ 이 상자를 역으로 옮겨라(Take this to the station).

    이러한 딜레마를 해결할 수 있는 방안을 탐구하는 것이 실천적 추론이다. 실천적 추론에 대한 논의는 일찍이 아리스토텔레스의 논리학에서도 기원을 찾을 수 있으나 근대 이후 라이프니츠(G. Leibniz)와 벤담(J. Bentham)에 의해 본격적으로 다루어지기 시작하였다. 다만 두 사람의 실천적 추론에 대한 이론은 공교롭게도 1970년대에 이르러서야 그 진가가 인정되었고 20세기 전반까지는 고전 논리학을 간접 적용하는 방식으로 실천적 추론을 구성하려는 시도가 간헐적으로 이루어졌을 뿐이다.

    그러다가 1951년 폰 브리크트(G.H. von Wright)에 의하여 발전된 의무논리는 현대 법논리학 발전의 새로운 전환점이 되었다. 그는 양상논리(modal logic)의 양상개념에 의무와 관련된 의무양상을 적용하여 의무논리체계를 제시하였는데, 이는 법 영역에도 바로 적용될 수 있을 만한 것이었다. 비슷한 시기에 영국의 헤어(R.M. Hare)도 『도덕언어론(*The Language of Morals*, 1952)』에서 도덕판단의 정당화 문제와 관련하여 명령 추론(imperative inference)을 발전시켰다. 의무논리와 명령 추론이라는 두 흐름은 1960~70년대에 지속적으로 발전되면서 법논리학을 한 단계 더 향상시켰다.

    이와 달리 독일어권에서는 고전 논리학이 법 영역에서도 별다른 문제없이 적용될 수 있다는 입장이 여전히 법논리학을 지배하였다. 가령 클룩(U. Klug)은 법의 영역에도 프레게(G. Frege) 이후 획기적으로 발전된 기호논리가 그대로 적용될 수 있으므로 특별한 법논리학이 필요 없다고 보았다. 하지만 일부 학자들은 법에 진

---

39) Engisch(1977), 48면. 후기 켈젠과 같이 엄격한 제정실증주의(Setzungspositivismus), 즉 입법자의 법률 제정 행위 또는 법관의 판결 선고 행위 없이는 법률이나 판결이 성립되지 않는다는 입장에 서게 되면 일반규범으로부터 개별규범이 연역적으로 도출된다고 단정하기 어렵다. 법관이 실제로 판결을 선고한다는 것은 법관에게 판결 선고 의무가 부과되어 있다는 것과 별개의 문제이기 때문이다. 법관이 법령에서 명하는 대로 판결을 선고하지 않을 가능성을 배제할 수 없다. Kelsen(1979), 23면 및 185~186면.

리치가 부여될 수 없다는 문제의식에서 출발하여 법 영역에 적용가능한 독자적인 논리체계를 구성하려는 시도를 이어갔다. 특히 바인베르거(O. Weinberger)는 조건 의무문의 정형화에서 발생하는 역리(paradox)를 해소할 수 있는 규범논리를 수립 하려 하였다. 하지만 이러한 시도는 논리체계의 구성을 직관에 의존할 수밖에 없 었기에 논리체계로서의 완전성과 건전성을 확보하는 데에는 성공하지 못하였다.

이상에서 살펴본 바와 같이, 법 영역에 고전 논리학을 적용하거나 의무논리, 규범논리를 발전시키려는 시도가 이어졌으나, 이들 체계들은 현실적용 가능성 및 편리성, 논리철학적 정당화, 논리체계로서의 완전성 및 건전성 등에 있어서 저마다의 한계를 지니고 있어서 법학에서 수용할 만한 형식논리 체계는 아직 보 이지 않는다.

(2) 변증론 · 수사학적 경향

변증론적 · 수사학적 입장에서 법과 논리의 문제를 다루려는 시도는 20세기 중반 법해석학(juristische Hermeneutik)과 밀접한 관련을 맺으며 다양한 형태로 전 개되었다. 이를테면 토픽에 대한 토론만이 유일한 통제당국이라는 토픽법학 (Topische Jurisprudenz), 합리적 정당화의 근거를 이성적 논거만을 신뢰하는 보편 적 청중의 동의에서 구하는 신수사학(nouvelle Rhetorique), 그리고 알렉시 등이 하버마스의 철학적 담론이론을 수용하여 발전시킨 법적 논증이론이 그것이다.

먼저 피벡(Th. Viehweg)은 개념법학은 물론 그 대척점에 있는 자유법론도 거부하고 실천적인 논증의 길을 모색하는 과정에서 토픽법학을 주창하였다. 그 는 무엇이 '여기 그리고 지금(hic et nunc)' 정당한 것인가라는 법의 근본문제에 대하여 합리적으로 탐구하고자 하였다. 토픽법학은 문제중심적 사고에 기초하여 법적 추론 자체보다 그 전제에 관심을 집중하였다.

원래 토픽 이론은 아리스토텔레스 논리학에서 논증의 한 유형으로 다루어졌 고, 키케로 등에 의해 개별 학문에 적용 가능한 형태로 발전되면서 로마법에서도 사례 결정의 방법으로 활용되었다. 중세와 근대 초기까지만 해도 토픽 이론은 논 리학의 일부이자 방법론으로서 다양한 학문 분야에서 널리 활용되었다. 하지만 데카르트(R. Descartes) 이후 체계적 사고를 앞세운 근대 합리론이 득세하면서 토 픽 이론은 점차 역사의 뒤안길로 물러나게 되었다. 한참을 지나 18세기 초 비코 (G. Vico)가 근대 과학적 사고의 추상성을 극복하고 실천적 기능을 강화하기 위하여 오랫동안 잊혀졌던 토픽 이론을 되살려내었는데, 피벡은 비코의 토픽 이론에서 새로운 법학방법론의 가능성을 찾았다. 그에 따르면, 법적 문제의 실제 해결과정은 다음과 같이 진행된다: 일상생활의 개별 사건에서 출발하여 사실관계와 형평을 고려하여 변증법적 절차 속에서 합의 가능한 명제들을 도출하고 이를 기초로 공개적이고 형량적인 토론 속에서 결정한다. 전통 법학이 법적 삼단논법으로 대표되는 연역적 추론과정의 타당성에 초점을 맞추었다면 토픽법학은 법적 추론의 출발점이 되는 대전제의 타당성에 초점을 맞춘다. 이 전제들은 여러 사람이나 현명한 사람이 옳다고 여겨 승인한 여러 관점들을 집적한 논점 카탈로그(Topoikatalog) 속에서 발견된다.[40)]

한편 페를만(Ch. Perelman)은 초기에는 에이어(A.J. Ayer)의 논리실증주의를 좇아 경험적이고 논리적인 문장만이 합리적인 논의가 가능하다고 보고 법과 정의에 관한 형식적 분석에 만족하였다. 그러다가 올브레히트-티테카(L. Olbrechts-Tyteca)와의 공저 『논증론-신수사학(Traite de l'argumentation La nouvelle rhetorique, 1958)』에 와서 실천 영역에서 논리적 증명이 불가능하다고 하더라도 합리적인 논의는 가능하다고 보고 수사학을 적극적으로 활용하기 시작하였다.

페를만은 아리스토텔레스의 토픽론 · 변증론 · 수사학에 바탕하여 16세기 이래 이성적 확실성 또는 감각적 확실성에 가려져 평가절하되었던 논증이론과 수사학의 복권을 시도하였다. 그는 경험과 논리를 통한 증명이 논증이론에 의하여 보완되어야 한다고 보았다. 특히 법관이 논점에 대하여 구체적인 결정을 내리는 데 있어서 어떤 이성적 과정을 통해 그 결정을 형평에 맞고 합리적이고 수용 가능한 것으로 판단하게 되는지에 대하여 관심을 기울였다.

이러한 수사학적 흐름과 교차하면서 알렉시(R. Alexy)로 대표되는 법적 논증이론[41)]은 1970년대 후반 법철학과 법학방법론에서 활발하게 논의되었다. 이는 기존 법철학이 사변적으로 흘러 실천과 유리되었다는 반성에서 출발하여 판결의 정당화 내지 근거지음의 문제에 대하여 결정론도 결단주의도 아닌 제3의 길을 개척하려 하였다.[42)] 특히 알렉시는 『법적 논증이론(Theorie der Juristischen

---

40) 피벡이 설명하는 토픽 개념이 비역사적이며 지나치게 광범위할 뿐 아니라 토픽 이론과 체계 이론의 대립 자체도 적절치 않다는 비판으로 Schröder Ⅱ(2020), 259면.

41) 엄밀하게 말하면 법적 논증이론은 특정 법이론을 의미하는 것이 아니라 판결의 정당성 근거를 추구하는 다양한 이론구상에 대한 집합명칭일 뿐이다. Neumann(1986), 1면.

42) Neumann(1986), 2-3면 및 12면.

Argumentation, 1978)』,『기본권 이론(*Theorie der Grundrechte*, 1985)』등에서 법적 논증이론을 규칙의 형태로 정교하게 제시하고 이를 실정법의 다양한 주제에 적용하였다.

알렉시가 주창한 법적 논증이론의 철학적 배경은 하버마스(J. Habermas)의 담론이론(Diskurstheorie)에서 찾을 수 있는데, 이는 다시 아펠(K.-O. Apel)의 이른바 의사소통의 철학에 바탕을 둔다. 하버마스는 실천적 논의의 정당화라는 과제에 맞서 이성화된 공중에 터 잡은 간주관적 의사소통을 강조하는 담론윤리학(Diskursethik)을 해결책으로 제시하였다. 진리 합의설을 내세우는 하버마스에 의하면, 실천적 논의는 담론을 통해 정당화되어야 한다. 실천적 규칙은 이상적 담론 상황에서 모든 구성원의 동의를 얻지 못하면 규칙으로서의 자격이 없다. 이상적 담론 상황이란, (i) 토론개시 및 지속의 기회부여, (ii) 근거제시 및 편견으로부터의 해방, (iii) 표현기회의 균등, (iv) 규율적 언표행위의 기회균등으로서, 요약하면, 강제에 의해 방해받지 않는 담론 상황을 의미한다.

이러한 변증론적·수사학적 경향의 학문적 성과와 효용에 대해서는 지금도 논란이 없지 않으나, 적어도 변증론적·수사학적 방법과의 협업 없이 법적 삼단논법 중심의 형식논리적인 방법만으로 법의 적용 내지 획득 과정을 적절하게 설명하기 어렵다는 점은 분명해 보인다.

제3절 법학방법론의 약사(略史)[43]

법학방법론은 19세기 초 역사법학을 대표하는 사비니의 논의에서 비롯된 것으로 알려져 있다. 하지만 학설휘찬(Digesta)에서 등장하는 다양한 해석규칙에

---

43) 이하의 서술은 오세혁(2012), 205-245면, 272-280면, 354-359면을 요약한 것이다. 법학방법론의 통사(通史)에 대해서는 Fikentscher I-Ⅲ(1975-1976); Raisch(1995); Schröder I/II(2020); 남기윤(2014), 147-488면. 특히 근·현대 법학방법론에 대해서는 Wieacker (1967), 348-468면; Larenz(1991), 11-185면; J. Rückert, "Schlachtrufe im Methodenkampf - Ein historischer Überblick", *Methodik des Zivilrechts - von Savigny bis Teubner*, *3. Aufl.*(J. Rückert/R. Seinecke Hg.), Baden-Baden: Nomos, 2017, 541-608면; 박상기, "법학방법론의 사적 고찰",『동서의 법철학과 사회철학(서돈각 박사 고희기념 논문집)』, 1990, 223-245면 참조.

서 확인할 수 있듯이 이미 로마법시대부터 논의되었으며, 중세에 학설휘찬의 재 발견을 계기로 이탈리아 주석학파 및 주해학파에 의해서도 연구되었다. 이와 별 개로 살라망카 학파의 수아레즈(F. Suárez)도 법해석의 유형을 유권해석·관행해 석·학리해석으로 나누고 입법자의 의사를 입법목적과 분리시켜 독자적인 의미 를 부여하는 등 법해석 방법을 탐구하였으며, 근대 초기 인문주의 법학자들도 법 해석 방법을 깊이 있게 연구하였다. 이렇게 보면 법학방법론의 역사는 법학의 역 사와 궤를 같이 한다. 이 점에서 법학방법론이야말로 법학의 작업 현상을 반영하 며 법학의 학문수준을 적나라하게 보여주는 자화상이다.[44]

그럼에도 불구하고 법학방법론에 대한 본격적인 논의는 사비니에게서 시작 되었다고 평가하는 것이 적절할 것이다. 왜냐하면 19세기 독일을 비롯한 유럽 전 역에서 법과 법학에 대한 근본적인 자기반성이 이루어지면서 법학방법론이 획기 적으로 발전하였는데, 그 모든 논의의 출발점이 사비니의 역사법학이었기 때문 이다. 역사법학을 계승한 개념법학은 기존의 실정법에서 올바른 판결이 논리적 으로 도출될 수 있고 실정법질서에 흠결이 없다는 점을 전제하였다. 이에 대한 반발로서 법의 목적이나 이익연관성을 강조하는 목적법학 및 이익법학이 등장하 고, 나아가 법관에 의한 자유로운 법발견을 주창하는 자유법학이 출현하였다. 양 진영은 특히 법관의 임무와 역할, 즉 사법이론(Justiztheorie)에서 첨예한 대립을 보였다. 두 입장의 대립은 '법관은 법관제왕인가, 포섭기계인가?'[45]라는 질문으로 요약될 수 있다. 이 질문을 두고 양 진영은 서로 충돌하고 또 상호 보완하면서 법학방법론의 황금시대를 일구었다.

근대 후기부터 현대까지 법학방법론의 역사를 되돌아보면 한결같이 독일어 권의 논의가 중심이 되었지만 프랑스 주석학파나 미국 법현실주의와 같은 비독 일어권의 논의도 법학방법론의 발전에 나름대로 기여하였다.

1. 사비니의 역사법학

사비니(F.C. von Savigny)는 역사법학의 창시자로서, 1814년 독일 민법전의 제정 필요성을 둘러싸고 티보(A.F.J. Thibaut)와 벌였던 티보-사비니 논쟁으로도

---

44) 남기윤(2014), 31면.
45) R. Ogorek, *Richterkönig oder Subsumtionsautomat? Zur Justiztheorie im 19. Jahrhundert*, 2. *Aufl.*, Frankfurt a.M.: Vittorio Klostermann, 2004.

유명하지만 법학방법론의 발전에도 기념비적 업적을 남겼다.

당시 사비니는 통일 민법전의 편찬에 반대하면서, 법이란 한 민족의 언어와 같아서 민족과 함께 생성, 발전, 소멸하므로 법전이 만들어진다는 것은 입법자의 자의에 의해 민족생활과 무관한 반역사적인 법이 생성되는 것이라고 보았다. 법의 발전은 단순히 법전의 편찬만으로 이루어질 수 없다는 것이다.

그런데 사비니의 역사법학을 올바로 이해하기 위해서는 지금까지 사비니를 포장해온, 민족정신으로 대표되는 역사법학적 요소에만 관심을 둘 것이 아니라 그의 법이론에 내재된 개념법학적 요소도 주목할 필요가 있다. 사비니는 법률가에게 이중의 감각이 있어야 한다고 보았다. 각 시대의 법형식적 특성을 예리하게 파악하는 역사적 감각 그리고 각 개념 및 원칙과 전체 체계와의 관련성을 파악하는 체계적 감각이 필요하다는 것이다. 사비니는 과거의 법을 무비판적으로 계승하는 것이 아니라 이를 역사적으로 연구하여 그 지도원리를 발견하고 정확한 개념으로써 체계화하는 것이 법학의 시대적 사명이라고 보았다.

이러한 법의 본질, 법학의 임무에 대한 이해의 연장선상에서 사비니의 법학방법론은 탄생하였다. 그는 19세기 초부터 시작한 법학방법론의 강의안을 기초로 만년의 『현대 로마법 체계(*System des heutigen römischen Rechts*, 1840)』에서 과거 단편적으로 제시되었던 법해석 방법을 정리하여 문법적·논리적·체계적·역사적 해석요소로 제시하였다. 그가 제시한 네 가지 해석요소는 이후 문언적·체계적·역사적·목적론적 해석방법으로 수정되었는데 이는 법의 해석에 관한 표준적인 지침으로 받아들여졌다.

2. 푸흐타의 개념법학

푸흐타(G. Puchta)는 사비니의 주요 테제를 충실하게 계승하면서도 법 및 법학의 체계성을 한층 더 강조함으로써 역사법학을 개념법학으로 변용시켰다.[46] 푸흐타에 의해 발전된 개념법학은 실정법에 대한 깊이 있는 통찰을 가능하게 했을 뿐 아니라 실정법의 체계적인 해석과 기계적인 적용을 보장하였다.

푸흐타는 가장 일반적인 상위개념을 설정하고, 그 개념으로부터 구체화의 정도에 따라 피라미드처럼 위계를 이루는 하위개념들을 연역적으로 도출할 수

---

46) 개념법학에 대한 소개는 Wieacker(1967), 399-402면 및 430-439면; 김영환(2012), 383-395면; 양천수(2021), 39-61면 참조.

있다고 생각하였다: 개념의 피라미드. 각 개념은 상이한 추상성의 정도를 가지고 더 추상적인 개념이 덜 추상적인 개념을 포괄하며, 더 이상 분할될 수 없을 정도로 구체적인 개념으로 최하위개념이 구성됨으로써 개념형성은 마무리된다. 이렇게 보면 스피노자(B. Spinoza)가 공리로부터 추론규칙을 통하여 정리를 이끌어내는 공리적 방법(公理的 方法)을 윤리학에 도입하였던 것처럼, 푸흐타는 공리적 방법을 법학에 도입한 셈이다. 그는 법적 문제를 명확히 도출하는 데에 일반 개념의 해명이 필요하며, 상위개념과 하위개념과의 관련성을 마치 족보처럼 파악하는 '개념의 계보학(Genealogie der Begriffe)'을 발전시키는 것이 법학의 임무라고 보았다.

이러한 푸흐타의 법이론은 구체적인 법적 문제를 해결하기 위한 것이 아니라 오로지 개념을 가지고 계산하는 것(Rechnen mit Begriffen)과 같다고 하여 예링에 의해 '개념법학'으로 명명되었다.[47] 그로 인해 푸흐타는 오늘날까지도 법의 체계성과 완결성을 지나치게 강조하는 형식주의의 대변자로 남게 되었다.[48] 물론 예링의 평가가 완전히 틀린 것은 아니지만 푸흐타의 법이론을 너무 과장되게 표현함으로써 희화화한 것은 분명해 보인다. 오늘날 개념법학은 종종 지난 시대의 유물인 것처럼 평가되지만, 입법자의 의도나 입법목적 대신에 개념으로부터 법적 정당화를 이끌어 내는 곳에서는 여전히 살아 있다.[49]

3. 프랑스 주석학파

1804년 자연법의 이념에 기초한 프랑스 민법전(나폴레옹법전)이 제정·공포되었다. 프랑스 혁명의 이념 자체가 구체제의 타파에 있었으므로 프랑스 민법전에 대한 학문적 접근방법은 전통적 질서를 존중하는 역사법학과는 거리가 멀 수밖에 없었다. 그로 인해 19세기 법해석 방법론의 발전에 있어서 프랑스는 독일과 완전히 다른 양상을 보였다.[50] 프랑스 법학자들은 프랑스 민법전을 자연법의 완전한 구현으로 여기고 무흠결성을 찬양하면서 법학의 임무를 법전의 충실한 주석에 한정하려 하였다.

이러한 경향을 대표하는 것이 바로 프랑스 주석학파(École de l'exégèse)였다.

---

47) R. von Jhering, *Scherz and Ernst in der Jurisprudenz*, Leipzig: Breitkopf&Härtel, 1884.
48) 예컨대 Wieacker(1967), 399-402면.
49) Wank(2020), 16면.
50) Hager(2009), 22-32면, 특히 28-30면.

주석학파의 특징은 주석실증주의(Positivisme exégétique)라는 평가를 들을 정도로 법조문을 절대시한다는 것이다. 주석법학자들은 모든 법적 문제가 성문법에 의하여 규율될 수 있으며, 또 규율되어야 한다는 확신에 차 있었다. 그들에게 법원(法源)은 오직 성문의 법률(loi)뿐이었다. 이 점에서 프랑스 주석학파는 프랑스판 법률실증주의와 다름없었다.

프랑스 주석학파를 상징하는 인물인 뷔니에(J.J. Bugnet)는 나폴레옹 법전에 대한 충성심을 단적으로 표명하여 "나는 민법을 모른다 : 다만 나폴레옹 법전을 가르칠 뿐이다(Je ne connais pas le droit civil : je n'enseigne que le Code Napoléon)."라는 말을 남겼다. 주석학파의 제1인자로 알려진 드몰롱브(Ch. Demolombe)도 다음과 같이 나폴레옹 법전을 찬양하였다. "나의 신조, 나의 신앙 고백 또한 같다: 무엇보다도 조문(Ma devise, ma profession de foi est aussi : les textes avant tout)!"

이처럼 프랑스 주석학파는 법전을 앞세우고 엄격한 해석을 강조했지만, 현실적으로 법의 의미가 명확하지 않거나 법이 흠결된 사례가 적지 않았기 때문에 법의 적용과 집행에 지장이 있을 수밖에 없었다. 이에 19세기 후반에 접어들어 오브리(Ch. Aubry)와 로(F. Rau)를 비롯한 일군의 학자들이 입법자의 의도가 법전의 자구(字句)보다 더 분명한 해석지침이 된다고 주장하며 '입법자의 의도(intention du législateur)'를 강조하면서 주석학파는 점차 퇴조하기에 이르렀다.

4. 예링의 목적법학

예링(R. von Jhering)은 흔히 공리주의 법학 내지 목적법학·이익법학의 대표자로 알려져 있다. 하지만 예링은 푸흐타의 제자로서 한때 역사법학과 판덱텐 법학을 옹호하다가, 나중에는 판덱텐 법학을 개념법학이라고 조롱하는 등 다채로운 법철학적 면모를 보여주었다. 물론 법발전의 담당자로 맹목적인 충동 대신에 법의 목적을 강조하는 목적법학에서 예링의 진면목을 발견할 수 있다.

목적법학은 '목적이 모든 법의 창조자(Der Zweck ist der Schöpfer des ganzen Rechts)'라는 것이다. 예링에 따르면 인간 사회에서 목적 없는 행위는 없다. 인간의 모든 사회적 행위는 항상 목적에 의하여 좌우된다. 목적은 인간의 모든 사회생활의 원동력이며 일체의 제도와 문화의 창조자가 된다. 법도 자연적으로 생성되는 것이 아니라 인간의 의식적 노력과 활동에 의해 만들어진다. 즉 법도 목적의 소산이다. 법이란 특정의 바람직한 목적을 달성하기 위하여 인간의 의지에 의하여 의식적으로 제정되는 것이다. 목적이 법의 근거이고 발전의 원동력이다. 따라서 목적이야말로 모든 법질서의 창조자이다.

그렇다면 법의 본질을 탐구하기 위해서는 법의 목적이 무엇인지를 알아야한다. 다만 예링에게 법의 목적은 입법자들이 법제정 시에 고려하는 목적이라기보다는 사회생활 자체에 내재하는 목적이다. 법의 목적은 사회생활에서 나오는 필요성이다. 사회가 존립하기 위해서는 이러한 필요성이 충족되어야 한다. 다시 말해 법의 목적은, 개인의 관점에서는 사회생활의 이익을 누리며 살도록 해주는 것이며, 사회의 관점에서는 사회의 복지를 증진시키며 질서를 유지하여 개인의 삶을 행복하게 유지시켜 주는 것이다. 한마디로 법의 목적은 이익의 보호이다. 이러한 목적을 달성하기 위해 개인은 자신의 권리를 적극적으로 행사하여야 하고, 국가는 개인이 자신의 권리를 충분히 누릴 수 있도록 법을 제정하고 공권력을 통해 법을 실현하여야 한다.

이와 같은 설명에도 불구하고 예링이 말하는 법의 목적은 여전히 애매모호하고 불분명하다. 왜냐하면 예링은 『법의 목적(*Der Zweck im Recht*, 1877/83)』제1권에서 목적개념에 대해서는 제3권에서 밝히겠다고 예고하였으나, 제3권이 끝내 간행되지 못했기 때문이다. 다만 목적이 불분명함에도 불구하고 법의 목적으로 이익 보호를 강조했다는 점에서 예링의 목적법학은 이익법학으로의 발전을 내재하고 있었다. 예링은 개념이 아닌 이익을 지도원리로 삼았다는 점에서 이익법학의 원조가 아닐 수 없다. 전기에 나타난 예링의 개념법학적 측면이 법학방법론의 관점에서 근대적인 요소를 대표한다면, 후기에 등장한 목적법학 내지 이익법학의 측면은 현대적인 요소를 잘 드러내고 있다.

5. 일반법학

근대 후기로 들어서면서 점차 법실증주의가 힘을 얻어 자연법론을 밀어내고 법철학의 주도권을 잡게 되었다. 이 시기의 법실증주의는 제정법의 존중과 법관에 의한 법창조의 거부 그리고 자연법 및 도덕의 축출이라는 공통적인 표지를 지니고 있었다.

법실증주의 역시 기본적으로 철학적 실증주의에 기초하고 있다. 실증주의와 마찬가지로 법실증주의도 형이상학적 대상이 아니라 경험적으로 인식가능한 대상, 즉 실정법(positive law)을 다룬다. 법실증주의는 실정법만을 법으로 보고 법학의 임무도 실정법의 연구에 국한시킨다. 이는 전통적으로 자연법론에서 다루어온 법철학의 고유 문제, 즉 법의 정당성이나 권위, 법의 이념이 법학의 영역에서 더 이상 발붙이기 어렵게 되었다는 것을 의미한다. 결국 법에 대한 기초이론은 개별법 영역에 공통되는 일반적인 개념 및 원리를 통일적으로 취급하는 일반법학(Allgemeine Rechtslehre)만으로 충분하다는 것이다.[51]

일반법학은 다양한 실정법에 공통되는 일반적인 문제를 경험적, 실증적 방법으로 규명하려 하였다. 일반법학이라는 명칭을 처음 사용한 메르켈(A. Merkel)에 따르면, 법철학의 대상이 되는 것은 오로지 실정법뿐이며, 과학으로서의 법철학은 일반법학으로서만 성립할 수 있다. 법은 경험적인 방법으로 탐구되어야 한다. 그는 법학에는 실정법학만이 존재한다고 보았고 전통적인 법철학이 자연법을 주장한다고 하여, 자연법과 함께 법철학도 불신하고 일반법학을 법철학의 대용품으로 삼으려 하였다. 흔히 개별 실정법학에서 공통적으로 사용되는 개념과 원리를 체계적으로 정리하고 이를 총론(Allgemeiner Teil: AT)이라고 부르는데, 이는 일반법학에서 비롯된 것이다.

일반법학은 민법 분야에서 푸흐타의 제자인 빈트샤이트(B. Windscheid)를 중심으로 하는 판덱텐 법학자들에 의해 발전되었다. 역사법학은 애당초 이성법적 자연법론의 추상성과 형식주의를 비판하면서 등장했지만, 푸흐타 이후 역사법학과 기묘하게 결합되어 있던 개념법학적 요소가 강하게 발현되면서 또 다른 형태의 형식주의인 이른바 판덱텐 법학(Pandectenwissenschaft)으로 발전해나갔다. 판덱텐이란 기본개념과 기본원리를 다루는 총칙을 두고 각칙을 전개해 나가는 로마법의 한 형식이다. 판덱텐 법학도 법학의 개념논리적 체계를 중시하였으며, 주로 로마법의 개념과 체계를 재구성하는 작업을 수행하였다. 이 점에서 개념법학은 일반법학의 모태가 되는 셈이다.

일반법학은 19세기 후반 민법의 판덱텐 법학에 그치지 않고 거의 모든 법학 분과에 광범위하게 전파되었다. 법철학 분야에서는 베르크봄(K. Bergbohm), 민법 분야에서는 데른부르크(H. Dernburg), 형법 분야에서는 메르켈, 빈딩(K. Binding),

---

51) 라드브루흐는 이를 '법철학의 안락사(Euthanasie der Rechtsphilosophie)'라고 표현하였다. Radbruch(1973), 110면.

비얼링(E. Bierling)에 의해 발전되었으며, 공법 분야에서는 게르버(C.F. Gerber), 라반트(P. Laband), 옐리네크(G. Jellinek) 등의 국법학적 실증주의로 발전되었다.

6. 자유법론

개념법학은 19세기 자본주의 발전과정에서 요청되는 법적 안정성의 이념에 부응하는 법학적 반응이었다. 하지만 자본주의가 고도화되면서 또다시 변화하는 사회 현실에 효과적으로 대처하기 위해서는 새로운 법이론이 필요하게 되었다. 자유법론(Freirechtslehre) 내지 자유법 운동은 그 과정에서 등장하였다.52)

자유법론은 실정법의 기계적 해석을 강조하는 개념법학에 대한 반발에서 출발하였다. 무엇보다도 자유법론은 개념법학의 대전제인 법의 무흠결성(완결성)을 부정하였다. 자유법론은 인간능력의 불완전성, 특히 입법자의 불완전성을 인정하는 한, 현실의 법은 언제나 흠결을 수반한다고 보았다. 또 자유법론은 개념법학의 형식논리적 방법을 위험한 위장이라고 비판하고 개념법학이 제정법의 형식논리적 조작을 통하여 판결을 도출하려는 데에 반대하였다. 이 점에서 자유법론은 법관의 제정법으로부터 해방인 동시에 법의 무흠결성이라는 도그마로부터의 해방이자, 형식논리로부터의 해방이며, 법학에서 의지작용의 은폐로부터의 해방이었다.

자유법론은 재판에 있어서 직관적이고 감정적 요소를 강조하였으며 법관이 정의와 형평에 따라 법을 발견하여야 한다고 주장하였다. 그에 따르면 실정법이 불명확하거나 모호한 경우, 나아가 역사적 입법자도 제정법에 따라 판결하지 않을 것 같은 경우에 법관은 지배적 정의관념에 따라 판결하여야 하고, 지배적 정의관념이 없을 경우에는 주관적인 법적 양심에 따라 판결하여야 한다. 그에 따라 자유법론은 반문언적 해석도 마다하지 않는다.53) 그로 인해 자유법론은 감정법학의 위험이 있다는 비판(F. Berolzheimer), 법률 연성화의 위험이 있다는 비판(J. W. Hedemann)을 받았다.54) 그와 함께 자유법론은 법학방법론으로서의 위상이

---

52) 자유법론, 특히 독일의 자유법론에 대해서는 장영민, "자유법론의 형성과 전개과정", 『법학논집』(이화여대) 제7권 1호(2002), 21-32면 참조.
53) 정작 칸토로비츠는 이를 반문언적 해석의 신화(Contra-legem Fabel)라고 부르며 자신이 법률에 반하는 판결을 옹호한 적이 없다고 항변하였다. H. Kantorowicz, "Die contra-legem-Fabel", *Deutsche Richter-Zeitung 3*(1911), 258-263면.
54) 헤데만은 초기에 자유로운 법관의 요청을 강조하는 등 자유법학적 성향을 보여주었으나, 그 후 일반조항으로 도피하는 현상으로 인하여 법률의 연성화를 초래할 위험이 있다고 하

애매하다는 근본적인 한계로 인해 쉽게 뜨거워진 것만큼이나 쉽게 그 열기가 가라앉았다.

칸토로비츠(H. Kantorowicz)는 자신처럼 법관의 자유로운 법발견을 강조하는 입장을 자유법운동(Freirechtsbewegung)으로 명명하고 『법학을 위한 투쟁(*Der Kampf um die Rechtswissenschaft*, 1906)』을 출간함으로써 자유법론의 대변자로 자리매김하였다. 그의 투쟁은 개념법학에 대한 비판에서 출발한다. 개념법학에 따르면 법률은 하나의 자동기계이다. 위에 사건을 집어넣으면 밑으로 판결이 나온다. 만일 사건이 법률로써 직접 결정되는 것이면 사건을 집어넣기만 하면 판결이 굴러 떨어질 것이고, 그렇지 않을 경우에는 이 기계를 탁탁 치거나 살짝 흔들면 된다. 그러나 칸토로비츠가 보기에 제정법은 흠결 투성이므로 법관에 의해 보충되어야 한다. 제정법의 흠결을 보충하는 법이 바로 자유법(freies Recht)이다. 제정법에 대한 어떠한 법해석도 제정법에서 자동적으로 도출되는 것이 아니라 해석자의 개인적 의사에 의하여 선택된 것에 지나지 않는다. 개념법학이 강조하는 형식논리적 방법은 실제로는 해석자의 의사를 은폐하기 위해 사후에 이용되는 사이비 방법에 불과하다. 법의 해석 및 적용은 언제나 해석자나 적용자가 원하는 결론에 대한 의지의 산물이다. 요컨대 칸토로비츠는 법률가의 임무가 제정법의 속박에서 벗어난 자유로운 법발견이고, 법이 흠결되어 있는 경우 법률가는 법창조(Rechtsschöpfung)로 나아가야 한다고 보았다.

7. 이익법학 및 평가법학

이미 예링에 의해 맹아의 형태로 제시되었던 이익법학은 헤크(P. Heck)를 대표자로 하는 이른바 튀빙겐학파에 의하여 비약적으로 발전되고 다시 스톨(H. Stoll) 등의 평가법학으로 비판적으로 계승되었다. 헤크에 의해 '실천적 법학을 위한 방법론'으로 규정된 이익법학은 실정법 체계가 완결적이지 않고 흠결을 갖고 있으며 이는 생활 속의 이익 개념을 통하여 보충되어야 한다고 보았다.

이익법학은 이익 개념 자체가 모호하다는 근본적인 한계에도 불구하고 현대 법학방법론의 발전에 크게 기여하였고, 이를 비판적으로 계승한 평가법학을 통해 오늘날까지 지대한 영향력을 미치고 있다. 이익법학은 법관의 재판 과정에 주

여 자유법론을 비판하였다. Hedemann(1933) 참조.

로 관심을 가졌지만, 법학의 대상 및 방법에 대한 방법론적 성찰을 통해 법해석
론 중심의 전통법학에도 큰 변화를 불러일으켰다.

사실 이익법학은 개념법학의 형식논리와 개념숭배에 대한 비판에서 출발한
다는 점에서 자유법론과 공동전선을 펴고 있음에도 자유법론과 분명히 차별화된
다. 이는 이익법학이 이익을 법해석의 중심에 두고 있으며, 자유법론과 달리 법
관의 법률충실(Gesetzestreu) 내지 법률구속을 강조한다는 점에서 잘 드러난다. 다
시 말해, 이익법학은 법의 해석 및 적용에서 법관의 창조적 역할을 인정한다는
점에서 자유법론과 궤를 같이하지만, 자유법론의 과도한 일탈을 경계하여 이익
개념을 중시하고 법관의 제정법 충실의무를 강조함으로써 자유법론과 거리를 두
었다. 요컨대 이익법학은 법해석의 창조성과 법적 안정성을 방법론적으로 조화
시키고자 하였다.

이익법학은 법질서가 단편적이고 흠결이 존재하기 때문에 논리적 추론만으
로는 부족하고 흠결 보충이 필요하다고 보았다. 물론 개념법학이나 법률실증주
의도 흠결 개념 그 자체를 부인하지는 않는다. 다만 법의 흠결은 외견상 존재하
는 것처럼 보일 뿐 실제로는 존재하지 않는다고 본다. 즉 외견상 불완전해 보이
는 법률의 배후에 완전한 법률의 의지가 존재하므로 법관의 체계적인 해석을 통
하여 흠결이 쉽게 보충될 수 있다는 것이다. 반면 이익법학은 흠결의 존재를 정
면으로 받아들였다. 그렇다고 해도 이익법학은 자유법론과 달리 법관의 자유로
운 법창조를 전면적으로 허용하지는 않는다. 흠결이 인정되는 경우, 법관은 사건
과 관련된 제반 이익을 밝혀낸 다음 이를 평가하고 종합적인 가치판단에 따라
형량함으로써 필요한 규칙을 보충해야 한다. 이제 법해석에 있어서 논리의 우위
는 생활탐구 및 생활평가의 우위로 대치되는 셈이다.

하지만 이익법학도 실정법에 포함되지 않은 가치평가의 기준을 법관에게 제
공해 주지 못하였고, 법체계가 이익의 상충을 해결할 실마리를 주지 않는 경우에
도 별다른 지침을 제시하지 못하였다. 결국 이익법학도 법관의 자유로운 법창조
를 역설하는 자유법학을 비판하면서도 일정한 범위 내에서 법관의 법형성이 불
가피하다고 보았다. 사실 이익의 판단주체로서 법관을 전제한다면 법관의 주관
성도 받아들일 수밖에 없다. 법관의 판결은 입법자의 판단을 따라야 하지만 입법
자의 의도를 알 수 없는 경우에는 법관 자신의 평가에 따를 수밖에 없다.

이익법학의 대표자 헤크는 법관을 판결 산출의 자동기계로 만드는 개념법학

을 배척하면서도 법관의 법률충실 의무와 함께 사법 재량의 한계를 강조함으로써 자유법론도 비판하였다. 그에 따르면 법관은 단순히 구성요건과 법규범을 받아들여 법관 자신의 평가 없이 판결을 배출하는 포섭기계나 자동장치가 아니다. 법관은 그 스스로가 적용할 규범의 창조자이며 비록 입법자의 하위에 있지만 입법자의 보조자이다. 따라서 법관은 정당한 판결에 도달하기 위해서 입법자가 법규정을 통해 보호하려 했던 이익들을 최대한 확인하여야 한다. 법관에게 요구되는 것은 법 문언에 대한 맹목적인 복종이 아니라 한마디로 '사고하는 복종(den-kender Gehorsam)'이다. 재판은 단순히 법규정을 논리적으로 적용하는 것이 아니라 가치평가를 통해, 즉 법률의 의미와 정신을 고려하여 적용하는 것이다. 법관은 모든 규범과 가치이념을 공평하게 고려하여야 한다. 그는 개별 사건을 재판하지만, 전체 법질서를 적용하여 재판하여야 한다. 법관은 재판의 타당성을 측정하는 규준을 법규정의 형태로 표현된 법공동체의 가치판단에서 찾아야 한다. 다만 헤크도 입법자의 의도를 확인할 수 없는 경우 법관 자신의 평가에 따를 수밖에 없다는 점을 인정하였다.

스톨은 2세대 이익법학자로서 주로 사법(私法) 영역에서 이익법학의 주요 테제를 발전시키려 하였다. 다만 이익 자체가 아니라 이익에 대한 평가작용에 초점을 맞추어 평가법학(Wertungjurisprudenz)이라는 용어가 이익법학의 내용에 더 적합하다고 보았다. 현대적 이익법학으로 부르든지 평가법학으로 부르든지 간에 이는 오늘날까지 적어도 사법 영역에서 법학과 법실무에 있어서 지배적인 위상을 차지하고 있다.

스톨 역시 법률에 기인하든 관습에 기인하든 아니면 법조인의 창조적 활동에 기인하든지 간에 모든 법규정은 일종의 가치평가로서, 그 기초가 되는 이익의 형량을 포함한다고 보았다. 법규정이 흠결된 곳에서는 법관의 창조적인 이익평가 활동 속에서 법규정이 새롭게 창설된다. 따라서 법관에 의한 법적용은 결코 개념적이고 논리적인 포섭이 아니라 이익형량적이고 목적론적인 포섭이다. 물론 법관의 평가는 실정법의 테두리 내에서 이루어지므로 법과 무관한 영역으로 빨려 들어가지는 않는다. 이 점에서 법관의 방법론적인 행태는 입법자의 행태와 다를 바 없다. 즉 법관은 구체적인 사건에서 서로 충돌하는 법공동체 및 개인의 이익들을 찾아내어 평가한 후에 스스로 획득한 법규정 속에서 자신의 평가를 표현한다.

헤크와 스톨에 의해 이론적 기초가 마련된 평가법학은 20세기 중반 니퍼다이(H. Nipperdey), 코잉(H. Coing), 베스터만(H. Westermann) 등에 의하여 가치 관련성이 강조되면서 한 단계 더 발전되었다. 종래 이익의 관점에서 파악되던 가치들이 평가기준의 관점으로 다루어지고, 헌법 가치에 열려 있는 체계가 전면에 등장하게 되었다. 특히 법해석 및 법형성을 위하여 법률의 기저에 있는 초법률적 가치 내지 실정화 이전의 가치에 주목하기 시작하였다.55) 이에 평가법학은 법률이 단순히 이익충돌을 규율하는 데 그치지 않고 동시에 가치를 구현한다고 보았다. 한마디로 법질서는 '가치질서(Werteordnung)'라는 것이다.

8. 미국 법현실주의

미국 법현실주의(American Legal Realism)는 전통 법학의 형식주의(formalism) 내지 기계적 법학에 대한 비판에서 출발한다는 점, 또 실용주의(pragmatism)에 토대를 두고 있다는 점에서 동 시대의 사회학적 법학(sociological jurisprudence)과 다를 바 없지만, 전통 법학이 신봉해온 법적 확실성(legal certainty)이 환상이며 허구에 지나지 않는다는 점을 비판하는 데에 초점을 맞추었다.

법적 확실성에 대한 비판은 법적 확실성을 뒷받침하는 두 요소, 즉 법적 논리와 법적 개념에 대한 의문에서 출발한다. 미국 법현실주의는 재판과정에 대한 심리적 분석을 통하여 이른바 사법자동기계 테제가 비현실적이라고 보았다. 일반적으로 판단이 그러하듯이, 재판도 결론이 내려진 다음에 이를 정당화하는 전제를 찾는다. 법관도 인간이므로 심리작용의 일반 메커니즘을 벗어날 수 없다. 전제를 탐색하는 과정에서 법관의 편견이 작용한다. 마찬가지로 법적 개념도 일반적이고 추상적인 개념이므로 구체적 현실이 개념에 포섭되는 과정에서 법관의 주관이 개입한다. 따라서 법적 개념으로 구성되는 법규정은 법관에 따라 다양하게 해석될 수 있다.

이러한 문제의식에서 출발한 미국 법현실주의는 주된 연구대상을 제정법에서 재판으로 옮겨 법현상의 현실적인 측면을 탐구하기 시작하였다. 그들에게 법의 본질은 법원이 실제로 내리는 판결이며, 제정법 혹은 선례와 같은 일반규범으로서의 법은 판결을 정당화하기 위한 수단일 뿐이다. 따라서 사법은 기계적인 법

---

55) Larenz(1991), 122면.

적용 과정이 아니라 법창조 과정이다. 법현실주의자들이 법원을 법창조 기관으로 보고, 재판을 법창조 과정으로 이해하는 저변에는 법전에 쓰여 있는 규칙(rule)이 아니라 법관의 해석을 거쳐 내려진 결과로서의 판결(decision)을 법으로 여기는 전통적인 코먼로(common law)의 법적 사고와 법의식이 자리 잡고 있다.

그럼에도 불구하고 르웰린(K. Llewellyn)은 온건한 법현실주의자로서 재판에서 작용하는 법외적 요소를 제대로 평가함으로써 법적 확실성을 확보할 수 있다고 보았으며 실정법 자체가 무의미하다고 보지 않았다. 단지 사법 실무에서 실정법이 지금까지 생각되어온 것보다 덜 중요하다고 보았을 뿐이다: 규칙회의주의(rule scepticism). 르웰린에 의하면 법과 관련된 공무원들이 분쟁에 대하여 수행하는 것이 법이다. 이러한 관점에서 그는 법학의 주된 관심분야가 법규칙에 대한 연구로부터 법과 관련된 공무원, 특히 법관의 실제 행동에 대한 연구로 옮겨져야 한다고 역설하였다.

미국 법현실주의의 또 다른 대표자 프랑크(J. Frank)는 형식주의적 법사고를 정면으로 비판하며 상당히 급진적인 성향을 보였다. 그는 미국의 사법체계를 위장된 이슬람 카디재판이라고 보았다. 즉 판결은 법규가 아니라 감정, 직관적 예감, 편견, 기질, 기타 비이성적인 요소들에 의하여 근거지어진다는 것이다. 그에 따르면 법관이 법이라고 생각하는 것을 결정하는 데 있어서 언제나 법관의 정치적, 경제적 편견과 사적 편견이 작용한다. 법규칙에 대한 지식은 판결을 예측하는 데에 거의 도움이 되지 않는다. 그에 따라 법원의 판결은 대단히 불확실하고 거의 예측불가능하다. 법원이 일정한 문제를 처리할 때까지는 그에 관한 어떠한 법도 존재하지 않는다. 요컨대 프랑크는 법의 불확정성(indeterminacy)을 불가피한 것으로 받아들였다. 다만 프랑크는 연방항소법원의 법관으로 승진하여 활동하면서 점차 사실회의주의자(fact sceptics)로 변모하여 법적 결정의 예측불가능성이 주로 사실확정의 문제에서 비롯된다는 점을 강조하였다. 그에 따르면 사실확정은 주로 하급심에서 이루어지며 하급심에서 한 번 잘못 확정된 사실관계는 상급심에서 바로잡기 어렵다. 따라서 하급심 법원의 사실발견이 사법의 아킬레스건이다. 이에 프랑크는 법실무뿐 아니라 법학도 사실발견의 문제에 관심을 기울여야 한다고 주장하였다.

9. 법해석학

현대 법학방법론에 대한 논의에서 법해석학(Juristische Hermeneutik)을 빼놓을 수는 없다. 넓은 의미의 법해석학은 법이나 법률행위의 해석 문제를 다루는 이론이지만, 좁은 의미의 법해석학은 철학적 해석학에 입각하여 법 인식의 선험적인 가능조건을 탐구하는 법이론 내지 법철학이다. 이 점에서 법해석학은 법을 해석하여 구체적인 사건에 적용하는 해석방법과 해석기술을 탐구하는 전통적인 해석이론(Auslegungslehre)과 구별되어야 한다.

법학은 법령을 구성하는 개별 법규범, 정확하게는 법규정이라는 텍스트를 해석하는 것이다. 그런데 해석결과를 정당화하는 데에 있어서 법의 해석 과정에서 작동하는 해석자의 가치 판단 내지 평가라는 요소는 전통적인 해석이론으로는 쉽게 해결하기 어려운 문제였다. 현대적인 해석이론은 슐라이어마허(F. Schleiermacher), 딜타이(W. Dilthey)를 거쳐 하이데거(M. Heidegger)와 가다머(H.-G. Gadamer)에 의해 발전되어 온 철학적 해석학을 법학에 적용한 법해석학을 통해 이 문제를 해결하려 하였다. 법해석학은 원래 유럽 대륙의 철학적 전통 아래에서 발전되었으나, 오늘날 유럽뿐 아니라 영미에서도 활발하게 논의되고 있다.

법해석학은 법의 해석에 있어서 해석자의 선이해(Vorverständnis) 내지 선판단(Vorurteil), 그에 따른 해석의 차이 또는 불확정성, 나아가 해석의 개방성을 강조한다. 일단 법해석학은 법 텍스트의 해석에 있어서 해석자의 주관이 개입하는 것은 불가피하다는 점을 받아들인다. 다만 해석자의 주관적 요소도 합리적인 논의를 통하여 통제될 수 있으면 정당화될 수 있다고 본다. 이는 법해석자가 법령을 해석하는 데 있어서 입법자의 의도 내지 원의(原意)에 구속되지 않는다는 것을 의미한다. 그 연장선 상에서 모든 법해석은 본질적으로 법형성일 수밖에 없다.56) 이 점에서 법해석학은 법해석에서 주관적 해석이론이 아닌 객관적 해석이론, 또 의도주의가 아닌 반의도주의를 정당화하는 이론적 근거를 제공한다.

그렇다면 법해석학의 관점에서 해석자의 선이해에 바탕한 해석은 어떻게 정당화될 수 있는가? 해석학적 사고는 궁극적으로 실천이성의 강조로 귀결된다. 실천의 각 단계마다 해석자의 자기성찰과 시행착오 그리고 고통스러운 결단이 수

---

56) 양천수(2021), 372면.

반되어야 하며, 해석자는 토론과 합의를 통해 간주관성이 확보될 수 있도록 노력해야 한다. 결국 법해석학에 의하면, 법적 논의의 합리성에 대한 최후의 통제 수단은 법해석자의 양심일 수밖에 없다. 여기에서 법해석학의 본질적인 한계가 드러난다.

제 2 장

법규정의 구조와 유형

제1절 법규범과 법규정

   지금까지 법학의 방법론적 기초로서 법학방법론의 의미와 역사를 개관하면서 정작 법학방법론의 연구대상이 되는 법에 대해서는 제대로 검토하지 못하였다. 법학방법론은 '법'을 해석·적용하고 이를 정당화하는 것이므로 '법'이란 무엇인가, 즉 법의 개념에 대한 이해가 필수불가결하다. 물론 법의 개념은 법철학의 근본 문제 중 하나로 간단히 정리될 수 없지만 법학방법론에 대한 본격적인 논의에 앞서 간략하게나마 그 의미를 살펴보기로 한다.

1. 법과 규범

   법은 인간에게 일정한 행위를 지시하는 규범이다. 그리고 법은 구속력을 갖는다는 점, 특히 국가의 법집행기관에 의해 강제적으로 관철된다는 점에서 다른 규범들과 차별화된다. 강제 없는 법은 그 자체로 모순으로서 타지 않는 불이고, 비추지 않은 빛이다(R. von Jhering). 관습법에서 확인할 수 있듯이 모든 법이 국가기관에 의해 제정되지는 않으나, 현대 문명국가에서 법은 원칙적으로 국가기관에 의하여 제정되고 강제적으로 집행된다. 켈젠의 고전적인 개념정의를 빌리면, 법은 한마디로 강제규범(Zwangsnorm)이다.[1] 이러한 개념정의에 따르면 제정 법뿐 아니라 판결도 법에 포함된다. 판결은 모든 국민에게 구속력을 갖는 일반규 범은 아닐지라도 당사자에게 구속력을 갖는 개별규범이다. 이와 달리 선결례로 서의 판례는 모든 국민은 물론 법관에게 규범적 구속력을 갖지 못한다는 점에서 법은 아니다.[2]

'법'이라는 말은 그 맥락에 따라 다양한 의미로 사용된다. 대한민국의 법이 나 특정 국가의 법을 의미하는 고유명사로 사용되기도 하지만, 대개 법 일반(law in general)을 의미하는 일반명사로 사용된다. 그런데 일반명사로서의 법도 법체계(legal system) 또는 법질서(legal order)를 의미하기도 하고 그러한 법체계 등을 구성하는 기본 단위로서의 법규범을 의미할 수도 있다.[3] 법체계 또는 법질서로 서의 법에 대해서는 뒤에서 다시 논의하기로 하고 여기에서는 법체계를 구성하 는 법규범으로서의 법에 대하여 살펴본다.

법규범(legal norm, Rechtsnorm)의 의미를 파악하기 위해서는 규범의 의미부 터 먼저 파악해야 한다.[4] 규범은 법학뿐 아니라 사회학, 언어학, 윤리학, 논리학 심지어 미학에서도 사용되며 각 분야에서 제각기 다른 의미를 갖는다. 실천과학 으로서의 법학에서는 '규범제정자가 일정한 행위를 수범자(受範者)에게 지시하는 규정(prescription)'으로 규범을 이해하는 것이 적절해 보인다.

법학에서 규범(norm)은 오래전부터 다루어져 왔지만, 현대적인 의미의 규범 은 19세기 독일에서 법규정(법규, Rechtssatz)과 관련하여 법학의 주요 주제로 논 의되기 시작하였다. 전통적으로 법은 신(神), 이성(理性) 또는 주권자(主權者)가 수 범자에게 내리는 명령(Imperativ)으로 이해되었다. 하지만 법규정에 대한 엄밀한 분석이 이루어지면서 켈젠 등 일부 학자들은 법규범을 일정한 요건과 그 효과의 관계에 대한 판단(Urteil)으로 이해하려 하였다.[5] 즉 법이 국가 의사에 대한 판단

---

1) Kelsen(1960), 34-36면.
2) 켈젠은 하위규범이 단순한 상위규범의 적용에 그치는 것이 아니라 새로운 법규범의 제정 이라고 보고 법관에 의한 판결의 구성적 성격을 인정하면서도 법관법(Richterrecht)을 인 정하지는 않았다. Kelsen(1960), 242-251면.
3) Allott(1980), 1-5면.
4) 규범 일반 이론은 Kelsen(1979); H. Hofmann, "Norm", *Historische Wörterbuch der Philosophie, Bd. 6* (J. Rittner/K. Gründer hg.), Basel: Schwabe, 1984, 906-920면; 심헌 섭(2001), 60-92면 참조.
5) H. Kelsen, *Hauptprobleme der Staatsrechtslehre, 2. Aufl.*, Tübingen: J.C.B. Mohr, 1923, 210-212면, 237-245면; Nawiasky(1948), 14-16면. 다만 켈젠은 점차 법명령설로 전향하

내지 가언적 판단(hypothetische Urteil)이라는 것이다. 이러한 판단설은 법을 입법자의 주관적 의지와 독립된 것으로 파악하고 합리적으로 해석하고자 한다는 점에서 그 나름의 역사적 의의를 가진다. 또 법체계의 통일성 원리와 관련하여 법을 논리적으로 분석하고 구성하는 데에도 장점을 갖는다.

그러나 법규범 자체와 그 언어적 표현이 구별된다는 점을 전제하면 법규범이 언어적으로 재구성되어 판단 내지 명제의 형태로 등장한다고 해서 법규범 자체를 판단으로 볼 필요는 없다. 법은 행위규범으로서 일차적으로 법공동체의 구성원 전체를 수범자로 삼는 명령(imperative) 내지 지시(directive)로 등장한다.

물론 행위규범/재판규범의 구별이 여전히 통용되는 현실에서 확인할 수 있듯이, 누가 법규범의 일차적인 수범자인지는 여전히 논란이 되고 있다. 법규범의 수범자는 곧 법규정의 독자 내지 청중, 수신자의 문제로서 법학방법론에서 중요한 의미를 갖는다. 예를 들면 민법 제750조는 누구든지 불법행위를 저지르면 그에 따른 불법행위책임을 부담한다는 형태로 규정되어 있기 때문에 모든 국민에게 지시하는 것으로 쉽게 이해될 수 있다. 하지만 형법 제250조는 살인을 저지른 개별 국민에 대해 일정한 형벌에 처한다고 규정하고 있기 때문에 국민이 아닌 법관에게 지시하는 것으로 이해하는 것이 자연스럽다. 즉 민법 제750조는 국민 일반을 수범자로 하는 행위규범인 반면, 형법 제250조는 법관을 수범자로 하는 재판규범으로 이해될 수 있다. 법규범의 본질이라는 측면에서는 두 규정이 별다른 차이가 없지만, 수범자의 측면에서는 그 차이가 확연히 드러난다.[6] 다만 수범자의 개념 및 대상에 대한 논란과 무관하게, 원칙적으로 법을 국회를 비롯한 법제정당국이 수범자에게 내리는 명령 내지 지시로 이해하는 데에는 문제가 없어 보인다.

법의 기능이라는 관점에서 보면, 법은 인간의 일정한 행위를 명령 내지 지

여 후기에는 극단적인 명령설을 취하였다. Kelsen(1960), 4-16면 및 73-77면; Kelsen(1979), 2면 및 187면.

6) 이에 주목하여 법령의 목적이나 특성에 따라 수범자가 달라질 수 있으므로 법령 해석에서 그 법령이 목표로 삼는 수범자군이 고려되어야 한다는 견해로 D. Louk, "The Audiences of Statutes", *Cornell Law Review 105* (2019), 137-226면, 특히 159면 및 199면; A. Krishnakumar, "Meta Rules for Ordinary Meaning", *Havard Law Review Forum 134* (2021), 167-183면, 특히 171면 및 174면. 비슷한 맥락에서 모든 법규범은 두 수범자군을 가지며, 일차 규범으로서 국민 일반을 대상으로, 이차 규범으로서 법원 공무원을 대상으로 삼는다고 보는 견해로 Wank(2020). 184면.

시함으로써 이를 지도하고 조종하면서 일정한 행위동기를 유발하고 인간 상호간의 행위를 조정한다. 법에 의해 적법한 행위는 긍정적으로, 위법한 행위는 부정적으로 평가된다. 즉 법은 일정한 행위를 명령 내지 지시하는 기능과 함께 그 행위를 평가하는 기능을 수행한다. 다시 말해 법은 행위규범뿐 아니라 평가규범으로도 등장한다. 그로 인해 법의 본질이 명령인지 아니면 평가인지를 두고서 논란이 없지 않았다.[7]

입법자가 법을 통해 일정한 행위를 명령 내지 지시하기 위해서는 사전에 일정한 가치판단을 거칠 수밖에 없으므로 평가가 명령에 선행하는 것은 분명해 보인다. 하지만 법규범이 일정한 행위에 대한 명령 내지 지시로 나아가지 않고 단지 평가에 머문다면 이는 단순히 도덕적 입장표명 또는 가치관련적 태도에 그칠 뿐이고 이를 두고 법이라고 부르지 않을 것이다. 또 일정한 행위를 평가한다는 것은 이미 그 행위를 추천하고, 영향 주고, 지시하려는 기능을 함축 내지 수반한다.

그렇다면 법의 본질적인 기능은 역시 명령 내지 지시라고 보아야 할 듯싶다. 물론 법을 입법자가 수범자에게 일정한 행위를 하거나 하지 말 것을 요구하는 명령으로 이해할지 아니면 명령을 포함하는 지시로 넓게 이해할지를 두고 견해가 엇갈릴 수 있지만, 적어도 법규범의 핵심이 명령에 있다는 점은 받아들일 수 있을 것이다.

2. 법규범의 언어적 표현

법규범은 흔히 법전의 법조문 또는 판결서의 주문(主文)과 같이 언어적으로 표현되지만, 법조문 또는 주문이 법규범 자체는 아니다. 법규범과 그 언어적 표현은 구별되어야 한다.[8] 법규범 자체는 감각적으로 지각되는 물리적 대상이 아니라 제도적인 관념적 실체 또는 사회적 사실이다. 법규범은 교통순경의 수신호(手信號)와 같은 신체 동작으로도, 교통 신호등의 신호표시와 같은 기호 내지 상징으로도 표현될 수 있다. 하지만 법규범이 수범자에게 일정한 행위를 명령하고 지시하기 위해 필요한 공개성·전달가능성 및 상호이해가능성을 확보하기 위해

---

7) 평가규범설의 드문 옹호자로서는 H. Henkel, *Einführung in die Rechtsphilosophie*, München: C.H. Beck, 1964, 61면.
8) Twining/Miers(1999), 131–132면.

서는 좁은 의미의 언어, 즉 문자로 표현되어야 한다.[9]

언어는 아리스토텔레스에 따르면, 모든 사람들이 공통적으로 가지고 있는 생각을 표기하는 관습적인 기호이다. 언어에는 자연언어와 인공언어가 있다. 자연언어(natural language)는 일반인들이 쉽게 이해할 수 있다는 장점에도 불구하고 애매모호하고 맥락에 따라 의미가 변화한다는 단점을 갖는다. 이에 비해 인공언어(artificial language)는 인위적으로 만들어진 언어로서 그 의미가 상대적으로 명료하다. 수학을 비롯한 자연과학이나 공학에서 사용되는 인공언어는 시간과 비용을 절약하고 정확하게 의사소통할 수 있다.[10] 그럼에도 불구하고, 법은 기본적으로 일반 국민을 수범자로 전제하기 때문에 법규범의 언어적 표현은 자연언어로서의 일상언어(ordinary language)에 기반을 둘 수밖에 없다.

법규범의 언어적 표현, 즉 법규정(Rechtssatz)[11]은 구문론(통사론, syntax)의 차원에서는 의무문 또는 가언적 의무문, 서술문 또는 가언적 서술문,[12] 명령문 등으로 표현된다. 그중에서도 주로 의무문(義務文, deontic sentence) 내지 가언적 의무문의 형태로 등장한다. 의무문은 서술문이나 명령문과 달리 우리에게 그다지 익숙한 개념이 아니기 때문에 약간의 설명이 필요할 듯싶다.

의무문은 문장에 '~ 하여야 한다', '~ 해서는 안 된다', '~ 해도 된다', '~ 해도 무방하다' 등의 당위적 표현이 포함된 문장이다.[13] 가령 "국가는 전통문화의 계승·발전과 민족문화의 창달에 노력하여야 한다."라고 규정하는 헌법 제9조가 의무문의 형태로 표현된 법규정의 예이다.

물론 법규정은 종종 서술문(敍述文)이나 명령문(命令文)으로도 표현된다. 가

---

9) 언어분석철학의 관점에서 규범의 실체성을 의심하고 규범과 규범문을 동일한 것으로 이해하는 학자도 없지 않다. 예컨대 Klug(1982), 203-204면. 하지만 비언어적인 형태로 등장하는 규범도 엄연히 존재하기 때문에 규범의 외연과 규범문의 외연은 동일하지 않다. von Wright(1963), 93-106면; Weinberger(1984), 467면; Alexy(1994), 40-47면.

10) 김준섭(1995), 258면.

11) 'Rechtssatz' 자체가 법규범의 언어적 표현으로서의 법규정(法規定) 내지 법문(法文) 이외에도 국민의 권리·의무와 관련된 법규(法規)나 일정한 법체계에 소속된 법에 관한 진술로서의 법명제(法命題) 등으로 다의적이기 때문에 그 번역용어도 다양할 수밖에 없다. 여기에서는 원칙적으로 법규정으로 번역한다.

12) 법규범을 표현하는 데 흔히 사용되는 가언적 서술문은 규정문(Bestimmungssatz)이라고 불린다. Larenz(1991), 253-257면; B. Rüthers, *Rechtstheorie*, München: C.H. Beck, 1999, 69-70면.

13) 독일어권에서는 전통적으로 의무문 대신에 당위문(Sollsatz)으로 불린다. 예컨대 Engisch(1977), 21면; Weinberger(1989), 218-277면.

령 "모든 국민은 양심의 자유를 가진다."라는 헌법 제19조는 서술문으로 표현된 법규정이며, 판결서에서 흔히 볼 수 있는 "피고는 원고에게 금 ○○원을 지급하라."라는 이행판결의 주문(主文)은 명령문으로 표현된 법규정이다.

이러한 서술문이나 명령문은 외견상의 차이에도 불구하고 의미론(semantics)의 차원에서 보면 모두 규정성 내지 당위성을 내포하고 있다는 점에서 의무문과 다를 바 없다. 가령 민법 제750조와 같이 법률요건과 법률효과가 명료하게 표현된 법규정은 구문론적으로는 가언적 서술문이지만 의미론적으로는 가언적 의무문과 다르지 않다. 다시 말해 서술문이나 명령문으로 표현된 법규범은 의무문으로 표현되는 법규범과 의미론적으로는 등가적이다.[14]

문제는, 서술문 형태의 법규정은 그 의미, 문맥이나 상황에 대한 고려 없이는 그 자체만으로 당위성이나 규정성이 제대로 드러나지 않는다는 데에 있다. 즉 서술문은 법규범으로서의 의미론적 특성을 잘 나타내지 못하기 때문에 법규범의 언어적 표현으로서 부적합하다. 이에 비해, 명령문 형태의 법규정은 규범의 의미론적 기초개념인 명령의 직접적인 언어적 표현으로서 언제나 규정적 의미를 갖는다는 장점을 갖는다. 하지만 명령문의 원래 용법이 '앞에 있는 상대방에 대한 직접적인 의지의 표현'이라는 점에서 의사소통 내지 전달 가능성을 전제로 하는 법규범을 표현하기에는 적합하지 않다. 또 명령문으로는 법규범의 규범적 기능 중 하나인 허용을 표현하기도 마땅치 않다. 그로 인해 명령문은 의무문으로 환원될 수 있지만 일부 의무문은 명령문으로 환원되지 못한다. 의무논리를 명령논리로 무리하게 환원시키려는 시도는 법논리학의 관점에서 이른바 '프로크루스테스(Procrustes)의 절단'을 필요로 한다. 다시 말해 명령문은 의무문에 비하여 그 적용범위가 협소하다. 이렇게 보면 의무문이 법규범을 표현하기에 가장 적합한 언어적 표현이 아닐 수 없다.[15]

다만 의무문이 "~ 하여야 한다."는 문장에 한정되는 것은 아니라는 것을 유념할 필요가 있다. 물론 "~ 해서는 안 된다."는 금지문 또는 "~ 할 수 있다."는

---

14) 언어는 표현적 기능(expressive function), 지시적 기능(directive function), 정보보고적 기능(informative function)의 3가지 기본적 기능을 갖고 있는데, 명령문이나 의무문은 공통적으로 지시적 기능을 수행한다는 점에서 다를 바 없다. 언어의 기능에 대한 간단한 논의는 소광희(1985), 3-6면.

15) von Wright(1963), 93-106면, 특히 101면; G. Kalinowski, *Einführung in die Normenlogik*, Frankfurt a.M.: Athenäum, 1972, 5-14면; Tammelo(1978), 133면; Alexy (1994), 42-47면, 특히 45면 주14.

허용문은 의무문으로 환원될 수 있으므로 넓은 의미의 의무문에 포함된다. 그리고 의무문은 문미(文尾)가 "~ 하여야 한다."는 문장뿐 아니라 그와 의미론적으로 등가적인 "~ 할 의무를 진다."는 문장으로도 등장할 수 있다.

의무문은 체계적 애매성으로 인하여 항상 규정적 의미만 갖는 것이 아니라 맥락에 따라 기술적인 의미를 가질 수도 있다. 따라서 의무문은 구체적인 문맥 및 상황을 고려하여 해석되어야 한다.[16] 가령 "여기에 주차해서는 안 된다."는 의무문을 생각해 보자. 입법자가 그와 같은 의무문을 사용하면 이는 수범자에게 일정한 행위를 지시하는 법규범이 된다. 하지만 입법자가 아닌 제3자가 그와 같은 의무문을 사용한다면 이는 그와 같은 법규범이 제정되어 있다는 사실을 기술하는 '법규범(의 존재)에 관한 서술문'에 불과하다. 이처럼 동일한 의무문도 때로는 규정적 기능을, 때로는 서술적 기능을 수행할 수 있다.

법규범의 언어적 표현이라는 문제가 정리된 다음에는 법규정의 개념을 명확하게 규정할 차례이다. 법규범은 입법의 효율성 등을 감안하여 그 형태 그대로 입법되지 않고 여러 개의 법조문으로 재조합되어 입법된다. 흔히 법률요건 및 법률효과의 결합이라는 조건문 내지 가언문의 형식으로 등장하는 법규범을 통칭하여 법규정(Rechtssatz)이라고 부른다. 법전에 등장하는 모든 법규정이 법규범은 아니다. 법규정은 법규범과 구분되어야 한다. 그럼에도 불구하고, 두 개념을 혼동함으로써 오래전부터 상당한 혼란이 초래되었으나 빈딩(K. Binding)의 기념비적인 연구 이후로 법규정과 법규범이 명확하게 구분되기 시작하였다.

빈딩은 전통 형법학이 형법규정과 규범을 혼동함으로써 혼란을 야기하였다고 지적하고 형법규정과 규범의 관계에 대한 통찰을 통해 형법학을 재구성하려 하였다.[17] 그에 따르면 전통적으로 범죄는 형법규정을 침해하는 것으로 여겨졌지만 실제로 범죄에 의해 침해되는 것은 형법규정이 아니라 형법규정이 전제하고 있는, 수범자에 대한 행위 명령일 뿐이다. 빈딩은 후자를 규범(Norm)이라고 부르며 형법규정과 구분하였다. 범죄는 형법규정에 대해서는 그 적용을 위한 소전제일 뿐이다. 예컨대 '살인하지 말라'고 규정하는 것은 규범이고, '사람을 살해한 자는 사형, 무기 또는 5년 이상의 징역에 처한다'는 것은 법규정(Rechtssatz)

---

16) Kelsen(1979), 121면.

17) K. Binding, *Die Normen und ihre Übertretung Bd. I, 4. Aufl*, Leipzig: Felix Meiner, 1922.

이다. 법규정은 '일정한 요건과 결합된 국가의지에 대한 가언판단'으로서, '국민의 합법적 행동을 요구하는 명령문 또는 의문문'으로서의 법규범과 엄격하게 구별된다.

다시 말해, 법규정은 흔히 법규범과 동일시되지만 엄밀하게는 법규범이 언어적으로 표현된 것이므로 법규범, 법문 내지 법규범문 그리고 법에 관한 명제와는 구별되어야 한다. 특히 법규정은 규정적 의미를 갖는다는 점에서 서술적 의미를 갖는 데에 불과한 법에 관한 문장(Satz über Recht) 내지 법명제(Rechts-aussage)와 명확하게 구분되어야 한다.[18]

예를 들면 살인을 금지하는 법규범은 언어적으로 '사람을 살해해서는 안 된다'는 의무문으로 표현된다. 이는 법규정으로 재구성되어 형법 제250조 제1항에 "사람을 살해한 자는 사형, 무기 또는 5년 이상의 징역에 처한다."라는 형태로 등장한다. 이를 두고 법학자들은 '우리나라 형법에 의하면 살인은 금지되어 있다.' 또는 '우리나라 형법에 의하면 사람을 살해한 자는 사형, 무기 또는 5년 이상의 징역에 처해진다.'라고 설명한다. 이처럼 법규범 내지 법규정을 서술하는 문장이 바로 법에 관한 명제 내지 법명제이다. 명제에 대하여 진(True)/위(False)의 진리치가 부여될 수 있듯이, 법에 관한 문장 내지 법명제에도 진리치가 부여될 수 있다.

이와 관련하여 언어철학적 관점에서 문장과 명제의 구별에 대한 약간의 설명이 이해에 도움이 될 것이다. 문장과 명제는 종종 호환적으로 사용된다. 명제는 문장 자체, 문장의 언어적 의미, 나아가 믿음의 내용 또는 다른 명제적 태도 등 다양한 뜻을 가진다. 하지만 현대 논리학 내지 언어철학에서 문장과 명제, 그리고 진술(언명)은 개념적으로 구별된다.[19] 문장(sentence, Satz)은 언어의 구문론적 규칙에 따라 구성되는 일련의 낱말들이다. 문장은 의미 없는 문장도 있을 수 있으나 일반적으로 그 문장이 뜻하고자 하는 것, 즉 의미(meaning)를 갖는다. 진리치와 같은 의미론적 속성을 갖고 있는 서술문의 의미가 바로 명제(proposition, Proposition)이다.[20] 가령 '나는 덥다.'는 문장과 'I am hot.'이라는 문장은 서로 다

---

18) von Wright(1963), 105-106면; Alchourron/Bulygin(1971), 121면; Klug(1982), 203-204면.

19) A.W. Sparkes, *Talking Philosophy: A Wordbook*, London: Routledge, 1991, 1-3면; "Propostions, Sentences and Statement"(P. Engel), *Routledge Encyclopedia of Philosophy*(E. Craig ed.) *Vol. 7*, London: Routledge, 1998, 787-788면 참조.

른 문장이지만 동일한 명제를 전달한다. 문장 그 자체는 진리치가 부여될 수 없지만, 명제에는 진리치가 부여될 수 있다.

한편 진술(언명, statement, Aussage)은 명제의 언어적 주장이다. 진술은 문장의 사용(use)까지 고려한 문장의 의미로서 명제와 마찬가지로 진리치가 부여될 수 있다. 가령 '나는 덥다.'라는 문장은 갑(甲)이 사용하는지, 을(乙)이 사용하는지에 따라 다른 의미를 갖기 때문에 진리치도 달라질 수 있다. 이 경우 갑과 을이 동일한 문장을 사용한다고 하더라도 진술은 동일하지 않다. 갑이 '나는 덥다.'라고 말하고, 을이 갑에게 '당신은 덥다.'라고 말하면, 서로 다른 문장이라고 하더라도 동일한 의미를 지니므로 동일한 진술을 하는 것이다. 이미 오래전 스트로슨(P.F. Strawson)이 적절하게 지적한 바와 같이, 문장의 사용·발화의 맥락 속에서 만들어지는 진술은 문장 그 자체와는 구별되어야 한다.

제2절 법규정의 구조

법전(法典)에서 흔히 발견되는 전형적인 법규정은 법률요건 또는 구성요건으로 불리는 법적 조건, 그리고 흔히 법률효과로 불리는 법적 효과로 구성된다. 구문론(문장론, syntax)의 관점에서 분석하면, 법규정은 법적 조건과 법적 효과가 결합된 가언문으로 등장한다.[21] 이는 조건 프로그램으로 표현되는 '만일 … 이면, … 이다(if … , then …).'의 구조를 갖는다. 물론 행정법의 행정계획 규정과 같이 목적 프로그램 내지 목표 프로그램의 구조를 가지는 법규정도 있지만, 법규범은 기본적으로 조건 프로그램의 구조를 갖는다.[22]

법규정의 법적 조건과 법적 효과는 종종 여러 법조문에 나뉘어 있는데 이때는 법조문들이 결합하여 재구성될 때 법규정의 완전한 구조를 갖추게 된다. 대부

---

20) 일반적으로 명제가 될 수 있는 진술은 서술문(descriptive sentence)으로 표현된 것에 국한된다. 소광희(1985), 30면.
21) 법규정의 조건문적 구조에 대한 상세한 논의는 박준석, "규범의 본질에 대한 탐구 ─조건문의 형식을 중심으로─", 『법철학연구』 제22권 제2호(2019), 35-78면 참조.
22) 목적 프로그램(Zweckprogramm)·목표 프로그램(Finalprogramm)과 조건 프로그램(Konditionalprogramm)의 구별은 N. Luhmann, "Funktionale Methode und juristische Entscheidung", *Archiv des öffentlichen Rechts 94* (1969), 1-31면, 특히 3-4면, 22-24면.

분의 법규정은 이러한 가언적인 구조를 그대로 드러내지 않지만, 약간의 조작을 통하여 그다지 어렵지 않게 법적 조건과 법적 효과를 추출해낼 수 있다.

예를 들면 민법 제750조는 "고의 또는 과실로 인한 위법행위로 타인에게 손해를 가한 자는 그 손해를 배상할 책임이 있다."라고 규정한다. 이는 '누군가가 고의 또는 과실로 인한 위법행위로 타인에게 손해를 가하는 경우'라는 법률요건과 '그는 그 손해를 배상할 책임이 있다'는 법률효과로 재구성될 수 있다. 또 형법 제250조 제1항은 서술문의 형태로 "사람을 살해한 자는 사형, 무기 또는 5년 이상의 징역에 처한다."라고 규정한다. 이는 '누군가가 사람을 살해한 경우'라는 구성요건과 '그는 사형, 무기 또는 5년 이상의 징역형에 처해진다'는 형사책임으로 재구성될 수 있다.

일반적으로 법률요건에 부합하는 사실, 즉 요건사실이 존재하면 그에 따른 법적 효과로 일정한 권리가 부여되거나 의무가 부과된다. 법규정은 모든 법적 조건이 누적적으로 충족되어야만 법적 효과가 발생하고 하나라도 결여되어 있으면 법적 효과가 발생하지 않는다. 구체적인 법적 효과를 실현하기 위해서 추가적인 결정이 필요할 수도 있다. 또 민법 제103조의 선량한 풍속 기타 사회질서 위반처럼 법적 효과가 '무효'인 경우 아무런 권리나 의무가 발생하지 않는다. 역설적으로 아무런 법적 효과도 성립하지 않는다는 법적 효과를 갖는 셈이다.[23]

요컨대 법적 효과가 발생하기 위해서는 규범적 요소로서의 법규정과 사실적 요소로서의 생활사태라는 두 가지 요소가 필요하다. 사실만으로는 어떠한 법적 효과도 나오지 않기 때문에 규범적 기초가 필요하다. 규범적 기초는 일차적으로 법령 또는 법규정이지만, 판결이나 행정행위, 나아가 법률에 의하여 보호되는 계약일 수도 있다.

법규정은 법적 효과로서 일정한 의무를 부과하는 것이 일반적이다. 의무는 소극적으로는 금지, 적극적으로는 명령으로 정형화된다. 즉 의무는 일정한 부작위를 명하는 금지로 등장할 수도, 작위를 명하는 명령으로 등장할 수도 있다. 그러나 금지와 명령의 경계에 있는 수인의무(受忍義務)에서 보듯이 의무를 부작위의무로서의 금지와 작위의무로서의 명령으로 명확하게 분리하는 것은 가능하지도 않고 필요하지도 않다.[24]

---

23) Engisch(1977), 18-19면.
24) Schmalz(1992), 19면.

법은 이익을 보호하는 것이고 누군가에게 이익이 되는 것이 권리이기 때문에, 법의 세계에서는 권리가 전면에 등장한다. 권리가 부여되어 있다는 것은 무언가를 하거나 하지 않을 수 있으며 요구할 수 있다는 것이다. 대표적인 권리로는 사법(私法)에 의해 보호되는 절대권이나 채권법적인 청구권 또 헌법의 기본권을 들 수 있지만, 이러한 강한 권리 이외에 허용이나 방임과 같은 약한 형태의 권리도 존재한다. 계약법에서 볼 수 있듯이 권리와 의무는 종종 동일한 법률관계의 상이한 측면이다. 드물게 로마법의 소권(actio) 체계에서 유래하는 자연채무(obligatio naturalis)에서 볼 수 있듯이 상응하는 권리 없이 의무만 존재하기도 한다. 모든 권리는 기본적으로 의무로 환원될 수 있거나 의무와 상관관계 속에서 이해될 수 있다는 점에서 논리적으로는 의무가 우선한다고 볼 수 있다.[25]

법적 효과로 부과된 의무를 이행하지 않는 경우 통상적으로 공권력에 의한 제재(sanction)가 뒤따른다. 형사법 차원에서 이루어지는 극단적인 형태의 제재가 바로 형벌이다. 반면 민사법 차원의 제재는 대개 소송을 통해 확정된 권리의 강제적 실현으로서의 강제집행(강제이행)을 통해 이루어진다. 제재는 점유침탈에 대한 점유회복이나 공정거래위원회의 시정조치와 같은 원상회복(restitutio in integrum), 나아가 과징금이나 징벌적 손해배상(punitive damages)과 같은 징벌적 제재의 형태로도 등장한다.

모든 법규정이 법적 조건과 법적 효과 또 의무 불이행에 대한 제재를 다 구비하지는 않는다. 법령은 이른바 핵심적 법규정(Kernrechtssatz)과 보충적 법규정으로 구성된다.[26] 핵심적 법규정이 대개 조건문으로 등장하는 것과 달리 정의조항과 같은 보충적 법규정은 조건 없이 표현된다. 법규정 자체에 법적 조건뿐 아니라 법적 효과나 제재가 완비된 완전 법규정과 달리, 불완전 법규정(lex imperfecta)은 법적 조건이나 효과가 불분명하거나 제재가 결여되어 있다.[27] 가령 헌법 전문(前文)이나 제1조와 같은 선언적 규정 내지 프로그램 규정에서 법적 조건이나 법적 효과를 따로 추출하기는 어렵다. "법원은 소송절차가 공정하고 신속

---

25) 전통적인 명령설(Imperativentheorie)은 원칙적으로 모든 법적 효과가 의무로 환원될 수 있다고 본다. Engisch(1977), 20–21면. 이에 대하여 라렌츠는 권리는 다양한 방식으로 설명이 될 수 있다는 이유로 명령설이 권리를 설명하는 유일한 방안이 아니라고 비판한다. Larenz(1991), 254면.

26) Wank(2020), 91–113면.

27) Larenz(1991), 257면.

하며 경제적으로 진행되도록 노력하여야 한다."라고 규정하는 민사소송법 제1조 역시 불완전 법규정에 해당된다. 마찬가지로 민법 제744조와 같은 소구불능채무 역시 법적 효과나 제재가 부여되지 않는다는 점에서 전형적인 불완전 법규정에 해당된다.

한편 핵심적 법규정은 다른 법규정과 무관하게 독자적 법규정으로 존립하지만, 보충적 법규정은 다른 법규정과의 상관관계 속에서 존재의의를 갖는다. 이러한 비독자적 법규정 내지 종속적 법규정은 독자적 법규정을 보충하기도 하고 그 적용을 규율하기도 한다.

독자적 법규정을 보충하는 비독자적 법규정을 대표하는 것은, 거의 모든 특별법의 제1조에 규정되는 목적조항이다. 또 민법상 물건의 개념을 정의하는 민법 제98조나 다수의 특별법 제2조에서 발견되는 정의규정도 독자적 규범을 보충하는 비독자적 법규정이다.[28] 법개념의 상대성 내지 다차원성으로 인한 해석상의 논란을 피하기 위하여 도입되는 정의규정은 완전 법규정을 위한 종속적 법규정으로서 존재한다. 그리고 적용규정이나 준용규정 역시 적용·준용되는 규정들과 결합해서만 법적 조건과 법적 효과가 확인된다는 점에서 비독자적 법규정들이다.

또 다른 유형의 비독자적 법규정으로서 이른바 메타규범(meta-norm)은 다른 법규정의 적용을 규율한다. 모든 법률의 부칙에서 찾아볼 수 있는 시행규정이나 경과규정, 한시법(限時法)의 실효규정이 그 예이다. 메타규범은 민법 제1조 법원(法源) 규정이나 형법 제1편 제1장 형법의 적용범위 규정과 같이 본칙에 편입될 수도 있다. 관련 법규정의 개폐를 규정하는 폐지규정도 메타규범의 일종이다. 폐지규정은 법규범의 효력영역이 아니라 존재 자체를 좌우한다는 점에서 여타 메타규범과 구별된다. 폐지규정은 폐지법률의 형태로도 가능하지만 대개 후속 법령의 부칙으로 등장한다.

---

28) Bydlinski(1991), 441면; Schneider(2002), 225-257면; Wank(2020), 104-107면.

제3절 법규정의 유형

법규정은 그 기능, 적용범위 등에 따라 다양하게 분류될 수 있지만, 법학방법론의 관점에서는 불확정개념이나 규범적 개념을 포함하는 불확정규정, 일반조항, 백지규정 등으로 유형화될 수 있다. 이러한 유형들을 이해하기 위해서는 법철학 및 법이론에서 논의되는 법의 유형에 대한 이해가 필요하다. 법철학에서는 법규칙과 법원리의 구분이 중요하게 다루어지고, 법이론에서는 행위규범으로서의 1차 규범과 수권규범으로서의 2차 규범 또 규범적 기능에 따른 명령규범·금지규범·허용규범 등의 구분이 중요하게 다루어지므로 먼저 그에 대하여 살펴본다.

1. 법규칙과 법원리

오늘날 법철학에서는 평등원리나 신의성실의 원칙과 같은 법원리(legal principle)가 통상적인 법규칙(legal rule)과 범주적으로 구분될 수 있는지, 또 법체계가 법규칙뿐 아니라 법원리로도 구성되는지의 문제가 법의 본질이나 법체계의 구조를 이해하는 핵심 주제의 하나로 다루어지고 있다.

일군의 학자들은 원리가 적용사례의 특정 불가능성, 구체화의 필요, 비중의 차원 등에서 규칙과 개념적으로 구별된다고 본다. 예컨대 에써는 원리와 규칙의 관계를 내용과 형식의 관계로 보고 원리를 규칙의 근거·기준·정당성으로 파악함으로써 양자가 질적인 차이가 있다고 보았다.[29] 그는 규칙이 적용사례를 특정할 수 있다는 점에서도 원리와 구별된다고 보았다. 사실 법원리는 고도의 추상성이나 비규칙적 구조로 인해 구체적인 사례를 직접 해결하기는 어렵다. 법원리로부터 직접 포섭이 가능한 법규정을 발전시키는 것이 판례와 학설의 임무이다.[30] 이는 법원리가 적용되기 위해서는 구체화(Konkretisierung)가 필요하다는 주장으로 발전되었다.[31]

---

29) 다만 에써는 원리와 규칙 대신에 원칙(Grundsatz)과 규범(Norm)이라는 용어로 설명하였다. Esser(1990), 50-52면 및 95면.
30) Esser(1990), 51-52면; Koch/Rüßmann(1982), 97-103면.
31) Larenz(1991), 474-475면; Bydlinski(1991), 132-133면. 다만 라렌츠는 원리가 구체화를 필요로 하는 개방된(offen) 원리뿐 아니라 법규정 형태의(rechtssatz-förmig) 원리로도 등장할 수 있다고 보았다. Larenz(1991), 479-480면, 특히 주95.

드워킨 역시 원리가 비중(weight) 또는 중요성의 차원을 가지며 구체적인 사건에서 많이 또는 적게 실현될 수 있는 방식으로 적용된다는 점에서 전부 또는 전무의 방식으로 적용되는 규칙과 진정한 차이가 있다고 보았다.[32) 그에 따르면 규칙이 양자택일 방식을 통해 조건적으로 적용되는 것과 달리, 원리는 비중(중요성)에 차이가 있을 뿐 무조건적으로 적용된다. 다시 말해 규칙이 준수되거나 준수되지 않거나로 택일적인데 비해, 원리는 현실적, 법적 가능성에 따라 상이하게 충족될 수 있다는 점에서 차별화된다. 그에 따라 원리 사이의 충돌에서는 두 원리의 상대적 비중을 고려하여 사안을 해결할 뿐 어느 하나가 완전히 배제되지 않는 데 비하여, 규칙 사이의 충돌에서는 신법우선의 원리를 비롯한 해소원리가 적용되어 어느 하나가 배제된다. 이에 주목하여 알렉시는 원리를, 최대한 충족되도록 요구되는 특성을 갖는 극대화명령(Optimierungsgebot)으로 파악하였다.[33)

그러나 여전히 다수 학자들은 원리가 상대적으로 광범위하고, 일반적이고, 불특정적일 뿐이어서 원리와 규칙의 차이는 정도(degree) 내지 양적 차이에 불과하다는 이유로 양자의 범주적 구분을 인정하지 않으려 한다.[34) 즉 규칙이 상대적으로 특정한 행위를 규정하는 데 비하여 원리는 상대적으로 불특정의 행위를 규정한다는 점에 차이가 있을 뿐이라는 것이다. 또 라즈(J. Raz)는 원리뿐 아니라 규칙도 충돌상황에서 비중의 차원을 갖고 적용되기 때문에 규칙충돌에서도 우선성이 없는 규칙이 완전히 배제되지 않는다고 보았다.[35)

사실 규칙이나 원리의 다양성에 비추어, 규칙으로 불리는 모든 법규범이 규

---

32) Dworkin(1977), 24-26면 및 72면.
33) Alexy(1994), 71-104면, 특히 75-76면. 이러한 알렉시의 주장은 독일뿐 아니라 우리나라에서도 여러 학자들에게 받아들여졌다. Koch/Rüßmann(1982), 97-103면; R. Dreier, *Recht-Staat-Vernunft*, Frankfurt a.M.: Suhrkamp, 1991, 95-119면, 특히 103-105면; Larenz(1991), 475면; 심헌섭(2001), 86-87면; 김도균, "법적 이익형량의 구조와 정당화문제", 『법학』(서울대) 제48권 제2호(2007), 31-115면, 특히 33-47면. 다만 김도균 교수는 법규칙/법원리 대신에 확정적 법규범/법원리규범이라는 표현을 사용한다.
34) Raz(1972), 823-854면; MacCormick(1978), 152-156면; O. Weinberger, *Moral und Vernunft*, Wien: Bohlau, 1992, 500-523면, 특히 515면; Hart(1994), 259-263면; Twining/Miers(1999), 125-127면; Wank(2020), 119면. 다만 맥코믹은 원리가 일반성의 정도에서 규칙과 다를 뿐이라고 보면서도 원리가 긍정적 가치평가를 함의하고 규칙을 합리화한다는 점을 강조한다. MacCormick(1978), 152-153면. 우리나라에서는 오세혁(2000), 18-21면; 안준홍, "법규칙과 법원리를 질적으로 구별할 가능성에 대한 비판적 고찰", 『법철학연구』 제11권 2호(2008), 427-450면, 특히 447-448면; 이상돈(2018), 110-111면.
35) Raz(1972), 834-835면.

칙의 속성을 갖는지 또 원리로 불리는 모든 법규범이 원리의 속성을 갖는지는 의문스럽다. 무엇보다도 규칙과 원리의 구별 기준이 애매하여 현실의 법규범 중 어떤 것이 규칙이고 어떤 것이 원리인지 구별하기가 쉽지 않다. 예를 들어 헌법의 법치국가 원리나 평등원칙, 비례원칙, 민법의 신의성실의 원칙, 형법의 죄형법정주의를 원리로 이해하는 데에는 의문이 없다. 하지만 공법의 손실보상규정, 민법의 공서양속규정이나 과실상계규정, 형법의 형벌불소급규정이 원리인지 규칙인지는 불분명하다. 그리고 원리에만 비중의 차원이 존재하고 규칙에는 존재하지 않는 것인지 또 규칙이 다른 규칙에 의해 완전히 배제되는 반면 원리는 다른 원리에 의하여 완전히 배제될 수 없는 것인지에 대한 의문도 없지 않다.

결론적으로 규칙과 원리는 일반성의 정도에 차이가 있다는 점에서 양적 차이에 불과하다고 보는 것이 규칙 및 원리에 대한 일상적인 이해에 부합하는 듯하다. 그렇다고 규칙과 원리의 범주적 차이를 탐색하려는 시도 자체가 무의미하지는 않다. 범주적 차이로 제시되는 법원리의 특성을 성향·경향성 정도로 이해한다면 법규범을 분석하는 개념도구로서 유용할 것이다.[36] 또 법규칙이나 법원리 어느 하나에 편중된 법규범관은 법규정의 유형이나 법체계의 구조를 이해하기에는 불충분하다는 점을 인식하는 것도 법학방법론적으로 의미가 있을 것이다.

2. 명령규범 · 금지규범 · 허용규범

일반적으로 법의 기능(function)은 좁게는 인간행위의 조정, 가치판단의 기준, 분쟁해결의 수단 등으로, 넓게는 재화 재분배의 메커니즘, 사회변혁의 도구, 착취의 수단 등으로 이해되고 있다.[37] 하지만 법이론이나 법학방법론에서 논의되는 법의 기능은 규범적 기능, 다시 말해 당위된 행위의 양상(mode)으로 이해된다. 법규범이 당위된 행위로서의 규범 대상과 그 방식으로서의 규범적 양상이라는 두 요소로 구성된다고 할 때 규범적 양상이 바로 규범적 기능이다.

법의 규범적 기능은 명령이라는 용어로 포괄되지만 그 기능방식에 따라 일

---

36) 규칙과 원리의 구분이 정도의 문제, 양적인 문제에 불과한 것으로 보는 입장에서도 원리가 규칙의 근거로서 기능하며 비결정적인(non-conclusive) 특성을 갖는다는 점을 대체로 인정한다. Raz(1972), 839면; Hart(1994), 260-261면.

37) 법의 기능 및 사회적 기능에 대해서는 J. Raz, *The Authority of Law*, Oxford: Clarendon, 1979, 163-179면; Rüthers/Fischer/Birk(2022), 49-61면; Pawlowski(1999), 182-319면 참조.

정한 작위에 대한 협의의 명령 이외에 금지나 허용 등으로도 등장한다. 이는 실천적 관점에서 명령·허용·수권·폐지로 구분되기도 하나,[38] 흔히 명령(O)·금지(F)·허용(P)·방임(I)의 네 가지로 구분된다.[39] 이는 명제논리에 있어서 대당의 사각형에 대응하는 이른바 '규범논리적 대당의 사각형'을 통해 직접추론관계를 쉽게 이해할 수 있게 해준다.[40] 법체계의 완결성을 전제로 일응 타당한 것처럼 보이는 직접추론관계는 다음과 같다.[41]

⟨동등관계(equivalence relation)⟩
- 금지는 부작위의 명령이다.　　　　Fp = O~p
- 명령은 부작위의 금지이다.　　　　Op = F~p
- 허용은 금지의 부존재이다.　　　　Pp = ~Fp
- 방임은 명령의 부존재이다.　　　　Ip = ~Op

⟨함언관계(implication relation)⟩
- 명령은 허용을 함축한다.　　　　Op ⊃ Pp
- 금지는 방임을 함축한다.　　　　Fp ⊃ Ip

⟨모순관계(contradiction relation)⟩
- 명령은 방임을 배척한다.　　　　Op ⇔ Ip
- 금지는 허용을 배척한다.　　　　Fp ⇔ Pp

　　하지만 법체계의 태양(態樣)에 따른 허용 및 방임 개념의 애매성으로 인해 규범논리적 대당의 사각형은 명제논리에 있어서 대당의 사각형과 같은 논리적 엄밀성을 확보하지 못한다. 특히 방임의 경우 직접추론관계가 명확하게 성립되는지는 분명치 않다. 그에 따라 방임의 독자성을 거부하고[42] 명령·금지·허용의

---

38) Kelsen(1979), 76–91면.
39) Alchourron/Bulygin(1971), 14면 및 37면; Herberger/Simon(1980), 183–188면; Adomeit/Hähnchen(2018), 29–32면; Wank(2020), 99–100면.
40) Adomeit/Hähnchen(2018), 30–32면; 심헌섭(2001), 76–79면.
41) p는 문장 변항, O·F·P·I는 의무(규범) 연산자로서 각각 명령(It is obligatory ~)·금지(It is forbidden ~)·허용(It is permitted ~)·방임(It is indifferent ~)을 의미한다.
42) 이른바 입법자의 의미심장한 침묵처럼 입법자가 의도적으로 방임하는 것도 규범적 함의를 가질 수 있겠으나 그렇다고 해서 방임을 독자적인 규범적 기능으로 보기는 어렵다. 마찬

세 가지로만 표준적 의무논리(SDL: standard deontic logic)를 구성하거나,[43] 아예 명령(금지 포함)과 허용의 두 가지로 구성하기도 한다.[44] 그와 반대로 일부 학자는 명령과 금지를 그대로 두고 허용과 방임을 더 세분하기도 한다.[45] 여기에서는 방임의 개념적 애매성을 고려하여 법의 규범적 기능을 명령·금지·허용의 세 가지로 나누기로 한다.

법규범은 통상 명령이나 금지의 방식으로 그 기능을 수행한다. 즉 법규범은 기본적으로 일정한 행위를 명령 또는 금지함으로써 인간 행위를 조정하고 통제한다. 명령규정은 헌법 제9조에서 보듯이 '~ 하여야 한다'는 형식으로, 금지규정은 헌법 제21조 제4항 전단에서 보듯이 '~ 하여서는 아니 된다'는 형식으로 표현된다. 이 점에서 명령과 금지가 법의 일차적인 기능이다. 이때 명령은 허용을 전제로 한다. 가령 선한 사마리아인 조항과 같이 위난에 처한 사람에 대한 구조를 명령하는 법규정은 위난에 처한 사람을 구조하는 것이 허용된다는 것을 함축하고 있다.

일정한 행위의 금지는 그 행위의 부작위에 대한 명령이므로 원칙적으로 명령은 부작위의 금지로, 부작위의 명령은 금지로 치환될 수 있다. 따라서 금지와 명령은 서로 환원 가능하다. 이에 주목하여 켈젠은 명령과 금지를 별개의 규범적 기능으로 보는 통설적 이해가 규범기능과 규범대상을 혼동하였다고 비판하면서 작위(作爲)와 부작위(不作爲)를 행위 개념으로 포괄함으로써 명령과 금지를 동일한 규범적 기능으로 파악하였다.[46] 즉 명령과 금지가 규범기능은 동일하고 단지 명령은 작위를, 금지는 부작위를 규범대상으로 삼는다는 점에서 구별될 뿐이라는 것이다.

하지만 현실의 법질서에서 법규범은 명령 못지않게 금지로도 등장한다. 또 법영역에 따라서는 명령과 금지의 구분이 중요한 의미를 갖는데, 가령 형법에서

가지로 자유(liberty), 즉 일정한 행동이 명령되지도 금지되지도 않은 경우 특별한 규범적 고려에서 의도적으로 설정되지 않은 이상 이른바 법으로부터 자유로운 영역일 뿐이다. Ross (1968), 128-130면.

43) Z. Ziemba, "Deontic Logic", *Dictionary of Logic* (W. Marciszewski ed.), Dordrecht: Matinus Nijhoff, 1981, 97-104면.

44) S. Munzer, "Validity and Legal Conflicts", *Yale Law Journal 82* (1973), 1140-1173면, 특히 1141-1143면.

45) Weinberger(1970), 205-211면; Tammelo(1978), 134-136면.

46) Kelsen(1979), 76-77면 및 262면 주75.

는 부작위범의 경우 모든 사람에게 작위의무가 부과되는 것이 아니라 보증인적 지위에 있는 사람에게만 부과된다. 또 금지규범에서는 수범자가 금지된 행위를 하는 순간 금지규범이 침해되므로 입법과정에서 시간적 요소를 별도로 고려할 필요가 없다. 반면 명령규범의 경우 시차를 두고 이행될 수도 있으므로 수범자가 명령된 행위를 하지 않았다고 하여 곧바로 명령규범이 침해된다고 보기 어렵다. 예컨대 형법 제319조 제2항의 퇴거불응죄에서는 퇴거명령을 내리는 순간 그 즉시 구성요건 해당성이 충족되는 것이 아니라 퇴거에 필요한 상당한 시간이 경과한 이후에야 충족된다. 이처럼 명령규범에서는 시간적 요소가 중요한 의미를 가지므로 입법 및 해석 과정에서 이 점이 반드시 고려되어야 한다. 요컨대 법논리적으로 금지규범과 명령규범이 환원 가능하다는 점을 인정하더라도 적어도 법학방법론이나 입법학의 차원에서는 금지의 독자성을 인정하여 명령과 별개로 다루어야 한다.[47]

법규범은 수범자에게 권리 내지 권한을 부여하는 등 허용의 방식으로도 기능한다.[48] 허용은 수범자나 제3자에게 미치는 영향력에 따라 상이한 의미를 가진다. 가령 입법자가 일정한 행위를 허용하면서 단지 그 행위를 용인(容忍)한다고 선언하는 경우, 다시 말해 수범자가 그 행위를 하든지 하지 않든지 개의치 않는 경우도 있고, 수범자가 허용된 행위를 하는 것을 제3자가 방해하거나 제지하는 것까지 금지함으로써 일종의 권리(right)를 부여하는 경우도 있다. 법규범의 경우 후자가 일반적이겠지만, 허용이 단순히 용인에 그치는 것인지 아니면 권리를 부여하는 것인지는 입법자의 의도, 법체계의 구조 등을 종합적으로 고려하여 판단할 수밖에 없다.

일반적으로 허용은 법규정에서 '~ 할 수 있다'는 형태로 표현된다. 가령 "점유자는 그 점유를 부정히 침탈 또는 방해하는 행위에 대하여 자력으로써 이를 방위할 수 있다."라고 규정하는 민법 제209조 제1항이 그 예가 되겠다. 물론 "모든 국민은 신체의 자유를 가진다."라는 헌법 제12조 제1항 전단에서 보듯이 자유

---

47) Ziembinski(1984), 479면; L. Philipps, "Normentheorie", *Einführung in die Rechts-philosophie und Rechtstheorie der Gegenwart, 8. Aufl.* (A. Kaufmann/W. Hassemer/ U. Neumann hrsg.), Heidelberg: C.F. Müller, 2011, 320-332면, 특히 321-322면.
48) 다만 순전히 허용규범으로만 이루어진 법체계는 법질서가 아니라는 지적은 O. Weinberger, "The Expressive Conception of Norms: An Impasse for Logic of Norms", *Law and Philosophy 4* (1985), 165-198면, 특히 186면.

중심적인 형태로도, 또 민법 제211조처럼 "소유자는 법률의 범위 내에서 그 소유물을 사용, 수익, 처분할 권리가 있다."라는 권리 중심적인 형태로도 표현될 수 있다.

문제는 허용의 언어적 표현이 아니라 그 본질인데, 허용은 의외로 애매하고 복합적인 개념이어서 직관만으로 그 의미를 정확하게 포착하기 어렵고 의미론적 또는 화용론적 분석을 통해 명쾌하게 규명하기도 어렵다.[49]

흔히 허용은 강한 허용과 약한 허용으로 구분된다.[50] 강한(strong) 허용은 일정한 행동이 어떤 규범에 의하여 명시적으로 허용되는 것으로 선언된 것인데 비해, 약한(weak) 허용은 일정한 행동이 명령되지도 금지되지도 않는 것이다. 즉 약한 허용은 일정한 행위에 대한 행위규범이 존재하지 않는 것이다. 이렇게 보면 약한 허용은 규범이 아니라 반사적인 결과 내지 상태에 불과하다.

사실 강한 허용과 약한 허용의 구분 자체가 불완전하고 일관되지 않은 법체계를 전제한다. 왜냐하면 법체계가 완전한 경우에는 모든 사태가 금지 아니면 허용되므로 약한 허용이 존재할 수 없고, 법체계가 일관된 경우에는 동일한 사태가 금지되면서 동시에 허용될 수는 없으므로 결국 강한 허용과 약한 허용은 중복되기 때문이다. 약한 허용은 '금지되지 않은 것은 허용되어 있다'는 일반적 소극 원리(allgemeiner negativer Satz – H. Kelsen) 내지 허용 원리(principle of permission)를 받아들이는 것을 의미한다. 이는 '모든 행위는 금지되어 있거나 허용되어 있다'는 완전성(완결성) 원리를 받아들이는 것으로서 법의 충돌이나 흠결이 실재하는 현실의 법체계를 부정하는 결과에 이르게 된다. 결국 강한 허용만이 독자적인 규범적 기능이 될 수 있다.[51]

여기에서 한 걸음 더 나아가 법명령설을 고수하려는 일부 학자들은 아예 허용의 독자성을 부인하고 허용을 명령 또는 금지의 부존재나 예외로 이해하려 하였다. 이들은 허용규범이 명령규범 내지 금지규범으로 환원될 수 있다는 이른바 상호정의가능성 테제(interdefinability thesis)에 입각해 허용규범의 존재를 인정할

---

49) 허용의 의미에 대한 상세한 논의는 오세혁(2000), 33-39면.
50) von Wright(1963), 85-87면; Alchourron/Bulygin(1971), 124면; Weinberger(1977), 203면. 다만 켈젠을 비롯한 순수법학자들은 강한/약한 허용 대신에 적극적/소극적(positive/negative) 허용이라는 용어를 선호한다. 예컨대 Kelsen(1979), 78면; R. Thienel, "Derogation", *Untersuchungen zur Reinen Rechtslehre II* (R. Walter hrsg.), Wien: Manz, 1988, 11-43면, 특히 29-30면.
51) von Wright(1963), 86면; Weinberger(1977), 203면.

합목적성이 없다고 본다.[52] 가령 일정한 명령규범이 허용을 통해 제한되는 경우 명령규범과 허용규범이 모두 존재하는 것이 아니라 제한된 적용영역을 가진 하나의 명령규범만 존재한다는 것이다. 예컨대 살인이 금지되고 그 예외로 정당방위의 경우 살인이 허용된다고 말하지만, 법이론적 관점에서 보면 정당방위에 의해 제한되는 범위 내에서 살인이 금지될 뿐이라는 것이다.

그러나 현대 법체계에 등장하는 권리나 자유가 본래의 의미를 온전히 유지한 채 명령규범으로 환원될 수 있는지는 의문이다. 모든 허용이 명령·금지의 부존재 또는 예외로 완전히 치환되기는 어렵기 때문이다. 가사 그 환원가능성을 인정한다고 하더라도 허용규범의 실천적 기능을 감안하면 허용의 독자성을 인정하는 것이 오히려 합목적적이다. 가령 권리의 본질을 이해하는 데 있어서 굳이 명령·금지의 부존재 또는 예외라는 우회적인 방법을 통해 설명하기보다는 강한 허용으로써 간명하게 설명하는 것이 더 효과적이다. 더구나 명령을 포함한 지시로 규범의 의미를 넓게 이해하면 허용의 독자성을 부인할 필요는 없어 보인다. 그에 따라 오늘날 허용의 독자성을 인정하여 규범적 기능의 하나로 받아들이는 것이 일반적이다.

3. 불확정규정 · 일반조항 등

법규범은 판결처럼 한정된 수범자에게 적용되는 개별규범도 있지만, 법령처럼 법공동체에 소속된 모든 수범자에게 적용되는 일반규범이 대부분이다. 일반규범의 경우 입법자는 다양한 생활관계를 효과적으로 규율하기 위해 추상적인 개념을 사용하여 법규정을 만든다. 같은 일반규범이라고 하더라도 그 추상성의 수준에서 다양한 층위가 존재한다. 가령 민법은 상당수 법규정이 비교적 낮은 수준의 추상적 개념으로 구성되는 반면, 헌법은 대부분의 법규정이 고도로 추상적인 개념으로 이루어져 있다. 법적 개념의 추상도가 낮은 순서부터 나열하면 양적 개념, 서술적 개념, 규범적 개념, 가치충전적 개념 등으로 배열될 것이다. 물론 이들 사이의 경계가 그다지 분명치 않고 부분적으로 중첩된다는 것은 두말할 필요가 없다.

오늘날 법규정을 구성하는 데에는 과실·책임과 같은 규범적 개념이 흔히

---

52) Kelsen(1960), 15~16면; Alchourron/Bulygin(1981), 116~118면. 다만 후기의 켈젠은 허용을 규범 기능의 하나로 받아들였다. Kelsen(1979), 76~91면.

사용되지만 양적 개념처럼 정서적·평가적 요소가 포함되지 않는 서술적(기술적) 개념도 사용된다.[53] 서술적 개념(descriptive concept)은 동산·부동산과 같이 지각가능하거나 다른 방식으로 경험가능한 대상 또는 그 속성과 관계된다. 반면 규범적 개념(normative concept)은 가치판단이나 평가와 관련되며 현실의 영향을 크게 받지 않는다. 물론 서술적 개념이라고 해서 해석이 전혀 필요 없지는 않고 규범적 개념과의 경계 또한 모호하므로 단지 명확성의 정도에 차이가 있을 뿐이다.[54]

규범적 개념은 그 내포와 외연이 불분명하여 해석자에게 상대적으로 광범위한 해석 재량을 부여한다. 규범적 개념을 확정하기 위해서는 전문용어(terminus technicus)인 '소유권', '손해배상', '공무원'처럼 다른 법규범이 필요하거나 '공서양속', '음란'처럼 사회의 평가가 선행되어야 한다. 평가가 선행되어야 하는 후자의 규범적 개념은 이를 이해하기 위해 가치충전이 필요하다는 점에서 가치충전적 개념(wertausfüllungsbedürftig Begriff)으로도 불린다.[55] 가치충전적 개념을 포함하는 법규정을 해석하는 데에는 법적용자의 평가가 작용하기 마련이다. 가령 공연음란죄의 경우 핵심 구성요건이 가치충전적 개념인 까닭에 법관의 주관적 평가가 작용할 수밖에 없어서 법관의 자의적 해석이나 자의적 판결의 위험성이 높아진다.[56] 따라서 법적용자는 가치충전적 개념을 해석하는 데 있어서 자신의 주관적 평가가 아니라 객관적 평가, 즉 주도적 계층이나 중요한 척도가 되는 계층의 평가를 확인하고 이를 판단의 기준으로 삼아야 한다.[57]

---

53) Engisch(1977), 109-111면. 다만 서술적 개념이 법적 평가 없이 구성요건의 충족 여부가 확정되는 데 비해 규범적 개념은 평가를 요구한다는 식으로 대비시키는 것은 부적절하다. 서술적 개념을 적용하는 데에도 일정 부분 법적 평가가 필요하기 때문이다. 이에 대한 지적은 Koch/Rüßmann(1982), 202면; Wank(2020), 233면.

54) 엥기쉬는 인간, 죽음, 동침, 야간, 빨간, 속도, 의도 등을 서술적 개념으로 예시하고 있는데 — Engisch(1977), 109면 —, 인간의 시기와 종기를 둘러싼 해석상 논란에서 보듯이 이들 개념 역시 법적 맥락에 의존한다는 점에서 해석이 필요하다. 즉 법적 조건의 구성요소가 되는 모든 법개념이 규범적이다. Möllers(2023), 142면.

55) Engisch(1977), 109-111면; Wank(2020), 233면.

56) 대표적인 사례로 이른바 고속도로 나체 시위 판결을 들 수 있다. 이 사건에서는 피고인이 고속도로에서 보복운전 중 사고를 일으킨 후 경찰관의 제지에 대한 시위조로 알몸으로 성기를 노출하였는데, 그 행위가 형법 제245조의 공연음란죄에 해당되는지 여부가 쟁점이 되었다. 원심 법원은 음란에 대한 기존 해석론을 적용하여 음란한 행위에 해당한다고 보기 어렵다고 판단하였으나, 대법원은 피고인의 행위가 성적 도의관념에 반하는 음란한 행위에 해당된다고 보아 파기환송하였다. 대법원 2000. 12. 22. 선고 2000도4372 판결. 이 판결에 대한 비판적 검토는 김학태(2017), 117-140면.

법학방법론의 관점에서 가장 중요한 의미를 갖는 법규정의 유형은, 불확정 개념을 포함하는 불확정 법규정이다. 엄밀하게 말해 불확정개념은 다의적인 의미를 갖는 애매한(ambiguous) 개념과 개념의 핵과 뜰의 구분이 명확하지 않은 모호한(vague) 개념으로 나뉘지만 주로 모호한 개념을 중심으로 논의가 이루어진다.[58]

확정개념이 '사람'처럼 그 내용이 대략적이나마 정해져 있는 개념인 데 비하여, 실화죄의 '공공의 위험'과 같은 불확정개념은 해석을 통해 비로소 그 내용이 확정될 수 있다. 앞서 살펴본 서술적 개념이 상대적으로 확정적인 데 비하여, 가치충전적 개념을 비롯한 규범적 개념은 불확정적이다. 죄형법정주의에 따른 명확성 원칙이 적용되는 형법에서도 불확정개념은 불가피하다. 다만 권력분립의 이념에 비추어 규율대상이 구체적으로 규율될 수 없을 때에만 불확정개념을 통하여 사실상 입법권을 일정 부분 위임하는 것이 허용된다.[59]

실제로 법의 영역에서는 숫자(數字) 정도만 확정개념에 속한다고 볼 수 있고 나머지 대부분의 법개념은 적어도 부분적으로 불확정적이다. 나아가 확정개념과 불확정개념이 엄격하게 구분될 수 있는지조차 의심스럽다. 어떤 개념이 확정적이고, 불확정적인지를 판단할 수 있는 명확한 기준은 존재하지 않는다. 다만 개념 징표가 처음부터 불분명하거나 명확하게 해석되지 않으면 일응 불확정개념이 문제된다고 볼 수 있다.

수학이나 자연과학적 개념을 포함한 확정적 법규정은 일견 해석이 필요 없는 듯하지만, 이 또한 해석상 논란이 전혀 없지는 않다. 예컨대 형법 제330조의 야간주거침입절도에서 '야간(夜間)'은 여러 해석이 가능하다. 낮과 대비되는 밤이 불분명하듯이, 주간과 대비되는 야간 또한 의미가 불분명하다. 사전적 의미의 야간은 '해가 진 뒤부터 먼동이 트기 전까지의 동안'을 뜻하지만, 우리가 일상적으로 이해하는 야간은 아마도 '어두운 밤'에 가까울 듯싶다. 이러한 일상적 의미의 야간이야말로 입법자가 의도했던 가중적 구성요건으로서의 야간 개념에 더 부합할 것이다. 하지만 법적 의미의 야간은 천문학적 의미의 야간 개념을 좇아 '일몰 후부터 일출 전까지'를 의미한다. 즉 법의 관점에서 '야간'은 일상적 의미도 사전적

57) Engisch(1977), 125면 및 127면.
58) Koch/Rüßmann(1982), 191–201면.
59) Wank(2020), 341면.

의미도 아닌 천문학적 의미의 야간이다. 죄형법정주의의 정신에 입각하여 범죄의 구성요건이 되는 야간의 기준을 명확하게 획정하기 위해서 그와 같이 해석하는 것이다.

심지어 연령이나 기간처럼 숫자를 비롯한 양적 개념이 포함된 법규정 역시 항상 명확한 것은 아니다. 가령 성년(成年)에 관한 민법 제4조는 "사람은 19세로 성년에 이르게 된다."라고 규정하고 있다. 우리는 일상적으로는 연 나이(세는 나이, 햇수나이)를 사용하지만 법적으로는 만 나이를 사용한다. 하지만 생년뿐 아니라 생년월일까지 따지다 보면, 성년에 이르는 때가 만 19세가 되는 생일날 시작되는 자정인지, 생일날 끝나는 자정인지를 두고 이견이 생길 수 있다. 또 법규정에 일정한 기간이나 기한을 설정하는 경우 초일(初日)을 산입하는지 산입하지 않은지를 두고 논란이 될 수 있기 때문에 민법 제157조처럼 법령에서 이를 명시적으로 규정하기도 한다. 또한 만 61세를 정년퇴직 기준으로 삼는 정년규정의 경우 만 61세에 도달하는 날을 뜻하는지 아니면 만 62세에 도달하기 전날을 뜻하는지도 논란이 될 수 있다.[60]

마찬가지로 일상적으로 이견이 없어 보이는 '1주 간'의 개념도 논란이 될 수 있는데, 휴일근로시간이 구 근로기준법상 기준근로시간 및 연장근로시간에 포함되는지 여부가 논란이 되었던 이른바 휴일근로수당 판결에서 부수적인 쟁점이 된 바 있다.

[다수의견] 근로기준법 시행령 제30조는 1주 동안의 소정근로를 개근한 자에 대해서만 1주일에 평균 1회 이상의 유급휴일을 부여하도록 규정하고 있다. 이 조항의 '1주'에 휴일이 포함되지 않음은 당연하다. 그런데 실무상 기준근로시간을 소정근로시간으로 정하는 것이 보통이므로, 결국 1주간 기준근로시간을 채운 경우에만 유급휴일이 부여된다고 볼 수 있다. 그렇다면 1주간 기준근로시간을 정한 구 근로기준법 제50조 제1항의 '1주'가 반드시 휴일을 포함한 7일을 의미한다고 단정할 것은 아니다. …
구 근로기준법상 '1주'에 휴일을 포함할 것인지 여부는 근본적으로 입법 정책의

---

60) 실제로 대법원은 "직원의 정년은 만 61세로 한다. 정년퇴직 만료일은 만 61세가 종료되는 날의 그 해 말일로 한다."라는 내용의 정년규정에 대하여 '만 61세가 만료되는 날'을 정년퇴직 만료일을 산정하는 기준으로 삼아야 한다고 해석하여 '만 61세가 되는 날'을 산정 기준으로 삼은 원심판결을 파기환송한 바 있다. 대법원 2003. 3. 14. 선고 2002다69631 판결 참조.

영역에 속하는 문제이다.

[대법관 김신, 김소영, 조희대, 박정화, 민유숙의 반대의견] '1주간'은 통상 월요일부터 일요일까지 또는 일요일부터 토요일까지 달력상의 7일을 의미한다.

1주간 기준근로시간을 정한 구 근로기준법 제50조 제1항에서 그 '1주간'에 휴일을 제외한다는 별도의 규정을 두지 않았고, 실제 근로를 한 날이 휴일이라고 하여 그 근로시간을 실 근로시간에서 제외할 이유가 없다.

구 근로기준법 제53조 제1항 역시 1주간 연장 가능한 근로시간 한도를 규정하면서 1주간의 어떤 날을 특별히 배제하지 않고 있다. 여기서의 '1주간'과 '근로시간'을 앞에서 말한 의미와 달리 해석할 근거가 없다.[61]

사실 열린 구조(open texture)를 갖는 언어의 속성상 개념의 핵(핵심)을 둘러싼 개념의 뜰(주변)은 불분명할 수밖에 없다.[62] 전통적인 개념의 핵/뜰 구분을 언어분석철학적 관점에서 이른바 세 영역 모델(Drei-Bereiche-Modell)로 발전시킨 코흐와 뤼스만의 틀을 빌리면,[63] 포섭대상이 되는 후보자는 법적 개념에 분명히 포함되는 적극적 후보자, 법적 개념에서 분명히 배제되는 소극적 후보자 그리고 법적 개념에 포함되는지 여부가 불분명한 중립적 후보자로 구분할 수 있다. 세 영역 모델에 따르면, 불확정개념의 해석에 있어서 중립적 후보자에 대해서만 다른 해석방법을 이용한 해석이 허용된다.[64] 물론 세 영역 사이의 경계도 유동적이기 때문에 후보자가 적극적인지, 중립적인지, 소극적인지 명확하게 구별하기는 어렵다. 불확정개념은 확정개념에 비해 세 후보자 사이의 경계가 불분명하거나 중립적 후보자의 폭이 넓을 뿐이다.

불확정개념은 실정법의 엄격한 적용으로 생길 수 있는 불합리한 결과를 방

---

61) 대법원 2018. 6. 21. 선고 2011다112391 전원합의체 판결.

62) 개념의 핵(Begriffskern)과 개념의 뜰(Begriffshof) 구분은 1914년 헤크 — Heck(1914), 1-313면, 특히 107면 — 에 의해 처음 제안된 이래 독일어권에서 널리 받아들여졌다. Engisch(1977), 108-109면; Bydlinski(1991), 118-119면; Möllers(2023), 139면. 한편 하트는 개념의 핵/뜰 대신에 명확한 핵심부(core of certainty)/불명확한·의심스러운 주변부(penumbra of uncertainty·doubt)로 구분하였다. Hart(1961), 123면.

63) 코흐 등은 1913년 개념에 대한 소속 여부가 확실히 긍정되거나 확실히 부정되는 영역 사이에 가능성의 경계영역이 있다고 주장했던 옐리네크(G. Jellinek)의 불확정개념 이론에 착안하여 세 영역 모델을 수립하였다. 다만 적극적·소극적·중립적 후보자라는 용어는 과학철학자 쾨르너(S. Körner)에게서 차용하였다고 한다. Koch/Rüßmann(1982), 194-201면, 특히 195면. 이른바 세 영역 모델을 수용하는 입장으로 Kramer(2019), 71-74면; Wank(2020), 193면.

64) Koch/Rüßmann(1982), 200면.

지하고 구체적 타당성을 실현하기 위하여 해석자에게 폭넓은 재량 내지 판단여지를 부여한다.[65] 다시 말해 입법자가 기준(standard)을 정하면 법관이 이를 실행한다.[66] 이를테면 불확정개념을 대표하는 '정당한 사유'의 경우 그러한 사유가 존재하는지 여부를 판단함에 있어서 입법 목적과 기능, 전체 법질서에서 가지는 위치, 사회적 현실과 시대적 상황의 변화는 물론 해당 사건에서 문제되는 개별적인 사정도 고려해야 한다.

그런데 불확정개념의 경우 개념의 핵과 뜰이 한층 더 불분명하기 때문에 해석의 출발점이 되는 문언적 해석을 제대로 활용하기 어렵고 입법사나 체계도 별다른 착안점을 제시하지 못하므로 목적론적 해석에 의존하거나 이익평가적 해석을 비롯한 현대적 해석방법을 동원할 수밖에 없다. 그에 따라 불확정개념에 대한 해석에 해석자의 주관이나 선입견이 작동할 여지가 남게 되어 해석결과의 적정성에 대한 논란이 발생하게 된다. 즉 불확정개념은 구체적 타당성을 도모할 수 있는 법해석을 가능하게 함으로써 정의를 추구할 수 있게 하는 반면, 과도한 재량 또는 판단여지를 제공하고 자의적인 법적용을 허용함으로써 법적 안정성을 침해할 우려를 낳는다.

이를 잘 보여주는 사례로 병역법 제88조 제1항의 '정당한 사유'에 대한 해석이 논란이 되었던 이른바 양심적 병역거부 판결을 들 수 있다. 다수의견과 반대의견 모두 '정당한 사유'를 실정법의 엄격한 적용으로 생길 수 있는 불합리한 결과를 막고 구체적 타당성을 실현하기 위한 불확정개념으로 전제하면서도 각자 다른 의미로 해석함으로써 정반대의 결론을 도출한 바 있다.[67]

법적 언어는 추상적이고 불확정적이다 못해 때로는 공허하기도 하다. 신의성실의 원칙과 같은 일반조항(Generalklausel)은 명확하게 파악될 수 있는 개념의 핵조차 불분명한 고도로 추상적인 개념들로 구성된다.[68] 다만 일반조항은 불확

---

65) 법해석 및 법적용에 있어서 재량 및 판단여지의 의미와 구조에 대한 상세한 논의는 Engisch(1977), 111-120면 및 128-129면, 260-263면 후주 123 및 268-271면 후주 136. 법적 조건의 충족 여부를 판단하는 단계의 판단여지도 해석 주체의 해석 재량이 작용한다는 점에서 재량과 어떠한 차이가 있는지 의문이지만, 행정법에서는 독일의 논의를 받아들여 재량과 판단여지를 구분하고 불확정개념은 해석자에게 판단여지를 부여할 뿐 재량을 부여하는 것이 아니라고 보는 것이 다수설이다. 이에 대한 비판적 검토는 서보국, "판단여지이론의 재고", 『외법논집』 제40권 제4호(2016), 21-40면.
66) Hager(2009), 309면.
67) 대법원 2018. 11. 1. 선고 2016도10912 전원합의체 판결.
68) 일반조항에 대해서는 Engisch(1977), 120-124면; Kramer(2019), 79-89면; 심헌섭(2001),

정개념이나 규범적 개념 또는 재량조항에 필요한 사고과정 이외에 추가적인 사고과정이 필요치 않다는 점에서 일반조항만의 특성이 따로 존재하지는 않는다.[69]

일반조항의 의미를 파악하는 데에도 해석이 필요하지만, 고전적 해석방법은 제한적으로만 유용하다.[70] 개념의 핵이 불분명한 까닭에 문언적 해석이 제대로 기능하기 어렵고 위임 기능으로 인해 역사적 해석도 효과적이지 않다. 다시 말해 일반조항은 '열려 있는 입법 작품(ein Stück offengelassene Gesetzgebung ― J. Hedemann)'으로서 전통적인 해석방법은 제한적으로 도움이 될 뿐이고 사례군의 유형화를 통해서 그 의미를 제대로 파악할 수 있다.[71]

법규범의 열린 구조 내지 다공성(多孔性)이 극대화되는 일반조항은 입법을 그 기초가 되는 사회적 평가의 지평에 개방함으로써 사회적 평가의 변화에 유연하게 대응할 수 있다. 즉 일반조항은 장래의 발전을 위한 창을 열어둔다는 점에서 동태적 특성을 갖는다.[72] 그로 인해 일반조항은 입법의 규범 밀도(Norm-dichte) 내지 규율 밀도가 상대적으로 옅어진다는 본질적인 한계를 갖는다.

이러한 일반조항은 입법 환경이 열악한 상황에서 빈번하게 등장한다. 이미 헤데만이 잘 지적한 바와 같이, 다루어야 할 법적 소재를 철저하게 숙고할 수 있는 시간·능력·의욕이 부족하면 입법자의 사고는 미리 멈추고 일반조항으로 도피하게 된다.[73] 우리나라의 경우에도 서구법의 계수 과정에서 번역의 어려움으로 인해 개별 요건들이 개괄적인 개념으로 번역되면서 일반조항이 양산되었다. 이러한 입법 경향은 해석의 자의성과 함께 법적용의 재량권 확대로 이어져 법의 지배 또는 법치국가의 이념을 실현하는 데에 장애요인으로 작용한다.[74]

따라서 일반조항으로 법제화하거나 이를 해석하기에 앞서 일반조항의 합헌성 여부를 검토할 필요가 있다. 특히 법관은 죄형법정주의나 조세법률주의가 지

227-249면.
69) Engisch(1977), 123면.
70) 일반조항에 의존함으로써 구체적인 내용을 규정하는 개별 법규정이 무시될 수 있으므로 일반조항은 개별 법규정과 관련하여 가급적 좁게 해석되어야 한다. Kramer(2019), 124면.
71) Wank(2020), 30면 및 340면.
72) Kramer(2019), 83-85면.
73) "Es fehlt die Zeit, die Kraft, die Lust, den zu behandelnden Stoff restlos zu durch-denken, das Denken des Gesetzgebers bricht vorher ab, er tritt die Flucht zur Generalklausel an." Hedemann(1933), 66면.
74) 김영환(2012), 390-392면.

배하는 형법·조세법에서 입법자가 처음부터 일반조항을 의도하고 입법한 것인지 아니면 구체적인 법조문을 선택할 수 있었음에도 부주의하게 일반조항으로 입법한 것인지 또 일반조항이 가능하고 필요한 정도의 명확성을 확보하고 있는지에 대하여 면밀하게 검토해야 한다.[75] 일반조항은 위임기능·법형성기능·융통성기능·수용기능 등 긍정적인 기능을 갖고 있음에도,[76] 법률명확성의 원칙에 반하는 측면이 분명히 있다. 즉 일반조항은 모호한 법 문언으로 인해 법관이 구체적으로 어떻게 판단할지 예측할 수 없게 만든다는 점에서 법적 안정성을 침해한다. 일반조항은 특히 형벌명확성 원칙을 침해하므로 형법에서는 가급적 지양되어야 한다. 그럼에도 불구하고 각국에서는 법관이 불확정 법규정을 구체화할 수 있다는 이유로 일반조항의 위헌심사 가능성을 부정한다.

법적용자에게 법형성권을 명시적으로 위임함으로써 해석을 통한 의미 보충을 필연적으로 요청하는 백지규정(白紙規定)도 위헌성에 대한 논란이 없지 않다. 가령 군형법 제47조의 명령위반죄와 같은 백지규정은 명령을 지시하는 보충규범 없이는 법규범으로서 무의미하다. 일반조항이 법적 안정성을 침해할 수 있다는 점에서 정당화가 필요하듯이, 백지규정 역시 법형성권의 위임이 권력분립의 이념에 위배될 수 있다는 점에서 합헌성 내지 정당성에 대한 심사를 필요로 한다. 특히 형벌의 전제가 되는 구성요건의 전부 또는 일부 규정을 다른 법령 등으로 보충해야 하는 백지형법(Blanketstrafgesetz)의 경우 죄형법정주의에 위반되는지가 검토되어야 한다.

일반조항을 비롯한 불확정 법규정의 특성에 주목하여, 일부 학자들은 가치충전적 개념 등 불확정개념을 포함하는 불확정 법규정, 특히 일반조항은 구체적인 개념징표가 아니라 지도이념을 포함하기 때문에 해석이 아니라 구체화의 방식으로 그 내용이 파악되어야 한다고 본다.[77]

원래 구체화(Konkretisierung)는 공법 분야, 특히 헌법에서 기본권의 해석과 관련하여 논의되기 시작하였으나 점차 민법이나 형법의 일반조항을 해석하는 데에도 활용되기 시작하였다. 기본권조항이나 일반조항의 경우 법 문언에 직접 포

---

75) Wank(2020), 340면.
76) 일반조항의 다양한 기능에 대해서는 Kramer(2019), 83-84면; Möllers(2023), 288-290면 참조.
77) Larenz(1991), 224면; Bydlinski(1991), 582-583면; Wank(2020), 335면; Möllers(2023), 286-287면.

섭되지 않기 때문에 해석자에게 더 많은 구체화(개별화) 작업을 요구한다. 구체화는 흔히 법규정이 적용되는 사례군을 나열하고 해당 사건이 어떤 사례군에 맞는지를 검토하여 가장 맞는 사례군에 포섭하는 방식으로 진행된다. 사례군 방법론에 대한 일부 긍정적인 평가에도 불구하고[78] 이리한 방식으로는 법규정에 대한 이해나 체계화가 불가능하다. 단지 그 징표에 따라 상위 사례군, 하위 사례군, 최하위 사례군으로 세분화될 뿐이다. 시간이 흐르면서 자연스럽게 몇 개의 사례군이 형성될 것이고, 해당 사건을 기존 사례군과 대조하여 사례군에 포함되지 않으면 새로운 사례군이 추가되고 그 과정에서 점차 하위 사례군이 성립된다. 새롭게 등장하는 불확정개념에 대해서는 해석자가 입법목적에 근거하여 스스로 기준을 발전시켜야 한다. 법규정은 때때로 구체화가 어려울 수 있는데, 이 경우 법규정은 핵심적인 내용으로 축소된다. 구체화의 과정을 통해 확인할 수 있듯이 구체화는 해석을 넘어 추가적인 방법론적 단계를 필요로 하는 것처럼 보인다. 이에 일각에서는 구체화에 대하여 구성적(창조적) 요소를 인정함으로써 해석과 명확하게 대비시키려 한다.[79]

그러나 해석과 구체화가 개념적으로 구분될 수 있는지 의문일 뿐더러 해석에도 구성적 요소가 없을 수 없다. 규범 구체화는 현대 법학방법론에서 르네상스를 맞이하고 있지만 법적용 모델에 따라 규범 실현(Normverwirklichung)에 더 가까울 수도, 규범 창설(Normerzeugung)에 더 가까울 수도 있다는 점에서 그 의미가 불분명하다.[80] 그렇다면 해석과 구체화는 정도의 차이에 불과하므로 양자를 개념적으로 구별하고 구체화에는 특별한 방법론적 과정이 필요하다고 강조할 이유는 없어 보인다.

이상에서 살펴본 바와 같이 모든 법규정은 정도에 차이가 있을 뿐 불확정적 요소 내지 경계영역을 가질 수밖에 없고, 입법기술로써 이를 원천적으로 제거하는 것은 불가능하다. 결국, 모든 법규정은 해석을 필요로 한다.[81] 법적용자는 상이한 방식과 상이한 수준으로 불확정개념과 규범적 개념, 재량규정, 일반조항에 내재해 있는 형평법(ius aequum)에 따라 해석과 포섭뿐 아니라 평가와 의사결정을 거쳐 개별사건에서 법을 발견한다. 해석과정에서 객관적 기준이 중시되고 법

---

78) 예컨대 Raisch(1995), 167면.
79) Möllers(2023), 286면.
80) Hager(2009), 42면.
81) Rüthers/Fischer/Birk(2022), 453면.

적, 초법적 한계가 설정되더라도 법적용자의 평가와 결정에 개인적 색채는 남기
마련이다.[82]

[보론(補論): 유형론?]

유형(type, Typus)은 우리나라에서도 입법뿐 아니라 법 해석 및 적용, 법형성
에서 중요한 기능을 수행하는 것으로 평가받고 있다.[83] 입법자는 입법과정에서
모든 생활사태를 일일이 규율할 수 없기 때문에 입법대상을 유형별로 분류하고
각 유형에 따라 적절한 법적 조건이나 법적 효과를 설정한다는 것이다. 유형은
일단 제정된 법을 해석·적용하는 데에 나름대로 중요한 역할을 하는 것처럼 보
인다. 유형은 '방법론의 파산선고(I. Puppe)'라는 비판도 받지만, 여전히 법학자와
법률가 사이에서 관심의 대상이 되고 있으므로 간단히 논의하기로 한다.

법규정에 있어서 유형은 개념(concept, Begriff)과의 비교를 통해 그 특징이
잘 드러나므로 개념의 의미를 먼저 살펴볼 필요가 있다. 법은 일정한 개념을 표
상하는 언어들로 기술된다. 법적 개념의 의미는 법령별로 달라질 수 있고 동일한
법령에서도 조문에 따라 그 의미가 달라질 수 있다. 이는 각 법령이나 법규정의
입법목적 내지 입법취지가 다르기 때문이다. 가령 공무원·상인·근로자와 같은
신분개념(Statusbegriff)을 상정해보자. 신분개념은 개별 법령이나 특정 법영역에
속하는 일련의 법령에 공통적인 수범자를 표시한다.[84] 신분개념의 경우 모든 법
령에서 동일한 의미를 지닐 수도 있지만, 대부분 기본의미를 유지한 채 개별 법
령마다 구체적인 의미가 달라진다. 이처럼 법적 개념은 상대적일 뿐 아니라 다의
적이다. 법적 개념의 다의성은 불확정개념을 사용한 일반조항에서 극명하게 드
러난다. 하지만 법규정의 개념징표는 구속적인 것이므로 포괄적인 이익형량 과
정에서 무시되어서는 안 된다.[85]

고전적인 개념이론에 따르면, 개념은 명제를 구성하는 기본적인 요소이다.
이는 여러 종류의 표상을 비교하여 그 표상들이 가지는 공통적인 징표(속성)를
추상한 후, 이를 총괄하여 언어라는 기호를 부여함으로써 성립한다. 개념의 성립
은 표상에서 출발하여 비교, 추상, 총괄, 명명의 단계를 밟아 완성된다. 그리고

---

82) Engisch(1977), 133면.
83) 예컨대 남기윤(2014), 40면.
84) 신분개념에 대해서는 Wank(2020), 229-230면.
85) Wank(2020), 208면.

개념과 개념의 비교를 통해 한층 더 추상적인 개념이 성립되면, 기존 개념은 하위개념이 되고 새로운 개념은 상위개념이 된다. 상위개념과 하위개념의 관계 중에서 포섭관계로 분류되는 것이 유(類) 개념과 종(種) 개념이다. 상위개념으로서의 유 개념은 포섭하는 개념이고, 종 개념은 포섭되는 개념이다. 이러한 범주화(categorization)의 과정을 거쳐 최종적으로 도달하는 최상위의 개념이 법률행위나 행정행위, 근로자와 같은 이른바 기본개념(Grundbegriff)이다.

모든 개념은 내포(intension)와 외연(extension)을 갖는다. 내포는 개념을 구성하는 징표(속성)의 전부를, 외연은 이러한 개념징표를 가지고 있는 개체의 전체를 가리킨다. 내포가 증가하면 증가할수록 외연은 감소하고, 반대로 외연이 증가하면 증가할수록 내포는 감소한다. 즉 내포와 외연은 정반대의 방향으로 증감한다. 개념이 내포와 외연을 가지므로 개념에 대한 정의(definition) 역시 내포적으로도, 외연적으로도 가능하다. 가령 유와 종차를 이용하는 내포적 정의도 가능하고 열거를 통한 외연적 정의도 가능하지만, 전자가 보편적이다: 개념정의는 최근류(最近類)와 종차(種差)를 통해 이루어진다(Definitio fit per genus proximum et differentiam specificam). 개념을 정의하기 위해서는 개념이 가지고 있는 내포를 명확히 규정하고 그 의미를 밝혀야 한다. 다시 말해 개념정의는 그 목적에 부합하게 대상의 본질적 속성을 파악해야 하며 명료하고 정밀하여야 한다.[86]

법적 개념에 대한 정의는 정의규정과 같은 입법으로만 가능한 것이 아니라 판례나 학설을 통해서도 가능하다. 입법자에 의한 것이든 법관 또는 법학자에 의한 것이든 간에, 개념정의는 일정한 기본규칙을 고려해야 한다. 예컨대 무모순성의 규칙을 준수하여 개념정의는 동시에 서로 모순되는 개념징표를 포함해서는 안 된다. 개념정의는 한계 설정의 기능을 한다. 정의는 무엇이 확실하게 포착되는지 또 무엇이 확실하게 포착되지 않아야 되는지에 대한 윤곽을 그린다. 하지만 그 사이에 의심 사례는 남기 마련이다. 이는 '공원 내 탈 것 금지(no vehicles in the park)' 사례를 둘러싼 하트(H.L.A. Hart)와 풀러(L. Fuller)의 고전적인 논쟁에서 잘 드러난다.[87] 법 규칙이 공원에서 탈 것 이용을 금지하고 있다면 이 규칙이 자

---

86) 개념정의의 조건 내지 규칙에 대해서는 Schneider(1995), 44-46면; 김준섭(1995), 280-281면; 소광희(1985), 25-26면 참조.

87) H.L.A. Hart, "Positivism and the Separation of Law and Morals", *Harvard Law Review* 71 (1958), 593-629면, 특히 607면; L. Fuller, "Positivism and Fidelity to Law: A Reply to Professor Hart", *Harvard Law Review* 71 (1958), 630-672면.

동차를 금지하는 것은 명백해 보인다. 하지만 자전거·롤러스케이트·장난감 자
동차는 어떤가? 또 비행기는 어떤가? 과연 이것들이 법 규칙의 입법목적에 비춰
'탈 것'으로 불릴 수 있는가?

　방법론적 관점에서 보면 이른바 통상 사건 방법론과 같이 일단 입법자가 상
정하는 통상적인 사건을 염두에 두고 기본개념의 의미를 이해하는 것이 합목적
적이다. 그리고 반대개념(Gegenbegriff)을 구성한 다음에 통상 사건에서 기본개념
과 반대개념이 그대로 유지될 수 있는지를 검토한다. 기본개념은 입법자가 어떤
목표를 추구하는지를 나타내고, 반대개념은 입법자가 어떤 목표를 확실하게 추
구하지 않는지를 나타낸다. 기본개념과 반대개념의 비교를 통해 의심스러운 사
건을 판단하는 데에 도움이 되는 결정적인 관점이 드러나게 된다. 물론 여기서는
개념적 작업이 아니라 일종의 평가적 작업이 이루어진다.

　기본개념과 반대개념의 대비를 통하여 개념을 이해하기 위해서는 정확한 반
대개념을 찾아내는 것이 중요하다. 기본개념과 반대개념 사이의 사례, 즉 경계
사례는 법적으로 흥미로울 수 있어도 개념을 이해하는 데에는 혼란을 가져온다.
경계 사례는 입법목적 등에 따라 기본개념 또는 반대개념에 편입될 수밖에 없
다.[88] 종종 법률은 기본개념을 규정하면서 그릇된 반대개념을 전제한다. 기본개
념과 반대개념이 문제되었던 사례로는 이른바 쓰레기 방화 판결을 들 수 있다.

　대법원은 노상에서 전봇대 주변에 놓인 재활용품과 쓰레기 등에 불을 놓아
소훼한 사건에서, 재활용품과 쓰레기 등은 '무주물'로서 형법 제167조 제2항에 정
한 '자기 소유의 물건'에 준하는 것으로 보아야 한다는 이유로 그에 대한 방화로
공공의 위험을 발생하게 하면 일반물건방화죄가 성립한다고 판시하였다.

> 형법 제167조 제2항은 방화의 객체인 물건이 자기의 소유에 속한 때에는 같은 조
> 제1항보다 감경하여 처벌하는 것으로 규정하고 있는바, 방화죄는 공공의 안전을
> 제1차적인 보호법익으로 하지만 제2차적으로는 개인의 재산권을 보호하는 것이라
> 고 볼 수 있는 점, 현재 소유자가 없는 물건인 무주물에 방화하는 경우에 타인의
> 재산권을 침해하지 않는 점은 자기의 소유에 속한 물건을 방화하는 경우와 마찬
> 가지인 점, 무주의 동산을 소유의 의사로 점유하는 경우에 소유권을 취득하는 것
> 에 비추어(민법 제252조) 무주물에 방화하는 행위는 그 무주물을 소유의 의사로

88) Wank(2020), 226면.

점유하는 것이라고 볼 여지가 있는 점 등을 종합하여 보면, 불을 놓아 무주물을 소훼하여 공공의 위험을 발생하게 한 경우에는 '무주물'을 '자기 소유의 물건'에 준하는 것으로 보아 형법 제167조 제2항을 적용하여 처벌하여야 한다.[89]

이른바 실화 판결에서도 확인되었다시피, 형법은 방화 및 실화에 관한 편장에서 타인 소유의 물건 등과 자기 소유의 물건 등을 이원적으로 구분하여 규정하고 있다. 이 구분에 기초하여 형법은 자기 소유의 물건 등에 대한 방화·실화를 타인 소유의 물건 등에 대한 방화·실화보다 전반적으로 감경하여 처벌한다. 따라서 재산적 가치가 없는 쓰레기 등을 소훼하여 공공의 위험을 발생시킨 행위를 타인 소유물에 대한 방화보다 법정형이 가벼운 자기 소유물에 대한 방화로 의율한 것은 일응 수긍할 만하다.

그렇다고 해서 형법의 기초자가 타인 소유물이나 자기 소유물이 아니라 경계 사례에 해당하는 무주물에 대한 방화·실화의 가능성을 미리 상정하고 있었다고 보기는 어렵다. 이 점에서 무주물을 자기 소유물에 준하는 것으로 해석하는 것은 허용되는 확장해석이 아니라 법의 흠결을 보충하기 위한 법형성에 해당된다. 입법자가 타인 소유의 물건 등을 기본개념으로 삼고 타인 소유가 아닌 물건 등을 반대개념으로 삼았더라면 이러한 법의 흠결은 발생하지 않았을 것이다. 입법론적으로 무주물은 자기 소유물로 본다는 내용의 의제규정을 추가하는 것이 바람직해 보인다. 기본개념의 이해를 위해서는 정확한 반대개념을 찾는 것이 중요하다는 점을 쓰레기 방화 판결이 잘 보여주고 있다.

다시 유형에 대한 논의로 되돌아와서, 라렌츠를 비롯한 일군의 학자들은 법규정이 개념뿐 아니라 유형으로도 구성된다고 본다. 유형은 직관적 추상에 의해서 얻어지는 일반 형상으로서 개념과 달리, 개념 징표에 의해 파악될 수 없고 그 특성에 대한 설명을 통해 파악된다고 한다. 현대 유형론의 대변자 카우프만 (A. Kaufmann)에 의하면 유형은 정의될 수 있는 것이 아니라 설명될 수 있을 뿐이다. 외연도 명확하게 경계짓기 어렵고 유동적이다. 유형은 외연이 열려져 있는 유동적 경계로 인해 생활관계를 분리하지 않고 서로 결합시켜 전체적으로 파악할 수 있게 해준다. 따라서 유형적 사고는 개별적, 직관적, 구체적인 것과 추상적 개념 사이의 중간에 위치하고 있는 독특한 사유방식이다. 유형적 사고에 따르면

---

89) 대법원 2009. 10. 15. 선고 2009도7421 판결.

유형이 포함된 법규범에는 이미 생활사태가 포함되어 있다. 이 점에서 유형은 입법자에 앞서 미리 주어진 것으로서 입법자는 이 유형을 기술해야 하는 과제를 안고 있다.

일반적으로 유형은 개방성과 포기가능성이라는 두 가지 특성을 갖는다.[90] 먼저 유형의 징표는 완결적으로 열거될 수 없다: 개방성(Offenheit). 또 개별 사건에서 유형의 하위 징표가 충족되지 않더라도 유형개념이 적용될 수 있다. 즉 유형의 하위 징표는 포기될 수 있다: 포기가능성(Verzichtbarkeit). 유형의 한계는 법규정의 구성 징표가 아니라 판례와 학설을 통해 발전된 하위 징표에서 뚜렷이 드러난다. 유형의 하위 징표들은 명확하지 않을 뿐 아니라 개방성과 포기가능성이 어느 정도로 허용되는지도 분명치 않다. 만일 하위 징표들을 임의로 확장할 수 있다면 유형에 대한 설명 내지 이해는 쓸모없어질 것이다. 따라서 어떤 종류의 하위개념이 고려되어야 하는지에 대한 지침이 반드시 있어야 한다.

그런데 유형의 개방성이나 포기가능성은 일부 불확정적 법개념에서도 발견된다. 무엇보다도 유형은 법규정에 빈번하게 사용되는 집합개념(Klassenbegriff)과 유사해 보인다. 다만 집합개념이 구성요소를 충족하든지 충족하지 않든지의 양자택일 방식으로 해석되는 반면, 유형개념은 구성요소를 다소간에 충족하는 정도의 방식으로 해석된다는 점에서 서로 차별화되는 듯하다. 법률가로서는 법령이 적용되는지 여부를 확정해야 하기 때문에 법령에서 사용되는 개념은 일반적으로 학문이론적인 의미의 집합개념으로 이해된다.

카우프만의 스승으로서 유형을 법학에 처음 도입한 라드브루흐(G. Radbruch)는 집합개념이 외연이 폐쇄되어 생활의 연속적 흐름을 차단하는 분리적 사고인데 비해 유형개념은 외연이 개방된 유동적 경계로 인해 생활관계의 의미를 전체적으로 파악할 수 있다고 보았다.[91] 현대 유형론의 또 다른 대표자 라렌츠도 유형을 특수한 개념형식이자 사고형식으로 보고 추상적 개념으로서의 집합개념과 대비시켰다. 그에 따르면 집합개념은 고정적이고 폐쇄적이라는 점에 의해 특징지어지고, 일련의 특성으로 정의될 수 있고 포섭될 수 있어야 한다. 반면 유형은 개방적이고 정의될 수 없다. 유형에서는 사태가 포섭이 아니라 귀속될 뿐이다.

---

90) Wank(2020), 231면.
91) G. Radbruch, "Klassenbegriffe und Ordnungsbegriffe im Rechtsdenken", *Internationale Zeitschrift für Theorie des Rechts 12* (1938), 46-54면, 특히 46면.

요컨대 개념정의를 통해 유형을 파악하려는 시도는 실패할 수밖에 없다는 것이다.[92]

그러나 현대 정의론(定義論)에서 유형이 개방적이라는 특성에 의하여, 폐쇄성을 갖는 개념과 구별될 수 있다는 주장은 더 이상 유지되기 어렵다. 이미 오래전 비트겐슈타인(L. Wittgenstein)이 잘 지적한 바와 같이 개념도 기껏해야 가족유사성(family resemblance)을 가질 뿐이고 개념이나 개념정의는 시간의 흐름에 따라, 또 새로운 경험에 의해 변화할 수 있다. 만일 유형에 일부 징표가 필수적으로 존재해야 한다고 보면, 유형과 집합개념의 경계는 더 희미해진다.

이렇게 보면 라렌츠에 의해 전형적인 유형 개념으로 제시되었던[93] 독일 민법 제833조의 '동물 사육자(Tierhalter)' —우리나라 민법 제759조의 동물 점유자에 대응하는— 는 결코 유형이 아니다.[94] 여기에서는 일의적으로 '동물을 사육하는 모든 사람'이 문제되는 것이다. 하위징표인 사육의 의미에 대하여 다양한 해석가능성이 존재한다고 하더라도 이는 법학에서 일상적인 것으로서 굳이 유형 개념을 받아들여야 하는 근거가 될 수는 없다.

더욱이 라렌츠의 유형이론에 의하면, 모든 유형에는 지도적인 가치관점이 포함되어 있다. 지도적인 가치관점이 존재한다면 양자택일적 결정이 내려질 수 있다. 그렇다면 법학방법론에서 개념과 별개로 유형을 받아들여야 할 이유는 더욱 없다.[95] 유형은 그 사용자의 법정책을 학문적으로 위장하는 데에 기여할 뿐이다.[96]

---

92) Larenz(1991), 137면.
93) Larenz(1991), 218-219면.
94) Bydlinski(1991), 544-545면; Wank(2020), 232면.
95) Koch/Rüßmann(1982), 73-77면 및 209-210면; Bydlinski(1991), 545-546면; Rüthers/Fischer/Birk(2022), 570면; Wank(2020), 232면. 엥기쉬 역시 유형론적 법적 사고의 성과를 부정하지 않으면서도 유형이 불확정개념 또는 규범적 개념, 나아가 집합개념과 양립가능(아마도 대체가능)하다고 보는 점에서 유형의 필요성에 대해서 회의적인 듯하다. Engisch(1977), 256-257면 후주118a. 오늘날 비트겐슈타인의 가족적 유사성이론이나 이를 재해석한 원형이론(prototype theory)은 개념의 확장가능성을 통해 유형까지 포괄할 수 있을 것으로 보인다. 법해석이론에서 원형이론의 응용가능성에 대해서는 Slocum(2015), 224-240면 참조.
96) Rüthers/Fischer/Birk(2022), 570면.

4. 기타

(1) 행위규범과 수권규범: 1차 규범과 2차 규범

사회규범의 원형은 수범자에게 일정한 행위를 명하는 행위규범(act-orienting norm)이다. 여기에 더해 수범자가 이를 준수하도록 강제하는 것이 법규범이다. 법규범은 물리적 강제력의 행사를 예정하므로 국가법이 현실적으로 가장 완전한 법질서이다. 다만 법규범은 그 자체로 자기집행적이지 않으므로 강제적인 집행을 보장하기 위해서 누군가에 의해 행사되어야 한다.[97] 즉 법규범이 기능하기 위해서는 법을 집행할 수 있는 권한을 법집행기관에 부여하는 수권규범(power-conferring norm)이 필요하다. 그에 따라 오늘날 모든 법질서는 행위규범과 수권규범의 결합으로 구성된다. 예를 들면 「실화책임에 관한 법률」 제3조 제1항은 실화로 인한 손해배상 의무자의 손해배상액 경감청구에 대하여 규정하고, 같은 조 제2항은 법원에 손해배상액을 경감할 수 있는 권한을 부여하고 있다. 제3조 제1항이 행위규범이라면, 같은 조 제2항은 수권규범이다.

행위규범은 근본적이고 원초적인 규범이라는 의미에서 흔히 1차 규범(primary norm)으로, 수권규범은 종속적이고 부수적인 규범이라는 의미에서 2차 규범(secondary norm)으로 불린다.[98] 하지만 켈젠은 법이 강제규범이라는 점을 중시하여 강제규범을 1차 규범이라고 부르고, 그에 내재 내지 전제되어 있는 행위규범을 2차 규범이라고 부른다.[99] 가령 살인을 규율하는 법규정으로서의 형법 제250조 제1항이 1차 규범이라면, '살인하지 말라'는 규범은 2차 규범에 해당된다는 것이다. 이는 앞서 살펴보았듯이 켈젠 이전의 빈딩에 의해서도 잘 설명된 바 있다.

이처럼 법체계는 기본적으로 행위규범과 수권규범이 결합된 중층 구조로 등장하는데, 학자에 따라서는 법규범을 행위규범과 조직규범의 2가지 또는 재판규범을 추가하여 행위규범·재판규범·조직규범의 3가지로 유형화하기도 한다.

---

97) MacCormick(1978), 46면.
98) 예컨대 Hart(1961), 77-96면; Wank(2020), 100-101면. 1차/2차 법규정과 대상언어(Objektsprache)/메타언어(Metasprache) 법규정을 혼용하는 견해로 Wank(2020), 101면.
99) Kelsen(1979), 43면.

(2) 강행규정과 임의규정

법규정은 수범자에 대한 구속력의 정도, 즉 준수 의무가 부과되고 강제되는지 여부에 따라 강행규정과 임의규정으로도 나뉜다. 강행규정(ius cogens)[100]은 흔히 공서양속(公序良俗)과 관련되어 있다는 점에서 사적 자치가 허용되지 않는 것으로 이해되고 있다. 강행규정은 명문으로 규정되어 있지 않더라도 쉽게 확인 가능하지만, 실제로 어떤 법률관계가 강행규정에 위반되는지는 법해석과 법적용을 통해 밝혀지게 된다. 가령 대리모 계약이 민법 제103조의 '선량한 풍속 기타 사회질서에 위반된 사항을 내용으로 하는 법률행위'로서 무효가 되는 것이 그러한 예이다. 강행규정은 민법 제103조처럼 일정한 법률행위의 효력을 전면 배제하는 포괄적 강행규정이 일반적이지만 편면적 강행규정으로도 등장할 수 있다.[101] 이를테면 임대인과 임차인의 실질적 불평등에 따른 불공정한 계약을 방지하기 위하여 임차인이나 전차인에게 불리한 약정은 효력이 없다고 규정하는 민법 제652조가 그 예이다.

어쩌면 법의 본질, 즉 강제규범으로서의 법규범에 부합하는 것처럼 보이는 강행규정은 규범 위반에 따른 법적 효과에 따라 효력규정, 단속규정, 훈시규정으로 다시 나누어진다.

우선 효력규정(效力規定)은 법규정에 위반된 사법적 행위의 효력을 무효로 만드는 규정으로서 가장 강력한 법적 효과를 수반한다. 효력규정은 경제적 이익의 귀속을 배제하고 금지규정의 실효성을 확보한다는 차원에서 그 정당성이 인정된다. 이러한 효력규정은 대개 법규정에 위반된 사법적 행위의 효력에 대해 명시한다. 하지만 학교법인이 기본재산을 처분할 때 관할청의 허가를 받도록 규정하고 이에 위반하는 경우 벌칙을 부과하는 사립학교법 제28조 및 제73조에서 보듯이 외견상 단속규정으로 보이지만 효력규정으로 해석되는 경우도 없지 않다.[102]

---

100) 형평법(ius aequum)과 달리 개별 사례의 특수 사정과 관계없이 구속적으로 적용되는 로마법의 엄격법(ius strictum)은 현대에 와서 당사자의 합의로도 폐지할 수 없는 강행법(ius cogens)으로 변형되었다. 국제법에서도 강행법이 존재한다는 점에는 의견이 수렴되지만 강행법의 내용, 연원, 확인수단, 적용은 물론 효과와 역할에 대해서는 의견이 분분하다. 강행법, 특히 국제법의 강행법에 대해서는 J. Frowein, "Ius cogens", *The Max Planck Encyclopedia of Public International Law* (R. Wolfrum ed.), *2nd ed.*, Oxford: Oxford UP, 2012, 443-446면 참조.

101) Wank(2020), 78-79면.

102) 대법원 1994. 1. 25. 선고 93다42993 판결; 대법원 1994. 12. 22. 선고 94다12005 판결 등 다수 판결.

효력규정은 불변기간인 항소기간을 도과한 항소를 무효로 하는 민사소송법 제396조에서 보듯이 형식적·기술적 성격의 소송법에도 드물지 않다. 다만 소송법에서는 효력규정에 위반된 소송행위가 부적법하여 각하 또는 기각된다는 점에서 효력규정이 작동하는 방식에 차이가 있다.

이러한 효력규정은 법규정에 위반된 사법적 행위가 전부 무효인지, 일부 무효인지, 나아가 추인 등을 통하여 하자가 치유될 수 있는 조건부 무효인지에 따라 세분화될 수 있다. 앞서 살펴본 대리모 계약을 무효로 하는 민법 제103조는 위반 시 전부 무효가 되는 효력규정에 해당된다. 이와 달리 이자제한법 제2조 제3항은 금전소비대차 계약에서 최고이자율을 초과하여 약정한 경우에는 초과된 부분만 일부 무효로 취급한다. 그리고 드물지만 구「국토의 계획 및 이용에 관한 법률」 제118조 제6항과 같이 토지거래 허가구역 내의 토지에 관하여 관할관청의 허가를 받지 않은 토지거래계약을 유동적 무효로 만드는 조건부 효력규정도 존재한다.

강행규정은 제재를 수반하는 단속규정(團束規定)으로도 등장하는데, 제재는 형사처벌 이외에도 과태료, 등록취소나 영업제한과 같은 행정질서벌 등 다양한 형태로 이루어진다. 단속규정으로서의 강행규정은 법규정에 위반된 사법적 행위의 효력이 인정된다는 점에서 효력규정과 구별되지만, 불법성이 명백히 드러난다는 점에서 훈시규정과 구별된다.

문제는 단속규정과 효력규정을 구별하기가 쉽지 않다는 데에 있다. 어음법 제2조나 수표법 제2조에서 보듯이 같은 법 제1조의 어음요건 또는 수표요건을 기재하지 아니한 증권은 효력이 없다는 방식으로 효력규정이라는 점을 명시하는 경우는 쉽게 효력규정으로 판단할 수 있다. 부동산에 대한 명의신탁약정을 무효로 하는「부동산 실권리자명의 등기에 관한 법률」 제4조도 마찬가지이다. 하지만 명문으로 규정되지 않은 경우에는 입법목적을 통한 목적론적 해석이나 입법 연혁을 고려한 역사적 해석을 통해서 효력규정인지 단속규정인지를 판별해야 한다. 다만 이른바 백지어음 판결 및 백지수표 판결에서 보듯이 명문규정에도 불구하고 효력규정을 사실상 임의규정으로 해석하는 사례도 없지 않다.[103]

끝으로 강행규정은 불이행에 대한 제재가 명확하게 존재하지 않는 경우 단

---

103) 대법원 1998. 4. 23. 선고 95다36466 전원합의체 판결; 대법원 1999. 8. 19. 선고 99다23383 전원합의체 판결.

순히 훈시규정(訓示規定)에 그칠 수 있다. 훈시규정은 위반 시에도 위반행위의 효력에 영향을 미치지 않는 법규정이다. 그에 따라 훈시규정은 마치 법적 의무를 발생시키지 않으며 위반 시에도 위법하지 않은 것처럼 인식되고 있다. 예컨대 형사소송법 제465조는 "사형집행의 명령은 판결이 확정된 날로부터 6월 이내에 하여야 한다."라고 규정하는데, 이는 훈시규정으로 해석되어 구속력을 전혀 발휘하지 못하고 있다. 실제로 20여 년 이상 사형을 집행하지 않음으로써 현재 우리나라는 사실상의 사형폐지국으로 분류되고 있다. 그밖에 법령에서 흔히 볼 수 있는 선언적 규정들도 대체로 이러한 훈시규정에 해당될 것이다.

그러나 훈시규정도 임의규정과 달리 수범자에게 법적 의무를 발생시키며 이를 위반하면 강제나 제재의 부과와는 별개로 위법하다고 평가받는다. 가령 종국판결 선고기간을 소 제기 후 5월로 정한 민사소송법 제199조는 당연히 법원에 대하여 구속력을 가지며 법원이나 당사자가 선고기간을 따로 정할 수 없다는 점에서 임의규정이 아닌 강행규정에 해당된다. 단지 법규정 위반에 대한 별도의 제재규정이 존재하지 않는다는 이유로 판례와 통설은 이를 훈시규정으로 해석하지만, 훈시규정의 본질이나 당해 민사소송법의 입법목적에 비추어 이러한 해석이 타당한지는 의문스럽다.[104]

강행규정과 달리 임의규정의 경우 당사자의 합의를 통해 법규정과 다르게 법률관계를 형성하는 것이 가능하다. 민법 제105조에서는 이를 다음과 같이 명문으로 규정하고 있다. "법률행위의 당사자가 법령 중의 선량한 풍속 기타 사회질서에 관계없는 규정과 다른 의사를 표시한 때에는 그 의사에 의한다." 사적 자치의 원칙이 지배하는 사법(私法)에서는 대개의 법규정이 임의규정에 해당된다.

(3) 원칙규정과 예외규정

법규정은 법적 규율의 방식에 따라 원칙규정과 예외규정으로도 분류될 수 있다.[105] '예외 없는 원칙 없다'는 형용모순적인 원칙이 일상에서 당연한 것처럼 받아들여지듯이, 법에서도 모든 원칙에 예외가 존재하는 것처럼 보인다. 가령 민

---

104) 판례와 학설을 통해 인정되는 훈시규정 자체가 법치국가 원리와 조화될 수 없으며 국민의 준법의식을 약화시킬 수 있고 신속한 재판을 받을 권리를 침해한다는 비판으로 문기탁, "훈시규정에 관한 고찰", 『성신법학』 제8호(2010), 75-91면, 특히 82-88면.

105) 예외규정은 일반법인 원칙규정과의 관계에서 언제나 특별규정이다. 반면 특별규정은 내용적으로 원칙규정에서 벗어날 때에만 예외규정이다. Kramer(2019), 242면 각주677.

법 제107조 제1항은 "의사표시는 표의자가 진의아님을 알고 한 것이라도 그 효력이 있다. 그러나 상대방이 표의자의 진의아님을 알았거나 이를 알 수 있었을 경우에는 무효로 한다."라고 규정하는데, 본문(本文)이 원칙규정이고 단서(但書)가 예외규정이다.

물론 "모든 국민은 인간으로서의 존엄과 가치를 가지며, 행복을 추구할 권리를 가진다. 국가는 개인이 가지는 불가침의 기본적 인권을 확인하고 이를 보장할 의무를 진다."라고 규정하는 헌법 제10조처럼 특별한 연결사 없이 두 문장 — 전단(前段)과 후단(後段) — 으로 구성된 법규정은 병렬적 구조를 가질 뿐, 원칙규정과 예외규정으로 볼 수 없다.

일반적으로 법규정이 두 문장으로 구성되고 두 문장이 '그러나', '다만', '단(但)' 등의 접속사(접속부사)로 결합되어 있는 경우 일응 첫 번째 문장이 원칙규정, 두 번째 문장이 예외규정에 해당된다. 특히 형법 제246조 제1항에서 규정하는 일시오락 정도에 불과한 도박의 경우와 같이 '예외로 한다'라는 표현이 사용되는 경우 예외규정이라는 것을 더 쉽게 확인할 수 있다. 하지만 그러한 접속사로 결합되어 있다고 해서 항상 원칙규정과 예외규정이 되는 것은 아니다. 가령 불능범에 관한 형법 제27조는 "실행의 수단 또는 대상의 착오로 인하여 결과의 발생이 불가능하더라도 위험성이 있는 때에는 처벌한다. 단, 형을 감경 또는 면제할 수 있다."라고 규정하고 있다. 이 조항의 단서는 본문의 원칙에 대한 예외를 규정하는 예외규정이 아니라 법률효과를 따로 표현한 것에 불과하다.

원칙규정과 예외규정의 구별은 소송법에서 입증책임을 분배하는 데에 중요한 역할을 한다. 원칙규정은 이를 주장하는 적극적 당사자에게 입증책임이 있는 데 비하여, 예외규정은 방어권을 행사하는 소극적 당사자에게 입증책임이 부과된다. 앞서 살펴본 민법 제107조 제1항의 적용 여부가 법적 쟁점이 되는 사건에서 의사표시의 효력을 주장하는 상대방은 원칙규정인 본문에 따라 그러한 의사표시가 있었다는 사실을 주장·입증하여야 하고, 의사표시의 무효를 주장하는 표의자는 예외규정인 단서에 따라 상대방이 표의자의 진의아님을 알았거나 알 수 있었다는 사실을 주장·입증하여야 한다. 따라서 입법자는 법규범을 조문화하는 과정에서 이를 고려하여 원칙규정과 예외규정을 적절히 구성할 필요가 있다.

전통적으로 예외규정의 해석과 관련하여 '예외규정은 확대되어서는 안 된다(singularia non sunt extendenda)' 또는 '예외는 엄격하게 해석되어야 한다(exceptiones sunt strictissimae interpretationis)', '원칙규정은 너그럽게, 예외규정은 엄격하게'라는 해석원칙이 통용되어 왔다.106) 예외규정 엄격해석 내지 확대해석 금지 원칙은 스페인 등 일부 유럽국가에서 법제화되었으며 유럽연합 사법재판소 (CJEU)의 실무에서도 받아들여지고 있다.107) 우리나라 대법원도 이를 받아들여 "일반적으로 예외규정은 엄격하게 해석하여야 하며, 예외규정의 해석이 명확하지 않은 경우에는 원칙으로 돌아가야 하고 예외규정을 확장해석해서는 아니 된다."라고 판시한 바 있다.108)

법령에서 원칙규정과 예외규정을 분리하여 입법한 입법자의 의도를 고려하여 예외가 원칙화되는 것을 방지할 필요가 있고 또 예외규정이 법질서의 내적 체계에 어긋날 개연성이 높다. 따라서 예외규정이 엄격하게 해석되어야 한다는 해석규준은 일응 타당해 보인다. 다만 일종의 형식적 해석규준으로 기능하는 예외규정 엄격해석 원칙을 보편적인 해석원칙으로 받아들여 획일적으로 적용하는 것은 적절치 않다.109) 당연히 해당 법영역의 특수성이나 입법목적 등을 고려하여 예외규정 엄격해석 원칙을 사안별로 교정하여야 한다. 가령 입법목적에 부합한다면 예외규정도 확대해석되거나 유추적용될 수 있다. 또 형사법에서 원칙규정이 행위의 가벌성을 확장하거나 가중처벌하고 예외규정은 가벌성을 축소한다면 죄형법정주의의 정신에 따라 오히려 원칙규정이 엄격하게 해석되고 예외규정이 너그럽게 해석되어야 한다. 유추에 있어서도 원칙규정과 예외규정은 다르지 않다. 원칙규정이 별 문제 없이 유추적용될 수 있으면 원칙규정의 유추적용을 배제하는 예외규정도 유추적용될 수 있다.110)

(4) 열거규정과 예시규정

법규정은 열거규정과 예시규정으로도 나뉠 수 있다. 열거규정은 추상적인

---

106) 예외규정 엄격해석 원칙에 관한 논란은 이를 체계적 해석의 일환으로 파악할 것인지 아니면 문언적 해석이나 목적론적 해석으로 파악할 것인지의 문제와도 무관치 않다. Möllers(2023), 153면 각주210 참조. 예외규정 엄격해석 원칙에 대해서는 백경일, "예외법 확대적용 금지의 원칙 — 예외규정의 해석 및 적용에 있어서 유추 및 확장의 허용 여부와 판례의 입장 —", 『재산법 연구』 제25권 제3호(2009), 1-42면 참조.
107) Möllers(2023), 161면 및 165-166면.
108) 대법원 2020. 2. 6. 선고 2019두43474 판결; 대법원 2020. 3. 27. 선고 2017추5060 판결.
109) Engisch(1977), 151-153면; Klug(1982), 113-114면; Larenz(1991), 355-356면; Bydlinski (1991), 440면; Pawlowski(1999), 219면; Kramer(2019), 243-244면.
110) Schmalz(1992), 144면.

포괄 규정 없이 법적 조건 등을 한정적으로 나열하는 법규정을 말한다. 예컨대
혼인무효 사유를 규정한 민법 제815조나 혼인취소 사유를 규정한 민법 제816조
는 각 호에서 개별적인 사유를 나열할 뿐 이에 준하는 기타 사유에 대하여 따로
규정하지 않는다. 일반적으로 열거규정은 가급적 법문을 엄격하게 제한적으로
해석하는 한정해석에 따른다.[111] 그에 따라 열거규정의 경우 입법자가 고려대상
이 되는 사례에 대해서만 의사를 밝힌 것으로 보고 나머지 사례는 반대해석에
의해 적용되지 않는 것으로 해석되므로 법의 흠결은 원칙적으로 부정된다.[112]

　　반면 이혼 사유를 규정한 민법 제840조나 약혼해제 사유를 규정한 민법 제
804조와 같이 대표적인 적용 사례를 예시하고 이를 아우르는 추가적인 법규정을
따로 두는 경우는 예시규정에 해당된다. 이를테면 민법 제840조는 제1호부터 제
5호까지 개별 이혼 사유를 규정한 다음 제6호에서 '기타 혼인을 계속하기 어려운
중대한 사유가 있을 때'를 규정하고 있다. 마찬가지로 민법 제804조도 제1호부터
제7호까지 개별 혼인해제 사유를 규정한 후 제8호에서 '그 밖에 중대한 사유가
있는 경우'를 규정하고 있다. 즉 민법 제840조 제6호나 민법 제804조 제8호는 일
종의 포괄 규정으로 개별적인 사유들이 예시에 불과함을 보여주고 있다.

　　예시규정은 유사개념인 이른바 예시형식 내지 예시적 입법형식(Regelbeispiel)
과 구별되어야 한다.[113] 예시형식은 법규정에서 일단 추상적인 방식으로 규정한
다음에 별개의 법조항에서 그에 해당하는 사례 내지 유형을 예시적으로 규정하
는 것이다. 예를 들면 구「상속세 및 증여세법」(법률 제8828호)은 제2조 제3항에
서 이른바 증여세 완전포괄주의를 도입하면서 이와 별개로 제3장 증여세의 과세
표준과 세액의 계산 중 제33조 이하에서 개별 가액산정규정을 두었다. 판례는 개
별 가액산정규정을 예시형식으로 이해함으로써 개별 가액산정규정이 증여세 과
세의 범위와 한계를 설정한 것으로 볼 수 있는 경우에는 제2조 제3항의 증여 개
념에 들어맞더라도 증여세를 부과할 수 없다고 판시하였다.[114]

---

111) 열거주의(Enumerationsprinzip)가 적용되는 경우에도 한정적 열거가 아니라면 확대해석
　　 이 제한될 수 있을 뿐 항상 금지되는 것은 아니라는 견해로 장준혁(2022), 105면.
112) Wank(2020), 360면.
113) 독일민법 제243조를 비롯한 예시형식에 대한 독일의 논의는 Möllers(2023), 291-295면
　　 참조.
114) 대법원 2015. 10. 15. 선고 2013두13266 판결 등 다수. 판례에 대한 비판적 견해로 유철
　　 형, "상속세 및 증여세법상 개별예시규정의 해석", 『조세연구』 제16권 제3집(2016),
　　 145-192면.

이러한 예시형식을 통해 일반조항은 흔히 구체화된다. 예시형식은 일반조항의 적용에 대해 예시하는 규정으로서 일반조항에 우선한다는 점에서 특별법의 성격을 갖는다. 이렇게 보면 예시규정과 열거규정은 일반조항과 관련하여 개별 사례적 열거규정, 일반조항이 없는 예시적 열거규정, 일반조항과 결합된 예시적 열거규정, 일반조항의 네 가지 유형으로 세분될 수 있을 것이다.[115]

법규정에서 나열하는 구성요건의 목록이 예시적인지 아니면 열거적인지는 법 문언만으로는 단정짓기 어렵다. 가령 다양한 개별 사유를 아우르는 포괄 규정이 없다고 하여 열거규정으로 단정해서는 안 된다. 법 문언뿐 아니라 역사적 해석이나 목적론적 해석을 비롯한 다른 해석방법을 종합적으로 고려하여 열거규정인지 예시규정인지를 판단해야 한다.

제4절 법의 연원: 법원(法源)

우리는 법을 해석하고 적용하기 전에 무엇이 법인지를 먼저 알아야 한다. 물론 무엇이 법인지를 알기 위해서는 법이 무엇인지를 알아야 한다. '무엇이 법인가?'의 문제를 다루는 것이 법원론(法源論)이라면, '법이란 무엇인가?'의 문제를 다루는 것이 법개념론이다. 이 점에서 법원론은 전도된 법개념론이다.

법원, 즉 법의 연원(sources of law)은 다의적인 개념이다.[116] 흔히 법원은 효력근거로서의 법원, 발생근거로서의 법원, 평가근거로서의 법원, 인식근거로서의 법원으로 나뉘는데,[117] 법원론이 본격적으로 논의되면서 주로 법의 연원을 효력근거로 이해할지 아니면 인식근거로 이해할지를 두고 논쟁이 전개되었다.

전통적으로 법원은 효력근거로서의 법원, 다시 말해 법적 구속력을 갖는 법

---

115) Kramer(2019), 88면.

116) 법원의 다양한 의미에 대해서는 최병조(2022), 41–48면.

117) 자세히는 Bydlinski(1991), 213–221면; 김대휘(1994), 7–11면; 박정훈(1996), 2–11면. 전통적으로 법원은 법률·명령·조례와 같이 법공동체 일반에 구속력을 갖는 일차적 법원 그리고 판례·행정규칙과 같이 제한된 구속력을 갖는 이차적 법원으로 나뉜다. 전통적인 2분설에 따른 일차적/이차적 법원에 관련 외국 판례·모범 법률·학설과 같이 구속력 없이 설득적 권위만 갖는 이른바 연성법(soft law)을 추가하는 3분설은 Möllers(2023), 47면 및 92–98면.

규정, 즉 법령이나 관습법을 의미하는 것으로 파악되었다. 하지만 법학방법론에서는 인식근거로서의 법원도 중요한 의미를 갖는데, 여기에는 법령과 관습법뿐 아니라 판례, 나아가 학설이나 조리까지 포함된다. 법령과 달리 관습법, 판례, 학설, 조리 등은 법원으로서 규범적 구속력에 대한 의문이 지속적으로 제기되었다. 관습법과 판례 등은 전통적으로 불문법(不文法)이라 불리며 성문법(成文法)으로서의 법률과 대비된다. 하지만 판례를 구성하는 판결도 판결서의 작성을 거쳐 낭독 또는 정본의 송달을 통해 대외적으로 공표된다는 점에서 성문법/불문법의 구별이 그리 정확한 구별방식은 아닌 듯하다. 여기서는 법이 입법기관(법제정기관)에 의하여 의도적으로 제정되었는지 여부를 기준으로 제정법과 비제정법으로 나누고 차례대로 살펴본다.

1. 제정법: 법령(statute)

제정법은 입법기관에 의하여 일정한 목적을 달성하기 위하여 의도적으로 제정된 법이다. 이는 대륙법계에서 가장 중요한 법원으로 받아들여지고 있으며, 코먼로 중심의 영미법계에서도 그 비중과 역할이 나날이 증대되고 있다. 흔히 법령으로 통칭되는 제정법은 일반적이고 추상적인 언어로 만들어지므로 개별 사안에 적용되기 위해서는 반드시 해석이 필요하다. 따라서 입법자는 법령의 해석 및 적용을 염두에 두고 법조문을 구성하여야 한다. 마찬가지로 법이 입법의 산물인 이상, 법적용자는 입법 의도를 고려하여 법령을 해석하여야 한다.

법은 사회 현상에 대한 제도적 대응 과정에서 생성되므로 사회의 변화에 따라 법도 변화할 수밖에 없다. 즉 사회 변화에 적응하기 위한 법령의 제·개정이 필요하다. 현대 사회에서 발생하는 새로운 분쟁 유형에 대하여 법이 즉각적으로 대응하지 못하면 법의 후발적 흠결이 발생한다. 이른바 신촌세브란스병원 김할머니 사건에서 쟁점이 되었던 연명의료 중단이 대표적인 사례이다.[118] 마찬가지로 사회의 변화로 기존 법령이 전부 또는 일부 폐지되어야 함에도 그대로 존치된다면 결국 수범자가 더 이상 준수하지 않는 사실상의 실효(de facto desuetudo) 상태에 빠지고 만다. 법의 폐지는 통상 입법자 자신에 의해 이루어지지만, 헌법재판소와 같은 규범통제기관에 의해서도 가능하다. 국민의 법의식 변화로 위헌

---

118) 대법원 2009. 5. 21. 선고 2009다17417 전원합의체 판결.

결정이 내려진 형법의 혼인빙자간음죄나 간통죄가 대표적인 사례이다.[119]

(1) 제정법의 유형: 법의 단계구조

일반적으로 개별 국가의 제정법은 헌법을 정점으로 법률, 명령, 자치법규 등 다양한 단계의 법령들이 위계질서를 이루고 있다. 상위법은 하위법의 효력근거가 되고 하위법은 상위법을 구체화한다. 이러한 법의 단계구조 이론은 1931년 메르클(A. Merkl)에 의해 처음 제안되고 켈젠(H. Kelsen)에 의해 발전되었는데,[120] 부분적인 수정을 거치면서 오늘날까지도 법철학과 법이론에서 통용되고 있다.

1) 헌법(憲法)

헌법(Constitution · Verfassung)은 전통적으로 국가의 기본 조직 및 그 작용을 규정하는 법으로 이해된다. 이러한 실질적 의미의 헌법은 국가가 존재하고 이를 규율하는 권력기관이 존재하는 곳이라면, 어디서나 존재하기 마련이다. 성문헌법 국가뿐 아니라 불문헌법 국가에서도 실질적 의미의 헌법은 존재한다. 하지만 근대 입헌주의 시대의 헌법은 미국 연방헌법에서 보듯이 성문화되는 것이 일반적이다. 현대 헌법은 대한민국 헌법, 독일 기본법(GG)에서 보듯이 예외 없이 성문화되어 있으며 대체로 기본원리 · 기본권 · 통치구조로 이루어져 있다. 물론 모든 헌법전이 이 구성요소들을 다 갖고 있는 것은 아니다. 예컨대 오스트리아 헌법전 (B-VG)은 기본권 조항을 결여하고 있다. 오스트리아에서 기본권은 유럽인권협약 (ECHR, EMRK)과 같은 헌법 차원의 조약이나 법률에 의해 보충된다. 따라서 실질적 의미의 헌법도 기본원리 · 기본권 · 통치구조의 세 부분으로 구성된다고 봐도 무방할 것이다.

헌법은 법체계의 최고규범으로서 모든 법령의 효력근거가 된다는 점에서 합법성의 근거가 되지만 일응 정당성의 근거로도 기능한다. 그 결과 헌법에 규정된

---

119) 헌법재판소 2009. 11. 26. 선고 2008헌바58 전원합의체 결정; 헌법재판소 2015. 2. 26. 선고 2011헌가31 외 전원합의체 결정 참조.

120) 메르클은 1917년 "적용의 관점에서 본 법(Das Recht im Lichte seiner Anwendung)"에서 법 단계구조 이론을 비유적으로 표현하고 1918년의 "이중적 법형상(Das doppelte Rechtsantlitz)", 1923년의 『확정력 이론(*Die Lehre von der Rechtskraft entwickelt aus dem Rechtsbegriff*)』을 거쳐 1931년 "법단계 구조 이론을 위한 서론(Prolegomena einer Theorie des rechtlichen Stufenbaues)"에서 이를 체계적으로 제시하였으며, 켈젠이 이를 받아들여 1934년 『순수법학(*Reine Rechtslehre*)』 등에서 본격적으로 논의하면서 법학계에 널리 보급되었다.

절차와 형식에 따라 이루어진 입법·사법·행정은 일응 정당한 것으로 추정된다.

헌법합치적 해석과 관련하여, 목표설정 형태로 규정된 헌법의 일부 프로그램 규정이 법령 해석에서 고려되어야 하는지가 한때 논란이 되었으나, 프로그램 규정도 법해석과 법형성, 특히 일반조항의 구체화를 위한 지침으로 기능하며 헌법합치적 해석을 위한 기준이자 국가작용의 합헌성을 심사하기 위한 척도로 기능한다는 점에 대하여 지금은 별다른 이견이 없다.121) 또 헌법 전문(前文)이 헌법 해석에서 어느 정도로 고려되어야 하는지에 대해 과거 의견이 엇갈렸으나, 오늘날 전문 역시 헌법의 일부이므로 해석에서 고려되어야 한다는 견해가 통설이 되었다.122)

2) 법률(法律)

법률은 다의적인 개념인데, 일반적으로 의회에서 제정된 형식적 의미의 법률(Act·Gesetz)로 이해되지만 종종 제정법의 총체로서 법령(法令)의 의미로도 이해되고, 법철학적으로는 법원리에 바탕하여 제정된 추상적인 법으로서 구체적인 법을 산출하는 원천으로도 이해된다. 법의 단계구조에서 다루어지는 법률은 형식적인 의미의 법률을 지칭한다.

우리나라에서 형식적 의미의 법률은 입법권이 부여된 국회에서 제정된다(헌법 제40조). 그 절차는 법률안의 제출, 국회의 의결 그리고 대통령의 공포라는 세 단계로 이루어진다. 국회의원과 정부는 법률안을 제출할 수 있다(헌법 제52조). 의원입법의 경우 국회법 제79조 제1항에 따라 10인 이상의 의원이 찬성하여 발의하여야 한다. 반면 정부입법의 경우 법제처 심사를 거쳐 행정절차법 제41조에 따른 입법예고를 하여야 한다.

법률안은 국회의장에게 제출되는데 통상적으로는 소관 상임위원회에 회부되어 심의받은 다음 법제사법위원회의 체계 및 자구심사를 거쳐 본회의에 상정된다. 예외적으로 국회의장에 의하여 직권 상정될 수 있다.

최종적으로 본회의에서 의결된 법률안은 법률공포권자인 대통령에게 이송된다(헌법 제53조 제1항). 대통령은 법률안에 대한 재의를 요구할 수 있는데 가중된 의결 정족수 —재적의원 과반수의 출석과 출석의원 3분의 2 이상의 찬성—

121) Möllers(2023), 170-171면.
122) 판례도 통설과 같은 입장으로 보인다. 헌법재판소 1992. 3. 13. 선고 92헌마37,39 전원재판부 결정 참조.

의 의결이 이루어지면 그 법률안은 법률로서 확정된다(헌법 제53조).

3) 명령(命令)

행정기관에 의하여 제정된 명령(Order·Verordnung)은 이른바 구체화된 법률로서 형식적으로 법률의 하위에 위치하고 있다. 명령은 위임명령과 집행명령(시행명령)으로 나뉘며, 그 하위의 행정규칙은 훈령·지시·내규·예규·통첩·규정·수칙 등 다양한 이름으로 등장한다. 행정규칙과 구분되어야 하는 것이 헌법에서 규정하는 '규칙(規則)'으로서 이는 헌법이 규칙제정권을 부여하고 있는 국가기관에서 제정한다. 예컨대 대법원규칙·국회규칙·헌법재판소규칙이 그러한 규칙이다.

위임명령은 입법사항에 관하여 법률에서 구체적으로 범위를 정하여 행정기관에게 위임한 경우에 그 행정기관이 제정한 법령을 말한다. 일반적으로 법률은 입법사항의 대강을 정하고 구체적인 사항에 대해서는 위임명령에서 규정하며, 더 세부적인 사항은 다시 하위의 위임명령 또는 집행명령에서 규정한다. 예를 들면 식품위생법의 위임명령으로서 대통령령인 식품위생법 시행령과 보건복지부장관의 부령인 식품위생법 시행규칙이 그에 해당한다.

위임명령이나 집행명령과 같은 법규명령과 달리, 행정규칙은 행정조직 내부 또는 공법상 특별권력관계와 같은 행정내부관계에 있어서의 조직과 활동을 규율하기 위하여 행정기관이 제정하는 일반규범이다. 과거에 행정규칙이 법규정이 아니고 따라서 국민에 대한 법적 구속력이 없으며 재판준칙도 아니라고 보았으나, 오늘날에는 그 실질적인 효과의 측면을 중시하여 국민의 권리보호를 위하여 일정한 범위에서 법규정으로서의 성격을 인정하려는 입장이 확대되고 있다.

4) 자치법규(自治法規)

자치법규(Satzung)는 지방자치단체가 제정하는 법령이다. 이는 지방자치단체의 입법기관인 지방의회에서 제정하는 조례와 지방자치단체의 장이 제정하는 자치규칙으로 나뉜다. 연방국가의 주법(州法)과 달리 조례는 법률 및 명령의 테두리 내에서 제정된다는 점에서 그 하위에 위치한다.

5) 조약(條約)

국제성문법원으로서의 조약은 국가·국제조직을 비롯한 국제법 주체 사이의 합의에 의해 성립되는 국제사회의 법규범이다. 물론 오늘날 개인도 인권 분야 등에서 제한적으로 국제법 주체로서의 지위를 갖는다.

오늘날 보편적으로 승인된 국제법은 많은 국가에서 국내법질서의 일부로 수용된다. 조약은 대개 국회의 동의와 대통령의 비준, 공포로 성립하며 자기집행적 조약(self-executing treaty)과 같은 예외도 있지만 통상적으로 의회에서 제정하는 국내이행법률을 통하여 효력을 발생하게 된다.

조약이나 국제관습법, 특히 강행법(ius cogens)은 국내법과의 우열 관계가 논란이 된다. 헌법 제6조 제1항에 조약이나 일반적으로 승인된 국제법규는 국내법과 같은 효력을 갖는다고 규정되어 있으나, 헌법에 대해서는 하위에 있는 것으로 해석된다. 다만 유럽연합 규정(EU Regulations)에서 보듯이 입법례에 따라서는 조약이 헌법과 대등한 효력을 갖는 것으로 받아들여지는 경우도 없지 않다.[123]

(2) 입법의 현실[124]

법은 입법의 산물이므로 법적용자는 입법자의 의사 등 입법 당시의 제반 상황을 고려하여 법령을 해석한다. 그에 따라 개별 국가의 법해석이 그 나라의 입법 현실이나 법령 특성으로부터 영향을 받는 것은 당연하다. 가령 입법자는 충분한 시간을 갖고 제반사항을 면밀히 검토한 후에 법률을 정교하게 제·개정할 수도 있지만, 반대로 긴박한 사회적 필요나 입법시한에 쫓겨 서둘러 입법할 수도 있다. 또 입법자는 규율대상과 관련하여 다수의 상세한 규정으로 구체적으로 입법할 수도 있고 그 반대로 일반조항 등을 사용하여 추상적으로 간결하게 입법할 수도 있다. 만일 법률이 졸속으로 입법되고 일반조항이 널리 사용된다면 법관은 법률을 해석하고 흠결을 보충하는 데 있어서 폭넓은 재량을 가질 것이다. 반면 법률이 충분한 시간을 갖고 제반 사정에 대한 면밀한 검토를 거쳐 상세하게 입법된다면 법관은 별다른 해석의 여지 없이 법률에 엄격하게 구속될 것이다. 요컨대 법령해석 방법론을 논의하기 위해서는 입법의 현실을 정확히 파악할 필요가 있다.

우리나라의 입법 현실은 어떠한가?[125] 의원입법안이나 정부입법안이나 가릴

---

123) 특히 유럽연합(EU)에서는 초국가적법으로서의 유럽법과 국내법 사이의 위계에 대하여 많은 논의가 이루어지고 있다. 대표적으로 유럽법과 독일법의 관계에 대한 법학방법론 차원의 논의는 Möllers(2023), 60-80면 참조.
124) 이하의 서술은 오세혁, "한국에서의 법령 해석 —우리나라 법원의 해석방법론에 대한 비판적 분석—", 『법철학연구』 제6권 2호(2003), 93-118면 및 오세혁, "사법부의 해석방법론에 대한 비판", 『법과 사회』 제27호(2004), 185-209면을 수정·보완한 것이다.
125) 우리나라의 입법 현실에 대해서는 서원우, "한국입법과정의 이념과 현실", 『법학』(서울대)

것 없이 종종 충분한 심의 없이 입법이 추진되며 규범적 개념을 비롯한 불확정 개념이 빈번하게 사용되고 일반조항이나 포괄위임조항도 드물지 않게 사용된다.

이러한 현실을 잘 보여주는 고전적인 사례로서 '도로의 구부러진 곳'을 앞지르기 금지장소로 규정한 구 도로교통법(1995. 1. 5. 법률 제4872호) 제20조의2 제2호126)를 들 수 있다. '도로의 구부러진 곳'이라는 문언은 그 의미가 모호하기 짝이 없다. 엄밀하게 따지면 세상의 모든 도로는 직선 도로가 아닌 구부러진 곡선 도로일 수밖에 없다. 기하학적 엄밀성의 기준을 따르지 않더라도 일상적으로 이해하는 구부러진 도로 역시 모호하기는 마찬가지이다. 더욱이 위 규정은 행위규범에 그치는 것이 아니라 벌칙조항에 의해 벌금 등의 처벌이 부과되기 때문에 죄형법정주의와 관련하여 논란이 될 수밖에 없었고 실제로 위헌법률심판제청이 이루어졌다.

이에 대해 헌법재판소는 2000. 2. 24. 선고 99헌가4 전원재판부 결정에서 위 법률규정이 입법목적과 다른 조항과의 관련하에서의 합리적인 해석의 가능성, 입법기술상의 한계 등을 고려할 때 불명확한 개념이라고 볼 수 없다는 이유로 합헌이라고 판시하면서도, 이 사건 법률규정에 "위험을 초래할 정도로" 또는 "시야가 가린" 내지 "전망할 수 없는" 등의 내용을 추가하는 입법형식이 이 사건 법률규정의 명확성을 담보할 수 있는 바람직한 입법이라고 부수적으로 설시하였다. 이를 반영하여 위 규정은 2005년 도로교통법(법률 제7545호) 제22조 제3항127)으로 개정되면서 구체적으로 명확하게 규정되었다.

제25권 4호(1984), 46-59면; 정종섭, "우리나라 입법과정의 문제상황과 그 대책", 『법과 사회』 제6호(1992), 6-29면; 임종훈, "국회입법의 문제점과 해결방향", 『입법학연구』 창간호(2000), 105-125면; 김수용, "우리나라 입법과정의 문제점과 입법영향평가제도의 활용방안 검토", 공법연구 제39집 제4호(2011), 175-206면; 김종철 외, 『입법과정의 현대적 재구성[혁신] 방안 연구』, 한국법제연구원, 2017 참조.

126) 제20조의2 (앞지르기 금지장소) 모든 차의 운전자는 다음 각 호의 1에 해당하는 곳에서는 다른 차를 앞지르지 못한다. 1. 교차로·터널 안 또는 다리 위 2. 도로의 구부러진 곳 3. 비탈길의 고개마루 부근 또는 가파른 비탈길의 내리막 4. 지방경찰청장이 도로에서의 위험을 방지하고 교통의 안전과 원활한 소통을 확보하기 위하여 필요하다고 인정하여 안전표지에 의하여 지정한 곳.

127) 제22조(앞지르기 금지의 시기 및 장소) ①② 생략
③ 모든 차의 운전자는 다음 각 호의 어느 하나에 해당하는 곳에서는 다른 차를 앞지르지 못한다. 1. 교차로 2. 터널 안 3. 다리 위 4. 도로의 구부러진 곳, 비탈길의 고개마루 부근 또는 가파른 비탈길의 내리막 등 지방경찰청장이 도로에서의 위험을 방지하고 교통의 안전과 원활한 소통을 확보하기 위하여 필요하다고 인정하는 곳으로서 안전표지에 의하여 지정한 곳.

과거 이른바 '주사입법(主事立法)'으로 상징되듯이 우리나라의 법률은 입법기술의 미비로 입법목적과 세부조문과의 일관성, 관계 법령과의 통일성, 벌칙을 비롯한 제재방법의 완전성 등이 문제되는 입법 오류가 적지 않았다.[128] 이른바 금액 판결이나 실화 판결에서 쟁점이 되었던 법전 편찬 과정에서의 편집오류도 드물지 않았다.[129]

또 입법에 활용된 각종 자료뿐 아니라 입법과정의 회의록을 비롯한 입법준비자료(travaux préparatoires)도 제대로 보관되지 않았다. 법률안 심의에 있어서 국회는 소관위원회 중심주의를 채택하고 있기 때문에 법률안의 주요 내용이 소관위원회, 특히 소위원회에서 결정된다. 그럼에도 소위원회는 회의내용을 원칙적으로 속기하지 않으며 그 요지만 결과위주로 간단히 정리하여 보존한다. 이러한 이유들로 인해 법원의 법령해석에서 입법준비자료가 충분히 활용될 수 없었다.

나아가 국회는 법규정에 대한 해석상의 논란이 제기되는 경우에도 입법적으로 해결하는 데에 소극적인 태도를 보였다. 심지어 대법원 전원합의체 판결에서 반문언적 해석이 수용되거나 위헌 내지 헌법불합치로 결정된 법규정에 대해서도 개선입법을 마련하는 데에는 소극적인 편이었다. 이른바 기계적 복사문서, 즉 전자복사기, 모사전송기 기타 이와 유사한 기기를 사용하여 위조문서를 복사한 문서가 위조문서에 해당되는지를 둘러싼 혼란이 단적인 사례이다.

대법원 1978. 4. 11. 선고 77도4068 전원합의체판결은 대법원장 및 대법관(당시 대법원판사) 16인 중 9인의 다수의견으로 형법에 규정된 문서위조죄나 행사죄에 있어서의 문서는 작성명의인의 의사가 표시된 물체 그 자체를 의미하므로 원본을 기계적 방법에 의하여 사진 복사한 경우에는 사본 또는 등본의 인증이 없는 한 문서에 해당되지 아니한다고 판단하였다. 그러나 대법원 1989. 9. 12. 선고 87도506 전원합의체판결에서는 압도적 다수의견으로 이른바 기계적 복사문서는 사본일지라도 복사자의 의식이 개재할 여지가 없고 원본을 실제 그대로 재현하여 보여주므로 이에 대한 사회적 신용을 보호할 필요가 있다는 이유로 문서위

---

128) 전형적인 입법오류(Gesetzgebungsfehler)로는 부적절한 효력영역, 총칙과 각칙의 부조화, 법률의 분열, 불필요한 입법목적, 법적 조건이 결여된 법적 효과 규정 등이 거론된다. 넓게는 입법자가 좋은 입법에 대한 요청에 부응해야 함에도 이를 충족하지 못한 이른바 B-급 법률(B-Gesetz)이나 실효성 없는 선언적인 입법에 그치는 상징 입법(Symbolische Gesetzgebung)까지 여기에 포함될 것이다. Wank(2020), 47–50면 및 169–170면.

129) 대법원 1978. 4. 25. 선고 78도246 전원합의체 판결; 대법원 1994. 12. 20.자 94모32 전원합의체 결정.

조 및 동 행사죄의 객체인 문서에 해당한다고 판시하고 위 전원합의체판결을 비롯한 종전 판례를 폐기하였다. 불과 10여 년 사이에 상반된 대법원 전원합의체 판결이 나올 정도로 논란이 분분한 상황 속에서도 1995년 형법개정(법률 제5057호)을 통해 제237조의2[130]이 신설됨으로써 비로소 입법적으로 해결되었다.

또 이른바 통근재해 판결에서 근로자의 출·퇴근 중에 발생한 재해를 업무상 재해로 인정할 것인지가 쟁점이 된 이후로 사회적 논란이 이어졌음에도 상당한 시간이 경과한 후에야 개선입법이 이루어졌다. 이른바 금액 판결처럼 법원의 반문언적(contra legem) 해석으로 입법자의 권위가 훼손될 우려가 있는 사안에서 관련 법규정은 지금도 존치되고 있다. 이른바 백지어음 판결 및 백지수표 판결에서 논란이 되었던 어음법 및 수표법 관련 규정 역시 마찬가지이다.

다행스럽게도 국회의 소극적인 태도는 근래 들어 개선되는 경향을 보이는데 무엇보다도 헌법재판소의 결정에 대응하는 대체입법은 비교적 신속하게 제·개정되는 편이다. 그 대표적인 사례로는 실화책임에 관한 법률(이하 '실화책임법')을 들 수 있다. 헌법재판소는 2007. 8. 30. 선고 2004헌가25 전원재판부 결정에서 오늘날 경과실로 인한 실화책임을 면제하는 것은 손해배상법의 기본 원리에 어긋난다는 이유로 구 실화책임법에 대하여 헌법불합치 결정을 내렸다. 이에 대하여 국회는 2009. 5. 8. 실화책임법을 공포 즉시 시행하는 것도 모자라 이례적으로 위 헌법재판소 결정일 이후의 실화에 대해서도 소급적용하도록 전면개정하였다. 실화책임법의 문제점에 대해서 오랫동안 학계와 실무계의 지적이 이어지고 있었기 때문에 가능했던 것으로 보인다. 물론 세무사법 일부조항에 대한 헌법재판소 불합치 결정에 따른 세무사법의 개정 과정, 또 형법 낙태조항에 대한 헌법재판소 불합치 결정에 따른 형법 및 모자보건법의 개정 과정에서 보듯이 관련 기관이나 단체들의 의견 충돌 등으로 상당기간 지연되는 사례도 없지 않다.

지금까지 살펴본 우리나라의 입법 현실에 비추어 보면, 법해석자로서는 법해석에 있어서 합리적 입법자(rational legislator)라는 전제, 즉 입법자가 불합리적인 결론이 도출되는 것을 피하기 위하여 법률용어를 신중하게 선택하고 모순 없고 흠결 없이 입법한다는 전제를 선뜻 받아들이기 어렵다. 이는 법원이 역사적 해석을 경시하고 사법적극주의를 기반으로 사법입법에 나서 입법자의 고유영역

---

130) "이 장의 죄에 있어서 전자복사기, 모사전송기 기타 이와 유사한 기기를 사용하여 복사한 문서 또는 도화의 사본도 문서 또는 도화로 본다."

을 침해하는 상황을 종종 초래하는 원인(遠因) 중 하나인 듯싶다.

물론 21세기에 접어들어 법제처의 법제 기능이 강화되고 2007년 국회 입법조사처의 신설로 입법 전문인력이 확충되면서 입법절차는 입법 전문가들의 지원과 참여를 통해 점차 개선되고 있다. 다만 현시점에서 국회의 졸속입법이나 과잉입법의 가능성에 대한 우려까지 일소하기는 어려워 보인다. 이러한 제반 사정에 비추어 볼 때 입법의 정합성이나 완성도에 대한 사법부의 오랜 불신이 하루아침에 바뀔 것 같지는 않다. 하자 있는 법률에 대하여 국회에 관련 법률의 개정을 촉구하는 것을 법원의 임무로 보는 대법원의 판결들 그리고 관련 법령을 합헌으로 보면서도 입법적 개선을 주저 없이 권고하는 헌법재판소의 결정들이 이를 방증하고 있다.

2. 관습법[131]

제정법이 중심이 되는 우리나라에서도 불문법으로서의 관습법(customary law/Gewohnheitsrecht)이 존재한다. 가령 분묘기지권, 관습법상 법정지상권, 명인방법, 사실혼 등이 그것이다. 관습법은 법의 원초적인 형태로서 지난날 법체계의 주요한 지위를 차지하고 있었다. 하지만 18-19세기 법전화(法典化) 시대를 거치면서 국가의 법형성에 대한 독점이 강화됨에 따라 제정법의 위상 강화와 반비례해서 관습법의 위상은 추락하였다. 오늘날 관습법은 점차 설 자리를 잃고 있으며 심지어 원래 의미의 관습법은 더 이상 역할을 하지 못하고 있다고 평가되기도 한다.[132] 그러나 관습법은 입법과 동시에 고착되어 버리는 제정법의 한계를 보완해준다는 점에서 그 역할이 무시될 수 없고 실무에서도 관습법이 법적 쟁점으로 드물지 않게 다루어지곤 한다.

우리나라에서는 약 20년 전 「신행정수도의 건설을 위한 특별조치법」이 성문헌법을 개정하는 것인지가 쟁점이 되었던 헌법재판소의 이른바 신행정수도건설특별법 위헌확인결정에서 또 종중 구성원의 자격을 성년 남자만으로 제한하는 종래 관습법의 효력이 문제되었던 대법원의 이른바 종중판결에서, 관습법이 다시금 학계의 주목을 받았다.[133] 이 결정 및 판결에서 관습법의 기존 쟁점뿐 아니

---

131) 관습법에 대한 상세한 논의는 오세혁, "관습법의 현대적 의미", 『법철학연구』 제9권 2호 (2006), 145-176면; 최병조(2022), 52-54면 및 60-110면 참조.
132) Larenz(1991), 357면.
133) 헌법재판소 2004. 10. 21. 선고 2004헌마554·566(병합) 전원재판부 결정; 대법원 2005. 7.

라 종래 실무상 다루어지지 않던 새로운 쟁점들이 부각되었다. 신행정수도건설 특별법 위헌결정에서는 관습헌법의 존재가능성, 관습헌법의 폐지방식이라는 문제를 두고 논란이 벌어졌고, 종중판결에서는 관습법의 소멸이라는 문제가 주요 쟁점으로 다루어졌다.

관습은 특정한 사회에서 습관적으로 준수되는 사실이나 관행으로부터 자연 발생적으로 생성되는 규칙이다.[134] 반면 관습법은 일정한 법공동체에서 자연발 생적으로 형성된 법규범이다. 관습법은 관습이 법공동체 구성원들의 법적 확신 을 얻음으로써 구속성을 갖게 되는 불문법의 일종이다. 한마디로 관습은 사실 (fact)이지만, 관습법은 규범(norm)이다.

굳이 역사적 유래까지 따질 필요도 없이, 관습과 관습법의 경계가 그다지 분명하지 않고 유동적인 것은 부인하기 어렵다. 이를 반영이라도 하듯이, 헌법재 판소는 헌법관습과 관습헌법을 별다른 설명 없이 혼용하는 태도를 보인 바 있다. 신행정수도건설특별법 위헌결정의 다수의견은 "서울이 바로 수도인 것은 국가생 활의 오랜 전통과 관습에서 확고하게 형성된 자명한 사실 또는 전제된 사실로서 모든 국민이 우리나라의 국가구성에 관한 강제력 있는 법규범으로 인식하고 있 는 것" 또 "서울이 수도라는 점은 우리의 제정헌법이 있기 전부터 전통적으로 존 재하여온 헌법적 관습이며 우리 헌법조항에서 명문으로 밝힌 것은 아니지만 자 명하고 헌법에 전제된 규범으로서, 관습헌법으로 성립된 불문헌법에 해당한다." 라고 판시하였다. 이러한 태도는 헌법관습과 관습헌법을 같은 것으로 보거나 헌 법관습을 불문헌법의 한 유형으로 파악함으로써 관습과 관습법을 혼동하는 오류 를 범하는 것이다.

이와 달리 대법원은 관습법의 본질과 성립요건이 처음 본격적으로 다루어졌 던 이른바 가정의례준칙 판결부터 관습법과 관습을 명확하게 구분하였다. 그에 의하면, "관습법은 바로 법원으로서 법령과 같은 효력을 갖는 관습으로서 법령에 저촉되지 않는 한 법칙으로서의 효력이 있는 것"인데 비하여, 사실인 관습은 "법

21. 선고 2002다1178 전원합의체 판결.
134) 관습과 구분해야 할 유사개념들로는 관례(usage), 관행(practice), 습속(mores) 내지 민속 (folkway) 등을 들 수 있다. 관례는 오래되고 항상적이고 잘 알려져 있으며 공통적인 행 위방식이고, 관행은 단순히 어떠한 행위방식을 의미하고, 습속이나 민속은 일상생활의 중 요하지 않은 관례라는 점에서 관습과 구별된다. D. Pohe-Topka, "Customary Law", *The Philosophy of Law. An Encyclopedia* (C.B. Gray ed.), New York: Garland, 1999, 173-174면.

령으로서의 효력이 없는 단순한 관행으로서 법률행위의 당사자의 의사를 보충함에 그치는 것"이다.[135]

법이론의 관점에서 보면 관습법은 관습과 개념적으로 구별된다. 관습법은 관습과 달리 일정한 행위지시를 위반하는 행위에 대하여 강제적인 수단을 통하여 자신의 의지를 관철시키려 한다는 점에서 내용이나 효력에 있어서 제정법과 다를 바 없다. 단지 그 성립 방식이 제정법과 다를 뿐이다.

이러한 관습법은 언제, 어디에서 그 효력을 얻는가? 이미 관습법의 개념 및 효력근거에 대한 논의에서 묵시적으로 전제했던 지배적인 견해, 즉 법적 확신설 (Rechtsüberzeugungstheorie)에 의하면 관습법은 일정한 관행과 그에 대한 법적 확신을 통하여 성립된다. 그 명칭에서 암시하듯이 관습법이 성립하기 위해서는 관행(consuetudo)이라는 객관적 요소가 법적 확신(opinio necessitatis)이라는 주관적 요소에 의하여 뒷받침되어야만 한다.

문제는 법적 확신의 존재 여부가 쉽게 판단될 수 있는 것이 아니라는 데에 있다. 그로 인해 법적 확신설에 대해서는 양 방향에서 비판이 가해졌다. 한편에서는 아예 관습법이 일정한 관행이라는 객관적 요소만으로 성립된다고 보았고, 다른 한편에서는 법적 확신을 객관적으로 확정할 수 있는 요건을 추가하려 하였다. 전자의 입장이 관행설이며, 후자의 입장이 승인설이다.

관행설(Übungstheorie)은 관습법의 주관적 요소인 법적 확신이 모호하다는 이유로 이를 아예 성립요소에서 배제하려 한다. 일정한 사실관계에서 동일한 행위가 관행화되면 관습법이 성립한다는 것이다. 즉 관행설에 있어서 관습법은 관습과 다르지 않다. 그러나 관행설은 관습과 관습법을 동일시하는 바로 그 이유 때문에 수긍하기 어렵다. 관습은 '일정한 행동양식이 지켜지고 있다'는 사실적인 진술이지만, 관습법은 '일정한 행동양식이 지켜져야 한다'는 규범적인 진술이다. 관습과 관습법을 동일시하는 것은 바로 존재(Sein)와 당위(Sollen)를 혼동하는 것이다.

법적 확신설에 대한 또 다른 비판은 승인설(Gestattungstheorie)에 의해 제기되었다. 승인설은 관행에 대한 법적 확신뿐 아니라 관습을 법으로 승인함으로써 비로소 관습법이 성립한다고 본다.[136] 그러나 승인설은 관습법의 성립과 그 성

---

135) 대법원 1983. 6. 14. 선고 80다3231 판결.
136) 관습법의 성립 요건 내지 근거를 설명하는 승인설은 법 일반의 효력근거와 관련된 승인설

립여부에 대한 판단 내지 확인을 혼동하는 것이다. 관습법은 관행과 법적 확신의 존재만으로 법체계에 편입되고 효력을 갖는다. 판결로 대표되는 국가의 승인이라는 것은 단지 관습법의 공식적인 확인절차에 불과하다. 판결과 같은 국가의 승인에 의해 비로소 관습법이 성립된다면, 판결 없이 관습법이 성립할 수 없다. 그렇게 되면 관습법은 사라지고 판례법 내지 법관법만 남는다. 이는 관습법의 독자성을 사실상 부정하는 결과가 되고 만다.

더욱이 승인설은 소급효의 문제와 관련하여 그 자체 모순을 내재하고 있다. 만일 법원이 개별 사건에서 기존의 관습을 관습법으로 승인하여 판결을 내린다고 가정하면, 법원의 판결을 통해 관습법이 새로 창설되는 것이다. 이는 법원이 사건 발생 당시에 존재하지 않던 관습법을 해당 사건에 소급적으로 적용한다는 것을 의미한다. 이는 소급효 금지 내지 사후입법 금지의 원리를 위반하는 것으로서 정의 이념에 반한다. 마찬가지로 승인설을 관철하면 관습법의 소멸에 있어서도 관습법은 법원의 판결에 의해 소멸된다. 그렇다면 당해사건에서는 기존 관습법이 계속 적용되어야 한다. 이는 구체적 사건에서 당사자의 권리구제를 목적으로 하는 사법의 본질에 어긋나는 것이 아닐 수 없다.

결국 관습법의 '법원성'을 인정하는 이상 단순히 관습이라는 사실만이 아니라 법적 확신이라는 규범적 요소가 추가되어야 비로소 관습법이 성립한다고 보는 것이 타당하다. 또한 관습법이 판결과 같은 국가의 승인과 무관하게 성립한다고 보는 것도 관습법의 '법원성'을 인정하는 데에서 비롯되는 논리적인 귀결이다.

그렇다면 국가의 승인은 관습법과 관련하여 어떠한 의미도 없는가? 그렇지는 않다. 실제로 관습의 법적 권위는 입법기관이나 법원이 법적 승인의 스탬프를 찍기 전까지는 종종 불확실하다.[137] 관습법의 존재 여부는 대개 법적용기관에 의해 공식적으로 확정된다. 다만 법적용기관이 관습법의 존재를 확정하는 것은 확인의 의미를 갖는 것으로서 당연히 소급효를 갖는다. 이 경우 관습법의 성립시기는 관행이 법적 확신을 얻게 된 시기로 소급하겠지만 그 시기가 불분명한 것은 부인하기 어렵다.

(Anerkennungstheorie)과 구별되어야 한다. 제정법과 마찬가지로 관습법도 법공동체의 구성원들이 일정한 관행을 구속력 있는 것으로 승인한다는 것, 다시 말해 법적 확신이라는 형태로 변형된 수범자의 승인에서 효력근거를 찾는다. 오늘날 법의 효력근거에 대한 지배적 이론으로 받아들여지는 승인설에 대해서는 심헌섭(1982), 88-99면 참조.
137) E. Bodenheimer, *Jurisprudence, Rev. ed.*, Cambridge: Harvard UP, 1974, 373면.

대법원은 앞서 살펴본 이른바 가정의례준칙 판결에서 관습법을 "사회의 거듭된 관행으로 생성한 사회생활규범이 사회의 법적 확신과 인식에 의하여 법적 규범으로 승인·강행되기에 이른 것"으로 봄으로써 일견 법적 확신설에 서있는 것처럼 보인다. 그런데 통상적인 법적 확신설과 달리 위 판결은 관습법의 효력요건으로 '법령에 저촉되지 않을 것'이라는 소극적 요건을 추가하고 있다. 그 결과 관습법의 성립여지는 대폭 축소되고 폐지효를 갖는 관습법의 성립가능성은 원천적으로 봉쇄된다.

이 점에서 대법원의 태도는 법적 확신설보다 국가승인설에 접근해 있는 것이 아닌가하는 의심이 든다. 이러한 의심은 이른바 상속회복청구권 판결에 의하여 더 짙어진다. 대법원은 이 판결에서 관습법의 성립요건에 관한 기존 판례의 입장을 따르면서 법적 규범으로 승인되기 위한 요건을 더 강화하였다.

> [다수의견] 사회의 거듭된 관행으로 생성한 어떤 사회생활규범이 법적 규범으로 승인되기에 이르렀다고 하기 위하여는 그 사회생활규범은 헌법을 최상위 규범으로 하는 전체 법질서에 반하지 아니하는 것으로서 정당성과 합리성이 있다고 인정될 수 있는 것이어야 하고, 그렇지 아니한 사회생활규범은 비록 그것이 사회의 거듭된 관행으로 생성된 것이라고 할지라도 이를 법적 규범으로 삼아 관습법으로서의 효력을 인정할 수 없다.[138)]

대법원은 기존의 소극적 요건을 '헌법을 최상위 규범으로 하는 전체 법질서에 반하지 아니하는 것'이라는 요건으로 명확히 하는 데 그치지 않고, '정당성'과 '합리성'이라는 적극적 요건을 추가하였다. 그 이후의 이른바 종중판결은 다수의견뿐 아니라 별개의견도 관습법의 성립요건에 관해서 상속회복청구권 판결의 다수의견을 그대로 답습하고 있다.

이러한 일련의 판례들이 묵시적으로 전제하는 '관습법의 확정에 있어서 법원의 능동적인(적극적인) 역할'이라는 관념을 결합해 보면, 법원의 입장은 표면적으로 법적 확신설에 입각해 있는 것처럼 보이지만 실질적으로는 국가승인설, 특히 사법승인설과 크게 다르지 않다.[139)] 이 점은 상속회복청구권 판결에서 대법

---

138) 대법원 2003. 7. 24. 선고 2001다48781 전원합의체 판결.
139) 박찬주 교수도 이들 대법원 판결이 통설에 입각하는 듯한 태도를 취하면서도 실제로는 국가승인설로 선회하고 있다고 지적하고 있다. 박찬주, "대법원에 의한 관습법의 폐지", 『법

관 조무제의 반대의견에 대한 보충의견을 통해서도 엿볼 수 있다.

> [대법관 조무제의 반대의견에 대한 보충의견] 관습법이 법원으로 성립, 존속하기 위하여는 사실인 관습의 생성, 존속이라는 요건 외에 법적 확신의 구체적 표현방법으로서의 법원의 판결이 필수적인 요건이 되기에, 그러한 판결이 처음부터 없었거나 있었더라도 후에 그 판결의 효력이 부정되면 그 사실인 관습의 존속이라는 요건만 남게 될 뿐 법적인 확신의 존속이라는 요건이 흠결되어 그 관습법은 성립, 존속의 근거를 잃게 되고 만다.

이에 비하면 헌법재판소는 관습헌법의 개념에 대한 혼란과는 별개로 관습헌법의 성립요건에 있어서는 법적 확신설을 충실하게 따르고 있다.

> [다수의견] 관습헌법이 성립하기 위하여서는 관습법의 성립에서 요구되는 일반적 성립 요건이 충족되어야 한다. 이러한 요건으로서 첫째, 기본적 헌법사항에 관하여 어떠한 관행 내지 관례가 존재하고 … 또한 다섯째, 이러한 관행이 헌법관습으로서 국민들의 승인 내지 확신 또는 폭넓은 컨센서스를 얻어 국민이 강제력을 가진다고 믿고 있어야 한다(국민적 합의).

헌법재판소가 요구하는 국민적 합의라는 것은, 아마도 법공동체 구성원들의 합의를 헌법적 차원으로 고양시켜 국민적 합의라는 형태로 변형한 것으로 보인다. 이처럼 헌법재판소는 관행과 국민적 합의라는 두 가지 요소를 관습헌법의 성립요소로 봄으로써 법적 확신설을 따르는 태도를 취하고 있다.

관습법의 효력과 관련하여 가장 논란이 되는 문제는 제정법과의 우열관계이다. 민법의 해석론으로 관습법은 법률에 대하여 보충적 효력을 가진다고 해석된다.[140] 대법원도 이른바 가정의례준칙 판결 이래 민법 제1조를 근거로 "관습법의 제정법에 대한 열후적·보충적 성격"을 일관되게 확인하고 있다. 상속회복청구권 판결에서 대법관 조무제의 보충의견도 뉘앙스를 달리하지만 "관습법은 성문법률을 보충하는 효력을 가지는 것이기는 하지만 법률의 효력을 가지는 것"이라고

조』통권 598호(2006), 19-75면, 특히 23면.
140) 『주석민법 총칙(1)』(이원범), 제5판, 한국사법행정학회, 2019, 80-81면; 최병조(2022), 83-94면, 특히 90-92면.

설시하고 있다. 그럼에도 불구하고 외국의 입법례나 해석론을 끌어들여 관습법의 폐지효를 정면으로 인정하려는 견해141)가 없지 않으나, 이는 명문규정에 반하는 무리한 해석으로 보인다.

다만 입법론의 관점에서 보면, 관습법이 제정법에 대하여 단지 보충적 효력만을 갖는다는 것은 법효력의 실효성 차원뿐 아니라 정당성 차원에서 근거지워지기 어렵다. 우선 실효성의 차원에서 볼 때 사회의 지속적인 관행에 바탕해 있는 관습법이 실효성이 상실 내지 현저히 약화된 제정법에 우선한다는 데에 대해서 의문이 없을 것이다. 왜냐하면 기존 제정법은 더 이상 준수되지 않고 위반에 대한 제재도 부과되지 않는 데 비해, 상반된 내용의 관습법은 잘 준수되고 있기 때문이다. 정당성의 차원에서 보더라도 국민주권주의의 정신에 비추어 국민의 직접적인 의사에서 비롯되는 관습법은 대의기관에 의해 제정되는 제정법에 대해 우위에 선다. 대의기관의 의사가 국민의 의사를 적절하게 반영하지 못한 까닭에 기존의 제정법에 반하는 새로운 관습법이 성립되는 것이기 때문이다. 사실 합법성의 차원에서도 문제되지 않는다. 반문언적 관습법에서는 법의 충돌 상황이 존재하지 않는다. 반문언적 관습법이 성립된다는 것은 기존의 제정법이 외관만 남아 있을 뿐, 이미 사실상 효력을 상실하였다는 것을 의미하기 때문이다. 다시 말해 반문언적 관습법이 아니라 새로운 관습법이 기존 제정법의 빈자리에 들어선 것뿐이다.

이처럼 법이론이나 법철학의 차원에서 보면 관습법에 제정법에 대한 보충적인 효력만 부여하는 것은 부당하다. 관습법도 제정법을 폐지할 수 있다. 이 점에서 국제법은 현명한 태도를 취하고 있다. 예를 들면 국제사법재판소(ICJ) 규정은 국제관습(international custom)을 조약, 판례 및 학설과 나란히 법의 연원으로 열거하고 있다.142) 즉 관습(법)에 대한 제정법의 우위를 부정함으로써 국제관습법이 제정법으로서의 조약을 폐지하는 효력을 가질 수 있다는 점을 인정한다.

관습법의 성립요건은 동시에 존속요건이기도 하다. 즉 관습이 반복성 내지

---

141) 예컨대 엄영진, "관습법의 효력", 『논문집』(전주대), 제16집(1987), 115-133면, 특히 129-132면.

142) 국제사법재판소 규정 제38조 제1항 : "제소된 분쟁을 국제법에 따라 결정하는 기능을 하는 재판소는 다음을 적용한다. (a) 분쟁국에 의하여 명시적으로 승인된 규칙을 확립하는 일반적인 또는 특별한 국제조약 (b) 법으로 인정되는 일반적인 관행의 증거로서의 국제관습 (c) 문명국가에 의하여 승인된 법의 일반원리 (d) 제59조 규정에 의거한, 법규칙 결정의 보조수단으로서의 사법판례와 다양한 국가의 가장 우수한 국제법학자들의 학설."

계속성을 상실하거나 반복된 관행에도 불구하고 법적 확신이 상실됨으로써 소멸한다. 관습법에 대한 법원의 판단이 변경됨으로써 — 국가승인설의 관점에서 보면 국가승인이 철회됨으로써 — 관습법이 소멸하는 것이 아니다. 법원의 판결을 통해서는 법공동체 구성원의 법적 확신이 소멸되었다는 사실이 확인될 뿐이다. 이 점에 있어서 헌법재판소는 관습법의 일반이론을 충실히 따르고 있다.

> [다수의견] 관습헌법은 주권자인 국민에 의하여 유효한 헌법규범으로 인정되는 동안에만 존속하는 것이며, 관습법의 존속요건의 하나인 국민적 합의성이 소멸되면 관습헌법으로서의 법적 효력도 상실하게 된다. 관습헌법의 요건들은 그 성립의 요건일 뿐 아니라 효력유지의 요건인 것이다. …
> 헌법규범으로 정립된 관습이라고 하더라도 세월의 흐름과 헌법적 상황의 변화에 따라 이에 대한 침범이 발생하고 나아가 그 위반이 일반화되어 그 법적 효력에 대한 국민적 합의가 상실되기에 이른 경우에는 관습헌법은 자연히 사멸하게 된다.

반면 대법원은 관습법의 성립과 마찬가지로 소멸에 있어서도 법원의 능동적인 역할을 전제함으로써 혼란을 야기하고 있다. 이른바 종중판결의 경우, 그 취지가 우리사회에서 종중에 대한 종래의 관습법이 소멸 또는 변경되었으므로 이를 적용하지 않는다는 의미인지 또는 종래의 관습법에 대하여 판결로써 종래의 관습법을 무효화한다는 의미인지가 불분명하다.143) 왜냐하면 대법원이 위 판결에서 판례의 장래효를 주장하면서 판례의 장래효에 따른 문제점을 보완하기 위하여 당해사건 법리를 끌어대기 때문이다. 원래 판례는 다른 사건에 대해 소급효는 말할 것도 없고 어떠한 법적 효력도 없다. 그럼에도 불구하고 이른바 종중 판결은 마치 법원의 판결을 통해 비로소 종래의 관습법이 폐지된다거나 적어도 구 관습의 소멸시점이 법원의 판결시점이라는 인식을 묵시적으로 전제하는 것처럼 보인다. 그러나 법원의 판결은 관습법의 소멸을 공식적으로 확인하는 의미를 갖는 데 그칠 뿐이다.

오늘날 성문법국가나 불문법국가나 가릴 것 없이 관습법의 비중이 현저하게 줄어들어 고사할 상황에 처한 것은 부인할 수 없다. 그에 따라 과거처럼 관습법의 중요성을 강조하는 것이 시대착오적으로 비칠 수도 있을 것이다.144) 다만 그

---

143) 김제완, "단체 법리의 재조명: 종중재산의 법적 성격", 『인권과 정의』 통권 제355호, 2006, 134-159면, 특히 140-141면.

렇다고 해서 현대 사회에서 관습법이 더 이상 쓸모없다고 단정하기는 어렵다. 제아무리 제정법이 생활세계의 모든 영역을 빈틈없이 채운다고 할지라도 틈이 있기 마련이고, 생활세계의 변화는 그 틈을 더 벌려놓을 것이다. 관습법은 그 틈 속에서 자라나 그 틈을 메운다. 법의 세계에서 관습법을 축출할 수 있다고 믿는 것은 어리석은 기대이다. 또 법관념과 법의식의 법형성적 기능을 감안할 때 합리성을 내세워 관습법의 우연성과 무의식성을 이유로 평가절하하는 것은 옳지 않다.

사실 관습법의 위상 하락은 관습법의 본질을 무시한 채 요구되는 성립요건에 대한 무리한 요구와 맞물려 있다. 오늘날 지나치게 까다로워진 관습법의 성립요건 내지 기준은 재검토될 필요가 있다. 특히 관습법이 과거와 같이 장기간의 관행을 필요로 한다고 볼 이유가 없다. 관습법은 그 보편성과 강도(집중도)에 따라서는 단기간에도 얼마든지 성립될 수 있다. 현대 지식정보화 시대에 와서 과거에 경험하지 못한 새로운 법현상이 수시로 등장한다. 제정법이 이에 대응하는 데에는 시차(時差)가 불가피하다. 일시적이나마 관습법이 규범과 현실의 괴리를 메워줄 수 있을 것이다.

3. 판례와 학설: 실무와 이론

〈판례와 학설의 관계〉

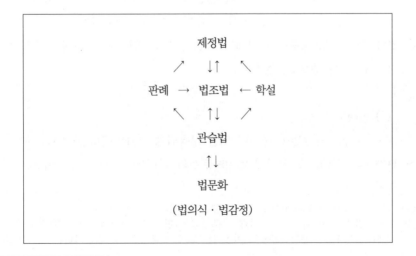

---

144) 적어도 민사에 관한 한 오늘날과 같은 초복잡사회에서 관습법의 기능 확대는 입법자의 의사에도 반하고 바람직하지도 않다는 견해로 최병조(2022), 81면.

현대 문명국가에서 법은 판례와 학설의 산물이다. 판례는 법적 안정성 및 신뢰보호를 제고함으로써 법 및 법학의 발전에 기여하고 학설은 법리를 발전시킴으로써 질서화 내지 체계화, 안정화, 부담감경, 혁신, 비판 및 형성 기능을 수행한다.[145] 하지만 법이 일단 세상에 나오면 판례와 학설을 제한한다. 제아무리 확립된 판례나 지배적인 학설이라고 하더라도 법을 대체할 수는 없다. 다시 말해 선례 구속(stare decisis)이나 전통 선호(favor traditionis)를 내세우는 것만으로 부족하고 법의 문언과 체계, 입법자의 의도나 입법목적에 부합하여야 한다. 판례나 학설이 이른바 권위로부터의 논거(argumentum ab auctoritate)라는 오류에 빠져 충분한 논증 없이 타당성을 주장하는 것은 경계해야 한다.

그럼에도 불구하고 판례와 학설은 이른바 법조법(法曹法) 정립의 담당자로서 법의 내용을 형성하고 발전시켜온 두 원동력이다. 법조법은 학설과 판례의 유기적인 결합을 통하여 발전되므로 학설과 판례는 공생관계에 있다.[146] 법학자는 법 및 법학의 체계와 일치하고 문제해결능력을 갖춘 학설을 제시함으로써 판례에 대한 지침을 제공하고, 법률가는 생생한 법적 사실로부터 우러나오는 신선미를 이러한 학설에 주입함으로써 학설의 현실적합성을 제고한다. 판례 속에는 이미 정립된 학설이 담겨져 있으며 학설은 현행법에 대한 학설로서의 판례를 수용한다. 판례도 법규정을 구체화하거나 흠결을 보충하는 과정에서 법리를 발전시키지만, 학설에 비하면 한층 더 사안관련적이다. 법학자는 이론적 체계를 중시하고 법률가는 구체적으로 타당한 사건 해결을 지향하므로 양자가 항상 일치할 수는 없다. 그럼에도 불구하고 판례와 학설이 상호 관련성을 유지함으로써 법조법은 지속가능하게 발전할 수 있다.

(1) 판례

우리나라는 제정법이 중심이 되는 대륙법계 국가임에도 불구하고 이미 내려진 판결들의 사례, 즉 선결례(先決例)로서의 판례(precedents, Rechtsprechung)[147]

---

145) Rüthers/Fischer/Birk(2022), 204-207면; 심헌섭(2001), 272-274면.
146) 다만 법원이 무비판적으로 판례를 추종하는 판례실증주의적인 문헌을 인용하는 인용 순환은 치명적인 순환논증으로 이어지는 일종의 자기승인에 불과하다는 지적은 Kramer (2019), 286면.
147) 우리나라에서는 판결, 판례, 판례법, 선결례(선례) 등의 용어가 혼용되면서 개념적인 혼란을 불러일으키고 있다. 판례의 다양한 의미에 대해서는 장준혁(2022), 170-174면.

는 법체계의 주요 구성요소로 받아들여진다. 영미법계에서는 판례에 의한 법형성은 당연한 것이었고 선례 구속의 원칙(stare decisis rule)도 오랫동안 코먼로의 요체로 받아들여졌다.[148] 선례 구속의 원칙은 원래 법원이 동종 내지 유사한 사건에서는 기존 판례를 따라야 한다는 것을 의미하지만, 그에 따른 귀결로서 최고법원의 판결은 해당 사건의 당사자뿐 아니라 모든 사람들에게 구속력을 갖기에 이르렀다.

영미법계와 달리 대륙법계에서 판결은 원칙적으로 다른 법관이나 법원을 구속하지 않는다. 판결은 재판절차에 의존한다는 점에서 언제나 개별적이다. 또 당사자와 그 승계인 등에만 효력이 미친다는 점에서 판결의 적용범위는 한정적일 수밖에 없다. 한마디로 판결은 효력근거로서의 법원(法源)이기는 하나, 특수한 종류의 법원이다.[149]

그럼에도 불구하고, 우리나라는 물론 대륙법계를 대표하는 독일에서도 '판례의 독재(E. Schneider)'라고 일컬어질 정도로 법원은 판례, 특히 최고법원의 판례를 광범위하게 지향한다. 무엇보다도 판례의 추정적 구속력이 인정됨에 따라 영미법계와 대륙법계의 법실무는 오랜 통념과 달리 큰 차이가 없는 것으로 보인다.

판례와 관련된 다양한 질문들에 답하기 위해서는 판례의 의미를 좀 명확히 해둘 필요가 있다. 판례는 동일한 판결이유의 하급심 판결이 집적되는 것으로는 부족하고 최고법원의 확립된 판례(settled precedents; ständige/gefestigte Rechtsprechung)가 선결례로서 의미를 갖는다. 판결들이 엇갈리는 경우 확립된 판례가 성립되었다고 보기 어렵다.[150] 그리고 지속성과 항상성이 판례가 갖는 구속력의 원천인데 하급심 판결은 상급심에서 취소가능하기 때문에 최고법원의 판례가 중

---

148) 다만, 영국 귀족원(House of Lords)은 1966년 7월 22일 가드너 대법관(Lord Gardner)의 주도하에 '실무성명(practice statement)'을 통해 공식적으로 선례 구속 원칙, 정확하게는 수평적 선례 구속의 원칙을 폐기하였다. 즉 귀족원은 종전 선례로부터의 이탈이 올바르다고 판단하는 경우 이로부터 이탈할 수 있다고 이미 선언하였다. Practice Statement, W.L.R. 1(1966), 1234, 3 All ER 77.

149) Hager(2009), 212면. 판결이 아닌 판례, 정확하게는 법관법을 보조적 법원 내지 특수한 (sui generis) 법원으로 파악하는 견해로 Bydlinski(1991), 510면; Kramer (2019), 277면.

150) 가령 대법원 전원합의체 판결로 정리되기 전까지 운전면허증이 자격증명 이외에 동일인 증명의 기능을 갖는지 여부의 쟁점을 두고 대법원 소부의 판결이 엇갈리던 상황에서는 확립된 판례가 존재한다고 보기 어렵다. 대법원 2001. 4. 19. 선고 2000도1985 전원합의체 판결 참조.

요하다.151)

최고법원의 판결이라고 할지라도 일회적인 판결로 확립된 판례가 되지는 못한다. 이는 최고법원의 전원합의체 판결도 다르지 않다. 대법원의 전원합의체 판결이라는 것만으로 확립된 판례라고 단정짓기 어렵다. 오히려 여러 소부에서 전원합의체에 아예 회부할 필요가 없다고 판단하여 동일한 판결이유의 판결을 지속적으로 선고하는 경우에 확립된 판례로 받아들여질 가능성이 더 높다. 그리고 최고법원의 판결이 특정한 법적 쟁점에 대하여 리딩케이스(leading case, Grundsatzentscheidung)로서 후속 판결에 대한 길잡이가 될 수 있어야 한다.152) 이를 지지하는 다수의 판결들이 뒤따를 때 리딩케이스는 비로소 확립된 판례로 발전될 수 있고 그 과정에서 판례의 사정거리 내지 유효범위도 정교하게 가다듬어진다.

물론 전원합의체 판결은 최고법원의 모든 법관이 합의에 참여하였다는 점에서 동종 내지 유사한 사건에서 선례로 기능할 가능성이 높다. 또 전원합의체 판결은 소부의 판결보다 더 비중을 가지며 적어도 동일한 법적 쟁점에 있어서는 우위에 있다. 하지만 전원합의체 판결의 합의과정에서 첨예한 의견대립을 거쳐 미세한 차이로 다수의견이 법정의견으로 채택된 경우 법관의 교체나 사회적 상황의 변화, 여론의 동향 등에 따라 추후 판례가 변경될 가능성이 없지 않다. 드물지만 종전의 소수의견이 단기간에 다수의견으로 바뀔 수 있다. 종전 판례에서 판시했던 법령의 해석 및 적용에 관한 의견이 바뀌는 경우 명시적으로 종전 판례를 변경(폐기)하기도 하지만 종전 판례의 변경(폐기) 없이 사실상 판례를 변경하기도 한다.

오늘날 판례는 선(先)실정적 원칙을 실정 규범과 제도로 전환하는 전환자로서의 역할을 한다.153) 현실에서 판례는 제정법이나 학설에 못지않은 중요한 의미를 갖는다. 비유적으로 표현하면, 법률도 법학도 판결을 완전히 결정하여 법관

---

151) 법체계의 통일성에 비추어 법령과 마찬가지로 판례에서도 상위 판례 우선, 신 판례 우선, 그리고 특별 판례 우선의 원리가 타당하다. Vogel(1998), 88-90면.
152) 물론 리딩케이스가 항상 기존 판례에서 다루어지지 않은 새로운 법적 쟁점을 다루는 최초 판결(case of first impression)은 아니다. 쟁점을 규율하는 명확한 선례가 없는 경우 법관은 법학자의 학설, 실무관행, 다른 외국의 입법례, 로마법, 자연적 정의원리, 공공정책과 같은 고려요소에 의지할 수밖에 없다. 최초 판결에 대해서는 Cross/Harris(1991), 33면; Hager(2009), 111-112면.
153) Esser(1990), 52-53면.

을 법률과 학설의 '노예'로 만들 수는 없게 되었다.[154] 법관을 비롯한 실무가는 학설을 능동적으로 수용하고, 사실에 바탕한 신선미를 주입하여 학설을 생동감 있게 만든다. 에써의 지적처럼, 판례는 이론과 실천(실무) 사이의 순환을 조정한다.[155]

1) 판결 내지 판결서의 기능

판례가 선결례(先決例), 즉 판결 또는 판결들의 사례라면, '판례'를 이해하기 위해서는 '판결(判決)'의 의미부터 살펴볼 필요가 있다. 판결은 법원이 개별 사건에서 내린 최종적인 결정이고 이를 문서화한 것이 판결서(判決書)이다.[156]

비유적으로 표현하면, 판결은 법원의 목소리로서 법원이 추구하는 목적에 봉사한다. 이를 문서화한 판결서는 사건의 사실관계와 관련법리에 대하여 깊이 있게 검토할 수 있도록 해준다. 즉 판결서는 특히 판결서를 작성하는 법관으로 하여금 사고하게 만든다. 그럼에도 불구하고 판결의 본질을 고려할 때, 판결의 일차적 기능은 당사자와 그 대리인에게 분쟁의 처리 결과를 알려주는 것이다. 영미의 코먼로에서도 판결의 법창조 기능이 분쟁해결 기능을 능가하지 못한다. 후자가 법원의 고유한 임무이고, 전자는 후자의 결과일 뿐이다.

판결의 기능은 판결서의 청중 내지 상대방이라는 문제와 밀접하게 관련되어 있다. 판결의 청중 내지 잠재적인 청중은 당사자 및 소송대리인, 판결서를 작성하는 법관 본인이나 합의하는 동료법관, 상급법원의 법관은 물론, 변호사, 국회·지방의회 의원, 법과대학·법학전문대학원의 학생, 신문독자·TV시청자, 심지어 우리의 후손들에 이르기까지 참으로 다양하다. 판결의 청중은 심급별로 달라질 수 있는데, 가령 하급심 판결이 법률 문외한을 주된 청중으로 삼는다면, 상급심 판결은 변호사나 하급심 법관과 같은 유능한 법률 전문가를 주된 청중으로 삼는다.

판결은 당사자에 의해 제기된 쟁점과 논거에 대하여 판단하는 것으로서 그 청중은 일차적으로 사건 당사자이다. 따라서 판결서의 핵심적인 기능은 당사자, 특히 패소한 당사자에게 판결의 정당성 내지 적법성을 알려주는 것이다. 하지만

---

154) 심헌섭(2001), 272면.
155) Esser(1970), 186면.
156) 엄밀하게 말하면 판결은 재판의 일종이며, 판결서도 재판서(裁判書)의 일종이고 법원조직법을 비롯한 법령에서도 재판서라는 용어가 사용되고 있다. 법원조직법 제15조 참조. 그러나 판결이 재판을 대표할 뿐 아니라 재판서의 구조와 양식을 가장 선명하게 보여주기 때문에 여기서는 판결과 판결서라는 용어를 사용한다.

판결이 실제로 이 기능을 제대로 수행하고 있는지는 의문이다. 판결이 기술적·형식적·연역적이어서 대개 법률 문외한인 당사자들은 판결을 이해하기 어렵기 때문이다. 이렇게 되면 법학자가 되었든 법률가가 되었든 간에, 법률전문가가 판결의 주된 청중이 된다. 그 결과 법관은 법문화를 공유하는 법률전문가를 상대로 판결서를 작성하게 되고 판결은 전문가 사이의 대화가 된다. 그렇다면 판결의 또 다른 주요 청중은 시민공동체가 아닌 법률전문가 집단이 될 것이다.

판결은 유사한 사건에 대하여 선례로 기능한다는 점에서 수범자에게 행위규범을 제시하고 그 의미를 이해할 수 있게 하는 설명적 기능을 수행한다. 이러한 기능을 수행하는 판결은 법률전문가 외에도 법적 쟁점별로 다양한 청중을 갖는다. 예컨대 판결이 형사적인 문제를 다루는 경우에는 경찰관을, 세법 문제를 다룰 경우에는 세무사를, 노동 문제를 다루는 경우에는 근로자·사용자·노동조합 등을 청중으로 삼는다.

요컨대 판결은 당사자에게 법원의 판단결과를 알려줌으로써 상소 또는 강제집행 등의 후속절차를 수행할 수 있게 하고 상급심 법관에게는 판단에 이르게 된 이유를 알려줌으로써 심사를 용이하게 하며, 법률전문가에게는 판결을 분석하고 장래의 판결을 예측할 수 있게 하고, 법관 자신에 대하여는 판단의 적정성을 검토하고 그 오류를 정정할 수 있는 기회를 제공하는 기능을 갖는다.157)

2) 판결의 구조와 양식158)

판결(서)은 각국의 법전통 및 법문화, 그리고 법관의 사상과 개성이 반영된 것으로서 나라마다, 법관마다 그 구조와 양식에서 크고 작은 차이를 보인다. 독

---

157) 판결서의 기능은 본질적 기능과 부수적 기능으로도 나뉠 수 있다. 본질적인 기능으로서 판결서는 ① 당사자에 대해서는, 당사자에게 그가 받은 판결의 내용을 정확하게 알려줌으로써 그 판결에 대하여 불복상소할 것인가의 여부를 검토할 수 있는 자료를 제공하고(당사자에 대한 보고적 의의), ② 상급법원에 대해서는, 원심법원이 어떠한 이유에 의하여 어떻게 재판하였는가를 나타내줌으로써 그 당부를 심판하는 기초를 형성하여 주며(상급심의 심리기초 형성) ③ 판결의 효력, 즉 기판력, 집행력, 형성력이 미치는 범위를 명확히 알 수 있게 한다(판결확정 후 판결 효력범위의 명확화). 그리고 부수적인 기능으로서 판결서는 ① 판결을 하는 법관 자신에 대해서는, 사건에 대한 자신의 판단을 객관적으로 정리하게 하고, ② 일반 국민에 대해서는, 구체적인 사건의 판결을 통하여 공정한 법운용과 법의 해석적용에 관한 법원의 입장을 공시한다. ③ 해당 사건에 대해서는, 당사자의 주장과 입증 등 소송과정, 그에 대한 법원의 판단이 기재된 일종의 기록으로서의 보존적 가치를 가진다. 『민사재판실무』, 사법연수원, 2003, 20-21면 참조.

158) 판결서의 구조와 양식에 대해서는 오세혁, "판결서의 구조와 양식에 관한 비교법적 고찰", 『비교사법』 제16권 3호(2009), 631-675면; Hager(2009), 188-194면 참조.

일과 일본은 같은 대륙법계로서 프랑스와 유사하고, 영국은 미국과 유사한 양상을 보인다. 그중에서도 프랑스와 미국의 판결서는 극명하게 대비된다.

오늘날 유럽대륙의 시민법계와 영미의 코먼로 법계가 서로 수렴하는 경향을 보이고 있지만 법계의 수렴이 판결의 구조와 양식, 특히 추론양식의 통합 내지 표준화로 이어지지는 않는 듯하다. 논거 및 논증 유형을 결정하는 요소들은 내용과 실질을 결정할 뿐 구조와 양식까지 결정하지 않는다. 또 법체계의 유사성을 뒷받침하는 공통적인 근본가치도 구조와 양식에 직접 영향을 미치지는 않는다. 판결의 구조와 양식은 각국의 법문화와 전통에서 유래하는 것으로서 나름대로의 독자성을 갖는다.

그럼에도 불구하고 전반적으로 판결의 양식, 특히 추론양식이 연역적 증명으로부터 논증적 정당화로 또 닫힌 추론에서 열린 추론으로 그리고 권위로부터 변증론적 선택으로 변화하는 추세를 보인다는 것은 부정하기 어렵다. 특히 일부 유럽국가의 양식은 기존의 두 양식을 절충한 제3의 양식으로 수렴하는 경향을 보인다.159)

판결 구조와 양식의 차이는 법규정뿐 아니라 법원의 관행, 나아가 법관의 인격과 개성에서 비롯되고, 이는 판결의 방식 ─ 구술 또는 문서 ─, 공개 여부 및 공개 방식, 판결서의 작성방식에 관한 교육 여부 및 내용과도 깊이 관련된다. 또 법원의 기능·구성 그리고 판결서 작성부담을 포함한 작성 환경에 의해서도 좌우된다. 판결서의 개인적 양식은 법관의 사법철학(司法哲學)으로부터 영향을 받을 것이다. 아마도 형식주의적인 사법철학을 가진 법관은 순수양식 및 연역적 추론양식을 선호하고, 실용주의적인 사법철학을 가진 법관은 비순수양식 및 논증적 추론양식을 선호할 것이다.160)

① 판결의 구조

판결의 구조는 판결의 구성요소와 그 요소들의 배열 방식을 말한다. 판결서는 법령 또는 법원의 관행에 의해 정해지는 최소한의 내용으로 구성된다. 구체적으로 판결의 주요 구성요소로는 사실, 관련 법규정, 당사자의 주장과 논거, 그 논거를 구성하는 데에 사용된 소송자료, 쟁점, 판단, 결론으로서의 주문(主文)을 들

---

159) Summers/Taruffo(1991), 494면 및 506–507면.
160) R. Posner, "Judge's Writing Syles(And Do They Matter?)", *University of Chicago Law Review 62* (1995), 1421–1449면, 특히 1421면 및 1432–1436면.

수 있고 그 밖에 사건의 표시, 법원의 표시, 당사자 및 대리인의 표시를 포함한 표제부나 사건의 소송경과도 포함될 것이다. 이러한 구성요소 중에서 사건의 소송경과, 당사자의 주장과 논거, 사실관계, 관련법령, 판결이유 그리고 주문이 판결의 정당화와 관련된다. 무엇보다도 판결이유에 의해 판결서의 구조는 크게 달라진다. 프랑스처럼 지극히 간결하게 작성되기도 하지만, 대개 판결서는 복잡한 구조를 갖는다. 이러한 판결 구조의 차이는 곧 판결 양식의 차이로 이어진다.

판결의 구조와 관련하여 중요한 의미를 갖는 것은, 판결이유 및 주문에서 반대의견이나 별개의견, 보충의견과 같은 소수의견(minority opinion)의 기재를 허용하는지 여부 및 그 빈도이다.161) 흔히 소수의견과 다수의견(majority opinion)이라는 표현이 사용되나, 이는 학계의 관용적인 표현에 불과하다. 판결서에서 소수의견은 반대의견(dissenting opinion)이나 별개의견(concurring opinion) 등으로 표시되고, 다수의견은 법원의 공식적인 의견으로서 법정의견(opinion of the court)으로 표시된다.

전통적으로 대륙법계 국가들이 합의부 판결서에 법원의 공식적인 의견만 기재하는 단일의견(per curiam opinion) 방식을 채택해온 반면,162) 영미법계 국가들은 개별 법관의 의견이 그대로 드러나는 개별의견(seriatim opinion) 방식을 채택해왔다. 영국에서 유래된 개별의견 방식은 미국과 영연방 국가를 넘어 일부 대륙법계 국가에도 전파되었다. 이와 같이 오늘날 소수의견 제도가 적어도 상급법원의 판결에는 널리 보급되는 과정에 있다. 다만 영미법계에서는 동조(찬동) 방식을 취하는 반면, 대륙법계에서는 공동의견 방식을 취한다는 점에서 세부적인 차이가 확인된다.

이러한 소수의견 제도에 대해서는 소수의견이 사법의 민주성을 보장하며 법

---

161) Summers/Taruffo(1991), 493-494면 및 501면. 소수의견 제도는 일반적으로 최고법원이 전원합의체(en banc) 방식으로 운용되는 경우에 채택되고, 소부 중심으로 운영되는 경우에는 채택되지 않는다. 그러나 과거 영국의 귀족원에서 보듯이 소부의 판결에도 소수의견이 허용되기도 한다. 즉 소수의견 제도의 채택여부는 최고법원의 재판부 운영방식과는 필연적인 관련성이 없다. 대법원 판례의 소수의견 제도에 대해서는 박우동, "대법원전원합의체 재판에 있어서의 의견의 표시", 『사실심과 법률심』, 1994, 680-707면 참조.

162) 대륙법계 국가에서 유럽연합(EU)의 모태인 유럽공동체(EC)의 주축이 되었던 6개국, 즉 프랑스, 독일(당시 서독), 이탈리아, 베네룩스 3국와 오스트리아가 그러하다. 다만 독일은 1970년 이후 헌법재판소 판결에 한정하여 소수의견(Sondervotum)을 허용하고 있다. 반면 스칸디나비아 국가들은 소수의견을 허용하며 유럽인권재판소(ECHR)도 소수의견을 허용하고 있다.

학발전에 기여한다는 긍정적인 평가가 우세하지만, 법원의 권위를 해하고 법의 안정성에 대한 신뢰를 떨어뜨린다는 비판적인 견해도 없지 않다.

우리나라도 법원조직법 제15조를 통해 대법원 재판서에 한하여 소수의견 제도를 도입하고 있다. 과거 대법원의 소부 판결에서 소수의견이 개진된 경우도 없지 않았으나 오늘날에는 전원합의체 판결에만 활용하는 것이 관행으로 자리 잡았다. 관례상 법정의견은 다수의견으로, 법정의견과 판결이유는 달리하나 주문이 같은 경우에는 별개의견으로, 법정의견과 판결이유 및 주문이 다른 경우에는 반대의견으로 표시된다. 보충의견은 말 그대로 각 의견의 논지를 보충하거나 반대편 의견을 반박하는 것인데, 원래의 의견에 참여한 대법관들이 공동으로 개진하는 경우도 있지만 대개 그 의견을 주도한 대법관 단독 또는 일부가 개진한다. 보충의견은 통상 하나의 의견에 하나의 보충의견이 개진되지만, 이른바 통근재해 판결과 같이 논란이 거듭된 판결의 경우에는 하나의 의견에 복수의 보충의견이 개진되기도 하고 이례적으로 별개의견이나 반대의견의 보충의견을 반박하기 위한 재보충의견이 개진되기도 한다.[163] 드물게 보충송달이 외국 판결의 국내 승인·집행을 위한 요건으로서의 적법한 송달에 해당하는지 여부가 쟁점이 되었던 대법원 판결에서 볼 수 있듯이, 다수의견의 결론뿐 아니라 그 판결이유에도 찬성하지만, 방론으로 다루어진 주요 논점에 대해 이견을 제시하는 경우에는 단순히 '의견'이라는 이름으로 대법관의 견해가 개진되기도 한다.[164]

② 판결의 양식

판결의 구조 속에서 법관이 실제로 판결서를 작성하는 방식, 특히 결론으로 이끌어가는 논증 방식의 총체가 판결의 양식(style)이다. 판결서의 양식은 개별 법관에 의하여 활용되는 개인적 양식일 수도 있고 각국 법원의 관행에 의하여 통일적으로 사용되는 제도적 양식일 수도 있다. 후자의 제도적 양식은 상당한 정도의 획일성·일관성·지속성을 갖는다.

이러한 판결의 양식은 다음과 같은 요소 내지 특성에 의하여 결정된다.[165] (i) 법원이 법령의 다양한 해석가능성을 솔직하게 인정하는지, (ii) 법원이 유일한

---

163) 대법원 2007. 9. 28. 선고 2005두12572 전원합의체 판결. 다수의견에 대한 보충의견이 사실상 별개의견의 논지에 일부 동조하거나 다수의견의 다른 보충의견을 반박하는 희귀한 사례로는 대법원 2023. 9. 21. 선고 2018도13877 전원합의체 판결.
164) 대법원 2021. 12. 23. 선고 2017다257746 전원합의체 판결.
165) Summers/Taruffo(1991), 496-497면.

정답이 있다고 가정하는지, (iii) 법원이 일상적인 언어보다 법적이고 전문적인 언어를 선호하는지, (iv) 어느 정도로 추상적인지 또 일반화를 지향하는지, (v) 어느 정도로 논증을 정교화하는지, (vi) 정당화 모델이 연역적 모델인지 아니면 논증적 모델인지, (vii) 판결이유 중 형식적 이유와 실질적 이유의 비율이 어느 정도인지, (viii) 법원이 흠결 사건에서 새로운 법적 수요에 부응하여 대안들을 평가하고 법을 창조하는지, (ix) 전체적인 양식이 유권적인지 논증적인지.

이렇게 보면, 판결의 양식은 판결의 문체·분량 등 표현양식보다 판결이유에 사용된 추론양식에 의해 더 큰 영향을 받는다. 일반적으로 판결서의 표현양식이 문서작성(writing) 내지 문체론(stylistics)의 문제로 법문서 작성(legal writing) 내지 법언어학, 법과 문학(law and literature)에서 다루어지는 것과 달리, 추론양식은 합리적 추론의 문제로서 법학방법론의 주요 주제로 다루어진다.

추론양식으로서의 판결 양식은 논증의 기본 형식과 논증의 요소·수준에 의하여 결정된다. 즉 정당화 추론의 기본구조 내지 논리 또 정당화를 위한 논증의 풍부함이나 복잡성에 따라 판결의 추론양식은 달라진다.

법 적용의 기본형식은 추론 모델과 논증 모델로 나뉘는데, 이는 유럽대륙의 시민법계와 영미의 코먼로 법계에 각각 대응하므로 시민법 모델과 코먼로 모델이라 불러도 무방할 것이다. 추론 모델의 판결은 주문이 법적·논리적 논거들의 최종적인 결론으로 제시되어 마치 증명하는 것과 같은 형식을 갖는다. 이는 다시 전제가 단일한 법규정으로 구성되는지, 아니면 복수의 법규정으로 구성되는지 여부에 따라 단순 모델과 복합 모델로 세분화된다. 전자는 법규정 및 관련 사실로부터 결론을 이끌어내는 형태로서 대전제가 명시되지 않을 수도 있는 데 비해, 후자는 각 전제가 하위전제에 의하여 정당화되는 모델이다.

포섭 중심의 추론 모델과 달리, 논증 모델에 따르면 판결의 결론은 법관의 가치판단이나 사견을 포함하여 경합 또는 수렴하는 논거들에 의해 근거지어진다. 판결은 사건의 개별적인 특성에 주목하고 논거들은 일상적 언어로 표현되며 논증적인 형식을 띤다. 논증 모델에서 판결은 전제들의 논리적 결론이 아니라 해석방법의 우선순위에 따른 사법적 선택의 결과로 나타난다.

한편 판결의 추론양식은 논증의 기본형식뿐 아니라 논증요소로서의 논거, 또 논증의 수준에 의해서도 달라진다. 가령 사실관계를 기재하는 데에 있어서 이를 분리하는지, 또 얼마나 구체적으로 기재하는지에 따라 추론양식은 달라진다.

또한 법적 쟁점을 논의하는 데 있어서 선례나 학설의 검토 여부 및 수준·빈도에 따라 판결서 양식은 달라진다. 그리고 판결의 논증과정에서 형식적 논거뿐 아니라 정책적 논거나 도덕적 논거와 같은 실질적 논거를 사용하는지 여부 및 빈도에 의해서도 영향을 받는다.

우리나라 판결의 구조와 양식은 여느 대륙법계 법체계와 마찬가지로, 법령에 최소한의 기재사항이 정해져 있을 뿐 대부분 법원의 관례나 법관의 성향에 맡겨져 있다. 그럼에도 판결의 구조와 양식은 실무 관행에 따라 일정하게 정형화된 표현양식을 보인다. 다만 일부 하급심에서는 이른바 아름다운 판결과 같이 법감정이나 국민정서에 호소하는 파격적인 표현양식의 판결이 등장한다.[166]

> 가을 들녘에는 황금물결이 일고, 집집마다 감나무엔 빨간 감이 익어 간다. 가을걷이에 나선 농부의 입가엔 노랫가락이 흘러나오고, 바라보는 아낙의 얼굴엔 웃음꽃이 폈다. 홀로 사는 칠십 노인을 집에서 쫓아내 달라고 요구하는 원고의 소장에서는 찬바람이 일고, 엄동설한에 길가에 나앉을 노인을 상상하는 이들의 눈가엔 물기가 맺힌다.
> 우리 모두는 차가운 머리만을 가진 사회보다 차가운 머리와 따뜻한 가슴을 함께 가진 사회에서 살기 원하기 때문에 법의 해석과 집행도 차가운 머리만이 아니라 따뜻한 가슴도 함께 갖고 하여야 한다고 믿는다. 이 사건에서 따뜻한 가슴만이 피고들의 편에 서있는 것이 아니라 차가운 머리도 그들의 편에 함께 서있다는 것이 우리의 견해이다.[167]

전반적으로 우리나라 판결의 구조와 양식은 해방 이후에도 일본의 영향을 오랫동안 벗어나지 못하였다. 판결의 구조는 일본의 판결과 크게 다르지 않았고, 양식 또한 일본식 용어나 표현이 그대로 사용되었으며 문장이 장황할 뿐 아니라

---

166) 대법원 판결의 경우 파격적 표현 양식은 더더욱 드문 편인데, 그러한 희귀한 예로는 대법원 2019. 3. 21.자 2015모2229 전원합의체 결정 중 다수의견에 대한 대법관 김재형, 김선수, 김상환의 보충의견: "역사의 수레바퀴에 스러져간 영혼은 그 누가 달랠 수 있겠는가? 이 결정이 그들에게 무슨 도움이 될지, 얼마나 위로가 될지 우리는 알 수 없다. 우리가 할 수 있는 것은 헌법과 법률에 정해진 절차에 따라 그 청구의 당부를 엄정하게 판단하는 것이다. 그 속에서 위로를 얻을 수도 있고 실망을 느낄 수도 있다. 그러나 그 모든 것을 우리가 해결할 수는 없다. 그래도 법에 호소하는 그들의 목소리에 귀 기울여 법률에 충실한 판단을 하는 것이 그들이 기댄 국가, 국민으로부터 권한을 위임받은 사법부가 할 최소한의 도리이다."
167) 대전고등법원 2006. 11. 1. 선고 2006나1846 판결.

다중적 정당화 논증이 사용되는 등 상당히 유사한 모습을 보였다. 특히 판결 이유는 크게 보면 일견 독일과 유사하게 법적 삼단논법에 기초한 포섭의 외형을 취하고 있지만 원래의 포섭 절차가 이루어졌다는 흔적은 제대로 찾아보기 어렵다.[168]

그로 인해 일반 국민이 판결을 이해하기 어려운 것은 차치하더라도, 법관들이 판결서 작성에 많은 시간을 할애함에 따라 재판의 효율성이 떨어지게 되었다. 이를 해결하기 위해 법원 주도로 판결서 작성의 간이화가 추진되었으나 지나친 간이화로 인해 판결이유가 충분히 적시되지 않는 부작용만 두드러지게 되었다. 근래에는 법관의 성향에 따라 판결서에 각주가 사용되고 참고문헌이 인용되는 등 판결서 작성방식이 다양화되는 경향을 보이고 있다. 그 결과, 우리나라의 판결서는 제도적 차원에서는 판결서 작성의 간이화로, 개인적 차원에서는 판결서 작성방식의 다양화로 인하여 판결이유를 파악하기가 쉽지 않다.

3) 판례의 법원성?: 사실상의 선례 구속

판례의 법원성(法源性), 즉 판례가 동종 사건에 대한 규범적인 구속력을 갖는지에 대해서는 법원 개념의 다양성에서 비롯되는 법이론적인 논란이 남아 있다. 헌법재판소의 위헌결정처럼 입법 유사적 기능의 판결을 제외하면,[169] 판결은 원칙적으로 당사자에게만 구속력이 미친다는 점에서 수범자가 제한된 개별규범이다. 그런데 유사한 사건에서 기존 판결과 같은 결론의 판결이 내려질 것이라는 예상은 당사자가 아닌 일반 국민에게도 법적 구속력과 유사한 구속력을 갖게 만든다. 그로 인해 한편에서는 제정법 우위에 근거하여 일원주의적 법원론의 관점에서 판례의 법원성을 부정하는 반면, 다른 한편에서는 판결의 사실적 효력에 주목하여 다원주의적 법원론의 관점에서 판례를 법원으로 인정한다.

앞서 살펴본 바와 같이 법의 효력을 규범적 구속력으로 파악하고 존재와 당위를 구별한다면 선결례가 갖는 사실상의 구속력만으로 판례에 법적 구속력을 인정할 수는 없다. 판례는 수범자인 국민이 법적 확신을 가지고 관행적으로 준수하는 관습법이 아니라 기껏해야 법률사무 종사자가 만든 전문가법일 뿐이다. 더

---

168) 조규창, "논리와 직관─대법원민사판례를 중심으로", 『인권과 정의』 제101호(1984), 35–40면; 남기윤(2014), 36면.

169) 민법 법원론의 관점에서 헌법재판소의 위헌결정에 대해서는 법원성을 긍정하고 한정위헌이나 한정합헌과 같은 변형결정의 법원성은 최고법원 판결 사이의 충돌로 인해 미해결상태라는 견해로 최병조(2022), 57–60면.

구나 동종의 사건, 심지어 동일한 사건에서도 심급별로 상이한 결론의 판결이 내려질 수 있다. 이 점에서 판례에 대하여 제정법과 대등한 법원성을 인정하기는 어렵다. 다시 말해 판례는 사실상의 법원으로서 법인식의 근거일 뿐 법효력의 근거는 아니다.[170] 요컨대 판례는 국민 일반에게 규범적 구속력을 갖는 법이 아니다.

물론 법관에 의한 법형성의 필요와 그 정당성에 의거하여 판례가 광범위하게 형성된다는 것 또 그렇게 형성된 판례가 사실상의 구속력을 갖는다는 것에 대해서는 별다른 이견이 없을 것이다. 특히 판례가 재판규범의 하나로 널리 받아들여지는 이상, 법을 해석하고 법령의 흠결을 보충하고 오류를 정정하는 한도 내에서 법 인식근거로서의 법원성을 인정할 수밖에 없다.[171] 판례는 법관은 물론, 법률가 및 유사법률가 등에 대하여 사실적인 구속력을 갖는다. 또 판례를 지키지 않는 경우 당사자가 패소의 불이익을 받을 수 있다는 점에서 국민 일반에 대해서도 사실적인 구속력을 갖는다. 이 점에서 우리나라에서도 적어도 사실상(de facto) 선례 구속의 원칙은 받아들여지는 것으로 보인다.

이러한 사실상 선례 구속 원칙의 근거로는 다양한 법이론적, 실정법적, 현실적인 근거가 제시된다. 우선 선례 구속의 법이론적 근거로는 법적 안정성, 평등, 효율성 등이 열거된다.[172] 선례 구속 원칙에 의해 법적 안정성과 계속성을 확보함에 따라 판결이 예측가능해지고 같은 것은 같게 취급되며 후속 법원이 동일한 법적 쟁점을 사건마다 반복적으로 검토할 필요가 없게 된다. 실정법적 근거로는 판례 변경을 위한 요건을 강화한 법원조직법 제7조 제1항 3호가 거론된다. 법원조직법 제8조, 민사소송법 제436조 제2항 단서, 소액사건심판법 제3조 제2호도 구체적 사건에 있어서 실질적 구속력(기속력)의 근거가 될 수 있을 것이다. 그리고 법원이 법적 안정성을 이유로 기존 판례를 쉽게 변경하지 않는다는 점 또 하급심이 파기가능성을 의식해 종래 판례를 답습한다는 점은 사실상 선례 구속의 현실적인 근거로 제시된다.

---

170) Kramer(2019), 272면. 법원을 재판준거로 파악하여 법원성을 인정하는 견해로 최병조(2022), 135-136면. 또 법의 인식근거로 파악하여 판례의 법원성을 인정하는 견해로 양천수(2021), 274-280면, 특히 278면.

171) 같은 맥락에서 법원이 국민이나 소송대리인에게는 엄격한 판례 구속을 요청하는 반면에 정작 법원 스스로는 제한적으로 구속된다는 점에 착안하여 판례가 수범자별로 차별적인 구속력을 갖는다는 이른바 수범자 관련 구속이론(adressatenbezogene Bindungstheorie)을 주장하는 견해로 Wank(2020), 139-146면 및 345면.

172) Hager(2009), 93면.

판례는 사실적인 구속력과 함께 일응의 정당성을 갖는다. 즉 판례는 적정성과 정당성이 추정된다: 선례 추정(Präjudizienvermutung).[173] 그에 따라 법관은 선례에 대한 원칙적인 준수의무 또는 고려의무를 부담한다.[174] 하급심 법원뿐 아니라 최고법원도 확립된 판례에서 이탈하기 위해서는 단순히 결론을 달리하는 것만으로 부족하고 적극적인 논증 내지 정당화가 필요하다.[175] 이 점에서 판례는 방법론적으로 구속적이다.

다만 사실상 선례 구속의 원칙이 법원에 의해 충실하게 지켜지고 있는지는 의문이다. 실제로 하급심의 경우 상급심의 선례를 이탈할 경우 파기(취소)될 것을 우려하여 종종 우회적인 차별화(distinguishing) 전략을 선택한다.[176] 기존 판결의 판결이유가 적용될 수 없는 특별한 사정이 해당 사건의 사실관계에 존재하는 경우 선례의 구속에서 벗어날 수 있기 때문이다. 가령 고속도로에 출몰한 개(犬)로 인해 야기된 교통사고에 대하여 도로관리자의 손해배상 책임을 인정한 대법원 판례가 있음에도 불구하고, 고속도로에 출몰한 사슴으로 인해 야기된 교통사고에 대한 손해배상 소송에서 청구를 기각하고자 하는 경우, 고속도로 주변의 현황 등 특단의 사정을 들어 기존 선례와 차별화함으로써 도로관리자의 책임을 인정하지 않을 수 있다.

판례가 사실상의 구속력을 가지면서도 선례로서 존중되지 않는 경우 법적 안정성이나 신뢰보호의 이익을 침해할 수 있다. 이는 판례 변경(overruling)에서 특히 문제된다.[177] 판례 변경은 통상적으로 명시적인 판례 변경, 즉 판결의 이유에서 새로운 판결과 어긋나는 종전 판결을 변경하는 방식으로 이루어진다. 물론 판례 변경을 위해 요구되는 정당화에 대한 논증 부담으로 인해 종전 판례로부터

173) Kriele(1976), 243-247면.
174) Bydlinski(1991), 511면; Kramer(2019), 327면.
175) Larenz(1991), 431면; Bydlinski(1991), 501면 및 510면; Kriele(1976), 243면.
176) 차별화(distinguishing)는 선례가 동종의 사건에만 적용된다는 점에 착안하여 해당 사건의 사실관계가 선례의 사실관계와 상이하다는 점을 강조하여 선례 구속을 회피하는 기술로서 오늘날 대륙법계에서도 널리 활용되고 있다. Fikentscher Ⅱ(1975), 95-103면; MacCormick/Summers(1997), 341-342면 및 522-523면; Wank(2020), 136-138면. 코먼로 법계에서는 유추(analogy)를 통해 선례의 적용범위가 확대되며 차별화(distinguishing) 또는 부수적 의견화(obitering)를 통해 선례의 적용범위가 제한된다. MacCormick/Summers(1997), 516면; Hager(2009), 97-98면.
177) 판례의 변경에 대한 논의는 Hager(2009), 102-107면; Kramer(2019), 322-332면; 윤진수, "판례의 무게 —판례의 변경은 얼마나 어려워야 하는가?—", 『법철학연구』 제21권 제3호(2018), 131-204면 참조.

의 이탈을 명시적으로 밝히지 않는 묵시적 판례 변경(overruling sub silentio)도 드물지 않다. 이를테면 새로운 판결이 종전 판결들과 다른 내용이지만 이를 검토하지 않는 방식, 여러 재판부에서 상반된 판결들이 선고되다가 그 중 하나가 후속 판결에서 지속적으로 인용되는 방식, 새로운 판결이 종전 판결에서 주목받지 못하던 판시내용을 언급하면서 방향을 전환하는 방식, 종전 판례에 대한 예외를 설정하거나 종전 판결에서 예외로 판시되던 내용이 새로운 판결에서 원칙으로 선언되는 방식의 판례 변경도 가능하다.[178]

대륙법계에서는 판례가 일반 국민에게 법적 구속력을 갖는 법규범이 아닐 뿐더러 법원이 수평적 선례 구속의 원칙을 받아들이지도 않기 때문에 최고법원은 언제든지 판례를 변경할 수 있다. 우리나라의 경우 법원조직법 등 관련 법령이 판례의 변경 가능성을 열어두고 있으며 실제로 대법원이나 헌법재판소는 종종 판례나 결정례를 변경한다. 코먼로 법계에서도 이른바 뷰익 자동차 사건이나 브라운 사건에서 보듯이 판례 변경이 이루어지지만,[179] 사법자제(judicial self-restraint) 내지 사법소극주의에 의해 상대적으로 제한적으로 이루어지는 경향을 보인다.

법률가나 법학자는 말할 것도 없고 일반 국민도 확립된 판례에 대해 법령에 준하는 정도의 신뢰를 갖고 있기 때문에 종종 불이익을 감수하고서 이를 준수한다. 만일 판례가 하루아침에 변경된다면 어떻게 되겠는가? 확립된 판례를 구성했던 종전 판결의 패소 당사자가 입은 불이익은 차치하더라도, 판례에 대한 신뢰가 훼손되고 정당한 기대이익이 무시되는 등 법적 안정성이 훼손될 수밖에 없다. 신뢰보호는 법의 형성을 정당화하고 법의 변경을 한계 짓는 법의 일반원리이다. 물론 사법이 추구하는 적법하고 정당한 판결이라는 지상 목표는 신뢰이익에 우선한다.

그렇다면 판례 변경의 필요성이 기존 법상태의 지속에 대한 신뢰이익에 우선하는지를 신중하게 검토하여 정의가 법적 안전성에 우선하는 경우에만 판례 변경이 정당화될 수 있다. 즉 최고 법원은 종전 판례를 변경할 수 있지만 이를 위해서는 특별한 정당화가 필요하다. 종종 기술적 혁신이나 사회 변화는 판례의

---

178) Wank(2020), 128-129면.
179) MacPherson v. Buick Motor Co., 111 N.E. 1050 (N.Y. 1916); Brown v. Board of Education, 347 U.S. 483 (1954).

변경을 요구하지만 새로운 판결이 종전 판례에 비해 더 나은 정의, 법적 정합성을 가져오는 경우에만 판례 변경은 정당화될 수 있다. 만일 새로운 판결에 명확한 우선적 가치가 증명되지 않고 종전 판례에도 충분한 이유가 있다면 법적 안정성을 고려하여 종전 판례가 유지되어야 한다.[180] 맹목적인 선례 추종이나 선례 숭배는 지양되어야 마땅할 터이지만 선례는 일응 존중되어야 한다.

판례 변경에 따라 변경된 법리는 이미 종결된 사실을 전제로 하는 해당 사건에 대해서는 사법의 본질상 당연히 적용되지만 이미 종결된 동종 사건에 대해서는 소급 적용되지 않는다: 장래효 및 미래효를 갖는(ex nunc et pro futuro) 판례 변경. 따라서 판례가 변경되더라도 이미 확정된 판결에 대해서는 재심 등의 방법으로 구제할 수 없다. 우리나라에서 민사소송뿐 아니라 형사소송에 있어서도 판례의 변경은 재심 사유에 해당되지 않는다. 형사사건에 대한 헌법재판소의 위헌결정에는 소급효가 인정되나 헌법재판소의 위헌결정은 폐지법률 유사의 효력이 전제되는 것이기 때문에 이를 판례 변경에 대한 논의에 끌어들일 수는 없다. 실제로 대법원은 원칙적으로 판례 변경의 소급효를 인정하지 않고 있다. 그에 따라, 판례 변경으로 인해 법 앞의 평등에 반하는 결과가 발생할 수 있다.

판결은 원칙적으로 회고적인 것으로 과거지향적이지만, 판례는 오히려 장래적인 것으로 미래지향적이다. 기존 판례를 변경하는 판결은 사법의 본질상 해당 사건에 적용되므로 실질적으로 소급효를 갖지만, 다른 사건에 대해서는 장래효를 가질 뿐이다. 이 점에서 기존 판례를 변경하는 판결은 회고적이면서 동시에 장래적이다. 어쨌든 선택적인 장래적 판례 변경(selective prospective overruling) 내지 선택적인 소급적 판례 변경은 사법작용의 본질에 비추어 수긍이 된다.[181]

하지만 최고법원이 종전 판례를 변경하는 판결을 선고하면서 그 판결이 해당 사건뿐 아니라 이미 종결된 다른 사건에 대해서도 효력이 미치도록 하는 소급적 판례 변경이나 해당 사건에 효력이 미치지 않고 향후 동종 사건에 대해 효력을 미치도록 하는 순수 장래적 판례 변경(purely prospective overruling)은 사법작용의 본질이나 한계에 비추어 넌센스가 아닐 수 없다.

---

180) Bydlinski(19991), 506면; Larenz/Canaris(1995), 256-257면; Kramer(2019), 326면.
181) 같은 의견으로 최병조(2022), 138-140면. 반면 판례 변경의 장래효만을 인정하면서 해당 사건의 당사자에 대해서만 소급효를 인정하는 선택적인 장래적 판례 변경은 평등의 원칙에 어긋난다는 견해로 『주석민법 총칙(1)』(윤진수), 제4판, 한국사법행정학회, 2010, 126-127면.

심지어 기존 관습법의 소멸이 문제되었던 이른바 종중구성원 판결이나 유체인도 판결에서는 판결 선고 이후에 새로 성립되는 법률관계에 대해서만 대법원의 새로운 법리가 적용된다고 하여 판례 변경의 장래효를 판시하면서도 해당 사건에 대해서는 새로운 법리가 소급하여 적용된다는 기이한 판결이유를 제시하였다. 이는 당해 대법원 판결 선고 당시 이미 성립되어 있는 법률관계에 대해서는 새로운 법리가 적용되지 않는다는 것을 뜻한다. 하지만 그 법률관계로 인해 불이익을 받는 당사자가 소송을 제기할 경우에는 새로운 법리를 적용하여 구제해주어야 마땅하다. 새로운 법리를 적용하여 구제해주지 않는 것은 사법의 본질에 비추어 평등원칙에 반하고 재판청구권을 중대하게 침해하는 것이다. 판례 변경 과정에서 등장하는 다양한 법적 쟁점에 대한 대법원의 오랜 고민을 이해 못할 바는 아니지만, 여기에서는 법적 안정성보다 정의 내지 구체적 타당성이 우선되어야 한다고 본다.

> [다수의견] 종중 구성원의 자격에 관한 대법원의 견해의 변경은 관습상의 제도로서 대법원판례에 의하여 법률관계가 규율되어 왔던 종중제도의 근간을 바꾸는 것인바, … 위와 같이 변경된 견해를 소급하여 적용한다면, 최근에 이르기까지 수십년 동안 유지되어 왔던 종래 대법원판례를 신뢰하여 형성된 수많은 법률관계의 효력을 일시에 좌우하게 되고, 이는 법적 안정성과 신의성실의 원칙에 기초한 당사자의 신뢰보호를 내용으로 하는 법치주의의 원리에도 반하게 되는 것이므로, 위와 같이 변경된 대법원의 견해는 이 판결 선고 이후의 종중 구성원의 자격과 이와 관련하여 새로이 성립되는 법률관계에 대하여만 적용된다고 함이 상당하다.
> 다만, 대법원이 위와 같이 종중 구성원의 자격에 관한 종래의 견해를 변경하는 것은 결국 종래 관습법의 효력을 배제하여 당해 사건을 재판하도록 하려는 데에 그 취지가 있고, 원고들이 자신들의 권리를 구제받기 위하여 종래 관습법의 효력을 다투면서 자신들이 피고 종회의 회원(종원) 자격이 있음을 주장하고 있는 이 사건에 대하여도 위와 같이 변경된 견해가 적용되지 않는다면, 이는 구체적인 사건에 있어서 당사자의 권리구제를 목적으로 하는 사법작용의 본질에 어긋날 뿐만 아니라 현저히 정의에 반하게 되므로, 원고들이 피고 종회의 회원(종원) 지위의 확인을 구하는 이 사건 청구에 한하여는 위와 같이 변경된 견해가 소급하여 적용되어야 할 것이다.[182]

---

182) 대법원 2005. 7. 21. 선고 2002다1178 전원합의체 판결.

[다수의견] 제사주재자의 결정방법에 관한 대법원의 새로운 법리 선언은 제사승계제도에 관한 관습의 근간을 바꾸는 것인바, 대법원이 이 판결에서 새로운 법리를 선언하기에 이른 것은 앞서 본 바와 같이 그동안 제사제도에 대한 우리 사회 구성원들의 인식 및 전체 법질서가 변화되었기 때문인데, 만약 위 새로운 법리를 소급하여 적용한다면 종래 대법원판례를 신뢰하여 형성된 수많은 제사용 재산 승계의 효력을 일시에 좌우하게 됨으로써 법적 안정성과 신의성실의 원칙에 기초한 당사자의 신뢰 보호에 반하게 되므로, 위 새로운 법리는 이 판결 선고 이후에 제사용 재산의 승계가 이루어지는 경우에만 적용된다고 봄이 상당하다.

그러나 이 사건에서 대법원이 새로운 법리를 선언하는 것은 이를 이 사건의 재판규범으로 삼으려는 데에 그 취지가 있으므로, 이 사건에 대하여는 새로운 법리가 소급하여 적용되어야 할 것이다(대법원 2005. 7. 21. 선고 2002다1178 전원합의체 판결 참조).183)

오늘날 법원이 존재하는 법을 선언할 뿐이고 스스로 형성하지는 않는다는 것은 환상에 불과한 것으로 보인다. 사회의 변화나 사고·관습의 진화로 전통적 해석에 입각한 판례가 더 이상 유지될 수 없게 되는 것은 필연적이다. 법원은 동일한 법률상태에 대하여 더 나은 통찰에 기초하여 기존 판례를 변경할 수 있으며 또 변경해야 한다.

법령의 소급효도 제한적으로 허용되는 실질적 법치국가에서 법원이 마치 입법자처럼 판례 변경의 소급효를 인정하는 것은 허용되어서는 안 된다. 마찬가지로 법원이 입법자처럼 판례 변경의 장래효를 미리 공지하는 예고판결 내지 장래적 판례 변경184)도 사법권의 본질과 한계를 벗어나는 것이므로 바람직하지 않다.185) 비록 예고판결을 통해 신뢰보호의 이익이 확보될 수 있다고 하더라도, 판례 변경의 예고 자체가 특별한 형태의 부수적 의견(방론)에 불과하기 때문에 법

---

183) 대법원 2008. 11. 20. 선고 2007다27670 전원합의체 판결.
184) 예고 판결(Ankündigungsrechtsprechung) 내지 장래적 판례 변경(prospective overruling)은 해당 사건에서 기존 판례대로 판결하면서 부수적 의견(방론)으로 향후 판례가 변경될 것이라고 예고하는 판결이다. Bydlinski(1991), 509-510면 참조.
185) Kramer(2019), 329-330면; MacCormick/Summers(1997), 344면; Hager(2009), 213-221면. 미국 연방대법원 역시 장래적 판례 변경이 사법 기능과 양립하지 않는다는 이유로 이를 부정하였으나 영국의 귀족원은 장래적 판례 변경의 가능성을 남겨두었다. Harper v. Virginia Department of Taxation, 509 U.S. 86(1993); Royal Bank of Scotland v. Etridge (AP) [2001] UKHL 44.

원이 나중에 기존 판례를 고수하는 판결을 내릴 가능성을 배제할 수 없다는 점에서 오히려 혼란을 가중시킬 수도 있다.186)

　요컨대 법도 아닌 판례에 대하여 기존 판례를 명시적으로 변경하는 대법원 판결에서, 그것도 부수적 의견(방론)으로 판결의 소급효나 장래효에 대하여 언급하는 것은 부적절하다. 이는 구체적 사건을 전제로 하는 사법의 본질에 위반되며, 입법권을 침해할 가능성이 적지 않다. 민주적 정당성이 뒷받침되지 않는 판례에 대하여 제정법과 동등한 지위를 부여할 수는 없다.

　근래 대법원은 마치 입법기관인 것처럼 또 판례가 판례법인 것처럼 판결의 장래효 등에 대하여 거침없이 판시하는 경향을 보이고 있다. 상징적으로 형사사건 성공보수의 효력에 관한 대법원 전원합의체 판결은 이른바 예고판결로서 판례 변경의 장래효를 판시하였고, 이른바 전동킥보드 음주운전에 관한 대법원 전원합의체 판결은 종래의 확립된 대법원 판례를 변경하면서 해당 사건에 적용되는 기본법리를 제시하는 데에 그치지 않고 향후 예상되는 동종 사건에 대하여 세분화된 유형별 법리를 구성하고 각 유형별로 결론을 미리 제시한 바 있다.187)

　이러한 대법원의 시도는 구체적 타당성을 도모하지도 못하며 법적 안정성을 확보하지도 못한다. 권력분립 원리 또는 사법의 본질에 비추어 보거나 정의와 법적 안정성과 같은 법이념에 비추어 보더라도 판례는 국민 일반에게 법적 구속력을 발휘하지 못한다. 이 점에서 판례는 법 자체가 아니라 법해석과 법적용의 결과일 뿐이다. 판례는 말 그대로 판결례에 불과하다. 판례는 판례법이라고 불려도 좋을 만큼 제정법과 대등한 규범적 구속력을 갖지 못한다.188) 우리나라에서 판례만 존재할 뿐 판례법(법관법)은 존재하지 않는다.

　4) 사실상 구속력의 범위

　판례는 엄밀히 말하자면 특정 사건과 관련된 법적 쟁점에 대하여 대법원에서 판시한 법령의 해석 적용에 관한 의견을 의미한다.189) 따라서 확립된 판례에

---

186) Wank(2020), 75면 및 134면. 크라머는 입법을 통해 판결의 시적 적용범위에 관한 경과규정 제정 권한을 최고법원에 부여하는 것이 소급효 및 신뢰보호 문제를 해결하는 가장 적절한 방안이라고 본다. Kramer(2019), 331-332면.
187) 대법원 2015. 7. 23. 선고 2015다200111 전원합의체 판결; 대법원 2022. 12. 22. 선고 2020도16420 전원합의체 판결.
188) 비슷한 맥락에서 법의 경험적, 규범적 인식근거로서의 판례법을 긍정하면서도 법의 효력 근거로서의 판례법을 부정하는 견해로 박정훈(1999), 42-43면.
189) 대법원 2021. 12. 23. 선고 2017다257746 전원합의체 판결 중 '판례변경의 필요성에 관한

사실상의 구속력을 인정한다고 하더라도, 이른바 부수적 의견(방론)을 포함하는 판결 내용 전부가 아니라 이른바 판결이유(主論, ratio decidendi)에 한정된다. 물론 여기서 말하는 판결이유(주론)는 판결의 주문에 뒤따르는 이유 전체가 아니라 그 중에서 판결의 결론을 도출하는 대전제로 기능하는 법규범을 말한다. 판결이유(주론)의 의미는 원래 코먼로 중심 국가에서 주로 논의되어 왔지만 판례의 사실상 구속력이 인정되고 판례 변경이 빈번해지면서 제정법 중심 국가에서도 판결이유의 개념과 범위가 논란이 되고 있다.

오래전부터 판결이유(주론)와 부수적 의견(放論, obiter dictum)이 구별되었음에도 불구하고 두 용어의 의미나 용례는 여전히 불분명하다.190) 일단 크로스(R. Cross)의 고전적 표현을 빌리면 "판결의 판결이유는 법관에 의해 받아들여진 추론과정과 관련하여 법관의 결론에 이르기 위한 필수적인 단계로서 명시적 또는 묵시적으로 다루어진 법규칙이다."191) 즉 판결이유는 구체적인 사건에 있어서 그것이 없다면 그러한 결론이 내려질 수 없는, 즉 불가결한 전제가 되는 법규범이다. 이러한 판결이유는 리딩케이스에서 처음부터 명료하게 제시되는 경우도 있으나 대개 후속 판결을 거치면서 정형화된 형태로 가다듬어진다.

반면 부수적 의견(방론)은 이른바 판결이유에 속하지 않는 판시내용으로서 법적 판단의 결론을 정당화하기 위한 법리적인 설명, 입법취지, 비교법적 검토 등의 해설 내지 법해석의 일반지침 등을 의미한다. 대법원 전원합의체 판결에서 등장하는 반대의견·별개의견·보충의견도 법정의견이 아니라는 점에서 부수적 의견에 해당된다. 부수적 의견은 일종의 부연 설명이라는 점에서 코먼로 법계에서도 설득적 권위(persuasive authority)만 인정될 뿐 규범적 구속력이 인정되지는 않는다. 따라서 다른 법원은 물론 당해 법원도 부수적 의견으로부터 쉽게 이탈할 수 있다. 다만 부수적 의견도 유권적 해석권한을 가진 법원의 의견이라는 점에서 장래 유사 사건에 대한 판결을 예측할 수 있도록 해준다.

그런데 문제는 판결이유(주론)와 부수적 의견(방론)이 긴밀한 내적 연관성을 가지고 있어서 두 부분을 명확하게 구분하기가 쉽지 않다는 데에 있다. 더욱이 판결은 종종 여러 판결이유(주론)를 제시하기 때문에 오랜 논의의 역사를 지닌

대법관 김재형의 의견' 참조.
190) Fikentscher II(1975), 86−95면; MacCormick/Summers(1997), 506−507면; Twining/Miers (1999), 333−335면.
191) Cross/Harris(1991), 72면.

영국에서도 무엇이 판결이유이고, 어떻게 개별 판결에서 이를 찾는지에 대해서 의견이 일치되지 않는다.[192] 우리나라에서도 판결이유(주론)의 의미와 범위의 문제는 보충송달이 외국 판결의 국내 승인·집행을 위한 요건으로서의 적법한 송달에 해당하는지가 논란이 되었던 대법원 판결에서 부수적인 쟁점으로 다루어진 바 있다.

[판례변경의 필요성에 관한 대법관 김재형의 의견] 엄밀한 의미에서 '판례'는 '특정 사건과 관련한 쟁점에 관하여 대법원이 판단한 법령의 해석·적용에 관한 의견'을 가리킨다. 즉, 대법원판결에서 추상적 형태의 법명제로 표현된 부분이 모두 판례인 것은 아니고, 그중 특정 사건의 쟁점을 해결하는 데 필요한 판단 부분만이 판례이다. …

판결은 1차적으로 개별 사건에 대한 법적인 해결을 하는 것을 지향하고, 대법원판결에서 제시되는 추상적·일반적 법명제도 기본적으로 해당 사건의 해결을 염두에 둔 것이므로, 그 의미는 어디까지나 해당 사안과 관련하여 이해되어야 한다(대법원 2009. 7. 23. 선고 2009재다516 판결 참조). 선행 판결에서 사안의 쟁점 또는 그 해결과 관계없는 부분에 관하여 일반적·추상적 법명제를 선언하였더라도 이 부분은 판례로서 아무런 의미가 없다. 이러한 부분까지 판례로 본다면 재판의 전제성이 없는데도 법령 해석을 통해 법규범을 창설하는 결과가 된다. 대법원은 해당 사건의 쟁점에 적용되는 법령에 한하여 해석 권한이 인정되는데, 이 경우에도 일반적·추상적 법명제를 선언하는 것은 어디까지나 구체적인 사건 해결에 필요한 범위에서 인정될 뿐이다.

[다수의견에 대한 대법관 민유숙, 천대엽의 보충의견] 법원조직법 제7조 제1항 제3호는 '종전에 대법원에서 판시한 헌법·법률·명령 또는 규칙의 해석 적용에 관한 의견을 변경할 필요가 있다고 인정하는 경우'는 대법원 전원합의체에서 재판하도록 규정하고 있다. 이와 같은 '법령의 해석·적용에 관한 의견'을 '판례'로 보는 것이 일반적이다. 보다 구체적으로 '판례'는 당해 사건의 사안에 적용될 법령 조항의 전부 또는 일부에 대한 정의적 해석을 한 대법원판결의 판단으로, 장래의 재판에 대하여 지침이 되는 '일반·추상적인 법명제'를 의미한다. …

법치주의 원리에 의할 때 법규범의 수범자들에게 법적 판단에 관한 예측가능성을 보장할 필요가 있고, 여기에 법관의 특정 법령에 관한 통일적 이해가 법적 안정성의 보장에 중요하다는 측면을 함께 고려하면, 후행 판결에서 기존 판례의 판시와

---

192) MacCormick(1978), 82면 및 215면.

명백히 모순되는 판시를 하고자 할 때에는 가급적 그러한 모순점을 의문 없이 명확하게 정리할 필요가 있다. 즉, 기존 판례의 판시가 후행 판결에서 새롭게 선언하는 법리와 명백히 상충한다면 기존 판례의 판시 법리는 후행 판결에서의 법률의 해석·적용에 영향을 미치는 것으로 보아 이를 변경하는 것이 바람직하다.[193]

이러한 판결이유와 부수적 의견 구별의 불확실성 그리고 판결이유에 대한 해석 재량으로 인하여 이른바 판례의 '사정거리(유효범위)'가 문제된다.[194] 가령 어음 관련 사건의 판결에서 제시된 판결이유가 수표 관련 사건에 대해서도 그대로 적용되는가? 대법원은 똑같이 발행지가 흠결된 국내어음과 국내수표의 효력이 각각 쟁점이 되었던 두 사건에 대하여 판례의 사정거리가 서로 미치지 않는다는 것을 전제로 별개의 전원합의체 판결을 선고한 바 있다.[195]

실무적으로 판례의 사정거리를 이해하는 데에는 사례 비교(Fallvergleichung)[196]의 방법론이 도움이 될 것이다. 사례 비교 방법은 원래 영미의 '사례에서 사례로의 추론(reasoning from case to case)'에서 유래한 것이지만[197] 오늘날 영미법계뿐 아니라 대륙법계에서도 주요 방법론적 사고의 하나로 받아들여지고 있다. 카우프만에 의하면, 모든 법학방법은 본질적으로 유비추론적 성격, 즉 사례 비교의 성격을 갖는다.[198] 특히 개별 사건을 불확정개념이나 일반조항에 간단히 포섭하는 것이 불가능한 경우 사례 비교는 해석론적으로 한층 더 중요한 의미를 갖는다.

사례 비교의 방법은 확립된 판례를 표준 사례로 삼아 현재 문제되는 사건과의 상이점을 비교하고 기존 법리가 해당 사건에 적용될 수 있는지를 논증하는 것이다. 이를 위해서 한편으로는 사실이, 다른 한편으로는 이익평가가 비교되는

---

193) 대법원 2021. 12. 23. 선고 2017다257746 전원합의체 판결.
194) 판례의 사정거리에 대해서는 이광범, "대법원판례의 의미", 『민사재판의 제문제』 제11권 (2002), 13-44면 참조.
195) 대법원 1998. 4. 23. 선고 95다36466 전원합의체 판결; 대법원 1999. 8. 19. 선고 99다23383 전원합의체 판결 참조.
196) 사례 비교는 비교 사례 기법(Vergleichsfalltechnik), 유형 비교(Typenvergleich) 등 다양한 이름으로 여러 학자들에 의해 논의되고 있다. Bydlinski(1991), 548-550면; Zippelius (2021), 59-64면; Schmalz(1992), 101면 및 115면; Vogel(1998), 160-170면; Haft(1999), 89-93면.
197) E. Levi, *An Introduction to Legal Reasoning*, Chicago: Chicago UP, 1950, 1면.
198) Kaufmann(1999), 6면.

데, 두 사건에서 사실관계와 이익상태가 평가적으로 동일해야 기존 법리가 적용된다.

논리적 관점에서 보면 사례 비교는 '특수에서 특수로의 추론'이다. 그 핵심적인 논거는, 동일한 사건은 동일하게 또 유사한 사건은 유사하게 판결되어야 한다는 것이다. 현실에서 동일한 사건은 희소하므로 실무에서는 유사한, 즉 부분적으로 동일한 사건, 특히 본질적으로 유사한 사건이 주로 문제된다. 하지만 동일 내지 유사한 사건인지를 판단하는 것은 간단한 문제가 아니다. 사실관계의 어떤 요소가 필수적인 것이고, 어떤 요소가 우연적인 것인지 또 무엇이 관련되고 무엇이 관련 없는지에 대해 판단하기는 어렵다. 일응 사실관계의 어떤 요소가 없다면 달리 판결되었을 것이라고 여겨지는 경우에 필수적인 요소, 반면 어떤 요소가 없더라도 마찬가지로 판결되었을 것이라고 여겨지는 경우 부수적인 요소라고 말할 수 있다.[199]

오늘날 선례 구속 원칙의 수용 여부와 무관하게, 법원은 논증과정에서 기존 판례를 광범위하게 검토하고 사례 비교를 통해 결론을 얻는다. 문제중심적 사고와 같은 맥락에서, 사례 비교 방법에서는 수사학적 도구를 활용하여 통상 사건(normal case)으로부터 논증이 이루어진다. 물론 고전적 법학방법과 마찬가지로 사례 비교 방법 역시 경계 사건을 해결하는 데에 있어서 체계나 입법목적 등으로부터 나오는 논거를 포기하지 않는다. 사례 비교의 방법으로 얻어지는 이득은 지배적인 해석방법으로부터의 이탈을 정당화할 수 있을 만큼 크지 않다.[200]

5) 사법(司法)의 현실[201]

대한민국 헌법은 권력분립을 헌법의 최고원리 중 하나로 받아들이고 있다. 권력분립 원리에 의하면 입법기관과 사법기관은 구별되어야 하고 법률이 일단 제정되면 사법부는 입법부에서 만들어진 법을 적용할 뿐 자의적으로 해석하거나 창조해서는 안 된다. 다시 말해 권력분립 원리는 법관의 법(률) 구속성을 요청한다. 헌법 제103조도 "법관은 헌법과 법률에 의하여 그 양심에 따라 독립하여 심판한다."라고 규정하여 이 점을 분명히 하고 있다. 우리나라의 법질서는 법관에

---

199) Hager(2009), 94면.
200) Bydlinski(1991), 427면.
201) 이하의 서술은 오세혁, "한국에서의 법령 해석 ─우리나라 법원의 해석방법론에 대한 비판적 분석─", 『법철학연구』 제6권 2호(2003), 93-118면 및 오세혁, "사법부의 해석방법론에 대한 비판", 『법과 사회』 제27호(2004), 185-209면을 수정·보완한 것이다.

게 법제정자가 아니라 법집행자로서의 역할을 기대하는 것이다. 이 점은 법원도 공식적으로 부정하지 않는다. 그럼에도 불구하고 현실의 법원은 구체적 타당성, 사법적극주의, 사법판단의 정책성 등을 내세워 법원의 법창조적 기능을 당연한 것으로 전제하고 있는 듯하다.202)

오늘날 법원이 과거에 비해 구체적 타당성을 더욱더 추구하는 것은 전 세계적인 추세로 보이지만,203) 우리나라 법원은 법적 분쟁을 해결하는 데 있어서 구체적 타당성을 유난히 강조한다. 물론 법관은 자신에게 명령된 법률 구속성과 자신이 추구하려는 구체적 타당성이 충돌하는 사건에서 최종적으로 양심에 따라 판결을 내릴 것이다. 그런데 법관들은 관련 법규범을 해석하고 해당 사안에 적용하여 결론을 내리는 데에 만족하지 않고 그 결론이 당사자 사이에 형평에 맞는지도 고려하여 판결을 내린다. 만일 법적 논증에 따른 당초의 결론이 현저히 불합리한 결과에 이르게 된다고 판단하면 아예 결론 자체를 바꾸거나 다른 논거를 끌어들여 당사자의 권리를 일부라도 보호해주는 이른바 구제판결이나 타협판결을 내리곤 한다. 그것이 여의치 않을 경우에는 당사자에게 지나칠 정도로 화해를 강권하기도 한다. 법원은 법적 안정성을 위하여 결코 구체적 타당성(형평)을 희생시키지 않으려 한다.

이 점은 법률심이라고 하는 대법원도 크게 다르지 않은 듯하다. 우리나라의 상고제도는 독일형으로서 대법원은 개별 사건을 적정하게 해결하고 법해석의 통일성을 추구하는 이중적 기능을 수행한다. 대법원 스스로도 법해석의 통일기능과 함께 하급심의 잘못을 바로잡아 당사자의 권리를 구제하는 제3심법원으로서의 기능을 국민들로부터 요구받고 있다고 여긴다.204) 후자의 기능을 효과적으로 수행하기 위해 대법원은 일찍부터 사실인정의 문제조차도 채증법칙 위배라는 이름으로 법률문제화시켜 상고심의 심판범위 내에 두었다. 심지어 손해배상사건의

202) 자유로운 법발견으로서의 법관의 법창조(Rechtsschöpfung)는 종종 법의 흠결을 보충하기 위하여 불가피하게 요청되는 법형성(Rechtsfortbildung)과 동일시되는데, 실제로 두 개념을 엄밀히 구별하기 어렵고 판례도 종종 법창조와 법형성을 구분하지 않고 혼용한다. 법형성은 법해석과 법창조의 중간적 의미를 갖는 용어로서 존재하지만 불완전한 법을 발전시킨다는 의미를 갖는다. 박정훈(2015), 26면. 여기에서는 법창조를, 법관이 흠결 보충을 넘어 법의 오류를 제거하기 위하여 반문언적 해석을 감행하는 등 실질적인 입법자로서 기능하는 것으로 이해함으로써 법형성과 일응 구분한다.
203) Hager(2009), 309면.
204) 대법원 2003. 3. 20. 선고 2001도6138 전원합의체 판결의 대법관 송진훈, 이용우, 배기원의 반대의견 참조.

과실상계비율이나 항고사건의 재량적 행정처분권 남용 등은 사실심의 전권 사항임에도 하급심의 조치에 현저한 잘못이 있다고 판단될 경우에는 대법원이 적극적으로 개입한다.[205]

또 법원은 사법적극주의에 바탕하여, 아니 사법적극주의의 취지를 오해한 나머지 정의를 실현하기 위해서는 법원이 적극적으로 법창조적 기능을 수행해야 한다고 생각하는 듯하다. 두 차례나 대법관직을 역임하였던 명망있는 법관에 의하면, "법은 입법자의 주관적 의도와 시대적 배경 내지 시대사조를 반영하여 입법되는 것이므로, 이러한 법을 어느 시대에서 해석적용하려고 하면 입법자의 의도와 입법당시의 시대사조를 충실하게 고려해야 할 경우도 있겠지만, 때로는 입법자가 미처 예상하지 못한 의미를 부여해야 할 경우도 있고 또는 본래의 입법자의 의도나 시대사조를 무시하고 전혀 다른 별개의 의미로 해석해야 할 필요도 생기는 것이다. … 법관은 법을 해석 적용함에 있어서 형식적이고 개념적인 자구해석에 얽매이지 말고 그 법이 담보하는 정의가 무엇인가를 헤아려서 그 정의실현의 방향으로 법의 의미를 부여하여야 하며, 정의실현을 위하여 필요한 한도 내에서 성문규정의 의미를 과감하게 확대해석하거나 또는 축소, 제한 해석을 함으로써 실질적인 법창조적 기능을 발휘해야 한다."라고 한다.[206] 이는 이른바 금액판결 및 백지어음 판결에서 일부 대법관들에 의하여 자신의 의견을 뒷받침하는 논거로서 반복적으로 사용되었다.[207]

같은 맥락에서 대법원은 국민의 권리를 확정하고 보호하는 법적 판단을 하는 데에 그치지 않고 정책적 판단을 시도하는 이른바 정책법원을 지향한다. 아마도 대법원은 미국 연방대법원(U.S. Supreme Court)처럼 정책적 고려하에 시대의 흐름을 주도하는 판결을 내려야 한다고 생각하는 듯하다. 이른바 양심적 병역거부 판결과 같이 정책적 성향이 짙은 사건에서 노골적으로 실질적 이유에 근거한

---

205) 대법원의 확립된 판례에 의하면, 손해배상사건에서 과실상계사유에 관한 사실인정이나 비율을 정하는 것이 사실심의 전권사항이라고 하더라도 그것이 형평의 원칙에 비추어 현저히 불합리해서는 아니 된다고 한다. 대법원 1983. 12. 27. 선고 83다카1389판결; 대법원 1992. 11. 27. 선고 92다32821 판결; 1999. 8. 24. 선고 99다21264 판결; 2003. 6. 27. 선고 2001다734 판결 등 다수 판결 참조.

206) 이회창, "사법의 적극주의 ─특히 기본권 보장기능과 관련하여─", 『법학』(서울대), 제28권 2호(1987), 147-161면, 특히 150-151면.

207) 대법원 1978. 4. 25. 선고 78도246 전원합의체 판결; 대법원 1998. 4. 23. 선고 95다36466 전원합의체 판결.

해석을 시도하는 것은 물론이고208) 민사 사건에서도 거침없이 정책적 판단을 감행한다. 형사사건의 변호사 성공보수 약정이 민법 제103조에 위반되어 무효인지 여부가 쟁점이 되었던 이른바 형사사건 성공보수 판결의 다수의견에 대한 보충의견도 이러한 성향을 엿볼 수 있는 많은 판결 중의 하나이다.

> [대법관 민일영, 고영한, 김소영, 권순일의 보충의견] 형사사건에 관한 성공보수약정을 민법 제103조에 의하여 무효라고 평가하는 것은 오랜 기간 지속되어온 착수금과 성공보수라는 이원적인 변호사 보수 체계에 근본적인 변화를 요구하는 것이어서 적지 않은 혼란이 예상되고, 변호사의 직업수행의 자유와 계약체결의 자유를 지나치게 제한하는 것이라는 반론도 있을 수 있다. 그러나 이를 통하여 변호사 개개인의 윤리의식이 고취되고, 변호사 직무의 공공성과 독립성이 확보되며, 전체 변호사 집단이 국민의 신뢰를 회복하여 기본적 인권을 옹호하고 사회정의를 실현하는 본연의 사명을 잘 감당할 수 있게 된다면 이러한 제한은 합리적이고 균형에 맞는 것이라고 보아야 한다.
> 안타깝게도 사실 여부를 떠나 적지 않은 국민들이 유전무죄·무전유죄 현상이 여전히 존재한다고 믿고 있는 사회적 풍토 아래에서 형사사건에 관한 성공보수약정은 그동안 형사사법의 공정성·염결성에 대한 오해와 불신을 증폭시키는 부정적 역할을 해 왔음을 부인할 수 없다.
> 유명한 법언(法諺)처럼 우리가 정의를 실현하는 것만큼이나 사회구성원들이 정의가 실현되고 있다고 믿을 수 있게 하는 것이 중요하다. 어떤 사법제도나 국가기관도 주권자인 국민의 신뢰와 공감이라는 기반 위에 서지 않는다면 존립의 근거를 상실하게 되기 때문이다. 그런데 앞서 본 것처럼 형사사건의 수사나 재판 결과에 따라 성공보수를 수수하는 변호사의 행위 자체가 우리 사회가 변호사에게 요구하는 공공성이나 고도의 윤리성과 배치되고 형사사법에 관한 불신을 초래할 위험이 있으므로 사회적 타당성을 갖추지 못하고 있다고 생각하는 것이 일반 국민의 법의식이다. 많은 국민이 어떤 사법제도나 실무관행이 잘못되었다고 지적한다면 이제라도 바로잡는 것이 옳다. …
> 이번 대법원판결을 계기로 형사사건에서 변호사의 변론활동에 대한 보수결정방식이 국민의 눈높이에 맞게 합리적으로 개선됨으로써 형사사법제도의 운용과 변호

---

208) 이 판결에서 대법관 김소영, 조희대, 박상옥, 이기택의 반대의견은 다양한 형태의 실질적 이유에 근거한 해석을 제시하는 것을 넘어서 법의식·법감정에 기댄 해석, 여론조사 결과를 고려한 해석까지 시도하였다. 대법원 2018. 11. 1. 선고 2016도10912 전원합의체 판결 참조.

사의 공적 역할에 대한 국민의 신뢰도와 만족도가 한층 높아질 수 있을 것이다. 나아가 공정하고 투명한 형사사법을 구현하고 선진적인 법률문화를 정착시키는 데에도 밑거름이 될 것으로 기대한다.[209)]

법원이 정책법원을 지향하고 법관이 실제로 정책적으로 판단하는 현실은 행정법원을 비롯한 하급심 법원도 크게 다른 것 같지 않다.[210)] 새만금간척사업에 대한 정부조치계획과 사업시행인가처분 및 공유수면매립면허처분 집행정지신청 사건에 있어서 서울행정법원의 결정(2003아1142)이 그 단적인 예가 될 것이다. 당시 재판부는 "새만금사업의 당초 목적과는 달리 새 담수호의 수질이 농업용수(4급수)로 유지될 가능성이 아주 희박하며 이번 사업으로 없어질 운명에 있는 새만금유역의 하구갯벌로 보존할 필요성이 있다"라고 판단함으로써 다분히 정책적인 논거에 바탕하여 결정을 내렸다. 반면 서울고등법원의 항고심 결정(2003루98)은 정책적 판단을 가급적 배제한 채 "환경단체와 새만금지역 주민들이 주장하는 손해는 입증하기 어렵고 공사 후 발생할 손해 등에 대한 금전보상이 가능한 반면 방조제 공사중지로 인해 방조제가 유실될 경우 막대한 보강공사 비용이 소요되는 만큼 국책사업 유보에 따른 공공손실이 더 크다"는 이유로 원결정을 취소하였다.

물론 대부분의 행정소송은 공익(公益)과 공익, 공익과 사익(私益)의 비교형량을 필요로 하고, 이러한 비교형량은 일정 범위 내에서 정책적 판단을 수반할 수밖에 없다. 또 법원이 환경문제와 같은 정책적 문제와 관련하여 행정부의 정책에 대하여 사법적 심사 기능을 수행하는 것도 당연해 보인다. 하지만 행정부의 정책에 대한 사법적 심사와 사법부의 정책적 판단은 별개의 문제이다. 법원은 정책적 판단을 하기 위해 필요한 각종 정보에 대한 접근가능성이나 인식가능성이 입법기관이나 행정기관에 비해 현저히 제한되므로 자기절제가 필요하다.

법원이 법창조적 기능의 근거로 내세우는 구체적 타당성, 사법적극주의, 사법판단의 정책성 등이 판결이 지향하여야 할 이상(理想) 또는 재판의 본질적 요소라는 점은 부인할 수 없다. 하지만 우리나라에서는 원래 이들 개념이 등장하게 된 배경과 무관하게 법원이 법창조기능을 행사하기 위한 우회로로 사용된다는 점에 문제가 있다. 다시 말해 법원이 이러한 개념 도구를 이용하여 법해석에 있어서 법원의 법창조적 기능을 당연한 것처럼 받아들임으로써 입법자의 영역을 잠식하려는 데에 문제의 심각성이 있는 것이다. 법원이 개별 분쟁을 해결하는 데에 있어서 구체적 타당성을 내세워 관련 법리를 이탈하거나 왜곡하여 판결마다 엇갈리는 결론을 내린다면 법적 안정성을 심각하게 훼손할 것이고 궁극적으로 법의 본질적 기능을 포기하는 결과가 될 수 있다. 사법적극주의 역시 법원은 헌법이 보장하는 국민의 자유와 권리가 침해되는 상황을 방관하지 말고 적극적으로 보호하여야 한다는 데에 근본취지가 있는 것이지 결코 법관이 법령을 무시하고 자유로운 법창조자로서 기능해야 한다고 말하는 것이 아니다. 마찬가지로 사법판단의 정책성이라는 것도 사법판단이 불가피하게 정책적인 판단을 포함하므로 이를 감안하여 신중하게 판결을 내려야 한다는 것일 뿐 법관이 마치 입법자처럼 정책적인 고려하에 판결을 내려야 한다는 것을 의미하지는 않는다. 요컨대 법원이 법관의 법창조기능을 뒷받침하는 도구로 사용하는 구체적 타당성의 추구, 사법적극주의, 사법판단의 정책성이라는 것은 결코 법원의 법창조적 기능을 뒷받침하는 논거가 되지 못한다.[211]

(2) 학설
1) 학설의 개념 및 유형

학설(Lehrmeinung/Literaturmeinung)은 사전적 의미로는 학문적인 주장 내지 가설을 뜻하지만, 법발전 내지 법형성의 원동력으로 일컬어지는 학설은 기본적으로 정설(定說)이나 통설(通說, communis opinio)을 뜻한다. 학설은 개별 실정법에서 법해석을 통해 형성되고 발전된다. 법해석론(Rechtsdogmatik)은 학설을 발전시킴으로써 법규범의 내용을 구체화하는 한편, 법의 해석 및 적용에 있어서 예측가능성을 높임으로써 법의 지배 내지 법치국가의 이념에 봉사한다.

법이 제정법을 중심으로 재편되기 전에 학설은 법원(法源), 그것도 유력한 법원으로 인정되었고 근대 초기까지도 보충적 법원으로 받아들여졌지만 근대 법전화시대를 지나면서 더 이상 법원으로 인정받지 못하게 되었다. 그럼에도 불구

---

211) 같은 취지로 최대권(1989), 134-137면.

하고 스위스 민법 제1조 제3항은 "법원이 정설(bewährte Lehre)과 선례(Überlie-
ferung · jurisprudence · giurisprudenza)를 준수한다."라고 명문으로 규정함으로써[212]
학설을 법원으로 받아들이는 것처럼 보인다. 하지만 실제로는 학설이 규범적 구
속력을 갖지 않고 설득적 권위를 갖는 영감의 연원일 뿐이라는 데에 다툼이 없
다고 한다.[213]

우리나라에서도 학설은 법원으로 인정되지 않는다. 학설에 관한 법규정이
없는 것은 말할 것도 없고 그 개념도 정립되어 있지 않은 채 정설 · 통설 · 다수설
등 다양한 하위개념이 사용될 뿐이다. 전통적 의미의 학설에 가장 근접한 개념인
정설(定說)은 법학자나 법률가들이 별다른 이견 없이 받아들이는 견해이다.[214]
이와 구분되어야 할 개념이 전통설, 즉 전통적인 견해이다. 이는 학설사적으로
오래전부터 주장되어온 견해로서 오늘날의 학설에 영향을 끼친 견해이다. 다만
현시점에서 전통적 견해는 정설이나 통설의 지위를 잃고 소수설로 전락해 있을
수 있다.

법학방법론의 관점에서는 독일의 지배적 견해(herrschende Meinung/Lehre)[215]
에 해당되는 통설이 중요한 의미를 갖는다. 통설은 학설에서 압도적으로 지지되
는 견해이다. 통설은 일반적으로 정당한 것으로 받아들여진다는 점에서 일응의
추정력을 갖는다. 즉 이를 다투는 사람이 논증책임을 부담한다.[216] 하지만 통설
자체는 논거가 아니므로 단순히 통설을 참조하는 것만으로는 제대로 된 논거 제
시가 될 수 없다. 통설이 실무, 특히 최고법원에 의해 수용되면 정설로 자리 잡

---

212) Schweizerisches Zivilgesetzbuch Art. 1:
    1 Das Gesetz findet auf alle Rechtsfragen Anwendung, für die es nach Wortlaut oder
      Auslegung eine Bestimmung enthält.
    2 Kann dem Gesetz keine Vorschrift entnommen werden, so soll das Gericht nach
      Gewohnheitsrecht und, wo auch ein solches fehlt, nach der Regel entscheiden, die
      es als Gesetzgeber aufstellen würde.
    3 Es folgt dabei bewährter Lehre und Überlieferung.
213) 스위스 민법 제1조의 표현 및 의미에 대한 설명은 Kramer(2019), 285-291면.
214) 드물지만 판례에서도 정설이라는 표현이 사용된다. 대법원 1957. 4. 12. 선고 4289형상
    350 판결; 대법원 1991. 7. 23. 선고 91도1134 판결; 서울지방법원 남부지원 1999. 2. 25.
    선고 98가합15904 판결 등 참조.
215) 판례에서도 지배적 견해 내지 지배적 학설이라는 표현이 등장한다. 대법원 1985. 1. 29.
    선고 74도3501 전원합의체 판결; 대법원 2001. 2. 15. 선고 96다42420 전원합의체 판결
    등 참조.
216) Möllers(2023), 206면.

게 된다.[217]

통설은 정설과 달리 판례와 어긋날 수 있으며 이설(異說)이 있을 수 있다. 이러한 이설이 동조자를 얻게 되면 소수설이 되어 다수설과 대립되는 지위를 얻게 된다. 소수설(Mindermeinung)은 말 그대로 소수의 학자들에 의하여 지지되는 견해인데, 상당수의 법학자 또는 법률가로부터 법이론적으로 검토할 가치가 있고 나름대로 설득력이 있다고 평가를 받게 되면 이른바 유력설 내지 유력한 견해로 격상된다. 물론 종종 해석자 자신의 견해나 사제지간 등 가까운 학자들의 견해를 유력설이라고 우호적으로 부르기도 한다.

학계에서는 다수설과 소수설이라는 표현이 종종 사용되나, 다수설·소수설의 기준이 모호하기 때문에 논란의 여지가 있다.[218] 가령 관련 저술이나 학위 등 법학자의 수준을 고려할 것인지 또 교과서를 기준으로 할 것인지, 논문까지도 포함할 것인지에 따라 다수와 소수의 판정이 달라질 수 있다. 법학자뿐 아니라 법률가의 견해까지 포함할 것인지, 법학자나 법률가의 범위를 어디까지 설정할 것인지도 고려해야 한다. 나아가 많은 학설이 학자의 공익지향적인 합목적성의 고려하에 법해석론으로 제시되는 것이 아니라 경제적·직업적 이해관계 또는 학계의 인용카르텔에 의해 결정된다는 점도 감안해야 한다.[219] 이 점에서 다수설과 소수설의 구분은 그다지 의미가 없어 보인다. 결국 명확하게 우열을 가리기 어렵고 엇비슷해 보이는 경우에는 '어떤 견해'나 '또 다른 견해'라는 식으로 표현하거나 아예 중립적으로 제1설·제2설 등으로 표기하는 것이 바람직할 것이다.

2) 학설의 기능

학설은 법효력 근거로서의 법원이 아니라 기껏해야 근거제시의 기능을 통하여 실무를 보조하는 법인식 근거로서의 법원에 불과하다.[220] 즉 학설은 구속적 권위가 아니라 설득적 권위(persuasive authority)를 가질 뿐이다. 법인식 근거로서의 학설은 법학의 실천학문성에서 비롯된다. 학설은 법개념을 명확히 하고 법원

---

217) Kramer(2019), 291면.

218) 대법원은 1970년대 후반 일부 전원합의체 판결에서 다수의견을 다수설, 반대의견 내지 별개의견을 소수설이라고 표현하였다. 대법원 1977. 7. 26. 선고 77다492 전원합의체 판결; 대법원 1980. 9. 9. 선고 79다1281 전원합의체 판결 참조.

219) Bund(1983), 162면. 노동법·사회법·환경법처럼 정치적으로 논란이 많은 법 영역에서는 이해관계인 또는 이익단체가 자신들에게 유리한 학설을 지원하여 통설로 만들기 위해 출간에 대한 재정지원을 한다는 지적으로 Schmalz(1992), 126면.

220) Vogel(1998), 106면.

리를 발전시킴으로써 법실무의 법발견 및 법형성을 지원하는 실천적 임무를 맡고 있다.

학설은 학문적 연구의 산물로서 체계성 및 일관성을 중시한다는 점에서 구체적인 문제에 대한 해결방안을 제시하는 판례와 뚜렷이 구분된다. 과거 우리나라에서는 학설이 판례를 경시하는 경향이 없지 않았다. 그로 인해 학설은 법현실과 유리되어 한때 수입법학·수험법학·강단법학이라는 비판을 받기도 하였다. 하지만 오늘날의 법학자들은 실무자가 학설을 쉽게 적용할 수 있도록 구체적 사안을 고려하여 학설을 구성하고 판례를 분석하여 문제점을 지적하는 등 이론과 실천의 괴리를 좁히는 데에 노력하고 있다. 법과대학 또는 법학전문대학원에서 중시되는 연습·사례연구·판례연구 등이 이를 반영하고 있다.

3) 법학 및 법학교육의 현실[221)

앞에서 살펴보았다시피 우리나라의 입법 현실은 아직 기대수준에 못 미치는 편인데, 그 책임을 전적으로 입법부에게 돌리는 것은 불공평해 보인다. 따지고 보면 정부법률안을 담당하는 행정부나 사법 관련 입법을 주도하는 사법부의 책임도 적지 않으며, 각종 법률안을 이론적으로 뒷받침해야 하는 법학계에도 책임이 없지 않다.

오늘날 법학에서는 실정법의 해석과 그 적용 그리고 판례의 이해에 초점을 맞추는 실무지향적인 법해석론(legal dogmatics)이 대세를 이루고 있다. 이는 법학전문대학원 시대의 출범으로 한층 더 공고해지는 듯하다. 과거의 식민법학·수입법학에 대한 반작용인지는 모르겠으나, 판례 중심의 실무지향적인 실용법학이 득세하고 있다.[222)

사실 지난날의 법학자들은 독일이나 일본 그리고 미국의 법이론을 무분별하게 수용하여 학설을 전개함으로써 현실적인 문제 해결에 제대로 된 도움을 주지 못하였다. 이른바 수입법학은 사법시험 등에 대비한 암기 위주의 법학교육 방식과 결합하여 한때 바람직하지 못한 실무경시의 풍조를 조장하였다.[223)

---

221) 이하의 서술은 오세혁, "한국에서의 법령 해석 ―우리나라 법원의 해석방법론에 대한 비판적 분석―", 『법철학연구』 제6권 2호(2003), 93–118면 및 오세혁, "사법부의 해석방법론에 대한 비판", 『법과 사회』 제27호(2004), 185–209면을 수정·보완한 것이다.

222) 무비판적인 판례실증주의(Rechtsprechungspositivismus)의 위험에 대한 지적은 Schmalz (1992), 39면.

223) 우리나라 법학교육의 문제점에 대해서는 강희원, "수입법학, 외제법철학, 죽은 법학교육, 그러나 … ", 『법철학연구』 제4권 1호(2001), 277–318면 참조.

이러한 배경 아래에서 지난날의 법원 역시 학설을 경시하는 태도를 보였다. 오늘날 우리 현실에 적합한 법이론을 발전시키려는 법학계의 노력이 확대되고 있음에도 불구하고 실무에서 학설의 위상은 크게 달라지지 않은 듯하다. 오히려 법학전문대학원 시대를 맞이하여 학설 경시의 풍조는 더 심화되는 듯하다. 이러한 현상의 주요 원인이 기존 법학의 문제점에서 비롯된 것은 분명하나, 그것만으로 이러한 현상이 충분히 설명되지 못한다. 아마도 고시, 사법시험 등으로 상징되는 실무우위의 인식, 특히 법관의 숨겨진 엘리트 의식이 또 다른 원인일 수 있을 듯싶다.

법학이 일본을 통하여 서구로부터 이식된 학문인 만큼, 우리 법학이 일본이나 독일 또는 미국 법학의 영향을 완전히 벗어날 수는 없을 것이다. 하지만 법학자들이 우리나라의 법현실이나 법체계를 무시하고 외국법학에 의존하는 태도는 지양되어야 한다. 특히 법학자들이 현실적인 필요에 의해 생성되고 발전되어온 고유한 법제도나 법리에 대한 분석과 이론구성 시도 없이 단지 외국법학의 관점에서 비판하는 태도야말로 오히려 비판받아 마땅하다. 법학의 과제는 외국의 선진적인 법이론을 현실에 적절하게 적용할 수 있도록 우리나라의 역사적·사회적·문화적 여건에 맞는 법이론으로 재구성하는 것이다. 외국법학의 무비판적인 도입은 현실과 이론의 괴리만을 확대할 뿐이다.224)

(3) 판례평석225): 판례와 학설의 교차로

판결에 대하여 그 의미를 분석하고 평가하는 것이 판례평석이다. 판례평석은 문자 그대로 풀이하면 판례를 평가(評價)하고 주석(註釋)하는 것이다. 판례평석은 판례 자체의 의미가 명확하지 않을 수 있기 때문에 그 의미를 명확히 하고, 논증의 타당성과 오류를 분석하는 것을 그 목적으로 한다. 특히 판례평석을 통하여 법해석의 통일을 기할 수 있고 나아가 유사한 사건에 대한 판결 사이의 충돌을 방지할 수 있다. 나아가 판례평석은 판례의 이론적 의의를 평가하고 장래의 발전방향을 전망함으로써 판례에 생명력을 부여한다.

이러한 판례평석을 통하여 법학연구를 위한 공동의 광장을 마련할 수 있

---

224) 김일수, "법학교육의 과제와 전망", 『법과 사회』 제1권(1989), 261-267면, 특히 263면.
225) 이하의 서술은 오세혁, "판례평석 방법론에 관한 시론적 고찰 ― 민사법 분야를 중심으로 ―", 『비교사법』 제13권 4호(2006), 741-765면을 수정·보완한 것이다.

다.[226] 법학자는 판례의 오류를 지적하고 이론의 빈곤이 있으면 이를 보완함으로써 판례의 발전을 위한 이론적 뒷받침을 제공하여야 한다. 법학은 판례를 무비판적으로 소개하고 정리하는 데에만 몰두할 것이 아니라 그 타당성을 평가하고 이를 법발견이나 법형성의 자료로 활용하여야 한다.[227] 이러한 판례평석의 과정을 거치지 않는다면 판례는 '죽은' 판례에 머무르고 만다. 특히 최종심으로서의 대법원 판례는 하급심 판례와 달리 별도의 심사절차가 없으므로 판례평석을 통한 이론적 성찰 과정이 없다면 그 적정성과 정당성을 검토할 기회조차 없다. 요컨대 판례는 판례평석을 통해 살아 있는 판례로서 기능한다. 학설이 판례를 통하여 비로소 생명력을 얻게 되는 것과 마찬가지로, 판례도 판례평석이라는 이론적 분석을 통하여 생명력을 유지할 수 있다.

판례평석은 한 개 또는 소수의 판례를 평석 대상으로 삼는 방식이나 '판례회고'라는 제목 등으로 일정한 시기 동안 내려진 일정한 분야 내지 주제와 관련된 판례 전부 또는 주요 판례를 검토 대상으로 삼는 방식으로 이루어진다. 전자의 경우에는 간혹 하급법원의 판결이 리딩케이스로서 평석되기도 하나 대부분 최고법원의 판결이 판례평석의 대상으로 등장한다. 후자의 방식으로 이루어지는 판례평석은 판례종합평석이라고 부를 수 있는데, 흔히 '2023년도 주요판례'와 같이 1년 동안 선고된 판례들을 대상으로 삼는다. 물론 '2010년대 주요판례' 또는 '20세기 판례회고'와 같이 10년 또는 그 이상의 장기간 동안의 판례를 검토 대상으로 삼기도 한다.

일반적으로 판례평석은 판례에 대한 소개와 그에 대한 평석(commentary)이라는 두 부분으로 구성된다. 하나 또는 소수의 판결을 집중적으로 분석하는 경우 판례를 소개하는 부분이 상세하게 다루어진다. 이는 해당 사건에서 확인된 사실관계와 판결요지, 대상 판결에 이르기까지의 재판경과로 구성된다. 평석 부분은 대체로 관련 판례 및 학설에 대한 논의, 비교법적 검토, 평석자의 결론으로 구성된다. 개별 판결을 평석하는 경우 학설이나 입법례 이외에 관련 판결에 대한 개괄적인 분석 및 검토가 추가되기도 한다. 물론 법체계에서 차지하는 판례의 위상, 판결서의 작성방식 등에 따라 판례평석의 구조는 달라질 수 있다.

---

226) 황산덕, "판례연구와「공동 광장」에로의 지향", 『Fides』 제10권 1호(1963), 22-24면, 특히 22면.
227) 박정훈(1996), 19면.

　　판례평석의 구조나 방법은 각국의 법체계, 법제도, 법문화와 무관하지 않다. 무엇보다도 판례평석은 일차적으로 법질서에서 판례가 차지하는 위상, 특히 판례의 법원성과 밀접한 관련을 맺는다. 대륙법계의 제정법 중심국가와 영미와 같은 판례법 중심국가에서 판례평석의 방법이 달라지는 것은 두말할 필요가 없다. 판례법 중심의 국가에서 판례평석은 곧 법의 이해와 직결된다. 물론 오늘날 제정법 중심의 국가에서도 판례평석은 널리 이루어지는데, 프랑스와 같이 판례의 법원성을 철저히 배제하는 나라도 마찬가지다.

　　나아가 판례평석은 판결의 대상 및 내용, 그 구조 및 작성방식과도 밀접한 관련을 맺고 있다. 가령 프랑스와 같이 판결이 단정적이고 권위적일수록 판결의 구체적 의미를 이해하기 어려우므로 한층 더 상세한 검토가 필요하다. 그에 따라 판례평석이 더 중요해진다. 그 밖에 판례평석은 판결의 공개 여부나 접근가능성과도 관련이 있으며 판례와 학설의 상관관계, 입법의 제도와 현실, 나아가 법감정·법의식으로부터도 영향을 받는다.

　　법조법은 학설과 판례의 유기적인 결합을 통해 발전된다. 학설이 합리성 내지 체계성을 중시하는 데 비해, 판례는 구체적 타당성을 중시한다. 판례와 학설은 서로를 최대한 존중하면서 개방적인 태도를 가지고 긴밀한 유대관계를 유지할 필요가 있다. 판례평석은 구체적인 사건에서 법관이 법을 어떻게 해석하고 적용하였는지를 살펴본다는 점에서 이론과 실무를 연결하는 가교의 역할을 한다. 한마디로 판례평석은 판례와 학설의 교차로이다. 바로 여기에 판례평석의 존재 이유가 있다.

4. 조리

　　조리(條理)는 '사물의 이치'로서 원래 사물의 본성이나 사회에서 승인된 법의 일반원칙을 의미한다.[228] 우리나라 법원은 이른바 유체인도 판결에서 다수결 원리에 따른 제사주재자의 결정을 조리로 받아들인 바 있다.[229] 조리는 행정법에서도 행정법의 일반원칙이라는 이름으로 널리 받아들여진다.[230]

　　민법 제1조는 "민사에 관하여 법률에 규정이 없으면 관습법에 의하고 관습

---

228) 대법원 2008. 11. 20. 선고 2007다27670 전원합의체 판결 중 대법관 안대희, 양창수의 반대의견에 대한 대법관 안대희의 보충의견.
229) 2008. 11. 20. 선고 2007다27670 전원합의체 판결 등.
230) 박정훈(1999), 44-45면.

법이 없으면 조리에 의한다."라고 규정하고 있다. 따라서 해석론의 관점에서 보면 조리가 보충적 법원인 것처럼 보인다. 그러나 조리를 효력근거로서의 법원으로 인정하지 않는 것이 일반적이다. 기껏해야 조리는 행위규범이 아닌 재판규범이라는 것이다. 특히 법의 흠결 상황에서 재판불능(non-liquet)을 방지하기 위하여 흠결을 보충하는 최후의 수단(ultima ratio)으로 인식된다.[231]

흔히 조리는 법의 일반원리(general principles of law)로 이해되는데, 독일어권에서는 사물의 본성(Natur der Sache)이라는 이름으로 다루어진다.[232] 사물의 본성론은 라드브루흐에 의해 널리 알려졌지만 이미 데른부르크(H. Dernburg)에서 그 원류를 찾을 수 있다. "생활관계는 어느 정도 발전될 수 있긴 하지만 그 척도와 질서를 지니고 있다. 사물에 내재하는 질서를 사물의 본성이라 부른다."[233] 이를 발전시킨 라드브루흐에 의하면, 사물의 본성은 사물에 내재하는 질서로서 법률가는 법률이 흠결되거나 불완전하거나 혹은 불명료한 경우에 사물의 본성에 따라 해석하여야 한다. 법형성도 사물의 본성에 의해 정당화되어야 한다. 사물의 본성은 법형성의 정당화 근거이면서 객관적-목적론적 해석기준으로 작용한다. 다시 말해, 사물의 본성은 법제정과 법해석을 포함한 모든 법실현 과정의 촉매자 역할을 한다.[234] 역사적 입법자의 의도에 반하더라도 사물의 본성에 부합하는 판결은 법에 반하는(contra ius) 판결은 아니다. 그럼에도 불구하고 사물의 본성은 그 자체가 법이 아닐 뿐더러 그로부터 법규범이 추론될 수 있는 법원도 아니다.[235]

조리로 받아들여지는 법의 일반원리로는 평등원칙, 비례원칙, 신뢰보호원칙, 금반언 원칙 등을 들 수 있다. 공법 분야의 법적 청문권 보장이나 부당결부금지, 사법 분야의 신의성실의 원칙도 그에 해당된다. 공·사법 가릴 것 없이 법의 일반원리로 통용되는 평등원칙과 비례원칙은 원래 자연법에 뿌리를 두고 있지만 헌법으로 편입되면서 헌법 원리로 전환되었다. 그에 따라 지금은 상위법 우선의 원칙이나 헌법합치적 해석을 통해 사실상 제정법과 대등한 효력을 갖는 법원으

---

231) 최병조(2022), 55면.
232) 예컨대 Larenz(1991), 417-421면; Canaris(1983a), 118-123면. 사물의 본성을 법관에 의한 법형성(법제정)을 정당화하기 위한 사이비 근거지음으로 이해하는 견해로 Rüthers/Fischer/Birk(2022), 562-568면.
233) H. Dernburg, *Pandekten, Bd. 1, 3. Aufl.*, Berlin: H.W. Müller, 1892, 87면.
234) 김학태(2017), 88면.
235) Rüthers/Fischer/Birk(2022), 568면.

로 자리잡았다.

사법(私法)의 영역에서 조리를 대표하는 것은 신의성실의 원칙이다.[236) 법원은 신의성실의 원칙을 "법률관계의 당사자는 상대방의 이익을 배려하여 형평에 어긋나거나 신뢰를 져버리는 내용 또는 방법으로 권리를 행사하거나 의무를 이행하여서는 안 된다."는 의미로 이해하고 있다.[237) 신의성실의 원칙은 금반언·실효·사정변경·권리남용금지과 같은 파생원칙으로도 등장한다.

조리는 민법에서는 법령이나 관습법이 없는 경우에만 적용될 수 있다. 즉 조리의 이름으로 법의 일반원리를 내세워 반문언적 해석을 하는 것은 정당화되기 어렵다. 다만 오늘날 평등원칙이나 신뢰보호원칙과 같은 법의 일반원리는 이미 헌법 원리로 자리 잡고 있기 때문에 헌법합치적 해석의 외관으로 사실상의 반문언적 해석이 이루어질 수 있다. 이는 공법 분야도 다르지 않다. 이른바 변리사시험 상대평가 환원 사건과 이른바 한약자원학과 사건에서 대법원은 신뢰보호의 원칙을 내세워 관련 법규정을 무효로 보았으며, 관련 행정처분을 위법하다고 판시한 바 있다.[238)

제5절 법과 법체계

법규범은 개별적으로 존재하는 것이 아니라 하나의 체계를 이루며 존재한다. 즉 법은 아무런 관련이 없는 법규범들이 무질서하게 집적되어 있는 것이 아니라 일정한 구성원리에 의해 결합되는 법체계로서 존재한다. 따라서 현실의 법을 온전히 이해하기 위해서는 법체계와 그 구성원리에 대한 이해가 선행되어야 한다.

만일 법체계를 법규범들의 단순한 집적으로 본다면 이를 따로 논의할 이유가 없을 것이고, 완벽하게 정합적인 법규범들의 결합체로 이해한다면 체계의 통

---

236) 신의성실의 원칙은 조리로서 법원의 기능을 하기에는 미약하다는 견해로 최병조(2022), 122-123면.
237) 대법원 1989. 5. 9. 선고 87다카2407 판결.
238) 대법원 2006. 11. 16. 선고 2003두12899 전원합의체 판결; 대법원 2007. 10. 29. 선고 2005두4649 전원합의체 판결.

일성이라는 진술은 동어반복에 그치고 만다. 따라서 법체계의 통일성 그리고 법의 흠결이나 충돌을 논의할 수 있기 위해서는 법체계를 '일정한 내적 연관성을 갖는 법규범들의 집합' 정도로 느슨하게 이해하는 것이 적절해 보인다.[239]

　일부 학자들은 유사개념인 법질서와의 대비를 통해 법체계의 개념을 분명히 하려 한다. 이를테면 법규범 전체를 법질서로, 법질서 및 사실로부터 도출되는 법규범들의 총합을 법체계로 구별하거나[240] 통일성을 가진 법규범들의 집합을 법체계로, 동일한 효력근거를 가진 법규범들로 구성된 법체계를 법질서로 구별하려 하였다.[241] 이러한 시도는 법률가나 법학자들의 일반적인 용례와는 동떨어져 있는 듯하다. 다만 법이론의 관점에서 보면 시간적 관점을 도입하여 법체계의 연속으로서의 법질서를 법체계와 구분할 필요성이 없지 않다. 법체계는 일정한 시점을 기준으로 한 법규범의 집합이고, 법질서는 시간적으로 배열된 법체계의 연속(sequence) 내지 군(family)이라는 것이다.[242] 법체계가 그 구성요소가 되는 법규범들의 동일성에 의해 정체성이 유지된다면 그 체계에 속하는 법규범이 새로 제정되거나 폐지되는 경우 기존 법체계가 아닌 새로운 법체계로 대체되는 것이다. 반면 법질서는 새로운 규범이 제정되거나 기존규범이 폐지되더라도 그 정체성이 유지된다.[243] 여기에서는 법체계와 법질서를 일단 호환적으로 사용하되, 법질서의 정체성이 문제되는 경우에는 양자를 구별하여 사용할 것이다.

1. 법체계의 구성원리

　법체계를 일정한 내적 연관성을 갖는 법규범들의 집합으로 이해한다면, 법규범들이 체계로서 존립하기 위해서는 그에 속한 법규범들을 관련짓는 구성원리가 필요할 것이다. 다시 말해 다수의 법규범을 구성하는 내적 체계가 필요하다. 법체계가 내용적인 차원의 논리적 관계에 기초하여 구성된다면 정태적 체계(static system)가 될 것이고, 형식적인 차원의 효력근거 내지 수권·폐지의 관계로

239) 라즈가 분류한 규범체계의 네 가지 유형 중에서 '상호연관된 규범의 체계(systems of in-terlocking norms)', 즉 일정한 통일성과 상호의존성이 부여될 수 있는, 내적으로 연관된 규범의 집합이 그에 해당된다. J. Raz, *Practical Reason and Norms*, Princeton: Princeton U.P., 1975, 107-148면, 특히 111-113면.
240) Weinberger(1989), 258-259면.
241) Kelsen(1960), 32면.
242) Bulygin/Alchourron(1977), 26면.
243) Alchourron/Bulygin(1971), 88면.

구성된다면 동태적 체계(dynamic system)가 될 것이다.[244]

법규범의 내용 차원에서 법체계의 구성원리를 찾는 정태적 체계론은 과거 푸흐타(G. Puchta)로 대표되는 개념법학에서 절정에 이르렀다가 개별규범이 일반 규범으로부터 법적 삼단논법을 통해 도출된다는 것은 환상에 불과하다는 인식이 보편화되면서 그 기초가 흔들리고 있다. 나아가 정태적 체계론은 내용적 구성원 리로 설명하기 어려운 법적 오류(legal errata)를 해결해야 한다는 과제를 안고 있 다. 현실에서 위헌법률·위법명령과 같이 법체계의 통일성을 침해하는 법적 오류 가 존재한다는 것은 부정하기 어려운 사실이다. 상위규범에 위반된 하위규범은 정태적 법체계에서 이론상 무효일 수밖에 없지만 현실에서는 효력이 일응 인정 된다. 이에 주목하여 켈젠(H. Kelsen)을 비롯한 순수법학자들은 상위법에 위반되 는 하위법을 어떻게 법체계에 조화롭게 편입시켜 법체계의 통일성을 유지할 수 있을지를 고심한 끝에 수권적 구성원리에 바탕한 동태적 체계론을 주장하기에 이르렀다.

켈젠에 따르면, 규범체계는 내용적 구성원리에 바탕한 정태적 체계와 수권 적 구성원리에 바탕한 동태적 체계로 구분된다.[245] 정태적 체계에서는 연역가능 성 또는 포섭가능성을 통해 효력 개념이 정의된다. 개별규범이 효력이 있다는 것 은 그 체계 내의 일반규범으로부터 논리적 조작을 통해서 도출될 수 있다는 것, 다시 말해 연역될 수 있다는 것을 의미한다. 일반규범은 더 일반적인 규범으로부 터 다시 연역될 수 있고, 이러한 방식으로 최종적으로는 전제된 규범으로서의 근 본규범(Grundnorm)에 이르게 된다. 결국 정태적 체계의 모든 규범은 이미 근본규 범 속에 포함되어 있기 때문에 순수한 사고작용을 통해 이끌어낼 수 있다.

이러한 정태적 체계모델이 법체계에 적용될 수는 없다. 정태적 체계의 내용 적 정당화원리가 기능하기 위해서는 근본규범이 자명하고 명확하여야 하는데, 법체계는 그렇지 않다. 동태적인 체계가 성립되기 위해서는 내용적(실질적) 정당 화 원리가 아닌 수권적(형식적) 정당화 원리가 필요하다. 이에 따르면 법의 효력

---

244) 다만 동태적 체계는 열린 체계로서의 법이 법제의 변화뿐 아니라 사회의 변화, 사회적 평 가의 변화에 따라 동적으로 변화한다는 의미로도 이해될 수 있는데, 이러한 동적 체계 (bewegliches System) 이론은 빌부르크(W. Wilburg) 등에 의해 주장되어 여러 학자들에 의해 수용되었다. Canaris(1983b), 74-85면; Bydlinski(1991), 529-543면; Pawlowski(1999), 122-125면 참조.

245) Kelsen(1960), 198-200면.

은 그 법을 제정하는 기관에 제정권한을 부여하는 상위법에 의하여 부여되며, 그 상위법은 다시 더 상위의 법에 의하여 수권되는데, 이러한 수권적인 연관관계는 최종적으로 근본규범까지 소급하게 된다.

그런데 동태적 체계로서의 법체계에서는 법제정기관이 상위법과 상충되는 내용으로 하위법을 제정할 가능성이 없지 않다. 이 경우 하위법은 형식적으로는 정당화되지만 내용적으로는 정당화되지 않는다. 과연 상위법에 위반되는 하위법은 효력을 갖는가? 이 문제에 대하여 켈젠은 상위법에 위반되는 하위법도 폐지 전까지 효력을 갖는다고 답하면서 이를 설명하기 위해 대안 규정(Alternativ-Bestimmung) 이론을 제시하였다.[246] 이에 따르면 헌법이 위헌법률의 제정 가능성에 대비하여 위헌법률심사 제도를 도입하듯이 법체계는 상위법에 위반된 하위법이 제정될 가능성에 대비하여 그에 대한 절차규정을 마련해둔다. 상위법에 위반된 하위법은 이 절차규정으로부터 일단 효력을 얻는다. 그에 따라 하위법은 상위법에 위반되더라도 당연 무효로 취급되지 않고 상위법에서 정한 절차에 따라 무효로 확인되거나 취소되기 전까지 효력을 갖는다. 요컨대 법체계 스스로 상위법과 하위법 사이의 충돌을 예견하고 해결방법까지 갖추고 있으므로 법체계의 통일성이 위협받지 않는다는 것이다.

법체계와 같은 동태적 체계의 구성원리로는 켈젠의 수권적 정당화 원리가 설득력이 있어 보인다. 하지만 켈젠의 대안 규정 이론 자체가 묵시적으로 전제하듯이, 법체계도 수권적 정당화 원리뿐 아니라 내용적 정당화 원리에 기초하고 있으며 두 원리는 보완적으로 작동한다. 현실의 법체계는 완전히 정태적인 체계도, 완전히 동태적인 체계도 아니다. 법체계는 동태적 체계이면서 정태적 요소도 포함하고 있으므로 동태적-정태적 체계(R. Walter) 또는 혼합적 체계(K. Opalek)로 이해될 수 있을 것이다.[247]

2. 법체계의 정합성

우리는 이상적인 법체계를 꿈꾼다. 이상적인 법체계가 되기 위해서는 내용적으로 정의 · 법적 안정성 등 법이념에 합치되어야 할 뿐 아니라 형식적으로 정

---

246) Kelsen(1960), 275-280면, 특히 277면.
247) R. Walter, *Der Aufbau der Rechtsordnung*, Wien: Manz, 1964; K. Opalek, "Statisches und dynamisches Normensystem", *Staatsrecht in Theorie und Praxis. Festschrift für R. Walter zum 60. Geburtstag*, Wien: Manz, 1991, 507-518면, 특히 515-518면.

합적이어야 한다. 법체계가 그 내용이 정당하다고 하더라도 법규범이 서로 모순되고 흠결이 존재하면 하자 있는 법체계일 수밖에 없다.[248] 법체계의 통일성과 완전성, 즉 정합성(coherence)은 내용적인 차원이 아니라 형식적인 차원의 문제이다.[249]

흔히 법체계 내에서 법규범들이 조화를 이루고 있는 것처럼 얘기되지만, 현실의 법체계는 그렇지 못하다. 법의 충돌이나 흠결은 오히려 일상적이다. 더구나 법체계는 마치 동일성을 유지하며 존속하는 것처럼 보이지만, 실제로는 새로 법이 제정되고 기존 법이 폐지되면서 끊임없이 새로운 법체계로 변화한다. 그로 인해 법체계, 정확하게 말하면 법질서는 처음에 정합적이었다고 하더라도 시간이 흐르면서 하자투성이로 전락할 수 있다.

현실의 법체계에서 발견되는 형식적 하자는 대략 2가지로 유형화될 수 있다. 첫째는 상습절도에 관하여 규율하는 형법 제332조와 구 「특정범죄가중처벌 등에 관한 법률」 제5조의4 제1항과 같이 일정한 상황에 적용되는 법규범이 중첩적으로 존재하기 때문에 어떤 법규범을 적용해야 하는지가 불분명한 상황이다. 둘째는 과거 이른바 사용절도로 불렸던 자동차의 불법사용 — 지금은 형법 제331조의2로 처벌되는 — 과 같이 법이 규율해야 하는 상황에 적용할 만한 법규범이 존재하지 않는 상황이다. 일반적으로 첫 번째 상황을 법의 충돌(衝突), 두 번째 상황을 법의 흠결(欠缺)이라고 부른다. 법의 충돌이나 흠결과 같은 형식적 하자를 법의 하자 또는 흠(欠)으로 통칭할 수 있을 것이다.

우리는 이러한 법의 하자를 그냥 내버려둘 수 없다. 왜냐하면 하자 있는 법체계에서 수범자는 자신이 어떻게 행동해야 하는지를 판단할 수 없기 때문이다. 다시 말해 하자 있는 법체계는 인간행위의 평가와 조정(통제)이라는 실천적 기능을 제대로 수행하지 못한다. 따라서 우리는 해석 또는 입법을 통해 충돌을 해소

---

248) Alchourron/Bulygin(1971), 174–175면.
249) 정합성(coherence)은 모순없는 일관성(consistency)과 흠결없는 완전성(completeness)을 포함하는 상위개념으로서 일관성은 정합성의 구성요소 내지 필요조건이다. K. Kress, "Coherence", *A Companion to Philosophy of Law and Legal Theory* (D. Patterson ed.), Cambridge: Blackwell, 1996, 533–552면. 다만, 일부 학자는 정합성을 '전체적으로 조리있다는 것(making sense)'으로 정의함으로써 합리성에서 도출되는 별개의 개념으로 이해한다. 이러한 견해에 따르면 일관성이 정합성의 필요조건이 아니므로 법체계가 부분적으로 일관되지 못하더라도 전체적으로는 정합성을 유지할 수 있다. 예컨대 N. MacCormick, "Coherence in Legal Justification", *Festschift für Ota Weinberger zum 65. Geburtstag*, Berlin: Duncker&Humblot, 1984, 37–53면.

하고 흠결을 보충함으로써 법체계의 정합성을 회복하여야 한다.

실천적으로 추구하여야 할 합리적인 목표를 공준(公準)이라고 부른다면,[250] 정합성 공준은 '법체계는 서로 모순되는 법규범들을 포함하거나 규율해야 할 상황에서 법규범이 흠결되어서는 안 된다'는 것으로 요약될 수 있다. 물론 법체계의 정합성은 이론적 분석의 틀로서 합리주의자의 환상(rationalist illusion)에 불과하다. 왜냐하면 법규범은 오류가능성이 있고, 무지하고, 부정직하며 자기기만적인 인간에 의하여 제정되기 때문이다. 인간은 실수하기 마련이다(Errare humanum est).

정합성 공준은 그 하위에 통일성(일관성) 공준과 완전성(완결성) 공준을 갖는다. 전자는 법의 충돌과 관련되고 후자는 법의 흠결과 관련된다. 물론 두 공준의 경계가 그렇게 분명한 것은 아니며 넓은 의미의 통일성 원리는 일관성 원리와 완결성 원리를 포괄하는 의미로 사용되기도 한다.[251] 하지만 법의 충돌과 법의 흠결은 개념적으로 구별되므로 두 공준도 구별되어야 한다.

법체계는 서로 모순되는 법규범들이 존재하지 않을 때 통일적이라고 설명된다. 다시 말해 법체계는 그 체계에 속하는 모순되는 두 법규범이 효력을 주장할 때 통일적이지 않다. 즉 무모순성(無矛盾性)은 통일성의 소극적 개념징표이다.[252]

법체계의 통일성은 법체계에 대한 당위적 요청 또는 입법자 및 해석자에 대한 실천적 요청이다. 통일성 공준은 수범자에게 무엇을 요청하는가? 이 질문에 대한 대답은 '가능한 한 모순을 피하라'는 것으로 요약될 수 있다.[253]

통일성 공준은 입법 지도원리 내지 기술로서 입법자에게 전체 법질서, 개별 법령과 법규정을 체계적으로 법제화할 것을 요구한다. 특히 입법자는 새로 제정할 법규정이 현행 법체계와 부합될 수 있도록 입법하여야 한다. 구체적으로 통일성 공준은 입법자에게 법체계를 창설하고 조직하는 데 있어서 모순이 없도록 경과규정을 통해 법규정의 효력 및 효력영역을 규율하고, 새로 법규정을 추가할 경

<hr/>

250) 공준(postulate)은 공리(axiom)와 함께 연역체계의 기본적인 구성원리를 의미하는 논리학의 용어인데, 흔히 실천철학적으로 추구(지향)하여야 할 목표를 의미하기도 한다. G. Schischkoff, *Philosophische Wörterbuch*, Stuttgart: Kröner, 1982, 551면.
251) 다만 전통적으로 법체계의 통일성은 일관성 이외에 완결성까지 포함하는 광의로 사용되었기 때문에 오늘날까지도 이러한 전통이 남아 있다. 예컨대 Baldus(1995), 193-203면. 그러나 엥기쉬 이후 법체계의 통일성은 법체계의 완결성을 제외한 법체계의 일관성만을 의미하는 협의로 사용하는 것이 일반화되었다. Engisch(1935), 1-3면.
252) Kelsen(1960), 329면.
253) Engisch(1935), 68면.

우에는 기존 법규정과 충돌되지 않도록 입법할 것을 요구한다.[254] 이 점에서 통일성 공준은 입법자의 합리성에 대한 기준으로 기능한다. 합리적인 입법자는 법의 충돌을 회피한다.[255]

법체계의 통일성 공준은 해석자에게는 법규정을 해석하는 데 있어서 가급적 다른 법규정과 충돌하지 않도록 해석할 것을 요청한다. 다시 말해 해석자에게, 일견 충돌하는 것처럼 보이더라도 법의 충돌로 단정짓지 말고 충돌하는 법규정들을 가급적 조화롭게 해석할 것을 요청한다. 즉 규율모순을 피하기 위한 규범조정이 필요하다는 것이다.[256] 그렇다고 해서 법의 충돌이나 평가모순을 법의 일반원리 등을 적용하여 손쉽게 해결하려 해서는 안 된다. 해석을 통해 극복할 수 없는 법의 충돌이나 평가모순은 해석론(de lege lata)의 차원에서는 그저 받아들여야 한다.[257]

한편 법체계의 완전성 공준은 인간의 행동이 적극적이든, 소극적이든 법질서 아래에 있으며 법적으로 규율된다는 것이다: 법은 언제나 말한다(lex semper loquitur). 다시 말해 법체계는 완결된 체계로서 흠결도 없고 법으로부터 자유로운 영역이 없다는 것이다.[258] 그러나 완전성 공준은 현실적으로 달성되기 힘든 고전적 합리주의자의 환상이며 유토피아에 불과하다.[259] 모든 법질서에는 법으로부터 자유로운 영역이나 법의 흠결이 존재한다. 물론 입법자는 법령의 제·개정을 통해 또 법관은 법형성을 통해 흠결을 보충해야 할 임무를 부담한다. 이 점에서 법질서의 완전성 공준은 우리에게 요청된 이성의 원리로서 규제적 이념(I. Kant)에 그칠 수밖에 없다.

---

254) 박윤흔, 『입법기술강좌』, 국민서관, 1970, 13면. 다만 입법자가 법의 충돌 가능성을 예견하면서도 법관이 구체적 타당성을 고려하여 개별적으로 충돌을 해소하는 것이 바람직하다는 이유에서 법관에게 해결권한을 맡겨둘 수도 있다. Alchourron/Bulygin(1981), 114면.
255) Wiederin(1990), 330면. 입법학에서는 합리적 입법자 또는 입법의 합리성이라는 요청으로부터 통일성이라는 입법원칙을 이끌어낸다. Z. Ziembinski, "Two Concepts of Rationality in Legislation", *Rechtstheorie Beiheft 8* (1985), 139-150면, 특히 139-140면; 최대권, "입법의 원칙", 『법학』(서울대) 제25권 제4호(1984), 61-86면, 특히 73면.
256) Möllers(2023), 193면.
257) Kramer(2019), 111면.
258) Kelsen(1960), 15면.
259) Alchourron/Bulygin(1971), 175-178면; Canaris(1983b), 29면.

제 3 장

법의 적용

지금까지 법학방법론의 방법론적 기초와 주요 개념들을 다루었다면 이제 법학방법론의 핵심적인 두 가지 주제, 즉 법해석과 법적용을 다룰 차례이다. 방법론적 측면에서 보면 법의 해석은 법의 적용을 전제로, 또 법의 적용과정 속에서 이루어지므로 법의 적용부터 살펴보는 것이 자연스러운 순서일 것이다.

법관을 비롯한 법적용자는 개별 사건에서 사실관계를 분석하고 그 사건에 적용될 수 있는 법을 발견하고 이를 적용하여 법적 결론을 도출한다. 물론 법을 발견하고 적용하는 단계에서 법의 해석도 함께 이루어진다. 그런데 개별 사건을 해결하는 과정에서 관련 법규정을 해석하는 것은 그 사건의 사실관계를 고려할 수밖에 없으므로 포섭 이전에 해석 결과만 추상적으로 제시하는 것은 불가능하다. 법의 적용 과정에서 해석과 포섭은 서로 구분짓기 어려울 정도로 뒤섞인다.[1] 다시 말해 법의 해석과 적용은 일정한 사건에 적용되는 법을 이끌어내기 위한 법획득(Rechtsgewinnung)의 과정, 뒤집으면 일정한 사건에 적용되는 법을 정당화하는 법적 정당화(legal justification)의 과정으로 통합된다.

법의 적용은 그 기본 구조나 과정에 대한 다양한 관점 내지 접근방법에도 불구하고, 전통적으로 주요 사실의 존부 및 그 내용을 확인하는 사실확정 단계 또 확정된 사실에 적용될 수 있는 법규정을 찾고 흠결이 있으면 이를 보충하는

---

1) Schmalz(1992), 129면.

법발견 및 법형성 단계 그리고 법적 삼단논법(legal syllogism) 기초한 포섭을 통해 법적 판단에 이르는 최종적인 법적 결정의 도출 단계로 구성되며, 이는 논리적인 순서대로 단선적으로 진행되는 것으로 이해되어 왔다.[2]

그런데 20세기 중반 무렵 포섭 모델을 중심으로 하는 고전적 법적용 이론이 현실의 법적용 실무와 괴리가 있다는 사실이 드러나면서 새로운 법적용 이론들이 등장하기 시작하였다. 특히 법해석학의 연구성과가 수용되면서 법관은 각자의 선이해에 따라 판결을 내리기 때문에 기존의 방법론이 법관에게 별 도움을 주지 못하며 법관을 통제하지도 못한다는 인식이 확산되었다. 만일 법적용 이론이 단지 현실의 법적용 과정을 설명하는 것을 목표로 삼는다면, 현대적인 법적용 이론이 더 설득력 있을 것이다. 하지만 법학방법론은 단순히 실제로 이루어지는 법적용 과정을 설명하는 데에 그쳐서는 안 되고 올바른 법적 결론에 도달할 수 있는 법적용의 기준과 절차를 제시하는 법적용 이론을 지향하여야 한다. 그렇다면 "고전적 법학방법론은 그 한계가 분명히 드러나고 보완이 필요함에도 불구하고 여전히 오늘날의 법학자와 법률가들이 사고활동의 기초로 삼기에 충분할 정도로 확고한 플랫폼이 될 수 있다."라고 보았던 엥기쉬(K. Engisch)의 주장[3]은 법적용 이론에 대한 논의에 있어서도 여전히 타당하다. 실제로 대부분의 법학자나 법실무가는 지금도 법적 삼단논법에 기초한 전통적인 포섭 모델을 고수하고 있다.

여기에서는 오늘날 법률가나 법학자가 쉽게 이해하고 활용할 수 있도록 기존의 포섭 중심의 법적용 이론에 기반하되, 현대 법학방법론의 문제 제기를 부분적으로 반영하여 실무에서 실천가능한 법적용 이론을 제시하고자 한다.[4]

---

2) Zippelius(2021), 71-87면; Wank(2020), 21-34면; Schmalz(1992), 19-31면. 다만 최종적인 법적 결정·판단 단계를 다시 포섭 단계와 법적 효과의 공표 단계로 나누어 법적용의 과정을 4단계로 나누는 견해로 Rüthers/Fischer/Birk(2022), 413-415면. 우리나라 학자들의 법적용 과정에 대한 이해도 이와 크게 다르지 않다. 김부찬(1994), 386면; 한상수(2011), 350-354면; 양천수(2021), 16-36면.

3) Engisch(1977), 11면.

4) 이하의 서술은 오세혁, "법적 정당화 과정으로서의 법 적용", 『중앙법학』 제24권 4호(2022), 321-360면을 수정·보완한 것이다.

제1절 법적용의 기본구조

법적용의 기본구조에 대한 관점은 추론 모델과 논증 모델로 대별될 수 있다.[5] 고전적인 추론 모델이 법적용을 형식논리에 기초한 포섭의 과정으로 이해하는 데 비하여, 현대적인 논증 모델은 법적용을 형식논리를 넘어서는 논증 내지 해석학적 순환의 과정으로 파악한다. 물론 각 모델을 지지하는 두 진영은 오늘날 상대 진영을 완전히 배척하기보다는 상대의 장점을 부분적으로 수용하는 등 서로 수렴하는 경향을 보이고 있다. 가령 고전적인 추론 모델을 계승한 엥기쉬나 라렌츠도 법해석학적 성과를 반영하여 법적용 모델을 수정하며, 알렉시와 같이 논증 모델에 입각해 있는 학자도 연역적 요소를 완전히 배제하지는 않는다.

1. 고전적인 추론 모델

전통적으로 법적용의 기본구조는 연역적인 추론 모델, 특히 법적 삼단논법 — 정확하게는 법적용의 삼단논법 — 에 기반을 둔 포섭 모델로 이해되어 왔다. 이에 따르면 법의 적용은 대전제로서 법규정(법규범)을 확인하고 소전제로서 사실을 확정한 다음, 법규정에 사실을 포섭시켜서 결론을 도출한다. 모든 법적 결정이 순수하게 연역적 추론만으로 정당화될 수는 없겠지만, 법적 결정을 법적으로 정당화하는 데에는 연역적 추론이 반드시 필요하다.[6] 즉 연역적 논증은 법적 정당화를 위한 충분조건은 아닐지라도 필요조건이다. 이러한 고전적 추론 모델에서 법관을 비롯한 법적용자는 사실을 법규정에 단순히 포섭하는 수동적인 역할을 하는 데에 그치는 것으로 묘사된다.

법적용의 삼단논법은 그 논리적 구조가 아리스토텔레스로 대표되는 전통 논리학에서 말하는 삼단논법과 다르지 않다. 전통 논리학에서 추론은 대당의 사각형(square of opposition)으로 표현되는 대당관계에 기초한 직접추론 그리고 삼단논법(syllogism)으로 대표되는 간접추론으로 대별되는데, 법적 추론은 삼단논법, 그중에서도 가언적 삼단논법에 기반을 둔 것으로 이해되고 있다.

---

5) 비슷한 관점에서 추론 모델과 논증 모델의 구분 대신에 연역적 모델과 해석학적 모델로 구분하는 견해로 김영환(2012), 260-273면.
6) MacCormick(1978), 19면 및 52면.

논리학에서 삼단논법은 전제들의 논리적 관계로부터 결론을 이끌어내는 추론이다. 이는 전제나 결론의 진위 그 자체를 문제 삼는 것이 아니라 논리적 관계에 따라 타당한 결론을 도출하는 데에 관심을 갖는다. 다시 말해 삼단논법은 전제로부터 결론이 추론되는 '추론의 논리적 타당성'에 초점을 맞춘다.

근대 계몽주의 이후, 한동안 법규범을 명확하게 표현함으로써 법의 명확성과 안정성을 확보하고 모든 사법적·행정적 결정의 절대적 명확성을 보장할 수 있다는 낙관적인 견해가 추종되었다. 아울러 법관의 자의적인 법해석이나 법적용을 금지하는 이른바 '법관의 법률구속'은 시민의 자유와 안전을 보호하기 위해 반드시 추구되어야 하는 이상으로 받들어졌다. 하지만 법관의 법률구속이라는 이상은 해석 금지와 주석 금지, 법관의 양형 배제와 같이 실천불가능한 극단적인 주장으로 흐르면서 오히려 기계적 법적용이라는 비판에 직면하게 되었다.[7]

그럼에도 불구하고 전통적 포섭 모델은 19세기 개념법학을 거치면서 법학자와 법률가들 사이에서 법적용 과정을 설명하는 표준적인 모델로 자리잡았다. 한때 칸토로비츠를 비롯한 자유법학자로부터 격렬하게 공격받았음에도 불구하고 고전적 추론 모델은 점차 지배적 이론으로 받아들여졌다. 지금도 변증론적-수사학이나 법해석학을 지지하는 학자들의 비판이 없지 않으나, 오늘날 추론 모델은 대부분의 법률가와 법학자에게 법적용의 구조를 설명하는 기초이론으로 인식되고 있다. 다만 추론 모델을 지지하는 학자들도 전통적 포섭 모델의 이론적 한계를 보완할 수 있는 대안적 모델을 제시하거나 현대적으로 재해석하는 등 수정을 거듭하고 있다.

(1) 전통적 포섭 모델

독일의 개념법학이든 영미의 형식주의(formalism)든, 전통적으로 법적용의 기본 구조는 사실을 법규에 적용시키면 판결이 도출된다는 법적 삼단논법으로 이해되었다. 비유적으로 'D = R × F', 즉 '판결(decision) = 법규칙(rule) × 사실(fact)' 또는 '판결획득 = 법발견 × 사실확정' 형태로 도식화되기도 하지만, 일반적으로는 포섭을 중심으로 하는 법적 삼단논법의 구조가 법적용의 표준 모델로 받아들여진다.

---

7) Engisch(1977), 106-107면.

법적 삼단논법에 따르면, 법적 조건이 충족되면 법규정으로부터 법적 효과가 도출된다. 이 과정에서 법적 사실이 법적 조건의 각 요소를 충족시키는지를 검토하여 법적 사실을 법적 조건에 끌어넣는 것이 포섭(subsumption)이다. 법적 용자가 사안에 적합한 법규정을 발견하거나 해석을 통해 법규정을 알맞게 가다듬으면 포섭은 그 자체로 이루어진다.[8] 숙련된 법률가의 경우 이러한 포섭 과정이 순식간에 진행된다. 그렇지만 이를 두고 포섭이 직관이나 감각에 의해 이루어진다고 속단해서는 안 된다.

법적 삼단논법은 대전제로서의 법규정, 소전제로서의 사실(관계) 그리고 두 전제로부터 도출되는 결론으로서 판결 내지 법적 판단으로 구성된다.

[법적 삼단논법]

> 대전제: 법규정   ← 법발견
> 소전제: 사실관계 ← 사실확정
> ――――――――――――――――   <포섭(법해석 포함)>
> 결 론: 판결   ← 법적 효과 부여

[적용례][9]   살인자는 사형에 처해진다.(= 사형에 처해져야 한다)
M은 살인자이다.

∴ M은 사형에 처해진다.(= 사형에 처해져야 한다)

[적용례]   고의 또는 과실로 인한 위법행위로 타인에게 손해를 가한 자는
그 손해를 배상할 책임이 있다.(민법 제750조)
甲은 과실로 인한 위법행위로 乙에게 손해를 가하였다.

∴ 甲은 乙에게 그 손해를 배상할 책임이 있다.

---

8) Schmalz(1992), 27면.
9) Engisch(1960), 8면. 엥기쉬는 기본형인 전건 긍정식(modus ponens)에서 시작하여 혼합적-가언적 추론(gemischt-hypothetischen Schluß) 등으로 법적용의 기본구조에 대한 분석을 확장한다. 같은 책, 8-22면.

논리학적 관점에서 보면, 전통적인 법적 삼단논법은 매개념(媒槪念)이 없다는 점에서 전칭긍정 삼단논법(modus barbara)보다는 전건 긍정식(modus ponens)에 가깝다. 여기서 '⊃'는 함언(함축) 기호이다.[10]

<전칭긍정 삼단논법>	<전건 긍정식>
A ⊃ B	A ⊃ B
B ⊃ C	A
∴ A ⊃ C	∴ B

다만 고전 논리학이나 형식 논리학으로는 법적 삼단논법의 대전제나 법적 결론의 규범성이 잘 드러나지 않는다. 이러한 한계를 해결하기 위하여 의무논리 내지 규범논리의 도움이 필요하다. 자연적 연역체계에 따른 전건 긍정식에 기초한 법적용의 기본 구조에서 규범연산자 O(명령)·F(금지)·P(허용)를 추가하는 표준적 의무논리(SDL)에 의하면, 법적용의 기본 구조는 다음과 같이 기호화될 수 있을 것이다.

p ⊃ Oq	누구든지 살인하면 사형에 처해져야 한다.
p	누군가가 살인하였다.
∴ Oq	∴ 그는 사형에 처해져야 한다.

(2) 수정된 포섭 모델

전통적인 포섭 모델의 한계에 대한 비판이 일찌감치 시작되고 또 그 비판에 대한 대응도 이루어졌지만, 20세기 중반 기존 포섭 모델의 약점을 보완하기 위한 수정이 적극적으로 시도되었다.[11] 이는 당시 독일을 넘어 전 세계적으로 주목을

---

10) 법적용의 논리적 구조에서 함언(함축, implication)은 논리적 함언 또는 수학적 함언이 아니라 실질적 함언(material implication), 즉 전건과 후건 사이에 논리적 관계없이 후건은 전건의 조건하에서 일정한 사실이 발생한다는 것을 의미할 뿐이다. 논리학에서 함언의 다양한 의미에 대해서는 김준섭(1995), 116-119면.

11) 이는 개념법학적 포섭 모델을 벗어나 이익법학 또는 평가법학의 영향하에서 이루어진다는 점에서 평가법학적 모델(Modell der Wertungsjurisprudenz)로도 불린다. Pawlowski(1999), 70-71면.

받았던 법논리학의 성과에 힘입었는데, 그중에서도 추론의 기본 구조를 유지하면서 전제 및 결론을 수정하거나 추론의 틀을 확장함으로써 법적 삼단논법을 정교화하는 모델들이 주목을 받았다.

아울러 법적 삼단논법이 법적 논증의 불가결한 요소이고 법적 논증은 연역적으로 재구성될 수 있다고 보는 학자들도 포섭 과정을 판결에 대한 사후적 정당화의 관점에서 이해하려 하였다.[12] 특히 법적 삼단논법이 타당하다고 하더라도 전제만으로는 결론에 해당하는 판결이 수반(隨伴)되지 않는다는 점을 정면으로 받아들였다.[13] 이에 따르면 법관의 판결(선고)은 법관이 수행하는 행위이다. 행위는 논리가 아니라 행위자의 선택과 결행에 의하여 이루어진다. 이러한 통찰의 결과로, 발생 가능한 모든 사건에 대한 해결방안이 대전제인 법규범에 이미 내포되어 있다는 도그마는 부정되고 법적 삼단논법의 연역적 추론과정을 재구성하는 데에 관심이 집중되었다.[14]

다만 수정된 포섭 모델 역시 라렌츠의 법적 효과 결정의 삼단논법이나 알렉시의 내적 정당화 모델에서 보듯이[15] 기존의 명제논리 대신 문장논리·술어논리·양화논리가 활용되거나 규범연산자가 추가되었을 뿐 삼단논법 또는 전건 긍정식의 논리 구조는 법적용의 기본 틀로 유지되었다.

<라렌츠의 도식>

$$T \rightarrow R$$
$$S \rightarrow T$$
$$\overline{\qquad\qquad}$$
$$S \rightarrow R$$

T: 법적 조건(Tatbestand)
R: 법적 효과(Rechtsfolge)
S: 사실관계(Sachverhaltnis)
$\rightarrow$: 조건기호(Wenn, dann)

<알렉시의 도식>

$$(x) \ (Tx \rightarrow ORx)$$
$$Ta$$
$$\overline{\qquad\qquad}$$
$$ORa$$

O: 규범연산자(당위)
(x): 전칭 기호

---

12) 대표적으로 Koch/Rüßmann(1982), 14면.
13) MacCormick(1978), 33면; Kelsen(1979), 23면 및 185-186면.
14) 김영환(2012), 349면.
15) Larenz(1991), 271-277면; Alexy(1978), 273-274면.

한편 포섭이 현실에서는 여러 단계로 이루어진다는 점에 착안하여 기존 포섭 모델의 단순함을 극복할 수 있는 다중적 구조의 포섭 모델도 제시되었다.16) 그에 따르면 법규정뿐 아니라 생활관계도 여러 구성요소로 성립되기 때문에 하나의 법규정에 하나의 생활관계를 한꺼번에 포섭하는 것은 비현실적이다. 다시 말해 대전제와 결론 사이에 하나의 소전제가 아니라 포섭을 용이하게 하는 여러 개의 소전제들이 추가적으로 삽입된다.

대전제로 기능하는 법규정의 법적 조건은 통상적으로 다수의 개념으로 이루어지고 각 개념은 관련 법규범에 대한 검토를 거쳐 개별적으로 존재 여부가 확정되므로 다중적인 포섭이 필요하다. 이 과정에서 법규정을 구성하는 개개의 법적 개념에 대한 개념정의(definition)가 순차적으로 이루어진다. 예를 들면 앞서 불법행위 적용례에서 민법 제750조를 구성하는 주요 개념인 고의·과실·위법행위·손해 등에 대한 개념정의 없이 포섭은 불가능하다. 이러한 개념정의가 하늘에서 뚝 떨어지거나 직관에 의해 얻어지는 것이 아니라 법해석론과 법학방법론에서의 오랜 논의 과정을 거쳐 발전되었다는 것은 두말할 필요가 없다.

법규정의 법적 조건이 모두 충족되면 그에 따른 결과로서 법적 효과가 부여된다. 법적 조건을 충족하는 사실들은 모두 다 존재해야 하는데, 만일 존재여부에 대한 의심이 남으면 추가적인 검토가 필요하다. 법적 조건이 충족된 이후에는 어떤 법적 효과가 부여되는지가 확정되어야 한다.

개별 사건에 있어서 법적용의 최종 목표는 구체적인 법적 효과를 얻는 것인데, 법규정에는 법적 효과가 추상적으로 기술되어 있다. 예를 들면 불법행위 책임을 규정하는 민법 제750조에 규정된 법적 조건이 모두 충족되면 손해배상 책임이라는 추상적인 법적 효과가 부여된다. 추상적인 법적 효과는 결정되어야 할 사안을 고려하여 구체화된다. 법해석자는 법규정을 해석하는 데 있어서 여러 해석들로부터 각각 어떤 법적 효과가 나타나는지를 확인해야 한다. 만일 법규정으로부터 어떤 법적 효과가 부여되는지 불분명한 경우라면 법적 효과에 대해서도 추가적인 해석과 포섭이 필요하다. 이 점에서 법규정으로부터 최종적으로 도출되는 법적 효과도 순차적으로 진행되는 개별 포섭들의 결과일 수밖에 없다.

---

16) Koch/Rüßmann(1982), 48-63면; Schneider(1995), 123-134면; Schmalz(1992), 22-31면.

2. 현대적인 논증 모델

20세기 중반 가다머(H.-G. Gadamer) 등의 철학적 해석학으로부터 영향을 받은 법해석학이 등장하면서 법의 적용이 전통적인 포섭 모델로 적절하게 설명되는지, 다시 말해 과연 법적 삼단논법에 기초한 포섭으로 법의 적용 과정을 충분히 설명할 수 있는지에 대한 근본적인 의문이 생겨나기 시작하였다.

법해석학에 따르면, 법의 적용 과정은 단순히 사건에 대한 관련 법규범의 삼단논법적인 적용이 아니다. 전통적인 포섭 모델은 사실관계의 확정과 법발견을 별개의 절차로 파악하고 법적용의 마지막 단계인 포섭에 초점을 맞추고 있는데, 이는 법적용 과정을 지나치게 단순화한 것이다.

좀 더 자세히 살펴보면, 법적 삼단논법에 기반한 포섭 모델은 대전제인 법규정이나 소전제인 법적 사실이 쉽게 발견되고 확정될 수 있다는 것을 전제한다. 그러나 대전제는 단순히 법발견의 대상이 아니라 집중적인 법적 사고활동의 결과이다. 물론 대전제는 법규정 내지 법령으로부터 도출되지만, 법적용자가 이를 획득하기 위해서는 입법기술적인 이유로 분산시켜 놓은 구성요소들을 하나의 완전한 법규범으로 재구성하여야 한다. 다시 말해 법적용자는 구체적인 사건의 판단에 필요한 법규범의 구성요소들을 이끌어내고 이를 조립해야 한다.[17] 그런데 관련 법규정을 발견하기가 쉽지 않으며 발견하더라도 종종 애매모호하고 너무 많거나 혹은 너무 적다.

소전제로서의 법적 사실 역시 개별 사건에서 쉽게 확정되지 않는다. 더구나 사실확정은 법규정의 해석을 전제로 한다. 법적용은 법규정과 법적 사실이 서로 동시에 접근하는 과정, 즉 상호수렴하는 과정 또는 규범과 사실의 동일화 과정이다. 다시 말해 법의 적용은 법규범과 사건의 해석학적 순환, 즉 법규범을 통한 사건의 구성과 사건을 통한 법규범의 구체화가 동시에 이루어지는 해석학적 순환 과정이다. 너무나도 유명한 엥기쉬의 고전적인 표현을 빌리면, 법적용은 '대전제[법규범]와 생활사태 사이의 지속적인 상호작용과 시선의 왕복(eine ständige Wechselwirkung, ein Hin- und Herwandern des Blicks zwischen Obersatz und Lebenssachverhalt)'을 요구한다.[18]

---

17) Engisch(1977), 63-64면.
18) Engisch(1960), 14-15면. 이는 고전적 포섭 모델에 대한 비판적인 입장뿐 아니라 우호적

이렇게 보면, 법개념의 구체화도 해결되어야 할 사건의 사실관계를 고려할 때에만 가능하다. 다시 말해 포섭을 위해서는 생활관계의 사실을 법개념에 접근시키는 과정이 필요하다. 법규정에 포함된 법개념은 개념정의를 통해 구체화됨으로써 생활관계에 포함된 사실에 내용적으로 접근하게 되고, 종국적으로 추가적인 구체화 없이 포섭여부에 대한 결정이 가능한 단계에 이르게 된다. 개별 사건에서 해석을 통해 더 이상의 정교화가 불가능할 정도로 사건 해결에 적합하게 된 최종적 단계의 규범이 피켄처(W. Fikentscher)가 말하는 사건규범(Fallnorm)이다.[19] 요컨대 사건규범은 해결이 필요한 사실관계에 이를 규율하는 법적 효과를 부여하는 법규칙이다. 즉 사건규범은 기술적 의미의 법규정이다(Die Fallnorm ist der Rechtssatz im technischen Sinne).[20]

이와 같이 법의 적용은 추상적인 법규범에 구체적인 사건을 단순히 포섭하는 것이 아니라 법규범과 사건을 접근 내지 일치시키는 인식활동이 필요하므로 법적용자가 개입하지 않을 수 없다. 그에 따라 기존의 포섭 모델에서 사라졌던 법관이 논증 모델에서 다시 부활하게 된다.

이렇듯 현대적인 법적용 모델은 법의 적용 과정을 연역 내지 연역적 추론으로 파악하기보다는 일종의 논증(argumentation)으로 이해한다. 논증은 판단의 진리성이나 정당성을 뒷받침하는 근거를 제시하는 것이다. 논증도 형식적으로는 추론(inference)의 외관을 취한다. 하지만 연역적 추론의 경우 전제에서 추론을 통해 결론을 이끌어내지만, 논증의 경우 결론이 이미 알려져 있고 그 진위를 확정하거나 정당성을 뒷받침하는 근거를 제공하는 데에 초점이 맞춰진다. 결론을 논증하는 데 있어서 근거가 될 수 있는 것은 공리(axiom) 등 자명한 원리, 관찰과

인 입장에서도 널리 받아들여지고 있으나, 정작 엥기쉬는 이 표현에 대해 특별히 고민하지도, 상세히 분석하지도 않았다고 고백한 바 있다. Engisch(1977), 216면 후주54; Kriele(1976), 161면 및 197-200면; Alexy(1978), 281-282면; Larenz(1991), 207면 및 281면; Bydlinski(1991), 44면 및 421-422면; Schmalz(1992), 28면; Rüthers/Fischer/Birk(2022), 413면; 이상돈(2018), 166-168면.

19) Fikentscher IV(1977), 198-199면 및 202-267면. 피켄처가 영미의 판례법에서 착안한 사건규범(Fallnorm) 이론은 다수의 학자들에 의해 우호적으로 또는 비판적으로 수용되었다. 특히 뮐러는 자신의 규범영역이론에 기초하여 규범구체화 방법론으로서 결정규범(Entscheidungsnorm) 이론으로 발전시켰다. Müller(1995), 141-144면; Bydlinski(1991), 515-527면; Kramer(2019), 279-280면 및 327면 각주975.

20) Fikentscher IV(1977), 202면. 법률이 아니라 사건규범이 구속력 있는 법원(法源)이라는 피켄처의 과격한 주장에 대한 비판은 Larenz(1991), 144-145면; Pawlowski(1999), 208면.

실험 등을 통해 얻은 사실 그리고 배제적 근거로서의 법규정 등이다. 논증이 불필요한 자명한 원리를 제외한 나머지 근거들은 논증되어야 한다. 논증되지 아니한 주장은 수용하기도 어렵고 설득력과 신뢰성도 떨어진다. 법에서도 논증된 판단과 주장만이 신뢰할 수 있고 수용 가능하다.

3. 정리

오늘날 누구도 법의 적용이 개념적으로 형성된 상위 명제로의 논리적 포섭이라고 단순하게 주장하지 않는다. 다시 엥기쉬의 표현을 빌리면,[21] 포섭은 삼단논법이 아니라 법규범이 의도하는 사례와 판결이 내려질 사례의 일치로 이해된다. 적어도 법철학 내지 법학방법론에서는 전통적인 포섭 모델을 원형 그대로 고수하는 학자는 더 이상 없다.

물론 대부분의 실정법학자들은 여전히 고전적인 포섭 모델을 법적용의 표준적인 모델로 이해하고 있다. 법관을 비롯한 법실무가들 역시 대체로 비슷한 입장인 듯하다. 그렇다고 법실무가들 스스로 포섭 모델을 엄격하게 준수하는 것 같지는 않으나, 포섭 모델의 한계를 정면으로 문제삼지도 않는다. 기껏해야 전통적인 포섭 모델이 일면적이고 불완전하다고 지적할 뿐이다.[22]

제2절 사실의 확정

법적용은 법적으로 중요한 의미를 갖는 사실을 확정하는 데에서 출발한다. 특히 포섭 모델에 따르면, 법의 적용은 법적 삼단논법의 소전제에 해당하는 사실의 확정을 전제로 한다. 다만 법학에서 다루는 가상의 사건은 말할 것도 없고, 실무에서 처리하는 실제 사건에서 확인되는 사실은 적나라한 사실이 아니라 이미 법적용의 관점에서 여과된 법적 사실이다.

사실의 확정은 법적으로 중요한 구체적인 사실의 존재 및 그 내용을 확정하는 것을 말한다. 법 이전의 생활관계로부터 법의 존재 및 창설 그리고 그 적용을

---

21) Engisch(1960), 33면; Engisch(1977), 57면.
22) Kaufmann(1999), 3면.

위한 기초가 나온다. 따라서 법규정은 현실의 일정한 단면을 사물적합적으로 규율하여야 한다. 이는 입법자와 해석자가 현실을 올바로 인식해야 한다는 것, 다시 말해 법규정과 법해석이 소재의 특성을 고려해야 한다는 것을 의미한다.[23] 법률가는 법적 사실을 조사하면서 사물적합적으로 규율할 수 있도록 관련 학문의 지식을 활용하여 사실을 재구성하여야 한다.[24] 이처럼 법적용 과정에서 생활관계는 법적용의 근거가 되며, 이를 통해 획득된 법적 효과는 다시 생활관계를 형성한다.

원칙적으로 생활관계로서의 사실은 법규범을 통해 이루어지는 평가와 분리되어야 한다. 이는 소송에서의 사실 문제와 법 문제의 구별에 대응한다.[25] 현실의 분쟁은 대부분 법 문제가 아니라 사실 문제에서 비롯된다. 소송에서 사실확정의 중요성이나 어려움은 미국 법현실주의를 대표하는 프랑크(J. Frank)를 비롯한 사실회의론자(fact-sceptics)에 의해서도 지적된 바 있다. 사실확정은 법실무에서 이루어지는 법적용의 핵심적인 절차라고 해도 과언이 아니다. 그럼에도 불구하고 법학방법론에서 사실확인, 증거 조사 및 평가, 증인의 신빙성, 변론진행, 법원과 참여자 사이의 의사소통 등 사실확정과 관련된 주요 쟁점에 대한 깊이 있는 논의는 찾기 어렵다.[26]

흔히 사실 문제는 사실심의 관할이고 법 문제는 법률심의 관할이라는 식으로 설명되고 있다. 이러한 설명에 따르면, 사실인정은 사실심의 전권사항이므로 기본적으로 사실오인만으로는 상고이유가 되지 않는다. 하지만 경험칙이나 채증법칙에서 보듯이 사실 문제와 법 문제가 늘 선명하게 구별되지는 않는다. 실제로 사실오인이 핵심 쟁점임에도 경험칙·채증법칙 위배 등 법리오해의 외관으로 포장된 사건들이 상고심 사건의 상당 부분을 차지한다.

사실 문제인지 법 문제인지 특히 논란이 되는 것이 바로 경험칙(경험법칙)이다. 경험칙은 사전적 의미로 '관찰과 측정에서 얻은 법칙', 통상적(전문적) 의미로

---

23) Wank(2020), 300면.
24) 민사소송의 사실인정 과정에서 법관의 해석이나 판단이라는 창조적 요소가 작동한다는 것을 전제로 증거에 의하지 않는 사실인정의 중요성을 강조하는 견해로 이순동, "증거에 의하지 않는 사실인정", 『사법』 통권 제42호 (2017), 237-276면.
25) Engisch(1977), 209면 후주36; Larenz(1991), 307-308면; Pawlowski(1999), 133-138면.
26) 법적 정당화에서 사실확정의 중요성을 강조하고 이를 비중있게 논의하는 문헌으로는 Koch/Rüßmann(1982), 271-345면. 국내문헌으로 김성룡(2006), 257-317면; 양천수(2021), 15면 및 91-247면.

'경험으로부터 귀납적으로 얻어지는 사물의 인과관계와 성상에 관한 지식과 법칙'을 뜻한다. 경험칙은 판결을 비롯한 법적 추론 과정에서 필수적인 기능을 수행하고 있으나, 각 법관마다 경험칙에 대한 이해가 다를 수 있고 같은 법관도 사건마다 경험칙이 문제되는 법적 추론의 개연성에 대한 입장이 달라질 수 있다. 이 점은 도시일용노동자의 가동연한이 쟁점이 되었던 대법원 전원합의체 판결의 별개의견 및 보충의견에서 잘 드러난 바 있다.

[대법관 조희대, 이동원의 별개의견] 경험칙이란 각개의 경험으로부터 귀납적으로 얻어지는 사물의 성상이나 인과의 관계에 관한 사실판단의 법칙을 말하는 것으로서 구체적인 경험적 사실로부터 도출되는 공통인식에 바탕을 둔 판단형식이므로, 그 기초가 된 경험적 사실의 변화에 따라 그 판단내용도 달라질 수밖에 없다. … 사실판단의 기준으로 작용하는 경험칙 역시 필연적이고 절대 확실한 법칙으로 인정될 정도의 것일 필요는 없더라도 통상인이라면 의심을 품지 않을 정도로 진실하다고 확신을 가질 수 있는 정도에 이르는 고도의 개연성이 있는 것이어야 한다.
[대법관 김재형의 별개의견] 경험의 법칙, 즉 경험칙은 인간의 경험에서 귀납적으로 얻는 사실판단의 법칙이다. 그리고 민사소송에서 사실의 증명은 통상인이라면 의심을 품지 않을 만큼 진실성에 관한 확신을 가질 수 있는 정도로 고도의 개연성을 증명하여야 하므로, 사실판단의 법칙인 경험칙도 고도의 개연성이 있는 것이어야 한다(대법원 1990. 6. 26. 선고 89다카7730 판결 등 참조).
이와 같이 인간의 경험, 사회 현상에 대한 관찰이나 통계적 분석을 토대로 도출하는 규칙이 경험칙으로서 효력을 갖기 위해서는 그러한 규칙에 대한 사회 구성원들의 공통인식과 확신에 따라 법적 규범으로서 승인되어야 하고 그 적용 시점에 형성된 전체 법질서에 부합하여야 한다. 그러므로 경험칙을 도출하기 위해서는 사회적·경제적 현실과 법규범을 함께 고려해야 한다. 이는 육체노동의 가동연한에 관한 경험칙에도 그대로 적용된다. …
경험칙에 관한 판단은 순수한 규범적 판단만은 아니다. 그 판단에는 사실인정과 법적 판단이 혼재되어 있다. 가동연한은 피해자의 개인적 요소와 함께 인간의 삶과 노동에 대한 경험적 인식이나 여러 통계자료를 기초로 한 사실인정을 토대로 정해진다. 여기에서 순수한 사실인정은 사실심의 몫이다. 경험칙상 가동연한에 관한 판단이 규범적 판단이라 하여 그중 판단의 기초가 되는 사실인정까지 법률심인 대법원이 할 수는 없다. 대법원이 사실심 법원보다 사실인정을 더 잘할 수 있는 것도 아니다. 법관이 통계자료를 이용하여 사실인정을 할 때에도 변론에 현출하여 당사자로 하여금 의견진술의 기회를 제공함으로써 당사자가 예상하지 못한 불이익한 재판을 받지 않도록 해야 한다. 경험칙 판단에 관한 대법원의 개입은 사실심 법원이 사실인정을 하고 경험칙을 도출하는 과정에 현저한 잘못이 있다고 판단할 때 방향을 제시하거나 물꼬를 틔워주는 방법으로 하는 것이 바람직하다. [다수의견에 대한 대법관 박상옥, 김선수의 보충의견] 경험칙이란 사실판단의 '법칙', 즉 구체적 사실이 아닌 사실판단의 전제로서 기능하는 법칙이다. 경험적 사실로부터 도출되는 것이어서 경험적 사실의 변화에 따라 달라질 수 있는 것이지만, 일종의 법칙으로서 당사자의 주장이나 증명에 구애됨이 없이 스스로 직권에 의하여 판단할 수 있다(대법원 1976. 7. 13. 선고 76다983 판결 등 참조). 경험칙에 반하는 사실인정은 자유심증주의의 한계를 일탈하여 위법한 것으로서 상고이유가 된다(민사소송법 제202조). 따라서 법률심인 대법원은 경험적 사실의 변화 및 그에 따라 달라진 경험칙이 무엇인지, 사실인정이 위 경험칙에 위배한 것인지에 대해 규범적 판단을 할 수 있다. …

사실심이 인정한 사실(가동연한)이 경험칙(경험칙상 가동연한)에 반하는 경우 법률심인 대법원으로서는 그 위법 여부를 판단할 수 있고, 그 전제로서 경험칙의 존부 및 내용을 판단하는 것이 당연하다. 경험칙이 무엇인지(경험칙상 가동연한이 얼마인지), 즉 그 존부 및 내용(경험칙상 가동연한이 '몇 세 이상'인지 '그 이상의 어느 특정 연령'인지)을 판단하는 것은 그 판단 과정에서 사실판단의 요소가 포함된다고 하더라도 사실심의 전권에 속하는 사실인정 영역은 아니다. 다만 사실심은 경험칙상 가동연한과 달리 가동연한을 인정할 만한 특별한 사정이 있는지를 심리하여 경험칙상 가동연한보다 더 높거나 낮게 가동연한을 인정할 수 있는데, 이는 사실심의 전권에 속하는 사실인정 영역이다. 사실판단의 요소가 포함되었다고 하여 경험칙의 내용이 무엇인지에 관한 판단을 사실심의 몫으로 둔다는 것은 사실판단이 경험칙에 반하여 위법한지 여부에 관한 판단을 사실심의 몫으로 둔다는 것과 다를 바 없어 그대로 따르기 어렵다.[27]

1. 입증(立證)을 통한 사실확정

사실은 원칙적으로 입증(증명)을 통해 확정된다. 증명이란 법관 또는 법원이 확신을 갖게 할 정도의 확실한 증거를 제시함으로써 사실을 명확히 하는 것이다. 일상적인 세계의 사실(fact)은 직관적으로도 인식될 수 있지만, 법이라는 세계의 사실은 기본적으로 증거(evidence)에 의해 인정된다: 증거재판주의. 원님재판이

---

27) 대법원 2019. 2. 21. 선고 2018다248909 전원합의체 판결.

아닌 이상 당사자가 '하늘이 알고 땅이 안다'고 호소해봐야 소용없다. 당사자주의에 터 잡은 현대 소송제도에서 당사자는 자신의 주장을 뒷받침하는 증거로써 입증하여야만 승소할 수 있다. 다만 변론주의하의 소송절차에서는 입증책임이 당사자에게 공정하게 분배되지만, 직권탐지주의가 적용되는 영역에서는 법원이 직권으로 수행한다.

그런데 우리나라 소송법은 증거재판주의를 원칙으로 삼으면서도 자유심증주의(민사소송법 제202조, 형사소송법 제308조)를 받아들이기 때문에 증거가 사실을 확정하기 위한 유일한 수단은 아니다. 물론 자유심증주의는 형식적·법률적 증거규칙에 얽매일 필요가 없다는 것을 의미할 뿐 법관의 자의적 판단을 허용하는 것은 아니다. 법관이 자유심증에 따라 사실을 인정할 수 있다고 해도 논리칙과 경험칙에 부합해야 한다. 다시 말해 사실 인정을 위해서는 과거에 대한 주장을 검증하기 위한 정합성 심사(test of coherence)가 필요하다.[28] 따라서 사실 인정은 적법한 증거조사를 거친 증거능력 있는 증거에 의하여 정의와 형평의 이념에 입각하여 논리와 경험의 법칙에 따라야 한다.[29]

재판절차에서 자료를 통한 사실 규명은 증명 외에 소명(疏明)으로도 가능하다. 소명은 법관 또는 법원이 확신을 가질 정도에는 못미치지만 일응 확실하다고 추측할 정도로 사실을 밝히는 것이다. 즉 소명은 증명도에서 증명과 구별된다. 엄격한 증명을 요하는 소송 절차와 달리, 신속한 처리를 요하는 비송절차 그리고 재판 절차에서 파생되는 부수적인 사항은 소명으로도 충분하다.

2. 사실확정의 보조수단: 추정과 의제

입증이 사실을 확정하기 위한 원칙적인 방법이지만 요건사실에 따라서는 입증이 곤란한 경우도 있다. 이를 보완하기 위한 보조수단이 추정과 의제이다. 추정이나 의제는 사법(私法) 분야는 물론 형법이나 세법과 같이 엄격한 법적용이 요구되는 법 영역에서도 널리 활용된다.

추정(Vermutung)은 증거를 통해 인정되지 않은 사실을 일응 존재하는 것으로 보아 법적 효과를 부여하는 것이다. 이러한 추정은 일정한 사실관계에 대하여 통상 예측되는 사태를 전제로 일련의 사실을 추측하여 존재하는 것처럼 취급하

---

28) MacCormick(1978), 90면.
29) 대법원 2012. 4. 13. 선고 2009다77198,77204 판결 등 다수 판결 참조.

는 것이다. 즉 추정은 인과율 등에 바탕한 개연성 원리에 기초한다. 따라서 추정되는 사실은 기본적으로 반증(反證)을 통해 전복(번복)이 가능하다. 가령 민법 제30조에 의한 동시사망의 추정을 받더라도 사망자가 실제로는 다른 시각에 사망하였다는 사실을 입증할 수 있는 증거를 통해 반증이 가능하다. 마찬가지로 민법 제844조에 의한 친생추정을 받더라도 혈액검사나 유전자검사, 나아가 동거의 결여에 대한 입증을 통해서 친생추정이 전복될 수 있다.

추정은 사실뿐 아니라 권리, 나아가 의사에 대한 추정도 가능하다. 사실의 추정은 사실입증의 곤란을 완화하기 위한 것으로서 추정 규정이 있으면 입증자는 전제사실의 입증을 통해 결론사실의 존재를 입증할 수 있다. 가령 갑과 을이 동시에 사망하였다는 사실을 주장하는 사람이 동시사망 사실을 입증한다는 것은 사실상 불가능하다. 따라서 민법 제30조에 의거하여 두 사람이 동일한 위난을 당하였고 그로 인해 사망하였다는 전제사실을 입증함으로써 동시사망 사실을 쉽게 입증할 수 있다. 민법 제844조 제1항에서 아내가 혼인 중에 임신한 자녀는 남편의 자녀로 추정하고, 제3항에서 혼인을 종료한 이후에도 일정한 기간 내에 출생한 자녀를 혼인 중에 임신한 것으로 추정하는 등 이중 추정도 가능하다. 예컨대 혼인관계 종료 후 250일 무렵에 출생한 자녀는 민법 제844조 제3항에 의하여 혼인 중에 임신한 자녀로 추정되고, 다시 제1항에 의하여 남편의 자녀로 추정된다.

다음으로 권리의 추정은 전제가 되는 사실의 입증을 통해 일정한 권리 또는 그 적법성이 추정되는 것이다. 가령 조합의 업무를 집행하는 조합원에 대하여 그 업무집행의 대리권이 있는 것으로 추정하는 민법 제709조나 점유자가 점유물에 대하여 행사하는 권리는 적법하게 보유하는 것으로 추정하는 민법 제197조 제1항을 들 수 있다. 권리의 추정은 권리를 발생시키거나 강화하는 법률요건 사실을 추정한다는 점에서 사실추정의 축약일 뿐이다.

끝으로 의사(意思) 추정은 법률행위를 해석하기 위한 보조수단이다. 의사 추정도 반증이 가능하지만, 이른바 '의제된 의사표시(fingierte Willenserklärung)', 다시 말해 의사표시의 의제인 경우에는 반증을 통한 번복이 불가능하다. 예컨대 민법 제15조 제1항은 제한능력자의 상대방의 확답을 촉구할 권리[최고권]에 관하여 "제한능력자의 상대방은 제한능력자가 능력자가 된 후에 그에게 1개월 이상의 기간을 정하여 그 취소할 수 있는 행위를 추인할 것인지 여부의 확답을 촉구할 수 있다. 능력자로 된 사람이 그 기간 내에 확답을 발송하지 아니하면 그 행위를 추인한 것으로 본다."라고 규정하고 있다. 따라서 그 기간이 도과한 후에는 무능력자가 추인할 의사가 없었다는 것을 반증하는 데에 성공하더라도 전복이 불가능하다.

의제(fiction) 내지 간주는 실제 사실과 무관하게 사실을 확정하는 것이다.[30] 흔히 의제규정 내지 간주규정은 추정과 달리 반증이 허용되지 않는다는 식으로 설명되나, 이는 의제의 본질을 오해한 잘못된 주장이다. 이러한 오해는 우리나라 법질서에서 '본다'라는 용어가 이중적으로 사용되는 데에서 비롯된 것으로 보인다.

원래 의미의 의제는 법정책적 고려에서 이루어지는 반사실적(contrafactual) 사실인정 — 정확하게 말하면 사실인정이 아닌 사실평가 — 이다. 따라서 의제는 애당초 반증 자체가 무의미한 것이다. 가령 불법행위로 인한 손해배상청구에서 태아의 출생을 의제하는 민법 제762조를 보자. 민법 제3조에 따르면 출생하지 않은 태아는 권리능력을 갖지 못한다. 하지만 태아는 정상적으로 출생할 가능성이 높기 때문에 태아를 마치 출생한 것처럼 취급해서 권리능력을 부여하려는 것이 제762조의 입법목적이다. 즉 태아는 실제로 출생하지 않았지만, 출생한 것으로 의제되는 것이다.

의제규정 내지 간주규정의 또 다른 대표적인 예로는 뇌사자의 사망원인에 대하여 규정한 「장기등 이식에 관한 법률」 제21조를 들 수 있다. 우리나라 법질서에서 뇌사자는 사망한 사람이 아니므로 의료진이 뇌사자의 장기를 적출하는 것은 살인죄의 구성요건을 충족한다. 그에 따라 의료진의 형사책임을 피하기 위해 뇌사자가 장기이식으로 사망한 것이 아니라 뇌사의 원인이 된 질병 또는 행위로 인해 사망한 것으로 의제하는 것이다. 즉 뇌사자는 실제로 장기적출로 사망하지만 선행적인 질병 또는 행위로 인해 이미 사망한 것으로 반사실적으로 의제하는 것이다. 이처럼 의제에서는 반증 자체가 불가능하며 반증에 성공하더라도 아무런 법적 효과가 발생하지 않는다.

드물게 의제에 있어서도 반증이 가능한 것처럼 보이는 경우가 있다. "실종선고를 받은 자는 실종기간이 만료한 때 사망한 것으로 본다."라는 민법 제28조가 그러하다. 실종선고를 받은 자가 실종기간이 만료한 때가 아닌 다른 시점에

---

30) 법적 의제에 대한 상세한 논의는 오세혁, "법에 있어서의 의제", 『중앙법학』 제17권 제1호 (2015), 337-372면; 박종준, 『행정법상 법률의제에 관한 연구』, 고려대 법학박사학위논문, 2014 참조.

사망한 것으로 뒤늦게 밝혀질 수 있다. 그러나 다른 시점에 사망한 사실이 반증되더라도 실종선고가 취소되지 않으면 법률적인 의미의 사망 시점은 달라지지 않는다. 사망 시점을 바로잡기 위해서는 반증만으로는 부족하고 별도로 법원의 실종선고 취소결정이 있어야 한다.[31] 이렇게 보면 반증이 받아들여진다는 것은 실종선고의 요건 자체가 구비되지 않았다는 것이 인정되어 실종선고가 취소됨으로써 사망시기가 정정되는 것에 불과하다. 이 점에서 의제는 반증이 허용되는 추정과 다르다.

물론 의제는 사실에 반(反)하는지 여부가 분명치 않은 경우에도 가능하다. 예를 들면 형법 제237조의2는 문서에 관한 죄에 있어서 전자복사기, 모사전송기 기타 이와 유사한 기기를 사용하여 복사한 문서 또는 도화, 다시 말해 기계적으로 복사한 문서 또는 도화의 사본도 문서 또는 도화로 본다. 이른바 기계적 복사 문서가 형법상 문서에 해당하는지 여부가 법리적으로 크게 논란이 된 바 있다는 점에 비추어 이를 문서로 보는 것이 반사실적 사실 인정인지 여부는 불분명하다. 다만 기계적 복사 문서를 원본 문서와 동등하게 처벌하는 것이 법정책적으로 타당하다고 판단하여 위 규정을 도입한 것이다. 이 경우 의제는 단지 법적 정의 또는 준용에 관한 특별한 언어적 형식일 뿐이다.

법적 의제는 그 본질을 둘러싼 논란에도 불구하고 그 핵심은 '다른 것을 다르게 취급하지 않고, 같게 취급한다'는 점에서[32] 평등원칙에 위배될 여지가 없지 않다. 물론 논란이 되는 부분이 본질적인 요소에 해당되지 않는다고 평가되면 평등원리에 위배되지 않을 것이다. 따라서 의제는 정의의 이념이 법적 안정성의 이념에 양보하는 것이 정당화되는 경우에 제한적으로 사용되어야 한다.

3. 진위불명 시의 해결방안: 입증책임의 분배

입증이나 추정·의제를 통해서 사실이 확정되지 않는 경우, 즉 진위불명(non liquet) 시에는 어떻게 되는가?[33] 과거 일부 입법례에서 진위불명인 사건에 대해

---

31) 같은 취지로 대법원 1995. 2. 17. 선고 94다52751 판결.
32) J. Esser, *Wert und Bedeutung der Rechtsfiktionen, 2.Aufl.*, Frankfurt a.M., 1969, 특히 26-29면.
33) 'non liquet'는 원래 키케로에 의해 진위불명의 의미로 사용되었으나, 점차 진위불명에 따른 재판불능의 의미로 전용되었으며 오늘날 법의 흠결을 의미하기도 한다. 진위불명(non liquet)에 대한 상세한 논의는 A. Rabello, "Non Liquet: From Modern Law to Roman Law", *Annual Survey of International and Comparative Law 10 (2004)*, 1-25면 참조.

아예 법관의 재판의무를 면제하기도 하였으나 근대 이후에는 프랑스 민법전에서 보듯[34] 진위불명에 따른 재판거부가 용인되지 않으므로 법관은 반드시 판결을 내려야 한다. 이러한 상황에서 사실 인정에 대한 기준이 되는 것이 바로 입증책임에 관한 규정이다.

민사사건에서는 기본적으로 청구원인에 대한 입증책임을 부담하는 원고의 입증이 부족하여 청구원인 사실이 진위불명인 경우 원고가 패소의 위험을 부담한다. 그리고 주장이나 항변의 경우 그에 대한 입증책임을 부담하는 사람이 원고인지 피고인지에 따라 '의심스러울 때는 원고의 불이익으로(in dubio contra actorem)' 또는 '의심스러울 때는 피고의 불이익으로(in dubio contra reum)'가 적용된다. 다만 현대형 소송에서 보듯이 당사자 사이의 실질적 평등을 도모하기 위하여 법령 또는 판례로써 입증책임을 전환 내지 완화하기도 한다.

오늘날 입증책임에 있어서 민사사건과 형사사건은 기본적으로 차이가 없다. 형사사건에서도 공소사실에 대한 입증책임이 검사에게 있으므로 공소사실에 대한 진위불명 시 무죄판결이 내려진다. '의심스러울 때는 피고인에게 유리하게(in dubio pro reo)'라는 원칙에 입각하여, 유·무죄에 중요한 영향을 미치는 사실에 의문이 있는 경우 법관은 피고인에게 더 유리한 판결이 내려지는 사실을 가정해야 한다. 이는 형사소송법의 적용에 따른 법적 효과로 이해될 수도 있지만 공소사실에 대한 입증책임이 검사에게 있다는 입증책임에 따른 당연한 귀결이기도 하다.

제3절 법의 발견 내지 획득

사실확정 단계에서 법적으로 중요한 의미를 갖는 사실이 확정되면 그 다음 단계로 이러한 사실관계에 적용되는 법규정을 탐색하게 된다. 전통적으로 이 과정은 이미 존재하는 법을 발견하는 것에 불과한 것으로 이해되었다: 고전적 법발

---

34) 프랑스 민법 제4조: "법률의 침묵·모호·불충분을 구실로 재판을 거부하는 법관은 재판거부로 소추될 수 있다(Le juge qui refusera de juger sous prétexte du silence, de l'obscurité ou de l'insuffisance de la loi, pourra être poursuivi comme coupable de déni de justice)."

견론. 법이 발견되지 않는 경우, 즉 법의 흠결 시에는 흠결을 보충하는 등 후속적인 절차가 뒤따른다.

일차적으로 발견된 법이 법적 조건이나 효과가 완비된 완전 법규정인 경우 해당사안에 그대로 적용하면 될 것이나, 적용규정이나 준용규정처럼 다른 법령을 인용하는 형태의 비독자적 법규정인 경우 적용 내지 준용되는 법규정을 찾는 추가적인 법발견 과정이 필요하다.

오늘날 입법기술적인 필요에 의해 적용규정이나 준용규정이 널리 활용된다. 적용(Anwendung)은 일정한 법규정을 다른 사항에 대하여 수정 없이 그대로 적용하는 것이다. 예를 들면 민법 제561조는 "상대부담있는 증여에 대하여는 본절의 규정외에 쌍무계약에 관한 규정을 적용한다."라고 규정한다. 적용은 본질적으로 유사한 사항뿐 아니라 상이한 사항에도 사용될 수 있는데, 후자를 '상응하는 적용(entsprechende Anwendung)'이라 부른다.[35] 반면 준용(準用, Verweisung)은 기존 법규정을 본질적으로 상이한 규율 대상에 '필요한 수정을 거쳐(mutatis mutandis)' 적용하는 것이다. 가령 민법 제59조 제2항은 "법인의 대표에 관하여는 대리에 관한 규정을 준용한다."라고 규정한다. 대표와 대리는 본질적으로 상이한 법개념이기 때문에 대리에 관한 규정을 대표에 그대로 적용할 수는 없고 부분적인 수정이 필요하다. 즉 관련 규정을 그대로 가져다 쓰는 적용과 달리, 준용은 관련 규정을 필요한 수정을 거쳐 적용하는 것이다. 판례도 법규정이 특정사항에 관하여 다른 법령의 그 특정사항에 관한 규정을 준용한다고 정하면서 그 준용되는 해당 조항을 특정하거나 명시하지 않고 포괄적·일반적으로 준용하는 형식을 취하고 있다고 하더라도, 준용규정을 둔 법령이 규율하고자 하는 사항의 성질에 반하지 않는 한도 내에서만 다른 법령의 그 특정사항에 관한 규정이 준용된다고 해석함이 타당하다고 판시한 바 있다.[36]

이러한 준용은 법 문언의 반복을 피하여 법규정을 간결하게 표현할 수 있게 하고 법규정 사이의 연관성도 잘 보여주지만, 법률 문외한인 일반 국민에게는 법규정의 의미를 쉽게 파악하기 어렵게 만든다는 문제점을 갖는다.[37] 특히 관련

---

35) 상응하는 적용은 준용과 구별하기 어려워 종종 '준용'으로 번역되지만, 적용과 준용이 개념적으로 구별되는 이상 '상응하는 적용'으로 번역하는 것이 적절하다. 상응하는 적용에 대해서는 Wank(2020), 195-196면 참조.
36) 대법원 2015. 8. 27. 선고 2015두41371 판결.
37) 법령입안 심사기준(2022), 794면.

법규정이 개정되는 것을 고려하여 그때그때의 현행 법조문을 준용하게 하는 동적 준용(dynamische Verweisung) 내지 연동 준용(gleitende Verweisung), 또 특정 법조문이 아니라 법률 전체를 준용하게 하는 일반 준용(Generalverweis)은 법치주의 및 민주주의에서 비롯되는 입법자의 책임성 내지 법제정권한의 포기라고 비판받을 수 있다.38) 이처럼 적용이나 준용은 뒷문을 통해서 심대한 법의 변경을 야기하여 법적 진공이 초래될 우려가 있고 입법자가 적용이나 준용의 편리함에 안주하게 만들 수 있으므로 신중하게 다루어져야 한다.39)

그런데 확정된 사실에 기초하여 관련 법규정을 발견하여 사안에 적용한다는 것으로 단순하게 이해하는 것으로는 현실의 법적용 과정이 충분히 설명되지 않는다. 실제로는 법발견 과정에서 관련 법규정에 대한 해석이 필수적이며 또 법의 흠결 시에는 법형성이라는 이름으로 해당 사건에 적용될 수 있는 법이 사실상 만들어지기도 한다. 이는 피켄처의 사건규범 이론이나 뮐러의 결정규범 이론 또 크릴레(M. Kriele)의 규범가설 이론40)에서도 강조된 바 있다.

이제 법적용은 법규정과 사건 사이의 해석학적 순환, 즉 법률을 통한 사건의 구성과 사건을 통한 법률의 구체화가 동시에 진행되는 나선형적 발전과정으로 이해된다. 법규정과 사건 사이의 해석학적 순환을 통해 기계적인 법적용을 벗어나 창의적인 법적용이 가능해진다.

그와 함께 법해석학의 영향으로 법관을 비롯한 법적용자가 수동적으로 법을 발견하는 데에 그치는 것이 아니라 능동적으로 법을 구성 내지 재구성하여 획득한다는 인식이 보편화되었다: 현대적 법획득론.41) 특히 에써(J. Esser)는 법관이 일정한 선이해를 갖고 사건에 접근하며 사건의 구성은 이미 일종의 '사전결정'에 의해 규정된다고 보았다. 그에 따르면 법관은 전문적인 법적 기술을 동원하여 법령을 해석할 때 법적으로 정당한 것의 내용에 관한 특정한 고려를 지

38) Schmalz(1992), 53–54면; Möllers(2023), 156–157면.
39) 김중권, "다른 법규범의 적용·준용(지시)의 공법적 문제점에 관한 소고", 『행정법 기본연구 I』, 법문사, 2008, 157–184면, 특히 183–184면. 특히 행정법에서 준용규정의 유형과 문제점에 대해서는 강지웅, 『독일 행정소송의 독자성에 관한 연구』, 서울대 법학박사학위논문, 2023, 59–77면 참조.
40) 법규정이 확인되지 않는 경우 규범가설(Normhypothese), 즉 법적용자가 찾으려는 구체적인 법적 효과에 적합한 법규정을 고안해 낸다. 규범가설에 대해서는 Kriele(1976), 162–166면 참조.
41) Kriele(1976), 157–240면; Bydlinski(1991), 391–605면; Schmalz(1992), 102–158면; Kaufmann(1999), 13면.

침으로 삼는다. 실제로 법관이 어떤 법규범을 찾거나 선택하는 것, 나아가 어떤 법규범의 적용 여부를 결정하는 것은 그와 같은 선이해에 종종 좌우된다. 이처럼 에써는 법관이 '선판단(Vorurteilen)'이나 '선평가(Vorbewertung)'에 의해 영향 받는다는 점을 강조함으로써 과거 이자이(H. Isay)의 감정법학에 사실상 동조한다.[42]

오늘날 법이 단순히 발견되는 것이 아니라 법해석과 법형성을 통해 획득된다는 주장은 널리 받아들여지는 듯하다.[43] 법획득은 법인식(Rechtserkenntnis)이자 법형성(Rechtsgestaltung)이다. 법학방법론의 요체는 이미 주어진 법의 '발견'이 아니라 법이라는 틀에 내용을 부여하는 법의 '형성'이며, 법률가는 법작업자로서 그에 대한 책임을 부담한다.

그렇다면 법의 발견(획득) 과정은 다음과 같이 재구성될 수 있다. 먼저 사실관계가 일차적으로 확인되면 이를 기초로 법규정의 탐색(검색)이 이루어진다. 사실관계는 고정된 채로 남아 있는 것이 아니라 법 탐색 과정 속에서 수정된다. 법도 사실확정과의 상호작용 속에서 획득된다. 법규정이 불명확하거나 흠결된 경우에는 사안과의 상호작용 속에서 법이 재해석되고 계속 형성된다. 개별 사안을 해결하기 위해서는 사안과 관련된 해석이 필요하다: 해석의 사안관련성(Fallbezogenheit).[44] 사안에 관련 법규정을 적용하여 최종 결론을 도출하기에 앞서 그 법규정의 효력 및 적용가능성에 대한 심사가 진행된다. 특히 다른 법규정과의 경합 가능성이 검토되고 만일 충돌이 확인되면 해소원리 등을 통해 우선적으로 적용되는 법규정이 확정된다. 이러한 과정을 다 거치고 난 후에야 법적용자에 의한 최종적인 법적 결정(판단)이 내려질 수 있다.

---

42) Engisch(1977), 209면 각주36.
43) 다만 현대 법학방법론에 우호적인 법학자들 사이에서도 법획득이나 규범구체화보다 법발견(Rechtsfindung)이라는 전통적인 용어가 더 선호되는 듯하다. 예컨대 Hager(2009), 283-329면.
44) Schmalz(1992), 102면.

제4절 최종적인 법적 결정(판단)의 획득

전통적 견해에 따르면, 최종적인 법적 결정은 확정된 사실을 법규범에 포섭함으로써 자동적으로 내려진다. 법해석은 포섭의 논리적 전제조건이며 완성된 포섭은 새로운 해석결과로서 다시 포섭을 위한 비교의 소재로 이용된다. 법해석은 포섭을 위한 비교의 소재뿐 아니라 비교를 위한 준거점도 제공한다. 즉 포섭이 이루어지는 사실관계에서 서로 비교되어야 할 요소 그리고 비교가 수행되는 사고 수단도 결정한다.[45] 법해석과의 상호작용 속에서 법적용자는 법규정의 법적 개념을 해석하고 그 결과를 개념정의를 통해 정리한 후, 이를 구체적인 법적 사실과 비교하여 서로 일치하면 법적 사실을 법적 개념에 포섭한다. 법적용자는 각각의 포섭 과정을 거쳐 최종적으로 일정한 사실관계가 일련의 법규정에 포섭된다는 법적 판단 또는 결정을 내리게 된다.

그러나 판결하기 쉬운 사건(easy case)[46]과 달리, 법규정이 불확실하거나 흠결되었거나 그 적용 결과가 법이념에 명백히 반하는 이른바 판결하기 어려운 사건(hard case)[47]에서는 포섭의 적정성이 문제된다. 기존의 법규정을 적용해도 사건이 해결되지 않는 경우 법관은 판결에 대한 재량을 갖는다.[48] 하지만 판결하기 어려운 사건은 나쁜 법을 만든다(Hard cases make bad law).

일찍이 전통적 포섭 이데올로기(Subsumtionsideologie)[49]의 문제점을 지적하

---

45) Engisch(1977), 57-58면.

46) 하트의 표준 사건(standard case) 또는 맥코믹의 분명한 사건(clear case), 파블로프스키의 틀에 박힌 사건(Routinefall), 하프트의 통상 사건(Normalfall)도 같은 의미로 이해될 수 있을 것이다. Hart(1961), 4면; MacCormick(1978), 197면; Pawlowski(1999), 70면; F. Haft, *Einführung in das juristische Lernen*, 7. *Aufl.*, Bielefeld: Gieseking, 2015, 42면.

47) 드워킨에 의하면 판결하기 어려운 사건은 그 결과가 법령이나 판례에 의하여 명확하게 지시되지 않는 사건이다. R. Dworkin, "Hard Cases", *Harvard Law Review 88* (1975), 1057-1109면, 특히 1057면. 반면 트와이닝과 미어스는 판결하기 어려운 사건(hard case)을 '법 문언이 명확하지만 그와 같이 해석된 법령의 적용에 대하여 법관이 심각하게 의구심을 갖는 사건'으로 이해함으로써 단순히 법 문언이 명확하지 않은 어려운 사건(difficult case)과 구별하는 것으로 보인다. Twining/Miers(1999), 207면.

48) Dworkin(1977), 81면.

49) 포섭 이데올로기는 '포섭자동기계(Subsumtionsautomat)'와 마찬가지로 법의 적용을 법적 삼단논법에 따른 기계적 포섭과정으로 이해하는 전통적인 입장을 비판하기 위하여 흔히 사용되는 용어이다.

며 개념법학을 비판했던 자유법론은 법적용을 일종의 법창조로 보고 법관의 재량을 전면적으로 받아들였다. 이후 이익법학 및 평가법학이 현대 법학방법론의 주류적인 흐름이 되면서 법관의 판결 재량은 오늘날 이익에 대한 형량(衡量)으로 변형되었다. 법관은 포섭에 앞서 해석방법뿐 아니라 입법목적, 하위개념, 헌법과의 관계 등을 고려한 광범위한 형량을 거친다. 우리에게 익숙한 표현으로 바꾸면, 법관은 '구체적인 사안의 제반 사정을 종합적으로 고려하여' 판단한다. 하지만 이익에 대한 형량에 있어서 어떤 이익이 고려되는지 또 어느 정도 고려되는지는 전적으로 법관에게 맡겨진다. 독일의 실무50)와 크게 다르지 않게 우리나라의 실무에서도 법학방법론에 터 잡은, 투명하며 내용적으로 확고한 형량이 아니라 법관의 취향에 따라 판결이 내려지는 것처럼 보이기도 한다. 모든 판단과 결정을 구조화되지 않은 형량에 맡겨버린다면 법관의 법률구속이나 법률 우위와 같은 법치국가의 성과는 머지않아 사라져 버릴 것이다.

모든 법적용은 법형성적 요소를 내포하고 있다. 또 법의 적용은 해석학적 순환이다. 논리적인 순서로 따지자면 법의 해석은 법의 발견 이후 포섭 이전 단계에서 이루어지는 것이지만, 관련 법규정을 탐색하는 단계나 법적 사태를 법규정에 포섭하는 단계에서도 필요하다. 즉 법의 전체적인 적용 과정에서 법의 해석이 필요하다. 마찬가지로 법의 해석 역시 법의 적용 과정이나 결과를 항상 고려하지 않을 수 없다.

최종적으로 해당 사건에 적용될 법이 발견 내지 획득되면 법적 추론에 의해 법적 판단 또는 결정이 내려져야 한다. 법관의 법적용은 권한이자 의무이다. 그러나 실무에서 법규정의 적용이 불의타를 가할 수 있다거나 심히 불합리한 결과에 이르게 한다는 이유로 법규정의 적용을 회피하거나 다른 법규정을 적용하는 경우가 적지 않다.

오늘날 법의 해석 단계뿐 아니라 법의 적용 단계에서 법적용자가 구체적 타당성 내지 형평을 고려하거나 그 결과를 고려하는 것은 드문 일이 아니다. 오히려 일상적으로 법관은 형평통제 및 결과통제(Billigkeit- und Ergebniskontrolle)를 추구한다.51) 무엇보다도 공리주의 법학 또는 실용주의 법학에 기초한 결과고려적 사고가 법적용 단계에도 개입한다. 법해석과 법적용의 불가분성에 비추어 보

---

50) Wank(2020), 333면.
51) Möllers(2023), 200면.

면, 결과고려적 해석은 결과고려적 적용으로 이어진다.52)

이를 감안하면 법의 적용 과정에서 형평 사고나 결과고려적 사고를 통한 일종의 정책적 고려는 불가피해 보인다. 결과고려적 적용은 기본적으로 권한규정이나 재량규정을 통해 이루어지지만 신의칙을 비롯한 일반조항을 통해서도 이루어진다. 신의칙을 통한 결과고려적 적용의 대표적인 사례로는, 통상임금에 관한 노사합의가 근로기준법의 강행규정에 위반하여 무효라는 주장을 신의성실의 원칙(신의칙)에 의해 배척할 수 있는지 여부가 쟁점이 되었던 대법원 전원합의체 판결을 들 수 있다.

[다수의견] 단체협약 등 노사합의의 내용이 근로기준법의 강행규정을 위반하여 무효인 경우에, 무효를 주장하는 것이 신의칙에 위배되는 권리의 행사라는 이유로 이를 배척한다면 강행규정으로 정한 입법 취지를 몰각시키는 결과가 될 것이므로, 그러한 주장이 신의칙에 위배된다고 볼 수 없음이 원칙이다. 그러나 노사합의의 내용이 근로기준법의 강행규정을 위반한다고 하여 노사합의의 무효 주장에 대하여 예외 없이 신의칙의 적용이 배제되는 것은 아니다. 신의칙을 적용하기 위한 일반적인 요건을 갖춤은 물론 근로기준법의 강행규정성에도 불구하고 신의칙을 우선하여 적용하는 것을 수긍할 만한 특별한 사정이 있는 예외적인 경우에 한하여 노사합의의 무효를 주장하는 것은 신의칙에 위배되어 허용될 수 없다. …
정기상여금을 통상임금 산정 기준에서 제외하기로 합의하고 이를 전제로 임금수준을 정한 경우, 근로자 측이 임금협상의 방법과 경위, 실질적인 목표와 결과 등은 도외시한 채 임금협상 당시 전혀 생각하지 못한 사유를 들어 정기상여금을 통상임금에 가산하고 이를 토대로 추가적인 법정수당의 지급을 구함으로써, 노사가 합의한 임금수준을 훨씬 초과하는 예상외의 이익을 추구하고 그로 말미암아 사용자에게 예측하지 못한 새로운 재정적 부담을 지워 중대한 경영상의 어려움을 초래하거나 기업의 존립을 위태롭게 한다면, 이는 종국적으로 근로자 측에까지 피해가 미치게 되어 노사 어느 쪽에도 도움이 되지 않는 결과를 가져오므로 정의와 형평 관념에 비추어 신의에 현저히 반하고 도저히 용인될 수 없음이 분명하다. 그러므로 이와 같은 경우 근로자 측의 추가 법정수당 청구는 신의칙에 위배되어 받아들일 수 없다.

52) 결과고려적 법적용에 대해서는 H. Rottleuthner, "Zur Methode einer folgenorientierten Rechtsanwendung", *Wissenschaften und Philosophie als Basis der Jurisprudenz, ARSP Beiheft 13*(1980), Wiesbaden: Steiner, 97-118면.

[대법관 이인복, 이상훈, 김신의 반대의견] 신의칙을 적용하여 실정법상의 권리를 제한하는 것은, 개별적인 사안의 특수성 때문에 법률을 그대로 적용하면 도저히 참을 수 없는 부당한 결과가 야기되는 경우에 최후 수단으로, 그것도 법의 정신이나 입법자의 결단과 모순되지 않는 범위 안에서만 고려해 볼 수 있는 방안에 불과하다. 신의칙은 강행규정에 앞설 수 없다. 신의칙의 적용을 통하여 임금청구권과 같은 법률상 강행규정으로 보장된 근로자의 기본적 권리를 제약하려 시도하는 것은 헌법적 가치나 근로기준법의 강행규정성에 정면으로 반한다. 근로기준법이 강행규정으로 근로자에게 일정한 권리를 보장하고 있음에도 근로자나 사용자가 그 강행규정에 저촉되는 내용의 노사합의를 한 경우에, 신의칙을 내세워 사용자의 그릇된 신뢰를 권리자인 근로자의 정당한 권리 찾기에 우선할 수는 없다.[53]

이미 오래전 아리스토텔레스도 법규정의 획일적인 적용이 가져오는 불합리한 결과를 방지하기 위하여 형평을 인정한 바 있다. 그는 『니코마코스 윤리학(*Ethika Nichomacheia*)』제5편 제10장에서 일반적 정의를 추구하는 실정법이 그 일반성과 엄격성 때문에 문제가 발생하는 경우에는 형평에 의해 교정되어야 한다고 보았다. 입법자는 전형적이고 평균적인 상황을 고려할 뿐 모든 개별 사건을 일일이 반영해 입법할 수 없기 때문이라는 것이다. 이처럼 정의를 추구하는 법이 그 일반성 때문에 결함이 생기는 경우에 개별 사건에서 적절하게 교정하는 것이 바로 형평의 역할이다.

토마스 아퀴나스 역시 『신학대전(*Summa theologiae*)』제2부 제2편(q.120 a.1)에서 플라톤의 '정신이상자의 무기반환 요구 사례'(Politeia 331c)를 인용하면서 법에 복종하는 자는 법 문언에 따라 행동해야 한다는 이유로 형평을 악덕(惡德)이라고 보았던 아우구스티누스의 주장을 반박하였다. 아퀴나스에 따르면, 임치물(任置物)은 임치인의 요청 시 반환해야 한다는 법령이 존재하더라도 어떤 사람이 칼을 임치한 후 미친 상태에서 또는 조국을 공격할 목적으로 칼을 반환해달라고 요구하는 경우에는 그 법령을 따르지 않는 것이 정의와 공동선에 부합한다. 즉 실정법을 준수하는 것이 불합리한 경우에는 법 문언을 무시하고 형평에 따르는 것이 옳다는 것이다.

형평은 법의 해석 및 형성 단계에서 법을 해석하고 흠결을 보충하는 원리로

---

53) 대법원 2013. 12. 18. 선고 2012다89399 전원합의체 판결.

작동하지만, 법의 적용 단계에서도 법적용에 따른 문제나 결함을 교정하는 원리로 작동한다. 다만 형평의 적용은 보편화 가능한 것이어야 한다. 다시 말해 일반적·형식적 정의에 대한 예외로 적용되는 형평도 유사한 사건에서 똑같이 적용되어야 한다는 점에서 일반적(generic) 또는 보편적(universal)이어야 한다. 한마디로 정의와 마찬가지로 형평도 보편화 가능성 차원의 문제이다.[54]

모든 법은 정의로워야 한다는 요청 아래에 서 있다. 참을 수 없을 정도의 불법적인 상황에서는 법적 안정성이 정의에 양보하여야 한다는 이른바 라드브루흐 공식[55]도 같은 맥락일 것이다. 판결도 정당화 가능하고 확실해야 하며 정의로워야 한다. 다만 법관은 자의적일 수 있는 자신의 개인적인 정의관을 내세워서는 안 되고, 당대 법질서의 정의관에 터 잡아 어디까지나 법령의 해석 범위 내에서 판결하여야 한다.[56]

지금까지 살펴본 바와 같이, 최종적인 법적 결정은 법적 삼단논법에 따라 법규범으로부터 추론되는 것이 아니라 정당화 내지 근거지워지는 것이다. 따라서 법적용이 논리적인 추론 과정이라는 이유로 법규정으로부터 기계적으로 법적 결정이 도출된다고 보는 결정론적 시각은 옳지 않다. 판결이 법관의 선고에 의해 법적 효력이 발생하는 것처럼, 법적 결정은 법적용자의 결단에 의해서만 비로소 성립되기 때문이다.

물론 법적용 과정에서 법관의 재량에 개인적인 성향이나 가치관이 개입할 수 있고 그로 인해 자의적인 결정이 내려질 가능성도 없지 않다. 그렇다고 해서 법적 결정을 도출하는 데에 법규정이 아무런 역할도 하지 못한다는 회의론적 시각은 옳지 않다. 법관의 법적용은 어디까지나 권력분립 원리에 입각하여 법에 충실하게 이루어져야 하기 때문이다. 법의 해석과 마찬가지로 법의 적용 단계에서

54) MacCormick(1978), 97–99면.
55) "Der Konflikt zwischen der Gerechtigkeit und der Rechtssicherheit dürfte dahin zu lösen sein, daß das positive, durch Satzung und Macht gesicherte Recht auch dann den Vorrang hat, wenn es inhaltlich ungerecht und unzweckmäßig ist, es sei denn, daß der Widerspruch des positiven Gesetzes zur Gerechtigkeit ein so unerträgliches Maß erreicht, daß das Gesetz als ‚unrichtiges Recht' der Gerechtigkeit zu weichen hat." G. Radbruch, "Gesetzliches Unrecht und Übergesetzliches Recht", *Süddeutsche Juristenzeitung 1* (1946), 105–108면, 특히 107면; Radbruch(1973), 345면.
56) Wank(2020), 323면. 물론 그 시대에 합의될 수 있는 정의관이라는 것은 의심스러운 기준이고, 쉽게 조작될 수 있을 뿐 아니라 종종 확인하기 어렵다. Zippelius(2021), 13면.

법관이 자신의 권한이나 재량을 자의적으로 행사하는 것은 정당화될 수 없다. 물론 민사판결의 손해배상액 결정 또는 형사판결의 양형처럼 구체적인 법적 효과를 선택하는 데에 있어서 일정한 재량의 폭이 부여되어 있는 경우에는 법관에게 재량이 허용된다. 엄정한 법 집행으로 인하여 때때로 불합리한 결과가 초래된다고 하더라도 그 문제의 해결은 원칙적으로 입법자의 임무이지, 법관의 임무가 아니다.

제 4 장

법의 해석 I: 일반론

고전적인 포섭 모델의 관점에서 이해되든 아니면 현대적인 논증 모델의 관점에서 이해되든 간에, 법의 적용에서는 논리적 형식이나 구조가 주로 논의된다. 하지만 이것만으로는 최종적인 법적 판단·결정을 도출하고 이를 정당화하는 과정을 온전히 파악할 수 없다. 사안에 적합한 법규정이 어떻게 발견되는지 또 그 법규정이 어떻게 포섭이 가능할 정도로 구체화되는지 등 법의 획득에 대한 논의가 보태어져야 한다. 법의 획득은 다차원적이지만 그 핵심은 여전히 법의 해석이다. 법의 적용 과정에서 대전제로 기능하는 일반적인 법적 판단은 극히 예외적인 경우를 제외하고는 해석을 거치지 않으면 얻어질 수 없다.[1] 다시 말해 법의 적용에 앞서 법규정의 의미가 해석에 의해 확정되어야 하므로 해석은 포섭의 전제가 된다. 법을 발견하고 적용하는 데에 의문이 있는 경우 반드시 법적용자가 법을 해석해야 하는 것은 아니지만[2] 통상 자신의 해석을 통해 결론을 얻는다.

법의 해석은 법을 구성하는 입법과 정반대 방향으로 진행되는 '법의 해체'

---

1) 심헌섭(2001), 213면.
2) 일부 입법례의 입법자 조회(référé législatif, Vorlagepflicht) 제도와 같이 법관이 법령의 해석에 있어서 의문이 생기는 경우 입법자에게 해석을 제청하도록 의무화하는 방식도 가능하다. 법관의 입법자 조회의무에 대해서는 Vogenauer(2001), 509–511면; O. Remien "Die Vorlagepflicht bei Auslegung unbestimmter Rechtsbegriffe", *Rabels Zeitschrift für ausländisches und internationales Privatrecht 66* (2002), 503–530면 참조.

과정이다. 법령은 원래 법전문가가 아닌 일반인을 대상으로 하는 것이므로 국민 친화적으로, 즉 국민들이 잘 이해할 수 있도록 쉽고 명료하게 만들어져야 한다. 입법학에서도 정확·간결·평이·명료하게 입법하는 것이 입법지침으로 널리 받아들여진다. 그러나 현실의 법령에는 그 의미가 애매하고 모호한 법규정이 흔히 발견된다.[3] 거의 모든 법규정은 현실화된 또는 잠재적인 법적 분쟁과 관련하여 애매모호하거나 불분명한 것으로 비칠 수 있다.[4]

입법은 다수의 생활사태를 포섭하기 위하여 불가피하게 불확정적이고 추상적인 개념을 사용할 수밖에 없다. 즉 입법은 '필요한 만큼 많이, 가능한 한 적게'라는 모토 아래 이루어진다. 그로 인해 입법자가 상정하는 기본적인 사건 내지 통상 사건에서는 법의 문언과 그 의미대로 적용하는 것만으로도 만족스러운 결과가 도출될 수 있지만, 의심스러운 사건 또는 경계 사건에서는 종종 그 결과가 만족스럽지 못하다. 결국 법적 언어의 불확정성·추상성으로 인하여 법적용자에 의한 법해석은 불가피하다.

과거 권력분립 원리를 엄격하게 고수하여 법의 해석을 금지하던 시대가 있었고 심지어 이를 법령에 명문화한 사례도 없지 않았다. 가령 로마법대전을 집대성한 유스티니아누스 황제는 칙법(Codex 1.14.12.3.)으로 "황제만이 유일한 법 기초자이자 해석자이다(tam conditor quam interpres legum solus imperator)."라고 하여 해석을 원칙적으로 금지하였다. 법의 해석 금지는 구체제(ancien régime)하에서 사법의 폐해를 경험했던 프랑스에서도 강조되었는데, 프랑스 혁명 이후 법관

---

3) 법학에서 애매성은 언어의 의미가 불확정적이라는 의미로 사용되면서 종종 모호성과 혼동된다. 사전적 의미로도 애매 또는 애매모호가 '경계가 희미하여 불확실한 경우'뿐 아니라 '한 개념이 다른 개념과 충분히 구별되지 못하는 경우'까지 포함하는 것으로 이해되므로 양자가 엄밀하게 구별되지 않는다. 그러나 언어학·언어철학에서는 양자가 개념적으로 구별되는데, 애매성(ambiguity)은 하나의 표현이 동시에 두 가지 이상의 의미를 갖는다는 것, 모호성(vagueness)은 개념의 경계가 불확실하다는 것을 뜻한다. 특히 애매성은 그 원천에 따라 어휘적(lexical) 애매성, 구문론적(syntactic) 애매성, 의미론적(semantic) 애매성으로 나뉜다. L. Solan, "Linguistic Knowledge and Legal Interpretation", *The Nature of Legal Interpretation* (B. Slocum ed.), Chicago: Univ. of Chicago Press, 2017, 66-87, 특히 76-83면. 애매성과 모호성의 구별은 법해석에서도 중요한 의미를 갖는다. 즉 법령이 애매한 경우에는 관대해석 규칙(rule of lenity)과 같은 해석원칙을 통해 애매성을 해소할 수 있는 반면, 법령이 모호한 경우에는 다른 방식으로 정교화하거나 모호하면 무효라는 이유를 내세워 아예 관련 법규정을 배척할 수 있다. Slocum(2015), 6면. 다만 애매성, 애매모호성, 모호성이 혼용되는 언어관용의 현실을 감안하여 일단 호환적으로 사용하되, 두 개념을 명확히 구분해야 하는 경우에는 원어를 병기한다.

4) MacCormick(1978), 65-66면.

의 자의적인 재판권 행사를 방지하기 위하여 법관의 법률 구속을 강화하였다. 이로 인해 프랑스에서는 사법재량에 대한 부정적인 풍조가 꽤 오랫동안 지배하였다.

프랑스 혁명 이전에도 몽테스키외(C. Montesquieu)는 법관을 '법률의 언어를 발언하는 입', '그 힘이나 엄격성을 완화할 수 없는 무생물'에 비유하면서 해석 금지를 강조한 바 있다.5) 이탈리아의 베카리아(C. Beccaria) 역시 법관은 그의 마음에 영향을 미치는 여러 요인들의 우연한 조합을 정당한 법해석으로 본다면서 법관의 자의적인 법해석을 경계하였다. 또 법의 정신을 고려하는 해석은 결국 법을 여론의 흐름에 맡기거나 법관의 개인적인 논리에 좌우되게 하고 그의 이해력에 의존하게 만든다고 비판하였다. 법관에 대한 불신에서 출발하여 베카리아는 형사 사건에서 법관은 해석할 권한이 없고 완벽한 삼단논법을 통해 법을 적용해야 한다고 주장하였다.6)

그럼에도 불구하고 오늘날 법적 언어의 불확정성 등으로 인해 법의 해석이 불가피하다는 점에 대해서 그 누구도 의심하지 않는다. 설령 입법자가 해석이 필요 없는 법 언어로 완벽하게 법규정을 제정한다고 하더라도, 시대의 변화에 따른 언어의 의미 변화는 불가피한 것이기에 법적용 시에 법 문언의 의미를 재검토하는 작업이 필요할 수밖에 없다. 가령 청소년 관련 법규정을 해석하는 데 있어서는 원래 청년(靑年)과 소년(少年)을 뜻하던 '청소년(靑少年)'이 오늘날 일상적으로 10대 후반의 젊은이를 지칭한다는 점을 고려해야 한다. 또 형법상 문서(文書)에 20세기 후반 등장한 각종 전자기록매체를 포함시키는 것이나 도화(圖畵)에 CD, USB메모리에 수록된 동영상을 포함시키는 것도 기존 규정에 대한 재해석을 통해서 가능하다.

요컨대 법 문언에 일반적이고 추상적인 언어가 사용되고 그 언어의 의미가 세월의 흐름에 따라 변화하는 이상, 법의 해석은 불가피하다. 실제로 오늘날 '법관이 법률의 언어를 발언하는 입' 대신에 '법률이 법관의 입(P. Rémy)'이라는 표현이 등장할 정도로 법관에 의한 법해석과 법형성은 일상화되었다.7)

---

5) C. Montesquieu, *De l'esprit des lois*, Genève, 1748, Livre XI, Chapitre 6. 이에 대한 비판적 분석으로는 윤재왕, "법관은 법률의 입?: 몽테스키외에 대한 이해와 오해", 『안암법학』 제30호(2009), 109-145면, 특히 129-135면.

6) C. Beccaria, *Dei Delitti e Delle Pene*, 1764, Cap. 4 : 『범죄와 형벌』(이수성/ 한인섭 역), 지산, 2000, 40-41면.

그렇다면 법해석의 불가피성에 대한 논의는 이 정도로 마무리짓고 올바른 법해석을 위한 방법 내지 기준, 기술, 해석방법 사이의 우선순위에 대한 논의 그리고 법해석의 정당화 가능성이나 한계에 대한 논의에 초점을 맞추는 것이 적절해 보인다.

제1절 법해석의 의의

1. 법해석의 의미

법의 해석(interpretation, Auslegung)은 법의 적용을 위하여 법규정의 의미를 명확히 하는 작업이다. 법해석의 목표나 방법은 일견 기술적인 것처럼 보이지만 궁극적으로 나름의 법이념에 기초하고 있다. 가령 해석목표에 관한 주관적 해석이론이 법적 안정성을 지향하는 반면, 객관적 해석이론은 정의를 지향한다. 마찬가지로 역사적 해석이 법적 안정성을 도모하는 것이라면, 목적론적 해석은 구체적 타당성 내지 실질적 정의를 추구한다.

과거 법해석은 법의 규범적 내용을 확인하는 순수한 인식행위로, 법해석자는 이미 법에 내재되어 있는 규범적 의미를 드러내는 법발견자에 불과한 존재로 이해되었다. 법의 해석에서 창조적 요소를 거부하는 것은 계몽주의 시대의 몽테스키외나 베카리아, 또 개념법학자들이 공통적으로 옹호했던 기계적 법관상에 부합한다.

하지만 현대 법학방법론은 법적용 과정의 두 번째 단계를 단순히 법을 발견하는 것이 아니라 법을 획득하는 과정으로 이해한다. 법을 획득하는 작업은 단순히 법의 발견과 해석에 그치는 것이 아니라 법규범에 흠결 또는 충돌이 있거나 법규정이 애매모호한 경우 사안에 적합한 법을 형성하는 것까지 포괄한다. 그와 함께 오늘날 법해석은 법의 흠결 보충, 수정 내지 보정까지 포함하는 넓은 의미로 이해된다. 사실 프랑스에서는 오래전부터 법의 해석(interprétation)을 넓은 의

---

7) Hager(2009), 210면.

미로 이해하여 법의 형성과 엄격하게 구별하지 않았으며, 프랑스법의 영향을 많이 받은 유럽연합 사법재판소(CJEU)도 법형성까지 포함하는 넓은 의미로 법해석을 이해한다.8)

2. 법해석의 유형9)

(1) 유권해석

유권해석(authentic interpretation)은 법령을 제정하거나 적용할 수 있는 권한을 가진 자 또는 기관이 내리는 해석이다. 문언의 원작자는 최고의 해석자이다 (Quilibet est optimus verborum suorum interpres).

오늘날 유권해석이라 하면 사법해석을 먼저 떠올리지만, 중세 교회법에서 유래한 유권해석은 원래 입법해석으로 이해되었다. 입법해석(立法解釋)은 입법기관이 법제정권한에 터잡아 해석규정을 두는 방식으로 법을 해석하는 것이다. 가령 물건을 정의하는 민법 제98조가 그 예이다. 다수의 특별법, 특히 선행하는 사회적·법적 기반이 결여된 새로운 법률의 경우에도 해석상 논란을 방지하기 위하여 주요 법률용어에 대하여 정의규정을 둔다. 또 "생활의 근거되는 곳을 주소로 한다."라고 규정한 민법 제18조 제1항과 같이 정의규정은 아니지만, 실질적으로 정의규정과 유사한 기능을 수행하는 조항이 있으며 예시규정(조항)이나 간주규정 또한 유권해석 유사 기능을 수행한다.

사법해석(司法解釋)은 개별 사건에서 법원이 재판을 통해 내리는 해석이다. 유권해석은 좁은 의미에서는 사법해석을 의미한다. 예를 들면 형법 및 형사특별법에 규정된 '위험한 물건'에 대하여 대법원이 '흉기는 아니라고 하더라고 널리 사람의 생명, 신체에 해를 가하는 데 사용할 수 있는 물건'으로 해석하는 것이 사법해석의 전형적 사례이다.10)

이러한 사법해석은 원칙적으로 해당 사건에 대해서만 법적 구속력을 갖지

---

8) 다만 유럽연합 사법재판소는 2000년대 후반부터 독일의 영향하에 허용되는 법형성과 허용되지 않는 법형성(반문언적 해석)의 경계가 존재한다는 점을 인정하기 시작하였다고 한다. Möllers(2023), 273-274면 참조.

9) 법해석은 17세기 초 수아레즈(F. Suárez)에 의하여 유권적(authentic) 해석, 관행적(usual) 해석, 학리적(doctrinal) 해석의 세 가지로 명확하게 구분되었다. Schröder I(2020), 78-80면. 그러다가 현대에 들어와서 유권적 해석과 학리적 해석의 두 가지로 구분하는 것이 보편화되었다. 예컨대 Kelsen(1960), 346-354면.

10) 대법원 1984. 10. 23. 선고 84도2001,84감도319 판결 등 다수 판결.

만, 확립된 대법원 판례는 사실상의 구속력을 갖기 때문에 동종 내지 유사한 사건에 대해 유권적 해석으로 기능한다. 물론 사법해석은 본질적으로 법제정자의 유권해석을 보완하는 의미를 가지므로 입법해석보다 열위에 있을 수밖에 없다. 다만 한정합헌·한정위헌과 같은 헌법재판소의 변형결정을 통한 사법해석은 입법해석에 준하는, 아니 입법을 능가하는 강력한 효력을 갖는다.11)

끝으로 행정해석(行政解釋)은 행정기관이 법을 집행하는 과정에서 법을 해석하는 것이다. 상급행정기관이 하급행정기관에 대한 훈령·지령 등을 내리면서 입법해석과 유사한 방식으로 행정해석할 수 있다. 이를테면 국세기본법 기본통칙과 같이 세법의 각종 통칙 등에서 내려지는 해석이 그러한 사례이다. 사법기관도 재판업무가 아닌 사법행정업무의 운영 과정에서 행정해석을 하는데, 부동산등기예규 등이 그러한 기능을 한다. 행정해석은 담당 공무원이나 관계인에게 일응 구속력을 갖고 있지만 입법해석이나 사법해석에 기속된다.

(2) 학리해석

학리해석, 다시 말해 학문적 해석은 법학자가 학설로 내세운 법해석으로서 고유한 의미의 해석이다. 지금도 학설은 재판과 입법의 이론적 기초가 되지만, 국가권력에 의한 해석권한이 부여되지 않은 해석이어서 법적 구속력을 갖지 못한다.

과거 법령과 제정법이 정비되기 전에는 법학자들의 학설이 유력한 법원으로 인정되면서 학설법으로 불리웠다. 로마시대의 이른바 인용법학자의 해석이 대표적인 사례가 될 것이다. 당시 법학자들은 아우구스투스 황제에 의하여 수여된 해답권(ius respondendi), 즉 구체적인 사건에 관한 자문에 답변할 수 있는 권한을 통하여 유권적인 해석자로서 자리매김하였다.12) 특히 426년 공포된 인용법(lex citationeum)에 의해 그 법적 권위가 인정된 가이우스(Gaius)·파피니아누스(Papinianus)·파울루스(Paulus)·울피아누스(Ulpianus)·모데스티누스(Modestinus)의 학설은 후대까지도 상당한 영향력을 발휘하였다. 마찬가지로 과거 잉글랜드

---

11) 법해석에 있어서 헌법재판소 변형결정의 구속력을 둘러싼 대법원과 헌법재판소의 견해 차이에 대해서는 대법원 1996. 4. 9. 선고 95누11405 판결; 헌법재판소 1997. 12. 24. 선고 96헌마172 전원재판부 결정 참조.
12) 해답권(ius respondendi), 정확히는 황제의 권위에 기한 해답권(ius respondendi ex auctoritate principis)에 대해서는 남기윤(2014), 160-161면 참조.

의 이른바 권위있는 법서(book of authority)의 해석도 한때 규범적 구속력이 부여
되었다.

그러나 오늘날 학설이 법원으로 인정받지 못하면서 기본적으로 학리해석은
더 이상 유권적 해석으로 기능하지 못하고 있다. 스위스 민법처럼 명문으로 학설
을 보충적 법원으로 받아들이는 입법례도 있지만, 스위스에서도 규범적 구속력
없이 단지 설득적 권위를 갖는 것으로 해석되고 있다는 점에 대해서는 앞서 설
명한 바 있다.

제2절 법해석의 방법과 기술

오늘날에도 법관이 불명확하고 모순된 입법자의 작품에 대한 창조적 변형
없이 모든 사건을 해결할 수 있다는 믿음이 일각에서 유지되고 있으나, 법해석과
법형성의 개념적 구별은 의심받고 있으며 해석방법이나 해석논거의 객관성이나
중립성에 대한 믿음도 나날이 옅어지고 있다.[13] 그럼에도 불구하고 실정법학이
나 법실무에서는 여전히 고전적 해석방법이나 해석기술을 이용하여 법령을 해석
하고 있다. 이하에서는 전통적인 법해석의 방법과 기술을 간단히 살펴본 다음 현
대 법학방법론의 성과를 검토하고 그 성과를 반영하여 최종 수정한 법해석 방법
론에 대하여 논의한다. 그에 앞서 법해석 방법에 대한 논의의 출발점이 되는 사
비니의 해석이론을 비롯한 법해석 방법론의 역사부터 개관한다.[14]

---

13) 가령 법관의 법해석을 결정짓는 실질적인 힘은 단편적이고 불완전하지만 정치적, 경제적,
    윤리적 판단의 형태로 그 모습을 드러내고 법관이 놓여있는 사회적, 시대적 상황과 법관
    의 개인적 경험에 따라 끊임없이 변하고 그러한 힘의 합리적 논증형태(실질적인 근거)인
    정치적, 경제적, 윤리적 판단도 끊임없이 변하므로 그 정체를 드러내기 어렵다. 이상돈
    (2018), 139-140면.
14) 해석이론(Auslegungstheorie)은 흔히 네 가지 해석방법 내지 해석기준을 의미하지만, 해
    석목표에 관한 주관적 또는 객관적 해석방법을 의미하기도 하므로 각각의 맥락에 따라 상
    이하게 이해되어야 한다. Engisch(1977), 251면 후주107; 김영환(2018), 374면 각주23.

1. 법해석 방법론의 원류

(1) 사비니 이전 시대의 법해석이론

흔히 사비니가 규준 형태로 법의 해석방법을 처음 제시한 것으로 알려져 있지만, 법해석이론의 원조는 고전 로마법 시대의 법학자들이었다.[15] 이를 증명하듯이 학설휘찬(Digesta)에는 법과 의사표시에 대한 다양한 해석원칙들이 등장하며, 이를 211개로 총괄적으로 정리한 장(章) — D.50.17(De diversis regulis iuris antiqui) — 이 따로 편찬되어 있을 정도이다.

다만 학설휘찬이 로마법학자들의 학설 모음이라는 점을 감안하면 쉽게 예상할 수 있듯이, 학설휘찬에서 등장하는 해석원칙 사이에 정합성이나 완결성을 찾기는 어렵다.[16] 예컨대 문언을 중시하는 "법률의 문언을 벗어나서는 안 된다(A verbis legis non est recedendum)" — D.32.69(Marcellus) —, "문언에 어떠한 애매성도 없을 때에는 의도의 탐구는 인정되어서는 안 된다(Cum in verbis nulla am-biguitas est, non debet admitti voluntatis quaestio)" — D.32.25.1(Paulus) — 라는 해석원칙이 있는가 하면, 입법자의 의사나 입법목적을 중시하는 듯한 "법률을 안다는 것은 그 문언이 아니라 그 힘과 권능을 파악하는 것이다(Scire leges non hoc est verba earum tenere, sed vim ac potestatem)" — D.1.3.17(Celsus) — 라는 해석원칙도 존재한다. 또 체계적 해석을 중시하는 듯한 "법률 전체를 개관하기 전에 하나의 규정으로부터 판결을 내리거나 응답하는 것은 무모하다(Incivile est, nisi tota lege perspecta, una aliqua particula eius proposita iudicare vel respondere)" — D.1.3.24(Celsus) — 라는 해석원칙도 발견된다.

11세기 판덱텐의 재발견 이후 볼로냐를 중심으로 발전된 이탈리아 주석학파 그리고 주해학파의 시대를 거치면서 로마법의 해석원칙들을 유형화하고 체계화하려는 시도가 이어졌다. 16세기 이후 인문주의 법학 시대에는 법해석에 역사적 배경을 고려하는 역사적 해석방법이 등장하였고 또 체계적 해석방법에 대한 단초가 제시되는 등 법해석 방법론의 새로운 길이 개척되었다. 즉 인문주의 법학에서 기존의 문언적 해석, 목적론적 해석과 별도로 역사적 해석과 체계적 해석이 추가된 셈이다.

---

15) Raisch(1995), 2면. 로마법시대의 법학방법론에 대해서는 남기윤(2014), 174-193면 참조.
16) 남기윤(2014), 187면 및 190-193면.

그 후 17-8세기 판덴텐의 현대적 관용(usus modernus) 시대에 와서 법해석 방법의 분류방식 및 내용은 또 한 차례 변화를 겪었다. 가령 토마지우스(C. Thomasius)는 법해석을 유권해석·관행해석·학리해석으로 나누는 수아레즈(F. Suárez)의 분류를 계승하면서 당대 유행하던 고전적 해석학의 영향을 받아 학리 해석을 다시 문법적 해석과 논리적 해석으로 나누었다. 문법적 해석은 문언의 어의를 확인한다는 점에서 오늘날의 문언적 해석과 다르지 않으나, 논리적 해석은 오늘날의 논리적 해석이 아니라 문법이 아닌 다른 보조수단으로서 법률의 이성, 법률·입법자의 의사를 중시한다는 점에서 오늘날의 목적론적 해석이나 역사적 해석에 더 가까운 것으로 보인다.[17]

이처럼 법의 해석방법은 로마법 이래 오랫동안 법의 문언을 중요시하는지 법의 의미(이성)를 중요시하는지 또는 법규정의 문법적 이해에 관심을 두는지 체계에 관심을 두는지, 나아가 해석수단으로서 문법에 비중을 두는지 논리에 비중을 두는지에 따라 대체로 2분법적으로 유형화되는 경향을 보였다.

(2) 사비니의 법해석이론: 네 가지 해석요소

사비니(F.C. von Savigny)는 해석의 일차적인 목표를 입법자의 입장에서 사유하며 스스로 입법자의 활동을 기술적으로 재현하는 것으로 보고, 죽은 글자 아래에 살아 있는 사상을 되살리는 것이 중요하다고 생각하였다. 다시 말해 사비니는 해석을 '법률에 내재된 사상의 재구성(Rekonstruktion des dem Gesetz innewho-nenden Gedankens)'으로 파악하였다.

그는 19세기와 함께 시작한 법학방법론 강의를 통해 전통적인 법해석 방법을 정리하기 시작하였는데, 최종적으로 『현대 로마법 체계(*System des heutigen römischen Rechts*, 1840)』에 와서 체계적 해석을 추가하여 법해석의 요소(Element)를 네 가지로 제시하였다.[18]

---

17) 법해석 방법을 문법적 해석과 논리적 해석으로 분류하는 이분법의 원조를 토마지우스가 아닌 뵈머(J.H. Böhmer)로 보는 견해도 논리적 해석의 의미가 불분명하다고 비판한다. 예컨대 Raisch(1995), 76면.

18) von Savigny(1840), 213-215면. 법학방법론에 관한 사비니의 강의(1802-1803)는 그의 제자 야콥 그림(Jacob Grimm)에 의하여 채록되었다가 1951년에야 『법학방법론(*Juristische Methodenlehre*)』이라는 이름으로 출간되었다. 지금은 A. Mazzacane(Hg.), *Friedrich Carl von Savigny: Vorlesungen über juristische Methodologie 1802-1842 (Savignyana 2)*, Frankfurt a.M.: Vittorio Klostermann, 2004, 91-136면 전재.

첫 번째는 문법적(grammatisch) 요소이다. 입법자의 사상으로부터 우리의 사고로 이행해주는 것은 언어이다. 따라서 언어가 기본적인 출발점이 될 수밖에 없다. 두 번째는 논리적(logisch) 요소이다. 법적 사상은 서로 논리적으로 결합되어 있으므로 사상의 구성, 개별적인 부분들 사이의 논리적인 관계를 고려하여 해석할 필요가 있다. 세 번째는 역사적(historisch) 요소로서 입법 당시 현재의 법률관계에 대하여 결정된 상태와 관련된다. 이는 법령 제정 당시의 역사적 상황을 고려한다는 점에서 해석목표에 관한 주관적 해석이론에 접근하는 것으로 보인다. 네 번째는 체계적(systematisch) 요소이다. 이는 법제도와 법규정을 하나의 통일체로 결합하는 내적 연관과 관련된다. 이는 오늘날의 체계적 해석뿐 아니라 목적론적 해석과도 연결된다.

네 가지 해석요소 중에서 문법적 요소와 논리적 요소는 각각 전래적인 문언적 해석과 논리적 해석과 관련된 것인 데 비해, 역사적 요소와 체계적 요소는 사비니가 강조하는 역사(전통)와 체계(개념)에 기초한 것으로서 각각 역사적 해석과 체계적 해석과 관련되어 있다. 다만 그는 법해석의 네 가지 요소가 취향대로, 임의로 선택 가능한 네 가지 종류의 해석이 아니라 해석에 도달하기 위해 통합적으로 작용되어야 하는 상이한 활동이라고 보았다.[19]

이러한 다원론적인 방법론으로 인하여 사비니가 해석의 목표에 대하여 어떤 입장을 취하였는지를 두고 학자들의 견해가 엇갈린다. 사비니는 법규정의 목적에 대한 고려가 원칙적으로 해석의 한계를 벗어난다고 보았기 때문에 법해석에서 입법취지나 입법목적을 고려하는 데에 회의적이었던 것으로 보인다.[20] 이 점에서 사비니는 주관적 해석론자가 아닐 수 없다. 다만 사비니가 자신의 네 가지 해석요소에 기초한 법해석이 법률의 의미가 명확한 이른바 건강한 법상태에 한정되는 것으로 보았다는 점에서 하자 있는 법률에서는 목적론적 해석을 허용하였다고 볼 여지가 없지는 않다.[21]

이와 같이 19세기의 사비니에 이르러 오래전 로마법학, 이탈리아 주석학파 및 주해학파 그리고 인문법학 등에서 단편적으로 제시되던 각종 해석방법이 네 가지로 정립되었다.[22] 그렇다면 사비니가 제시한 해석요소가 고전적 해석방법과

---

19) von Savigny(1840), 215면.
20) Larenz(1991), 13면; Kramer(2019), 66면.
21) Rüthers/Fischer/Birk(2022), 433-435면.
22) 다만 사비니의 4분법은 당대를 지배하던 2분법에 밀려났다가 20세기 중반 엥기쉬, 라렌츠

일부 상이한 부분이 있다고 하더라도 오늘날의 4분법적 법해석 방법론이 사비니에게서 비롯되었다고 평가하는 데에는 큰 무리가 없을 것이다.[23]

2. 법의 문언을 기준으로 한 해석 유형

중세 이래 법은 입법자가 자신의 의사를 표명하기 위해 사용하는 표현수단인 문언(verba)과 그에 담겨 있는 의미(mens)라는 두 가지 기본요소로 구성되어 있다고 설명되었다.[24] 중세 후기와 근대 초기까지는 법해석의 출발점이 법의 문언(verba legis)이라고 보면서도 사실상 문언보다 의미를 더 중시하는 경향을 보였다. 그에 따라 법해석을 문언에 맞게 해석하는 선언적 해석, 법의 의미를 고려하여 문언보다 좁게 해석하는 제한해석, 법의 의미를 고려하여 문언보다 넓게 해석하는 확장해석의 세 가지로 분류하는 방식이 널리 자리 잡게 되었다.[25]

이러한 역사적 배경 아래에서 중세 이래 법해석은 법의 문언을 기준으로 '법 문언에 따른 해석', '법 문언을 넘어선 해석', '법 문언에 반하는 해석'의 세 가지로 분류되기 시작하였다. 이는 포위된 도시의 성문 사례에 대한 토마스 아퀴나스의 설명에서 그 단초를 엿볼 수 있다. 그는 『신학대전(*Summa theologiae*)』 제2부 제1편(q.96 a.6)에서 '법에 복종하는 자는 법 문언을 넘어서 행동할 수 있는가'라는 질문을 던지면서 '법에 복종하는 자는 법 문언을 넘어서(praeter verba legis) 행동해서는 안 되고 법 문언에 따라(secundum verba legis) 행동해야 한다'는 아우구스티누스(Augustinus)의 주장을 반박한다. 아퀴나스에 따르면, 포위된 도시의 성문을 닫으라는 법령이 공포되었더라도 도시를 방어하는 시민들이 적에게 쫓기고 있어서 성문을 열지 않으면 큰 손실이 발생하는 경우 입법자가 의도한 공동선을 지키기 위해서는 법 문언에 반하여(contra verba legis) 성문을 열어야 한다. 물론 아퀴나스는 법 문언에 반하는 해석을 독자적인 해석 유형으로 보지 않고

의 영향 아래 독일어권에서 널리 확산되고 발전되었다고 한다. Möllers(2023), 133면.

23) Fikentscher Ⅲ(1976), 67면; Adomeit/Hähnchen(2018), 53–54면: 남기윤(2014), 392면.
24) Schröder Ⅰ(2020), 59면. 적어도 법학방법론의 관점에서 법의 정신은 근대의 전성기까지 법의 이성(ratio legis)과 사실상 동일한 것으로 받아들여졌지만 정작 이성(ratio)의 의미를 두고서는 다양한 해석이 존재하였다. Schröder Ⅰ(2020), 62–65면; 남기윤(2014), 237–242면 및 324면.
25) Schröder Ⅰ(2020), 59–77면. 제한해석이나 확장해석 등을 보정적 해석(berichtigende Auslegung)으로 포괄하여 선언적 해석(deklatorische Auslegung)과 대비시키는 견해로 Wank(2020), 167면.

법 문언을 넘어선 해석의 일종으로 본 듯하지만 아퀴나스의 논증에서 법의 문언을 기준으로 하는 유형화의 실마리를 찾는 데에는 부족함이 없어 보인다.

토마스 아퀴나스 이후로 법의 문언을 기준으로 삼는 법 문언에 따른 해석, 법 문언을 넘어선 해석, 법 문언에 반하는 해석은 각각 법에 따른(secundum legem/intra legem) 해석, 법을 넘어선(praeter legem) 해석, 법에 반하는(contra legem) 해석으로 단순화되어 지금까지도 법해석의 표준적인 분류 방식 중 하나로 받아들여지고 있다.[26] 다만 오늘날에는 법에 따른 해석만 본래적 의미의 법해석으로 남겨두고, 법을 넘어선 해석이나 법에 반하는 해석은 법해석이 아닌 법형성으로 이해하는 견해가 일반화되었다.

이러한 전통적 분류에 대한 수정 시도도 없지 않은데, 대표적으로 라렌츠는 법 문언의 가능한 의미 내에서 이루어지는 법률해석(Gesetzesauslegung), 법률 흠결의 보충 과정에서 법률의 원래 계획과 목적 내에서 이루어지는 법률내재적(gesetzesimmanent) 법형성, 법률의 계획을 넘어서되 법 내재적으로(intra ius) 이루어지는 법률초월적(gesetzesübersteigend) 법형성으로 나누었다.[27] 이를 계승한 카나리스는 법발견의 첫 단계부터 법형성이 이루어진다는 이유로 아예 법형성이라는 용어로 통일하여 법규정의 문언을 기준으로 법에 따른(secundum legem) 내지 법 내재적(intra legem) 법형성, 법을 넘어선 법형성(praeter legem) 내지 법률내재적 흠결 보충, 법을 벗어난(extra legem) 내지 법률초월적 법형성, 법에 반하는(contra legem) 법형성의 네 단계로 세분화하였다.[28] 이와 같이 법 문언을 기준으로 삼는 라렌츠–카나리스의 분류 방식은 오늘날 독일은 물론[29] 우리나라에서도

---

[26] 법을 넘어선 해석과 법에 반하는 해석의 구분을 받아들이면서도 법 문언이 아닌 입법 당시의 구상(original legislative expectation)을 기준으로 삼는 견해로 Eskridge(1994), 107면.

[27] Larenz(1991), 366-436면, 특히 366-367면.

[28] Larenz/Canaris(1995), 252면. 특히 법을 벗어난 해석은 법의 의미를 넘어선다는 점에서는 법을 넘어선 해석과 같지만, 전체 법질서의 범주와 그 지도원리 안에서 이루어지는 법률초월적인 법형성이라는 점에서 법률내재적 법형성에 그치는 법을 넘어선 해석과 구별된다.

[29] 크라머는 이를 약간 변형하여 법관의 법발견을 사려깊은 복종이 요구되는 법발견 및 법적용의 단계, 흠결 확정을 전제로 하는 법을 넘어선 법형성의 단계, 현행법에 대한 복종 거부가 요구되는 반문언적 법관법의 단계로 나누는 이른바 '법관 법발견의 3단계 모델(3-phasen-Modell der richterlichen Rechtsfindung)'을 제시하였다. Kramer(2019), 208-209면. 이에 대하여 법적용과 법관의 규범제정이 종종 유동적으로 융합한다는 점에서 세 영역의 경계가 명확하게 나누어지지 않는다는 비판으로 Rüthers/Fischer/Birk(2022), 520면.

널리 받아들여지고 있다.30)

　법의 문언을 기준으로 하는 해석의 유형화는 해석의 정당화 가능성과 관련하여 중요한 의미를 갖는다. 법을 넘어선 해석이나 법에 반하는 해석에서 법해석의 한계를 찾으려는 노력은 이론적으로 성공하기 어렵다는 지적31)도 없지 않으나, 실정법적 한계에 대한 고려와 별개로 개념 확정 및 기준 설정을 위한 법이론 차원의 논의가 무의미하지는 않을 것이다.

　원론적으로 법에 따른 해석은 정당화되는 반면, 법에 반하는 해석은 사법(司法)에 대한 입법의 우위를 규정한 권력분립 원리에 반하므로 금지된다. 법에 반하는 판결이 예외적으로 정당화되기 위해서는 특별한 근거가 필요하다. 그리고 흠결을 보충하기 위한 법을 넘어선 해석 내지 형성은 판결이 강제되는 사법(私法) 영역에서는 원칙적으로 허용되지만, 죄형법정주의·조세법률주의가 지배하는 형사법이나 조세법 영역에서는 허용되지 않는다. 요컨대 법에 따른 해석은 그 정당성이 문제되지 않지만, 법을 넘어선 해석은 법영역에 따라서는 정당화가 필요하며, 법에 반하는 해석은 정당화 가능성부터 논란이 된다.

　법에 반하는 해석 내지 형성의 정당화 가능성 자체를 부정하는 학자도 있으나,32) 다수의 학자들은 일정한 전제조건하에서 법에 반하는 해석도 방법론적으로 정당화될 수 있고 법관의 법률 구속이나 평등원칙과 양립가능하다고 본다.33) 사실 법실무의 관점에서 보면, 법에 반하는 법해석을 아예 거부하는 것은 이론적으로 가능할지 모르나 실천적으로 관철하기는 어렵다.

　지금부터 법에 따른 해석, 법을 넘어선 해석, 법에 반하는 해석으로 나누어 각 유형별로 법 문언의 통상적 의미와 가능한 의미와 관련하여 각 해석의 정당성 내지 정당화 가능성을 살펴본다. 먼저 법에 따른 해석은 말 그대로 법 문언을 충실하게 따르는 해석이다. 즉 법관이 법 문언의 통상적인 의미에 따라 해석하는 것으로서 전래적인 의미의 법해석이다. 이는 별도의 정당성 심사 없이 정당화된다.

　다음으로 법을 넘어선 해석은 법 문언의 가능한 의미를 넘어서는 해석이다.

---

30) 심헌섭(2001), 221-225면; 김영환(2012), 254면 각주1; 김학태(2017), 95-96면; 김정오 외 (2017), 216-224면; 박준석(2018), 1-26면. 다만 법형성의 유형을 법률보충적(법률내재적) 법형성과 법률에 반하는 법형성으로 나누는 견해로 양천수(2021), 374-378면.
31) 박철(2003), 232면.
32) 예컨대 Koch/Rüßmann(1982), 253-257면.
33) Engisch(1977), 171면 및 176-180면; Larenz(1991), 426-429면; Bydlinski(1991), 496-500면.

이는 전통적으로 흠결 보충의 문제로 다루어져 왔으나 오늘날 법률내재적 법형성의 문제로 다루어진다. 법의 흠결에 대한 흠결 보충이 허용되는 법영역의 경우 법관은 법의 흠결이 확인되면 유추 등을 통하여 흠결을 보충한다. 이때 유추되는 법 문언의 가능한 의미를 넘어선다는 점에서 엄밀하게 말하면 법해석이 아니라 법형성이지만 이는 입법목적 등에 비추어 정당화될 수 있다.

끝으로 법에 반하는 해석, 줄여서 반문언적 해석은 법 문언의 통상적 의미에 반하게 해석하는 것이다. 이는 이른바 숨은 흠결에서 종종 문제되는데, 법 문언 그대로 해석하면 정의원리에 반하거나 심히 불합리한 결과에 이르게 되는 경우에 시도된다. 하지만 법에 반하는 해석은 권력분립 원리, 법치국가 내지 법의 지배와 같은 헌법 원리와 충돌하는 까닭에 그 정당성을 둘러싸고 논란이 이어져 왔으며, 법학방법론의 역사에서도 가장 논쟁적인 주제 중 하나로 인식되고 있다.[34]

이와 같이 오늘날 그 정당성이 가장 논란이 되는 것은 반문언적 법해석(형성), 특히 죄형법정주의가 지배하는 형법에서의 반문언적 법해석이다. 법관은 반문언적 판결을 내릴 수 있는가? 반문언적 판결이 가능하다면 그 전제조건은 무엇인가? 나아가 일정한 전제조건이 충족되면 법관은 반드시 반문언적 판결을 내려야 하는가? 이 질문에 대한 답을 찾기 위해서는 반문언적 법해석이 문제되는 사례군을 네 가지 정도로 유형화하여 논의하는 것이 도움이 될 듯싶다.[35]

첫 번째 유형은 독일법계의 편집오류(Redaktionsfehler) 또는 영미법계의 '대서인의 실수(scrivener's error)', '서기의 실수(vitium clerici)' 내지 '실언(lapsus lin-guae)'에서 비롯된 잘못된 법규정에 대한 반문언적 해석이다.[36] 편집오류는 법령

---

34) 관련 문헌을 검토하는 데 있어서 유의할 점은, 법에 반하는 해석을 거부하는 입장에서는 '명문의 규정에 반하는 법형성'이나 '법률수정' 등 부정적인 표현을 사용하는 반면, 법에 반하는 해석을 지지하는 입장에서는 이를 수정해석 또는 보정해석이라고 완곡하게 표현하는 등 그 용어부터 달리 사용하고 있다는 것이다. 가령 법원의 '수선의 의무와 권한'이라고 우호적으로 표현한 판례로 대전고등법원 2006. 11. 1. 선고 2006나1846 판결 참조.

35) Rüthers/Fischer/Birk(2022), 573-580면. 엥기쉬 역시 법률수정(Gesetzeskorrektur)과 관련하여 문제되는 다양한 사례군을, 단순한 편집오류에 대한 정정으로서의 법률수정, 입법자의 정신에 따르는 법률수정, 법이념의 정신에 따라 입법자의 의사에 반하는 법률수정으로 구분한 바 있다. Engisch(1977), 176-180면. 또 법률의 내용이 상호모순되거나 충돌하는 경우, 법률에 명백한 실수가 있는 경우, 법률의 내용이 심하게 비합리적이거나 반도덕적인 경우, 사회변화로 규범상황이 변한 경우 등으로 구분하는 견해로 박철(2003), 185-236면, 특히 232면; 양천수(2021), 399-402면.

36) 오늘날 독일법계에서는 편집과오(Redaktionsversehen)라는 용어가 선호되는 듯하다. Larenz

의 제·개정 과정에서 입법자가 실수하여 입법의사와 법 문언이 일치하지 않게 되는 것이다. 이는 의결된 법령 자체에 이미 존재하는 협의의 편집오류 그리고 법령의 간행 과정에서 입법의사가 명백히 그릇되게 표시되는 오기(誤記)로서의 인쇄오류(Drucksfehler) 내지 출판오류(Publikationsfehler)로 세분화되기도 한다.[37]

법관을 비롯한 법적용자는 법규정을 적용하기에 앞서 텍스트 비판 (Textkritik)을 통해 법규정의 정확한 내용을 검토하여야 한다.[38] 따라서 스위스 연방의회법 제58조[39]와 같은 편집오류 시정에 관한 명문 규정이 없더라도 법관이 편집 보정을 통해 편집오류를 시정하는 것은 문제되지 않는다.[40] 편집 보정은 외관상 법률이탈 내지 반문언적 해석처럼 보이지만 보정해석일 뿐이다. 다만 편집오류의 보정해석을 위해서는 입법 연혁의 분석을 통해 입법자의 진정한 의사를 분명하게 확인하여 편집오류의 존재가 명확하게 밝혀져야 한다.

하지만 독일의 실무는 편집오류를 전제로 한 보정해석을 인정하는 데에 소극적이며 법 문언의 가능한 의미를 벗어나면서까지 문언적 해석으로써 이를 해

(1991), 400면; Schmalz(1992), 147면; Müller(1995), 185면 각주322; Rüthers/Fischer/Birk(2022), 580면; Kramer(2019), 165-167면; Wank(2020), 168면; Möllers(2023), 237-239면. 영미법계의 대서인 또는 서기의 실수에 대해서는 Popkin(2007), 234-238면; Jellum (2013), 94-96면 참조.

37) Kramer(2019), 166면; 최봉경(2007), 347-348면.

38) Wank(2020), 168면.

39) 스위스 연방의회법(Bundesgesetz über die Bundesversammlung: Parlamentsgesetz) 제58조 의결 후의 시정(Berichtigungen nach der Schlussabstimmung): 1. Werden in einem Erlass nach der Schlussabstimmung formale Fehler oder Formulierungen, die nicht das Ergebnis der parlamentarischen Beratungen wiedergeben, festgestellt, so ordnet die Redaktionskommission bis zur Veröffentlichung in der Amtlichen Sammlung des Bundesrechts die gebotenen Berichtigungen an. Diese sind kenntlich zu machen. 2. Nach der Veröffentlichung eines Erlasses in der Amtlichen Sammlung des Bundesrechts kann die Redaktionskommission die Berichtigung offensichtlicher Fehler und Änderungen gesetzestechnischer Art anordnen. Diese sind kenntlich zu machen. 3. Über wesentliche Berichtigungen erfolgt eine Mitteilung an die Mitglieder der Bundesversammlung.

40) Kramer(2019), 166-167면; Möllers(2023), 237-238면; 양천수(2021), 378면 및 399면. 이와 달리, 인쇄 오류의 정정은 법치국가적인 측면에서 허용될 수 있지만, 원래의 편집오류는 체계 또는 법의 목적 등에 의해 재구성된 은폐된 목적론적 해석과 다름없다는 견해로 김영환(2012), 320면 각주12. 이와 관련하여 행위 후 법률 개정으로 관대한 법률이 적용되거나 불가벌적 행위가 되는 경우에는 개정 법률이 적용되어야 한다는 이른바 관대법 원리(lex mitior principle)가 편집오류에도 적용되는지에 대한 논의는 Möllers(2023), 238-239면 참조.

결하려는 경향을 보인다는 평가를 받는데,[41] 이는 우리나라 법원도 크게 다르지 않다. 법원은 민사사건은 물론 형사사건에서도 보정해석을 인정하지 않고 법 문 언의 가능한 의미, 심지어 통상적 의미를 벗어나지 않는 문언적 해석이라고 강변 하는 경향을 보인다. 그로 인해 편집오류에 대한 편집 보정으로서의 반문언적 해 석이 핵심 쟁점으로 다루어진 사례는 이른바 금액 판결, 이른바 신협 판결 등 손 에 꼽을 정도로 희소한 편이다.[42]

반문언적 해석의 두 번째 유형은 입법오류에서 비롯되는 숨은 흠결 내지 예 외 흠결의 사례로서 입법자가 원칙만 규정하고 예외를 규정하지 않았기 때문에 해석으로써 예외를 인정하기 위하여 시도되는 반문언적 해석이다. 이는 표면적 으로는 반문언적 해석처럼 보이나 명백히 입법자가 간과한 사례로서[43] 입법자의 의사와 입법목적에 의해 정당화될 수 있다. 두 번째 유형의 반문언적 해석은 해 석기술적으로 목적론적 축소(해석)를 통해 정당화된다.

반문언적 해석의 세 번째와 네 번째 유형은 해석방법에 충실하게 밝혀낸 법 규정의 의미 자체가 문제되는 경우, 즉 모든 단계의 의미탐색을 거쳤음에도 그 결과가 만족스럽지 않은 경우에 이루어지는 반문언적 해석 유형이다.

세 번째 유형은 해당 법규정이 입법 당시 별 문제없이 제정되었으나 이를 적용해나가는 단계에서 당초 예상하지 못했던 사례가 등장하여 반문언적 해석을 시도하게 되는 사례로서 고유한 의미의 반문언적 해석이다. 즉 법 문언에 반할 뿐 아니라 역사적 입법자의 실제 의사와 제정 당시의 입법목적에서 벗어난 해석 이다. 이러한 유형의 반문언적 해석은 현실과 가치기준의 급격한 변화에 따른 관 점 흠결(Anschuungslücke), 규율 필요의 변화, 입법목적의 소멸, 생활사태와 가치 관의 근본적 변화 등의 상황에서 시도된다.[44]

세 번째 유형의 전형적인 사례로는 독일 연방헌법재판소(BVerfG)의 1973년 소라야 판결(Soraya Urteil)이 거론된다. 이 판결은 이란 소라야 전 왕비의 사적인 인터뷰가 시사 주간지에 공개되어 인격권이 침해되는 사건에서 비롯되었다. 우

---

41) Wank(2020), 477면.
42) 대법원 1978. 4. 25. 선고 78도246 전원합의체 판결; 대법원 2006. 2. 23. 선고 2005다 60949 판결(이른바 신협 판결). 이른바 신협 판결에 대한 법학방법론 차원의 상세한 평석 으로는 최봉경(2007), 338-368면.
43) 이를 형식적으로 법률에 반하는 법형성이지만 실질적으로는 법률보충적 법형성이 될 수 있다고 보는 견해로 양천수(2021), 376-378면.
44) Rüthers/Fischer/Birk(2022), 581-584면.

리나라 민법과 달리 독일 민법 제253조 제1항은 비재산적 손해에 대해서는 명시적으로 규정된 경우에 한정하여 손해배상을 인정하기 때문에 일반적인 인격권 침해는 손해배상의 대상에서 제외된다. 그럼에도 불구하고 1964년 독일 연방대법원(BGH)은 반문언적 해석을 통해 금전손해배상을 명령하는 판결을 선고하였다.[45] 이 판결에 대한 헌법소원 사건에서 독일 연방헌법재판소는 법(Recht)과 법률(Gesetz)이 동일하지 않다는 것을 전제로 합헌적인 법질서 내에서 법률에 대한 시정수단(Korrektiv)을 발견하고 판결을 통해 이를 실현하는 것이 사법의 임무라고 하여 반문언적 해석의 정당성을 인정하였다.[46]

소라야 판결은 단순히 반문언적 해석의 정당화가능성을 언급한 데 그치지 않고 그 정당성 판단의 기준으로 법규정의 제정 시기, 시행 시작부터 경합된 성격, 다른 서구 국가의 법발전, 국민의 변화된 법관념, 헌법의 가치체계, 법학의 광범위한 합의, 입법자의 법개정을 기다릴 수 없는 상황, 법체계와의 적합성 등을 구체적으로 제시함으로써 법해석 방법론의 발전을 이끈 기념비적인 판결의 하나로 평가된다.[47]

사실 세 번째 유형도 헌법상 법관의 법률 구속, 권력분립 원리에 비추어 정당화되기 어려움에도 불구하고 독일 실무에서는 인격권 침해에 대한 금전배상뿐 아니라 거래의 기초 소멸에 대한 신의성실의 원칙 적용 그리고 권리능력없는 사단법

---

45) BGH 8. 12. 1964 - NJW 1965, 685. 이미 독일 연방법원은 1958년 이른바 Herrenleiter-Fall에서 인격권 침해에 대한 손해배상 판결을 선고한 바 있다. BGH 14. 02. 1958 - BGHZ, 26, 349.

46) BVerfG, Beschl. von 14. 2. 1973 - BVerfGE 34, 269: "Das Recht ist nicht mit der Gesamtheit der geschriebenen Gesetze identisch. Gegenüber den positiven Satzungen der Staatsgewalt kann unter Umständen ein Mehr an Recht bestehen, das seine Quelle in der verfassungsmäßigen Rechtsordnung als einem Sinnganzen besitzt und dem geschriebenen Gesetz gegenüber als Korrektiv zu wirken vermag; es zu finden und in Entscheidungen zu verwirklichen, ist Aufgabe der Rechtsprechung. ⋯ Die Aufgabe der Rechtsprechung kann es insbesondere erfordern, Wertvorstellungen, die der verfassungsmäßigen Rechtsordnung immanent, aber in den Texten der geschriebenen Gesetze nicht oder nur unvollkommen zum Ausdruck gelangt sind, in einem Akt des bewertenden Erkennens, dem auch willenhafte Elemente nicht fehlen, ans Licht zu bringen und in Entscheidungen zu realisieren."

47) Alexy/Dreier(1991), 96-97면. 그 후 이른바 사회적 계획 판결(Sozialplan Urteil)에서 반문언적 해석이 다시 쟁점이 되었는데, 이번에는 독일 연방헌법재판소가 관련 헌법원리의 모호성, 판결을 뒷받침하는 논거의 정치적 성격, 일반적인 법적 합의의 결여, 법해석론적 합의의 결여 등을 이유로 반문언적 해석을 받아들이지 않았다. BVerfG, Urteil von 19. 10. 1983 - BVerfGE 65, 182.

인에 대한 사단법인 규정 유추 적용 등에서 반문언적 해석이 이루어지고 있다.[48]

　　마지막으로 가장 논란이 많은 네 번째 유형은 입법 과정에서 별다른 논란 없이 제정된 법규정에 대하여 법이념 등을 내세워 법적용을 거부하는 극단적인 반문언적 해석으로서 입법자의 의사에 반하는 법률수정을 시도하는 것이다.[49] 한마디로 법원 스스로 새로운 법을 창조하는 것이다. 과거 1923년 독일 제국법원에 의해 내려진 이른바 평가절상 판결(Aufwertungsurteil)로 대표되는 네 번째 유형의 반문언적 해석은 민주적 법치국가의 근본원리를 침해하기 때문에 세 번째 유형보다 한층 강화된 정당화를 요구한다. 실무에서는 흔히 정의와 같은 법이념뿐 아니라 종종 신뢰보호나 신의성실의 원칙과 같은 법의 일반원리, 심지어 거래의 안정과 같은 실질적 이유가 원용되지만 그것만으로는 쉽게 정당화되기 어려울 것이다. 특히 해당 법령이나 법규정이 입법론적 관점에서 개정의 필요성이 인정된다고 하더라도 그 입법목적 내지 입법취지에 정면으로 반하는 반문언적 해석은 방법론적으로 정당화되기 어렵다.[50]

　　우리나라 판례의 법정의견(다수의견)을 기준으로 할 때 첫 번째 편집오류에 대한 보정으로서의 반문언적 해석 사례로는 이른바 금액 판결을 들 수 있으며, 두 번째 숨은 흠결에 대한 흠결 보충으로서의 반문언적 해석 사례로는 이른바 백지어음 판결을 들 수 있고, 세 번째 유형의 고유한 반문언적 해석을 대표하는 사례로는 이른바 성전환자 호적정정 결정을 들 수 있으며, 네 번째 유형의 반문언적 해석 사례로는 부동산실명법 위반 여부가 쟁점이 되었던 일련의 명의신탁 판결[51]이나 이른바 군 동성애 판결[52]을 들 수 있을 것이다.

3. 고전적 해석방법론

　　사비니에 의해 제안된 4분법적 분류방식은 20세기 중반 이후 다수 학자들에

---

48) Rüthers/Fischer/Birk(2022), 575-577면.

49) Engisch(1977), 179면.

50) Kramer(2019), 262-263면.

51) 대법원 2003. 11. 27. 선고 2003다41722 판결; 대법원 2019. 6. 20. 선고 2013다218156 전원합의체 판결. 이른바 계약명의신탁과 관련하여, 법규정의 문언 또는 문법구조대로 해석하는 것이 평가모순을 가져오는 경우에는 가능한 어의와 의미연관의 범위 안에서 이를 피할 수 있는 해석이 요구되며 비상의 경우에는 이를 해소하기 위하여 때로 법에 반하는 (contra legem) 해석도 허용된다는 견해로 양창수, "부동산실명법의 사법적 규정에 의한 명의신탁의 규율", 『민법연구』 제5권, 박영사, 1999, 135-180면, 특히 176-177면.

52) 대법원 2022. 4. 21. 선고 2019도3047 전원합의체 판결.

의해 수용되면서 적어도 독일법계에서 지배적인 해석방법론으로 자리 잡았다.
다만 논리적 요소는 이미 문언적 요소와 체계적 요소 안에 포함되어 있다는 이
유로 논리적 해석이 제외되는 대신에 이익-평가법학의 영향으로 목적론적 해석
이 중시되면서 문언적 해석, 체계적 해석, 역사적 해석, 목적론적 해석의 네 가지
로 재편되었다. 각 해석방법은 상응하는 해석의 기준(criteria), 즉 법 문언의 의미,
법률의 의미연관성, 입법자의 입법 의도 내지 성립사, 입법 목적·취지를 각각 중
시하는 것으로서 흔히 다음과 같은 해석규준(canon)의 형태로 제시된다.53)

  (i) 법률문언의 '어의(語義)'를 확인하라.
  (ii) 해석하려는 법규정이 놓여있는 법률상의 '문맥(文脈)'에 유의하라.
  (iii) '입법자의 입법의도'가 실현될 수 있도록 법률을 해석하라.
  (iv) '법률의 목적(目的)'이 실현될 수 있도록 법률을 해석하라.54)

이러한 고전적 해석방법은 독일법계 국가들을 넘어 스페인 등에서 법제화되
기도 하고,55) 유럽연합 사법재판소를 비롯한 유럽연합 차원에서도 일부 수정을
거쳐 활용되고 있지만, 프랑스의 예에서 보듯이 대륙법계에서 보편화된 해석방
법론이라고 보기는 어려울 듯싶다. 한편 코먼로 법계에서는 대륙법계의 해석기
술에 대응하는 각종 해석규준(canons of construction)과 별개로 문언 규칙(literal

---

53) 전통적으로 해석자에게 내리는 일종의 지침으로서 '해석규준(canon)'이라는 표현이 선호
되었고, 오늘날에는 각 해석규준이 중시하는 핵심적인 요소로서의 '해석기준(criterion)' 또
는 해석의 정당성을 뒷받침하는 논거로서의 '해석논거(argument)'라는 표현이 널리 사
용된다. 전통적으로 해석규준의 형태로 제시되었던 각 해석방법은 각각 문언·체계·성
립사·입법목적과 같은 해석기준을 중시하는 것이며 이는 그에 따른 해석 결과를 정당화
하는 논거 또는 논증형식으로 작동한다는 점에서 '해석논거'로 불러도 무방할 것이다. 다
만 해석방법이 해석의 규준·기준·논거를 포괄한다는 의미에서 일반화된 용어일 뿐 아니라
우리에게도 익숙하므로 여기서는 전통적인 용례를 좇아 '해석방법', 줄여서 '해석'이라고
부르고 원문을 직접 인용하는 경우나 맥락에 따라 해석규준이나 해석기준, 해석논거가 더
적절한 경우에는 이를 사용한다. 해석방법 내지 해석기준 등의 용어 문제에 대해서는
Möllers(2023), 36면 참조.
54) Koch/Rüßmann(1982), 166면; Bydlinski(1991), 436-437면; 심헌섭(2001), 213-214면.
55) 스페인 민법전 제3조 제1항: 법규정은 문언의 의미에 따라, 또 맥락, 역사적 선례 및 입
법사, 법규정이 적용될 당시의 사회적 현실과 관련지어 기본적으로 법규정의 정신과
목적을 고려하여 해석된다(Las normas se interpretarán según el sentido propio de sus
palabras, en relación con el contexto, los antecedentes históricos y legislativos, y la
realidad social del tiempo en que han de ser aplicadas, atendiendo fundamentalmente
al espíritu y finalidad de aquellas).

rule), 폐해 규칙(mischief rule), 황금 규칙(golden rule)이 법해석의 3원칙으로 받아들여지지만, 고전적 해석방법에 대응하는 해석규준은 명확하게 정립되지 않은 듯하다.

(1) 법해석의 방법

1) 문언적 해석(literal interpretation)

문언적 해석은 법의 문언(litera legis)에 기초하여 법을 해석하는 것으로서 전통적으로 문리해석(文理解釋) 또는 문법적 해석이라고 불려왔다.[56] 문언적 해석에 비판적인 학자들은 문언에 집착하여 다른 해석방법을 고려하지 않는 해석을 부정적인 의미로 자구해석(字句解釋) 또는 자의적(字意的) 해석이라고 부른다.[57] 법학 문헌에서 흔히 발견되는 '형식논리적 해석' 역시 주로 문언적 해석에 대해 비판적인 학자들이 사용한다는 점에서 그 의미는 자구해석과 다르지 않다. 영미법계에서는 문언 규칙이 문언적 해석에 해당되고 특히 문언의 일상적 의미를 중시하는 해석은 일상적 의미 규칙(ordinary meaning rule)이라고 불린다.[58]

전통적으로 법 문언은 해석의 출발점이자 한계로 이해되었다. 특히 법 문언이 해석의 출발점이라는 점에 대해서는 예나 지금이나 별다른 이견이 없다. 따라서 법규범의 의미가 법 문언의 의미와 부합하지 않는다고 주장하는 사람이 그에 대한 논증책임을 부담한다. 반면 법 문언이 해석의 한계라는 점에 대해서는 지속적으로 의문이 제기되지만, 통설은 여전히 법의 문언을 해석의 한계로 본다: 어의의 경계기능(Grenzfunktion des Wortsinn).

그런데 일상용어의 의미가 종종 협의(狹義)와 광의(廣義)로 구분되는 것처럼, 법 문언의 의미도 언어용례에 따른 통상적 의미와 그 문언이 가지는 다양한 의미를 포괄하는 가능한 의미로 구분될 수 있다. 전통적으로 법, 특히 형법의 해석

---

56) 엄밀하게 말하면 문언(Wortlaut)은 해석의 대상, 어의(Wortsinn)는 해석의 목표, 문법 내지 구문론은 해석의 수단이다. Engisch(1977), 233면 후주74a.

57) 극단적인 문언적 해석으로 인한 폐해는 이미 오래전 키케로에 의해 '법의 극치는 불법의 극치(summum ius summa iniuria)'라는 유명한 법언(法諺)으로 표현되었다. 남기윤(2014), 179면.

58) 법 문언의 해석에 있어서 일상적 의미 규칙은 종종 명백한 의미 규칙(plain meaning rule)과 혼동되고 혼용된다. 그러나 일상적 의미 규칙이 법 문언의 해석에 있어서 일응 일상적 의미를 중시하는 것인 데 비하여, 명백한 의미 규칙은 일상적 의미가 되었건 전문적 의미가 되었건 간에, 법문의 의미가 명백한 경우에는 다른 해석방법을 활용해서는 안 된다는 것이므로 양자는 개념적으로 구별된다.

에서 법 문언의 가능한 의미가 법해석과 법형성을 경계짓는 기준으로 이해되어 왔기 때문에 법해석에 있어서 두 의미의 구별은 대단히 중요하다. 자주 인용되는 독일 연방헌법재판소 판결에 따르면, "법률의 가능한 어의는 법관의 허용가능한 해석에 대한 최대한의 경계를 설정한다."59) 법 문언의 가능한 의미가 불명확할 뿐 아니라 해석 이후에야 확정되며 종종 문언의 통상적 의미와 혼동된다는 비판에도 불구하고,60) 법 문언의 가능한 의미는 우리나라에서도 법해석의 한계에 대한 유효한 기준으로 널리 받아들여지고 있다.

한편 문언적 해석은 일상적(ordinary) 의미에 바탕한 해석과 전문적(technical) 의미에 바탕한 해석으로 나뉜다. 일상적 의미가 일반인의 언어관용에 따른 의미인 반면, 전문적(기술적) 의미는 문언이 법 및 법학에서 이해되는 의미, 즉 법적 의미(legal meaning)이다. 예를 들면 선의(善意, bona fides)와 악의(惡意)는 일상적으로는 각각 선한 의도 내지 선량한 마음, 그리고 악한 의도 내지 해를 끼치려는 마음으로 이해되지만, 법적으로는 각각 부지(不知)와 지(知)를 의미한다. 또 권리주체로서의 인(人) 또한 일상적으로는 자연인을 의미하지만 법적으로는 자연인뿐 아니라 법인(法人)까지 포함한다. '대항하지 못한다'는 용어 역시 일상적으로 맞서서 버티거나 항거하지 못한다는 의미를 갖지만, 법적으로는 효력 등을 누군가에게 주장하지 못한다는 의미로 이해된다.

2) 체계적 해석(systematic interpretation)

체계적 해석은 다른 법규정이나 법체계를 고려하여 법규정을 해석하는 것이다. 법해석자는 하나의 법규정을 고립적으로 봐서는 안 되고 전체적인 연관성 속에서 파악해야 한다는 점에서 이는 법률의 의미연관성에 따른 해석(K. Larenz) 또는 맥락에 따른 논거(R. Zippelius)라고도 불린다. 사실 해석자가 법규정의 한 구절을 이해하기 위해서는 법령 전부를 알아야만 한다. 이미 오래전 슈타믈러(R. Stammler)가 지적했다시피, 누구든지 법전의 한 조문을 적용하는 그 순간 그는 전체 법전을 적용하는 것이다.61)

영미법에서는 전체 법령 규칙(whole act rule) 내지 동일 의미 규칙(in pari

---

59) BVerfGE 73, 206(235).

60) 대표적으로 이상돈(2018), 129-131면.

61) R. Stammler, *Theorie der Rechtswissenschaft*, Halle: Buchhandlung des Waisenhauses, 1911, 24-25면: "Sobald jemand einen Paragraphen eines Gesetzbuches anwendet, so wendet er das ganze Gesetzbuch an."

materia), 나아가 동종 규칙(eiusdem generis), 동류율(noscitur a sociis)이 체계적 해석에 해당된다. 전체 법령 규칙 내지 동일 의미 규칙에 따라 하나의 법개념은 일관되게 해석되어야 하고 동종 규칙이나 동류율에 따라 법 문언은 법령의 전체 맥락 속에서 해석되어야 한다.

　체계적 해석은 과거 사비니에게는 논리적 해석과 별개로 이해되었으나 점차 논리적 해석을 포괄하는 해석방법으로 자리 잡았다. 다만 학자에 따라서는 여전히 동일한 법률의 법규정 사이의 조화를 논리적 해석, 전체 법체계와의 조화를 체계적 해석으로 구별하기도 하고 규칙과의 조화를 논리적 해석, 원리와의 조화를 체계적 해석으로 구별하기도 한다.

　헤크(P. Heck) 이래[62] 법의 체계는 내적 체계와 외적 체계로 구분되므로 체계적 해석은 법령의 편장 구분이나 조문의 구성, 편장·조문의 제목과 같은 외적 체계뿐 아니라 입법자가 결정한 가치질서로서의 내적 체계도 고려한다. 내적 체계에서는 다른 법규정과의 조화가 평가적 관점에서 고려되므로 법해석자는 평가 모순 등의 결과가 발생하지 않도록 해석해야 한다.

　3) 역사적 해석(historical interpretation)

　역사적 해석은 입법의 역사를 중시하는 해석으로서 연혁(沿革)을 해석의 기초로 삼는다는 점에서 연혁적 해석이라고도 불린다. 역사적 해석은 법률의 제정이나 개정 당시의 역사적 상황을 고려하므로 입법자의 의사 파악을 해석목표로 삼는 주관적 해석이론과 밀접하게 관련된다. 그에 따라 입법자가 법령을 제정하면서 의도했던 입법취지를 고려하여 해석한다는 의미에서 종종 역사적·주관적 해석이라고도 불린다.

　역사적 해석은 오늘날 영미법계 국가에서도 널리 활용되고 있다.[63] 코먼로의 법해석 3원칙 중 폐해 규칙이 입법 당시 입법자의 의도를 고려한다는 점에서 역사적 해석과 유사한 측면이 있다. 하지만 폐해 규칙은 입법자가 어떠한 폐해를 억제하기 위하여 그 법을 제정했는지를 고려하여 해석해야 한다는 점에서 목적론적 해석과도 연결되는 해석 규칙이므로 역사적 해석과 그 의미가 동일하지는 않다. 오히려 미국의 법해석이론 중에서 원의주의(originalism)나 의도주의(intentionalism)가 입법자의 의도를 중시한다는 점에서 역사적 해석과 더 가까운 것으

---

62) Heck(1932), 139-140면.
63) Vogenauer(2001), 1256면.

로 보인다.

역사적 해석에서 말하는 역사가 다중적인 의미를 갖기 때문에 역사적 해석 역시 다의적일 수밖에 없으나 그 핵심은 법규정을 해석하기 위해서는 입법자의 의도를 탐색해야 하고 입법자의 의도가 확인되면 그에 맞게 해석해야 한다는 것이다. 하지만 의도를 파악해야 하는 입법자를 특정하기 어려울 뿐 아니라 입법자의 의도가 불분명하거나 모순될 수도 있다. 또 입법준비자료가 부실하거나 제대로 보관되지 아니하여 활용하기 어려운 경우에는 입법자의 의도를 정확히 파악하기 어렵다. 입법준비자료가 충실한 경우에도 다양한 자료 중 어떤 자료에 근거할 것인지 등의 문제가 뒤따른다. 실제로 법안 초안, 입법제안서, 국회 본회의 회의록뿐 아니라 상임위원회의 심사보고서도 입법준비자료로 활용되는데,[64] 이들 자료가 상충한다면 어떤 자료가 우선하는지는 논란이 될 수밖에 없다.

입법자의 주관적 의사가 분명히 확인되고 명확하며 법률에 표현되어 있어야 한다고 하더라도, 입법자의 의사와 표시가 일치하지 않는 경우 무엇을 기준으로 판단할지도 분명치 않으므로 결국 해석자가 그 요건의 충족여부를 자의적으로 판단하여 입법자의 의사를 무시할 수 있다는 데에 역사적 해석의 근본적 한계가 존재한다. 즉 해석자의 언어학·법철학·정치철학 및 심리철학적 경향에 따라 의도가 달리 파악될 수 있다.

4) 목적론적 해석(teleological interpretation)

목적론적 해석은 입법목적 내지 입법취지(입법정신, ratio legis)에 기초한 해석이다. 이는 로마법대전의 학설휘찬에서도 기원을 찾을 수 있지만 고전적 해석방법의 하나로 자리잡게 된 것은 예링으로 대표되는 목적법학의 영향이 결정적이었다. 예링에 의하면 모든 법의 창조자는 목적이므로 모든 법규정은 입법목적에 맞게 해석되어야 한다.[65] 이는 법이 일정한 목적을 달성하기 위한 수단이라는 점을 받아들인다면 당연해 보인다. 입법자는 사회적 요구에 대응하여 법을 제정하는 데 있어서 규율재량을 행사하는데, 한편으로 추구하는 목적 및 그 한계를

---

64) 입법준비자료를 활용한 역사적 해석에 있어서 국회 본회의 회의록을 활용한 사례는 대법원 2000. 6. 15. 선고 98도3697 전원합의체 판결, 국회 상임위원회 작성의 심사보고서를 활용한 사례는 서울고등법원 2006. 1. 26. 선고 2002나32662 판결 참조. 다만 국회 전문위원의 검토보고서나 국회 또는 지방의회에서의 발언은 입법준비자료로서 참조할 가치가 거의 없다. 같은 견해로 장준혁(2022), 108면.

65) 법규정의 문언은 목적과 무관하게 이해되어서는 안 된다. 법규정을 통해 추구하고 입법목적을 지향하는 것이 해석의 시작이자 끝이다. Wank(2020), 211면.

결정하고 다른 한편으로 그 목표를 달성하기 위해 필요한 법적 수단의 적합성과 적정성을 판단한다.[66]

사회현실이나 법적 상황이 변화함으로써 입법목적이 소멸될 수 있는데, 사회현실이나 법적 상황이 완전히 변화되는 경우 법규범의 적용범위는 영(零)으로 축소되므로 입법목적의 소멸은 규범 자체의 소멸로 이어질 수 있다: 이른바 전체 수정(Totalkorrektur).[67] 교회법에서 유래한 고전적인 법언을 빌리자면, 입법목적이 사라지면 법 자체도 사라진다(Cessante ratione legis, cessat ipsa lex).

코먼로 법계의 황금 규칙(golden rule)은 문언적 해석의 한계를 극복하기 위한 해석규칙이라는 점에서 목적론적 해석에 가깝다. 하지만 황금 규칙은 문언적 해석이 대단히 불합리하거나 공공의 이익을 저해하는 결과에 이르게 되는 경우에 적용된다는 점에서 결과고려적 해석에 더 가깝고, 오히려 폐해 규칙(mischief rule)이 법의 제정 목적을 고려한다는 점에서는 목적론적 해석과 유사하다. 미국의 법해석 방법론 중에서 목적주의(purposivism) 내지 목적론적 접근방법(purposive approach)이 목적론적 해석을 중시하는 입장에 해당된다.

입법목적은 개별 법령의 특수한 목적 — 구체적 입법목적 — 뿐 아니라 모든 법령에 공통적인 목적 — 추상적 입법목적 — 을 포괄한다. 가령 환경 보호, 환자의 자기결정권 보장 등이 전자의 예라면, 신뢰보호, 목적과 수단의 비례성, 유효성 내지 실행가능성·수용가능성, 지속가능성, 나아가 정의·법적 안정성과 같은 법이념은 후자의 예가 되겠다. 개별 법령의 특수한 목적은 대개 목적조항에 추상적으로 표현되는데 종종 복수로 등장하는 입법목적은 서로 충돌할 수 있다.

목적론적 해석의 정당화 근거로서 흔히 "법률은 입법자보다 영리하다."는 법언이 언급된다. 이 점에서 역사적 해석이 주관적 해석이론과 밀접하게 관련되듯이, 목적론적 해석은 객관적 해석이론과 밀접하게 관련된다. 그로 인하여 목적론적 해석 대신에 종종 객관적–목적론적 해석이라는 용어가 사용된다.[68]

---

66) Zippelius(2021), 41면.
67) Schmalz(1992), 150면.
68) 특이하게 객관적–목적론적 해석을 체계적 해석의 하위 유형으로 파악하는 견해로 Raisch (1995), 149면.

(2) 법해석의 기술[69]

19세기 법전화시대를 거치면서 법령해석의 수단으로 사용되어 오던 각종 해석기술이 체계화되기 시작하였다. 물론 유추나 반대해석을 비롯한 대부분의 해석기술은 오래전 로마법에서 그 뿌리를 찾을 수 있다.[70] 이에 비하면 상대적으로 해석기술의 발전이 더딘 편이었던 영미법계에서도 판례가 집적되면서 판결이유를 정당화하는 해석기술이 규준(canon)·규칙(rule)의 형태로 발전되기 시작하였다. 다만 상당수의 해석 규준·규칙은 일상언어에도 통용되는 언어규칙이라는 점에서 주로 문언적 해석과 논리·체계적 해석과 연관되어 있다. 영미법의 해석기술은 오늘날 문언적 규준(textual canon)이라는 이름으로 정리되어 뒤에서 살펴볼 실질적 규준(substantive canon)과 대비되고 있다. 일견 대륙법계의 해석기술과 영미법계의 해석기술이 용어 등에서 차이가 있는 것처럼 보이지만, 오늘날 법계의 수렴으로 해석기술도 보편화되면서 법계별로 실질적인 차이는 없다.

법해석의 기술과 관련해서 이론적 차원에서 논란이 되는 것은, 특정한 해석기술이 앞서 살펴본 고전적 해석방법의 세부 유형으로 포섭될 수 있는지의 문제이다. 학자에 따라서는 축소해석이나 확장해석을 문언적 해석의 일종으로 보거나 유추를 논리해석 내지 체계적 해석의 일종으로 보기도 하고 아예 전래적인 해석기술 전부를 체계적 해석의 일환으로 보기도 한다. 하지만 법해석의 기술은 말 그대로 적절한 해석결과를 도출하기 위한 일종의 도구이므로 모든 고전적 해석방법에서 활용될 수 있다. 이를테면 목적론적 축소해석·확장해석이 가능하듯이 체계적 축소해석·확장해석도 가능하다.[71] 따라서 다양한 해석기술들을 굳이 고전적 해석방법의 틀에 짜 맞춰 분류할 필요는 없어 보인다.

1) 축소해석(제한해석)

축소해석(restrictive interpretation, einschränkende Auslegung)은 법 문언을 통

---

69) 전통적으로 독일어권에서는 유추, 반대해석, 물론해석 등을 해석의 기술(Kunst) 대신 법(학)적 추론형식(Schlußform)으로 불러왔다. 예컨대 Koch/Rüßmann(1982), 258- 261면; Schneider(1995), 134-150면. 하지만 반대해석을 제외하면 유추, 물론해석 등은 엄밀한 의미의 논리적 추론이 아니라 결론의 진실성이 담보되지 않는 개연성 추론(Wahrscheinlichkeitsschluss)에 불과하다는 점에서 그러한 용어 사용은 적절하지 않다.

70) 남기윤(2014), 184-185면.

71) 가령 양심적 병역거부가 병역법 제88조 제1항의 정당한 사유에 해당되는지가 쟁점이 되었던 대법원 2018. 11. 1. 선고 2016도10912 전원합의체 판결에서 다수의견은 헌법합치적 해석의 관점에서 '정당한 사유'를 확장해석하고 있는데, 이는 체계적 확장해석의 일종으로서 헌법합치적 확장해석이라고 부를 수 있을 것이다.

상적인 의미, 특히 일상적 의미보다 좁게 해석하는 것으로서[72] 제한해석 또는 한정해석으로도 불린다. 영미법에서는 동종(한정) 규칙(ejusdem generis)이라는 이름으로 발전되었다. 예컨대 민법 제211조에 의하면 소유자는 법률의 범위 내에서 소유물, 즉 소유하고 있는 물건을 사용·수익·처분할 권리를 가진다. 하지만 유체(遺體) 또는 정자 등 생식세포와 같은 인체유래물은 물건으로서 사용 등에 대한 명시적인 제한 규정이 없음에도 불구하고, 이를 사용·수익·처분할 권리가 상당 부분 제한되는 것으로 해석된다. 또 헌법 제65조 제1항은 법률이 정한 공무원이 그 직무집행에 있어서 '헌법이나 법률을 위배한 때'에는 탄핵소추를 의결할 수 있다고 규정하는데, 통설과 판례는 '파면을 정당화할 수 있을 정도로 중대한 헌법이나 법률 위배가 있는 때'로 축소해석한다.[73]

형법 사례로는 강간죄의 구성요건인 폭행·협박에 대한 전통적 해석을 들 수 있다. 대법원 판례에 따르면 강간죄 구성요건으로서의 폭행·협박은 형법 제260조 폭행죄나 형법 제283조 협박죄에서의 폭행·협박과 그 의미를 달리하는 것으로 해석된다. 즉 강간죄의 폭행·협박은 '피해자의 반항을 현저히 곤란하게 할 정도의 폭행·협박'이라고 해석함으로써 문언보다 이를 축소하여 해석하였다.[74]

축소해석은 개념적 차원이 아닌 논리-체계적 차원에서도 가능한데, 대표적인 사례로 제329조 절도죄의 객체에 대한 해석을 들 수 있다. 절도죄의 객체는 타인의 '재물', 즉 재산적 가치가 있는 물건이므로 부동산이 포함됨에도 불구하고 다수설과 판례는 절도죄의 또 다른 구성요건으로서의 '취거'가 불가능하다는 이유로 절도죄의 객체에서 부동산을 제외하는 것으로 축소해석한다.

논리-체계적 축소해석의 또 다른 사례로는 형법 제302조의 미성년자 등에 대한 간음을 들 수 있다.[75] 형법 제302조는 "미성년자 또는 심신미약자에 대하여 위계 또는 위력으로써 간음 또는 추행을 한 자는 5년 이상의 징역에 처한다."라고 규정한다. 문언적 해석의 관점에서 보면, 여기서의 '미성년자'는 연령을 불

---

72) 축소해석/확장해석은 '법 문언의 의미', 특히 통상적 의미를 기준으로 구별하는 것이 일반적이나, '법규정의 적용범위'를 기준으로 구별하거나 '입법자의 의사'를 기준으로 구별할 수도 있다. 자세히는 Engisch(1977), 100-105면; Larenz(1991), 353-356면 참조.

73) 『헌법주석서 Ⅲ』, 제2판, 법제처, 2010, 376-379면; 헌법재판소 2004. 5. 14. 2004헌나1 전원재판부 결정; 헌법재판소 2017. 3. 10. 선고 2016헌나1 전원재판부 결정.

74) 대법원 1988. 11. 8. 선고 88도1628 판결; 2017. 10. 12. 선고 2016도16948 판결 등 다수 판결. 이를 목적론적 축소로 보는 견해로 양천수(2021), 355-356면.

75) 이에 대한 논의는 김학태(2017), 51-52면.

문하고 미성년자라면 전부 해당되는 것처럼 보인다. 그런데 형법 제305조 제1항은 미성년자에 대한 간음 또는 추행에 대하여 다음과 같이 규정하고 있다. "13세 미만의 사람에 대하여 간음 또는 추행을 한 자는 제297조, 제297조의2, 제298조, 제301조 또는 제301조의2의 예에 의한다." 즉 13세 미만의 미성년자에 대해서는 위계·위력의 사용 여부와는 관계없이 강간죄, 유사강간 또는 강제추행 등이 적용된다. 따라서 형법 제302조는 13세 미만의 미성년자에 대한 간음 또는 추행에 대해서는 적용이 배제된다. 즉 형법 제302조의 '미성년자'는 형법 제305조 제1항 등과의 체계적 해석을 통해 문언보다 좁게 '13세 이상 19세 미만의 미성년자'로 축소해석된다.[76]

축소해석 중에서 입법목적을 고려하여 법 문언의 통상적인 의미보다 좁게 해석하는 것, 다시 말해 문언적 해석이 목적론적 해석에 의해 제한되는 것이 바로 목적론적 축소해석(teleologisch einschränkende Auslegung)이다. 문언의 통상적인 의미에 따른 해석이, 다른 법령이나 입법목적 등에 비추어 불합리한 결과를 낳거나 죄형법정주의의 요청에 어긋나는 경우에는 법질서 전체의 이념, 법규의 기능·목적, 보호법익과 보호 목적 등을 고려하여 그 의미를 통상적 의미보다 좁게 해석할 필요가 있다.[77]

목적론적 축소해석의 필요성에 대해서는 별다른 이견이 없지만, 그 적용 기준과 관련해서는 논란이 없지 않은데 이는 목적론적 축소해석의 본질과 무관하지 않다. 목적론적 축소해석은 법규정의 문언을 목적론적 해석을 통해 제한하는 것이다. 즉 목적론적 축소해석은 해석기술의 관점에서는 축소해석이지만, 해석방법의 관점에서는 목적론적 해석에 해당된다. 다시 말해 목적론적 축소해석은 문언적 해석보다 목적론적 해석을 우위에 두는 것이다.

목적론적 축소해석은 문언의 가능한 의미를 넘지 않는다는 점에서 문언의 가능한 의미를 넘어서는 법형성으로서의 목적론적 축소(teleologische Reduktion)와 구별된다.[78] 다시 말해 목적론적 축소해석은 법규정의 적용대상이 되는지가 불분명한 사실관계에 해당 법규정을 적용하지 않는 것이고, 목적론적 축소는 법규정의 적용대상이 되는 것이 분명한 사실관계에 해당 법규정을 적용하지 않는

---

76) 대법원 2019. 6. 13. 선고 2019도3341 판결.
77) 대법원 2006. 11. 16. 선고 2006도4549 전원합의체 판결.
78) Möllers(2023), 260-263면; 양천수(2021), 380-381면.

것이다.

　　목적론적 축소해석은 법 문언의 가능한 범위 내에서 이루어지는 해석의 일종이므로 쉽게 정당화될 수 있는 반면, 목적론적 축소는 법 문언의 가능한 범위를 벗어나는 법형성이므로 그 정당성이 엄격하게 심사되어야 한다. 다만 목적론적 축소해석과 목적론적 축소 모두 법규정의 적용영역을 축소한다는 점, 또 그 정당성의 근거를 '다른 것은 다르게'라는 평등원칙(차등원칙)에서 찾는다는 점에서는 차이가 없다.[79]

　　법해석과 법형성의 경계가 불분명하듯이 목적론적 축소해석과 목적론적 축소의 경계 또한 불분명하다. 이는 대금완납에 따른 부동산취득의 효과에 대하여 규정한 민사집행법 제267조를 경매개시결정 이전에 이루어진 '담보권 소멸'에도 적용할 것인지가 쟁점이 되었던 이른바 임의경매의 공신력 판결에서 잘 드러난다. 민사집행법 제267조는 "매수인의 부동산 취득은 담보권 소멸로 영향을 받지 않는다."라고 규정하고 있다. 다수의견과 그에 대한 보충의견은 '담보권 소멸'을 경매개시결정 이후의 소멸로 한정적으로 해석하는 것을, 다양한 해석이 가능한 법 문언의 의미를 분명히 밝힌 것 내지 목적론적 축소해석으로 판단하였다. 반면 별개의견은 다수의견의 해석이 목적론적 축소로서 법원의 법률해석권의 범위를 명백히 벗어난다고 보았다.

　　[다수의견] 대법원이 현재에 이르기까지 이 사건 조항이 경매개시결정이 있은 뒤에 담보권이 소멸한 경우에만 적용되는 것으로 해석해 온 것은 이 사건 조항의 입법 경위, 임의경매의 본질과 성격 및 부동산등기제도 등 법체계 전체와의 조화를 고려하여 다양한 해석이 가능한 법문언의 의미를 분명히 밝힌 것으로 보아야 한다.
　　[대법관 김재형, 안철상, 김선수, 이흥구, 오경미의 별개의견] 다수의견은 민사집행법 제267조에서 정한 '소멸'이 경매개시결정 전에 담보권이 소멸되는 경우를 포함하는 의미인지가 불분명하고 종래 판례는 그 의미를 분명히 밝힌 것이라고 한다. 그러나 이 조항은 그 의미가 명확하여 달리 해석할 여지가 없으므로, 다수의견과 같은 해석은 법규정의 가능한 범위를 넘는 목적론적 축소로서 법관에 의한 법형성에 해당한다. 그런데 담보권 소멸의 시기가 경매개시결정을 기준으로 하여 그 전인지 후인지에 따라 이 조항의 적용 여부를 달리 볼 만한 근거가 없다. 이러한 목적론적 축소는 법원의 법률해석권의 범위를 명백히 벗어난 것이다.

---

79) Pawlowski(1999), 207면.

[다수의견에 대한 대법관 노태악의 보충의견] 다수의견은 ··· 이 사건 조항에서 정한 '담보권 소멸'이라는 표현이 그 의미가 명확하여 달리 해석할 여지가 없는 경우라고 볼 수 없으며, 문언이 갖는 사실상의 의미에 대한 법률적 평가를 같이함으로써 '법문언의 가능한 의미' 안에서 구체적인 법발견을 할 수 있다는 것이다. 설령 그렇지 않다고 하더라도 경매개시결정 후 담보권이 소멸한 경우에만 이 사건 조항을 적용하는 것은, '다른 것은 다르게' 취급하여야 한다는 정의의 요청에 따라 그 법규의 적용 범위를 제한하여 해석할 필요가 있는 경우에 허용되는 목적론적 축소해석에 해당하므로 법원의 법률해석권의 범위를 벗어난 것이 아니다.[80]

사실 축소해석은 확장해석과 마찬가지로 법률의 계속형성(Weiterbildung)으로도 볼 수 있기 때문에[81] 법의 형성(Fortbildung)과 경계가 모호한 것은 어쩌면 자연스럽다. 그 결과, 실무뿐 아니라 학계에서도 유추와 유추해석이 혼용되듯이 목적론적 축소와 목적론적 축소해석도 종종 혼용되고 있다.

목적론적 축소해석 — 문언의 가능한 의미에 대한 관점에 따라서는 목적론적 축소 — 이 문제되는 교과서적인 예시로는 앞서 살펴보았던 토마스 아퀴나스의 포위된 도시의 성문 사례 이외에 푸펜도르프(S. Pufendorf)의 볼로냐 법 사례가 잘 알려져 있다. 푸펜도르프는 당시 볼로냐 법이 "거리에 피를 뿌리는 자는 최고형에 처한다."라고 규정하고 있었음에도, 외과의사가 발작으로 길거리에 쓰러진 사람을 살리기 위해 응급시술로 혈관을 절개하여 거리에 피를 뿌리게 하였다고 하여 이 법을 적용할 수는 없다고 보았다.[82] 이러한 고전적인 사례들은 법문언이 입법목적 등을 고려하여 축소해석될 수 있다는 점, 또 목적론적 축소해석과 목적론적 축소의 구별이 쉽지 않다는 점을 잘 보여주고 있다.

우리나라의 사례로는 구 형법 제251조 영아살해죄의 주체에 대한 축소해석이 잘 알려져 있다. 구 형법 제251조는 "직계존속이 치욕을 은폐하기 위하거나 양육할 수 없음을 예상하거나 특히 참작할 만한 동기로 인하여 분만중 또는 분

---

80) 대법원 2022. 8. 25. 선고 2018다205209 전원합의체 판결. 다만 판결이유를 살펴보면 다수의견이 입법목적보다는 다른 민사집행법 규정과의 연관관계를 고려하거나 종전의 대법원 판례를 존중하는 체계적 해석에 치중한다는 점에서 엄밀하게는 목적론적 축소해석이 아니라 논리-체계적 축소해석으로 이해하는 것이 더 적절해 보인다.

81) Engisch(1977), 105면.

82) 푸펜도르프는 자신의 『자연법과 만민법(*De jure naturae et gentium libri octo*, 1672)』에서 에버하르트(N. Everhard) 사례집의 볼로냐 법 사례를 인용하였다.

만직후의 영아를 살해한 때에는 10년 이하의 징역에 처한다."라고 규정하고 있었
다. 범죄의 주체가 '직계존속'으로 명시되어 있으므로 법 문언의 통상적 의미에
따르면 영아의 부(父)가 영아를 살해하는 경우에도 영아살해죄에 해당되는 것처
럼 보인다. 하지만 기존 통설은 영아살해죄의 입법목적을 고려하여 직계존속을
'산모'로 축소하여 해석하였다.[83] 즉 영아살해죄는 산모의 책임능력 경감으로 인
하여 책임이 감경되는 행위를 특별히 유형화한 것으로 보고 산모 이외의 직계존
속이 살해한 경우는 그 적용배상에서 배제한 것이다. 다만 혼전 혹은 혼외의 영
아살해에 대한 감경을 영아살해죄의 입법취지라고 본다면 목적론적 해석의 관점
에서도 직계존속을 통상적 의미에 따라 해석하는 것이 입법목적에 더 부합하는
해석이라고 볼 여지는 남아 있었다.[84]

　물론 영아살해죄의 '직계존속'을 '산모'에 한정하는 것이 법 문언의 가능한
의미 내에 있는 것인지는 논란이 될 수 있는데, 목적론적 축소해석으로 보든 목
적론적 축소로 보든 간에, 영아살해죄의 주체를 산모로 축소하는 것은 산모가 아
닌 피고인에게는 불리하게 형벌권을 확대하는 결과를 가져온다. 따라서 목적론
적 축소로 이해하는 경우 숨은 흠결을 보충하기 위한 피고인에게 불리한 법형성
이라는 비판을 면키 어려울 것이고,[85] 목적론적 축소해석으로 보더라도 피고인
에게 불리하게 형벌권을 확대하는 법해석으로서 죄형법정주의의 정신에 비추어
정당화되기 어려울 것이다.

　목적론적 축소해석 내지 목적론적 축소가 문제되었던 또 다른 사례로는 이
미 폐기된 판결이기는 하나 이른바 부부강간이 쟁점이었던 대법원 1970. 3. 10.
선고 70도29 판결을 들 수 있다. 이 사건에서 대법원은 실질적인 부부관계가 있
는 경우에는 남편이 강제로 처를 간음하더라도 구 형법 제297조에 따른 강간죄
가 성립되지 않는다고 판시하였다. 판결이유가 분명하지는 않으나, 대법원이 강
간 행위를 인정하면서도 강간죄가 성립되지 않는다고 결론내린 점에 비추어 처
가 혼인관계를 유지한다는 것은 상대방에 대한 성교 승낙 내지 정조권 포기의

---

83) 판례는 문언적 해석의 관점에서 동거관계에서 출생한 영아를 생부가 살해한 경우 보통살
　　인죄로 처벌한다는 점에서 영아살해죄의 행위주체로서의 직계존속을 법률상의 직계존속
　　으로 이해하고 있지만, 목적론적 축소해석의 관점에서 영아살해죄의 행위주체를 산모에
　　한정하고 법률상의 부(父)를 제외하는지 여부는 확실치 않다.
84) 성낙현, "영아살해의 해석론과 입법론", 『법조』 제59권 7호(2010), 17-18면 참조.
85) 김학태(2017), 168면.

의사를 표시한 것으로 보고 처(妻)를 강간죄의 객체가 되는 '부녀'에서 제외하여
야 한다고 판단한 것이 아닌가 싶다. 즉 강간죄의 객체인 '부녀'를 '처를 제외한
부녀'로 한정하는 목적론적 축소해석을 감행한 것이다. 물론 이는 '부녀'의 가능
한 의미를 벗어나는 목적론적 축소로 평가될 수 있을 것이지만,[86] 영아살해 사
례와 달리 피고인에게 유리한 법형성으로서 죄형법정주의에 비추어 보더라도 정
당화될 여지가 남아 있다.

또 다른 흥미로운 사례는 신분증명서의 제시요구에 대하여 타인의 운전면허
증을 제시한 경우 공문서부정행사죄에 해당되는지 여부가 쟁점이 되었던 판결들
이다.[87] 형법 제230조는 공문서부정행사죄의 구성요건으로 '공무원 또는 공무소
의 문서 또는 도화를 부정행사한 자'라고 규정하고 있을 뿐 행위 객체나 행위 태
양을 제한하지 않는다. 그럼에도 불구하고 법원은 처벌범위가 지나치게 확대될
염려가 있다는 이유로 공문서부정행사죄의 행위 객체를 사용권한자와 용도가 특
정된 공문서로 한정하고 행위 태양도 본래의 사용목적에 따른 행사를 의미하는
것으로 제한적으로 해석해왔다. 즉 공문서부정행사죄를 적용하는 데에 있어서
문언적 해석방법에 충실하게 해석하지 않고 목적론적 축소해석을 한 것이다. 그
에 따라 대법원은 한동안 자신의 인적사항을 속이기 위하여 타인의 운전면허증
을 제시한 것은 운전면허증의 사용목적에 따른 행사가 아니라는 이유로 공문서
부정행사죄에 해당되지 않는다고 판시하였다. 그러다가 대법원 2001. 4. 19. 선
고 2000도1985 전원합의체 판결에 와서 공문서부정행사죄에 관한 범행의 주체,
객체 및 태양을 되도록 엄격하게 해석하여 그 처벌범위를 합리적인 범위 내로
제한하여야 하는 태도는 앞으로도 지켜져야 함이 원칙이라고 보면서도 운전면허
증의 제시는 그 사용목적에 따른 행사로서 공문서부정행사죄가 성립된다고 판시
하고 이에 어긋나는 종전 판결들을 변경하였다.[88]

---

86) 장영민(1999), 4면.
87) 대법원 1989. 3. 28. 선고 88도1593 판결; 대법원 1991. 5. 28. 선고 90도1877 판결; 대법
    원 1991. 7. 12. 선고 91도1052 판결; 대법원 1992. 11. 24. 선고 91도3269 판결; 대법원
    1996. 10. 11. 선고 96도1733 판결; 대법원 2000. 2. 11. 선고 99도1237 판결 등 참조.
88) 반대의견은 죄형법정주의의 원칙에 따라 공문서부정행사죄의 행위 객체와 태양을 제한적
    으로 해석해야 한다고 하여 기존의 목적론적 축소해석을 지지하였다. 공문서부정행사죄의
    처벌범위를 지나치게 확장시키는 것은 법치국가적 형법의 해석에 비추어 타당하지 않다
    는 이유로 반대의견을 지지하는 견해로 김학태(2017), 224-225면.

2) 확장해석(확대해석)

확장해석(extensive interpretation, erweiternde · ausdehnende Auslegung)은 법문언을 통상적 의미보다 넓게 해석하는 것이다. 가령 '승용차 통행금지' 규정을 화물차에 확장하는 것으로 해석하는 것이다. 확장해석은 법 문언의 통상적 의미가 협소하여 법규범의 입법취지를 제대로 실현할 수 없는 경우에 주로 이용된다. 가령 형법 제257조의 상해는 원래 신체적 기능장애를 의미하는 것이지만, 이를 외상성 스트레스증후군과 같은 정신적 기능장애까지 확장하는 것이 확장해석이다.

실무에서 크게 논란이 되었던 확장해석의 대표적인 사례로는 이른바 성전환자 호적정정 결정을 들 수 있다. 원래 정정(訂正)은 사전적 의미로 '글자나 글 따위의 잘못을 고쳐서 바로잡음'을 의미함에도 불구하고 다수의견 및 그에 대한 보충의견은 확인된 성(性)에 맞추어 성별을 바꾸는 것도 호적법 제120조에서 말하는 정정의 개념에 포함된다고 보았다.[89]

형사법의 고전적인 사례로는 명예훼손의 위법성 조각사유를 규정하는 형법 제310조에 대한 확장해석을 들 수 있다. 형법 제310조에 따르면 명예훼손 행위가 '진실한 사실로서 오로지 공공의 이익에 관한 때'에는 처벌하지 아니한다. 하지만 대법원은 판례가 채택한 이른바 전파가능성설로 인한 과잉처벌이 문제되자 위법성 조각사유에 대한 확장해석을 통해 이를 완화하려 하였다. 즉 명예훼손 행위가 '진실한 사실이 아니거나 진실한 사실이라는 증명이 없더라도 행위자가 그것을 진실이라고 믿었고 그렇게 믿을 만한 상당한 이유가 있는 경우에는 위법성이 없고, 또 오로지 공공의 이익을 위해서가 아니라 특정한 사회집단이나 그 구성원 전체의 관심과 이익을 위하더라도, 또 부수적으로 다른 사익적 목적이나 동기가 내포되어 있더라도 위법성이 없다'고 해석하였다.[90] 사실 이는 '진실한 사실로서' 또는 '오로지'라는 법 문언의 통상적인 의미를 벗어나는 것으로서, 결과적으로 피고인에게 유리한 법해석 내지 법형성으로 정당화될 수 있을 것이다.

확장해석도 축소해석과 마찬가지로 축소해석의 근거에 따라 체계적 확장해석, 목적론적 확장해석 등으로 세분화될 수 있다. 가령 형법 제55조의 '다액'을 '금액'으로 해석하는 이른바 금액 판결은 입법목적 등을 고려하여 법 문언의 통

---

89) 대법원 2006. 6. 22.자 2004스42 전원합의체 결정.
90) 대법원 2020. 11. 19. 선고 2020도5813 전원합의체 판결 등 다수 판결.

상적 의미를 넘어 확장해석한다는 점에서 목적론적 확장해석의 사례로 볼 수 있을 것이다.

목적론적 확장해석의 현대적 사례로는 찜질방 수면실에서의 추행이 공중밀집장소에서의 추행에 해당되는지가 쟁점이 되었던 이른바 찜질방 판결을 들 수 있다. 구 성폭력범죄의 처벌 및 피해자보호 등에 관한 법률 제13조는 '대중교통수단, 공연·집회장소 기타 공중이 밀집하는 장소'에서 사람을 추행한 자를 1년 이하의 징역 또는 300만 원 이하의 벌금에 처할 수 있도록 규정하고 있었다. 대법원은 위 규정의 입법취지 및 문언의 내용, 예시되는 장소의 가능한 다양한 형태에 비추어 여기서 말하는 공중이 밀집하는 장소에는 현실적으로 사람들이 빽빽이 들어서 있어 서로 간의 신체적 접촉이 이루어지고 있는 곳만을 의미하는 것이 아니라 이 사건 찜질방 등과 같이 공중의 이용에 상시적으로 제공·개방된 상태에 놓여 있는 곳 일반을 의미한다고 판시하였다.[91]

하지만 이른바 금액 판결에서 '다액'을 '금액'으로 해석하는 것이나 이른바 찜질방 판결에서 '공중이 밀집하는 장소'를 '공중의 이용에 상시적으로 제공·개방된 상태에 놓여 있는 곳 일반'으로 해석하는 것은 법 문언의 가능한 의미를 넘어선다고 볼 수 있다. 그렇게 되면 목적론적 확장해석이 아니라 카나리스가 말하는 목적론적 확장(teleologische Extension)이 문제된다. 목적론적 확장은 유추와 달리 평등원칙에 기초한 유사성 비교 없이 목적론적 해석의 관점에서 법규정의 입법목적을 고려하여 법 문언의 가능한 의미를 넘어 법규정을 적용하는 것이다.[92]

두 판결은 목적론적 해석이 아닌 논리-체계적 해석이나 역사적 해석 등을 통해 확장해석의 정당성이 인정될 여지가 남아 있으나, 확장해석의 정당성이 심히 의심스러운 사례도 없지 않다. 자동차를 운전하여 상해를 가한 사례를 '위험한 물건을 휴대하여' 상해를 가하였다고 판시한 대법원 판결이 대표적이다.[93] 휴대(携帶)가 '손에 들거나 몸에 지닌다'는 의미임을 감안하면 자동차를 휴대한다는

---

91) 대법원 2009. 10. 29. 선고 2009도5704 판결.
92) Canaris(1983a), 89-91면; Larenz(1991), 397-400면; Pawlowski(1999), 221-222면; Wank(2020), 369면; 최봉경(2003), 48-49면. 반면 유추와 마찬가지로 목적론적 확장도 법규범의 문언과 목적 사이의 긴장관계에서 시작된다는 점에서 목적론적 확장을 유추, 특히 법률유추의 하위그룹으로 보고 네발짐승 가해소권을 두발짐승인 타조에 적용한 사례를 목적론적 확장으로 설명하는 견해로 Rüthers/Fischer/Birk(2022), 553-554면.
93) 대법원 1997. 5. 30. 선고 97도597 판결.

말은 일상적 용례와 동떨어져 있다. 또 학문이나 문화예술 그 어느 분야에서도 휴대를 '널리 이용한다'는 의미로 사용하는 용례를 발견하기 어렵다. 그렇다면 자동차를 휴대한다는 것은 '휴대'의 일상적인 의미는 물론 가능한 의미도 벗어났다고 볼 수밖에 없다. 따라서 자동차를 운전하여 상해를 가한 사례에 대하여 위험한 물건을 휴대한다는 규정을 적용하는 것은 형법에서 금지되는 유추 내지 목적론적 확장일 뿐이다.[94]

법 문언의 가능한 의미가 확장해석과 유추의 경계를 판단하는 기준으로 기능한다고 하더라도, 가능한 의미 그 자체가 불분명하므로 결국 확장해석인지 아니면 유추 내지 확장인지는 사안에 따라 판단되어야 한다. 법 문언의 가능한 의미에 대한 이해가 해석주체별로 달라질 수 있는 문제 사안은 확장해석의 사례로도, 유추 내지 목적론적 확장의 사례로도 평가될 수 있다. 이 점에서 형법이나 세법에서 죄형법정주의·조세법률주의를 내세워 유추(해석)뿐 아니라 확장해석까지 원칙적으로 금지하는 판례의 태도[95]도 일응 수긍이 된다.

축소해석과 마찬가지로 확장해석도 법 문언의 일상적 의미나 통상적 의미와 비교하여 그 결과를 표현하는 것에 불과하다. 따라서 해석기술로서의 축소해석이나 확장해석은 그 자체만으로 해석결과를 정당화하기에는 부족하다. 즉 법 문언에 대한 축소해석이나 확장해석이 허용되는지는 법 문언만으로 결론내릴 수 없다.[96]

3) 유추(유비추론): 유추해석?[97]

유추(analogy), 즉 유비추론(argumentum a similie)은 해당 사안을 규율하는 법규범이 없는 경우, 즉 법의 흠결 시 유사한 사건을 규율하는 법규범을 적용하는 것이다. 예컨대 반려묘의 출입이 가능한지 여부에 대한 규정이 없을 때 반려견 출입금지라는 규정으로부터 반려묘 출입금지를 추론하는 것이 유추이다.

---

94) 같은 입장으로 김영환(2012), 281면; 양천수(2021), 366–367면.

95) 대법원 1983. 12. 27. 선고 83누213 판결; 대법원 1990. 11. 27. 선고 90도1516 전원합의체 판결; 대법원 2011. 7. 21. 선고 2008두150 전원합의체 판결; 대법원 2018. 10. 30. 선고 2018도7172 판결 등 다수 판결 참조.

96) Kramer(2019), 94면 특히 각주160.

97) 유추는 실무뿐 아니라 학계에서도 종종 유추해석으로 불리지만 유추는 원래 해당 사안에 적용할 법이 흠결된 경우 이를 보충하기 위하여 활용하는 것이므로 법해석의 기술이 아니라 법형성의 기술이다. 같은 입장으로 김영환(2012), 421면; 박정훈(2015), 26면 참조. 다만 유추적용되는 법규정의 관점에서 보면 유추를 통해 그 적용 범위가 확장되어 확장해석하는 것과 비슷한 결과가 되므로 유추해석이라고 부를 수 있을 것이다.

잘 알려져 있는 고전적 사례로는 두발짐승인 타조의 주인에 대해서 네발짐승의 가해소권(actio de pauperie)을 유추적용한 것이다. 로마 12표법은 문언상 '네발짐승(quadrupes)'이라고 명시하고 있었지만 법무관은 이를 유추하여 타조 등 다른 짐승의 주인도 동일하게 가해책임을 부담한다고 보고 준소권을 인정하였다.[98] 현행법의 사례로는 사단법인에 관한 법규정을 법인격 없는 사단에 유추적용하는 것, 법률혼에 관한 법규정을 사실혼에 유추적용하는 것이 대표적이다.

유추는 명문으로 다른 법규정을 적용하거나 준용하도록 하는 적용·준용과 구별된다. 다만 유추는 통상적으로 해당 법규정의 요건과 효과를 똑같이 부여하는 것이 아니라 일부 수정을 거친다는 점에서 준용이나 상응하는 적용에 가깝다. 유추와 비슷한 개념으로 영미법에서는 '동류로부터 안다(noscitur a sociis)'라는 동류율이 발전되었다.

유추는 사물 상호간의 유사성에 근거하여 유사한 규정을 그 문언의 가능한 의미를 벗어나는 사안에 적용한다는 점에서 법 문언의 가능한 범위 내에서 확대하여 해석하는 확장해석과 구별된다. 앞서 반려견 출입금지의 사례에서 제아무리 개의 개념을 확장해석한다고 하더라도 고양이가 개에 포섭될 수는 없으므로 반려견에 대한 규정을 반려묘에 적용할 수는 없고 유추하여 적용하는 것이다.

그럼에도 불구하고 유추와 확장해석의 경계는 여전히 분명치 않다.[99] 가령 신전(神殿)의 신성함 및 청결함을 유지하기 위해 제정된 다음과 같은 가상의 법규정을 상정해 보자. '누구든지 구두를 신고 신전에 출입하면 처벌받는다.' 이 규정이 확장해석을 통해 스니커즈나 운동화를 신고 신전에 출입한 사건에 적용하는 데에는 별 의문이 없을 것이다. 그렇다면 진흙 묻은 맨발로 신전에 출입한 사건에 이를 적용하는 것은 정당화되는가? 아마도 목적론적 해석의 관점에서는 진흙 묻은 맨발 사안에도 위 법규정이 적용된다는 것을 수긍할 것이다. 하지만 그

---

98) D.9.1.4(Paulus) "네발짐승이 아니라 다른 짐승이 손해를 입힌 경우에도 소권이 인정된다 (haec actio utilis competit et si non quadrupes, sed aliud animal pauperiem fecit)." 이에 대한 간단한 논의는 Engisch(1977), 148-149면 및 150면.

99) 법 문언의 한계를 넘어 가능한 의미를 확장하는 이른바 의미창조적 확장해석의 경우 더욱 그러한데 의미창조적 확장해석에 대한 논의는 이용식, "형법해석의 방법: 형법해석에 있어서 법규구속성과 정당성의 문제", 『법학』(서울대), 제46권 제2호(2005), 36-69면, 특히 40면; 양천수(2021), 348-368면 참조.

정당화 논증에서 사용되는 해석기술이 확장해석인지 아니면 목적론적 확장이나 유추인지의 의문은 남는다.

유추는 논리적으로 일반화(추상화)의 방법과 개별화(구체화)의 방법이 결합되어 있다는 점에서 일응 '귀납과 삼단논법의 결합(Aristoteles)' 내지 '귀납과 연역의 결합(K. Engisch)'으로 이해될 수 있다.[100] 가령 반려견 출입금지 규정이 반려묘에게 어떻게 유추적용되는지를 검토해 보자. 우선 반려견의 개념요소인 '견(犬)'을 상위개념인 '동물'로 확장함으로써 반려동물 출입금지로 일반화한 다음에, 다시 동물을 그 하위개념인 '묘(猫)'로 개별화하는 방식으로 유비추론하는 것이다.

원래 논리학의 유추는 '특수에서 특수를 도출하는 추론'으로서 일반에서 특수를 도출하는 연역이나 특수에서 일반을 도출하는 귀납과 구별된다. 형식논리학의 관점에서 보면 특수로부터 일반을 추론하는 귀납이 개연성에 기반한 것에 불과하여 타당한 추론으로 받아들여지기 어려운 것과 마찬가지로 특수로부터 일반을, 다시 그 일반으로부터 특수를 이끌어내는 유추 역시 그 타당성이 의심받을 수밖에 없다.

오늘날 유추는 제3의 비교점(tertium comparationis)에 기초하여 두 사태가 여러 가지 점에서 서로 유사하다는 것을 받아들이고 이로부터 한 사태의 속성이 다른 사태에도 있을 것으로 추론하는 것으로 이해된다. 즉 유추는 부분적인 동일성을 갖는, 다시 말해 어떤 측면에서는 동일하지만 다른 측면에서는 동일하지 않은 두 개를 동일시하는 것을 의미한다.[101] 따라서 유추를 통해 얻게 되는 결론은 항상 개연적일 수밖에 없다. 즉 유추는 개연성 추론에 불과하다. 양자 사이에 유사도가 높고 또 그것이 본질적인 속성인 경우 개연성이 높아지지만 항상 타당한 추론인 것은 아니다.[102] 오히려 둘 사이에 일부 유사한 속성이 있다는 이유로 다른 속성도 공유할 것이라고 성급하게 유추하는 것은 그릇된 유추(false analogy)의 오류를 저지르는 것이다.[103]

---

100) Engisch(1977), 147면; Klug(1982), 122-123면; Kramer(2019), 234면. 이를 개념법학적 유추 모델이라고 부르며 유사한 이익충돌 상황을 규율하는 관련 규정을 바로 적용하는 이익법학적 유추 모델이나 가치평가를 통해 현재의 해석관점을 도입하는 평가법학적 유추 모델과 대비시키는 견해로 Pawlowski(1999). 215-218면.

101) Larenz(1991), 381면.

102) 김준섭(1995), 106-107면.

103) 그릇된/비유적 유추의 오류(fallacy of false/figurative analogy)에 대해서는 소광희(1985), 17-18면 참조.

법철학의 관점에서 보면 유추는 '같은 것은 같게' 또는 '본질적으로 같은 것은 같게'라는 평등원리에 바탕하여 동종의 것을 동등하게 취급하자는 것으로서 평가의 동일성을 전제한다. 사실적 관점에서는 두 사안이 부분적 동일성을 가질 뿐이지만 법규정의 기저에 있는 평가를 통해 규범적 관점에서 동일성을 갖는다고 보는 것이다. 평가적 동일성 내지 규범적 동일성을 판단하는 데에는 법의 체계, 입법 의도·목적 등이 고려된다. 물론해석과 마찬가지로 유추도 뒤에서 살펴보는 이른바 황차 논증(argumentum a fortiori)의 방식으로 이루어진다. 특히 과실상계 규정을 고의에 대해서 유추적용하는 것처럼 유추는 '소(小)에서 대(大)로의 추론', 줄여서 소대(小大) 추론의 형태로 흔히 이루어진다. 즉 평가적 관점에서 덜 중한 사실관계에 적용되는 법적 효과는 평가적 관점에서 더 중한 사실관계에도 적용된다는 것이다. 이렇게 보면 유추는 변증론·수사학적 경향의 법논리에서나 정당화될 수 있는 해석기술이다.

오늘날 유추만큼 법해석과 법형성에 막대한 영향을 미치는 것을 법학방법론에서 찾기 어렵다고 평가[104]될 정도로 유추는 법학방법론에서 중요하게 다루어지고 있다. 다만 대륙법계에서는 유추가 주로 흠결 보충의 수단으로 활용되는 반면, 영미법계에서는 사례 비교의 방법으로 주로 논의되고 있다.

4) 물론해석

물론해석(勿論解釋)은 법규정이 원래 규율하려던 사례가 아닌 다른 사례에 대하여 입법취지나 적용대상의 성질상 당연히 그 규정이 적용된다고 해석하는 것이다. 이는 법규정의 해석이 아니라 관련 법규정의 적용을 통한 법형성이라는 점에서 물론(당연) 추론이 더 정확한 용어로 보인다.[105] 예컨대 고속도로 등 자동차전용도로에서 원동기(오토바이) 출입을 금지하는 도로교통법 제63조가 자전거에 대해서도 당연히 적용된다고 해석하는 것이다.[106]

물론해석은 법문언의 가능한 의미를 벗어난 해석을 시도한다는 점에서 확장해석과 구별되며 이른바 황차 논증을 공유한다는 점에서 유추에 더 가깝

---

104) 최봉경, "민법에서의 유추와 해석", 『법철학연구』 제12권 제2호(2009), 131-170면, 특히 169면.

105) Klug(1982), 146-151면; 양천수(2021), 383면.

106) 뒤에서 살펴볼 이른바 콜밴 사건의 반대의견과 같이 여객자동차운송사업 면허 또는 등록 없이 승합차나 승용차를 이용한 유상 여객운송을 금지하는 규정은 화물차를 이용한 유상 운송에도 당연히 적용된다고 해석하는 것도 물론해석의 사례이다. 대법원 2004. 11. 18. 선고 2004도1228 전원합의체 판결 참조.

다.[107] 실제로 민법 제396조의 과실상계 규정이 고의에 대해서도 적용된다고 해석하는 것은 유추의 사례로도, 물론해석의 사례로도 설명된다. 과거 이슬람 법학에서는 물론해석과 유추의 상관성을 전제로, 유추의 타당성을 입증하기 위하여 물론해석을 활용하였다고 한다. 물론해석은 평가모순을 회피하기 위하여 활용된다는 점에서 평가모순을 전제로 하며 종종 결과고려적 해석의 외관으로 등장한다.

흔히 물론해석은 동종 규칙(eiusdem generis)의 적용으로서 논리적 해석의 한 유형인 것처럼 소개되지만, 엄밀하게 말하면 수사학적 연원을 갖는 황차 논증의 특수한 적용이다.[108] 동종 규칙은 예시 내지 열거된 개별적 용어의 맥락 속에서 일반 용어의 의미를 파악하는 것이다. 하지만 황차 논증은 '만일 이미 인정된 것이 진실이라면 현재 주장되는 것은 한층 더 강력한 이유로 진실이다'라는 가정에 입각한 논증이다. 즉 물론해석은 대·소 관계, 전체·부분 관계, 보편·특수 관계, 강·약 관계를 전제로 전자에서 타당하면 후자에서도 타당하다는 형식의 논증이다.

이른바 황차 논증은 '소(小)에서 대(大)로의 추론(argumentum a minore ad maius)'이나 '대(大)에서 소(小)로의 추론(argumentum a maiore ad minus)'의 형태로 이루어지지만 후자가 물론해석의 표준적인 형태로 알려져 있다. 전체(大)는 부분(小)을 포함한다는 것이다. 가령 즉시 해고권은 통고기간을 두는 해고권을 포함하고 있으므로 즉시해고에 관한 규정을 통고기간 부(附) 해고에 당연히 적용하는 것이 그것이다.

이렇듯 물론해석은 형식논리적 의미의 추론이라기보다 법적 논증의 토픽(Topoi)에 근거한 추론에 가깝고, 필요에 따라 활용되는 수사학적 해석기술에 불과하다. 따라서 물론해석이 평등원리 등에 기초하여 일응 정당화가능한 해석기술로 받아들여진다고 하더라도 죄형법정주의나 조세법률주의가 작동하는 형사법 또는 세법에서는 유추와 마찬가지로 정당화되기 어렵다.

---

107) Larenz(1991), 389-390면. 이른바 황차 논증을 유비추론의 특수사례로 이해하는 견해로 는 Nawiasky(1948), 148면. 이와 반대로 법논리학의 관점에서 보면 물론 추론, 대소 추론, 소대 추론은 개연성이 아니라 확실성을 담보한다는 점에서 유추의 하위 유형이 아니라는 견해로 Schneider(1995), 146면.

108) Klug(1982), 146면.

5) 반대해석

반대해석 내지 반대추론(逆推, argumentatio e contrario, Umkehrschluß)은 법문에 명시되지 않은 경우 그와 반대로 해석하는 것이다.[109] 영미법에서는 '하나의 명시는 다른 것의 배제이다(expressio unius est exclusio alterius)'라는 해석규칙으로 표현된다. 예를 들면 "사람은 생존한 동안 권리와 의무의 주체가 된다."는 민법 제3조는 반대해석에 의해 태아와 망인은 원칙적으로 권리와 의무의 주체가 아니라고 해석된다.

반대해석은 모순율의 적용으로서 일견 타당한 것처럼 보이지만, 법논리적 관점에서는 그 타당성이 증명되지 않는다. 왜냐하면 대부분의 법체계는 일반적 소극원리 내지 허용원리를 받아들이지 않기 때문이다. 반대해석은 필연적인 진리가 아니다. 즉 정의상 오류, 즉 선험적 오류는 아닐지라도 논리적 오류일 수 있다. 특히 법규정의 기본 구조를 가언적 의무문으로 이해하면, 반대해석의 결과가 늘 타당한 것은 아니다. 입법자가 일정한 사안을 일정한 방식으로 규율한다고 하여 다른 사안에서 다른 방식으로 규율하려 하였다고 추론할 수는 없기 때문이다.

기호논리학으로 표현하면 이를 쉽게 확인할 수 있다. 자연적 연역체계를 빌려 기호화하면 $p \supset q$라고 해서 $\sim p \supset \sim q$는 아니다. 다시 말해 $p \supset q$ 그리고 $\sim p$인 경우, q인지 $\sim q$인지는 미확정적이다.[110] $(p \lor \sim p) \supset q$도 가능하기 때문이다. $(p \supset q) \land (q \supset p)$인 경우에만 $\sim p \supset \sim q$가 성립한다. 후자의 경우에만 반대해석이 정당화될 수 있다.

이는 책임능력 있는 미성년자에 대한 감독의무자의 손해배상책임에 관한 민법의 해석론을 통해서도 확인된다. 민법 제755조 제1항은 미성년자에게 책임능력이 없는 경우에는 이를 감독할 법정의무 있는 자는 감독의무를 게을리하지 않았다는 것을 증명하지 못하는 이상 그 무능력자가 제3자에게 가한 손해를 배상할 책임이 있다고 규정하고 있다. 이를 반대해석하면, 미성년자에게 책임능력이 있는 경우 이를 감독할 법정의무 있는 자는 그 무능력자가 제3자에게 가한 손해를 배상할 책임이 없다고 해석할 수 있다. 해석의 대상을 제755조 제1항 및 제

---

109) 반대해석은 법문으로부터 거꾸로 추론한다는 의미에서 흔히 역추(逆推)라고도 불리는데, 정확한 표현도 아닐뿐더러 일본식 조어이므로 지양하는 것이 바람직해 보인다.

110) MacCormick(1978), 44면.

753조에 한정하면 그러한 해석도 가능할 것이다. 하지만 민법 제755조 제1항에 따른 특수불법행위 책임이 면책된다고 해서 민법 제750조에 따른 일반불법행위 책임까지는 면책되지 않는다. 대법원의 확립된 판례도 이를 명확히 하고 있다.111)

> 민법 제750조에 대한 특별규정인 민법 제755조 제1항에 의하여 책임능력 없는 미성년자를 감독할 법정의 의무 있는 자가 지는 손해배상책임은 그 미성년자에게 책임이 없음을 전제로 하여 이를 보충하는 책임이고, 그 경우에 감독의무자 자신이 감독의무를 해태하지 아니하였음을 입증하지 아니하는 한 책임을 면할 수 없는 것이나, 반면에 미성년자가 책임능력이 있어 그 스스로 불법행위책임을 지는 경우에도 그 손해가 당해 미성년자의 감독의무자의 의무위반과 상당인과관계가 있으면 감독의무자는 일반불법행위자로서 손해배상책임이 있다.112)

일반적인 법규정이 그러하듯이, 민법 제755조 제1항은 "미성년자가 책임능력이 없는 경우, 오직 그 때에만 감독의무자가 책임을 진다."는 형식이 아니라 단순하게 "미성년자가 책임능력이 없는 경우에는 감독의무자가 책임을 진다."라는 형식으로 규정되어 있다. 영어로 표현하면, 'If and only if p, then q'가 아니라 단순히 'If p, then q'의 구조로 되어 있다. 전자의 형식으로 규정되는 동치관계인 경우에만 반대해석이 논리적으로 타당한 추론이 된다.113) 앞서 살펴본 민법 제3조의 반대해석이 정당화될 수 있는 이유는 이 때문이다. 하지만 전형적인 가언문에서는 전건이 부정된다고 하여 후건의 부정이 추론되지 않는다.

사실 책임능력있는 미성년자에 대한 감독자 책임의 사례는 규범경합에서 일반법-특별법의 관계로 쉽게 설명될 수 있다. 어떤 사건에 특별법이 적용되면 원칙적으로 일반법의 적용은 배제된다. 그런데 특별법이 적용되지 않는다고 해도 일반법의 적용 가능성은 남아 있다. 판례도 특별법인 민법 제755조 제1항이 적용되지 않는다고 하더라도 일반법인 민법 제750조가 적용될 수 있다고 판시하는

---

111) 대법원 1991. 11. 8. 선고 91다32473 판결; 대법원 1992. 5. 22. 선고 91다37690 판결; 대법원 1993. 8. 27. 선고 93다22357 판결; 대법원 1994. 2. 8. 선고 93다13605 전원합의체 판결 등 다수 판결.
112) 대법원 1994. 2. 8. 선고 93다13605 전원합의체 판결. 이 판결에 대한 법학방법론 차원의 분석 및 평가는 김학태(2017), 141-155면.
113) 김학태(2017), 147-155면.

것이다.

또 다른 법적 사례로는 사실혼 배우자의 상속권을 들 수 있을 것이다. 오늘날 사실혼을 보호하기 위하여 종종 관련 법규정의 '배우자'에 사실혼관계의 배우자가 포함된다는 점을 명문으로 규정하고 있다. 그리고 통설과 판례는 명문 규정이 없는 경우에도 종종 유추를 통해 법률상 배우자에 관한 규정을 사실혼관계의 배우자에게도 적용한다. 그럼에도 불구하고 상속에 있어서는 민법 제1003조의 '배우자'를 '법률혼관계의 배우자'로 한정하여 해석한다. 하지만 유추와 반대해석의 상관관계에 비추어 보면, 반대해석을 통해 민법 제1003조를 법률혼관계의 배우자에 한정하는 해석만 정당화되고, 유추를 통해 사실혼관계의 배우자에 대해서 적용하는 것은 정당화될 수 없다고 단정짓기 어렵다.

이와 같이 반대해석은 상관개념으로 함께 다루어지는 유추와 마찬가지로 정당성이 그 자체로 담보되지 않는다. 가령 '반려견 출입금지'라는 법규정으로부터 '반려묘 출입금지'를 추론하는 것이 가능한지를 다시 생각해 보자. 아마도 유추를 통해 '반려묘 출입금지'라는 결론을 이끌어내는 것이 일반적일 것이다. 하지만 반대해석을 통해 '반려견이 아닌 반려묘 출입가능'이라는 결론을 이끌어낼 수도 있다.

개별적인 해석 쟁점에서 유추할 것인지 또는 반대해석할 것인지를 두고 법학자들은 늘 고민한다. 그렇다고 해서 유추와 반대해석 모두 무가치하다는 견해[114]에는 동의할 수 없다. 과연 어떤 기준으로 유추가 아닌 반대해석을, 또 반대해석이 아닌 유추를 선택하는가? 유추와 반대해석 중에서 하나를 선택하는 데에는 논리적 사고뿐 아니라 법규정의 입법목적이나 가치평가를 고려한 목적론적 사고가 결부되어야 한다.[115] 비록 유추가 반대해석보다 자주 활용된다고 하더라도 반대해석을 하찮은 것으로 평가절하해서는 안 된다. 유추와 반대해석은 대등한 정도의 정당성을 갖는다. 특히 형법과 같이 법질서에서 유추를 금지하는 경우에는 반대해석할 수밖에 없다. 어쨌든 하나의 법규정에 대한 해석에서 서로 반대되는 결론을 도출하는 유추와 반대해석은 양립불가능하다. 반대해석이 허용된다

---

114) Kelsen(1960), 350면.
115) Engisch(1977), 149면; Kramer(2019), 238-239면; 김영환(2012), 420면. 이 점에서 반대해석이 실제로 입법취지에 대한 해석, 즉 목적론적 해석을 전제하고 있는데도 그 입법취지의 구체적 내용과 그 근거를 명확하게 하지 않은 채 마치 근거지음이 필요치 않는 단순한 논리적 추론인 것처럼 이해하는 것은 잘못이라는 지적은 이상돈(2018), 137-138면.

는 것은 유추가 금지된다는 것이고, 유추가 허용된다는 것은 반대해석이 금지된
다는 것이다.

여기서 한 걸음 더 나아가 유추와 반대해석이 서로를 배제한다고 보아 마치
모순 관계에 있는 것처럼 이해하는 견해[116]가 있으나, 이는 유추와 반대해석의
상관관계를 오해한 것으로 보인다. 유추가 가능하지 않다고 하여 필연적으로 반
대해석해야 하는 것은 아니다. 그 반대도 마찬가지이다. 법관의 자유로운 법형성
과 같은 제3의 가능성이 남아 있기 때문이다. 더욱이 유추를 통해 얻어진 결론은
언제나 개연적인 것에 불과한 데 비하여, 이른바 엄밀한 의미의 반대해석 내지
반대추론을 통해 얻어진 결론은 반박불가능한 논리적 귀결일 수 있다. 개연적인
유추와 필연적인 반대해석은 모순관계에 있지 않다.[117]

6) 보정해석

보정해석(korrigierende Auslegung)은 인쇄오류 또는 편집오류로 인하여 법
문언의 자구가 잘못되었거나 부정확한 경우에 그 자구를 보정(補正)하는 해석이
다. 이는 로마법의 '서기의 실수는 해를 끼쳐서는 안 된다(vitium clerici nocere
non debet)'는 법언에서 유래하는 것으로서 입법과정에서 법안기초자 또는 입법
자의 실수로 인한 명백한 오류를 바로잡는 해석이다.[118] 원래 입법과정에서 정
정되었어야 마땅한 법 문언은 법적용자가 입법목적을 고려한 보정해석을 통해
정정할 수 있다: 목적론적 법률정정(teleologische Gesetzeskorrektur).[119] 이는 영미
법의 '대서인의 실수', 독일법의 편집오류 또는 인쇄오류에서 보듯이 양대 법계에
서 공통적으로 통용되는 해석기술로 보인다.

예를 들면 민법 제7조는 "법정대리인은 미성년자가 아직 법률행위를 하기
전에는 동의와 승낙을 취소할 수 있다."라고 규정하고 있다. 하지만 동의와 승낙
의 하자를 그 요건으로 전제하지 않을 뿐 아니라 효과의 측면에서도 소급효가

---

116) Schmalz(1992), 144면; Hager(2009), 52-53면; 김영환(2012), 419-420면; 양천수(2021),
　　 382면.
117) Bund(1983), 190-191면; Schneider(1995), 143-144면. 나아가 클룩은 유추나 반대추론
　　 이 각자의 적용 조건이 충족되면 적용될 뿐이고 논리적인 상관관계가 없다고 본다.
　　 Klug(1982), 146면.
118) 이러한 명백한 오류는 판결 과정에서도 발생할 수 있는데 법원은 판결에 잘못된 계산이나
　　 기재, 그 밖에 이와 비슷한 잘못이 있음이 분명한 때에 이를 경정할 수 있다. 민사소송법
　　 제211조 및 형사소송규칙 제25조 참조.
119) Schmalz(1992), 151면.

아닌 장래효를 인정한다는 점에서 원래 의미의 취소가 아니라 철회(撤回)로 봐야 한다. 그에 따라 '취소'라는 법 문언에도 불구하고 철회로 보정하여 해석하는 것이 학계의 통설이다.[120]

보정해석은 법 문언에 반하는(contra verba legis) 해석이라는 점에서 수정해석과 다를 바 없다. 하지만 수정해석의 정당화 가능성에 대해서는 여전히 논란이 많은 반면, 보정해석의 정당성은 크게 문제되지 않는다. 물론 보정해석과 수정해석 사이의 경계는 확실치 않은데, 수정해석의 정당성이 인정되어 통설이나 정설이 되는 경우 이를 보정해석으로 표현하는 것이 아닌가 미루어 짐작할 뿐이다.

보정해석과 관련하여, 법령이 아닌 법률행위의 해석기술로서 예문해석(例文解釋)에 대해서 언급할 필요가 있다. 예문해석은 당사자의 의사에 따른 법률행위의 효력을 그대로 인정하지 않고 일정한 가치판단 아래에서 그 효력을 수정하는 해석기술이다. 가령 관용적으로 사용되는 서식의 처분문서에 부동문자로 인쇄되어 있는 일부 합의 내용이 당사자 일방에게 지나치게 불리한 경우 이를 예문에 지나지 않는 것으로 해석하여 무효로 보는 것이다. 예문해석을 하기 위해서는 개별 사건별로 당사자의 의사를 고려하여 계약의 내용이 예문에 불과한 것인지의 여부를 면밀하게 검토하여야 한다. 요컨대 예문해석은 문언에 반하는 해석이라는 점에서 보정해석과 유사하다. 단지 보정해석에서 해석 대상이 법령의 문언인 반면, 예문해석에서는 법률행위가 표시된 문서의 문언이라는 점에 차이가 있을 뿐이다.

4. 현대적 해석방법론

법해석 방법론은 20세기 중후반 영미를 중심으로 발전된 현대 언어철학의 성과에 힘입어 획기적인 변화를 겪게 된다. 특히 화용론적 의미론이 득세하면서 '언어의 의미는 맥락(context) 속에서 파악되어야 한다'는 사고가 널리 확산되었다. 이는 비트겐슈타인의 후기 언어이론에서 다음과 같이 압축적으로 표현된 바 있다. "단어의 의미는 언어에서의 사용(Gebrauch, use)이다."[121] 모든 법해석 이

---

120) 『주석민법 총칙(1)』(신숙희), 제5판, 한국사법행정학회, 2019, 303면.
121) L. Wittgenstein, *Philosophische Untersuchungen*, Oxford: Blackwell, 1953, § 43; "… Die Bedeutung eines Wortes ist sein Gebrauch in der Sprache. …"

론은 의미론에 의존하는데, 기존의 의미론이 지시론적 차원에 머물러 있었다면 화용론적 차원으로 그 무게중심이 이동하게 된 것이다.

화용론적 의미론은 비트겐슈타인의 사용이론뿐 아니라 오스틴(J.L. Austin)·썰(J. Searle)의 화행이론이나 그라이스(P. Grice)의 의사소통이론 등 다양한 형태로 발전되지만 비트겐슈타인의 사용이론이 이를 대표한다. 화용론적 의미론의 영향으로 언어의 의미는 이제 개별 단어가 아니라 문장의 차원에서 파악되어야 한다는 맥락중심적 사고가 널리 확산되었다. 그리고 언어의 의미가 문장 의미(sentence meaning)와 발화 의미(utterance meaning)로 구분되면서 한층 더 맥락의 중요성이 부각되었다.[122] 이러한 언어철학의 성과는 하트(H.L.A. Hart) 등을 통해 현대의 법철학과 법학방법론에 크게 영향을 미쳤다.

20세기 중반 이후 전개된 법해석 방법론의 새로운 흐름을 이해하기 위해서는 기호학(semiotics)과 관련하여 설명하는 것이 이해가 쉬울 것이다. 기호학은 언어를 비롯한 기호(sign)의 일반 이론과 그 응용을 연구하는 학문을 총칭한다. 인간 문명은 언어를 비롯한 기호와 기호체계를 통해 발전되었기 때문에 그에 대한 연구도 끊임없이 이어져왔지만, 기호 일반에 대한 통합적인 연구는 20세기 중반에 와서야 모리스(C. Morris) 등에 의해 본격화되었다.[123]

기호학은 의미론, 구문론, 화용론의 세 분야로 이루어진다. 의미론(semantics)은 기호와 그 기호가 가리키는 대상과의 관계를 연구하는 분과로서 인식론의 의미론과 진리론, 추리와 논증 등을 탐구한다. 다음으로 구문론(syntax)은 기호 사이의 형식적 관계를 연구하는 분과로서 기호와 기호, 특히 언어의 논리-문법적 구조(logico-grammatical structure)를 주로 탐구한다. 마지막으로 화용론(pragmatics)은 기호와 그 기호를 말하거나 듣는 사람과의 관계를 연구하는 분과이다. 비트겐슈타인의 후기이론 이후 현대 언어철학은 화용론을 중심으로 전개되었다.

현대의 화용론적 의미론은 법해석 방법론 중에서도 문언중심적 해석론에 큰

---

122) 문장 의미와 발화 의미의 구분은 오늘날 이른바 맥락주의(contextualism)를 대표하는 르카나티(F. Recanati)에 의해 발화의미가 다시 말해진 것(what is said)과 함축된 것(what is implicated)으로 세분됨으로써 문장 차원의 의미는 문장 의미, 말해진 것, 함축된 것 내지 의사소통된 것의 세 가지 하위개념으로 구분되는 것이 일반화되었다. F. Recanati, "What is Said", *Synthese 128* (1993), 75-91면.

123) C. Morris, *Foundations of the theory of Signs*, Chicago: Univ. of Chicago Press, 1938.

변화를 가져왔다. 화용론적 의미론에 따르면, 언어의 의미는 언어 그 자체에 내재하는 것이 아니라 언어가 사용되는 맥락 속에서 이해될 수 있으며, 그 맥락 속의 화자(話者)와 청자(聽者)로부터 동의를 얻음으로써 그 의미가 보편적으로 수용된다. 바꿔 말해 모든 의미는 가장 깊은 차원에서는 해당 텍스트의 발화 또는 독해의 전체적인 맥락에 달려 있으며 어느 정도로 전체 맥락을 명확하게 파악하는지에 따라 의미를 이해하는 깊이나 내용이 달라질 수 있다.[124] 법적 언어 또한 마찬가지이다. 사용이론은 규칙회의주의를 통해 단순히 문언적 해석의 한계를 지적하는 데 그치지 않고 법해석의 의미와 방법에 대한 재성찰을 요청한다.

현대 언어이론과 기호학으로부터 자극 받은 법해석 방법론은 가다머 등의 철학적 해석학이 더해지면서 법해석의 본질에 대한 근본적인 재검토가 이루어지게 되었다. 주지하다시피 해석학에서는 해석대상인 텍스트(text)뿐 아니라 해석자의 선이해(Verständnis)가 갖는 중요성이 강조된다.[125] 가다머에 따르면 이해는 언제나 선판단이 작동한다는 점에서 지속적으로 개념이 형성되는 과정이다.[126] 즉 선판단은 해석의 필수불가결한 결정요소이다. 나아가 의미도 해석 활동의 결과일 뿐이므로 해석자와 독립적으로 존재하지 않는다. 다시 말해 법규범의 의미는 해석자보다 선재(先在)할 수 없다. 이는 해석주체의 주관성이 해석에 결정적인 영향을 미친다는 것으로서 오늘날의 법해석 방법론 논쟁에서 객관적 해석이론이 주도권을 잡게 되는 데에 결정적인 영향을 끼쳤다.

법해석의 방법론적 기초에 대한 철학적 사유가 이어지면서 법해석의 방법에 대한 논의도 한층 정교해졌다. 특히 해석의 방법이나 기술과 별개로 해석의 목표(目標)에 대한 논의가 깊이 있게 다루어지기 시작하였다. 특히 해석의 방법은 해석의 목표를 전제로 하기 때문에 해석방법의 적정성을 검토하기 위해서는 해석자가 추구하는 목표가 무엇인지에 대한 논의가 선행되어야 한다.

---

124) MacCormick/Summers(1991), 517면

125) 선이해는 개인적-심리적 선판단 외에도 이른바 시대정신이나 도덕적·법철학적·정치적 신념의 혼합체로서 집단적 의미의 선이해, 또 법조인으로서의 직업적 선이해 등 다양한 층위를 갖는다. 선이해의 다양한 층위 및 방법론적 함의에 대한 논의는 Kramer(2019), 365-379면. 물론 인식론적으로 불가피한 것으로 여겨지는 선이해와 선입견처럼 부정적인 함의를 갖는 선판단의 경계를 명확하게 획정하기는 어렵다. Schmalz(1992), 68면.

126) H.-G. Gadamer, *Wahrheit und Methode*, Tübingen: J.C.B. Mohr, 1960. 가다머는 선이해 대신 선의견(Vormeinung) 내지 선판단(Vorurteil)이라는 용어를 사용하였으나, 일상적으로 선판단은 부정적인 함의를 갖는 선입견으로 이해된다는 점에서 부적절해 보인다. 이에 대한 지적은 Larenz/Canaris(1995), 30면.

(1) 해석의 목표

20세기 중반 독일의 엥기쉬(K. Engisch)가 해석의 목표를 해석의 수단(기준) 과 별개로 논의하기 시작하면서 해석의 목표는 법학방법론의 주요 주제로 부상하였다. 그는 각 해석수단에 합당한 위상을 배정하기 위해서는 더 근원적인 관점이 필요하다고 보고 일상적인 법해석을 넘어선 고차원적이고 전방위적인 이해의 필요성을 주장하면서 '입법자인가 아니면 법률인가?'로 표현되는 해석의 목표에 관한 논의의 필요성을 강조하였다. 엥기쉬에 따르면 해석의 목표는 해석의 지향점을 입법자의 의사에 둘 것인지 아니면 법령 자체의 목적에 둘 것인지의 문제이다. 해석목표를 찾는 방법 또는 수단이 바로 해석기준이다. 다시 말해 종래 해석기준으로 거론되던 문언, 체계적 관련성, 입법목적 등은 해석수단에 불과하다.

해석의 목표에 관한 논의는 거슬러 올라가면 17-18세기 그로티우스·푸펜도르프·토마지우스 등의 주관적 해석론자에게서 발견되지만, 19세기 후반 콜러 (J. Kohler)를 비롯한 객관적 해석론자의 등장과 함께 논의가 본격화되었고 엥기쉬 이후 여러 학자들이 해석의 목표에 대해 고민하게 되면서[127] 국내 학자들도 이 주제를 다루기 시작하였다.[128]

해석의 목표를 둘러싼 다양한 견해들은 해석의 시점까지 고려하면 네 가지 유형으로 세분될 수 있지만, 흔히 법제정 시점의 입법자의 의사를 규명하는 데에 초점을 맞추는 주관적 해석이론과 법적용 시점의 입법목적을 확인하는 데에 초점을 맞추는 객관적 해석이론의 대립으로 압축된다. 주관적 해석이론(주관설)이 입법자의 역사적 의사 탐구를 해석의 목표로 삼는 데 비하여, 객관적 해석이론 (객관설)은 법 자체에 내재하는 의미 탐구를 해석의 목표로 삼는다. 주관설의 대표자로는 사비니, 빈트샤이트, 헤크, 엥기쉬, 뤼터스 등이, 객관설의 대표자로는 콜러, 빈딩, 바흐(A. Wach), 라드브루흐, 라렌츠, 비들린스키 등이 꼽힌다.

주관설은 법이 자연법칙과 달리 일정한 목적을 추구하기 위해 입법자에 의하여 의도적으로 만들어졌다는 점에 주목하여 입법자의 의사 탐구, 특히 입법자의 역사적·심리적 의사 탐구를 해석의 목표로 삼는다. 즉 해석의 목표가 역사적 입법자의 의도와 취지를 이해하는 것이라고 보아 올바른 해석이란 역사적 입법

---

127) Engisch(1977), 85-105면; Larenz(1991), 316-320면; Kramer(2019), 135-164면; Rüthers/ Fischer/Birk(2022), 493-510면.
128) 심헌섭(2001), 213-218면; 김영환(2012), 292-302면. 해석의 목표를 둘러싼 논쟁의 역사와 현대적 의미에 대해서는 김영환(2018), 367-400면 참조.

자의 의사에 부합하는 의미를 찾는 것이라고 주장한다.

　주관설에 따르면, 객관설은 법관을 비롯한 법적용자가 법 문언의 의미를 넘어서 법창조를 시도함으로써 입법권을 침해할 가능성이 있다. 그럼에도 불구하고 법관의 직업에토스, 자기절제, 판결이유 제시의무를 제외하면 법관의 해석권한에 대한 효과적인 통제장치는 사실상 존재하지 않는다.[129] 주관설이야말로 입법자의 의사를 해석의 목표로 삼음으로써 법관의 자의가 개입될 여지를 제거하고 법관의 법 구속을 관철시킬 수 있어서 법적 안정성에 기여할 수 있다.

　한편 객관설은 법을 이성의 산물로 여겨 법이 제정되면 입법자가 의도했던 목적을 넘어서 그 자체로 독자적인 목적을 갖게 된다는 점에 주목하여 입법자가 아닌 법의 의사를 규명하려 한다. 즉 객관설은 법규정의 객관적 의미탐구를 해석의 일차적인 목표로 설정하고, 역사적 입법자가 설정했을 것으로 추정되는 의도와 취지는 해석의 보조수단으로 이해한다.

　객관설 역시 주관설에 대한 비판과 함께[130] 객관설의 논거를 적극 제시하는데 이는 다음과 같이 요약될 수 있다. 입법이 완료되면 입법자의 역할은 끝나고 자신의 작품인 법률의 뒷전으로 물러난다. 입법자의 의사를 찾으려는 주관설은 입법에 대한 군주정적 이해의 흔적일 뿐이다. 현대의 민주정 체제에서는 입법자가 대단히 모호할 뿐 아니라 그 의사를 확인하기도 어렵다. 흔히 입법준비자료를 통해 입법자의 의사를 확인하려 하지만, 법 문언이 아닌 입법준비자료는 법적 구속력이 없다. 또 수범자로서의 시민은 오늘날의 언어관용에 따라 법규정을 이해하며, 현실의 변화로 법규범의 목적이 변하면 그 내용도 변한다. 주관설을 고수하면 법 문언의 의미 변화를 제대로 포착하지 못한다. 요컨대 해석자가 입법자보다 법률을 더 잘 이해할 수 있다는 것이다.

　특히 라드브루흐는 법률을 항구를 떠난 배에 비유하여 "법률은 항구에서 닻을 올리고 출항할 때는 수로 안내인에 의해 정해진 항로를 따라 항만을 통과하

---

129) Kramer(2019), 163면.
130) 주관설을 비판하는 논거들은 헤크에 의하여 의사논거(Willensargument), 형식논거(Formargument), 신뢰논거(Vertrauensargument), 보충논거(Ergänzungsargument) 등 네 가지로 정리되었다. Heck(1914), 67-70면. 이에 대한 상세한 논의는 Kramer(2019), 148-154면; 김영환(2018), 386-388면 참조. 한편 객관설을 비판하는 논거들은 뤼터스에 의하여 객관성의 허위, 법률구속의 허용되지 않는 완화, 방법론적 진정성 결여, 판결의 통제가능성 결여, 새로운 법관상에 대한 경향의 한계 등 다섯 가지로 정리되었다. Rüthers/Fischer/Birk(2022), 501-507면.

지만 일단 출항하면 외해에서 선장의 지휘 아래 스스로 항로를 찾아 항해한다."
라고 주장하면서 "법률은 때때로 입법자보다 더 영리하다(Das Gesetz ist mitunter
klüger als der Gesetzgeber)."라고 역설하였다.[131]

객관설에 따르면 법률은 현시대의 문제에 대하여 해답을 제공하여야 하고
법률가는 현시대에 부합하는 해석을 하여야 한다. 법률의 해석에 있어서 중요한
것은 지금의(ex nunc) 해석이지 과거의(ex tunc) 해석이 아니다. 지금 법률을 해
석하는 자는 그가 살아가는 시대의 질문에 대한 답을 법률에서 찾는다.[132] 주관
설을 따르는 것은, 죽은 자가 산 자를 지배하는 것이다(E. Ehrlich). 법률가의 시선
은 과거가 아니라 현재와 미래를 향한다. 자의금지 위반, 법적 상황의 변경, 법질
서의 가치구조에 있어서의 변화, 개별 사건적 정의의 심각한 침해 등이 존재하는
경우에는 주관설도 원칙에서 벗어난 다수의 예외를 인정할 수밖에 없다.

객관설은 엄격한 주관설이 더 이상 받아들여지지 않으며 역사적 입법자의
의도도 다양한 해석요소 중 하나일 뿐이라고 주장한다.[133] 독일 연방헌법재판소
역시 객관설을 지지하는 것으로 평가되고 있다.[134]

법규정을 해석할 때 척도가 되는 것은 이 규정에 표현된 입법자의 객관화된 의지
인데 이는 법규정 문언과 또 그것의 의미맥락으로부터 추론된다. 반면 입법과정에
참여한 기관 또는 그 개별 구성원이 지니는 그 규정의 의미에 대한 생각은 결정적

---

131) Radbruch(1973), 207면. 이는 이미 19세기 말 뷜로우에 의하여 "확실히 법률은 종종 그
    저자보다 영리하고, 법전은 입법자보다 현명하다(Gewiß: das Gesetz ist oft klüger als
    sein Urheber, das Gesetzbuch weiser als der Gesetzgeber)!"라는 문구로 정형화되었는
    데, 라드브루흐에 의해 간명하게 가다듬어졌다. O. Bülow, *Gesetz und Richteramt*,
    Berlin: Duncker&Humblot, 1885, 37면.
132) Larenz/Canaris(1995), 139면.
133) 해석요소의 비중, 특히 법령 성립사의 비중을 판단하는 데에 있어서 법령의 존속기간과
    유형이 중요하다. 비교적 최근의 법령, 특히 처분적 법률(Maßnahmegesetz)의 경우 입법
    준비자료를 통해 입법자의 의사를 확인할 수 있다면 원칙적으로 법관은 입법자의 의사를
    무시하면 안 된다. 반면 노후화된 법령일수록 역사적 입법자의 의사는 영향력이 약해지고
    현대적인 언어 용례가 중시되며 현대 법질서와의 체계적 조화가 중시된다. 법사실 및 법
    적 평가의 변화로 과거와 다른 입법목적이 부여될 수도 있다. 다만 새로운 법령인지, 아니
    면 노후화된 법령인지 여부는 법령의 시행 이후에 사회적 관계, 법사실 내지 법적 평가가
    근본적으로 변화하였는지 여부에 달려 있다. Schmalz(1992), 111면; Hager(2009), 38-39
    면; Kramer(2019), 146면; Wank(2020), 166-167면.
134) 다만 독일 연방헌법재판소가 최근 일련의 판결에서 주관설에 근거하여 권력분립 원리를
    강조하고 있다는 평가로는 Wank(2020), 158면 및 357면.

이지 않다. 법규정의 성립사는 그것이 해석의 … 정당성을 확인하거나 다른 방식으로는 제거될 수 없는 의심을 배제하는 경우에만 의미를 지닌다. … 법률의 해석 기준이 되는 것은 법률에 표현된 입법자의 객관화된 의사이다.[135]

법해석의 목표에 대한 논의는 법관의 역할 및 기능에 대한 성찰로 이어진다. 법관은 입법자의 의사에서 벗어나 기존 법규정에 새로운 내용을 부여할 수 있는가? 사회 및 규범 상황의 변화에 발맞춰 법령을 바꾸는 것은 입법자의 임무인가 아니면 법관의 임무인가? 이러한 법관의 역할 및 기능에 대한 논의에서 헌법 내지 국가학적 고려를 무시할 수 없다.[136] 독일과 마찬가지로 우리나라에서도 결론은 분명하다. 헌법의 권력분립 원리로부터 법관의 법률 구속이라는 원칙이 도출된다. 그런데 주관설과 객관설은 법관의 법률 구속을 다르게 이해한다. 주관설은 법관의 법률 구속을 법률 자체뿐 아니라 그 기저에 있는 입법자의 가치평가에 대한 구속으로 이해한다. 반면 객관설은 입법자로부터 독립된 법률 자체의 입법목적에 대한 구속으로 이해한다. 법률 자체의 입법목적은 법관이 생각하는 입법목적일 수 있다는 점에서 객관설은 여전히 법관의 자의적인 해석의 가능성을 남긴다.

해석의 목표를 둘러싼 주관설과 객관설의 복잡한 논쟁을 이해하고 타협점을 모색하기 위해서는 논쟁의 배후에 두 가지 문제가 숨어 있다는 것을 인식해야 한다. 그 첫 번째는 사법학(私法學)과 달리 법학방법론에는 익숙하지 않은 '의사와 표시의 괴리'라는 문제이다. 입법자가 일정한 의도를 가지고 입법했더라도 그것이 표시되지 않거나 달리 표시되었다면 입법자의 의사가 우선하는가 아니면 법규정이 우선하는가? 두 번째는 법규정의 해석에 있어서 입법 이후로 변화된 상황, 가령 기술 발전 · 가치관 변화 · 법질서 변동 등이 고려될 수 있는지 또는 고려되어야 하는지 여부 및 그 범위의 문제이다.[137]

---

135) BVerfGE 79, 121. 독일 연방헌법재판소는 객관설의 관점에서 이미 1973년 소라야 판결에서 "법규정의 해석은 성립 시점에 부여된 의미에 영구히 머물 수만은 없다. 법규정이 적용 시점에 어떤 합리적인 기능을 갖게 될 것인지가 고려되어야 한다. … 법규정의 내용은 그와 결부된 상황에 따라 변화 가능하고 변화할 수밖에 없다."라고 판시한 바 있다. BVerfGE 34, 269, 288 참조.

136) Koch/Rüßmann(1982), 179면; Kramer(2019), 150면 각주353; Wank(2020), 166면 및 292면.

137) Bydlinski(1991), 429-430면.

이러한 관점에서 보면, 오늘날 해석목표를 둘러싼 논쟁의 무게 중심은 법규정을 제외한 입법준비자료를 해석에서 참조할 수 있는지, 있다면 어느 정도의 비중을 갖는지의 실천적인 문제로 이동한 것처럼 보인다.138) 객관설의 관점에서 입법준비자료는 통상적으로 수범자가 접근하기 힘든 것이기 때문에 해석에서 고려되지 않는다. 반면 주관설의 관점에서는 해석자가 입법준비자료를 활용하여 입법자의 의사를 확인할 수 있으므로 입법자의 의사가 법규정보다 우선한다. 법규정은 입법자의 의사를 확인하기 위한 수단 중 하나 — 물론 가장 중요한 수단이지만 — 에 불과하다. 다만 어디까지나 입법준비자료는 구속력 있는 권위가 아니라 설득력 있는 권위(persuasive authority)를 가질 뿐이다.

사실 해석목표에 대한 상반된 입장의 배후에는 궁극적으로 법적 안정성과 구체적 정의라는 법가치의 대립이 숨어 있다. 법가치는 제각기 최대한의 실현을 지향할 뿐, 어느 하나도 절대적인 우위를 차지할 수 없다. 주관설과 객관설 역시 양자택일적인 진리와 허위의 문제로 보기 어렵고 각자 부분적인 진리를 인정할 수밖에 없다. 주관설 속에서도 객관설적 요소를 발견할 수 있으며, 객관설도 해석자의 주관적 의사를 고려할 때에만 진정 살아난다.139)

이처럼 헌법상 입법과 사법의 권한 배분뿐 아니라 법이념과도 밀접하게 관련된 법해석의 목표에 대한 논의는 해석방법의 우선순위 내지 서열, 또 법형성의 한계에 대한 논의와 연결된다. 주관설과 객관설은 무엇보다 해석기준의 우선순위에 대한 관점에서 선명하게 대비된다. 주관설은 해석의 목표를 법규정의 문언을 통해 역사적 입법자의 의사를 확인하는 데에 두기 때문에 역사적 해석이 중시되고 문언적 해석·체계적 해석·목적론적 해석 모두 입법자의 의사를 확인하기 위한 수단으로 설정된다. 목적론적 해석은 기껏해야 입법자의 주관적 의사가 분명하지 않을 경우에 보충적으로 활용할 수 있는 해석방법으로 이해된다. 주관적 해석론자 사이에서도 해석방법의 우선순위에 대한 견해가 다를 수 있지만, 적어도 목적론적 해석이 역사적 해석보다 후순위에 있다고 본다는 점에 의견이 일치한다. 반면 객관설은 해석의 목표를 법규정의 객관적 의미를 파악하는 데에 두는 까닭에 목적론적 해석이 중요한 의미를 갖는다. 문언적 해석·체계적 해석은 법규정의 객관적 의미를 파악하기 위한 논거로 사용되며 역사적 해석은 객관설

---

138) Bydlinski(1991), 430면.
139) 심헌섭(2001), 217면.

에 따라 도출된 해석결과를 보강하는 보충적 논거가 될 뿐이다.

요컨대 주관설이 법규정의 문언을 통해 역사적 입법자의 의사를 확인하는 데에 해석의 목표를 둔다는 점에서 역사적 해석에 친화적인 반면, 객관설은 법해석의 목표를 해석자가 이해하는 입법목적을 확인하는 데에 둔다는 점에서 목적론적 해석에 친화적이다. 그로 인해 문언적 해석과 논리-체계적 해석은 해석목표에 대한 논의에서 충분히 다루어지지 못한다는 점에서 법해석의 목표에 관한 물음은 다양한 해석방법 모두를 완전히 포착하지 못한다. 더욱이 주관설과 객관설은 충분한 성찰 없이 상대방을 비판하는 데 몰두하느라 각자의 설득력 있는 논거들까지 무의미하게 만들어버렸다. 법해석의 목표를 둘러싼 주관설과 객관설의 논쟁이 한 세대 전과 같은 관심을 끌지 못하는 것도 이와 무관하지 않을 것이다. 이러한 문제의식에서, 주관설과 객관설의 상호배타적인 논쟁은 이미 시대에 뒤떨어진 논쟁이므로 이제는 해석방법의 우선순위에 대한 물음에 집중해야 한다는 주장[140]도 납득이 된다.

그럼에도 불구하고 법해석의 목표라는 주제는 적절한 해석방법을 선택하고 그 우선순위를 정하는 데에 길잡이 역할을 할 수 있다. 나아가 법해석의 목표에 대한 논의는 법형성의 본질과 그 한계에 대한 시사점을 제공한다. 이 점에서 법해석의 목표에 관한 논의가 법학방법론의 가장 근원적인 출발점이라는 지적[141]은 타당해 보인다.

현재의 논의상황을 살펴보면, 20세기 후반 이익법학 및 평가법학이 법학계를 지배하면서 주관설이 아닌 객관설이 주류적인 흐름을 차지하고 있는 것은 분명해 보인다. 하지만 주관설은 물론 객관설도 각자의 입장을 엄격하게 고수하지 않는다. 오로지 법령 성립 시점의 역사적 입법자의 의사를 해석목표로 삼는 엄격한 주관적 해석론자는 희소하며 법령의 입법목적에 입각한 어떠한 해석도 정당하다고 보는 강경한 객관적 해석론자도 더 이상 찾아보기 어렵다. 대개 하나의 해석이론을 근간으로 하되, 다른 해석이론을 부분적으로 수용함으로써 각자의 한계를 극복하려 한다.[142]

---

140) Bydlinski(1991), 430면 및 436면. 다만 비들린스키는 해석의 목표라는 전통적 물음에 대해 굳이 답변을 해야 한다면, 오늘날 법적으로 권위 있는 적절한 의미내용을 찾아야 한다고 답하며 객관적 해석이론에 동조한다. Bydlinski(1991), 436면.

141) 김영환(2018), 374-375면.

142) Wank(2020), 292면; 김영환(2018), 375-378면, 특히 375면. 가령 독일과 오스트리아의

가령 주관설에서는 입법자를 법률제정 당시의 역사적 입법자에 한정하지 않고 현재의 합리적인 입법자로 이해하려고 하거나 객관적으로 확인가능한 입법자의 의사만 고려하기도 하고, 충분한 이유가 있으면 목적론적 해석도 활용할 수 있다고 주장하는 등 객관설에 접근한다. 대표적으로 암시이론은 입법자의 의사를 중시하면서도 입법 과정에서 논의된 것만으로 부족하고 어떻게든 입법자의 의사가 법 문언에 암시되어 있어야 고려할 수 있다고 본다.[143] 다시 말해 법규정에서 입법자의 의사를 확인할 수 있는 단서를 발견할 수 있는 범위에서만 입법자의 의사에 따라 법을 해석하자는 것이다. 요컨대 법 문언에서 확인가능한 입법자의 의사만을 존중하자는 것이 바로 암시이론(Andeutungstheorie)이다.[144] 그 밖에 법률 제정 시 법률안에 대한 찬성을 통해 법률 제안자가 제안이유에서 공표한 법규정의 의미에 대한 묵시적인 의사의 합치, 즉 협약이 성립하는 것이라는 이른바 협약이론(Paktentheorie),[145] 또 법령의 입법사 내지 법제사적 기원을 중시하면서도 법관의 무조건적 복종의무가 아니라 참조의무(Konsultierungspflicht)를 강조하는 견해[146]도 절충적인 입장으로 볼 수 있을 것이다.

한편 객관설도 주관설의 장점을 적극적으로 흡수하려 한다. 예컨대 라렌츠는 해석의 목표가 오늘날 법적으로 중요한 규범적 의미를 탐구하는 것이라고 보면서도 법적으로 중요하게 고려되는 법률의 의미는 역사적 입법자의 규율의도와 구체적인 규범관념을 고려할 때에 확정할 수 있다고 하여 주관설과의 타협을 시도하였다.[147] 그리고 오늘날 유력한 견해로 평가받고 있는 이른바 통일설(Vereinigungs-theorie) 내지 종합설(sowohl-als-auch-Theorie) 역시 입법자의 의사를 지향하면서

판례는 원칙적으로 객관적 해석이론을 지지하는 것으로 이해되는 반면, 스위스의 판례는 정형화된 표현에도 불구하고 '원칙적인 무원칙성(A. Meier-Hayoz)', '방법편의주의(E. Kramer)'라고 비판받을 정도로 일관성 없이 동요하고 있다고 한다. Bydlinski(1991), 562-563면 각주380; Kramer(2019), 142-148면.

143) Engisch(1977), 83면; Wank(2020), 158면.
144) 크라머는 포르투갈 민법전 제9조(법률의 해석)가 암시이론을 법제화한 것으로 본다. Kramer(2019), 151면 각주356: 포르투갈 민법전 제9조 제2항 "그러나 해석자는 법률의 문언에 불완전하게나마 최소한 문자의 부합이 없는 입법 의사는 고려할 수 없다(Não pode, porém, ser considerado pelo intérprete o pensamento legislativo que não tenha na letra da lei um mínimo de correspondência verbal, ainda que imperfeitamente expresso)".
145) Engisch(1977), 95면; Bydlinski(1991), 431-432면; Wank(2020), 293면.
146) Kramer(2019), 158-162면, 특히 162면.
147) Larenz(1991), 316-320면.

도 현재의 규범이해와 충돌하는 경우 입법자의 의사를 교정할 수 있다고 본다는 점에서148) 객관설을 주관설과 절충하려는 견해로 이해할 수 있을 것이다.

우리나라에서는 암시이론 등 주관설과 객관설을 절충하려는 시도들이 충분히 소개되지 않고 있으나 근래 해석의 목표나 역사적 해석방법에 대한 논의가 확산되면서 일부 판례에서 암시이론의 관점에서 입법자의 의도를 확인하는 방법이나 기준에 대한 의견이 등장하는 점은 주목할 만하다.

> [대법관 김재형, 박정화, 김선수, 이흥구의 반대의견] 법률해석에서 입법자의 의도는 법률의 문언에 표현된 객관적인 의미나 내용으로부터 추단하여야 하고, 입법자의 의도나 입법 경위를 참고하여 법률을 해석하더라도 법률의 문언에 표현되어 있지 않은 입법자의 주관적인 의사에 구속되어서는 안 된다. …
> 법률의 문언은 입법자의 의도를 발견할 수 있는 가장 중요한 징표이다. 법률에 표현된 내용이 입법자의 주관적 의사나 원래의 의도와 다를 경우에는 법률 문언에 나타난 객관적인 의사에 우위를 두고 해석하여야 한다.149)

해석의 목표를 둘러싼 주관적 해석이론과 객관적 해석이론의 논쟁은 미국에서는 의도주의(intentionalism), 문언주의(textualism), 목적주의(purposivism) 사이의 논쟁으로 변주되고 있다. 미국의 논의 상황을 개관하면,150) 미국의 법해석 방법론은 크게 입법자의 의사를 해석목표로 삼는 의도주의, 법 문언의 의미를 해석목표로 삼는 문언주의, 그리고 법의 목적을 해석목표로 삼는 목적주의의 세 가지 흐름으로 나뉜다.151) 이러한 미국의 법해석 방법론은 우리나라에서도 의도중심적 방법론, 문언중심적 방법론, 목적중심적 방법론으로 재구성되어 최고법원의 판결을 분석하고 평가하는 틀로 사용되고 있다.152)

---

148) Müller(1995), 254-256면. 다만 뤼터스는 뮐러의 견해를 라렌츠의 견해와 함께 '수정된 암시이론(modifizierte Andeutungstheorie)'으로 분류하였다. Rüthers/Fischer/Birk(2022), 455-456면.

149) 대법원 2021. 9. 9. 선고 2017두45933 전원합의체 판결.

150) 현대 미국의 법해석 방법론에 대해서는 최봉철(2007), 259-290면; 최봉철(2020), 204-236면; 남기윤(2014), 571-677면 참조.

151) Manning(2006), 70-111면; Marmor(2014), Ch.5. 다만 의도주의가 입법부의 특수한 의도에 기초한 것인 데 비해 목적주의는 일반적인 입법목적에 근거한다는 점에서 양자가 연속선상에 있다는 지적으로 Slocum(2015), 302면 후주 50.

152) 최봉철(2007), 261-275면; 김도균(2010), 89-132면; 공두현(2019), 185-238면.

대륙법계에서 주관설이 쇠퇴하고 객관설이 법해석 방법론에 대한 논의를 주도하는 것과 달리, 미국에서는 역사적 입법자의 의사를 중시하는 원의주의(originalism)가 오랫동안 지배적인 위상을 차지하고 있었다. 특히 헌법 해석과 관련하여 원의주의는 미국 연방헌법의 내용이 기초·비준 시점에 고착되었고 헌법 문언이 수정되지 않은 이상 헌법 관행도 원의(original meaning)에 의해 제한되므로 헌법 사건을 판단하는 데 있어서도 원의에 따라야 한다고 보았다.153) 그러다가 헌법해석과 관련하여 원의주의가 강조하는 원의가 주관적 의도를 의미하는지 아니면 객관적 목적을 의미하는지를 두고 논쟁이 벌어지면서 원의주의는 의도주의와 목적주의로 갈라지게 되었다. 전자가 법령을 해석하는 데 있어서 입법자의 원래 의도(original actual intent)를 확인하는 데에 초점을 맞춘 데 비하여, 후자는 법령의 입법 목적(legislative purpose)을 객관적으로 탐구하는 데에 관심을 기울였다.

20세기 중반에는 하트(H. Hart)와 삭스(A. Sacks)가 『법의 과정(*The Legal Process*, 1958)』에서 법적 과정이론을 주창하면서 한동안 목적주의가 미국 법해석 방법론을 주도하였다. 그들에 따르면 모든 법에는 특정한 목표를 달성하려는 입법목적이 내재되어 있으며, 법원의 일차적 임무는 이를 탐색하여 법적용 과정에서 실현하는 데에 있다. 또 법은 법 제정으로 끝나는 것이 아니라 판사와 관료들에 의해 합리적으로 다듬어진다. 다만 판사와 관료들도 법 규정의 문언을 해석하는 데 있어서 그 문언이 지닐 수 없는 의미를 부여해서는 안 된다.154)

법적 과정이론을 계승한 에스크리지(W. Eskridge)는 가다머의 해석학을 받아들여 동태적 해석이론(dynamic statutory interpretation theory)으로 발전시켰다. 그에 따르면 텍스트는 그 의미가 고정되지 않고 해석을 통해 언제나 새롭게 구성되어야 한다. 법령은 일단 제정되면 사회의 변화나 새로운 법적 문제의 등장으로 법령의 원래 의미나 입법자의 의도는 점차 시의성을 상실하게 된다. 이러한 문제의식에서 출발하여 에스크리지는 법도 변화된 사회상황에 맞게 동태적으로 해석되어야 하고 나아가 입법자의 의도에 반하는 해석도 허용된다고 보았다.155)

---

153) 솔럼은 이를 고착 테제(fixation thesis)와 제한 테제(constraint thesis)로 요약하면서 원의주의와 비원의주의의 논쟁은 후자의 제한 테제에 대한 논쟁으로 귀결된다고 보았다. L. Solum, "Originalism, Hermeneutics, and the Fixation Thesis", *The Nature of Legal Interpretation* (B. Slocum ed.), Chicago: Univ. of Chicago Press, 2017, 130~155면, 특히 153~154면.

154) Hart/Sacks(1994), 1156면 및 1374면.

155) Eskridge(1994), 10면, 48~50면, 58면.

그러나 1980년대 중반 홈스(O.W. Holmes)의 영향을 받은156) 이른바 신문언주의(new textualism)가 대두되면서 문언주의가 세력을 확장하기 시작하였다. 문언주의는 법 문언을 중시할 뿐 아니라 가급적 법 제정 당시의 일반적인 언어 용례에 따라 법 문언을 해석하려 하였다.

문언주의의 전도사 스칼리아(A. Scalia)는 원의주의 내지 의도주의에 반대하여 법 문언의 의미 파악을 해석의 목표로 설정하고 해석기준으로 문언의 명백한 의미(plain meaning)를 중시하고 입법자의 의도나 입법목적을 이유로 문언의 한계를 벗어날 수 없다고 보았다.157) 그에 따르면 의회의 지배가 민주주의의 핵심 원칙이다. 의회의 의사는 법 문언으로 표현된다. 따라서 의회가 제정한 법률에 대하여 옳고그름을 가려내어 잘못된 입법을 고쳐 쓰는 것은 법원의 임무가 아니다.158) 법관은 방대한 입법준비자료에 등장하는 모순된 진술들로부터 자신의 정책적 선호에 부합하는 자료를 취사선택할 수 있기 때문에 입법부의 의도를 이용하는 것은 '사법부의 의도를 감추기 위한 편리한 위장(handy cover for judicial intent)'일 뿐이다.159) 다만 스칼리아는 대서인의 실수(scrivener's error)가 확인되면 보정해석해야 한다고 주장하는 등 전통적인 해석규준(canon of construction)의 역할을 인정함으로써 법 문언을 맹신하는 엄격 해석주의(strict constructionism)와 차별화하려 하였다.160)

문언주의의 또 다른 대표자 매닝(J. Manning)은 문언주의를 '법관은 법 문언의 의미론적 의미에서 법적 의미를 찾아야 한다'는 주장을 옹호하는 입장으로 설명하고 명확한 법령은 비록 입법에 영향을 미친 배후의 목표·목적을 완벽하게

---

156) "우리는 입법부가 의미한 것을 탐구하지 않는다; 오로지 제정법이 의미하는 것을 물을 뿐이다(We do not inquire what the legislature meant; we ask only what the statute means)." Holmes(1899), 419면.

157) Scalia(1997), 14면 및 20면.

158) Scalia(1997), 17면.

159) Scalia(1997), 18면.

160) Scalia(1997), 23-24면. 스칼리아 대법관은 마약밀매 범죄 과정 또는 마약밀매와 관련하여 총기를 사용(use of a firearm)하는 경우에 가중 처벌하도록 되어 있는 연방법 규정의 해석과 관련하여, 피고인이 탄환이 장전되지 않은 총기를 마약과 교환(exchange)한 사건에서 총기를 준 것은 총기의 사용(use)에 해당된다고 판시한 다수의견에 반대하는 반대의견을 개진함으로써 문언주의를 일관되게 관철하려 하였다. 유사한 사건에서 마약판매업자가 피고인으로 기소된 후속 판결에서는 총기를 받은 것은 총기의 사용에 해당되지 않는다고 판시하였는데, 당연히 스칼리아는 다수의견에 가담하였다. Smith v. United States, 508 U.S. 223(1993); Watson v. United States, 128 S.Ct, 697(2007).

포착하지 못한다고 할지라도 법 문언 그대로 적용되어야 한다고 주장하였다.[161]

오늘날 미국의 법실무에서 "우리 모두는 지금 문언주의자이다."라는 미국 연방대법원 대법관의 고백[162]에 별다른 이의가 제기되지 않을 정도로 문언주의가 현대 법해석 방법론의 주류적인 흐름으로 이어지는 것은 분명해 보인다.

(2) 해석의 방법

오늘날 법해석 방법의 효용에 대하여 회의적이거나 평가절하하는 견해가 없지 않으나[163] 여전히 해석방법은 법해석 방법론의 핵심 주제로 다루어지고 있다. 법의 해석방법이라고 하면 각각 법의 문언, 논리적 연관성, 입법자의 의도, 입법목적이라는 해석기준을 중시하는 문언적 해석, 체계적 해석, 역사적 해석, 목적론적 해석의 네 가지 고전적 해석방법을 의미한다. 다만 고전적 해석방법론의 타당성에 대한 논란과는 별개로, 해석방법의 개수를 두고서 네 가지가 아닌 세 가지나 다섯 가지 등으로 분류하는 등 의견이 엇갈리고 있다.[164]

그런데 국내외 판례를 분석하다 보면, 고전적 해석방법의 하나로 분류하기 어려운 유형의 해석방법들이 적지 않게 발견된다. 고전적 해석방법의 한계를 보완하기 위해 널리 활용되는 헌법합치적 해석, 이익평가적 해석, 결과고려적 해석, 비교법적 해석이 바로 그것이다. 나아가 이러한 해석방법으로 분류하기 어려운 해석방법들도 적지 않은데, 이는 해석 결과의 적정성을 정책·윤리 등 실질적인 이유 등에서 찾는다는 점에서 실질적 이유(substantive reasons)에 근거한 해석으로 따로 묶을 수 있다. 이처럼 고전적 해석방법의 한계를 보완하기 위하여 등장한 새로운 해석방법들은 현대적 해석방법으로 통칭할 수 있을 것이다.

---

161) J. Manning, "Second-Generation Textualism", *California Law Review* 98 (2010), 1287-1318면, 특히 1288면. 그밖에 법원이 법을 목적지향적으로, 또 창조적으로 형성해 나가기에 부적합하다는 것을 전제로 법관이 명백한 의미에 충실하면서 단순화된 엄격한 판단규칙을 따라야 한다는 문언주의자로는 A. Vermeule, *Judging Under Uncertainty: An Institutional Theory of Legal Interpretation*, Cambridge Mass.: Harvard UP, 2006, 5면 및 37면, 86-117면.

162) E. Kagan, "The Scalia Lecture: A Dialogue with Justice Kagan on the Reading of Statutes", *Harvard Law Today*(2015. 11. 17.) 참조.

163) 예컨대 Pawlowski(1999), 11면.

164) Alexy(1978), 19면. 알렉시 스스로는 전형적인 해석방법(해석형식)을 의미론적(기호학적) 해석, 발생적 해석, 역사적 해석, 비교법적 해석, 체계적 해석, 목적론적 해석의 여섯 가지로 구분하고 있다. Alexy(1978), 289-299면; Alexy/Dreier(1991), 82-89면.

1) 수정된 고전적 해석방법

고전적 해석방법론에 대한 집요한 비판에도 불구하고[165] 문언적 해석·체계적 해석·역사적 해석·목적론적 해석이라는 네 가지 해석방법은 지금도 법적 쟁점을 해결할 수 있는 유용한 틀로 받아들여지고 있다. 실제로 판례나 학설에서 제시되는 논거들은 대부분 고전적 해석방법 중 하나에 편입시킬 수 있다. 다만 고전적 해석방법의 의미나 한계가 재검토되면서 각 해석방법의 명칭이나 내용에 수정이 이루어졌다.

고전적 해석방법이 중시하는 법의 문언, 논리적 연관성, 입법자의 의도, 입법목적과 같은 해석기준은 법적 판단 내지 결정이 내려져야 할 사안에서 특정 해석을 지지하거나 반대하는 논거로 기능한다. 이는 해석결과에 대한 주된 근거를 이루는 주요 논거(Sachargument)가 된다. 법해석에 있어서는 원칙적으로 모든 주요 논거가 면밀하게 검토되고 적용되어야 한다. 해석자는 자신이 얻고자 하는 해석결과를 약화시키지 않기 위하여 주요 논거를 일부러 누락해서는 안 된다.[166]

① 문언적 해석[167]

문언적 해석은 법의 문언(Wortlaut)을 해석 대상으로 삼아 그 의미, 즉 어의(語義)를 탐구하는 것이다. 문언적 해석(literal interpretation)은 종종 언어적 해석이나 문법적 해석과 호환적으로 사용되며 문헌적(philological) 해석으로도 불린다. 문언적 해석으로서의 언어적 해석은 흔히 의미론적(semantic) 해석과 동의어로 사용되나, 의미론적 해석뿐 아니라 구문론적(syntactic) 해석이나 화용론적(pragmatic) 해석도 포괄하는 상위개념이다.[168] 구문론적 해석은 문법적 구조를 중시한다는 점에서 일정 부분 논리-체계적 해석과 중첩되며, 화용론적 해석은 맥락과 의사소통을 중시한다는 점에서 논리-체계적 해석, 역사적 해석 또는 목적론적 해석과 교차한다.

---

165) 예컨대 알렉시는 해석규준의 한계를 해석규준의 개수에 대한 논란, 서열질서의 문제, 불명확성의 세 가지로 정리하고 있다. 다만, 해석규준의 한계가 해석규준이 무가치한 것으로 폐기되어야 한다는 것을 의미하는 것이 아니라 법적 판단을 근거짓는 데에 충분한 규칙이라는 관점을 배제할 뿐이라고 본다. Alexy(1978), 19-20면. 또 문리해석을 비롯한 모든 고전적 해석방법이 언제나 명확하지 않다는 비판으로는 이상돈(2018), 125-128면.

166) Schmalz(1992), 120면; Wank(2020), 169면.

167) 이하의 서술은 오세혁, "법 문언의 언어적 의미: '일상적 의미'와 '가능한 의미'를 위한 변론", 『경희법학』 제56권 제3호(2021), 31-65면을 수정·보완한 것이다.

168) Alexy(1995), 85-86면.

문언적 해석은 법령의 문언적 의미(literal meaning), 다시 말해 법 문언의 언어적 의미를 밝힌다는 점에서 해석의 본질에 가장 충실한 해석방법이 아닐 수 없다. 왜냐하면 법은 일반적으로 언어를 통해서 존재하기 때문이다. 그리고 언어는 언어공동체의 통상적인 어법이나 언어관용에 따라 해석되어야 한다.169) 법의 문언도 언어인 이상, 홈스(O.W. Holmes)가 말하는 '통상적인 언어사용자의 관점'에서 법을 해석하는 것이 자연스럽다. 그렇다면 법의 문언은 일차적으로 통상적 의미(normal meaning)에 따라 이해되어야 한다.

전통적으로 법의 문언은 해석의 출발점이자 한계로 인식되었다. 문언적 해석은 법 문언의 통상적 의미에서 시작하여 법 문언의 가능한 의미에서 종료된다. 문언적 해석이 법 문언의 가능한 의미를 넘는 순간 법해석이 아니라 법형성이 된다. 이와 같이 법의 문언을 다른 해석기준보다 우선시하는 해석이론이 문언중심적 법해석 방법론 내지 문언주의(textualism)이다.

문언적 해석은 해석 대상이 되는 법 문언에서 의미를 찾는다는 점에서 지극히 자연스럽고 중요한 해석방법임에도 불구하고 논란도 적지 않다. 문언적 해석의 효용과 한계에 대한 논란은 상당 부분 문언적 해석방법이 해석목표로 삼는 '문언의 의미(Wortsinn)' 자체의 다의성에 기인한다.

언어는 문언적 의미,170) 언어적 의미 외에도 사전적(lexical) 의미, 문학적(literary) 의미, 또 통상적 의미, 일상적 의미, 전문적 의미, 관례적(conventional) 내지 관용적(idiomatic) 의미,171) 나아가 맥락적(contextual) 의미, 가능한(possible)

---

169) 법공동체가 단일한 언어공동체를 전제로 하지 않는 국제법이나 지역법의 경우에는 법규정의 다언어성으로 인해 언어 비교의 방법이 요청되므로 문언적 해석이 한층 복잡한 양상을 띠게 된다. 스위스 같이 공용어가 복수인 경우에는 국내 법규정의 해석에서도 법규정의 다언어성으로 인한 문언적 해석이 문제된다. 법규정의 다언어성에 대해서는 Kramer (2019), 89~91면.

170) 문언의 언어적 의미(linguistic meaning)도 그 문언적 의미(literal meaning)와 다를 수 있다. Slocum(2015), 25~26면. 문언적 의미에 대한 일반적인 이해와 달리, 자연언어에서 사용되는 단어의 문언적 의미가 언어관행에 의해 결정되는 것이 아니라고 보면서 언어관행은 문언적 의미의 경계를 결정할 뿐이라는 견해로 A. Marmor, "Is Literal Meaning Conventional?", *Topoi 27* (2008). 101~113면, 특히 101면.

171) 일반적으로 관용적 의미(idiomatic meaning)는 일상적 의미와 같은 뜻으로 이해된다. 하지만 엄밀하게 따지면 일상적 의미는 언어공동체에서 일상적으로 이해되는 의미인 데 비하여, 관용적 의미는 일반인 사이 또는 특정 분야의 전문가 사이에서 관례적으로 사용되는 의미이다. 따라서 관용적 의미는 일상적 의미와 같을 수도 있고 전문적 의미와 같을 수도 있다. 관용적 의미는 맥락에서 동떨어지게 사용되거나 구성어휘를 변형하면 전혀 의미가 전달되지 않는다는 점에 그 특징이 있다.

의미까지 참으로 다양한 의미를 지닌다. 그뿐 아니라 언어는 삶의 영역에 따라 그 의미가 달라질 수 있으며, 학문 분야에 따라서도 상이한 의미를 가질 수 있다.

더욱이 법 언어의 애매성 및 모호성,172) 그리고 법개념의 상대성 내지 다차원성으로 인해 문언적 해석만으로는 법적 의미가 불분명하고 다른 해석방법을 동원함으로써 그 의미가 명료해지는 경우가 적지 않다. 이 점에서 해석의 첫 단계에서 다른 해석방법을 배제한 채 문언적 해석을 통해 확인되는 의미로서의 '잠정적 의미', 그리고 다른 해석방법을 고려한 전체적인 해석의 결과로 도출되는 '최종적 의미'를 일응 구별하는 것173)이 유용할 것이다.

문언적 해석의 주요 쟁점 중 하나는 일상적 의미(ordinary meaning)에 바탕한 해석과 전문적 의미(technical meaning)에 바탕한 해석의 대립이다. 문언적 해석방법은 통상적 의미의 두 하위개념, 즉 일상적 의미와 전문적(기술적) 의미가 엇갈리는 곳에서 그 한계가 선명하게 드러난다.

문언의 일상적 의미는 공중(公衆)에 의해 일상적으로 사용되는 의미이다.174) '문언의 일상적 의미'는 문언의 가능한 의미의 범위 내에서 맥락에 따라 그 의미가 확인된다. 언어가 실제로 어떤 의미로 사용되었는지를 알기 위해서는 언어의 전후 맥락과 관계 등을 고려한 맥락적 의미도 참고해야 한다.175)

기본적으로 법 문언의 일상적 의미는 언어관용과 언어체계성에 기초하며 이른바 협의의 맥락(narrow context) 속에서 결정된다. 물론 법 문언의 일상적 의미를 파악하는 데 있어서 해석자의 재량이 완전히 배제되지는 않는다. 화용론적인 협의의 맥락이든 아니면 화자의 의도까지 고려하는 광의의 맥락이든 간에, 일단 맥락을 끌어들이는 이상 문언의 의미를 부여하는 데에 해석자의 재량이라는 요소를 제거할 수는 없다.176)

---

172) 법언어의 다의성(ambiguity)·모호성(vagueness)·다공성(porosity)에 대한 지적으로는 Kramer(2019), 41-42면 각주2; Wank(2020), 192면; 김혁기, "법해석에 의한 모호성 제거의 불가능성", 『법학』(서울대) 제50권 제1호(2009), 123-152면. 이를 법률언어의 공시적 모호성이라고 부르면서 시간의 흐름에 따른 법률언어의 의미 변화에 기인하는 통시적 모호성과 대비시키는 견해로 이상돈(2018), 117-121면.
173) 예컨대 Wank(2020), 185면.
174) 일상언어의 사전적 의미가 다양하다는 이유로 일상언어에는 문언의 통상적인 의미가 존재할 수 없다는 견해로 Wank(2020), 192면.
175) 김준섭(1995), 267면. 맥락적 의미를 세분하여 협의의 맥락에 의존하는 일상적 의미(ordinary meaning)와 광의의 맥락에 의존하는 의사소통적 의미(communicative meaning)를 구별하는 견해로 Slocum(2015), 5-6면 및 27면, 134-138면.

그럼에도 불구하고 원칙적으로 법 문언의 의미가 명백하면 그 의미에 따라 해석되어야 한다고 말해진다. 프랑스법계에서 명백한 의미 원칙(la doctrine du sens clair), 독일법계에서 일의성 규칙(Eindeutigkeitregel), 영미법계에서 명백한 의미 규칙(plain meaning rule) 등 다양한 이름으로 불리는 이 원칙은 꽤 오랫동안 자명한 해석원칙처럼 받아들여졌다.

명백한 의미 원칙, 줄여서 명백성 원칙의 기원으로 알려진 '문언에 애매함이 없으면 입법 의사에 대한 질문은 허용되지 않는다(cum in verbis nulla ambiguitas est, non debet admitti voluntatis quaestio)'는 법언(法諺)은 로마법 시대부터 발전된 해석원칙이었다.[177] 이는 시간이 흐르면서 '명백한 경우에는 해석이 이루어지지 않는다(in claris non fit interpretatio)' 또는 '명백한 경우에는 해석이 중단된다(interpretatio cessat in claris)'는 형태로 점차 강화되었다.

이처럼 극단적으로 정형화된 명백성 원칙은 자명하지 않을 뿐 아니라 타당한지도 의문이다. 이미 로마법에서도 명백성 원칙에 일견 충돌하는 '집정관의 칙령이 명확하더라도 그 해석을 소홀히 해서는 안 된다(Quamvis sit manifestissimum edictum praetoris attamen non est neglegenda interpretatio eius).'라는 법언이 존재하였다.[178] 사실 명백성 원칙을 적용하기 위해서는, 즉 법문이 명확하다는 것을 확인하기 위해서는 법 문언에 대한 해석이 선행되어야 한다. 그런데 드워킨의 지적처럼, 불분명하다는 것은 법관의 법해석이 이루어지는 원인이 아니라 오히려 그 결과이다.[179] 즉 법 문언이 명백한지 아닌지는 해석을 거쳐야 비로소 밝혀질 수 있다.[180] 따라서 명백한 의미를 갖는 법문은 해석이 필요 없다는 원칙은 선결 문제 요구(petitio principii)의 오류를 저지르는 것이다.

언어관용은 시대의 변화에 따라 변할 수 있다. 또 법 문언이 명백하다고 하더라도 입법자의 편집오류는 교정될 수 있어야 한다. 그에 따라 오늘날 법계를 불문하고, 학계나 실무에서 명백성 원칙을 예외 없는 해석원칙으로 보지 않는다.[181] 실제로 불합리한 결과를 회피하기 위해서 명백성 원칙은 종종 무시된다.

---

176) Slocum(2015), 27면.
177) D.32.25.1(Paulus).
178) D.25.4.1.11(Ulpianius).
179) Dworkin(1986), 352면.
180) Esser(1990), 253-254면; Kriele(1976), 91면; Larenz(1991), 343면; Kramer(2019), 96-97면; Wank(2020), 186면 및 324면.
181) 오히려 명백한 의미 규칙은 법 문언이 애매모호하지 않고 개별 사건에 바로 적용될 수 있

한마디로 명백성 원칙은 편의적인 해석지침일 뿐이다. 따라서 명백성의 원칙은 법 문언의 의미가 일상적인 의미의 맥락에서 명백하게 이해될 수 있는 경우, 다르게 해석해야 할 충분한 이유가 없는 한, 그 의미에 따라 해석되어야 한다는 정도로 이해하는 것이 적절할 것이다.[182)

우리의 일상적 언어관용에 따른 일상적 의미가 법 문언의 법적 의미(legal meaning)와 늘 일치하는 것은 아니다. 가령 '전세'의 경우 일상적 의미로는 전세보증금이 포함된 임대차계약을 뜻하지만, 법적 의미로는 민법상 용익물권으로서의 전세를 뜻한다.[183) 법 문언이 법학을 비롯한 특정 분야에서 특수한 의미를 가질 경우에는 전문적 의미로 해석될 수 있다. 법 문언이 애매모호하지도 불확정적이지도 않는 경우에도 법적 의미는 일상적 의미와 다를 수 있다. 요컨대 법 문언의 통상적 의미는 일상적 의미일 수도, 전문적 의미일 수도 있다.

만일 문언의 일상적 의미에 기초한 해석 결과가 전문적 의미에 기초한 해석 결과와 어긋난다면 어떤 해석이 우선하는가? '법 문언은 일상적 의미에 따라 해석되어야 한다'는 일상적 의미 규칙(ordinary meaning rule)이 시사하듯이, 영미법계 국가에서는 원칙적으로 일상적 의미를 전문적 의미보다 우선시킨다.[184) 일상적 의미 규칙은 법 문언의 의미를 결정하는 기준이 입법자의 의도와 무관한 객관적인 것이어야 함을 의미한다.[185) 반면 우리나라를 포함한 대륙법계 국가에서는 전문적 의미에 바탕한 해석이 우선한다는 데에 별 다른 이견이 없다. 그 근거는, 법적 언어가 법학이나 법실무에서 널리 받아들여지는 고정된 의미를 갖고 있다는 데에서 찾는다.[186)

다는 관점을 필연적으로 전제하고 법 문언을 해석하는 데 있어서 문언에 대한 면밀할 분석 대신 해석자의 자의적이고 인상주의적인 직관으로 대체할 위험을 내포하고 있다는 점에서 그 정당성이 의심받고 있다. Slocum(2015), 23-25면.

182) MacCormick/Summers(1991), 511-544면, 특히 512-513면.

183) 다만 2023년 제정된 「전세사기피해자 지원 및 주거안정에 관한 특별법」은 주택임대차보호법에 따른 임대차계약 등의 사기피해자를 전세사기피해자로 정의함으로써 전세를 일상적 의미에 가깝게 사용하고 있다.

184) 일상적 의미 규칙은 코먼로 국가에서 오랫동안, 또 널리 받아들여지는 가장 근본적인 의미론적 해석규칙 또는 아마도 가장 널리 인용되는 법해석의 공리(axiom)이다. Scalia/Garner(2012), 6면.

185) Slocum(2015), 4면.

186) MacCormick/Summers(1991), 512-513면; 김영환(2012), 283면. 언어적 의미를 더 세분하여 우선 입법자가 미리 규정한 법령상 언어관용, 그 다음에 법적 전문언어로서의 언어관용, 마지막으로 일반적 언어관용의 세 단계로 법 문언이 파악되어야 한다고 보는 견해

그러나 법규범의 수범자 내지 청중이라는 측면을 고려하면 전문적 의미가 일상적 의미보다 우선한다고 단언하기 어렵다. 이미 오래전 헤겔(G.W.F. Hegel)은 법을 배운 자들만 알 수 있도록 만드는 것은, 폭군이 어떤 시민도 읽을 수 없게 법률을 높은 곳에 매달아 놓는 것만큼이나 부당한 일이라고 비판한 바 있다.[187] 현대 법치국가에서 법 문외한인 일반 국민이 법의 일차적인 수범자라는 점을 감안하면 일상적 의미가 우선되어야 마땅하다. 다시 홈스를 소환하면 "해석자의 역할은 입법자가 전달하고자 의도했던 바를 찾는 것이 아니라 이 단어들이 사용된 상황을 활용하여 통상적인 영어 사용자(a normal speaker of English)의 입에서 의미되는 바를 결정하는 것이다."[188]

법의 일상적 의미를 중시함으로써 법의 지배(rule of law), 구체적으로 일반 공중에 대한 공표, 신뢰이익의 보호, 법적용의 일관성을 보장할 수 있게 되고 입법부의 의사도 존중할 수 있다.[189] 특히 죄형법정주의가 지배하는 형법 분야에서 수범자의 인식가능성과 예측가능성을 확보하기 위해서는 일상적 의미에 잠정적인 우선성을 넘어 확정적인 우선성이 부여되어야 한다.[190] 이미 오래전 베카리아(C. Beccaria)도 비유적으로 "법의 해석이 악이라면 필연적으로 법의 해석을 끌어들이는 법의 모호성은 또 다른 악이다. 만일 법이 인민들에게 낯선 언어로 쓰여서 인민들이 소수의 처분에 맡겨지고 자신의 자유나 구성원들에게 미칠 영향을 스스로 판단하지 못하게 된다면 그것은 가장 나쁜 악이 될 것이다."(*Dei delitti e delle pene* cap.5: Oscurità delle leggi)라고 신랄하게 비판한 바 있다.

그런데 우리가 법 문언의 일상적 의미를 해석의 출발점으로 받아들이는 데에 동의한다고 하더라도 '일상적 의미'를 정확하게 파악하기는 쉽지 않다. 미국에서는 20세기 후반 문언주의가 득세하면서 일상적 의미 규칙이 중시되었는데 일상적 의미를 판단하는 중립적이고 결정적인 증거로 사전적 의미가 널리 인용되었다.[191] 하지만 사전적 의미가 곧 일상적 의미는 아닐 뿐더러 일의적이지도 않

로 Vogel(1998), 114–116면.

187) G.W.F. Hegel, *Grundlinien der Philosophie des Rechts*, 1820, Bd. VII, § 215.

188) Holmes(1899), 417–418면.

189) Lee/Mouritsen(2018), 788–879면, 특히 793면.

190) Alexy/Dreier(1991), 72–121면, 특히 95면.

191) J. Brudney/L. Baum, "Oasis or Mirage: The Supreme Court's Thirst for Dictionaries in the Rehnquist and Roberts Eras", *William & Mary Law Review 55* (2013), 483–579면, 특히 494–502면.

다. 우리는 단어의 의미를 찾기 위해 국립국어원의 표준국어대사전을 검색하며 한자어의 경우 자전(字典)도 이용하는데, 사전적 의미에는 원뜻이 있고 전화(轉化)된 뜻이 있고, 전문적 뜻이 따로 있기도 하고 사전이나 자전 사이에 뜻풀이가 다를 수도 있다.

과연 무엇이 문언의 의미를 일상적 의미로 만드는가? 또 일상적 의미를 결정하는 요소들은 어떻게 확인되는가? 이 문제는 법해석 방법론에서 중요한 의미를 갖고 있음에도 불구하고, 실무는 말할 것도 없고 학계에서도 거의 주목을 받지 못했다. 그러다가 21세기에 접어들면서 미국을 중심으로 언어철학을 넘어 언어학·심리학·신경과학 등 경험과학적 언어연구 성과를 법해석이론에 도입하려는 시도가 이어지면서 법 문언의 언어적 의미가 새삼 주목받기 시작하였다. 특히 말뭉치 언어학(corpus linguistics)을 법해석 방법론에 받아들여 언어 텍스트가 집적된 말뭉치(말모듬, corpus)를 활용하여 법 문언의 일상적 의미를 경험적으로 확인하려는 시도가 활발하게 전개되었다.[192]

법관을 비롯한 법해석자는 일차적으로 국립국어원의 표준국어대사전을 비롯한 사전 등을 참조하여 법 문언의 일상적 의미를 파악할 수밖에 없다. 추가적으로 전문가의 사실조회나 감정과 같은 전통적인 입증방식을 활용하거나 네이버·다음 등 인터넷 포털사이트를 검색하거나 연세 말뭉치나 세종 말뭉치와 같은 말뭉치에서 용례를 직접 확인할 수도 있을 것이다.[193] 표준적인 문헌이나 말뭉치가 언어관용을 반영하며 그 반대로 언어관용에 영향도 미치지만 언어관용이나 어의의 한계에 대한 법관의 최종적 판단을 승인하지는 않는다.[194]

그런데 단어 차원에서 파악된 법 문언의 일상적 의미는 문장 이상의 맥락을 고려하면 그 의미가 달라질 수 있다. 문장 이상의 맥락을 고려하는 해석은 문언

---

192) 대표적으로 S. Gries/B. Slocum, "Ordinary Meaning and Corpus Linguistics", *Brigham Young University Law Review* (2017), 1417–1471면; Lee/Mouritsen(2018), 788–879면; K. Tobia, "Testing Ordinary Meaning", *Harvard Law Review 134* (2020), 726–806면. 국내문헌으로는 박현석, "조약문의 '통상적 의미'에 대한 말뭉치 언어학의 접근방법", 『홍익법학』 제22권 제3호(2021), 131–164면, 특히 143–153면 참조.

193) 같은 취지로 J. Macleod, "Ordinary Causation: A Study in Experimental Statutory Interpretation", *Indiana Law Journal 94* (2019), 957–1029면. 이와 달리 법규정이 원래 법적 문언이고 문언적 해석의 목표도 문언의 규범적 의미를 확정하는 것이라는 이유로 사실적 의미에 기반한 사전이나 인터넷을 활용하는 것은 제한적으로 유용할 뿐이라는 견해로 Wank(2020), 178–180면, 184면 및 217면.

194) Möllers(2023), 143면.

의 의미론적 의미를 넘어 구문론적 의미까지 고려하는 것으로서 문언적 해석을 넘어 논리-체계적 해석과 교차한다. 해석자가 언어의 의사소통적 의미까지 고려하면 입법자의 의도나 입법취지와 연관될 것이므로 역사적 해석이나 목적론적 해석도 끌어들이는 결과가 된다.

이처럼 법 문언의 일상적 의미를 확인하는 과정은 그다지 간단치 않으며 그 결과도 만족스럽지 않고 여전히 불분명할 수 있다. 우리의 상식에 바탕한 일상적 의미가 사전이나 말뭉치를 통해 확인되는 일상적 의미와 다를 수 있다. 나아가 법 문외한인 일반 시민이 이해하는 일상적 의미가 법 전문가가 이해하는 일상적 의미와 다를 수도 있다. 또 법 전문가 사이에서 법관·변호사·법학자가 각각 이해하는 일상적 의미가 서로 다를 수도 있으며 같은 법관 사이에서도 그 의미가 엇갈릴 수 있다.

법 문언의 해석에 있어서 협의의 맥락뿐 아니라 광의의 맥락까지 고려하더라도 일상적 의미의 불확정성이 완전히 제거되지 않을 수 있다. 이러한 경우에는 해당 법 문언에 명확한 일상적 의미가 결여되어 있다는 사실을 인정하고 법 문언의 최종적인(conclusive) 애매성 내지 모호성을 전제로 다른 해석방법이나 해석기술을 동원하여 법 문언의 의미를 규명할 수밖에 없다.

이러한 일상적 의미의 불확정성과 별개로, 해석론의 관점에서 보면 학계와 실무에서 널리 사용되는 법률용어를 해석하는 데 있어서 무작정 일상적 의미를 법적 의미보다 우선시키기는 곤란해 보인다. '선의(善意)'와 같은 법률용어를 일상적 의미로 이해할 경우 초래될 해석상의 혼란은 충분히 예상되고도 남는다. 특별법이라면 정의규정을 두어 입법적으로 해결할 수 있겠지만, 민법과 같은 기본법에 정의규정을 추가하기도 마땅치 않다. 현실적으로도 법 문언의 의미가 쟁점이 되는 경우 법 전문가의 이해가 중요하다는 것도 부인하기 어렵다.195)

다만 해석론의 차원에서 전문적 의미를 우선시하는 것이 불가피하다는 점을 인정하더라도 입법론의 차원에서 법률용어의 순화 등을 통하여 점진적으로 이해하기 쉬운 일상적 의미를 기초로 법령을 정비해나갈 필요가 있다. 입법자는 법령 제정 시에 가급적 자신의 입법 의도를 잘 반영하는 단어를 선택해야 한다. 입법기술적으로 그 의미를 명확하게 규정하는 것이 불가능하거나 어려운 경우 입법

---

195) MacCormick/Summers(1991), 517면.

자는 처음부터 해석상 논란이 될 수 있는 법 문언의 사용을 자제하여야 한다.196)

입법자가 부득이하게 법 문언을 일상적인 언어관용으로부터 벗어난 전문적 의미로 사용하게 되는 경우에는 정의규정이나 예시·열거 등을 통해 그 의미를 명확히 규정하는 것이 바람직하다. 물론 정의규정을 통해 법 문언의 의미가 어느 정도 명료해질 수 있어도 어떠한 논란도 허용하지 않을 정도의 명백성을 확보할 수는 없다. 그럼에도 불구하고 정의규정은 가급적 서술적 개념과 확정개념으로 규정되어야 한다. 그렇지 않으면 해석상 논란을 방지하기 위해 도입된 정의규정을 두고서 또다시 해석상 논란이 발생할 수 있다. 대표적인 사례로「성매매알선 등 행위의 처벌에 관한 법률(이하 '성매매처벌법')」의 '유사 성교행위' 개념을 둘러싼 논란을 들 수 있다. 성매매처벌법은 제2조 제1항 정의규정에서 성교행위뿐 아니라 구강·항문 등 신체의 일부 또는 도구를 이용한 유사 성교행위도 성매매에 포함시킨다. 그런데 이른바 대딸방에서 여종업원이 손으로 남자 손님의 성기를 자극하여 사정하게 하는 행위가 유사 성교행위에 해당되는지 여부는 불분명하다. 이는 실제로 사건화되어 하급심의 엇갈린 판결 끝에 최종적으로 유사 성교행위에 해당한다는 대법원의 판결로써 종결되었다.197)

법 문언의 언어적 의미에 대한 논의는 일상적 의미와 전문적 의미에 대한 검토로 마무리되지 않는다. 법 문언의 의미에 대한 논란은 가능한 의미에 대한 이해, 특히 가능한 의미가 통상적 의미와 갈라지는 지점에서 또다시 증폭된다.

법 문언은 일상적 의미, 전문적 의미 등 통상적 의미(normal meaning)를 포함하는 가능한 의미(possible meaning; möglicher Sinn)의 폭을 갖는다. 전통적으로 문언의 가능한 의미는 법해석의 한계, 다시 말해 법해석과 법형성을 구별하는 경계로 받아들여졌다. 법 문언의 가능한 의미는 종종 통상적 의미와 혼용됨으로써 법 문언의 해석에 혼란을 야기하지만, 양자는 분명히 구별되어야 한다. 현실적으로 법 문언의 가능한 의미를 통상적 의미와 구별짓기 어렵다고 하더라도 개념적으로는 구별되어야 한다.

예를 들어 청소년(靑少年)은 비록 사전적 의미로는 '청년과 소년'을 의미하지만 일상적인 의미로는 '어린이와 성인의 중간연령에 해당되는 10대 중·후반의

---

196) Wank(2020), 181면.
197) 대법원 2006. 10. 26. 선고 2005도8130 판결; 서울중앙지방법원 2005. 10. 12. 선고 2005노2338 판결; 서울중앙지방법원 2005. 7. 14. 선고 2005고단172 판결 참조.

젊은이'를 의미한다. 사전적 의미든 일상적 의미든 간에, 우리는 영·유아를 청소년이라고 부르지는 않는다. 반면 법 영역에서 청소년은 '성년이 되지 않는 미성년자' 또는 '19세 미만자'를 의미하기도 하고 청소년기본법 제3조 제1호처럼 9세 이상 24세 이하인 사람을 의미하기도 한다. 나아가 청년기본법 제3조 제1호에 따르면 청년은 19세 이상 34세 이하인 사람을 말한다. 요컨대 '청소년'은 사전적 의미로는 소년과 청년, 일상적 의미로는 10대 중·후반의 젊은이, 전문적 의미로는 어린나 10대 후반을 넘어 20대 초반이나 30대 초반까지의 사람을 가리킬 수 있다.

이처럼 법 문언의 가능한 의미는 법관을 비롯한 법 전문가의 이해를 넘어 사전뿐 아니라 말뭉치를 비롯한 여러 텍스트의 용례를 통해 확인할 수 있는 다양한 의미를 포괄한다. 또 사전적 의미, 일상적 의미, 관용적 의미를 넘어 다른 학문 분야에서 사용되는 전문적 의미까지 포함한다.[198] 더 넓게 보면 시·소설 등에서 사용되는 시적(詩的) 의미 내지 문학적 의미, 예술적 의미, 나아가 상징적 의미까지 망라할 수 있다. 물론 법 문언의 가능한 의미 역시 일상적 의미와 마찬가지로 시대의 변화에 따라 변화할 수밖에 없으므로 유동적이다.

이와 같이 법해석의 출발점이 되는 법 문언의 일상적 의미 또는 통상적 의미는 그 상위개념인 법 문언의 가능한 의미에 포함되는 다양한 하위개념 중 하나이다. 법 문언의 가능한 의미는 법해석의 한계를 형성한다. 해석을 통해 법 문언의 가능한 의미라는 경계가 획정되면 법 문언을 넘어선 해석은 원칙적으로 허용되지 않는다. 여기서부터는 법의 형성이 문제된다. 즉 법해석은 법문의 가능한 의미 안에 머물러야 한다.

정작 문제는 법 문언의 가능한 의미라는 개념이 열려 있다는 데에, 다시 말해 문언의 가능한 의미의 폭이 어느 범위까지인지를 객관적으로 확정하기가 쉽지 않다는 데에 있다. 법 문언의 한계 또는 가능한 의미는 시대와 장소에 따라 달라질 수 있고 또 해석자의 관점에 따라 넓게 또는 좁게 설정될 수 있다.[199] 그 결과 누군가에게는 문언의 가능한 범위를 넘어선 법형성으로 보이는 것이, 다른 누군가에게는 가능한 범위 내에 있는 법해석으로 보이는 상황이 발생할 수 있다.

---

198) 선스테인 역시 언어적 의미뿐 아니라 입법자의 의도, 공적 의미, 도덕적 이해 등을 포함함으로써 가능한 의미를 폭넓게 이해하고 있다. C. Sunstein, "There is Nothing that Interpretation Just Is", *Constitutional Commentary 30* (2015), 193-212면, 특히 194면.
199) 이상돈(2018), 125면.

그럼에도 불구하고 법 문언의 가능한 의미는 사건이 발생하거나 해석이 이루어지는 시점 및 장소, 즉 '지금 여기(hic et nunc)'에서 사전이나 말뭉치, 판결문이나 법서 등 각종 문헌에서 등장하는 문언의 용례를 분석함으로써 개략적으로 경계 지워질 수 있다. 이는 해당 사건과 독립적으로, 또 해석자의 해석방법론이나 법가치론으로부터 영향을 받지 않고도 객관적으로 확인가능하다. 만일 법 문언의 가능한 의미가 법관의 해석에 의해 정당화되는 임의적인 의미에 불과한 것이라면 어떤 의미도 가능한 의미가 될 수 있다. 또 언어적으로 가능한 모든 것이 내용이 될 수 있다면, 아무것도 그 내용이 될 수 없다.[200] 실제로는 법형성임에도 불구하고 법해석의 외관을 쓰고 정당화될 수 있고 또 반문언적인 해석도 쉽게 정당화될 수 있다.

요컨대 법 문언의 가능한 의미를 미리 확정해두기 어렵고, 또 일의적으로 확정하기 어렵다고 하더라도 그 윤곽(Rahmen)은 법해석 단계에서 해석자나 해당 사건과 독립적으로 확정가능하다.[201] 그 가능성과 방법은 뒤에서 살펴볼 이른바 대한항공 회항 판결의 다수의견에서 엿볼 수 있다.

그렇다면 법 문언의 일상적 의미는 문언적 해석의 출발점으로, 또 법 문언의 가능한 의미는 법해석과 법형성의 경계로서 해석의 정당성을 판단하는 일응의 기준으로 여전히 유용하게 기능할 수 있다. 우리나라뿐 아니라 독일의 학설이나 판례에서 지금도 법 문언의 '일상적 의미'와 '가능한 의미'를 문언적 해석의 개념도구로 활용하는 것도 아마도 그 이유 때문일 것이다.

법 문언의 통상적 의미, 특히 일상적 의미와 가능한 의미에 초점을 맞추는 문언적 해석은 다양한 해석방법 중 하나지만, 별 다른 논란 없이 정당화될 수 있는 해석방법이다. 법 문언의 일상적 의미와 동떨어지거나 가능한 의미를 벗어나는 해석을 시도하는 법해석자에게 그 정당성에 대한 논증책임이 부과된다. 입법목적이나 입법 취지를 앞세워 법 문언의 통상적 의미를 벗어날 수 있다거나, 합당성(reasonableness)을 내세워 법 문언의 가능한 의미를 벗어나는 법 해석이 승인가능하다거나, 근거지음이 끝나는 곳에 해석의 한계가 있다는 주장만으로는 문언적 해석의 중요성을 평가절하하기에 미흡해 보인다. 법 문언을 벗어나 자의

---

200) O. Depenheuer, *Der Wortlaut als Grenze*, Heidelberg: v. Decker, 1988, 33면; Wank(2020), 177면에서 재인용.

201) 퍼트남(H. Putnam)의 내재적 실재론에 기초하여 법 문언의 가능한 의미를 확정할 수 있다는 견해로 안성조(2009), 79–130면, 특히 96–101면.

적으로 행사될 수 있는 법관의 해석권한을 통제하기 위해서는 해석자의 주관이나 사건에 좌우되지 않는 간주관적인 기준이 필요하다. 사전이나 말뭉치 등을 통해 객관적으로 확인가능한 법 문언의 일상적 의미와 가능한 의미가 그러한 기능을 할 수 있다.

다만 일상적 의미이든 전문적 의미이든, 또 통상적 의미이든 가능한 의미이든 간에, 법 문언의 의미는 시대와 함께 변화하기 마련이다. 따라서 같은 문언적 해석의 입장을 취하더라도 입법 당시의 언어관용을 중시하는지, 아니면 현재의 언어관용을 중시하는지에 따라 해석의 결과가 달라질 수 있다. 원론적으로 보면 전자가 주관적 해석이론과 친화적인 데 비해, 후자는 객관적 해석이론과 친화적이다. 언어가 언어관용에 기반하고 있는 이상, 언어관용의 변화로 그 의미가 이미 변화하였다면 원칙적으로 해석 시점을 기준으로 그 의미를 파악하는 것이 합당해 보인다.202) 다만, 입법자가 법률 용어를 사용한 경우에는 이는 법안 심의 당시 법학계나 법조계에서 보편적으로 이해하는 의미로 해석되어야 한다.203)

② 논리-체계적 해석

논리-체계적 해석은 논리적, 체계적 연관성 속에서 법규정을 해석하는 것이다. 과거 논리적 해석은 체계적 해석과 별개의 해석방법으로 다루어지다가 체계적 해석에 편입되었으나 다시금 논리적 해석의 특성이 강조되면서 논리-체계적 해석으로 불리고 있다. 현대 법학방법론의 영향 아래에서 논리-체계적 해석은 전통적인 논리적 해석, 체계적 해석뿐 아니라 법체계의 정합성과 관련된 각종 해석논거까지 포괄하는 것으로 이해되고 있다.204) 가령 법 문언의 사용 맥락을 중시하는 맥락합치적 해석, 동종·유사 사건에 대한 판례에 기초하는 선례에 근거한 해석,205) 법적 개념을 통일적으로 이해하는 개념적 해석, 법의 일반원리에 근거한 해석 등이 그것이다.

논리-체계적 해석을 중시하는 체계중심적 방법론은 법의 해석에서 법 문언이 사용되는 맥락을 중시한다는 의미에서 맥락주의(contextualism)라고 부를 수

---

202) Larenz(1991), 323-324면; Zippelius(2021), 20-21면.
203) Kramer(2019), 98-99면; Wank(2020), 181면.
204) MacCormick/Summers(1991), 513-514면.
205) 대륙법계 전통 아래에 있는 헌법재판소(BVerfG)를 비롯한 독일의 최고법원들은 물론 유럽연합의 유럽연합 사법재판소(CJEU)나 유럽 인권재판소(ECHR)도 종종 법규정을 방법론적 규칙에 따라 해석하지 않고 선례를 참조하여 해석한다고 한다. Wank(2020), 123면 참조.

있다. 법률용어는 동일한 법질서 내에서 어느 법영역, 어느 법령에서든 같은 의미를 지니는 것이 바람직할 테지만, 상이한 법영역은 말할 것도 없고 동일한 법영역, 심지어 동일한 법령에서도 항상 같은 의미를 갖지는 않는다: 법개념의 상대성.206) 예를 들면 인(人)이나 인간·과실·책임 등의 법개념은 민법, 형법, 헌법 등 법영역에 따라 다른 의미를 가질 수 있으며 동일한 법영역 내에서도 다른 의미를 가질 수 있다.207) 다시 말해 법질서의 통일성은 법개념의 상대성을 통해 교정될 수 있다. 다만 법개념의 통일성은 일응 법질서의 통일성 원리에 기초하기 때문에 이를 반박하기 위해서는 법개념의 상대성을 주장하는 법적용자가 논증책임을 부담한다.

논리-체계적 해석은 현대 언어철학의 관점에서 어렵지 않게 정당화될 수 있다. 언어는 각 단어나 문구의 단편적 의미보다 전체적 내용의 유기적인 연관성을 분석하고 규명함으로써 진정한 의미를 이해할 수 있다. 굳이 법개념의 상대성을 언급할 필요 없이 모든 언어적 표현은 맥락 속에서 이해되어야 한다: 맥락 없이 문언 없다. 이 점에서 체계적 해석은 일정 부분 문언적 해석과 겹치게 된다. 특히 체계적 해석을, 어의가 다의적일 경우 맥락을 고려하여 그 의미를 발견하라는 것으로 이해하면 체계적 해석은 문언적 해석을 보조하는 해석방법일 뿐이다.

논리-체계적 해석에서는 법령이나 조문의 구성·제목과 같은 외적 체계 내지 형식적 체계뿐 아니라 가치결단의 내적 체계 내지 내용적 체계도 고려되어야 한다. 물론 법의 외적 체계는 내적 구조를 최대한 적절하게 반영하여 구성되어야 한다는 점에서 외적 체계와 내적 체계는 기본적으로 상호 관련된다.

일반적으로 해석자는 법규정의 제목을 비롯한 외적 체계부터 검토한다. 외

---

206) 법개념의 상대성(Relativität der Rechtsbegriffe)은 1912년 뮐러-에르츠바흐에 의하여 주장된 이후 엥기쉬 등에 의해 수용되면서 오늘날 법학방법론의 기본적인 전제로 널리 받아들여지고 있다. R. Müller-Erzbach, "Die Relativität der Begriffe und ihre Begrenzung durch den Zweck des Gesetzes. Zur Beleuchtung der Begriffsjurisprudenz", *Jherings Jahrbücher für die Dogmatik des bürgerlichen Rechts 61* (1912), 343-384면; Engisch (1977), 78면; Larenz/Canaris(1995), 142-143면; Kramer(2019), 75-76면; Wank(2020), 220-224면; Möllers(2023). 229-230면.

207) 이와 관련하여 동일한 법규정의 개념을 이해관계인에 따라 민법, 공법, 형법적으로 다르게 해석하는 이른바 분할적 해석(gespaltener Auslegung)의 정당성에 대한 논란이 진행 중인데 이에 대한 소개는 D. Poelzig, "Die „gespaltene Auslegung" von Verhaltensnormen im Straf-, Aufsichts- und Zivilrecht oder wer gibt den Ton an?", *Zeitschrift für Bankrecht und Bankwirtschaft 31* (2019), 1-10면.

적 체계는 법률의 형식적 구조로서 입법자가 부여한 법규정의 제목 이외에도 법규정의 구조, 관련 법규정과의 관계 및 위치, 법령의 편제 등이 포함된다.[208] 법령이 상이한 장·절에서 동일한 개념이나 규정을 사용하는 경우 그 개념과 규정은 일단 동일하다는 전제하에서 해석되어야 하고, 다른 법령이나 법규정과 상이하게 표현된 경우에는 상이하게 해석되어야 한다. 다만 입법자가 해당 법규정의 적용 범위를 적절하게 예측하지 못했을 수 있기 때문에 외적 체계에 기초한 해석이 절대적이지는 않다.[209]

반면 내적 체계는 논리적 무모순성이나 목적론적 상응과 연관되며 일관된 가치결정 체계와 관련된다. 즉 체계적 해석은 법체계의 통일성·정합성을 전제로 한다. 그에 따라 법해석자는 규범충돌이나 평가모순 등의 결과를 회피하도록 해석하여야 한다. 즉 여러 해석가능성이 존재하는 경우 관련 규정들과 조화될 수 있는 해석방법을 채택하여야 한다: 이른바 규범조정(Normangleichung). 나아가 명확한 근거도 없이 삽입된 이질적인 법규범, 즉 법질서의 내적 체계와 어울리지 않는 법규범은 축소해석되어야 하고 유추 또는 목적론적 확장이 시도되어서는 안 된다.[210]

법규정은 가급적 다른 법규정을 쓸모없는 것으로 만들지 않도록 해석되어야 한다[211]: 잉여 회피 규칙(rule against surplusage). 같은 맥락에서 법규정의 적용가능성을 완전히 배제하는 이른바 영(零)으로의 목적론적 축소, 즉 목적론적 전체수정(폐지)은 허용되지 않는다.[212] 이러한 해석원칙들은 전체 법질서에 타당한 논증형태로서 종종 불합리성 논증이라는 이름으로 정당화되지만, 그 배후에는 입법자가 실제로 적용되지 않는 법령을 제정하지는 않았을 것이라는 고려가 작동한다.

논리-체계적 해석은 동위에 있는 법규범 사이의 수평적 규범조화뿐 아니라

---

208) 외적 체계와 관련된 체계적 해석은 특히 자법과 수권관계에 있는 모법(Muttergesetz)이나 다수 법률의 동일 내지 유사 규정을 통합적으로 규율하는 이른바 윤곽법(Artikelgesetz, Mantelgesetz, Rahmengesetz, Omnibusgesetz)에서 문제된다. 이른바 윤곽법에 대해서는 Wank(2020), 39-40면.
209) Wank(2020), 246-247면.
210) Kramer(2019), 116면.
211) Bydlinski(1991), 444면; Kramer(2019), 123-125면; Schmalz(1992), 109면; Pawlowski (1999), 120-122면; Wank(2020), 253면.
212) Kramer(2019), 259-260면; Möllers(2023), 193-194면.

상·하위 법규범 사이의 수직적 규범조화를 지향한다. 수직적 규범조화를 지향하는 체계적 해석은 위계합치적 해석(rangkonforme Auslegung)이다.[213] 예컨대 모든 법규범은 헌법에 합치되게 해석되어야 하고,[214] 하위 법령은 법률에 합치되게 해석되어야 한다. 또 연방국가에서 주법은 연방법에 합치되게 해석되어야 하며, 유럽연합(EU)과 같은 국가연합의 경우 회원국의 법은 국가연합의 법에 합치되게 해석되어야 한다. 하위 법규범은 가능한 한 상위 법규범에 합치되게 해석되어야 하고, 만일 합치되게 해석될 수 없는 경우에는 무효 내지 적용 배제되어야 한다: 내용결정(Inhaltsbestimmung) 및 내용통제(Inhaltskontrolle). 나아가 하위 법규범은 상위 법규범의 내용이 최대한 실현될 수 있도록 해석되어야 한다.

그런데 개별 법규정의 의미가 전체 법질서와 관련을 맺는다는 점은 상당부분 목적론적 관련성을 뜻하기 때문에 논리-체계적 해석은 목적론적 해석과도 서로 뗄 수 없는 연관성을 갖는다. 법령의 의미연관성과 그 기저에 놓인 개념 체계는 규율목적을 고려할 때 비로소 명확하게 이해될 수 있다.[215] 법규정을 구성하는 개념 내지 개념징표는 당해 법규정 또는 법령, 나아가 상위 법령에 대한 목적론적 고려에 의하여 교정되며 이 범위 내에서 체계적 고려와 목적론적 고려는 서로 교차한다. 이 점에서 체계적 해석은 대체로 목적론적 해석이기도 하다.[216] 이른바 세월호 판결처럼 동일한 체계적 해석방법을 사용하면서도 입법목적 등을 고려하여 서로 다른 결론을 이끌어내기도 한다는 점은 이를 뒷받침한다.

사실 모든 법은 일정한 목적을 가지며 대부분의 특별법은 제1조의 목적조항에서 입법목적에 대해 규정하고 있다. 따라서 목적조항과의 체계적 해석은 목적론적 해석과 다를 바 없다. 그러나 목적조항에 입법목적이 구체적으로 규정되지

---

213) 위계합치적 해석을 위계지향적(rangorientiert) 해석과 협의의 위계합치적(rangkonform) 해석으로 나누어 전자는 하위 규범이 상위 규범에 합치되게 해석되어야 한다는 것으로서 체계적 해석에 포함되지만, 후자는 상위 규범에 합치되지 않는 하위 규범의 효과, 즉 무효 내지 적용배제 등을 문제 삼는다는 점에서 법령의 효력 문제일 뿐 체계적 해석이 아니라는 견해로 Wank(2020), 170면 및 255-259면.

214) 국가배상과 관련된 헌법 제29조와 국가배상법의 사례와 같이, 헌법이 사용하는 개념의 상세한 형상이 하위 법률로부터 밝혀지는 경우에는 드물게 헌법이 법률을 고려하여 해석되어야 할 수도 있다. Schmalz(1992), 109면.

215) Larenz(1991), 327면.

216) Engisch(1977), 79면. 사실 체계적 해석을 '어의가 다의적일 경우 문맥을 고려하여 그 의미를 발견하라'는 것으로 이해하면 이는 문언적 해석에 대해 단순히 보조적일 뿐이며, 체계적 해석을 '규범의 어의를 다른 규범과 모순되지 않게 확정하라'는 것으로 이해하면 이는 목적론적 해석이나 다름없다. 심헌섭(2001), 216면.

않은 경우도 적지 않고 논리-체계적 해석은 목적론적 해석과 무관한 형식논리적
해석도 포함한다. 그렇다면 논리-체계적 해석을 목적론적 해석과 결합시키는 것
은 체계적 해석의 효용과 적용범위를 협소하게 만들 우려가 있다. 따라서 법해석
자가 목적조항과의 체계적 해석을 통해 목적론적 해석을 하게 된다는 주장은 부
분적으로만 타당할 뿐이다.

③ 역사적 해석

역사적 해석은 입법초안이나 의사록 등 입법준비자료(travaux préparatoires)
를 통해 확인되는 입법자의 입법 의도를 고려하고 입법의 역사적 배경이나 제·
개정 이유, 입법경과 등 입법의 연혁(沿革)을 해석의 기초로 삼는 해석이다. 규범
적 차원에서 말하면, 입법자의 의도가 확인되는 경우에는 입법자의 의도에 맞게
해석해야 한다는 것이다. 물론 과거의 영국과 같이 법령의 해석에 있어서 의회
의사록(Hansard) 등 외적 자료의 이용이 허용되지 않는 경우에는 역사적 해석이
사실상 금지된다.217)

역사적 해석은 입법자를 역사적 입법자로 볼 것인지, 아니면 현재의 입법자
로 볼 것인지, 또 입법 의도를 어떻게 이해하는지, 그리고 어떤 근거에 기초하여
파악할 것인지에 따라 그 의미가 크게 달라진다. 원래 입법 의도(legislative intent)
라고 하면 역사적인 실제 입법자가 법령 제정 당시 가졌던 실제 의도를 의미하
는 것이었다. 하지만 입법 의도는 입법자가 해당 법령을 제정하게 된 동기 내지
이유를 보여준다는 점에서 입법목적 내지 입법취지와 밀접하게 관련된다. 그로
인해 입법 의도는 해석목표와 관련하여 이중적인 의미를 갖는다. 입법 의도를 입
법자의 의도(legislator's intent)로 이해하면 이를 고려하는 해석은 역사적 입법자
의 실제 의사를 해석의 목표로 삼는 주관적 해석이론과 크게 다르지 않다. 반면
입법 의도를 합리적 입법자의 입법 의도로 이해하면 이를 고려하는 해석은 입법
목적을 해석의 목표로 삼는 객관적 해석이론에 접근하게 된다. 이와 같이 다양하
게 이해될 수 있는 입법 의도에 근거한 해석은 단일한 해석방법으로 포착되기

---

217) 전통적으로 영국에서는 입법자의 임무가 법률의 공포로 종료되기 때문에 법의 해석에서
    입법준비자료 등 외적 자료의 이용을 허용하지 않는 이른바 배제 규칙(exclusionary rule)
    이 지배하였다. 하지만 1992년 영국 귀족원이 Pepper v. Hart 판결에서 법령이 애매모호
    하거나 문언적 의미가 불합리한 결과에 이르는 경우 입법준비자료를 이용하는 것이 제한
    적으로 허용된다고 판시함으로써 배제규칙은 폐기되었다. Pepper v. Hart [1992] UKHL
    3, AC 593. 배제규칙에 대해서는 Vogenauer(2001), 967-972면; Hager(2009), 64-65면
    참조.

어렵다는 이유로 초법주적인 해석으로 분류되기도 한다.[218]

역사적 해석에 대한 다양한 이해는 역사적 해석이 중시하는 '역사'의 다의성에도 기인한다. 역사적 해석에서 말하는 역사는 해석의 대상이 되는 법령 내지 법규정이 제정되기까지의 경과, 즉 성립사(발생사)를 의미하는 것이 일반적이지만, 그 법령이나 법규정의 변천과정, 즉 전력(前歷)을 포함한 입법사 전체를 의미하기도 한다. 나아가 역사적 해석의 역사는 역사적-사회적 맥락의 입법배경일 수도 있고, 정신사·학설사일 수도 있으며, 입법의 규율 의도일 수도 있다.[219]

개별 법령 내지 법규정을 기준으로 그 역사적 흐름을 시기별로 나누어 보면 과거의 입법 시도, 선행 법령 등 입법의 배경이 되는 전사(前史)가 있고, 당해 법령이나 법규정이 제정되는 경과에 관한 성립사(成立史)가 있으며, 제정 이후 해석되거나 개정되는 과정으로서의 발전사(發展史)가 있을 것이다.[220] 발전사에서는 특히 법령의 개정 논의, 특히 헌법재판소의 위헌결정 또는 헌법불합치결정 이후의 개정 논의가 중요하게 다루어진다.

이에 착안하여 법령의 성립사를 중심으로 입법준비자료를 이용하여 법령 제정 당시 입법자의 의사를 확인하는 데에 초점을 맞추는 발생사적 해석(genetic interpretation)과 법령의 전사·발전사까지 고려하는 입법사적 해석으로 나누거나 광의의 역사적 해석 아래에 법령의 성립사에 초점을 맞추는 발생사적 해석과 선행 법령 등 법령의 전사를 고려하는 협의의 역사적 해석으로 나누기도 한다.[221] 미시적인 성립사 역시 거시적인 입법사의 일부라는 점을 고려하여 여기에서는 입법자의 입법 의도를 확인하기 위하여 입법의 연혁을 중시하는 모든 해석을 역사적 해석이라고 통칭하기로 한다.

역사적 해석은 해석목표를 둘러싼 주관설/객관설의 대립이나 해석의 기준 시점을 둘러싼 성립시점(ex tunc)/효력(적용)시점(ex nunc)의 대립과 교차하면서 다양한 스펙트럼을 만들어낸다. 원래의 역사적 해석은 법안제안이유서·국회의사록을 비롯한 입법준비자료에서 드러나는 역사적 입법자의 실제 의사를 중시하는 주관적-역사적 해석이었다. 하지만 오늘날 주관설의 주류를 이루는 이른바 진화적 해석, 즉 객관적-역사적 해석은 지금 바로 여기(hic et nunc)의 의미를 중

---

218) MacCormick/Summers(1991), 522면.
219) Rüthers/Fischer/Birk(2022), 486-487면.
220) Wank(2020), 288-290면.
221) Engisch(1977), 81면 및 235면 후주79a; Müller(1995), 204-207면; Vogel(1998), 128면.

시한다.[222] 원래 역사적 해석은 입법자가 해당 법규정으로 추구하려 했던 입법 의도를 직접 확인할 수 있는 자료를 다른 자료들보다 우선시한다. 이에 비해 진화적 해석은 법규정에서 입법자의 의사가 읽혀질 수 있는 경우에만 주관적 의사를 인정할 뿐 아니라 다른 해석방법에 따른 해석결과를 보강하는 보조적인 역할만 부여한다. 법령의 성립 시점을 기준으로 역사적 입법자의 실제 의사에 따라 법 문언이 해석되어야 한다는 극단적 견해는 더 이상 옹호되지 않는 듯하다. 오늘날의 역사적 해석방법은 법 적용대상이 되는 행위 내지 사건이 발생한 시점을 기준으로 법령이나 입법준비자료에서 확인가능한 입법자의 의사를 고려하여 법 문언을 해석하려 한다.

역사적 해석은 입법자의 의사를 존중한다는 점에서 권력분립 원리에 충실한 해석방법이므로 정당화 가능성에 대해서는 별다른 논란이 없지만 입법자의 의도를 확인하기가 쉽지 않다는 데에서 실행 가능성에 대한 논란은 남아 있다. 다만 입법자의 의사를 고려하기 위하여 과중한 요건을 필요로 하고 또 그에 대한 논증책임까지 요구하는 것은 결과적으로 객관적 해석이론을 지지하는 것과 다를 바 없다는 의심을 받을 수 있다. 예나 지금이나 역사적 해석방법에 대한 비판은 역사적 해석이 말하는 입법자가 누구를 지칭하는지 불확실하다는 데에 집중된다.[223] 입법기관 구성원의 개별 의견을 배제하더라도, 법안 제안자의 의사를 기준으로 삼을 것인지 아니면 다수결에 따른 법안 찬성자들의 의사를 기준으로 삼을 것인지는 논란이 될 수밖에 없다.[224]

또 역사적 입법자의 의사를 확인하기 위해서는 그에 상응하는 맥락을 파악해야 한다는 이유로 역사적 해석은 실제 의사가 아닌 규범적 의사를 해석목표로 삼을 수밖에 없다는 지적도 존재한다.[225] 나아가 역사적 해석을 좇게 되면 현재

---

222) 주관적-역사적 해석방법과 객관적-역사적 해석방법의 구별은 Kramer(2019), 139-140면 등 참조.

223) 역사적 해석을 반박하는 대표적인 논거로는 입법자가 침묵하거나 관련 문제에 대해 미처 생각하지 않았기 때문에 역사적 입법자의 의사가 불분명하다는 이른바 결함 논거(Lückenhaftigkeitsargument), 그리고 입법자의 의사가 때때로 모순적이고 혼란스럽다는 이른바 불확실성 논거(Unsicherheitsargument)가 흔히 거론된다. Möllers(2023), 236면.

224) 역사적 해석에서 말하는 입법자가 역사적 인물이나 의인화된 입법자가 아니라 규범적 입법자(normativer Gesetzgeber)라 하더라도 누구를 지칭하는지 여전히 불분명하다. Wank (2020), 286-288면.

225) 같은 맥락에서 역사적 해석의 핵심인 입법자의 의사는 언제나 해석된 의사로만 존재한다는 견해로 이상돈(2018), 126면.

의 법관이 자유롭게 법을 해석하는 것이 아니라 과거 입법자의 의사에 종속되는 결과가 된다는 고전적 비판도 여전하다. 그로 인해 역사적 해석은 입법의 역사적 배경이나 입법과정이 비교적 분명할 경우 복합적 논거의 하나로 활용될 수 있을 뿐 독자적인 해석방법으로 인정할 수 없다는 평가를 받기도 한다.226)

역사적 해석, 특히 입법사적 해석과 관련하여 논란이 되는 것은, 해석상 논란을 야기했던 기존 법규정의 불명확성이 법령의 개정을 통해 해소된 경우 개정 전의 법령이 적용되는 사건에서 기존 법규정을 어떻게 해석할 것인지의 문제이다. 예를 들면 위조문서를 기계적으로 복사한 문서가 위조문서에 해당하는지 여부가 쟁점이 되었던 대법원 전원합의체 판결이 선고된 이후에 이른바 기계적 복사문서도 문서로 간주하는 형법 제237조의2가 신설된 경우 형법 개정 전의 사건에서 위조문서행사죄의 위조문서는 어떻게 해석되어야 하는가? 개정 형법은 해석상 더 이상 논란이 없음에도 단지 확인적 차원에서 판례를 법제화한 것에 불과한 것인가 아니면 해석상의 논란이 여전히 남아 있기 때문에 이를 해소하기 위하여 법제화한 것인가? 사실 대법원의 확정판결이 내려진 이후에 그에 부합하는 방향으로 법령이 개정된 경우 이러한 논란은 이론적인 논쟁거리에 지나지 않을 것이다.

하지만 이른바 세월호 사건이나 대한항공 회항 사건에서 보듯이 특정 사건의 발생 이후 확정 판결이 선고되기 전에 관련 법령이 개정되는 경우 입법자의 의도를 어떻게 파악할 것인가의 문제는 실천적으로도 중요한 의미를 갖는다. 누군가는 기존 법령이 해석론적으로 해당 사건에 적용되기 어렵다는 것을 전제로 법의 불확정성이나 흠결을 입법론적으로 제거하고 보충하기 위하여 개정이 이루어졌다고 주장할 것이다. 반면 다른 누군가는 기존 법령을 해당 사건에 적용하는 데에 아무런 어려움이 없지만 단지 법규정을 명확히 하여 불필요한 논란을 불식시키기 위하여 선제적으로 개정이 이루어졌다고 주장할 것이다. 어느 주장이 타당하다고 일률적으로 말하기는 어려울 것이고 법령의 개정 경위 및 내용 등을 면밀히 분석한 후에야 판단을 내릴 수 있을 것이다. 만일 기존 법령을 해당 사건에 적용하는 데에 법리적인 또는 실무적인 문제점이 드러났기 때문에 법령이 개정된 것이라고 한다면, 해당 사건에는 기존 법규정이 적용되지 않는다고 보아야

---

226) 김학태(2017), 54면.

한다.

입법사적 해석과 관련된 또 다른 쟁점은 이른바 입법자의 의미심장한 침묵 (beredtes Schweigen des Gesetzgebers)이다. 이는 넓은 의미로는 입법자의 의도된 흠결 내지 규율흠결을 의미하지만[227] 좁은 의미로는 입법자가 기존 법규정의 해석상 논란을 알면서도 법령 개정 시에 이를 개정하지 않은 것을 의미한다.[228]

입법자가 기존 법령을 개정하면서 해석상 논란이 되는 법규정을 그대로 두었다면 이른바 침묵으로부터의 논증(argumentum ex silentio)에 입각하여 입법자가 기존 법규정과 관련된 유권적 해석이나 실무관행 등이 유지되어야 한다는 의사를 표명한 것으로 볼 수 있는가? 경험적으로 볼 때 현실의 입법자가 법령 개정에서 여러 문제점 중 일부만 해결할 뿐이라는 점을 감안하면 이를 긍정하는 것은 지나치게 대담한 견해로 보인다. 합리적인 입법자의 가정이 비현실적인 것과 마찬가지로 완벽한 법률 개정의 가정도 비현실적이다. 그렇다고 해서 모든 법령 개정이 졸속적으로 이루어진다거나 입법자가 법률 개정 기회에 모든 문제점을 일거에 해결하기를 전혀 기대할 수 없다는 가정도 받아들이기 어렵다. 어쨌든 입법자의 의미심장한 침묵만으로 입법자가 기존 실무관행을 수용한 것이라거나 법관에게 법형성의 권한을 일임한 것이라고 단정지을 수는 없다.[229] 그렇다고 하더라도 현재의 법적용자가 역사적 입법자의 결정에 반드시 구속되는 것도 아니다. 특히 입법자가 애당초 입법 쟁점에 대하여 결론을 내리지 못하여 이 문제를 판례와 학설에 맡길 의도로 의미심장한 침묵을 선택한 경우 현재의 법적용자는 입법자의 결정에 더더욱 구속되지 않을 것이다.[230]

④ 목적론적 해석

목적론적 해석은 법령 또는 법규정의 입법 목적 내지 취지를 고려하여 해석하는 것이다. 모든 해석은 궁극적으로 법의 목적을 고려하지 않을 수 없다. 물론 여기에서 말하는 법의 목적은 개별 법령의 구체적인 목적뿐 아니라 정의나 평등과 같은 법의 일반적인 목적까지 포함한다. 이를 통해 목적론적 해석은 법이념

---

227) 카나리스는 '법률의 침묵(Schweigen des Gesetzes)'이라는 상위 주제하에 입법자의 의미심장한 침묵을 다룬다. Canaris(1983a), 40-52면.

228) Rüthers/Fischer/Birk(2022), 525면; Wank(2020), 291면 및 362면; Möllers(2023), 243-244면 및 496면.

229) Wank(2020), 291면 및 362면; Möllers(2023), 244면.

230) Kramer(2019), 237면 각주658.

내지 법가치까지 고려한다는 점에서 목적론적-평가적(teleological-evaluative) 해석으로도 불린다. 입법목적 그 자체가 해석목표이므로 목적론적 해석은 개별 해석방법 이상의 의미를 가진다. 나아가 일부 학자들은 어떠한 해석도 일정한 목적이나 가치의 실현을 목적으로 삼고 있다는 점에서 결국 모든 법해석이 목적론적 법해석이라고 본다.[231]

법의 목적은 법 제정 당시 역사적 입법자가 추구하는 일정한 목적을 지칭할 수도, 법 제정 이후 법 그 자체가 추구하는 일정한 목적을 지칭할 수도 있다. 전자가 주관적 목적이고 후자가 객관적 목적이다. 법령 제정 시점에 입법자가 어떠한 입법목적을 가지고 입법하였는지를 규명하는 데에 초점을 맞추는 주관적-목적론적 해석은 역사적 해석과 다름없고, 해석 시점에 해당 법령이 어떤 입법목적을 갖고 있는지를 평가하는 데에 초점을 맞추는 객관적-목적론적 해석이 통상적으로 이해되는 목적론적 해석이다.[232] 객관적-목적론적 해석의 입법목적은 법질서에서 객관적으로 요구하는 이성적인 목적이다.

목적론적 해석은 비교적 단순한 사건에서도 다른 해석방법에 비해 복잡한 단계들을 거쳐 진행된다.[233] 우선 법령이나 법규정이 추구하는 입법목적이 확정되어야 한다. 그런데 대부분의 법은 다양한 이익의 보호와 조정을 위하여 다수의 목적을 갖고 있다. 법해석자의 일차적인 임무는 이러한 입법목적들을 확인하고 주된 목적, 부수적 목적, 하위 목적 등으로 상호간의 관계를 규명하는 것이다.[234] 법령에 입법목적이 명확하게 규정되어 있지 않은 경우 법규정으로부터 입법목적을 추출해야 하는데, 일반적으로 이익 상황의 분석 및 평가를 통해 입법목적을 추단한다.[235] 이를 위해 해석자는 법령의 기저에 있는 이익상황을 확정해야 한다. 이익상황에는 법령이 규율하고자 하는 다양한 사회적 현실이 포함된다.[236] 다만 입법 현실 자체는 독자적인 해석 요소가 아니라 목적론적 해석방법의 한

231) Rüthers/Fischer/Birk(2022), 448면; 최봉철(1999), 290면.
232) MacCormick/Summers(1991), 520면; Pawlowski(1999), 3-4면.
233) Schmalz(1992), 112-115면.
234) Wank(2020), 306면.
235) 명시적 입법목적과 추단적(konkludent) 입법목적의 구분에 대해서는 Möllers(2023), 183-184면.
236) 뮐러는 사회적 현실의 기본구조 중 해석에서 고려되어야 하는 사회적 현실의 단면을 규범영역(Normbereich)이라 부르고 이를 법규정 자체의 구조적 구성요소로 파악한다. Müller(1995), 146-149면 및 273-281면. 뮐러의 규범영역 이론이 본질적인 부분에서 불분명하다는 비판으로 Koch/Rüßmann(1982), 173-174면.

국면일 뿐이다.

다음에는 법령이 제반 이익들을 어떻게 평가하는지, 다시 말해 어떤 이익이 우선시되는지 또 그 근거는 무엇인지를 확정하여야 한다. 법령의 근저에 있는 이익상황과 그에 대한 평가가 항상 엄격하게 분리될 수 있는 것은 아니다.

마지막으로 현재 문제되는 사안의 이익상황을 확인하고 분석하여 법령의 이익상황과 해당 사건의 이익상황이 본질적으로 동일하면, 그 해석은 입법목적에 부합하는 것으로 판단내릴 수 있다. 서로 비교되는 이익상황에는 공통점뿐 아니라 차이점도 존재하기 마련인데, 그 차이점이 중요한 것이면 법령의 평가와 다른 평가가 이루어져야 한다. 이익상황에 대한 평가 과정에서 해석자의 선이해가 작동하는 것은 불가피하므로 목적론적 해석은 선이해의 영향을 받기 마련이다. 이와 같이 입법목적과 이익의 분석 및 평가는 긴밀하게 연관되는데, 입법목적보다 이익의 분석 및 평가를 전면에 내세우는 해석방법이 바로 이익평가적 해석이다.

목적론적 해석의 효용과 한계를 인식하기 위해서는 목적론적 해석의 특수한 사례로 다루어지는 법률회피 내지 탈법(Gesetzesumgehung, fraus legis) 문제를 살펴볼 필요가 있다.[237] 법률회피는 법률이 명시적으로 금지하는 행위태양이 아닌 다른 방식을 통해 법률이 방지하고자 했던 결과에 이르는 행위이다. 즉 수범자가 법규정의 문언에는 위반되지 않으나 입법목적에 위반되게 행위함으로써 입법을 통해 추구하려는 목적을 무력화시키는 것이다.

법의 실효성을 확보하기 위해서는 법률회피에 대해서도 해당 법규정을 적용하는 것이 바람직할 것이다. 오스트리아 일반민법전(AGBG) 제7조와 같이 법률에서 명시적으로 법률회피를 금지하지 않더라도 목적론적 해석이나 법의 일반원칙을 통해서도 정당화될 수 있다.[238] 이때 해당 행위가 금지되는 법률회피인지, 다시 말해 구성요건의 충족 없이도 법규정의 취지와 목적에 위반되는지 여부를 판단하는 데에는 입법목적이 결정적인 의미를 갖는다. 회피된 법규정에 대한 목적론적 해석을 통해 탈법행위도 포착할 수 있도록 해석한 후에 법 문언의 가능한 의미를 벗어나는 반계획적 흠결로 판단되면 회피된 법규정을 유추적용할 수 있다.[239] 물론 회피된 법규정의 문언이 그러한 탈법행위를 포착할 수 있는 근거를

---

237) Kramer(2019), 245-247면; Wank(2020), 320-322면; Möllers(2023), 192-193면. 국내문헌으로는 조승현, "법률회피", 『재산법연구』 제28권 1호(2011), 157-194면 참조.
238) Möllers(2023), 193면.
239) Wank(2020), 322면.

제시하지 못할 수 있다. 이러한 경우까지 법률회피로 규제하기 위해서는 묵시적인 금지규정이 존재한다거나 탈법행위에 별도의 무효사유가 존재한다는 것을 추가적으로 논증해야 한다.[240]

목적론적 해석 역시 해석방법으로서의 한계가 없지 않다. 판결하기 쉬운 사건에서는 법규정의 문언과 맥락으로부터의 해석, 즉 문언적 해석과 체계적 해석으로 충분하지만, 판결하기 어려운 사건에서는 목적론적 해석이 중요한 의미를 갖는다. 그런데 문제는 입법목적을 누가, 어떻게 확인할 것인지가 분명치 않다는 데에 있다. 해석자마다 법규정의 입법목적을 다르게 파악하면 당연히 해석 결과가 달라질 것인데, 이 경우 어떤 해석이 입법목적에 더 부합하는지를 판정하기가 쉽지 않다.

이에 오래전부터 입법목적을 탐색하기 위한 독립적인 준거점이 없기 때문에 목적론적 해석은 순환적이라는 비판이 제기되었다. 즉 입법목적을 사실상 해석자가 판단하기 때문에 목적론적 해석은 법관에게 광범위한 해석 재량을 부여한다는 것이다. 앞서 살펴보았듯이 법관의 해석 재량은 법관의 선이해에 의존한다. 이 지점에서 법학방법론은 종료하고 법관의 인격이 기능하기 시작한다. 하거(G. Hager)의 표현을 빌리면, 방법론의 문제에서 성격학(characterology)의 문제로 전환된다.[241]

결국, 목적론적 해석의 적정성은 법해석자가 입법목적을 얼마나 정확하게 파악하는지에 달려 있다. 정책적 성격이 강한 법령이나 법규정일수록 입법목적에 대한 이해가 달라지므로 목적론적 해석의 적정성에 대한 논란은 더 커지기 마련이다. 해석자는 입법목적을 법령의 전문(前文)이나 목적조항 또는 법안제안서의 제안이유 등에서 찾지만, 입법목적에 대한 전거 내지 참조가 없는 경우도 적지 않다. 법률 자체가 외관상 일정한 목적을 추구하는 것처럼 보이지만 실제로 입법자는 드러나지 않은 다른 목적을 추구할 수도 있고 법령의 목적이 개별 법규정의 목적과 상충될 수도 있다.[242] 결국 입법목적에 대한 해석공동체의 간주관적인 합의가 확보되지 않는다면 목적론적 해석은 해석자의 자의적이고 독단적일 수 있는 해석결과를 포장하기 위한 위장이 될 뿐이다. 실제로 판례나 학설은

240) Schmalz(1992), 135면.
241) Hager(2009), 328면.
242) 법률은 입법 과정에서 끝까지 목적론적으로 일관되게 제정되는 경우는 드물고 오히려 여러 번의 타협으로 찌그러지기 마련이다. Kramer(2019), 176면.

종종 목적론적 해석으로써 논증하지만, 입법목적에 대한 인식을 어디에서 어떻게 획득하였는지는 제대로 밝히지 않는다.[243)

2) 현대적 해석방법

지금까지 살펴본 고전적 해석방법에 대해서는 지금도 대다수의 사건을 해결할 수 있다거나 부분적인 수정을 거쳐 모든 분야의 법해석에 수용될 수 있다는 우호적인 평가도 없지 않으나[244)] 고전적인 해석방법이 갖는 이론적, 실천적 한계로 인해 시대에 뒤쳐진 느낌이 드는 것은 부정하기 어렵다.[245)] 고전적 해석방법의 한계를 보완하기 위해 등장한 것이 헌법합치적 해석, 이익평가적 해석, 결과고려적 해석, 비교법적 해석, 실질적 이유에 근거한 해석과 같은 현대적 해석방법이다.

물론 현대적 해석방법이 고전적 해석방법을 세분화한 것에 불과하다는 지적도 없지 않으나,[246)] 무리하게 고전적 해석방법의 세부 유형으로 편입시키기보다 독자적인 해석방법으로 유형화하는 것이 그 본질이나 한계를 파악하고 적용 조건 등을 이해하는 데에 도움이 될 듯싶다. 다만 현대적 해석방법은 법해석 과정에서 필수적으로 검토되어야 하는 주요 논거가 아니라 선택적으로 활용 가능한 논거로서 고전적 해석방법에 따른 해석결과를 보강하거나 탄핵하는 보조적인 논거로 주로 활용된다.

사실 법해석의 규준 내지 준칙이라는 것도 어디까지나 법해석의 수단(tool)이다. 더 솔직하게 말해 사건을 해결하기에 적합한 법규범을 획득하기 위한 도구에 불과하다. 그렇다면 법규범을 획득하기 위해 고전적 해석방법에 집착할 필요는 없을 것이다. 고전적 해석방법만으로 법 문언이 여전히 불명확한 경우 또는 고전적 해석방법에 따른 해석 결과가 법이념 등에 부합하지 않는 경우 이를 보완 내지 시정할 수 있는 논거를 제공한다는 데에 현대적 해석방법의 존재의의가 있다.

① 헌법합치적 해석

헌법합치적(합헌적) 해석은 법규정을 해석하는 데 있어서 헌법의 기본원리나 기본권을 존중하는 방향으로 해석하는 것이다. 특히 인간의 존엄과 가치, 특히

---

243) Wank(2020), 296면.
244) 예컨대 Kramer(2019), 66–67면.
245) Bydlinski(1991), 437면.
246) 예컨대 김영환(2012), 290–291면.

자기결정권과 생명권 또 평등원칙, 비례원칙, 재판청구권 등을 법해석의 논거로 활용한다. 헌법합치적 해석을 활용하기 위해서는 헌법이 법령의 의미내용을 판단하는 데에 내용적인 지침이 될 수 있고 법관의 구체화에서 적용가능한 기준을 제공할 수 있다는 것이 전제된다.[247] 헌법합치적 해석은 헌법 자체가 아닌 하위법령에 대한 해석원칙으로서 모든 법관에게 헌법합치적 해석의 권한과 의무가 부과된다.[248] 이는 영미법계에서도 위헌회피(avoidance of unconstitutionality) 해석이라는 이름으로 널리 받아들여지고 있다.

한 국가의 법질서는 헌법을 최고규범으로 하여 통일체를 형성하고 있으며 상위규범은 하위규범의 효력근거가 되는 동시에 해석근거가 되므로 헌법은 법률 등 하위 법령에 대하여 내용적 합치를 요청한다. 이 점에서 헌법합치적 해석은 수직적 규범조화를 지향하는 체계적 해석의 하위 해석방법일 뿐이다.[249] 하지만 라렌츠가 헌법합치적 해석을 고전적 해석방법과 별도로 제5의 해석방법으로 받아들인 이후[250] 오늘날 상당수 학자들이 이를 체계적 해석과 별도로 다루고 있다. 사회적으로 논란이 있는 판결에서 거의 예외 없이 헌법합치적 해석이 활용되는 것은 전 세계적인 추세로 보인다.

그럼에도 불구하고 헌법합치적 해석이 논리-체계적 해석과 지도이념을 공유하고 있는 것은 분명하다. 체계적 해석은 법체계의 일관성 내지 정합성을 전제로 한다. 하위법은 상위법에 모순되지 않도록, 또 그로 인해 하위법이 무효가 되지 않도록 해석되어야 한다. 같은 맥락에서 모든 법규범은 최상위 법규범인 헌법에 합치되게 해석되어야 한다. 법이론적 차원에서 헌법합치적 해석은 헌법의 최고규범성에 의해 어렵지 않게 정당화될 수 있다.

그런데 헌법합치적 해석의 이름으로 법 문언, 성립사 또는 입법사, 나아가 입법목적을 무시할 수 없다: 헌법합치적 해석의 한계. 특히 헌법합치적 해석은 다양한 해석 가능성을 전제로 그중에서 헌법에 합치하는 법해석을 선택하는 것이기 때문에 이미 법 문언이 명확한 법령에서는 헌법합치적 해석이 끼어들 자리가 없다. 헌법합치적 해석이 해석으로 남으려면 법률의 의미관련성과 가능한 의미라는 한계를 넘어서는 안 된다. 명확한 법 문언에 반하거나 입법자의 의사에

---

247) Kramer(2019), 117면.
248) 헌법재판 실무제요(2023), 224면.
249) Engisch(1977), 241면 각주82b; Schmalz(1992), 133면; Walter/Mayer(1996), 57면.
250) Larenz(1991), 339–343면.

정면으로 반하는 헌법합치적 해석은 기존 법령 대신에 새로운 법령을 제정하거나 새로운 규율내용을 부여하는 것으로서 허용되지 않는다.[251] 해당 법규정이 헌법과 양립불가능한 경우 그 규정은 효력상실 내지 적용배제되는 것이지 법관이 새로운 규율내용으로 수정할 수는 없다.[252] 헌법합치적 해석이 법관에게 직접 법률을 수정할 수 있는 권한을 부여하지는 않는다.[253] 물론 헌법합치적 해석이 가능한지 여부를 판단하기 위해 헌법 자체가 법해석방법에 따라 올바르게 해석되어야 한다는 것은 두말할 필요도 없다.

② 이익평가적 해석

이익평가적 해석은 법규범의 근저에 놓여 있는 이익을 규명하고 이익에 대한 평가와 형량을 고려하여 법규정의 의미를 해석하는 것이다. 이는 헤크 등의 이익법학에서 구체화되고 평가법학으로 정교화되면서 현대 해석방법론의 주류적인 흐름으로 자리 잡았다. 이익법학과 달리 평가법학은 목적론적 계기로서 법적 평가에 초점을 맞춘다는 점에서 목적론적 해석에 한층 더 접근한다. 형평의 이념에 기초한 이익평가적 해석은 오늘날 모든 법영역에서 활용되지만 특히 헌법이나 행정법의 실무에서 비례원칙이나 과잉금지 원칙 등을 통해 널리 사용된다.

사실 법관의 이익형량 내지 법익형량, 나아가 가치판단은 입법목적에 대한 고려에 이미 깊숙하게 침투해 있다. 이 점에서 현대의 이익평가적 해석은 목적론적 해석과 불가분의 관계에 있다. 물론 이익평가적 해석은 제반 이익에 영향을 미치는 해석 결과를 고려하지 않을 수 없으므로 결과고려적 해석과도 긴밀하게

---

251) Engisch(1977), 82–83면 및 236면 후주81b; Larenz(1991), 340면; Kramer(2019), 118–119면. 다만 법 문언이 헌법합치적 해석의 절대적인 한계는 아니라는 견해로 한수웅, 『헌법학』, 제12판, 법문사, 2022, 60면.

252) 헌법합치적 해석은 두 가지 방식으로 작동할 수 있다. 첫째, 헌법합치적 해석을 우선규칙으로 파악하여 일반적인 해석방법을 적용한 결과 복수의 해석가능성이 남는 경우에 비로소 헌법과 합치되는 해석을 우선적으로 선택하는 방식으로 활용하는 것이다. 이 경우 헌법은 심사규범으로 기능한다. 둘째, 다양한 해석방법을 적용하여 법령의 내용을 확정해나가는 단계부터 헌법합치적 해석을 끌어들이는 방식으로 활용하는 것이다. 이 경우 헌법은 법령의 내용을 확정하는 실질규범으로 기능한다. 다만 법령의 내용을 확정해나가는 과정 그 자체가 순환적이고 복잡하기 때문에 양자의 경계가 분명하지는 않다. Hager(2009), 230면.

253) 다만 미국에서는 위헌회피 규칙을 단순히 해석상 논란이 되는 경우에 적용되는 해석방법으로서가 아니라 일종의 법률수정 내지 법형성로서의 헌법적 구제방법으로도 이해하려는 논의가 이루어지고 있다. 이에 대해서는 E. Fish, "Constitutional Avoidance as Interpretation and as Remedy", *Michigan Law Review 114* (2016), 1275–1315면 참조.

관련을 맺는다. 나아가 이익평가적 해석은 평가의 기초가 되는 법의 일반원리와 실질적 정의에 대한 존중을 요청한다. 법은 법의 일반원리에 적합하도록 해석되어야 하고 구체적인 사건에 합당한 정의관념을 구현하도록 해석되어야 한다. 여기에서 이익평가적 해석은 실질적 이유에 근거한 해석과도 접점을 갖는다.

오늘날 '법령은 개념적으로 파악된 평가(F. Bydlinski)'로 이해된다. 평가법학이 주도하는 법학방법론에서는 이익형량 이념이 전체 법질서를 지배한다. 형량토픽이 없는 경우 이익형량 요청은 문제해결에 거의 도움이 되지 않는다. 즉 이익형량 자체가 방법은 아니다. 충돌하는 이익을 형량을 통해 평가하고 서로의 경계를 설정하는 것은 원칙적으로 입법자의 임무이다. 이익이나 법익, 의무가 경합하는 상황에서는 이를 해결하는 명문 규정이 없더라도 법적용 단계에서 형량이 이루어진다. 즉 이익형량 내지 법익형량은 원래 법적용자의 권한이 아니지만 개별 사안에서 법적용자에 의한 보충적인 이익형량이나 평가는 불가피하다. 입법자가 형량의 대상이 되는 이익들을 언급할 뿐 그 비중을 계량하지 않은 경우 법적용자는 자기 자신의 평가에 의지하여 형량할 수밖에 없다. 물론 법적용자는 입법자의 관점, 즉 입법목적을 충분히 고려하여 이익평가적 해석을 해야 한다.

③ 결과고려적 해석

결과고려적 내지 결과지향적 해석은 특정한 법해석 또는 그 해석에 따른 법적 결정이 야기하는 결과를 고려하여 법규정을 해석하는 것이다. 이러한 결과고려적 해석은 목적론적 해석방법에 친화적일 수밖에 없다. 일반적으로 결과고려적 해석은 해석 결과를 예측하는 결과예측, 그리고 그 결과의 수용가능성을 평가하는 결과평가, 최종적으로 판결이 어떻게 원하는 결과를 맞추게 되는지를 검토하는 협의의 결과고려의 순서로 이루어진다. 최종 단계에서 그 결과가 도저히 수용할 수 없는 정도라고 판단되면 해석결과를 교정한다.

결과고려적 해석을 대표하는 해석규칙이 바로 이른바 불합리한 결과의 원리 (absurd result principle)이다.254) 불합리한 결과의 원리는 어떤 해석이 심히 부당한 결과에 이르게 되는 경우에는 그와 같이 해석해서는 안 되고 불합리한 결과

---

254) 불합리한 결과 원리 이외에도 과잉책임 또는 불공평한 엄격함의 회피, '법은 사소한 일에 신경 쓰지 않는다(de minimis non curat lex)', 유해한 효과의 회피 및 실행가능한 결과의 허용, 일반 생활경험 및 경험적 조사, 사실의 규범력, 결정의 수용가능성 및 통설, 동태적 헌법해석, 절충설의 시도 등이 결과고려적 해석의 개별 논증형태로 파악될 수 있다. Möllers(2023), 197-208면 참조.

를 회피할 수 있는 대안적 해석을 해야 한다는 것이다. 영미법의 법해석 3원칙으로서 법해석에서의 구체적 타당성이나 형평을 중시하는 황금 규칙(golden rule)도 불합리한 결과의 원리를 함축하고 있다. 미국에서 황금 규칙을 처음 정형화한 판결로 평가받는 홀리 트리니티 교회 사건에서 연방대법원은 "문언적 해석이 불합리한 결과에 이르게 되면 법률은 불합리한 결과를 피하는 것으로 간주되어야 하며 그 단어를 축소해석해야 한다."라고 판시한 바 있다.[255]

사실 결과고려적 해석은 윤리학의 공리주의 내지 결과주의에 기초하여 해석에 따른 효과 또는 영향의 관점에서 해석의 타당성을 검토하는 것이다. 이는 과잉책임이나 불공평한 엄격성을 회피하는 사고에서 잘 드러나는데, 이러한 사고가 발현된 또 다른 해석규준이 수문 원칙(floodgates principle) 내지 제방 붕괴 논증이다. 카도조(B. Cardozo)·데닝(A. Denning) 등에 의하여 정형화된 수문 원칙에 의하면, 특수한 위해에 대해서도 경제적 손실에 대한 배상청구가 허용된다면 배상청구가 끝없이 이어질 것이라는 이유로 배상청구를 기각하는 것은 정당화된다.

결과고려적 해석은 EU법에서는 프랑스 행정법에서 유래한 유용성(effet utile) 원칙으로 등장한다. 이에 따르면 법규정은 가능한 한 그 목적을 잘 달성할 수 있도록, 또 유용성을 발휘할 수 있도록 해석되어야 한다. 다시 말해 법규범의 효과가 잘 발휘될 수 있고 실천적 효용이 극대화될 수 있는 해석이 우선되어야 한다는 것이다. 나아가 결과고려적 해석에서 고려되는 결과를 경제적(economic) 내지 재정적(financial) 결과로 이해하면, 이는 현재 전 세계적인 영향력을 발휘하고 있는 법경제학적 접근방법과 다르지 않다. 즉 경제적으로 효율적인 해석방법이나 해석결과를 지향하는 법경제학적 해석도 결과고려적 해석의 일종으로 파악될 수 있다.

합리적인 법적 결정을 추구하는 법관의 관점에서도 결과고려는 법관의 임무가 아닐 수 없다. 법관은 그에게 열려 있는 해석 방안들의 결과를 고려하여야 한다. 특히 입법자가 법관을 비롯한 법적용자에게 명시적으로 법적 결정에 결과를 고려하도록 명령하는 경우 해석자는 마땅히 해석결과를 심사숙고하여야 한다. 하지만 명문 규정이 없는 경우 해석자가 결과고려적 해석을 할 수 있는지, 또 어느 범위까지 허용되는지에 대해서는 논란이 있으므로 그에 대한 별도의 정당화

---

255) Church of the Holy Trinity v. United States(1892), 143 U.S. 457, 460.

가 필요하다.

흔히 제시되는 정당화 논거는, 결과고려적 해석이 법적 결정에서 형식주의에 빠져 실제 생활과 유리되거나 사회정의를 소홀히 하게 되는 것을 방지하는 한편, 결과에 대한 경험적 분석을 통해 사회과학과 법적 결정의 제휴를 가능케 한다는 것이다. 특히 불합리한 결과의 원리에 대해서는 논리학의 관점에서 귀류법(reductio ad absurdum)이나 불합리 논증(argumentum ad absurdum)에 기대어 정당화될 수 있는 것처럼 설명되기도 한다.[256)]

하지만 결과고려적 해석은 결과고려를 통해 법적용자의 주관적 평가가 법획득에 영향을 미치며 불확실한 선입견이 작동할 수 있다는 이유 또 법적용자의 잘못된 결과평가에 대해 책임을 묻기 어렵다는 이유 그리고 법관이 결과지향적 해석을 통해 사실상 법정책을 지향한다는 이유 등으로 그 정당성이 의심받는다.[257)] 불합리한 결과의 원리 역시 입법과정에서 얻어진 입법자의 합의를 대체함으로써 헌법의 기본원리를 침해한다고 비판받는다.[258)]

여전한 논란에도 불구하고 결과고려적 해석은 오늘날 이론적으로 정당한 것, 또 현실적으로 불가피한 것으로 민사법뿐 아니라 행정법·형사법 분야까지 광범위하게 활용되고 있다. 다만 결과고려적 해석은 독자적이고 주도적인 해석방법이라기보다 목적론적 해석이나 문언적 해석, 나아가 이익평가적 해석 등을 보조하는 해석방법으로 이해되고 있다.[259)]

결과고려적 사고가 이론적으로 정당화될 수 있고 현실적으로 불가피한 것이라고 하더라도, 법의 영역에서 결과고려는 원칙적으로 해석론이 아닌 입법론의 차원에서 다루어져야 한다. 다시 말해 법령 또는 그에 따른 법적 결정이 가져올 결과에 대한 고려는 원래 입법자의 임무이다. 법관이 결과를 정확하게 예측하고 평가할 수 있는 능력이 부족함에도 불구하고 법관에게 결과고려 의무를 부담시키고 정책적 판단과 그에 대한 책임까지 떠맡기는 것은 적절치 않다. 법해석에 있어서 과도한 정책적 접근방법을 경계해야 하듯이 결과고려적 해석을 과도하게

---

256) 예컨대 Schmalz(1992), 117면; Wank(2020), 311면.

257) Pawlowski(1999), 303면.

258) J. Manning, "The Absurdity Doctrine", *Harvard Law Review 116* (2003), 2387-2486면. 불합리한 결과 원리 자체는 찬성하면서도 원리의 적용기준과 범위의 불명확성으로 인해 구체적인 사건에서 원리의 적용여부가 문제된다는 견해로 박철(2003), 208-211면.

259) Slocum(2015), 13면.

활용하는 것, 특히 불합리한 결과의 원리를 남용하는 것은 지양되어야 한다.

④ 비교법적 해석

비교법적 해석은 비교법학(comparative law) 방법론에 기초한 것으로서 법계수 과정의 모법(母法)과 같은 외국의 입법례나 판례, 나아가 국제법이나 지역법 등을 참조하는 해석방법을 말한다. 과거에는 일본·독일의 법령이나 판례와 학설이 법해석에 크게 영향을 미쳤고 근래에는 미국의 법령이나 판례가 여러 분야에서 영향을 주고 있다.[260] 국제조약이나 협약, 국제기구의 결의 등은 인권법이나 노동법의 해석에 적극 반영되고 있는데, 영미법에서도 국제법 존중 원칙 (Charming Betsy canon)으로 받아들여지고 있다.

'모든 연구가 비교(N. von Kues)'이듯이 사실관계나 법규범의 비교도 법학자들이 일용할 양식이다.[261] 외국 입법례나 판례 중 대다수 문명국가에서 보편적으로 받아들여지는 법규범이나 그 해석론은 법해석에서 결코 무시할 수 없는 설득력을 갖는다. 하지만 승인된 국제법이 아닌 외국의 입법례나 판례는 그 자체로 구속력이 없기 때문에 유권적인 법원(法源)이 될 수는 없다.

비교법적 해석은 목적론적 해석을 강화하는 보충적 논거로 이해되는 듯하지만,[262] 국제법질서나 외국법질서와의 정합성을 추구한다는 점에서 체계적 해석의 하위 유형으로도 파악될 수 있다. 특히 국내법적 효력을 갖는 조약에 합치되게 법을 해석하는 비교법적 해석은 체계적 해석과 다를 바 없다.[263]

이러한 비교법적 해석은 단순히 외국의 유사한 입법례나 판례 등을 참조하는 것이 아니라 비교가능한 외국의, 비교가능한 법규정이나 법제도를 참조하여 해석하는 것이다. 사안에 적합한 법규정은 피상적인 개념적 비교가 아니라 현실의 규율문제와 규율목적에 기초한 기능적 비교를 통해 발견할 수 있다.[264] 기능적 비교는 법규정에 한정되지 않고 사회적 현실에 대한 비교까지 포함한다. 따라서 비교법적 해석의 시도에 앞서 비교 대상이 되는 법령이 속한 외국의 전체 법질서 및 법계, 그리고 법문화적인 배경에 대한 충분한 이해가 선행되어야 한다.

---

260) 그렇다고 하더라도 법관이 해당 사건에 관련된 외국의 법령이나 판례를 반드시 비교법적으로 검토해야 하는 것은 아니다. 법발견에 있어서 외국 판결의 의미에 대해서는 Möllers(2023), 115-122면 참조.
261) Möllers(2023), 310면.
262) Bydlinski(1991), 461면; Kramer(2019), 298면 각주873; Wank(2020), 172면.
263) Schmalz(1992), 109면.
264) Bydlinski(1991), 386-387면.

이 점에서 비교법적 해석은 발생학적 해석 또는 연혁적 해석과도 무관치 않다.

그런데 비교법적 해석에서 해석자가 비교 대상을 선별적으로 선택가능한지는 분명치 않다. 외국의 입법례나 판례가 일정한 법적 쟁점에 대하여 동일한 태도를 취하고 있다면 비교법적 해석에 기초한 법적 결정은 강한 설득력을 갖게 될 터이지만, 이를 기대하기는 어렵다. 그렇다면 해석자는 다수 국가에서 중복적으로 확인되는 입법례나 판례만 고려할 수 있는가 아니면 일부 국가의 입법례나 판례일지라도 최선의 사례로서 고려할 수 있는가? 비교법적 해석은 외국의 입법례 또는 판례 그 자체만으로 정당화되는 것이 아니라 그 입법례 또는 판례를 뒷받침하는 논거에 의해서 정당화되는 것이다. 따라서 비교법적 해석에서 입법례 또는 판례의 양(量)이 아닌 질(質)이 중요하다.265) 이러한 비교법적 해석의 의미와 한계를 고려할 때 비교법적 해석방법은 독자적인 해석방법이라기보다 다른 해석방법의 설득력을 강화하거나 탄핵하기 위하여 활용되는 보조적인 방법에 그칠 수밖에 없다.

⑤ 실질적 이유에 근거한 해석266)

실질적 이유에 근거한 해석은 법의 내재적 연원(source)이 아니라 제도·도덕·종교·정책 등에 근거한 해석이다. 특히 법정책 내지 공공정책(public policy)이 실질적 이유를 대표하기 때문에 실질적 이유에 근거한 해석은 종종 정책적 이유에 근거한 해석으로도 불린다. 실질적 이유에 근거한 해석은 법의 문언이나 논리–체계적 연관성과 같은 법 내재적 논거가 아니라는 점, 또 일정한 가치에 기초하고 있다는 점에서 기존의 해석방법과 차별화된다.267)

영미법계 국가에서는 오래전부터 '실질적 해석규준(substantive canon)'이라는 이름으로 실질적 이유에 근거한 해석방법이 활용되었다.268) 이는 법철학적 관점에서 보면 규칙(rule)이 아닌 원리(principle)에 근거한 해석인 셈인데, 여기서의 원리는 도덕적 원리뿐 아니라 정책적 원리까지 포함한다. 따라서 원리와 정책을

---

265) M. Bobek, *Comparative Reasoning in European Supreme Courts*, Oxford: Oxford UP, 2013, 247면.

266) 이하의 서술은 오세혁, "실질적 이유에 근거한 해석", 『중앙법학』 제16집 제3호(2014), 449-485면을 수정·보완한 것이다.

267) MacCormick/Summers(1991), 514-515면 및 521면.

268) R. Summers, "Two Types of Substantive Reasons: The Core of A Theory of Common-Law Justification", *Cornell Law Review 63* (1978), 707-788면; Eskridge (2000), 329-374면; Sinclair(2013), 83-115면.

준별하고 원리가 아닌 정책에 근거한 해석을 거부하는 드워킨(R. Dworkin)과 같은 법철학자는 실질적 이유에 근거한 해석을 받아들이기 어렵다.[269]

따지고 보면 대륙법계의 법해석 방법론에서도 실질적 이유에 근거한 해석이 낯선 해석방법은 아니다. 가령 이익평가적 해석에서 이익형량의 대상으로 삼는 '이익'이나 결과고려적 해석에서 고려 대상이 되는 '결과'가 곧 실질적 이유일 수 있으며, 헌법합치적 해석 역시 실질적 이유에 근거한 해석과 상당부분 중첩된다.

그렇다면 실질적 이유에 근거한 해석은 각국의 법령해석에서 빈번하게 활용되는 보편적인 해석방법이 아닐 수 없는데, 이는 대개 다음의 세 가지 상황에 등장한다: 다른 해석방법, 특히 문언적 해석이 불가능하거나 제한적으로 기능하는 경우, 일반조항 또는 가치충전규정이 보충되어야 하는 경우, 해석방법 사이의 충돌이 해소되어야 하는 경우.[270] 실제로 법관은 법 문언의 의미나 입법의도에 의한 논거가 취약한 경우 종종 실질적 이유에 근거한 해석방법에 의지한다. 이때 실질적 이유에 근거한 해석이 해석결과를 뒷받침하는 독자적인 근거로 기능하는지 아니면 다른 해석방법에 의한 해석결과를 보충하는 종속적인 근거로 기능하는지는 국가별로 차이를 보인다.

나아가 실질적 이유에 의한 해석이 갖는 효과는 각 규준의 내재적 비중에 따라 달라지는데, 약한 추정력을 가질 수도, 강한 추정력을 가질 수도, 중간적인 추정력을 가질 수도 있다.[271] 약한 추정력을 갖는 규준은 대립되는 해석방법들이 균형을 이루고 있을 때 해석의 마지막 단계에서 타이브레이커(tie-breaker) 역할을 한다.[272] 반박가능한 중간적인 추정력을 가진 해석규준은 해석의 마지막 단계가 아니라 해석기준으로서의 법 문언, 입법목적, 입법배경 등을 검토하는 데 있어서 처음부터 영향을 미친다. 추정력이 충분히 강해지면 이는 명문규정 없이는 배제할 수 없는 규칙(clear statement rule)의 차원으로 격상된다.

---

269) 드워킨에 따르면, 원리는 정의나 공정, 다른 측면의 도덕의 조건이기 때문에 지켜져야 하는 기준인 반면, 정책은 달성되어야 하는 공동체의 목표를 설정하는 기준이다. 또 원리 논거가 개인의 권리를 정하는 논거인 반면 정책 논거는 집단적 목표를 정하는 논거이다. Dworkin(1977), 22-23면, 82-84면, 90면. 이에 대하여 드워킨의 약정적 개념정의가 효용 원리 등 일상적인 의미의 원리들을 포섭하지 못한다는 점에서 부적절하다는 비판으로 MacCormick(1978), 259-264면.

270) Summers/Taruffo(1991), 470면.

271) Popkin(2007), 18-19면.

272) Eskridge(2000), 341면.

실질적 해석규준의 추정력은 그 형식에 좌우되는 것이 아니기 때문에 개별 사건에서 실질적 규준이 어떤 추정력을 갖는지 판단하기는 쉽지 않다. 더욱이 실질적 이유에 근거한 해석이 추구하는 가치는 대개 불분명할 뿐 아니라 정의에 기초한 형평 추구, 그리고 법적 안정성에 기초한 신뢰보호처럼 서로 충돌한다. 르웰린(K. Llewellyn)이 잘 지적한 바와 같이,273) 실질적 규준은 거의 모든 쟁점에서 서로 대립되는 쌍(pair)으로 등장하기 때문에 법관은 자신의 입맛에 맞는 규준을 편리하게 취사선택할 수 있다. 물론 실질적 이유 사이의 충돌이 표면적으로만 존재하는 경우에는 미세조정만으로도 각 해석규준이 조화롭게 공존할 수 있을 것이다.274)

실질적 해석규준이 문제삼는 실질적 이유는 참으로 다양한 연원에서 비롯된다. 의회의 법률, 선례, 자연법론, 법학자의 학설 등 법적 연원에 그치지 않고 종교이론, 철학이론, 경제이론을 망라한다. 나아가 정치현실, 국제의무, 전문지식까지도 포함한다.275) 나아가 실질적 이유는 시간에 따라 변화하며 장소에 따라서도 달라진다.

이처럼 다양하게 등장하는 실질적 이유들을 유형화하는 것은 실질적 이유의 본질을 이해하고 그 정당화 가능성을 판단하는 데에 도움이 될 것이다. 하지만 이는 결코 쉬운 작업이 아니다. 간단하게는 도덕적 올바름(rightness)과 정책적 목표(goal)의 두 가지로 유형화하기도 하지만,276) 여기서는 그 연원을 고려하여 법이념적 이유, 제도적 이유, 도덕적·종교적 이유, 정책적 이유의 네 가지로 유형화한다.

법이념적 이유에 근거한 해석은 법이 추구해야할 최고가치로서의 법이념에 터 잡은 해석으로 정의·법적 안정성, 그리고 그 파생원리들이 포함된다. 정의는 '같은 것은 같게, 다른 것은 다르게' 취급할 것을 요청한다. 정의의 핵심은 평등에 있지만, 형평 내지 구체적 타당성 역시 그에 못지않게 중요하다.277) 법적 안

---

273) K. Llewellyn, "Remarks on the Theory of Appellate Decision and the Rules or Canons about How Statutes Are To Be Construed", *Vanderbilt Law Review 3* (1950), 395-406면, 특히 399-400면.

274) Eskridge(2000), 331-332면.

275) Bennion(2002), 661면.

276) Summers(1991), 707-788면, 특히 714면.

277) 이미 유스티니아누스 법전의 칙법전(Codex 3.1.8)에서도 "모든 규정에 있어서 정의와 형평이 엄격한 법의 이성보다 우위에 있어야 한다(Placuit, in omnibus rebus praecipuam

정성에 터 잡은 실질적 이유로는 법적 평화의 추구, 법의 확정성 및 계속성에 대한 요청, 예측가능성 확보 및 신뢰보호 등을 들 수 있다. 제도적 이유에 근거한 해석은 각종 법제도 및 그 기본원리와 관련된 이유에 기초한 해석으로서, 대표적으로 사법권의 권한 및 한계, 죄형법정주의 등을 들 수 있다. 도덕적·종교적 이유에 근거한 해석은 보편적 도덕성, 평균인의 보편적 도의관념, 종교적 신념이나 교리, 종교적 자유보장 등 사회윤리나 종교와 관련된 이유에 근거한 해석이다. 마지막으로 정책적 이유에 근거한 해석은 거래관행의 존중 등과 같은 경험적 이유, 재판의 권위·소송경제와 같은 사법정책적 이유는 물론이고 예산·재원조달과 같은 경제적 이유 등에 기초한 해석들을 망라한다.278)

오늘날 헌법합치적 해석, 이익평가적 해석, 결과고려적 해석 나아가 비교법적 해석까지 법해석의 이론과 실무에서 활용되는 상황에서 실질적 이유에 근거한 해석을 거부할 필요는 없어 보인다. 실제로 정책적 이유에 근거한 해석은 법해석의 실무에서 결코 무시할 수 없는 중요한 역할을 한다. 실질적 이유에 근거한 해석에 대한 이해 없이 법해석 방법론은 완성될 수 없다.279)

하지만 실질적 이유에 근거한 해석은 쉽게 정당화되기 어렵기 때문에 르웰린의 문제제기 이래로 그 정당성에 대한 논란이 끊이지 않는다. 흔히 실질적 이유에 근거한 해석이 역사적으로 널리 수용되어 왔다거나 법관의 자의적인 법해석을 방지함으로써 사법판단의 예측가능성을 확보할 수 있다는 이유 등을 내세워 그에 대한 정당화를 시도한다. 그러나 관행적 수용이나 효용이 정당성을 담보하지는 않는다. 실질적 이유에 근거한 해석은 논란이 있는 가치에 기초하고 있을 뿐 아니라 그 적용조건이나 효과가 분명하지 아니하여 오히려 사법 판단의 예측가능성을 저하시킬 수 있다.280) 사실 실질적 이유에 근거한 해석은 해석자의 가치신념이 가장 노골적으로 드러나는 해석일 뿐 아니라 논증 과정이 해석자의 지혜와 판단에 의해 좌우된다. 그로 인해 특정 결론을 원하는 법관에 의해 남용될 위험이 적지 않고, 극단적으로는 어떤 해석결과도 사후적으로 정당화하는 수단

---

esse iustitiae aequitatisque, quam stricti iuris rationem)."라고 규정되어 있었다. Raisch (1995), 26면.

278) 협의의 정책적 이유에 근거한 논거는 법이 아닌 경제 등 다른 분야에서 발전되어 온 사회적 가치에 근거한다는 점에서 '법외적 논거(ausserrechtliche Argumente)'로도 불린다. Kramer(2019), 301–309면.

279) Jellum(2013), 318면.

280) Scalia(1997), 28–29면.

으로 변질될 수 있다. 따라서 실질적 이유에 근거한 해석을 정당화하기 위해서는 그 해석이 뿌리박고 있는 각각의 실질적 이유 자체에 대한 규범적 정당화가 필요하다.[281]

국내외의 판례에서 광범위하게 사용되는 실질적 이유에 근거한 해석은 과연 정당화될 수 있는가? 정당화될 수 있다면 어떤 실질적 이유가 어떤 조건이 충족되었을 때 정당화될 수 있는가?

우선 법이념적 이유에 근거한 해석의 경우 법이념은 모든 법규범이 추구해야 하는 최고 가치라는 점에서 이를 고려하는 것 자체가 문제될 수는 없다. 하지만 해결하기 어려운 사건의 배후에는 대개 법이념의 충돌이 자리 잡고 있기 때문에 법이념적 이유에 근거한 해석을 통해 모두가 수긍할 만한 결론을 이끌어내는 것이 가능할지 의문스럽다. 제도적 이유에 근거한 해석은 대부분 헌법 제도가 문제되는데 이는 헌법합치적 해석의 일환으로 파악될 수 있으므로 그 범위 내에서는 정당화에 큰 문제가 없어 보인다. 반면 도덕적·종교적 이유에 근거한 해석은 법관의 주관적인 가치판단에 의해 좌우될 수 있다는 점에서 정당화 가능성에 대한 논란이 적지 않을 것이다.

아마도 실무상 가장 논란이 되는 것은 정책적 이유에 근거한 해석일 것이다. 특히 문언적 해석을 배제한 채 정책적 해석이 받아들여지는 경우 논란은 가중된다. 법원 또는 재판의 신뢰·권위라는 이유에 근거한 해석 역시 정당화되기 어렵다. 사법의 고유한 임무가 권리구제라는 점을 감안하면 법원 또는 재판의 권위를 내세워 권리구제의 필요성이라는 더 중요한 정책적 이유를 무시해서는 안 된다. 또 법의 세계에서 경제적 이유를 고려하는 것은 원칙적으로 국회나 행정기관의 임무이므로 법원이 재원을 문제삼아 권리구제를 외면하는 것은 적절치 않다.

이러한 정당성 논란과 한계를 고려할 때 실질적 이유에 근거한 해석은 고전적 해석방법이 불확실하거나 해석방법들이 서로 충돌함으로써 법규정의 의미가 여전히 불분명한 경우에 제한적으로 활용되는 보조적인 해석방법 또는 보충적인 해석방법에 그쳐야 한다. 즉 실질적 이유에 근거한 해석은 고전적 해석방법들보다 더 비중(weight)을 가질 수는 없다.

---

281) Eskridge(2000), 344면.

5. 해석방법의 우선순위[282]

오늘날 법관을 비롯한 법해석자들은 법령 해석에서 헌법합치적 해석 등 현대적 해석방법도 종종 사용하지만, 주로 문언적 해석, 논리-체계적 해석, 역사적 해석, 목적론적 해석의 네 가지 고전적 해석방법을 사용하며, 이른바 판결하기 어려운 사건에서는 대개 이러한 해석방법들을 복합적(누적적)으로 사용한다.

고전적 해석방법을 복합적으로 사용하더라도 각 해석방법이 같은 결론을 지향하는 경우에는 문제가 없다. 가령 문언적 해석에 의해서나 논리-체계적 해석에 의해서나 동일한 결론에 이르게 될 경우 또는 역사적 해석에 의해서나 목적론적 해석에 의해서나 동일한 결론에 이르게 될 경우에는 서로 보완적으로 작용하여 해석의 정당성이 강화될 뿐이다.

그러나 각각의 해석방법이 상이한 결론에 이르게 되는 경우, 다시 말해 해석방법 사이에 충돌이 있는 경우에는[283] 해석방법 중에서 어떤 해석방법이 우선하는지가 문제된다. 해석방법의 정당화 논증도 이 지점에서 국가별로 두드러진 차이를 보인다. 고전적 해석방법에 대한 우선순위의 차이는 개별 사건에서 해석결과의 차이로 귀결되고, 궁극적으로는 사법부의 법해석 방법론을 결정짓는다.

그럼에도 불구하고 지금까지 다양한 해석방법들의 우선순위에 대한 포괄적인 규칙의 정립은 고사하고, 고전적 해석방법의 우선순위조차 제대로 정리되지 못한 것으로 보인다. 법학자들은 각 해석방법의 비중이 법영역에 따라 또 개별 사건에서 이루어지는 해석과정의 특성에 따라 달라질 수밖에 없다고 여기기 때문인지, 해석방법의 우선순위를 명확히 밝히기를 주저하는 경향을 보여 왔다. 이러한 전체적인 경향 속에서도 법관의 해석기준 선택이 임의적이며 법관의 처분에 맡겨져 있다는 이유로 우선순위에 대한 논의가 불필요하다는 극단적인 견해가 있는가 하면,[284] 해석방법에 대한 논의 과정에서 해석방법의 우선순위에 대하여 묵시적

---

282) 이하의 서술은 오세혁, "법해석방법의 우선순위에 대한 시론적 고찰", 『중앙법학』 제21권 제4호(2019), 385-439면을 요약·정리한 것이다.

283) 해석방법의 충돌은 주로 법 문언의 일상적 의미에 따른 해석과 전문적 의미에 따른 해석의 충돌, 통상적 의미에 기초한 문언적 해석과 체계적 해석의 충돌, 문언적 해석과 역사적 해석의 충돌, 문언적 해석과 목적론적 해석의 충돌, 문언적 해석과 결과고려적 해석의 충돌로 등장한다. Summers/Taruffo(1991), 483-486면.

284) 예컨대 Esser(1970), 30-32면 및 43-73면, 125-129면; Kriele(1976), 24-27면 및 85-96면. 우선순위 설정의 실패는 언어인식론에서 보면 당연하다는 견해로 이상돈(2018),

으로 시사하는 견해,[285] 우선순위의 한계를 인식하면서도 나름대로 해석방법의 우선순위를 명시적으로 제시하는 견해[286] 등 다양한 입장이 공존한다.

만일 해석방법 사이에 확립된 우선순위가 존재하지 않는다고 하면 법해석자는 여러 해석방법 중에서 자신이 옳다고 여기는 결론을 뒷받침하는 해석방법을 우선시할 것이다. 이 경우 해석방법은 법해석자들이 적정하다고 생각하는 해석결과를 사후적으로 정당화하는 기능을 할 뿐이다. 사실 해석방법을 사건에 따라 올바른 결론을 찾아가기 위해 활용하는 수단으로 이해하면 방법론적 다원주의는 불가피한 것처럼 보이기도 한다. 그렇게 되면 각 해석방법의 비중과 설득력은 사건별로 달라질 수밖에 없다.

여기서 더 나아가 사건과 무관하게 일반론의 차원에서 해석기준들의 우선순위를 매기는 것은 불가능하거나 무용하다는 결론에 다다를 수도 있을 것이다. 문제중심적 사고 내지 사안지향적 사고에 경도된 입장에서는 사건별로 적절한 해석방법을 선택하는 현실적인 해결방안에 만족할 것이다. '방법론적 무인점포(E. Kramer)'로도 비유되는 실무의 방법편의주의 내지 방법결단주의는, 합리적인 결론을 도출하는 과정에서 자신의 손이 묶이기를 원치 않는 법원의 관점에서 보면 납득이 될 수 있다.[287] 사실 네 가지 규준에 따른 해석결과가 서로 모순되는 상황에서 최종적인 선택은 법원의 실천에 달려 있다. 에써에 따르면,[288] 판결이 먼저 존재하고 해석결과에 의해 해석요소가 자의적으로 결정되며 해석방법은 선택적으로 이용된다.

이러한 회의적인 입장은 아마도 기술적(descriptive) 내지 분석적(analytic) 법학방법론의 차원에서 보면 현실의 법해석 및 법적용 과정을 적확하게 설명하는 것으로 보인다. 그러나 규범적(normative) 법학방법론의 차원에서 보면 해석방법의 우선순위를 부정하는 것이 정당한지는 의문이다. 만일 현실의 법관이 어떤 동기에서, 어떻게 판결하는지에 대해서만 관심을 갖는다면 법관이 어떻게 판결해야 하는지를 논의하는 규범적 법학 대신에 사실학문으로서의 법관심리학과 법관

123-124면.

285) 예컨대 Engisch(1977), 71-84면; Larenz(1991), 320-346면; Zippelius(2021), 51-52면.
286) 예컨대 Müller(1995), 247-261면; Bydlinski(1991), 553-571면; Alexy/Dreier(1991), 92-99면; Pawlowski(1999), 172-181면; Kramer(2019), 202-203면.
287) Kramer(2019), 144면 및 201면.
288) Esser(1970), 123면.

사회학이 그 자리를 대체할 것이다.[289]

　　오로지 법관의 직업적 양심에 의존한 채 해석방법의 우선순위에 대한 논의를 포기하고 자칫 자의적으로 흐를 수 있는 법관의 선택에 맡겨버려도 좋은가? 저자는 아니라고 본다. 법관의 해석권한이 심각하게 남용되었던 과거의 역사에 대해서 애써 눈감더라도 오늘날의 판례에서도 종종 드러나는 해석의 자의성에 비추어 보면 법관의 법해석 권한에 대한 규범적 통제의 필요성을 부정하기 어렵다.

　　법해석 방법론에서의 다원주의도 '방법 사이에 충돌이 있으면 어떤 방법을 선택할 것인가'라는 방법론적 다원주의의 근본문제를 비켜갈 수 없다. '법해석의 각 요소가 임의적으로 선택 가능한 네 가지 종류의 해석이 아니라 해석에 이르기 위해서는 통합적으로 작용할 수밖에 없는 상이한 활동(F.C. von Savigny)'이라는 식의 주장은 이를 은폐할 뿐이다.[290] 해석방법은 그들 사이의 우선순위에 대한 엄격한 기준을 제시할 수 있는 경우에만 해석의 결과를 근거짓는 데에 적합하다.[291]

　　그렇다면 법해석의 우선순위 설정에 대한 우려와 한계에도 불구하고, 법령해석의 예측가능성을 확보하고 결과의 신뢰성을 제고하기 위하여 규범적 법학방법론의 차원에서 해석방법의 우선순위를 정하는 메타규칙을 마련하는 것이 바람직해 보인다. 다양한 해석방법 사이의 우선순위가 확실치 않다고 해서 올바른 판결을 위해 그 우선순위를 찾아야 하는 우리의 의무가 면제되지 않는다.[292] 물론 규범적 통제의 극단적인 방법으로 외국의 일부 입법례처럼 법해석의 원칙과 우선순위를 해석규정으로 법제화하는 방안도 있을 것이나, 이러한 시도는 해석규정 역시 해석을 필요로 한다는 법논리적인 이유로 좌초하고 만다.

　　요컨대 법의 해석에 있어서 좋은 해석활동을 가능케 만드는 보편타당한 해석모델의 수립이 가능하다는 과격한 주장[293]은 설득력이 없어 보이지만, 법관을 비롯한 법해석자가 해석방법을 적절하게 활용할 수 있도록 해석방법의 잠정적인

---

289) Larenz(1991), 121면.
290) Engisch(1977), 82면.
291) Alexy(1978), 19면. 이미 오래전 츠바이게르트(K. Zweigert)가 적절하게 지적했듯이, 법해석이론의 결함은 무엇보다도 다양한 해석기준 사이의 확고한 서열질서가 여전히 마련되어 있지 않다는 데에 있다. K. Zweigert, "Juristische interpretation", *Studium Generale* 7 (1954), 380~385면, 특히 385면.
292) Engisch(1977), 210면 후주36.
293) MacCormick/Summers(1991), 512면.

우선순위를 마련하는 것, 또 그 적실성을 주요 판례에 비추어 검증하는 것은 가능하고도 꼭 필요한 작업일 것이다. 더욱이 법해석방법의 우선순위에 대한 규칙을 구속적인 규칙으로 고집하지 않고 일응의 지침(guideline)으로 이해한다면 이를 거부할 이유는 없어 보인다.

일단 해석방법의 우선순위를 설정해야 하는 필요성을 받아들인다면, 해석방법의 우선순위를 어떻게 이해할 것인지가 또 다른 쟁점으로 등장한다. 이 지점부터 법실무가와 법학자 사이, 또 법학자들 사이에서 의견이 크게 엇갈린다. 해석방법의 우선순위가 정당화되는 근거는 무엇인가? 또 우선순위의 의미는 확정적인 것인가, 아니면 잠정적인 것인가? 나아가 우선적인 해석방법을 적용함으로써 적절한 해석결과가 도출된 경우에도 반드시 후순위 또는 다음 단계의 해석방법을 검토해야 하는가?

사실 해석방법의 우선순위를 인정할 수 있는지, 또 그것이 바람직한지의 문제는 일정한 해석방법에 우선성을 정당화하는 근거가 설득력이 있는지에 달려 있다. 기존의 논의를 살펴보면, '적합성(K. Engisch)'이나 '만족할 만한 결과 (R. Zippelius)'처럼 추상적이고 모호한 이유를 내세우기도 있지만, 대체로 헌법 원리 (F. Müller, H.J. Koch/H. Rüßmann) 또는 '사유경제성 원리(R. Summers/N. MacCormick)' 에서 그 근거를 찾는다. 헌법 원리는 해석방법의 우선순위에 타당성을 부여하는 배제적(exclusionary) 근거로서, 또 사유경제성의 원리는 우선순위에 타당성을 부여하는 합당한(reasonable) 근거로서 부족함이 없어 보인다. 물론 비들린스키처럼 두 가지 모두를 정당화 근거로 제시하는 절충적 입장도 가능할 것이다.[294]

한편 우선성의 본질 내지 의미와 관련해서는 대체로 우선순위를 잠정적인 것, 즉 더 비중 있는 다른 논거가 제시될 때까지 일응(prima facie) 타당한 것으로 이해하는 데에는 의견이 모아지고 있는 듯하다.[295] 일응 타당하다는 것은 해당 사건 또는 다른 사건에서 상대방에게 증명책임 내지 논증책임을 부과한다는 것을 뜻한다. 사실 해석방법이 충돌하는 경우에 잠정적인 우선순위마저 없다면 일

---

294) Bydlinski(1991), 556–557면.
295) Alexy(1995), 89면; Wank(2020), 167면. 물론 해석방법의 우선순위가 잠정적인 것으로 보면서도 죄형법정주의가 타당한 형법 분야 등에서는 예외적으로 해석방법의 우선순위를 엄격한(strict) 또는 확정적인 우선성을 갖는 것으로 이해하는 절충적인 견해도 없지 않다. 예컨대 알렉시와 드라이어는 독일 법체계에서 특별한 세 가지 사유, 즉 죄형법정주의, 개인의 자유권 보호, 그리고 법적 안정성을 위해 필요한 경우에는 법규정의 문언이 엄격한 우선성을 갖는다고 보았다. Alexy/Dreier(1991), 95–97면.

정한 해석방법을 우선시한다는 것은 임의적(ad hoc)일 수밖에 없다.[296]

마지막 쟁점은, 잠정적인 우선순위를 인정하더라도 우선적인 해석방법을 적용함으로써 적절한 — 합당한·수용할 만한 — 해석결과가 도출된 경우에도 반드시 후순위의 해석방법까지 검토해야 하는지의 문제이다. 상당수의 학자들은 모든 사건에서 해석과정에서 모든 고전적 해석방법이 검토되어야 한다고 주장하지만,[297] 보충성 원리 내지 단계적 접근방법의 관점에서 법해석 과정에서 우선적인 해석방법을 적용한 해석결과가 적절하다고 판단되는 경우에 굳이 후순위 내지 다음 단계의 해석방법을 검토할 필요는 없을 것이다.[298] 해석방법의 우선순위를 받아들이는 이상, 사유경제성 원리에 비추어 본다면 적절한 해석결과가 도출되는 경우에는 다른 해석방법들을 모두 검토하지 않아도 무방하지 싶다.

이제 우선순위의 내용적인 측면으로 논의를 옮겨보면, 전통적으로 법학계의 주류적인 입장은 문언적 해석에서 출발하여 논리-체계적 해석을 거쳐 마지막으로 역사적 해석이나 목적론적 해석의 순서로 해석해야 한다는 것이었다. 로마법 이래 법계를 가릴 것 없이 법규정의 문언은 다른 해석기준보다 중요한 해석기준으로 인식되어 왔다.[299] 문언적 해석의 우선성은 권력분립, 법치국가, 사법의 헌법 및 법률 구속, 법관의 법 충실의무 등에 의해 정당한 것으로 받아들여졌다. 그러다가 해석자의 선이해와 주관성이 강조되고 '해석학적 순환' 개념을 통해 문언적 해석의 한계가 드러나면서 해석방법의 우선순위는 재검토되기 시작하였다. 미국에서도 역사적 입법자의 의도를 중시하는 의도주의나 법령의 입법목적을 강조하는 목적주의가 득세하면서 해석방법의 우선순위가 본격적으로 다루어지게 되었다.

그럼에도 불구하고 독일어권 학계에서 법해석이 법규정의 문언에서 출발해야 한다는 통설은 여전히 확고하게 유지되고 있다.[300] 또 법 문언의 통상적 의미

---

296) Alexy/Dreier(1991), 92면.
297) Larenz(1991), 335면; Kramer(2019), 203면; Wank(2020), 167면 및 324-325면.
298) Bydlinski(1991), 558-559면 및 564면; MacCormick/Summer(1991), 530-532면.
299) Summers/Taruffo(1991) 466면. 문언적 해석을 중시하는 경향은 유럽연합 사법재판소의 판례도 크게 다르지 않다고 한다. Möllers(2023), 151-152면
300) Summers/Taruffo(1991), 479-487면. 최근까지도 이러한 경향은 크게 바뀌지 않은 듯하다. Kramer(2019), 67면 및 91면; Wank(2020), 175면; Möllers(2023), 138면. 다만 반크는 해석방법 중에서 목적론적 해석이 결정적이라는 이유로 법 문언을 비롯한 다른 해석기준이 일차로 잠정적으로 검토된 이후에 최종적으로 목적론적 해석을 고려하여 재검토되어야 하며 다른 해석방법은 입법목적을 파악하기 위한 수단에 불과하다고 주장함으로써 목

를 파악하는 데에 있어서 전문적 의미를 일상적 의미에 우선시키는 것도 마찬가지이다. 법문이 명백하고 분명한 경우에는 문언적 해석을 제외한 다른 해석방법의 활용은 원칙적으로 허용되지 않는다. 왜냐하면 법이념으로서의 법적 안정성 또는 헌법의 규범 명확성 원칙은 법의 문언에 대한 엄격한 구속을 요청하기 때문이다. 다만 법문이 명백하고 분명한 경우가 흔치 않으므로 법 문언의 통상적 의미는 종종 그 맥락을 고려하는 논리-체계적 해석을 통해 파악된다. 그리고 법 문언의 통상적 의미에 근거한 해석 결과가 정의나 법적 안정성에 반하는 경우 법 문언의 가능한 의미 내에서 역사적 해석이나 목적론적 해석 등 다른 해석방법을 통해 대안적 해석을 모색한다.

반면 독일어권의 실무는 제국법원 시대부터 목적론적 해석을 중시하는 경향을 보여 왔고[301] 독일 연방헌법재판소나 연방대법원 역시 법관의 법률 구속은 법관이 법의 문언이 아니라 취지와 목적(Sinn und Zweck)에 구속된다는 것을 의미한다고 판시함으로써 이를 계승하고 있다.[302] 특히 객관설의 관점에서 입법자의 주관적인 의사보다 법문에 표현된 객관화된 의사를 중시한다.[303] 오스트리아의 실무 역시 공포된 법률은 그 자체로 해석되어야 한다는 이유 등을 들어 법률의 연관관계 속에서 법문에 따른 객관적 해석을 입법자의 의사보다 우선시하는 것으로 평가된다.[304] 오늘날 유럽공동체의 법해석을 주도하는 유럽연합 사법재판소도 문언적 해석이 조약체결자의 공통적 의미와 입법목적 등 다른 관점에 의해 확증되어야 한다는 점을 강조하면서 명확한 것으로 추정되는 법 문언도 다른 해석방법에 의해 교정될 수 있다고 하여 명확성 원칙을 사실상 포기한 것으로 평가받는다.[305]

한편 영미권의 학계에서는 해석의 3원칙 — 문언 규칙 내지 명백한 의미 규

적중심적 법해석 방법론을 취하고 있다. Wank(2020), 167-168면 및 326-327면.

301) 이를 상징적으로 보여주는 판결이, 양봉가에서 관리하던 벌통에서 나온 꿀벌이 조랑말 수레를 공격하여 조랑말이 죽은 사건에서 과연 꿀벌이 동물사육자책임을 규정한 독일 민법 제833조 제2항의 '가축'에 해당되는지 여부가 쟁점이었던 꿀벌 판결(Bienen-Fall)이었다. RG Urteil vom 19.11.1938 - RGZ 158, 388 참조. 이에 대한 방법론적 검토로 Schmalz (1992), 123-125면.

302) BVerfGE 35, 263; BVerfGE 49, 157. 독일 실무의 현황에 대해서는 Alexy/Dreier(1991), 93-94면, 스위스 실무의 현황에 대해서는 Kramer(2019), 142-148면 참조.

303) BVerfGE 33, 265; BVerfGE 36, 342.

304) Bydlinski(1991), 562-563면 각주380.

305) Möllers(2023), 227-228면.

칙, 황금 규칙, 폐해 규칙 — 중에서 여전히 문언 규칙이나 명백한 의미 규칙을 중시함으로써 법 문언을 해석의 출발점에 두고 있다. 나아가 문언주의뿐 아니라 목적주의나 의도주의도 일상적 의미가 해석의 출발점이 되어야 한다는 일상적 의미 규칙을 정면으로 부정하지 않는다. 즉 해석의 목표에 대한 논란에도 불구하고 법 문언이 가장 중요한 해석기준이라는 점, 또 문언의 일상적 의미에서 해석이 시작된다는 점에 대해서는 별 이견이 없다.306) 판례 역시 법 문언의 의미, 특히 일상적 의미가 해석의 출발점이라는 점을 널리 받아들인다.

이처럼 여러 국가의 법질서에서 문언적 해석은 법해석을 정당화하는 데 있어서 언제나 가장 먼저 고려된다. 법 문언에의 구속이 다양한 해석학적 고려에 의해 상대화되었음에도 불구하고 지배적인 언어관용에 의해 확정되는 규범텍스트의 어의(語義)는 여전히 일차적이고 가장 중요한 의미 징표이다.307) 그렇다면 '오로지 문언에 바탕하여 해석하자'는 문언지상주의(sola-scripta doctrine) 또는 '명백한 법 문언에 반하는 해석은 결코 허용되어서는 안 된다'는 등의 극단적인 문언주의에는 동의할 수 없을지라도308) '일응 문언에 바탕하여 해석하자', '명백한 법 문언에 반하는 해석은 충분한 이유 없이 허용되어서는 안 된다.'는 정도의 약한 문언주의(weak textualism) 내지 온건한 문언주의(modest textualism)에는 동의할 수 있을 것이다. 즉 명시적으로 우선순위를 제시하든지 아니면 묵시적으로 우선순위를 시사하든지 간에, 또 우선순위를 확정적인 것으로 보든지 아니면 잠정적인 것으로 보든지 간에, 문언적 해석이 일차적인 해석방법이라는 데에는 별 다른 이견이 없을 것이다.

그리고 문언적 해석이 법 문언의 통상적 의미, 특히 일상적 의미에서 출발하여야 한다는 것도 큰 문제되지 않을 것으로 보인다. 물론 법규정의 의미를 파악하는 데에 있어서 일상적 의미가 결정적이라는 주장을 논증하기는 어렵다. 하

---

306) 20세기 후반에 접어들어 미국에서 문언주의가 득세하면서 일상적 의미 규칙의 타당성 내지 우위성에 대한 논의를 넘어 일상적 의미의 개념, 판단기준, 입증 방법 등 세부적인 주제들에 대한 논의가 활발하게 이루어지고 있다. 다만 법령 해석을 논의하는 모든 학파의 해석자들 사이에 일상적 의미가 지나치게 강조되고 있다는 지적도 없지 않다. 예컨대 S. Ross, "The Limited Relevance of Plain Meaning", *Washington University Law Quarterly 73* (1995), 1057-1067면, 특히 1058면 참조.

307) Kramer(2019), 363면.

308) 이른바 강한 목적주의에 대응하는 이른바 강한 문언주의(strong textualism)에 대한 비판적 논의는 J. Molot, "The Rise and Fall of Textualism", *Columbia Law Review 106* (2006), 1-69면.

지만 일상적 의미가 결정적이지 않다는 반론을 논증하거나 일상적 의미가 아닌
다른 대안을 설득력 있게 논증하는 것은 더 어렵다.[309] 왜냐하면 법적 언어도 언
어이기 때문이다. 일상적 의미가 법령의 해석상 쟁점에 대하여 언제나 예측가능
한 해석결과를 제공하지는 않지만 그래도 다른 해석방법들에 비하면 한층 더 예
측가능한 해석결과를 제공한다. 그러나 법 문언의 일상적 의미를 고수할 수 없는
상황에서는 법 문언의 전문적 의미나 가능한 의미를 확인해야 한다. 즉 일상적
의미는 입법자의 개념정의나 의도 등 다양한 이유로 벗어날 수 있는 법 문언의
기본 의미(default meaning)일 뿐이다.[310] 법 문언의 일상적 의미에 따른 법해석
은 일응 정당한 것으로 추정되지만 법 문언의 다른 가능한 의미가 정당화되는
경우 일상적 의미를 대체할 수 있다.[311]

다음으로, 체계적 해석이 문언적 해석을 보조하는 이차적인 해석방법이라는
점에서 적어도 문언적 해석의 다음 단계에서 고려되어야 한다는 점에 수긍할 수
있다. 특히 법 문언이 다의적이거나 그 경계가 불분명한 경우에는 각종 맥락을
고려하는 논리-체계적 해석을 통하여 법 문언의 의미를 탐색할 수밖에 없다.

문언적 해석과 논리-체계적 해석을 거치고 나면 역사적 해석과 목적론적
해석이 남게 되는데, 어느 쪽을 더 중시하는지에 따라 각 해석자의 입장은 엇갈
린다. 저자는 법치주의 내지 법의 지배 원리, 민주주의 및 권력분립의 정신에 비
추어 '입법자의 의사가 확인될 수 있다면' 이는 법관에 의해 파악되는 입법취지
내지 입법목적보다 우선되어야 한다고 본다.[312] 법규범의 의미가 역사적 입법자
가 부여하려 했던 의미와 다르지 않다면, 비록 그 의미가 시대에 뒤떨어지거나
입법목적에 부합하지 않는다고 하더라도 해석론으로는 어쩔 수 없다. 나아가 일
찍이 엥기쉬가 던진 마지막 물음, 즉 "역사적 입법자의 의사가 분명히 존재하지
만, 그것이 법률에 명확하게 표현되어 있지 않는 경우 이를 무시할 수 있는가"에
대해서도[313] 저자는 원론적으로 아니라고 본다. 법관을 비롯한 해석자는 법 문
언이 다양하게 해석될 수 있는 경우뿐 아니라 비교적 명백해 보이는 경우에도

309) Slocum(2015), 9-10면.
310) Slocum(2015), 29면.
311) MacCormick(1978), 213면.
312) 각 해석방법의 표현이나 논거의 부분적인 차이에도 불구하고 해석방법의 우선순위에 대
   하여 같은 견해로 MacCormick/Summers(1991), 531-532면; Hager(2009), 328면.
313) Engisch(1977), 96면.

입법준비자료를 검토하는 등 법령의 성립사를 참조하여야 한다. 입법준비자료도 설득적 권위를 가지므로 해석자가 역사적 입법자의 의도를 따르지 않으려면 이를 반박하고 대안의 정당성을 논증하여야 한다.[314] 논증책임의 정도는 구체적인 사건에서 역사적 입법자의 의사가 얼마나 명확한지에 달려 있다.

이와 같이 해석방법의 우선순위에 대한 논의를 정리하더라도 우선순위에 대한 모델을 제시하기 위해서는 앞서 논의한 기술적/규범적 법학방법론의 관점에 추가하여 수범자(受範者) 내지 청중을 기준으로 구별되는 법 전문가/법 문외한의 법학방법론이라는 관점도 고려할 필요가 있다.

법률가나 법학자들은 체계적인 법학교육을 받고 오랜 기간 법률실무 또는 법학연구에 종사해온 법의 전문가이다. 반면 일반 국민들은 평생 단 한번도 법적 분쟁에 휘말릴 것이라고 예상하지 못하고 법전도 제대로 들춰본 적 없는 법의 문외한일 것이다. 그 결과 법률가·법학자와 일반 국민은 법적 지식의 양이나 질, 또 법규정에 대한 이해도에서 비교가 되지 않을 정도의 현격한 차이를 보인다.

가령 법률가나 법학자는 문언적 해석, 그것도 문언의 전문적 의미를 우선시하는 해석을 시도하다가 의문이 있으면 곧바로 관련 법규정과의 연관관계를 탐구하는 체계적 해석을 시도할 것이고 나아가 목적론적 해석의 관점에서 입법목적 등을 검토하고 필요한 경우 역사적 해석의 관점에서 입법준비자료 등을 통해 입법자의 입법의도나 입법취지까지 살필 것이다.

반면 일반 국민의 경우 스스로 법적 분쟁을 해결하는 과정에서 관련 법규정을 찾게 되면 일단 상식이나 경험에 비추어 문언의 의미를 파악할 것이고 법 문언이 생경한 경우에는 사전 등을 통해 그 문언의 일상적 의미를 파악해 보고 이해가 되지 않으면 법학서적 등을 통해 전문적 의미를 살펴볼 것이다. 아마도 일반 국민들로서는 문언적 해석으로 법 문언이 이해되지 않는다고 하더라도 해당 법령 전체 또는 관련 법규정까지 검토하는 체계적 해석을 시도하기는 어려울 것이다. 당해 법률 또는 법규정의 입법목적까지 검토하거나 입법준비자료를 통해 입법자의 실제 의도를 파악하는 것은 사실상 불가능하다고 해도 과언이 아니다.

이렇게 보면 일부 학자들의 방법통합주의 내지 서열 무용론은 법 전문가에 수행되는 실제 법해석 과정에는 부합할 수 있지만, 일반 국민에 의해 진행되는 법

---

314) Kramer(2019), 160면 각주380 및 162-163면.

해석의 현실과는 동떨어진 것이다.[315] 법제정 및 법해석에 있어서 법 문외한인 일반 국민을 배려하기 위해 도입된 '알기 쉬운 법률용어', '알기 쉬운 판결서' 등의 구호가 지금도 유효하다면 법해석방법의 우선순위를 결정하는 데 있어서도 법 문외한의 관점을 무시해서는 안 된다. 적어도 형법 분야에서는 처벌규정의 인식가능성 및 예측가능성을 확보하기 위하여 영미나 독일의 판례와 같이[316] 법 문언의 전문적 의미보다 일상적 의미에 우선성을 부여하는 것도 전향적으로 검토할 필요가 있다. 행위규범으로서 법의 본질적 속성을 부정하지 않는 이상, 법의 제정 과정뿐 아니라 해석 과정에서도 '수범자인 일반 국민의 눈높이에서' 법이 과연 어떻게 이해되고 그 결과가 어떻게 예측되는지를 우선적으로 고려하여야 한다.[317]

이상의 논의를 기초로 지나친 도식화의 위험을 감수하면서 법해석 과정에서 실용적으로 활용할 수 있는 해석방법의 우선순위에 대한 시론적인 모델을 제안하고자 한다.[318] 이는 보충성 원리에 기초하여 단순한 해석방법을 먼저 검토하고, 이것만으로 문제가 해결되지 않을 경우 더 복잡한 해석방법으로 넘어가는 방식으로 진행되는 잠정적인 지침이다. 이를 통해 법해석 방법론에 대한 최고법원의 입장을 정합적으로 이해하고 평가할 수 있는 착안점을 찾을 수 있을 것이다. 법해석에서는 고전적 해석방법 외에도 이를 보완하는 다양한 현대적 해석방법이 작동할 것이지만, 여기에서는 주요 논거로 기능하는 고전적 해석방법을 중심으

---

315) 일반 시민들이 일상적 의미에서 벗어난 법률용어에 대하여 갖는 이해도는 약간 과장해서 말하면, 오래전 로스가 법철학적 논의의 소재로 사용했던 비유, 즉 인류학자들이 남태평양 원시 부족이 사용하는 법적 언어의 의미를 정확히 이해하지 못하는 것과 다를 바 없을 것이다. A. Ross, "Tû-Tû", *Harvard Law Review* 70(1957), 812-825면.

316) River Wear Commision v. Adamson(1887), 2 App.Cas. 743(764-765); BVerfGE 71, 108(115); BVerfGE 73, 206(235-6) 참조.

317) 대법관 김지형이 "죄형법정주의에서 나온 명확성원칙의 위배 여부는 법률전문가의 분석과 검토를 거친 시각이 아니라 당해 처벌조항을 들여다보는 수범자인 일반인의 눈높이에서 판단하여야 할 것"이라는 점을 강조한 것도 같은 맥락으로 보인다. 대법원 2006. 11. 16. 선고 2006도4549 전원합의체 판결 중 대법관 김지형의 다수의견에 대한 보충의견 참조. 사실 법적 사고과정은 일정한 수범자를 지향하며 독자 내지 청자를 설득한다는 목적을 추구한다. 원칙적으로 논리정연하고 필요한 설명만 포함하는 사고과정이 수범자에게 일목요연하게 이해될 수 있다. 법적 근거지음을 비롯한 법학방법론은 법규범의 수범자 관련성에 대하여 더 관심을 기울일 필요가 있다.

318) 이는 법의 해석과정에서 다양하게 등장하는 비전형적인 경합 상황에 대한 망라적인 해결방안을 제시하지 못할 뿐 아니라 전형적인 경합 상황에서도 사건관련적이고 화용론적인 측면을 충분히 반영하지 못한다는 한계를 갖는다. 그럼에도 불구하고 저자는 이 시론적 모델이 법률가들에게는 실무적인 문제해결을 위한 길잡이 역할을 하고 또 법학자들에게는 후속 논의를 위한 디딤돌 역할을 하기를 기대하면서 이를 제안하였다.

로 정리하였다.

[제1단계] 문언적 해석의 관점에서 법규정의 문언, 즉 법 문언이 해석의 출발점이 된다. 이때 법 문언은 '통상적 의미'에 따라 해석되어야 한다. 법 문언은 일차적으로 '일상적 의미'에 따라 해석되지만 일상적 의미가 학설 및 판례에서 확립된 전문적 의미와 다른 경우에는 '전문적 의미'가 우선한다.

법 문언의 통상적 의미에 따라 해석한 결과가 정의를 비롯한 법이념에 반하지 않는 경우에는 최종적으로 문언적 해석의 결과에 따른다.

[제2단계] 법 문언의 통상적 의미에 따라 해석한 결과가 법이념에 반하는 경우에는 논리−체계적 해석의 관점에서 관련 법규정 또는 법령, 나아가 전체 법질서와의 연관관계를 고려하여 해석한다. 논리−체계적 해석의 결과가 문언적 해석의 결과와 일치하는 경우에는 최종적으로 문언적 해석 및 논리−체계적 해석의 결과에 따른다.

그러나 논리−체계적 해석의 결과가 문언적 해석의 결과와 일치하지 않거나 일치 여부가 불분명한 경우에는 법 문언의 '가능한 의미' 내에서 논리−체계적 해석 결과와 일치되는 대안적 해석이 있는지를 검토하고 대안적 해석이 없으면 최종적으로 문언적 해석의 결과에 따른다.

[제3단계] 법 문언의 '가능한 의미' 내에서 논리−체계적 해석과 일치되는 대안적 해석이 있고 그것이 역사적 해석의 관점에서 입법자의 의도와 일치하는 경우에는 최종적으로 논리−체계적 해석 및 역사적 해석의 결과에 따른다.

그러나 법 문언의 가능한 의미 내의 대안적 해석이 입법자의 의도와 일치하지 않고 오히려 통상적 의미에 따라 해석한 결과가 입법자의 의도와 일치하는 경우에는 최종적으로 문언적 해석 및 역사적 해석의 결과에 따른다.

[제4단계] 법 문언의 가능한 의미 내의 대안적 해석이 역사적 해석에 따른 입법자의 의도와 일치하는지 여부가 불분명하지만 목적론적 해석의 관점에서 입법목적과 일치하는 경우에는 최종적으로 논리−체계적 해석 및 목적론적 해석의 결과에 따른다.

그러나 법 문언의 가능한 의미 내의 대안적 해석이 역사적 입법자의 의도와 일치하는지 여부가 불분명할 뿐 아니라 입법목적에 일치하는지 여부도 불분명한 경우에는 최종적으로 문언적 해석의 결과에 따른다.

[제5단계] 반문언적(contra legem) 해석에 있어서 법 문언의 가능한 의미를 벗어난 대안적 해석이 논리－체계적 해석뿐 아니라 목적론적 해석의 결과와 일치하는 경우에는 최종적으로 논리－체계적 해석 및 목적론적 해석에 따른다.

다만 법 문언의 가능한 의미를 벗어난 대안적 해석이 역사적 해석의 결과에 반하는 경우에는 최종적으로 문언적 해석 및 역사적 해석에 따른다.

제3절 개별 법영역에 있어서의 법해석

지금까지 설명한 법해석의 방법과 기술은 역사적으로 민법과 형법에서 주로 발전되어온 것이지만, 법해석의 일반 원칙으로서 다른 법영역에도 적용될 수 있다. 물론 법학방법론은 해석해야 할 법적 소재와 그 목적을 지향하므로 해당 법영역의 특성을 고려해야 한다. 모든 법질서에 공통적으로 적용되는 단일한 방법론은 개별적 생활영역 및 법영역을 규율하는 데에 필요한 규범형성 방식의 다양성을 도외시할 우려가 있다. 그렇다고 하더라도 개별 법영역에 특수한 법학방법론은 따로 존재하지 않는다.319) 단지 법영역별로 법적 제약 등으로 인해 일부 해석방법이나 해석기술이 금지 내지 제한된다는 점에서 차이가 있을 뿐이다.

1. 헌법의 해석

법학방법론의 관점에서 보면 헌법은 양면적인 모습을 띤다. 일단 헌법은 하위 법령의 내용을 확정하고 통제하는 기능을 하기 때문에 해석의 원칙 내지 지침으로 기능한다. 가령 평등원리와 같은 헌법 규정은 개별 법령을 해석하는 기준 내지 원칙으로 받아들여진다. 또 죄형법정주의에서 보듯이 개별 법령의 해석에 대한 법적 제약으로도 기능한다. 그로 인해 '방법 문제는 헌법 문제(B. Rüthers)'라고 이야기될 정도로 헌법은 법학방법론에서 중요한 의미를 갖게 되었다.

하지만 헌법 역시 법질서에 소속된 제정법으로서 해석을 필요로 한다. 헌법은 그다지 많지 않은 조문으로 국가 및 공동체 생활의 기본질서를 규율하기 때문에 고도로 추상적이고 불확정적인 법개념이 널리 활용된다. 조직규정이나 절

---

319) Bydlinski(1991), 593면; Wank(2020), 425면.

차규정처럼 법규칙 형태의 헌법 규정도 없지 않지만, 헌법원리나 기본권에서 보듯이 불확정개념이 포함된 법원리 형태의 입법 형식이 많이 사용된다. 그런데 민주주의·법치국가·사회국가와 같은 헌법 원리는 입법자의 구체화 없이 개별 사건에 직접 적용하기 어렵다. 그로 인해 헌법의 해석에 있어서는 문언적 해석을 비롯한 고전적 해석방법이 크게 도움이 되지 못한다. 나아가 다수의 헌법 규정이 인간관, 세계관, 가치관 등의 변화에 열려 있다는 점에서 법형성도 불가피하다. 그에 따라 헌법규정의 해석과 적용은 종종 단순한 포섭으로 불가능하고 일종의 정치적 결단을 요구한다.

그럼에도 불구하고 대상언어로서의 헌법규정을 해석하는 데에도 일차적으로 법해석 방법론에 근거해야 한다. 흔히 헌법해석의 원칙으로 헌법의 통일성, 실천적 정합성, 기본권의 보호영역, 유효성 원칙 등이 거론되나 이는 고전적 해석방법이나 현대적 해석방법으로 환원될 수 있는 것으로서 헌법에 특유한 해석방법이라고 보기 어렵다. 또 헌법에 특수한 해석기술인 것처럼 논의되어 온 '의심스러울 때는 자유에 유리하게(in dubio pro libertate)' 원칙도 결국 자유권의 보호 영역은 확대 해석되어야 한다는 것으로서 목적론적 해석이나 실질적 이유에 근거한 해석과 크게 다르지 않다.320) 이렇게 보면 헌법의 해석에 일반 법해석과 차별화되는 특성이 있다고 보기 어렵다.

한편 법령에 대하여 법원 외에 다른 국가기관에도 해석 권한이 있는 것과 마찬가지로, 헌법에 대해서도 헌법재판소 외에 국회나 법원에도 해석 권한이 있다. 따라서 헌법재판소는 다른 기관의 해석 권한을 존중해야 한다. 이 범위 내에서는 사법적극주의가 아닌 사법자제(judicial restraint)가 바람직하다.321)

연방국가에서는 연방법 우위의 원칙이 특수한 해석기술의 하나로 다루어진다. 연방법 우위의 원칙은 동위의 법규범을 전제로 하는 것이므로 동위의 법규범이 아닌 경우에는 적용되지 않는다. 가령 주 헌법은 연방 법률에 우선할 수 있다.

연방법의 우위는 독일·스위스와 같은 대륙법계 국가는 물론, 미국·캐나

---

320) 소비자보호법의 해석에서 '의심스러울 때는 소비자에 유리하게(In dubio pro consumente)' 원칙이나 노동법의 해석에서 '의심스러울 때는 노동자에 유리하게(In dubio favor laboris)' 원칙도 같은 맥락에서 이해될 수 있다. 이들 해석원리들은 보편타당하거나 그 자체로 정당화될 수 있는 것이 아니라 해당 법령 또는 법규정의 입법목적을 고려하여 목적론적으로 정당화될 수 있을 뿐이다. Möllers(2023), 185면 및 235-236면.
321) Schmalz(1992), 133면.

다·호주와 같은 영미법계 국가에서도 널리 받아들여지고 있다. 가령 미국 연방헌법 제6조 제2문은 다음과 같이 규정하고 있다. "이 헌법[미합중국 연방헌법]과 이를 이행하기 위하여 제정될 미합중국의 법, 그리고 미합중국의 권한 하에 체결되었거나 체결될 모든 조약은 이 나라의 최고(supreme) 법이다. 모든 주의 법관은 그 주의 헌법이나 법에 상반되는 내용이 있더라도 이에 구속된다." 이에 비하면, 독일 기본법 제31조는 "연방법은 주법을 깨뜨린다(Bundesrecht bricht Landesrecht).", 스위스 연방헌법 제49조 제1항은 "연방법은 충돌하는 칸톤법에 우선한다(Bundesrecht geht entgegenstehendem kantonalem Recht vor)."라고 간결하게 규정한다.

이러한 연방법 우선 원칙은 연방국가의 본질 등에 비추어 쉽게 정당화될 수 있는 것처럼 보인다. 하지만 연방국가의 성립 배경, 연방과 주 사이 권한 배분의 다양성, 또 헌법 차원과 법률 차원의 분리가능성 등으로 인하여 연방법이 언제나 또 당연히 주법에 우선하는지는 의문이다. 무엇보다도 대부분의 연방국가에서는 연방헌법에 연방 및 주의 관할이 명확히 구분되어 있으므로 관할을 위반한 연방법률이 주 법률에 우선한다고 보기 어렵다. 요컨대 연방법 우선의 원칙이 모든 연방국가에서 보편타당한 해석 원칙이라고 보기는 어렵다.

2. 행정법의 해석

행정의 적법성뿐 아니라 효율성도 고려해야 하는 행정법에서는 체계중심적 사고와 문제중심적 사고가 교차하며 원리와 정책이 통합된다. 그에 따라 행정법의 해석에서는 행정법에 요구되는 기능성과 공익 목적, 규제목표 등이 고려되어야 하므로 표준적인 법해석 방법론과 차별화되는 몇 가지 특징을 보인다.

행정법은 여타 법영역에 비해 법의 불명확성이나 불완전성이 두드러진다. 일반조항이나 불확정규정 등은 말할 것도 없고 다른 법규정과 충돌되거나 입법과오(오류)로 보이는 법규정이 산재해 있다. 특히 행정법 영역에서는 행정의 급박한 필요에 따라 특별법이 서둘러 제·개정되는 과정에서 의도치 않은 법의 흠결도 더러 발생한다. 행정법에서는 형법과 같은 유추금지 원칙이 적용되지 않기 때문에 법형성이 원칙적으로 허용된다.[322] 법형성의 기준이 되는 것은 유사한

---

322) 박정훈(2015), 29면.

사법규정이나 행정기관의 내부규정, 행정법의 일반원칙을 포함하는 행정법의 해석원리이다. 이렇듯 행정법에서는 법에 따른 법발견만으로는 만족스러운 해석결과가 도출되기 어렵기 때문에 법해석자의 법률내재적 법형성이나 법률초월적 법형성이 불가피한 측면이 없지 않다.[323]

같은 맥락에서 행정법을 해석하는 학자나 실무가로서는 문언적 해석만으로는 적절한 해석결과를 도출하지 못하므로 논리-체계적 해석 등 다른 고전적 해석방법이나 현대적 해석방법을 적극 활용할 수밖에 없다. 1996년 행정절차법에 이어 2021년 행정기본법이 제정되면서 행정법 전반을 아우르는 기본법이 마련되었지만 여전히 행정법은 다수의 특별법으로 구성되며 또 중층적으로 작동하기 때문에 법규정 사이의 충돌이 종종 발생한다. 따라서 행정법의 해석에서는 논리-체계적 해석이 필수적으로 검토되어야 한다. 또 행정법 분야의 특별법은 구체적인 입법목적을 가지고 제정되는 것이 일반적이므로 목적론적 해석이 중요하게 고려되어야 한다.

그리고 정책적 사고가 행정법 전반에 영향을 미쳐왔기 때문에 행정법의 해석에서도 실질적 이유에 근거한 해석이 다각도로 활용되며, 이익평가적 해석이나 결과고려적 해석 역시 널리 사용된다. 행정법 영역에서는 법령의 실행가능성이나 통제가능성이 중요한 의미를 가지므로 다수의 행정사건에 적용되는 법규정은 실행가능하도록 해석되어야 한다.[324]

해석기술과 관련하여, 세법을 제외한 행정법 전 영역에서 유추가 두루 활용되지만, 형법과 유사하게 관련 법규정이 침익적 규정인 경우에는 법률유보 또는 의회유보의 원칙에 의해 유추나 지나친 확장해석이 원칙적으로 제한된다.[325] 침익적 법규정에 대한 엄격해석 원칙도 행정법에 특수한 해석 원칙으로 이해될 수 있을 것이다.

침익적 행정처분의 근거가 되는 행정법규는 엄격하게 해석 · 적용하여야 하고 행정처분의 상대방에게 불리한 방향으로 지나치게 확장해석하거나 유추해석하여서

---

323) 김유환, "행정법 해석의 원리와 해석상의 제문제", 『법철학연구』 제6권 제1호(2003), 237-260면, 특히 247면 및 256-257면.
324) Schmalz(1992), 118-119면.
325) 박정훈(2015), 31-36면. 행정법 영역에서는 원칙적으로 유추금지가 타당하지 않으므로 국민에게 불리한 유추도 허용된다는 견해로 Schmalz(1992), 138면.

는 안 되지만 그 행정법규의 해석에 있어서 문언의 통상적인 의미를 벗어나지 않는 한 그 입법 취지와 목적 등을 고려한 목적론적 해석이 배제되는 것은 아니(다.)326)

세법(稅法)은 기능적으로는 행정법의 분과로 파악되지만, 조세의 부과 및 징수를 통하여 재산권을 박탈하는 결과를 가져온다는 점에서 벌금 등을 통해 개인의 재산권을 박탈하는 형법과 유사한 성격을 갖는다. 그에 따라 죄형법정주의와 유사한 조세법률주의가 세법의 지도원리로서 제헌헌법 제29조부터 현행 헌법 제38조까지 일관되게 규정되고 있다. "모든 국민은 법률이 정하는 바에 의하여 납세의 의무를 진다."

조세법률주의는 세법의 해석에도 영향을 미쳐 전통적으로 영미의 엄격해석(strict construction) 원칙이 세법을 지배한다.327) 엄격해석 원칙에 따르면, 조세법규의 해석은 엄격하게 법 문언대로 해석하여야 하고 법의 흠결을 유추적용으로 메우거나 행정편의적인 확장해석을 하는 것은 허용되지 않는다.328)

다만 납세의무자에게 유리한 경우에도 세법의 확장해석이나 유추적용이 금지되는지에 대하여 논란이 있으나 조세 공평부담의 원칙에 비추어 일률적으로 금지하는 것은 바람직하지 않다. 이에 조세법률주의의 파생원리로 '의심스러울 때는 납세자의 이익으로(국고의 불이익으로, in dubio contra fiscum)' 원칙이 세법의 해석원칙으로 발전되었다.329) 그 밖에 조세법률주의의 파생원칙 중 '새로운 해석의 소급적용 금지'가 법학방법론적으로 중요한 의미를 갖는다.

우리나라 법원도 오래전부터 엄격해석 원칙을 세법에 특수한 해석방법의 하나로 받아들이고 있다. 이에 따르면 조세법률주의의 원칙상 조세법규의 해석은

---

326) 대법원 2007. 9. 20. 선고 2006두11590 판결. 이 판결은 원래 형사법에 관한 선행판례를 참조판례로 삼아 이를 침익적 행정행위에 적용한 것인데, 후속 판결에서 이를 답습함으로써 확립된 판례로 자리잡게 되었다. 대법원 2018. 11. 29. 선고 2018두48601 판결; 대법원 2019. 9. 10.자 2019마5464 결정 등 참조.

327) 엄격해석 원칙에 대한 상세한 논의는 이동식, "조세법상 엄격해석 원칙의 타당성 검토", 『조세법연구』 제17집 제3호(2011), 90-127면 참조.

328) 김완석 외 3인, 『주석 국세기본법』, 제2판, 삼일인포마인, 2020, 398-399면.

329) 세법의 '의심스러울 때는 납세자의 이익으로'라는 원칙은 법해석 원칙인 점에서 형법의 '의심스러울 때는 피고인의 이익으로'라는 원칙과 대응하는 것이 아니라 영미법의 관대해석 규칙(rule of lenity)과 유사한 것으로 보인다. 세법 해석 원칙으로 '의심스러울 때는 납세자의 이익으로'에 대한 상세한 논의는 김두형, 『조세법의 해석론에 관한 연구』, 경희대 법학박사학위논문, 1996, 172-179면 참조.

엄격하게 하여야 하고 유추해석뿐 아니라 납세자에게 불리한 확장해석도 허용되지 않는다.330)

국민의 재산권과 밀접한 관련을 갖고 있는 조세법의 해석에 있어서도 조세법률주의의 원칙상(헌법 제59조) 과세요건, 절차, 결과 등 모든 면에서 엄격하게 법 문언언대로 해석하여야 하고 합리적인 이유 없이 확장해석하거나 유추해석할 수는 없다. 그러므로 형벌조항이나 조세관련 법규를 해석함에 있어서, '유효한' 법률조항의 불명확한 의미를 논리적·체계적 해석을 통해 합리적으로 보충하는 데에서 더 나아가, 해석을 통하여 전혀 새로운 법률상의 근거를 만들어 내거나, 기존에는 존재하였으나 실효되어 더 이상 존재한다고 볼 수 없는 법률조항을 여전히 '유효한' 것으로 해석한다면, 이는 법률해석의 한계를 벗어나는 것으로서, '법률의 부존재'로 말미암아 형벌의 부과나 과세의 근거가 될 수 없는 것을 법률해석을 통하여 이를 창설해 내는 일종의 '입법행위'에 해당하므로 헌법상의 권력분립원칙에 반할 뿐만 아니라 죄형법정주의, 조세법률주의의 원칙에도 반하는 것이다.331)

세법은 원래 기술적인 성격의 법규정이 많은데다가 수시로 개정되면서 대부분의 법조문이 대단히 복잡한 구조를 띠고 있다. 그에 따라 아무리 뛰어난 법률가라고 하더라도 새로 세법 조문을 읽고 그 의미 내용을 바로 이해하기가 쉽지 않다.332) 그 결과, 세법에서는 죄형법정주의의 파생원칙인 명확성의 원칙이 제대로 관철되기 어렵고 엄격해석 원칙만으로 타당한 결론을 이끌어내기 어렵다.

요컨대 세법에 고유한 해석방법 내지 해석규칙인 것처럼 논의되는 원칙들역시 기존의 고전적 해석방법이나 현대적 해석방법으로 어렵지 않게 환원될 수있다. 가령 엄격해석 원칙은 영미법의 문언 규칙이나 명백한 의미 규칙과 크게다를 바 없다는 점에서 문언적 해석방법으로 파악할 수 있을 것이고, '의심스러울 때는 납세자의 이익으로'를 비롯한 조세법률주의의 파생원칙들은 이익평가적해석 또는 실질적 이유에 근거한 해석으로 분류될 수 있을 것으로 보인다. 이 점에서 굳이 세법에 특수한 해석방법이나 해석기술로 취급할 필요는 없어 보인다.

---

330) 대법원 1983. 12. 27. 선고 83누213 판결; 대법원 2003. 1. 24. 선고 2002두9537 판결.
331) 헌법재판소 2012. 5. 31. 선고 2009헌바123등 전원재판부 결정.
332) 이창희, "조세법 연구방법론", 『법학』(서울대) 제46권 제2호(2005), 1-35면, 특히 23면.

3. 형법의 해석

죄형법정주의를 지도원리로 받아들이는 형법에서는 법의 제정 단계뿐 아니라 법의 해석 및 적용 단계에서 이를 실현하기 위한 다양한 파생 원칙들을 발전시켰다. 입법자에 대한 명확성 원칙(nulla poena sine lege certa)과 소급입법 금지 (nulla poena sine lege praevia), 법관에 대한 유추금지(nulla poena sine lege stricta)와 관습법 금지(nulla poena sine lege scripta)가 바로 그것이다.[333]

죄형법정주의는 형법의 제정 단계에서 명확성의 원칙으로 등장한다. 즉 입법자는 수범자가 법규범의 의미를 명확하게 이해할 수 있도록 가급적 명확하고 예측가능하게 형법규정을 만들어야 한다. 나아가 명확성의 원칙은 피고인에 대한 예상치 못한 불이익을 방지하기 위하여 엄격한 해석을 요청한다. 그에 따라 형법에서는 통상적인 언어관용에 따른 문언의 의미가 중시된다.

> 형벌법규의 해석은 엄격하여야 하고 명문규정의 의미를 피고인에게 불리한 방향으로 지나치게 확장해석하거나 유추해석하는 것은 죄형법정주의의 원칙에 어긋나는 것으로서 허용되지 않는다.[334]

헌법 제12조 및 제13조를 통하여 보장되고 있는 죄형법정주의의 원칙은 범죄와 형벌이 법률로 정하여져야 함을 의미하며, 이러한 죄형법정주의에서 파생되는 명확성의 원칙은 법률이 처벌하고자 하는 행위가 무엇이며 그에 대한 형벌이 어떠한 것인지를 누구나 예견할 수 있고, 그에 따라 자신의 행위를 결정할 수 있도록 구성요건을 명확하게 규정하는 것을 의미한다.

그러나 처벌법규의 구성요건이 명확하여야 한다고 하여 모든 구성요건을 단순한 서술적 개념으로 규정하여야 하는 것은 아니고, 다소 광범위하여 법관의 보충적인 해석을 필요로 하는 개념을 사용하였다고 하더라도 통상의 해석방법에 의하여 건전한 상식과 통상적인 법감정을 가진 사람이면 당해 처벌법규의 보호법익과 금지된 행위 및 처벌의 종류와 정도를 알 수 있도록 규정하였다면 헌법이 요구하는 처벌법규의 명확성에 배치되는 것이 아니다. 또한, 어떠한 법규범이 명확한지 여부는 그 법규범이 수범자에게 법규의 의미내용을 알 수 있도록 공정한 고지를 하여

---

333) Möllers(2023), 145–150면.
334) 대법원 1993. 2. 23. 선고 92도3126 판결; 대법원 1999. 7. 9. 선고 98도1719 판결; 대법원 2002. 2. 8. 선고 2001도5410 판결; 대법원 2006. 6. 2. 선고 2006도265 판결.

예측가능성을 주고 있는지 여부 및 그 법규범이 법을 해석·집행하는 기관에게 충분한 의미내용을 규율하여 자의적인 법해석이나 법집행이 배제되는지 여부, 다시 말하면 예측가능성 및 자의적 법집행 배제가 확보되는지 여부에 따라 이를 판단할 수 있는데, 법규범의 의미내용은 그 문언뿐만 아니라 입법 목적이나 입법 취지, 입법 연혁, 그리고 법규범의 체계적 구조 등을 종합적으로 고려하는 해석방법에 의하여 구체화하게 되므로, 결국 법규범이 이에 위반되는지 여부는 위와 같은 해석방법에 의하여 그 의미내용을 합리적으로 파악할 수 있는 해석기준을 얻을 수 있는지 여부에 달려 있다.335)

하지만 법은 다양한 사실관계에 두루 적용될 수 있도록 추상적이고 일반적인 용어를 사용하기 마련이고 형법 역시 다양한 불법행위(delict)를 일일이 나열하지 않고 이를 유형화하여 범죄 구성요건으로 정형화하고 형벌의 부과에 있어서도 광범위한 재량을 부여한다. 그 결과 명확성 원칙을 강조하는 형법도 법 문언의 추상성이나 법규정의 특성에서 비롯되는 본질적 한계를 벗어나기 어렵다. 그로 인해 형법에서도 문언적 해석이 아닌 다른 고전적인 해석방법도 활용되지만 원칙적으로 법 문언의 가능한 의미를 벗어나지 않는 범위 내에서 허용될 뿐이다. 과거 '가능한 의미'가 아닌 '통상적 의미'를 해석의 한계로 삼는 판결이 더러 존재했으나 오늘날에는 '문언의 가능한 의미'에서 해석의 한계를 찾는 것이 대법원의 기본 입장이다.

형법 해석에 있어서 법 문언을 벗어나는 유추는 허용되지 않는다는 유추금지의 원칙이 오래전부터 죄형법정주의의 파생원리 중 하나로 받아들여졌다. 유추가 법발견 및 법형성의 수단으로 널리 활용되는 사법(私法)과 달리 형법에서는 유추나 목적론적 축소를 통한 법형성은 원칙적으로 허용되지 않는다.

형벌법규는 문언에 따라 엄격하게 해석·적용하여야 하고 피고인에게 불리한 방향으로 지나치게 확장해석하거나 유추해석하여서는 아니되지만, 형벌법규의 해석에서도 법률문언의 통상적인 의미를 벗어나지 않는 한 그 법률의 입법취지와 목적, 입법연혁 등을 고려한 목적론적 해석이 배제되는 것은 아니다.336)

335) 대법원 2006. 5. 11. 선고 2006도920 판결.
336) 대법원 2003. 1. 10. 선고 2002도2363 판결; 대법원 2006. 5. 12. 선고 2005도6525 판결; 대법원 2011. 10. 27. 선고 2009도2629 판결; 대법원 2018. 7. 24. 선고 2018도3443 판결; 대법원 2019. 9. 25. 선고 2016도1306 판결 등. 이는 원래 이른바 기부행위 판결의 '다수

형벌법규는 문언에 따라 엄격하게 해석·적용하여야 하고 피고인에게 불리한 방향으로 지나치게 확장해석하거나 유추해석하여서는 아니 되나, 형벌법규의 해석에 있어서도 가능한 문언의 의미 내에서 당해 규정의 입법 취지와 목적 등을 고려한 법률체계적 연관성에 따라 그 문언의 논리적 의미를 분명히 밝히는 체계적·논리적 해석방법은 그 규정의 본질적 내용에 가장 접근한 해석을 위한 것으로서 죄형법정주의의 원칙에 부합한다.[337]

[다수의견] 죄형법정주의는 국가형벌권의 자의적인 행사로부터 개인의 자유와 권리를 보호하기 위하여 범죄와 형벌을 법률로 정할 것을 요구한다. 그러한 취지에 비추어 보면 형벌법규의 해석은 엄격하여야 하고, 문언의 가능한 의미를 벗어나 피고인에게 불리한 방향으로 해석하는 것은 죄형법정주의의 내용인 확장해석금지에 따라 허용되지 아니한다.
[대법관 박보영, 조희대, 박상옥의 반대의견] 형벌법규를 해석할 때 피고인에게 불리한 방향으로 지나치게 확장해석하거나 유추해석하여서는 아니 되나, 문언의 가능한 의미 범위 안에서 입법 취지와 목적, 그 규정이 속한 법률의 체계와 구조, 다른 법령과의 관계 등을 고려하여 그 뜻을 분명하게 밝히는 것은 죄형법정주의 원칙에 부합하는 해석 방법이다.[338]

구 소비에트연방 형법 제16조나 구 북한형법 제9조와 같이 형법에서 유추해석을 통한 흠결 보충을 정면으로 인정한 입법례가 없지 않았다. 전자는 사회적으로 위험스러운 행위에 대한 처벌규정이 없는 경우에는 그 성격이 가장 유사한 처벌규정을 적용하도록 하였고, 후자는 범죄적 행위로서 그에 해당하는 규정이 법에 없는 것에 대해서는 그 중요성과 종류에 있어서 가장 유사한 죄에 관한 조항에 준거하여 그 책임의 기초와 범죄 및 형벌을 정하도록 하였다.

그러나 오늘날 문명국가에서는 유추를 통한 흠결 보충이 금지된다. 반면 유추와 해석의 구분을 전제로, 확장해석은 형법에서도 허용된다. 하지만 확장해석과 유추의 경계, 즉 법 문언의 가능한 의미가 모호한 까닭에 유추금지의 원칙을

의견에 대한 보충의견'에서 처음 제시된 해석원칙이었으나 대법원의 후속 판결에서 널리 인용되면서 형법의 해석원칙으로 받아들여졌다. 대법원 2002. 2. 21. 선고 2001도2819 전원합의체 판결 참조.
337) 대법원 2007. 6. 14. 선고 2007도2162 판결; 대법원 2011. 10. 13. 선고 2011도6287 판결; 대법원 2020. 8. 27. 선고 2019도11294 전원합의체 판결.
338) 대법원 2017. 12. 21. 선고 2015도8335 전원합의체 판결.

관철시키는 데에는 실천적인 어려움이 적지 않다. 실제로 유추금지의 원칙이 실무에서 잘 지켜지고 있는지는 의문이다. 드물지 않게 법원이 실제로는 유추의 사례임에도 불구하고 유추금지의 원칙을 회피하기 위해 확장해석 내지 목적론적 확장해석이라고 강변하면서 법 문언의 가능한 의미를 벗어나는 해석을 감행하기 때문이다.

물론 법 문언의 가능한 의미 자체가 불확정적이라는 데에 착안하여 유추적용의 획일적 금지를 비판하고 이를 수정하려는 시도가 없지 않다. 가령 '피고인에게 불리한 유추(analogia in malam partem)'는 금지하되, '피고인에게 유리한 유추(analogia in bonam partem)'는 허용하자는 입장 등이 그것이다. 같은 맥락에서 영미법에서는 형법 해석에 있어서 법규정이 불분명하거나 애매한 경우에는 피고인에게 관대하게 해석해야 한다는 관대해석 규칙(rule of lenity)이 발전되어왔다.[339] 우리나라의 판례도 피고인에게 유리한 경우 예외적으로 유추해석이나 확장해석을 허용하고 있다.

> 형벌법규를 해석할 때 피고인에게 유리한 경우에는 유추해석이나 확장해석이 가능할 수 있지만, 이 경우에도 문언의 범위를 넘어서는 해석은 그렇게 해석하지 아니하면 그 결과가 현저히 형평과 정의에 반하거나 심각한 불합리가 초래되는 경우에만 가능하고, 그렇지 않다면 나름의 근거와 합리성을 가진 입법자의 재량을 존중하여야 한다.[340]

유추금지는 형법의 모든 구성요건, 그리고 형벌과 보안처분 등의 모든 형사제재 등과 관련해서 적용된다. 즉 형법각칙의 개별 구성요건뿐 아니라 형법총칙의 가벌성 근거요소나 형벌제한 규정에 대해서도 적용된다. 따라서 정당화사유, 면책사유, 인적 처벌조건뿐 아니라 객관적 처벌조건 등에 대해서도 피고인에게 불리한 유추는 금지된다. 이 점은 이른바 자수판결에서도 확인되었다.

> [다수의견] 형벌법규의 해석에 있어서 법규정 문언의 가능한 의미를 벗어나는 경우에는 유추해석으로서 죄형법정주의에 위반하게 된다. 그리고 유추해석금지의

---

339) 관대해석 규칙에 대한 상세한 논의는 Z. Price, "The Rule of Lenity as a Rule of Structure", *Fordham Law Review 72* (2004), 885–941면 참조.

340) 대법원 2023. 7. 17. 선고 2021도11126 전원합의체 판결.

원칙은 모든 형벌법규의 구성요건과 가벌성에 관한 규정에 준용되는데, 위법성 및 책임의 조각사유나 소추조건, 또는 처벌조각사유인 형면제 사유에 관하여 그 범위를 제한적으로 유추적용하게 되면 행위자의 가벌성의 범위는 확대되어 행위자에게 불리하게 되는바, 이는 가능한 문언의 의미를 넘어 범죄구성요건을 유추적용하는 것과 같은 결과가 초래되므로 죄형법정주의의 파생원칙인 유추해석금지의 원칙에 위반하여 허용될 수 없다. …

형의 면제는 유죄로는 인정하되 형벌만을 과하지 아니하는 것으로서 처벌을 조각하는 사유라고 할 것인바, 형면제 사유에 관하여도 위의 경우와 같이 법규정의 문언보다 축소하는 제한적 유추적용을 하게 되면 처벌되는 범위가 확대되어 행위자에게 불리하게 되므로 허용될 수 없다.[341]

4. 민법의 해석

민법은 전통적으로 형법과 함께 법해석 방법론을 발전시켜 온 양대 법영역으로서 표준적인 법해석 방법론이 그대로 적용된다. 일부에서는 보편화가능적 해석이나 충돌지양적 해석과 같은 해석방법을 따로 거론하기도 하나, 이는 논리-체계적 해석의 일종으로 이해될 수 있으므로 민법에 고유한 해석방법으로 따로 다룰 필요는 없다.

민법에서는 형법과 달리 법 흠결 시 유추도 허용되는데, 이 점은 학계나 실무계에서 별다른 이견이 없으며 대법원 판례에서도 여러 차례 확인된 바 있다.

[대법원판사 손동욱, 한성수, 방순원, 나항윤의 반대의견] 우리는 죄형법정주의를 기본으로 하는 형벌법규의 해석에 있어서는 엄격하게 그 성문법에만 의거함을 요하며 그 유추해석은 있을 수 없는 것이라 할 것이다.

그러나 민사법규의 해석에 있어서는 경우에 따라서 그 성문법의 문자를 넘어서서 조리등에 의한 유추해석을 할 수도 있을 뿐 아니라 또 하여야 할 경우도 있는 것이다 즉 필요는 법률을 통어하는 것이라 할 수 있으므로 직접적으로 법의 규정이 없더라도 동일한 법리와 법정신이 통용될 수 있는 한도에서 그 규정의 법적의미를 다른사항에 적용하는 유추해석을 함을 요할 경우가 있는 것이며 금전대차에 관한 이식제한령을 식량대차에 관하여도 유추적용할 수 있을 뿐 아니라 또 하여야 한다는 합리적 근거가 바로 여기에 있는 것이다.[342]

---

341) 대법원 1997. 3. 20. 선고 96도1167 전원합의체 판결.
342) 대법원 1965. 11. 25. 선고 65다1422 전원합의체 판결.

민사법의 실정법 조항의 문리해석 또는 논리해석만으로는 현실적인 법률적 분쟁을 해결할 수 없거나 사회적 정의관념에 현저히 반하게 되는 결과가 초래되는 경우에 있어서는 법원이 실정법의 입법정신을 살려 법률적 분쟁을 합리적으로 해결하고 정의관념에 적합한 결과를 도출할 수 있도록 유추해석이나 확장해석을 할 수 있다고 할 것이(다.)[343]

민사법의 실정법 조항의 문리해석 또는 논리해석만으로는 현실적인 법적 분쟁을 해결할 수 없거나 사회적 정의관념에 현저히 반하게 되는 결과가 초래되는 경우에는 법원이 실정법의 입법정신을 살려 법적 분쟁을 합리적으로 해결하고 정의관념에 적합한 결과를 도출할 수 있도록 유추적용을 할 수 있다. 법률의 유추적용은 법률의 흠결을 보충하는 것으로 법적 규율이 없는 사안에 대하여 그와 유사한 사안에 관한 법규범을 적용하는 것이다. 이러한 유추를 위해서는 법적 규율이 없는 사안과 법적 규율이 있는 사안 사이에 공통점 또는 유사점이 있어야 한다. 그러나 이것만으로 유추적용을 긍정할 수는 없다. 법규범의 체계, 입법 의도와 목적 등에 비추어 유추적용이 정당하다고 평가되는 경우에 비로소 유추적용을 인정할 수 있다.[344]

사적 자치를 기반으로 하는 민법에서는 법의 해석과 별도로 법률행위의 해석도 문제된다.[345] 법률행위의 해석은 법의 해석과 구별되어야 하지만, 텍스트의 의미가 무엇인지를 찾고 행위자의 의도가 무엇인지를 탐색한다는 점에서 물음 자체는 사실상 동일하다. 일반적으로 법률행위 해석의 방법은 자연적 해석과 규범적 해석으로 나뉜다. 전자가 표의자의 실제 의사 내지 경험적 의사를 밝히는 것인데 비하여, 후자는 표시행위의 객관적 의미를 밝히는 것이다. 법해석에 있어서 주관적 해석론과 객관적 해석론에 각각 대응하는 셈이다. 그리고 법률행위의 내용에 흠결이 있는 경우 이를 보충하는 것이 보충적 해석이다. 이는 자연적 해석이나 규범적 해석을 통해 법률행위의 성립이 인정되는 것을 전제로 가능한데, 임의규정으로써 흠결을 규율할 수 있는 경우에는 문제되지 않는다. 보충적 해석의 기준 역시 당사자의 진의가 아니라 당사자의 가정적 의사이다. 과거 자연적

---

343) 대법원 1994. 8. 12. 선고 93다52808 판결.
344) 대법원 2020. 4. 29. 선고 2019다226135 판결.
345) 법률행위의 해석에 대해서는 Möllers(2023), 276-283면; 김상용, "법률행위의 해석에 관한 비교 고찰", 『법학연구』(연세대) 제11권 1호(2001), 93-121면 참조.

해석론을 좇는 학설과 판례가 없지 않으나, 오늘날 규범적 해석론이 우리나라의 학설과 판례를 지배하고 있다.346)

> 법률행위의 해석은 당사자가 그 표시행위에 부여한 객관적인 의미를 명백하게 확정하는 것으로서 당사자가 표시한 문언에 의하여 그 객관적인 의미가 명확하게 드러나지 않는 경우에는 그 문언의 내용과 그 법률행위가 이루어진 동기 및 경위, 당사자가 그 법률행위에 의하여 달성하려고 하는 목적과 진정한 의사, 거래의 관행 등을 종합적으로 고찰하여 사회정의와 형평의 이념에 맞도록 논리와 경험의 법칙, 그리고 사회일반의 상식과 거래의 통념에 따라 합리적으로 해석하여야 한다.347)

5. 소송법의 해석

오늘날 실체법과 절차법의 상호의존성이 널리 인정되지만 여전히 절차법은 실체법에 봉사하는 부수적인 법이라는 인식이 남아 있다.348). 절차법으로서의 소송법은 상당 부분 세부적인 절차 규정으로 구성되는 등 기술적·수단적 성격을 갖는다. 하지만 소송법에 독자적인 해석방법이 따로 존재하지는 않는다.

모든 법영역에서 소송법은 그 영역의 실체법과 긴밀하게 연관되어 있지만, 특히 형사법 분야에서 유기적인 연관관계를 맺고 있다. 형사소송법은 죄형법정주의의 영향하에 있다는 점에서 형법과 유사한 측면이 발견된다. 특히 반의사불벌죄에서 처벌불원 의사와 같이 소송조건과 관련된 규정은 국가소추권·형벌권 발동의 기본 전제가 되므로 형사소송절차의 명확성과 안정성, 예측가능성을 확보하기 위하여 법 문언에 충실한 해석이 필요하다.349) 다만 유추금지의 원칙이 적용되는지 여부는 논란이 되는데, 다수 학자들은 적용되지 않는다고 보지만 범죄성립 및 가벌성에 직접적으로 연관되는 법규정 등에 대하여는 유추가 금지된다고 보는 견해도 없지 않다.350)

---

346) 대법원 1988. 9. 27. 선고 86다카2375·2376 판결; 대법원 1992. 5. 26. 선고 91다35571 판결. 법률행위의 해석에 대한 논의는 홍윤선, "법률행위의 해석", 『법학논집』(이화여대) 제25권 제4호(2021), 63–91면, 특히 78–82면 참조.
347) 대법원 1992. 5. 26. 선고 91다35571 판결.
348) 실체법과 절차법의 상관관계에 대해서는 오세혁, "실체법과 절차법의 상호의존성", 『법철학연구』 제12권 제2호(2009), 383–406면 참조.
349) 대법원 2023. 7. 17. 선고 2021도11126 전원합의체 판결.
350) 형사소송법의 유추 금지에 대한 논의는 변종필, "형사소송법에서 유추금지원칙의 적용과

한편, 민사소송법의 해석에 있어서는 민사소송법의 기술적 성격, 법적 안정성 추구, 형식주의적 경향 등이 충분히 고려되어야 한다. 소송법에는 정의·법적 안정성과 같이 법 일반에 공통적인 법이념뿐 아니라 적정·공평·신속·소송경제 등 민사소송법에 특수한 법이념이 따로 존재한다. 따라서 서로 이율배반적인 관계에 있는 법이념들이 서로 조화될 수 있도록 해석할 필요가 있다. 이는 이익평가적 해석이나 결과고려적 해석, 나아가 실질적 이유에 근거한 해석의 방식으로 이루어진다.

민사소송법에서 법해석이 아닌 사실인정 문제와 관련해서 흔히 의심스러울 때는 원고(의 권리 실현)에게 유리하도록 인정하자는 견해가 있으나, 입증책임의 분배원리에 따라 의심스러울 때는 입증책임을 부담하는 자에게 불리하게 인정하는 것이 타당할 것이다. 이 점에서 청구원인이 되는 사실이 의심스러울 때는 원고의 불이익으로(in dubio contra actorem) 판단하는 것이 합리적이다.

범위", 『비교법연구』(동국대) 제21권 제2호(2021), 147-194면 참조.

제 5 장

법의 해석 Ⅱ: 법원의 실무

제1절 개관

우리나라 법원은 판결의 결론을 논증함에 있어서 전통적으로 법학방법론에서 논의되던 고전적 해석방법을 두루 사용하고 있으며 확장해석·축소해석, 유추(해석) 등 다양한 해석기술도 널리 활용하고 있다.[1] 나아가 법원은 현대적인 해석방법도 폭넓게 활용하고 있다. 그리고 법관이 판결의 이유에서 하나의 해석방법을 사용하는 간단한 형태도 있으나, 대개 여러 해석방법을 복합적으로 사용한다.

대법원은 그동안 여러 차례 부수적 의견(방론)으로 법해석의 방법론 내지 일반원칙을 제시해왔지만[2] 그 내용이 일관되지는 못하였다. 다만 이른바 양심적 병역거부 판결에서 소수의견이기는 하나 법해석뿐 아니라 흠결 보충에 이르기까지 법해석의 일반원칙이 일목요연하게 제시되었는데, 오늘날 우리나라 법원의 법해석 방법론을 정리한 것이라고 봐도 좋을 듯싶다.

---

1) 다만 우리나라 법원은 유추와 확장해석, 목적론적 축소와 축소해석을 정확하게 구별하지 않고 개념적으로 혼동하여 사용한다. 김학태(2017), 94면.
2) 대법원 2006. 5. 11. 선고 2006도920 판결; 대법원 2009. 4. 23. 선고 2006다81035 판결; 대법원 2014. 1. 29. 선고 2013도12939 판결 등 다수 판결.

[대법관 김소영, 조희대, 박상옥, 이기택의 반대의견]

(2) 법 해석에 관한 일반 원칙

(가) 법은 원칙적으로 불특정 다수인에 대하여 동일한 구속력을 갖는 사회의 보편 타당한 규범이므로 이를 해석함에 있어서는 법의 표준적 의미를 밝혀 객관적 타 당성이 있도록 하여야 하고, 가급적 모든 사람이 수긍할 수 있는 일관성을 유지함 으로써 법적 안정성이 손상되지 않도록 하여야 한다. 그리고 실정법이란 보편적이 고 전형적인 사안을 염두에 두고 규정되기 마련이므로 사회현실에서 일어나는 다 양한 사안에서 그 법을 적용할 때에는 구체적 사안에 맞는 가장 타당한 해결책이 될 수 있도록, 즉 구체적 타당성을 가지도록 해석할 것도 요구된다. 요컨대, 법해 석의 목표는 어디까지나 법적 안정성을 저해하지 않는 범위 내에서 구체적 타당 성을 찾는 데 두어야 한다. 그리고 그 과정에서 가능한 한 법률에 사용된 문언의 통상적인 의미에 충실하게 해석하는 것을 원칙으로 하고, 나아가 법률의 입법 취 지와 목적, 그 제·개정 연혁, 법질서 전체와의 조화, 다른 법령과의 관계 등을 고 려하는 체계적·논리적 해석방법을 추가적으로 동원함으로써, 앞서 본 법해석의 요청에 부응하는 타당한 해석이 되도록 하여야 한다(대법원 2009. 4. 23. 선고 2006다81035 판결 등 참조).

(나) 입법기술상의 제약 등으로 불가피하게 범죄구성요건에 관한 법률규정에 불 확정개념을 사용하는 경우에도 마찬가지이다. 그러한 경우 불확정개념을 포함한 해당 규정의 구체적 의미나 내용은 개개의 사안마다 재판을 통하여 밝혀져야 한 다. 그렇지만 이 경우에도 그 해석은 사안마다 구체적 타당성을 도모한다거나 피 고인에게 이익이 된다는 이유만으로 그 타당성을 뒷받침할 수 있는 구체적이고 충분한 법리적 논증 없이 이루어져서는 안 된다.

그러므로 해당 처벌규정에 불확정개념을 두게 된 입법자의 의사 등에 대한 신중 한 고찰을 토대로 해당 법률의 입법 취지와 목적, 불확정개념이 포함된 해당 처벌 규정은 물론, 관련된 다른 법령의 취지 등이 종합적으로 고려되고, 어디까지나 사 회평균인의 건전한 상식으로써 합리적으로 판단되어야 한다(대법원 2004. 6. 18. 자 2001그133 결정, 대법원 2016. 7. 21. 선고 2013도850 전원합의체 판결 등 참 조). 이를 위해 법관은 문언 해석 외에 동일한 법률의 다른 규정들을 원용하거나 다른 규정과의 상호관계를 고려하거나 이미 확립된 판례를 근거로 하는 등 정당 한 해석방법을 통해 그 규정의 해석과 적용에 대한 신뢰성 있는 원칙을 도출하여 야 하고, 그 결과로서 수범자인 일반 국민이 그 처벌규정이 보호하려는 가치 및 금지되는 행위의 태양, 이러한 행위에 대한 국가의 대응책 등을 예견할 수 있도록 하여야 한다(헌법재판소 1992. 2. 25. 선고 89헌가104 전원재판부 결정 등 참조).

(다) 특히 우리나라와 같은 성문법 중심의 대륙법계 국가에서 법관의 기본적 사명은 복잡하게 얽힌 실정 법률의 체계 속에서 법을 발견하는 것이다. 사안에 따라 명백한 입법적 흠결이라는 이유로 판결을 통해 법을 보충·형성하는 것이 불가피한 경우가 없지 않지만, 이는 가급적 자제되거나 필요한 범위 내에서 최소한에 그쳐야 한다. 이러한 해석 원칙은 처벌규정에서도 마찬가지로서 처벌규정의 제·개정 이후 시대적·사회적 상황의 변화 등으로 인해 과거에는 없던 처벌상의 불합리한 점이나 처벌의 위헌 여부에 관한 논란이 제기되었을 때 정식의 입법절차를 거쳐 해당 처벌규정이 개정되거나 헌법재판소에 의해 위헌으로 선언되지 않았음에도, 법원이 법률해석이라는 명목 아래 당초 입법자가 의도하지도 않은 전혀 새로운 법을 만들어내는 것까지 그 권한에 속한다고 볼 수는 없다(대법원 2016. 8. 24. 선고 2014다9212 판결 등 참조). 이는 사법권의 근거가 되는 헌법상 법치주의 원리, 권력분립원칙에 따른 당연한 요청이다.[3]

한편 법해석 과정에서 고려해야 하는 자료와 관련하여, 근래 법원은 비교적 다양한 자료를 두루 활용하는 경향을 보이지만 여전히 관련 법령을 주로 언급한다. 법령해석 비교 프로젝트에서 제시한 해석 및 흠결 보충을 위한 자료의 네 가지 유형[4] 중에서 우리나라 법원이 '반드시 참작해야 하는 자료(must-materials)'는 법령 외에는 없다. 다만 법원조직법 제8조에 의하면 하급심은 해당 사건에 관한 상급법원의 재판에서 내려진 판단에 기속되므로 이 경우 상급법원의 판결은 하급심 법관에게 반드시 참작해야만 하는 자료가 된다.

우리나라 법원이 판결에서 '참작해서는 안 되는 자료(may-not-materials)'는 없는 듯하다. 굳이 찾자면, 재판의 독립성이나 법관의 중립성을 훼손할 수 있는 여론동향이나 언론기사 정도가 참작해서는 안 되는 자료에 해당될 것이다. 이 점에서 법원이 판결의 결론을 정당화하는 과정에서 선택 가능한 자료는 '참작할 수 있는 자료(may-materials)'이거나 '참작해야 하는 자료(should-materials)'일 뿐이다. 여기에는 각종 입법준비자료, 국내외의 판례나 학설 등이 포함될 것이다.

먼저 법원은 본회의 회의록 및 속기록, 해당 상임위원회의 의안심사보고서 등 다양한 유형의 입법준비자료에 대하여 참작해야 하는 자료인지 아니면 참작할 수 있는 자료인지에 대하여 명확한 입장을 밝히지 않고 있다. 실제로 입법학

---

3) 대법원 2018. 11. 1. 선고 2016도10912 전원합의체 판결(8.-다.-(2)) 참조.
4) MacCormick/Summers(1991), 475-479면 및 546면.

에 대한 관심의 증대와 입법예고 제도를 비롯한 입법절차의 개선에도 불구하고 법원이 판결에 앞서 입법준비자료에 대해 필수적으로 검토하지는 않는 듯하다. 우리나라에서 입법준비자료는 기본적으로 법원에 의하여 참작할 수 있는 자료로 인정되는 셈이다.

한편 하급심 법원뿐 아니라 대법원도 종전 판례, 특히 확립된 판례를 존중하는 태도를 보이고 있으므로 판례는 참작해야 하는 자료로 볼 수 있을 것이다. 같은 대법원 판례라고 하더라도 선례로서의 가치에 차이가 있으며 판례의 지속성(안정성)이 크면 클수록 사실상의 구속력은 강해진다.[5] 특히 단순한 상고기각 판결인지 파기환송 판결인지, 또 심리불속행 판결인지 여부는 구속력의 정도를 판별하는 데에 중요한 기준이 된다. 반면 전통적으로 법원이 선례가 없는 사건에서 적극 활용해온 외국, 특히 일본의 판례는 참작할 수 있는 자료에 불과하다고 하겠다.

우리나라 법원은 학설에 대해서는 정설이나 통설이라도 참작할 수 있는 자료 정도로 이해할 뿐 참작해야 하는 자료로 보지 않는다. 다만 판례를 중심으로 발전되어온 법리의 타당성이 쟁점으로 다루어지는 주요 사건에서는 판례를 뒷받침하는 학설도 참작해야 하는 자료로 다루어진다. 가령 공소장변경의 허용범위가 쟁점이 되었던 판결에서 공소사실과 범죄사실의 동일성에 관한 학설로서 기본적사실관계동일설이 다루어졌고, 이른바 전파가능성 판결에서는 공연성의 의미에 관한 학설로서 전파가능성설이 자세히 다루어진 바 있다.[6]

---

5) 동일한 사건에 대하여 동일한 취지의 판결이 반복된 빈도, 유지되어온 기간의 장단, 관련 사항에 관한 판례와의 조화성의 강약, 학설에 의한 지지의 강약 이외에도 전원합의체 판결인 경우 소수의견의 유무 및 다소, 그 의견을 표명한 대법관의 경질가능성(정년 등에 의한)의 원근, 판례취지의 명확성이나 이유의 강약 등이 대법원 판례의 안정도를 판단하는 요소가 된다. 윤일영, "판례의 기능", 『민사판례연구(I)』, 1979, 357-369면, 특히 363-364면.
6) 대법원 1994. 3. 22. 선고 93도2080 전원합의체 판결; 대법원 2020. 11. 19. 선고 2020도5813 전원합의체 판결.

제2절 고전적 해석방법[7)]

우리나라 법원이 각 해석방법을 충분히 다루고 있는지, 또 논증과정이 판결이유에 투명하게 드러나는지, 나아가 해석방법의 우선순위에 대한 입장이 명확한지는 의문스럽다. 하지만 법원이 법해석 과정에서 문언, 입법취지(입법목적), 입법자의 의도, 논리·체계를 중점적으로 논의하는 점에 비추어 보면 네 가지 고전적 해석방법을 법령 해석의 기본 틀로 삼고 있는 것은 분명해 보인다.[8)]

1. 문언적 해석(문리해석)

법원은 기본적으로 문언의 통상적 의미를 해석의 출발점으로 보며 문언의 가능한 의미를 해석의 한계로 삼고 있다. 같은 맥락으로 형사사건에서 문언의 가능한 의미를 벗어나는 확장해석 내지 유추(해석)는 허용되지 않는다. 다만 앞서 언급했다시피 유추금지를 회피하기 위하여 표면적으로 확장해석 내지 목적론적 확장해석이라고 설시하면서 실제로는 유추 또는 목적론적 확장을 감행하는 일이 드물지 않다.[9)]

과거 법원은 문언의 통상적(관용적) 의미와 가능한 의미를 종종 혼동하였는데, 이는 이른바 자수 판결이나 콜밴 판결 등에서 발견된다.[10)] 자수 판결에서는

---

7) 이하의 서술은 오세혁, "사법부의 해석방법론에 대한 비판", 『법과 사회』 제27호(2004), 185-209면; 오세혁, "사법부의 해석방법론에 대한 비판: 재론", 『중앙법학』 제22집 제3호(2020), 121-187면을 수정·보완한 것이다.

8) 대법원 판결에서 고전적 해석방법을 전체적으로 논증하는 경우는 거의 없는데, 문언 해석, 역사적 해석, 체계적 해석, 목적론적 해석의 순서로 관련 법규정에 대한 상세한 해석을 시도한 드문 예로는 대법원 2021. 9. 9. 선고 2017두45933 전원합의체 판결 중 대법관 김재형, 박정화, 김선수, 이흥구의 반대의견 참조.

9) 물론 이는 우리나라 법원만의 특이 현상은 아니다. 가령 독일에서도 실무적으로 유추금지가 엄격하게 준수되지 않고 실제로 유추에 해당되지만 해석·확장해석·보정해석으로 위장된 유추가 드물지 않다고 한다. 즉 법원이 가벌성 있는 행위를 형사처벌하기 위하여 법문언의 가능한 의미를 넘어서는 유추임에도 불구하고 이를 해석으로 표현하는 실무 관행이 존재한다는 것이다. 이에 대한 지적은 Wank(2020), 340-341면 및 473면. 스위스 역시 판례에서 유추와 확장해석이 혼동되며 확장해석은 유추 등을 통한 법형성을 포함하는 의미로도 이해된다고 한다. Kramer(2019), 73면.

10) 공법 분야뿐 아니라 가사사건을 비롯한 사법 분야에서도 통상적 의미와 가능한 의미는 종종 혼동된다. 대법원 2007. 9. 20. 선고 2006두11590 판결; 대법원 2020. 11. 19. 선고 2019다232918 전원합의체 판결 참조.

구 공직선거및선거부정방지법(법률 제5262호) 제262조에 규정된 자수의 개념이 문제되었다.[11] 반대의견은 자수가 '범행발각 전의 자진출두', '범행발각 후의 자진출두' 등 다양한 의미를 가질 수 있다는 것을 전제로 입법취지와 목적, 다른 처벌규정과의 체계적 관련성을 들어 자수를 '범행발각 전의 자진출두'라는 의미로 목적론적 축소해석을 시도하였다. 반면 다수의견은 이러한 해석이 자수라는 단어가 통상 관용적으로 사용되는 용례에서 갖는 개념 외에 '범행발각 전'이라는 또 다른 개념을 추가하는 것으로서 언어의 가능한 의미를 넘어서는 것이라고 판시하였다.

> [다수의견] 공직선거법 제262조의 "자수"를 '범행발각 전에 자수한 경우'로 한정하는 풀이는 "자수"라는 단어가 통상 관용적으로 사용되는 용례에서 갖는 개념 외에 '범행발각 전'이라는 또 다른 개념을 추가하는 것으로서 결국은 '언어의 가능한 의미'를 넘어선 것이라 할 것이므로, 이는 앞서 본 형법 제90조 제1항 단서, 제101조 제1항 단서 등으로부터의 유추를 통하여 공직선거법 제262조의 "자수"의 범위를 그 문언보다 제한함으로써 공직선거법 제230조 제1항 등의 처벌범위를 실정법 이상으로 확대한 것이라고 할 것이다.[12]

그러나 언어의 관용적 의미에 개념징표를 추가함으로써 관용적 의미에서 벗어나더라도 가능한 의미의 범위 내에 있을 수 있다는 점에서 다수의견의 지적은 관용적 의미와 가능한 의미를 혼동한 것으로 보인다. 반대의견에서 전제하는 바와 같이, 법 문언의 관용적 의미는 가능한 여러 의미 중의 하나일 뿐이다.

여객자동차운송사업면허를 받지 않은 채 화물자동차를 사용하여 유상으로 여객을 운송하는 행위가 여객자동차운수사업법 위반인지 여부가 쟁점이 되었던 이른바 콜밴 판결에서 반대의견은 정의규정에서 규정하는 법 문언의 가능한 의미를 벗어나는 반문언적 해석을 시도하면서 그 해석이 통상적 의미의 범위 내에 있다고 판시하였는데, 이 또한 법 문언의 통상적 의미와 가능한 의미를 혼동한 것으로 보인다.

---

11) 이 판결에 대한 평석으로는 장영민(1999), 1-17면; 김영환(2012), 322-335면; 김학태 (2017), 237-256면 참조.
12) 대법원 1997. 3. 20. 선고 96도1167 전원합의체 판결.

[대법관 유지담, 이규홍, 박재윤, 고현철의 반대의견] 반대의견은 법률문언의 통상적인 의미와 범위 안에서 여객자동차운수사업법의 취지에 따른 목적론적 해석을 한 것인 만큼 죄형법정주의가 경계하는 확장해석이나 유추해석에 해당하지 아니한다.13)

한편 법원은 법 문언의 통상적 의미 중 전문적 의미를 일상적 의미보다 더 중시하는 경향을 보인다. 특히 법규정이 법률용어를 포함하는 경우 기본적으로 전문적 의미로 이해한다. 이를 보여주는 대표적인 사례로는 구 지방자치법에서 지방자치단체장의 명령·처분에 대한 취소 요건으로 규정한 '법령위반'의 의미가 쟁점이 되었던 대법원 전원합의체 판결을 들 수 있다.

구 지방자치법 제157조 제1항은 "지방자치단체의 사무에 관한 그 장의 명령이나 처분이 법령에 위반되거나 현저히 부당하여 공익을 해한다고 인정될 때에는 시·도에 대하여는 주무부장관이, 시·군 및 자치구에 대하여는 시·도지사가 기간을 정하여 서면으로 시정을 명하고 그 기간 내에 이행하지 아니할 때에는 이를 취소하거나 정지할 수 있다. 이 경우 자치사무에 관한 명령이나 처분에 있어서는 법령에 위반하는 것에 한한다."라고 규정하고 있었다. 후문에 규정된 '법령에 위반하는 것'의 해석과 관련하여 다수의견은 전문적 의미를 중시하여 사무의 집행이 법령의 규정을 구체적으로 위반한 경우뿐 아니라 재량권을 일탈·남용하여 위법하게 되는 경우를 포함한다고 판시하였다. 반면 반대의견은 법령위반의 일상적 의미에 기초하여 '법령위반'에 재량권의 일탈·남용은 포함되지 않는다고 보았다.

[다수의견] 지방자치법 제157조 제1항 전문 및 후문에서 규정하고 있는 지방자치단체의 사무에 관한 그 장의 명령이나 처분이 법령에 위반되는 경우라 함은 명령이나 처분이 현저히 부당하여 공익을 해하는 경우, 즉 합목적성을 현저히 결하는 경우와 대비되는 개념으로, 시·군·구의 장의 사무의 집행이 명시적인 법령의 규정을 구체적으로 위반한 경우뿐만 아니라 그러한 사무의 집행이 재량권을 일탈·남용하여 위법하게 되는 경우를 포함한다.
[대법관 김영란, 박시환, 김지형, 이홍훈, 전수안의 반대의견] 일반적으로 '법령위반'의 개념에 '재량권의 일탈·남용'도 포함된다고 보는 것은 사실이다. 그러나 지

---

13) 대법원 2004. 11. 18. 선고 2004도1228 전원합의체 판결.

방자치법 제157조 제1항에서 정한 취소권의 행사요건은 위임사무에 관하여는 '법령에 위반되거나 현저히 부당하여 공익을 해한다고 인정될 때', 자치사무에 관하여는 '법령에 위반하는 때'라고 규정되어 있어, 여기에서의 '법령위반'이라는 문구는 '현저히 부당하여 공익을 해한다고 인정될 때'와 대비적으로 쓰이고 있다. 그런데 재량권의 한계 위반 여부를 판단할 때에 통상적으로는 '현저히 부당하여 공익을 해하는' 경우를 바로 '재량권이 일탈·남용된 경우'로 보는 견해가 일반적이므로 위 법조항에서 '현저히 부당하여 공익을 해하는 경우'와 대비되어 규정된 '법령에 위반하는 때'의 개념 속에는 일반적인 '법령위반'의 개념과는 다르게 '재량권의 일탈·남용'은 포함되지 않는 것으로 해석하는 것이 법 문언 자체의 구조상으로도 합리적이라고 보아야 한다.[14]

일상적으로 사용되는 '가입(加入)'의 법적 의미도 대법원 판결의 주요 쟁점이 된 바 있다. 가입은 일상적으로 조직·단체에 들어가는 것을 의미한다. 하지만 이른바 전교조 판결에서 판시한 바와 같이 노동조합 및 노동관계조정법 제2조 제4호 라.목에 규정된 '가입'은 조합원으로의 신규 가입뿐 아니라 조합원의 자격 유지도 포함한다.[15]

법 문언의 전문적 의미를 중시하는 경향을 보여주는 형사 사례로서는 타인 명의로 무단발급받은 신용카드 또는 절취한 타인의 신용카드로 현금자동지급기에서 현금을 인출한 행위가 구 형법 제347조의2에 규정된 컴퓨터등사용사기죄에 해당하는지 여부가 문제되었던 두 건의 대법원 판결을 들 수 있다.

구 형법 제347조의2는 "컴퓨터 등 정보처리장치에 허위의 정보 또는 부정한 명령을 입력하거나 권한 없이 정보를 입력·변경하여 정보처리를 하게 함으로써 재산상의 이익을 취득하거나 제3자로 하여금 취득하게 한 자는 10년 이하의 징역 또는 2천만원 이하의 벌금에 처한다"라고 규정하고 있었다. 대법원은 타인 명의로 무단발급받은 신용카드로 현금을 인출한 사건 및 절취한 타인의 신용카드로 현금을 인출한 사건에서 컴퓨터등사용사기죄의 객체는 재물이 아닌 재산상

---

14) 대법원 2007. 3. 22. 선고 2005추62 전원합의체 판결.
15) 대법원 2020. 9. 3. 선고 2016두32992 전원합의체 판결. 특이하게도 김재형 대법관은 문언적 해석 단계에서 '가입'의 일상적(사전적) 의미와 전문적 의미를 구별하고 전문적 의미를 받아들이면서도 전문적 의미에 따른 해석 결과의 불합리성 등을 지적하면서 목적론적 축소를 통한 반문언적 해석을 시도하는데, 결과적으로는 가입의 일상적(사전적) 의미에 따른 문언적 해석과 같은 결론인 것으로 보인다.

의 이익에 한정되어 있다는 이유로 이 법조항을 적용할 수 없다고 판시하였다.

형법 제347조의2에서 규정하는 컴퓨터등사용사기죄의 객체는 재물이 아닌 재산상
의 이익에 한정되어 있으므로, 타인의 명의를 모용하여 발급받은 신용카드로 현금
자동지급기에서 현금을 인출하는 행위를 이 법조항을 적용하여 처벌할 수는 없
다.16)

우리 형법은 재산범죄의 객체가 재물인지 재산상의 이익인지에 따라 이를 재물죄
와 이득죄로 명시하여 규정하고 있는데, 형법 제347조가 일반 사기죄를 재물죄 겸
이득죄로 규정한 것과 달리 형법 제347조의2는 컴퓨터등사용사기죄의 객체를 재
물이 아닌 재산상의 이익으로만 한정하여 규정하고 있으므로, 절취한 타인의 신용
카드로 현금자동지급기에서 현금을 인출하는 행위가 재물에 관한 범죄임이 분명
한 이상 이를 위 컴퓨터등사용사기죄로 처벌할 수는 없다고 할 것이고, 입법자의
의도가 이와 달리 이를 위 죄로 처벌하고자 하는 데 있었다거나 유사한 사례와 비
교하여 처벌상의 불균형이 발생할 우려가 있다는 이유만으로 그와 달리 볼 수는
없다.17)

과연 현금자동지급기에서 인출한 현금은 오로지 재물로만 해석되고 재산상
의 이익으로 해석될 여지는 없는가? 현금은 유체물로서 재물이지만 자산으로서
재산적 가치, 즉 재산상의 이익도 표상한다. 금융자산은 가상공간에서 재산상의
이익으로 존재하다가 현금자동지급기에서 현금으로 인출되는 순간 재물로 변환
된다. 일반인의 관점에서 보면 이 짧은 순간을 기준으로 재산상의 이익과 재물을
나누어 형법규정의 적용을 달리하고 형벌에 차등을 두는 것이 합당한지에 대해
의문을 가질 것이다.

물론 형법은 각종 재산범죄에서 그 객체를 재물과 재산상 이익으로 양분하
는 것을 전제로, 개별적인 재산범죄 유형에서 재물과 재산상 이익 모두를 객체로
규정하거나 재물 또는 재산상 이익 중 어느 하나만을 객체로 규정하고 있다. 근
래 신설된 컴퓨터등사용사기죄는 재산상 이익만을 객체로 삼고 있다. 인출한 현
금의 경우 법적 의미의 재산상 이익으로 보기 어렵다고 하더라도, 일상적 의미에

---

16) 대법원 2002. 7. 12. 선고 2002도2134 판결.
17) 대법원 2003. 5. 13. 선고 2003도1178 판결.

서는 재산상 이익으로 볼 수도 있다. 가사 재산상 이익의 법적 의미는 물론 일상적 의미와 부합하지 않는다고 하더라도 적어도 재산적 이익의 가능한 의미 내에 있는 것으로 보인다.[18)]

다행스럽게도 위 두 판결 이후의 후속 판결에서는 인출한 현금을 재산상 이익으로 보아 컴퓨터등이용사기죄로 의율할 수 있다고 보았다. 이를테면 현금카드 소지자로부터 부탁받은 금액을 초과하여 인출한 현금을 착복한 사건에서 대법원 2006. 3. 24. 선고 2005도3516 판결은 인출을 위임받은 금액을 넘는 부분의 비율에 상당하는 '재산상 이익'을 취득한 것으로서 컴퓨터이용사기죄에 해당한다고 판시하였다. 다만 이 판결에서 법해석 방법론 차원의 검토, 특히 재산적 이익의 일상적·전문적 의미, 통상적·가능한 의미에 대한 논의가 충분히 이루어지지 않은 점은 아쉽다.

일상적 의미와 전문적 의미가 논란이 되었던 비교적 최근의 형사 사례로는 명예훼손죄의 공연성이 또 다시 쟁점이 된 이른바 전파가능성 판결을 들 수 있다. 다수의견이 종래 판례 및 다수설이 지지해온 전파가능성설의 관점에서 공연성을 전문적 의미로 '불특정 또는 다수인이 인식할 수 있는 상태'로 파악한 반면, 반대의견은 일상적 의미에 충실하게 '불특정 또는 다수인이 직접 인식할 수 있는 상태'로 파악하였다.

> [다수의견] 명예훼손죄의 관련 규정들은 명예에 대한 침해가 '공연히' 또는 '공공연하게' 이루어질 것을 요구하는데, '공연히' 또는 '공공연하게'는 사전적으로 '세상에서 다 알 만큼 떳떳하게', '숨김이나 거리낌이 없이 그대로 드러나게'라는 뜻이다. …
> 대법원 판례는 명예훼손죄의 구성요건으로서 공연성에 관하여 '불특정 또는 다수인이 인식할 수 있는 상태'를 의미한다고 밝혀 왔고, 이는 학계의 일반적인 견해이기도 하다.
> [대법관 김재형, 안철상, 김선수의 반대의견] 형법 제307조 제1항, 제2항에 규정된 공연성은 불특정 또는 다수인이 직접 인식할 수 있는 상태를 가리키는 것이고, 특

---

18) 실재적 의미론의 관점에서 초과 인출된 현금을 재물이 아닌 잠재적 이익으로 본다면 가능한 의미를 벗어나지 않는다고 보는 견해로 안성조(2009), 116~117면. 이와 달리 재산상이익에 재물인 현금을 포함시키는 것은 법문의 가능한 의미를 넘어선 유추해석이라는 견해로 손동권, 『형법각론』, 율곡출판사, 2005, 389면.

정 개인이나 소수에게 말하여 이로부터 불특정 또는 다수인에게 전파될 가능성이 있다고 하더라도 공연성 요건을 충족한다고 볼 수 없다. …

'공연히' 또는 '공공연하게'는 그 뜻을 아무리 확장해석하더라도 소수의 친구나 직장동료 등에게 사적으로 말한 것을 두고 '세상에서 다 알 만큼 뚜렷하고 떳떳하게' 또는 '숨김이나 거리낌이 없이 그대로 드러나게' 발언했다고 할 수 없다. 위와 같은 행위가 원인이 되어 나중에 결과적으로 불특정 또는 다수인에게 사실이 전파되었다고 하더라도 그 행위 자체가 '공연히' 사실을 적시한 것이 아니라면 명예훼손죄로 처벌할 수 없다.[19]

법원이 일상적 의미 또는 사전적 의미를 중시한 드문 예로는 후보자의 배우자가 선거사무원에게 유권자 제공용으로 금전을 교부한 행위가 금품의 '제공'으로서 구 공직선거및선거부정방지법 소정의 '기부행위'에 해당하는지 여부가 쟁점이 되었던 이른바 기부행위 판결을 들 수 있다.

제공(提供)의 의미에 대하여, 다수의견 및 그에 대한 보충의견이 일상적(사전적) 의미에 충실하게 '무엇을 내주거나 갖다 바침'으로 해석한 것과 달리, 반대의견 및 그에 대한 보충의견은 '가지거나 누리도록 주는 것', 즉 '금전 등 물품을 상대방에게 귀속시키는 것'으로 해석하였다. 그 결과 기부(寄附)의 의미에 대해서도 다수의견이 '당사자의 일방이 상대방에게 무상으로 금품이나 재산상 이익 등을 제공하는 것'으로 해석하여 금전교부행위가 공직선거법 위반이라고 판단한 반면, 반대의견에 대한 보충의견은 기부를 '당사자의 일방이 상대방에게 무상으로 금품이나 재산상 이익을 귀속시키는 것'으로 해석함으로써 공직선거법 위반이 아니라고 판단하였다.

[다수의견] 후보자의 배우자와 선거사무원 사이의 현금 수수는 후보자의 배우자가 특정의 선거인에게 전달하기 위하여 선거사무원에게 단순히 보관시키거나 돈심부름을 시킨 것이 아니라 그로 하여금 불특정 다수의 선거인들을 매수하여 지지표를 확보하는 등의 부정한 선거운동에 사용하도록 제공한 것으로서 공직선거법 제112조 제1항 소정의 '기부행위'에 해당한다.

[대법관 서성, 배기원, 강신욱, 손지열, 박재윤의 반대의견] 공직선거법 제112조 제1항 제1호는 선거구민 등에 대하여 금전 등 물품을 제공하는 행위가 기부행위

19) 대법원 2020. 11. 19. 선고 2020도5813 전원합의체 판결.

에 해당한다고 규정하고 있고, 여기에서 '제공'이라 함은 금전 등 물품을 상대방에게 귀속시키는 것을 뜻하므로, 금전 등 물품을 유권자에게 전달하라고 선거사무원에게 주는 교부행위는 물품의 제공행위가 아니고, 공직선거법 제112조 제1항 제1호의 기부행위를 실행하기 위한 공모자 사이의 준비행위에 불과하다. …

'제공'은 '가지거나 누리도록 주는 것'을 의미하여 단순히 '내주는 일'을 의미하는 '교부'와 그 사전적 의미도 다를 뿐만 아니라, 공직선거법상으로도 '제공'이라는 용어와 단순한 '교부'라는 용어를 구분하여 규정하고 있으므로, 단순한 교부행위는 공직선거법 제112조 제1항 제1호의 '제공행위'에 해당하지 아니함이 분명하고, 따라서 금전 등 물품을 제3자에게 전달하여 달라는 용도로 상대방에게 교부하는 것은 기부행위에 해당하지 아니(한다).

[다수의견에 대한 보충의견] 사전적 의미에서 '제공(提供)'이라 함은 '바치어 이바지함', '쓰라고 줌'을 뜻하는 말로서, 일반적으로 물건 등을 상대방에게 건네주어 이를 사용 내지 처분할 수 있게 하는 것을 말하고 반드시 어떠한 이익을 상대방에게 귀속시켜야 한다는 뜻이 내포된 것은 아니다. 다수의견은 이러한 문언의 통상적인 의미와 범위 안에서 공직선거법의 취지에 따른 목적론적 해석을 한 것으로서 죄형법정주의가 경계하는 확장해석이나 유추해석에 해당한다고 할 수 없다.

[반대의견에 대한 대법관 배기원의 보충의견] 1985년부터 법제처에서 편찬하고 있는 법령용어순화편람에서는 '공여하다'는 법률용어는 정비대상 용어로서 이를 '제공하다'는 정비된 용어를 사용하도록 권장하고 있는바, 법령상의 용어는 원칙적으로 일상생활 중에서 사용하고 있는 통상의 용어의 의미로 사용되고 있다고 해석하여야 할 것이나, 법령상 정의규정에서 명시하고 있지 아니한 경우에도 기존의 법률제도에서 의미가 확립되어 있는 법률전문용어나 법령상 특별한 의미로 사용되고 있는 법률용어에 대하여는 일상용어의 의미와 달리 법령의 독특한 의미로서 사용되고 있는 것이고, 어떤 법령의 해석에 있어서는 그 법령의 규정만을 근시안적으로 파악하여서는 아니 되고 다른 제반 법령과의 관계에 주의를 기울여 법질서 전체와 조화를 꾀하면서 결론을 도출하여야 하는 것이(다.)[20]

법 문언의 통상적 의미에 따른 해석을 중시한 사례로는 원동기장치자전거면허의 효력이 정지된 상태에서 원동기장치자전거를 운전한 경우 도로교통법상 무면허운전으로 형사처벌될 수 있는지 여부가 쟁점이 되었던 대법원 판결을 들 수 있다.

---

20) 대법원 2002. 2. 21. 선고 2001도2819 전원합의체 판결.

도로교통법은 자동차뿐 아니라 원동기장치자전거에 대해서도 운전면허를
받지 않거나 운전면허의 효력이 정지된 경우 무면허운전을 금지한다. 그런데 구
도로교통법에 따르면 자동차에 대해서 운전면허를 받지 않은 경우는 물론 운전
면허의 효력이 정지된 경우도 무면허운전으로 처벌되는 데 비해, 원동기장치자
전거에 대해서는 운전면허를 받지 않은 경우만 무면허운전으로 처벌된다. 그에
따라 도로교통법 체계에서 대등한 것으로 평가되는 행위에 대해 형사처벌이 달
라지는 평가모순이 발생한다. 이러한 평가모순을 해소하기 위해 원동기장치자전
거도 운전면허의 효력이 정지된 상태에서의 운전이 무면허운전으로 처벌된다고
해석할 수 있는가?

이에 대하여 대법원은 구 도로교통법 제154조 제2호의 '운전면허를 받지 아
니하고'라는 법률문언의 통상적 의미에 '운전면허를 받았으나 그 후 운전면허의
효력이 정지된 경우'가 당연히 포함된다고는 해석할 수 없다는 이유로 형사처벌
할 수 없다고 판시하였다. 그로 인해 2019. 12. 24. 개정 도로교통법(법률 제16830
호) 제154조 제2호에 '(원동기장치자전거를 운전할 수 있는 운전면허의 효력이 정지된
경우를 포함한다)'라는 문구가 추가될 때까지 평가모순 내지 입법공백의 상황이
한동안 지속되었다.

> 도로교통법 제43조는 무면허운전 등을 금지하면서 "누구든지 제80조의 규정에 의
> 하여 지방경찰청장으로부터 운전면허를 받지 아니하거나 운전면허의 효력이 정지
> 된 경우에는 자동차 등을 운전하여서는 아니된다"고 정하여, 운전자의 금지사항
> 으로 운전면허를 받지 아니한 경우와 운전면허의 효력이 정지된 경우를 구별하여
> 대등하게 나열하고 있다. 그렇다면 '운전면허를 받지 아니하고'라는 법률문언의
> 통상적인 의미에 '운전면허를 받았으나 그 후 운전면허의 효력이 정지된 경우'가
> 당연히 포함된다고는 해석할 수 없다. 그런데 자동차의 무면허운전과 관련하여서
> 는 도로교통법 제152조 제1호 및 제2호가 운전면허의 효력이 정지된 경우도 운전
> 면허를 애초 받지 아니한 경우와 마찬가지로 형사처벌된다는 것을 명문으로 정하
> 고 있는 반면, 원동기장치자전거의 무면허운전죄에 대하여 규정하는 제154조 제2
> 호는 그 처벌의 대상으로 "제43조의 규정을 위반하여 제80조의 규정에 의한 원동
> 기장치자전거면허를 받지 아니하고 원동기장치자전거를 운전한 사람"을 정하고
> 있을 뿐이고, 운전면허의 효력이 정지된 상태에서 원동기장치자전거를 운전한 경
> 우에 대하여는 아무런 언급이 없다.[21]

　　법 문언의 일상적 의미를 중시한 사례는 거슬러 올라가면 종이(紙)가 주성분이 아닌 갈포벽지가 물품세법의 과세대상이 되는 벽지(壁紙)에 해당하는지 여부가 쟁점이 된 이른바 갈포벽지 사건에서도 찾을 수 있다.

　　대법원은 갈포벽지가 그 재료의 주된 성분이 종이가 아니라고 하더라도 고급벽지로 보아야 한다고 판결하였다. 다시 말해 갈포벽지가 일상적으로 이해하는 종이(紙)는 아니라는 점에서 벽'지'에 해당되지 않음에도 일상적 의미의 '벽지'에는 해당한다고 판시한 것으로 보인다.

　　하지만 '벽지'의 일상적 의미뿐 아니라 사전적 의미나 전문적 의미에 비추어 보더라도 갈포벽지는 벽지에 해당한다. 사전적 의미로 갈포벽지는 '삶은 칡덩굴의 껍질로 만들어 표면이 거친 고급 벽지'를 뜻하고, 벽지는 말 그대로 '벽에 바르는 종이'이며, 또 종이는 '식물성 섬유를 원료로 하여 만든 얇은 물건'을 뜻한다. 종이가 식물성 섬유를 원료로 하는 이상, 칡덩굴이라는 식물성 섬유를 원료로 하는 갈포벽지 역시 벽지가 아닐 리 없다. 아마도 당시까지만 해도 법해석 방법론에 대한 학계나 실무계의 논의가 충분히 이루어지지 않았기 때문에 법 문언에 대한 문언적 해석도 정교하게 이루어지지 않았던 것으로 추측된다.

> 물품세법 제1조에 계기된 과세물품을 반드시 물품의 제조원료의 구성비율에 따라 주된 구성재료에 의하여 분류계기한 것이 아님이 분명하고, 물품세가 국민의 생활물자이며, 상품으로서 거래의 대상이 되는 물품에 대한 과세이므로 그 물품의 형태, 용도, 성질 등에 의하여 거래의 통념에 비추어 해석하여야 한다 …
> 갈포벽지가 그 재료에 있어서 종이가 주된 것이 못된다하더라도, 그 용도, 형태 성질 등에 비추어 거래의 통념상 고급벽지로 취급된다고 할 것 같으면, 물품세의 과세대상인 고급벽지에 해당한다.[22]

　　법 문언의 언어적 의미는 시대의 흐름에 따라 변화할 수 있다. 법원도 동일한 법 문언에 대한 변화된 해석을 통해 실질적으로 동일한 사건에서 상반된 결론의 판결을 내린다. 이는 성전환 여성이 구 형법상 강간죄의 객체로서의 '부녀(婦女)'에 해당하는지 여부가 쟁점이 되었던 일련의 판결을 통해 확인할 수 있다.

　　과거 대법원은 성전환 수술을 받은 자가 강간죄의 객체인 부녀에 해당하는

---

21) 대법원 2011. 8. 25. 선고 2011도7725 판결.
22) 대법원 1967. 12. 19. 선고 67누137 판결.

지 여부가 쟁점이 된 대법원 1996. 6. 11. 선고 96도791 판결에서 여러 요소를 종합적으로 고려하면서도 결국 성전환 수술을 받은 남성은 생물학적 의미에서 여전히 남성이라는 이유로 부녀에 해당되지 않는다고 판시하였다.

하지만 대법원은 성전환자에 대한 호적정정을 허가할 것인지가 쟁점이 되었던 대법원 2006. 6. 22.자 2004스42 전원합의체 결정에서 일상적 의미의 성(性)에 기초하여 여성으로의 성별 변경을 허가한 데 이어 대법원 2009. 9. 10. 선고 2009도3580 판결에서 성을 결정함에 있어서 생물학적 요소와 정신적·사회적 요소를 종합적으로 고려할 때 생물학적 남성이 성전환수술을 받게 되면 사회적 의미의 여성이라는 이유로 종전 판례를 변경하여 여성으로 성전환한 남성에 대한 강간을 강간죄를 인정하였다.

법원은 법 문언을 중시하면서도 이른바 금액 판결에서 보듯이 편집오류가 분명한 사건에서는 보정해석을 허용하는데[23] 이른바 신협 판결에서도 법률 개정 과정에서 기존 법조문에 새로운 항이 추가됨에 따라 기존 항이 하나씩 밀리게 된 것을 감안하지 않음으로써 발생한 편집오류에 대해서 보정해석을 인정하였다.

> 구 신협법과 현행 신협법 관련 규정들의 전체적인 체계 및 법률 제6957호의 개정 목적과 경위 등에 비추어 보면, 법률 개정과정에서 현행 신협법 제89조 제5항이 신설되고 종전의 제5항이 제6항으로 항이 바뀌었으므로 제7항에서 인용하는 제5항도 '제6항'으로 변경하였어야 할 것인데 이를 변경하지 않고 그대로 둔 것은 법률개정과정상의 실수에서 비롯된 것임이 분명하므로, 현행 신협법 제89조 제7항이 인용하고 있는 '제5항'을 '제6항'으로 바로잡아 적용한다고 하더라도 이것이 법규정의 가능한 의미를 벗어나 법형성이나 법창조행위에 이른 것이라고는 할 수 없다.[24]

다만 대법원이 인쇄오류(Druckfehler)로 추측되는 사건에서 보정해석을 거부하고 문언적 해석을 고수한 사례도 없지 않았다. 지방세 과세대상이 되는 행정구역명을 오기한 경우 보정해석할 수 있는지 여부가 쟁점이 되었던 대법원 1988. 4. 12. 선고 87누918 판결이 그것이다. 원래 용인군에 남사면은 있으나 남서면이

---

23) 법률이 아닌 시행령에 대해 편집오류를 인정한 사례로는 대법원 2004. 11. 26. 선고 2004두10333 판결.
24) 대법원 2006. 2. 23. 선고 2005다60949 판결.

라는 지명은 존재하지 않음에도 지방세법 시행령에 착오로 남서면으로 기재되었다. 대법원은 남사면을 남서면으로 잘못 표기한 시행령으로 남사면이 중과세대상지역에 해당하는 것으로 해석한다면 이를 알지 못한 채 그 지역에 있는 공장을 취득한 사람에게 불측의 손해를 입히게 된다는 이유로 남사면이 중과세대상지역에 해당한다고 볼 수 없다고 판시하였다.

　문언적 해석과 관련하여 법 문언의 다양한 언어적 의미가 깊이있게 검토된 기념비적인 판결로는 이른바 대한항공 회항 판결을 들 수 있다. 이 사건에서는 항공기가 지상에서 이동하는 경로가 항공보안법 제42조에서 정한 '항로(航路)'에 포함되는지 여부가 핵심 쟁점이 되었다. 다수의견과 반대의견 모두 문언적 해석의 관점에서 항로의 사전적·일상적·전문적·맥락적 의미에 대한 각자의 입장을 상세히 개진하였다.[25] 다수의견은 항로를 사전적 의미 또는 일상적 의미에 충실하게 '항공기가 통행하는 공로(空路)'로 이해한 반면, 반대의견은 전문적 의미 내지 맥락적 의미에 충실하게 '항공기가 운항하는 길'로 이해하였다. 특히 반대의견은 '항로(航路)'가 한자어인데 착안하여 자전(字典)을 통해 문헌(학)적 의미를 찾는 극단적인 자구해석과 함께 항로를 수식하는 '운항 중인 항공기의'와의 상관관계 속에서 의미를 찾는 맥락적 해석을 시도하였다. 다만 반대의견 스스로도 "항공기가 움직이기 전부터 운항이 개시된다는 것은 일상적 어감이나 사전적 정의에 들어맞지 않을 수 있다."고 설시함으로써 반대의견의 해석이 일상적 의미나 사전적 의미와 괴리가 있다는 점에 대해서는 인정하였다.

> [다수의견] 법령에서 쓰인 용어에 관해 정의규정이 없는 경우에는 원칙적으로 사전적인 정의 등 일반적으로 받아들여진 의미에 따라야 한다. 국립국어원의 표준국어대사전은 항로를 '항공기가 통행하는 공로(空路)'로 정의하고 있다. 국어학적 의미에서 항로는 공중의 개념을 내포하고 있음이 분명하다. 항공기 운항과 관련하여 '항로'가 지상에서의 이동 경로를 가리키는 용어로 쓰인 예를 찾을 수 없다. … 입법자가 유달리 본죄 처벌규정에서만 '항로'를 통상의 의미와 달리 지상에서의

---

25) 다수의견과 반대의견 모두 동일한 해석 도구를 이용하여 상반된 해석결과에 이르게 된 셈인데, 미국 연방대법원도 하나의 사건에서 동일한 해석 도구를 이용하여 법 문언의 명백한 의미나 일상적 의미에 대하여 상반된 결론에 이르는 경우가 빈번하다고 한다. A. Krishnakumar, "Dueling Canons", *Duke Law Journal 65* (2016), 909-1006면, 특히 912면.

이동 경로까지 포함하는 뜻으로 사용하였다고 볼 만한 입법자료는 찾을 수 없다. …

본죄의 객체는 '운항 중'의 항공기이다. 그러나 위계 또는 위력으로 변경할 대상인 '항로'는 별개의 구성요건요소로서 그 자체로 죄형법정주의 원칙에 부합하게 해석해야 할 대상이 된다. 항로가 공중의 개념을 내포한 말이고, 입법자가 그 말뜻을 사전적 정의보다 넓은 의미로 사용하였다고 볼 자료가 없다. 지상의 항공기가 이동할 때 '운항 중'이 된다는 이유만으로 그때 다니는 지상의 길까지 '항로'로 해석하는 것은 문언의 가능한 의미를 벗어난다.

[대법관 박보영, 조희대, 박상옥의 반대의견] 국립국어원의 표준국어대사전에서는 항로를 '항공기가 통행하는 공로(空路). 항공로로 순화'라고 풀이하고, 또 공로(空路)는 '항공로'를 뜻하는 것으로, 항공로는 '일정하게 운항하는 항공기의 지정된 공중 통로'를 뜻하는 것으로 각 풀이하고 있다. …

'항로'라는 표현은 법문의 문맥에 따라 지상에서의 항공기 이동 경로를 포함하는 개념으로도 해석될 수 있고, 실제 '항로'의 개념 속에 지상에서의 항공기 이동 경로가 포함되는지 논란이 되자, 구 항공법의 '항로'가 항공안전법에서 그 문맥에 맞는 표현인 '항공로'로 바뀐 것으로 보인다. 따라서 이 부분 다수의견의 논거는 오히려 항로와 항공로를 구별되는 개념으로 보는 반대의견에 부합하는 논거이다. … 항로(航路)는 한자의 뜻에 따라 풀이하면 '배나 비행기(航) 길(路)'을 말한다. 배는 항구에서 항구로 바닷길을 따라 운행하는 반면, 항공기는 공항에서 공항으로 운행하는데, 주로 공중에서 운행하지만 이륙과 착륙을 위하여 공항 내 지상에서의 운행도 필연적으로 있을 수밖에 없다. 항공보안법 제2조 제1호는 '운항 중'이란 승객이 탑승한 후 항공기의 모든 문이 닫힌 때부터 내리기 위하여 문을 열 때까지를 말한다는 규정을 두고 있다. 국립국어원의 표준국어대사전에서도 운항을 '배나 비행기가 정해진 항로나 목적지를 오고 감'이라는 뜻으로 풀이하고 있다. 따라서 항로는 '항공기가 운항하는 길'로 이해하는 것이 무리가 없고 자연스럽다. …

본죄의 항로가 운항과 밀접한 관계 속에서 사용되었음은 법문의 구조에서도 드러난다. 항공보안법의 전신인 구 항공기운항안전법에서부터 항로는 그 법 전체를 통틀어 오로지 본죄의 구성요건에서만 사용되었고, 바로 앞에서 '운항 중인 항공기의'라는 말이 수식하고 있다. 입법자가 항로의 정의규정을 따로 두지 않은 것을 볼 때, 수식어로 사용된 '운항'이 일반인이 인식할 수 있을 정도로 항로의 의미를 분명히 할 수 있는 것으로 여겼음을 알 수 있다. …

이러한 연관관계에 비추어 볼 때, 본죄의 '항로'는 따로 떼어 해석할 것이 아니라 '운항 중인 항공기의 항로'라는 어구 속에서 의미를 파악함이 타당하다. 항공보안법에서 '운항 중'은 입법자가 지상의 항공기도 범죄로부터 보호하려는 명확한 의도로 통상의 말뜻보다 의미를 넓힌 용어이다. 그렇다면 그와 어구를 이룬 '항로'도 지상과 공중을 불문하고 '운항 중인 항공기가 다니는 길'을 모두 포함하는 것으로 넓게 새겨도 가능한 의미의 범위를 벗어나지 아니한다.[26]

다수의견이 문언적 해석 이외에도 이를 뒷받침하는 역사적 해석이나 비교법적 해석 등 설득력 있는 논거를 제시하고 있어서 그 결론에 동의하지만,[27] 항공기가 이동하는 지상의 길까지 항로에 포함하는 해석이 문언의 가능한 의미를 벗어난다고 판시한 부분은 지나쳐 보인다. 거듭 지적하는 바이지만, 법 문언의 '일상적인 의미'를 벗어난다고 하여 다양한 언어관용이나 용례에서 확인할 수 있는 '가능한 의미'까지 벗어나는 것은 아니다. 법 문언의 가능한 의미에는 일상적 의미 외에도 전문적 의미, 나아가 맥락적 의미까지 포함될 수 있다.

2. 논리-체계적 해석

우리나라 법원은 법규정이 헌법을 비롯한 전체 법질서와 조화롭게 해석해야 한다는 것을 해석의 일반원칙으로 받아들일 뿐 아니라, 동일한 용어는 법령에 다른 규정이 없는 한 동일하게 해석·적용되어야 한다고 판시하는 등[28] 논리-체계적 해석의 하위 유형들까지 두루 활용하고 있다.

논리-체계적 해석이 주된 해석방법으로 사용된 대표적인 사례는 흔히 실화판결로 일컬어지는 대법원 1994. 12. 20.자 94모32 전원합의체 결정이다.[29] 이 사건에서는 과실로 타인소유의 일반물건인 사과나무를 소훼한 경우에 구 형법 제170조 제2항이 적용되는지 여부가 쟁점이 되었다. 구 형법 제170조 제2항은 과실로 인하여 '자기의 소유에 속하는 제166조 또는 제167조에 기재한 물건'을 소훼하여 공공의 위험을 발생케 한 행위를 처벌하도록 되어 있기 때문에 일견 타인소유의 일반물건에는 적용되지 않는 것으로 보인다.[30] 그런데 방화와 실화

---

26) 대법원 2017. 12. 21. 선고 2015도8335 전원합의체 판결.
27) 문언적 해석의 차원에 한정해 보면 다수의견은 영미법의 관대해석 규칙에 의해 정당화될 수 있다.
28) 대법원 2009. 12. 24. 선고 2007두20089 판결; 대법원 2020. 8. 27. 선고 2019도11294 전원합의체 판결.
29) 이 결정에 대하여 논리-체계적 해석에 초점을 맞춘 김대휘 당시 부장판사의 평석 — 김대휘(1998) — 을 비롯한 다양한 평석은 신동운 외, 『형법해석의 한계』, 법문사, 2000 참조.

의 죄를 규정한 형법 제13장은 자기 소유보다 타인 소유의 물건을 방화하거나 실화한 경우에 전반적으로 더 중하게 처벌한다. 그에 따라 자기의 일반물건을 소훼한 경우는 처벌하면서 타인의 일반물건을 소훼한 경우를 처벌하지 않는 것이 평가모순으로서 불합리하다는 의문이 제기되었다.

다수의견은 관련 조문을 전체적, 종합적으로 해석하면[31] 구 형법 제170조 제2항에서 말하는 '자기의 소유에 속하는 제166조 또는 제167조에 기재한 물건'이라 함은 '자기의 소유에 속하는 제166조에 기재한 물건 또는 자기의 소유에 속하든, 타인의 소유에 속하든 불문하고 제167조에 기재한 물건'을 의미하는 것이라고 판시하였다.[32]

> [다수의견] 형법 제170조 제2항에서 말하는 '자기의 소유에 속하는 제166조 또는 제167조에 기재한 물건'이라 함은 '자기의 소유에 속하는 제166조에 기재한 물건 또는 자기의 소유에 속하든, 타인의 소유에 속하든 불문하고 제167조에 기재한 물건'을 의미하는 것이라고 해석하여야 하며, 제170조 제1항과 제2항의 관계로 보아서도 제166조에 기재한 물건(일반건조물 등) 중 타인의 소유에 속하는 것에 관하여는 제1항에서 규정하고 있기 때문에 제2항에서는 그중 자기의 소유에 속하는 것에 관하여 규정하고, 제167조에 기재한 물건에 관하여는 소유의 귀속을 불문하고 그 대상으로 삼아 규정하고 있는 것이라고 봄이 관련조문을 전체적, 종합적으로 해석하는 방법일 것이고, 이렇게 해석한다고 하더라도 그것이 법규정의 가능한

---

30) 문장에서 연결어나 구두점의 사용이 얼마나 중요한 역할을 하는지를 극명하게 보여주는 사례이다. 문장 내지 명제의 애매성을 피하고 의미를 분명하게 하기 위해서는 논리적 결합어의 적용범위를 분명하게 한정해야 한다. 논리학적 관점에서 연결어 및 구두점, 괄호의 중요성에 대해서는 소광희(1985), 34면 및 46-48면.

31) 다수의견이 내세운 전체적·종합적 해석방법을 '법관이 다원적 해석방법을 동원하여 일상적 표현방법을 출발점으로 삼아 다른 유사개념의 의미내용, 입법연혁, 다른 형벌법규들과의 논리적 관련성, 입법취지 등을 종합적으로 고려하여 구체적 형벌법규를 해석하는 것'으로 이해하는 견해로는 신동운, "형벌법규의 흠결과 해석에 의한 보정의 한계", 『형법해석의 한계』, 1-21면, 특히 12-14면; 김대휘(1998), 136면; 이계일(2015), 131면 및 177면.

32) 다수의견을 지지하는 일부 학자는 실화 판결에서 문제된 법규정이 예컨대 "예쁜 캐릭터가 그려진 어린이용 혹은 회사원용 가방" 또는 "내 민법책과 형법책"과 구문의 구조가 다르지 않다는 이유로 중의성이 인정된다고 주장한다. 예컨대 최봉철(1999), 287면; 안성조(2009), 108면 각주64. 그러나 전자에서는 '예쁜 캐릭터가 그려진'이라는 수식구가 이미 회사원용 가방과 조응하지 않기 때문에 '예쁜 캐릭터가 그려진 어린이용 가방'과 '회사원용 가방'으로 읽힐 수 있다는 점, 또 후자에서는 이미 발화자가 민법교수라는 것을 전제로 할 때만 자연스럽게 '내 민법책'과 '형법책'으로 읽힐 수 있다는 점을 고려할 때 적절하지 않은 비유로 보인다.

의미를 벗어나 법형성이나 법창조행위에 이른 것이라고는 할 수 없어 죄형법정주의의 원칙상 금지되는 유추해석이나 확장해석에 해당한다고 볼 수는 없을 것이다.[33]

사실 실화 판결은 구 형법 제170조 제2항의 '자기의 소유에 속하는 제166조 또는 제167조에 기재한 물건'에서 연결어 '또는'의 구문론적 기능이 문제된다는 점에서 언어적 해석 내지 구문론적·문법적 해석이 논리-체계적 해석과 중첩되는 사례이기도 하고[34] 또 평가모순뿐 아니라 법의 흠결 사례이기도 하다. 법의 흠결 차원의 논의는 뒤에서 다시 다루게 될 것이다.

구문론적 해석과 논리-체계적 해석이 교차하는 또 다른 사례로는 이른바 세월호 판결을 들 수 있다. 세월호 사건의 핵심적인 쟁점 중 하나는 구 수난구호법 제18조 제1항 본문과 단서의 관계였다. 구 수난구호법 제18조는 '인근 선박등의 구조지원'이라는 제목 아래에 제1항에서 "조난현장의 부근에 있는 선박등의 선장·기장 등은 조난된 선박등이나 구조본부의 장 또는 소방관서의 장으로부터 구조요청을 받은 때에는 가능한 한 조난된 사람을 신속히 구조할 수 있도록 최대한 지원을 제공하여야 한다. 다만 조난사고의 원인을 제공한 선박의 선장 및 승무원은 요청이 없더라도 조난된 사람을 신속히 구조하는 데 필요한 조치를 하여야 한다."라고 규정하고 있었다. 다수의견과 그에 대한 보충의견, 그리고 반대의견은 '다만'의 의미 등 위 법규정에 대한 문법적 이해 내지 그 논리적 관계에 대한 이해에 있어서 상반된 입장을 보였다.

[다수의견] 관련 규정의 체계, 내용 및 취지와 더불어, 수난구호법 제18조 제1항은 구조대상을 '조난된 선박'이 아니라 '조난된 사람'으로 명시하고 있는데, 같은 법 제2조 제4호에서 조난사고가 다른 선박과의 충돌 등 외부적 원인 외에 화재, 기관고장 등과 같이 해당 선박 자체의 내부적 원인으로도 발생할 수 있음을 전제

---

33) 대법원 1994. 12. 20.자 94모32 전원합의체 결정.

34) 이른바 실화 판결의 쟁점은 형법 제170조 제2항의 구문 구조를 어떻게 분석할 것인지의 문제인데 위 조문은 문법적으로나 의미상으로 명료하다고 하여 다수의견을 비판하고 반대의견을 지지하는 견해로 김기영, "형법해석의 한계와 신수사학", 『수사학』 제9호(2008), 228–247면, 특히 235–242면. 접속조사 '와' 및 부사 '또는'에 대한 구문론 차원의 언어적 해석 내지 문법적 해석이 문제된 또 다른 사례로는 이른바 휴일근로수당 판결로 알려진 대법원 2018. 6. 21. 선고 2011다112391 전원합의체 판결 참조.

로 하고 있으므로, 조난된 선박의 선장 및 승무원이라 하더라도 구조활동이 불가능한 상황이 아니라면 구조조치의무를 부담하게 하는 것이 조난된 사람의 신속한 구조를 목적으로 하는 수난구호법의 입법 취지에 부합하는 점을 고려하면, 수난구호법 제18조 제1항 단서의 '조난사고의 원인을 제공한 선박의 선장 및 승무원'에는 조난사고의 원인을 스스로 제공하여 '조난된 선박의 선장 및 승무원'도 포함된다고 보아야 한다.

[대법관 이상훈, 김용덕, 김신, 조희대, 이기택의 반대의견] 수난구호법 제18조 제1항 단서는 같은 항 본문의 예외라는 그 규정 형식에 비추어 볼 때, 위 조항 단서의 '조난사고의 원인을 제공한 선박의 선장 및 승무원'은 일단 그 본문의 요건을 충족하는 본문의 주체가 될 수 있어야 함은 분명하다. 따라서 위 조항 단서를 해석함에 있어서 '조난사고의 원인을 제공한 선박의 선장 및 승무원'에 '조난된 선박의 선장 및 승무원'이 포함되는지 여부에 앞서, 위 조항 본문의 '조난현장의 부근에 있는 선박등의 선장·기장 등'(이 사건에서는 항공기 등이 아니라 선박이 문제되는 사안이므로 필요한 경우를 제외하고는 이하 '조난현장의 부근에 있는 선박의 선장 등'이라고만 한다)에 '조난된 선박의 선장 및 승무원'이 포함되는지 여부를 살펴보아야 한다. …

(다) ① '조난된 선박의 선장 및 승무원' 역시 수난구호법 제18조 제1항 본문의 구조대상이 되는 '조난된 사람'에 해당한다. …

② 선박 조난사고에서 위 본문의 '조난현장의 부근에 있는 선박의 선장 등'은 조난된 선박의 조난된 사람으로부터 직·간접적으로 구조요청을 받는 사람이므로, 그 자신은 '조난된 선박의 선장 및 승무원'이 될 수 없다.

수난구호법 제18조 제1항 본문의 문언에 의하면, 본문의 주체인 '조난현장의 부근에 있는 선박의 선장 등'은 '조난된 선박'이나 '구조본부의 장 또는 소방관서의 장'(이하 편의상 '구조본부의 장'이라고만 한다)으로부터 구조요청을 받을 수 있는 사람이고, 이러한 구조요청에 의하여 비로소 구조지원의 의무가 발생한다.

그런데 구조요청이 '조난된 선박'으로부터 있는 경우 그 구조요청을 받는 '조난현장의 부근에 있는 선박의 선장 등'은 구조요청을 한 '조난된 선박'에 대하여 대향적 관계에 있어 그 스스로 '조난된 선박의 선장 및 승무원'이 될 수 없음이 문언상 자명하다. …

결국, 위 조항 본문의 '조난현장의 부근에 있는 선박의 선장 등'에는 '조난된 선박의 선장 및 승무원'이 포함되는 것으로 해석할 수 없다. 따라서 본문의 요건 충족을 전제로 하는 단서의 '조난사고의 원인을 제공한 선박의 선장 및 승무원'에도 '조난된 선박의 선장 및 승무원'은 포함될 수 없다.

[수난구호법 위반 유죄판단 부분에 관한 다수의견에 대한 대법관 김소영, 박상옥의 보충의견] 수난구호법 제18조 제1항의 본문과 단서는 입법형식상으로는 본문과 단서의 형태를 가지고 있지만, 양자는 의무귀속의 주체가 '조난현장 부근에 있는 선박의 선장'과 '조난사고의 원인을 제공한 선박의 선장 및 승무원'으로 상이하고, 의무부과의 근거도 '해상 조난사고에서의 인명구조라는 전통적 인도주의적 요청 및 국제법규'와 '선박사고 후 도주방지를 위한 입법적 대처'로 상이하며, 의무의 내용도 '구조지원의무'와 '구조조치의무'로 상이하다고 할 것이어서, 별개의 입법 목적을 가진 별개의 규정이 한 조항의 본문과 단서에 규정된 것에 불과하다고 할 것이다.35)

국어의 '다만'은 사전적 의미로 "앞의 말을 받아 예외적인 사항이나 조건을 덧붙일 때 그 말머리에 쓰는 말"인데, 일상적인 용례도 사전적 의미와 크게 다르지 않다. '다만'은 법적으로도 주문장의 뒤에서 주문장의 의미에서 제외되는 내용이나 예외적인 내용을 규정하는 경우에 사용된다.36) 따라서 '다만'으로 연결되는 구 수난구호법 제18조 제1항 단서 역시 본문의 의미에서 제외되는 내용이나 예외적인 내용을 규정하기 위한 것이라고 봐야 한다.

그렇다면 구 수난구호법 제18조 제1항은 '조난현장의 부근에 있는 선박 등의 선장·기장 등'은 일반적으로 '조난된 선박 등에 의해 구조요청을 받은 때'에만 구조지원의무가 발생하지만, 예외적으로 조난사고의 원인을 제공한 경우에는 구조요청을 받지 않은 때에도 그 선박의 선장 및 승무원에게 구조지원의무가 발생한다고 해석함이 상당하다. 즉 논리-체계적 해석은 통상적 의미에 따른 구문론적 해석과 함께 반대의견을 뒷받침한다.

반면 다수의견은 법 문언의 통상적 의미에 머무르지 않고 가능한 의미의 범위 내에서 '다만'에 대한 새로운 의미를 찾아 구 수난구호법 제18조 제1항의 구조를 사실상 본문과 단서의 예외 관계가 아니라 전문과 후문의 병렬 관계로 이

---

35) 대법원 2015. 11. 12. 선고 2015도6809 전원합의체 판결.
36) 법령입안심사기준(2019), 744면: "조나 항의 주된 내용에 대한 예외를 인정하거나 규율 대상 중 일부에 대해 달리 정할 필요가 있을 때에는 접속사 '다만'을 사용하여 단서로 규정한다. 단서의 앞 문장을 본문이라고 부르며, 단서는 본문에 규정된 행위 주체 중 일부를 제외하거나 특정 행위 주체에만 행위·절차 등을 달리 정하는 경우, 일정한 상황에서 의무나 요건을 강화하거나 완화하는 경우, 적용대상을 일부 배제하는 경우 등을 규정할 수 있다."

해하려 한다. 그러나 연결사로서 '다만'의 다양한 의미 모두 '앞 문장을 전제로' 그 예외를 표현한다는 점에서 적어도 구문론적 해석이나 논리-체계적 해석의 관점에서는 다수의견이 정당화되기 어려울 것이다.

　논리-체계적 해석이 주된 해석방법으로 활용된 근래의 사례로는 이른바 코미드 판결을 들 수 있다. 이 사건에서는 가상화폐 거래소 코미드(KOMID)의 운영자가 차명계정을 이용하여 허위로 포인트를 생성한 뒤 실제 거래가 이뤄지고 있는 것처럼 기록한 것이 형법 제232조의2 사전자기록위작죄에서 말하는 전자기록의 '위작'에 해당되는지 여부가 쟁점이 되었는데, 다수의견과 반대의견 모두 법문언의 의미가 불명확하다는 것을 전제로 관련 조항과의 체계적 해석을 시도하였다.

[다수의견] 국립국어원의 표준국어대사전은 '위작'을 '다른 사람의 작품을 흉내 내어 비슷하게 만드는 일 또는 그 작품', '저작권자의 승낙을 얻지 아니하고, 그의 저작물을 똑같이 만들어 발행하는 일'로 정의하고 있다. 그런데 형법 제20장(문서에 관한 죄)에는 제225조에서 공문서위조죄를, 제227조에서 허위공문서작성죄를, 제227조의2에서 공전자기록등위작죄를, 제231조에서 사문서위조죄를, 제232조의2에서 사전자기록등위작죄를 각 규정하고 있다. 일반 국민은 형법 제20장에서 규정하고 있는 문서죄와 전자기록죄의 각 죄명에 비추어 형법 제227조의2와 제232조의2에서 정한 '위작(僞作)'이란 '위조(僞造)'와 동일한 의미로 받아들이기보다는 '위조(僞造)'에서의 '위(僞)'와 '허위작성(虛僞作成)'에서의 '작(作)'이 결합한 단어이거나 '허위작성(虛僞作成)'에서 '위작(僞作)'만을 추출한 단어로 받아들이기 쉽다. 형법에서의 '위작'의 개념은 형법이 그에 관한 정의를 하지 않고 있고, 해당 문언의 사전적 의미만으로는 범죄구성요건으로서의 적절한 의미 해석을 바로 도출해 내기 어려우므로, 결국은 유사한 다른 범죄구성요건과의 관계에서 체계적으로 해석할 수밖에 없다. 따라서 형법 제232조의2에서 정한 '위작'의 포섭 범위에 권한 있는 사람이 그 권한을 남용하여 허위의 정보를 입력함으로써 시스템 설치·운영 주체의 의사에 반하는 전자기록을 생성하는 행위를 포함하는 것으로 보더라도, 이러한 해석이 '위작'이란 낱말이 가지는 문언의 가능한 의미를 벗어났다거나, 피고인에게 불리한 유추해석 또는 확장해석을 한 것이라고 볼 수 없다.
[대법관 이기택, 김재형, 박정화, 안철상, 노태악의 반대의견] 법령에서 쓰인 용어에 관해 정의 규정이 없는 경우에는 원칙적으로 사전적인 정의 등 일반적으로 받아들여지는 의미에 따라야 한다. 그런데 우리 형법에는 '위작'에 관한 정의 규정이

없다.

국립국어원의 표준국어대사전은 '위작'을 '다른 사람의 작품을 흉내 내어 비슷하게 만드는 일 또는 그 작품', '저작권자의 승낙을 얻지 아니하고, 그의 저작물을 똑같이 만들어 발행하는 일'로 정의하고 있을 뿐 전자기록과 관련하여 '위작'의 의미를 정하고 있지 않다. 그리고 전자기록과 관련하여 '위작'이란 용어는 일반 국민이 흔히 사용하는 단어도 아니다. 따라서 수범자인 일반 국민은 '위작'의 사전적인 정의 또는 '위작'이란 용어가 사용된 형법을 통해서는 '위작'이 무엇을 뜻하는지 전혀 예측할 수 없다. 이러한 사정 등을 고려하면 형법 제232조의2에서 정한 '위작'의 개념은 위 조항이 규정되어 있는 형법 제20장 '문서에 관한 죄'와 관련지어 체계적으로 그리고 헌법합치적으로 해석하여야 한다.[37]

논리-체계적 해석이 주요 해석방법으로 활용된 비교적 최근의 사례로는 강제추행죄에 있어서 폭행·협박의 의미에 관한 종전 판례를 변경한 대법원 전원합의체 판결을 들 수 있다. 다수의견은 문언적 해석에 논리-체계적 해석을 보태어 폭행·협박 선행형 강제추행에 대해서도 기습추행형 강제추행과 마찬가지로 '상대방의 신체에 대해 불법한 유형력을 행사하거나 상대방이 공포심을 일으킬 수 있는 정도의 해악을 고지하는 것'만으로 강제추행이 성립한다고 판시하였다. 반면 별개의견은 같은 해석방법들을 사용하면서도 폭행·협박 선행형 강제추행에 있어서는 상대방의 항거를 곤란하게 하는 정도의 폭행과 협박이 필요하다고 하여 종전 판례를 유지하여야 한다고 보았다.

[다수의견] 강제추행죄에 관한 현행 규정은 '폭행 또는 협박으로 사람에 대하여 추행을 한 자' 또는 '폭행 또는 협박으로 사람을 강제추행한 경우' 이를 처벌한다고 정하고 있을 뿐, 폭행·협박의 정도를 명시적으로 한정하고 있지 아니하다. '강제추행'에서 '강제(強制)'의 사전적 의미는 '권력이나 위력으로 남의 자유의사를 억눌러 원하지 않는 일을 억지로 시키는 것'으로서, 반드시 상대방의 항거가 곤란할 것을 전제로 한다고 볼 수 없고, 폭행·협박을 수단으로 또는 폭행·협박의 방법으로 동의하지 않는 상대방에 대하여 추행을 하는 경우 그러한 강제성은 구현된다고 보아야 한다.

[대법관 이동원의 별개의견] 폭행·협박 선행형의 강제추행죄에서 '폭행 또는 협

---

37) 대법원 2020. 8. 27. 선고 2019도11294 전원합의체 판결.

박'의 정도에 관하여 상대방의 항거를 곤란하게 하는 정도의 폭행 또는 협박이 요구된다고 판시한 '종래의 판례 법리'는 여전히 타당하므로 그대로 유지되어야 한다. …

종래의 판례 법리는 형사법 문언과 체계에 부합한다. 강제추행죄의 '폭행 또는 협박'의 정도에 관하여 상대방의 항거를 곤란하게 하는 정도로 제한 해석해야 단순추행죄, 위력에 의한 추행죄와 분명한 구별이 가능하고, 준강제추행죄의 항거불능과도 균형이 맞는다. …

국어사전에서 '강제(强制)'의 뜻을 '권력이나 위력으로 남의 자유의사를 억눌러 원하지 않는 일을 억지로 시키는 것'이라고 정의하고 있음은 다수의견에서 본 바와 같다. 따라서 강제추행죄의 사전적 정의 자체에 '피해자의 반항을 억누를 정도', 즉 항거곤란의 의미가 포함되어 있으므로 피해자에 대한 '폭행 또는 협박'이 항거곤란의 정도에 이르러야 한다는 것은 강제추행죄의 일반적인 문언 개념에 부합한다. 다수의견은 '강제'의 사전적 정의로 되어 있는 부분 중 '남의 자유의사를 억눌러, 억지로' 하게 하는 요소를 근거 없이 제외한 채 강제추행죄의 '폭행 또는 협박'에 관하여 논하고 있어서 수긍하기 어렵다.

[다수의견에 대한 대법관 안철상, 노태악, 천대엽, 오석준, 서경환의 보충의견] 다수의견은 폭행·협박 선행형의 강제추행죄에서 상대방의 항거를 곤란하게 하는 정도의 폭행 또는 협박을 요구하던 종래의 판례 법리를 변경하고, 강제추행죄의 '폭행 또는 협박'의 의미에 대하여 형법상 폭행죄 또는 협박죄에서 정한 '폭행 또는 협박'을 의미하는 것으로 문언대로 해석해야 한다는 것이다.[38]

논리-체계적 해석은 종종 평등원칙과 관련되어 등장하는데, 그 대표적인 사례가 이른바 통근재해 판결로서 반대의견과 그에 대한 보충의견은 근로자의 출·퇴근 중의 재해도 업무상의 재해로 인정하여야 한다는 논지를 옹호하는 데에 있어서 논리-체계적 해석을 가장 강력한 논거로 사용하였다.[39]

[대법관 김영란, 박시환, 김지형, 김능환, 전수안의 반대의견] 산재보험법은 업무상 재해를 '업무상의 사유에 의한 근로자의 부상·질병·신체장해 또는 사망'으로 규정하고 있고, 공무원연금법은 공무상 재해에 관하여 '공무로 인한 질병·부상과 재해'라고 규정하고 있어, 위 각 법률규정의 문언상으로 그 의미를 달리 해석할

---

38) 대법원 2023. 9. 21. 선고 2018도13877 전원합의체 판결.
39) 드워킨의 정합성(integrity) 이념에 기초하여 '법해석의 통일적 해석 및 적용의 견지'를 중시하는 반대의견을 우호적으로 평가하는 견해로 김도균(2010), 114-115면.

수 있는 근거를 찾아볼 수 없다. 그런데도 대법원은 공무원이 통상적인 경로와 방법에 의하여 출·퇴근 중 발생한 사고로 재해를 입은 경우 이를 공무상 재해로 인정하고 있다(대법원 1993. 6. 29. 선고 92누19309 판결 등 참조). …

공무원 등의 공무상 재해와 일반근로자의 업무상 재해에 대한 보상보험제도는 적용대상자와 국가로부터 위탁받아 그 사업을 수행하는 기관만 다를 뿐, 국가가 보험자가 되어 행하여지는 보험사업으로서 재해보상에 대한 기본원리나 사업주 부담이라는 재정부담의 기초가 동일하고, 출·퇴근 행위라는 사실적 측면에서도 아무런 차이가 없다. … 그런데도 다수의견에 의하게 되면, 당해 출·퇴근 행위자가 공무원 또는 군인인지 아니면 일반근로자인지에 따라, 나아가 같은 일반근로자라 할지라도 사립학교 교직원인지 아닌지에 따라 그 규범적 평가를 달리하게 된다. 이것이 형평성 내지 평등의 원칙에 반하고 법규범의 통일적 해석 및 적용의 견지에서 타당하지 못함은 두말할 나위도 없을 것이다.

[반대의견에 대한 대법관 김영란, 박시환, 김지형의 보충의견] 산재보험법은 '업무상의 재해'를 '업무상의 사유에 의한 근로자의 부상·질병·신체장해 또는 사망'으로 정의하고 있고, 공무원연금법은 '공무원의 공무로 인한 질병·부상과 재해 및 사망'으로 정하고 있다. 위 두 법률규정의 '문언'만을 대비하여 보면 사소한 표현의 차이는 있을지언정 그 문언의 의미를 달리할 만한 어떠한 차이도 찾아볼 수 없다. 물론 위 정의규정 이외에 출·퇴근 중의 재해에 관하여 별도의 법률규정을 두고 있다면 그 전제가 달라질 수 있을 것이지만, 위에서 본 규정 이외에 출·퇴근 중의 재해가 '업무상의 재해' 또는 '공무로 인한 재해'에 포함되는지 여부에 관하여는 다른 어떠한 법률규정도 두고 있지 않다. 그럼에도 불구하고, 어떠한 연유로 '문언'을 근거로 해석론을 달리할 수 있다는 것인지 아무리 애써도 이해하기 어렵다.[40)]

법원은 동일한 사건에서 동일한 논리-체계적 해석방법을 사용하면서도 입법목적을 비롯한 다른 해석논거들을 고려하여 상반된 결론을 이끌어내는 경우가 적지 않다. 예를 들면 집행유예 기간 중 다시 집행유예를 선고할 수 있는지 여부가 쟁점이 되었던 대법원 전원합의체 판결에서 반대의견과 별개의견은 공통적으로 구 형법 제62조 제1항 단서에 대한 논리-체계적 해석을 시도하였음에도 불구하고 서로 다른 결론을 도출하였다.

---

40) 대법원 2007. 9. 28. 선고 2005두12572 전원합의체 판결.

[**대법원장 이일규 및 대법관 김주한의 반대의견**] 형법 제62조 제1항 단서는 금고 이상의 형의 선고를 받아 집행을 종료한 후 또는 집행이 면제된 후로부터 5년을 경과하지 아니한 자에 대하여는 형의 집행을 유예할 수 없도록 규정하고 있는바, 여기에서 "금고 이상의 형의 선고를 받아"라고 함은 실형만을 지칭하는 것은 아니고 집행유예의 선고를 받은 경우도 포함하는 것으로 해석되며 이는 같은 법 제63조에 집행유예의 선고를 받은 자가 유예기간 중 금고 이상의 형의 선고를 받아 그 판결이 확정된 때에는 집행유예의 선고는 그 효력을 잃는다고 규정된 데에 비추어 보아도 명백하다. …

형의 집행유예에 관한 위 제62조는 집행유예기간 내에 범한 죄에 대한 경우와 집행유예를 선고한 판결확정 전에 범한 죄에 대한 경우를 구별하여 규정하고 있지 아니하고 형법이나 다른 어느 법률에 의하더라도 집행유예기간중에 범한 죄와 그 집행유예 판결확정 전에 범한 죄를 구별하여 해석할 수 있는 근거를 찾아볼 수 없(다.)

[**대법관 배만운의 별개의견**] 형법 제62조 제1항 단서의 "금고 이상의 형의 선고를 받아"에서 말하는 "형"이란 실형만을 가리키는 것이지 집행유예를 받은 형까지도 포함하는 것으로는 해석되지 아니한다. 왜냐하면 집행유예의 선고를 받은 후 무사히 그 유예기간을 경과하면 형법 제65조에 의하여 형의 선고는 그 효력을 잃게 되는 반면에 그 기간이 경과하기 전의 미확정상태에서는 형의 집행의 종료 또는 면제란 처음부터 있을 수가 없기 때문이다. 다시 말하면 형법 제62조 제1항 단서에서 "금고 이상의 형의 선고를 받아"라는 부분만 따로 떼어서 보면 그 "형의 선고"는 실형뿐만 아니라 집행유예를 받은 형의 선고도 포함하는 것으로 보이지만 위 문언에 바로 연결되어 있는 "집행을 종료한 후 또는 집행이 면제된 후로부터 5년이 경과하지 아니한 자"라는 부분까지를 묶어 보면 "금고 이상의 형"은 당연히 실형만을 가리킨다고 볼 수밖에 없는 것이다.[41]

구 사립학교법의 임시이사에게 정식이사를 선임할 권한이 있는지 여부가 쟁점이었던 이른바 상지대 판결에서도 다수의견과 반대의견 모두 논리-체계적 해석을 주된 해석방법으로 사용하면서도 상반된 결론에 이르렀다.[42]

[**다수의견**] 학교법인의 기본권과 구 사립학교법(2005. 12. 29. 법률 제7802호로

---

41) 대법원 1989. 9. 12. 선고 87도2365 전원합의체 판결.
42) 구 사립학교법에 임시이사의 정식이사 선임권에 대한 규정이 흠결되어 있다는 이유로 이른바 상지대 사건을 법의 흠결 문제로 파악하는 견해로 김학태(2017), 426-427면.

개정되기 전의 것)의 입법목적, 그리고 같은 법 제25조가 민법 제63조에 대한 특
칙으로서 임시이사의 선임사유, 임무, 재임기간 그리고 정식이사로의 선임제한 등
에 관한 별도의 규정을 두고 있는 점 등에 비추어 보면, 구 사립학교법 제25조 제
1항에 의하여 교육인적자원부장관이 선임한 임시이사는 이사의 결원으로 인하여
학교법인의 목적을 달성할 수 없거나 손해가 생길 염려가 있는 경우에 임시적으
로 그 운영을 담당하는 위기관리자로서, 민법상의 임시이사와는 달리 일반적인 학
교법인의 운영에 관한 행위에 한하여 정식이사와 동일한 권한을 가지는 것으로
제한적으로 해석하여야 하고, 따라서 정식이사를 선임할 권한은 없다고 봄이 상당
하다.

[대법관 김영란, 박시환, 김지형, 이홍훈, 전수안의 반대의견] 학교법인에 대하여
는 사립학교법이 우선 적용되나 그 외 사립학교법에 규정되지 않은 사항에 관하
여는 민법의 재단법인에 관한 규정이 적용되어야 한다. 그런데 민법 제63조에 의
하여 법원이 선임한 임시이사는 일반 이사와 동일한 결의권이 있다는 것이므로,
비록 그 선임 주체가 다르다 하더라도 사립학교법 소정의 임시이사들 역시 정식
이사와 동일한 권한이 있는 것으로 해석하여야 하고, 따라서 임시이사들로 구성된
이사회에서 정식이사를 선임한 이사회결의를 무효라고 볼 수 없다.

[반대의견에 대한 대법관 이홍훈의 보충의견] 우리 헌법과 구 사립학교법뿐만 아니
라 공익법인의 설립·운영에 관한 법률의 그 어디에도 구 사립학교법 제25조 제1
항에 의하여 교육인적자원부장관이 선임한 임시이사의 권한을 정식이사의 권한보
다 제한하는 규정은 전혀 두고 있지 아니하므로 법의 일반 원칙에 따라서 구 사립
학교법상의 임시이사는 민법상의 임시이사와 마찬가지로 정식이사와 동일한 권한
을 가진다고 해석하여야 한다.43)

논리-체계적 해석은 선례 구속의 원리가 지배하는 판례법 국가에서는 당연
히 선례에 근거한 해석을 포함한다. 제정법 중심 국가인 우리나라에서도 최고법
원의 판례는 사실상의 구속력을 가지므로 선례에 근거한 해석도 논리-체계적 해
석의 일종으로 이해될 수 있다. 오늘날 일일이 열거하기 어려울 정도로 이를 널
리 활용하는 헌법재판소와 달리, 대법원은 기존 판례를 주요 논거로 제시하면서
도,44) 빈번한 판례 변경에서 확인되듯이 선례에 근거한 해석에 그다지 얽매이지

---

43) 대법원 2007. 5. 17. 선고 2006다19054 전원합의체 판결.
44) 동일한 쟁점에 대하여 엇갈리는 대법원 소부 판결들을 통일하는 대법원 전원합의체 판결
에서 다수의견이나 소수의견이 각자의 의견에 부합하는 판례만을 선별적으로 인용하는
방식으로 선례에 근거한 해석이 활용되는 것은 바람직하지 않다. 예컨대 외국환관리법위

않는 모습을 보인다. 엇갈리는 대법원 판결들이 전원합의체 판결을 통해 정리되곤 하는 상황에 비추어 보면, 실제로 소부의 판결들이 충돌하는 경우는 적지 않을 것으로 보인다. 또 확립된 대법원 판례를 구성해온 판결들이 전원합의체 판결에 의해 일거에 변경되기도 한다.[45)]

　　나아가 불과 10여 년 만에 기존 전원합의체 판결을 번복하는 새로운 전원합의체 판결이 내려지기도 하고 기존 전원합의체 판결을 변경하지 않고 사실상 상반되는 새로운 전원합의체 판결이 내려지기도 한다. 앞서 살펴보았던 기계적 복사문서의 위조문서성에 대한 전원합의체 판결들이 전자의 사례였다면, 동일 부동산에 관한 중복등기의 효력에 관한 상반된 취지의 전원합의체 판결들은 후자의 사례에 해당된다. 대법원은 1978. 12. 26. 선고 77다2427 전원합의체 판결에서 동일 부동산에 관하여 등기명의인을 달리하여 중복된 보존등기가 이루어진 경우 법원은 실체적 관계를 살펴 어느 것이 진실한 소유권에 기한 것인지를 확정해 유·무효를 판단해야 한다고 판시하였다. 하지만 대법원 1990. 11. 27. 선고 87다카2961, 87다453 전원합의체 판결에서는 먼저 이루어진 소유권보존등기가 원칙적으로 유효임을 전제로 뒤에 경료된 소유권보존등기가 무효라고 해석함이 상당하다고 판시함으로써 사실상 종전 전원합의체 판결과 상반되는 판결을 내렸다.

　　논리-체계적 해석에 따르면 동일한 법개념은 당해 법체계 전체를 통하여 일관된 의미로 사용될 수 있도록 해석되어야 하지만, 실제로는 여러 법률에서, 심지어 같은 법률 안에서도 상이한 의미를 지닐 수 있다. 법원도 법개념의 상대성을 받아들여 불법·과실·책임 등의 개념이 법영역에 따라 상이한 의미를 가질 수 있다고 본다. 이는 공무원이 직무수행 중 불법행위로 타인에게 손해를 입힌 경우 공무원 개인이 손해배상책임을 부담하는지 여부가 쟁점이 되었던 이른바 공무원 국가배상 판결에서 잘 드러난다. 이 사건에서 헌법 제29조 제1항 단서에서 말하는 '책임'의 의미가 선결적인 쟁점이 되었는데, 다수의견은 이를 민법상의 불법행위 책임과 다르게 고의와 중과실에 한정되는 불법행위책임이라고 판단한 반면, 별개의견은 민법상의 불법행위책임과 동일한 책임이라고 판단하였으나 반대의견은 아예 민법상의 불법행위책임과 다른 국가 또는 공동단체에 대한 내부

　　반죄의 추정방법이 쟁점이 되었던 대법원 1998. 5. 21. 선고 95도2002 전원합의체 판결 참조.

45) 이는 우리나라에 국한되지 않고 외국에서도 흔히 발견되는 현상으로 보인다. 가령 스위스의 판례 변경 현실에 대해서는 Kramer(2019), 322-323면 참조.

적인 책임이라고 판단하였다.[46)

끝으로 논리-체계적 해석은 이른바 잉여 회피 규칙의 적용 형태로도 등장한다. 이른바 의제공무원 판결의 반대의견은 구 변호사법 제111조의 해석과 관련하여 논리-체계적 해석 및 역사적 해석과 결합된 형태로 잉여 회피 해석을 시도하였다.[47)

[대법관 김용담, 양승태, 김황식, 박일환, 김능환, 안대희의 반대의견] 만약 다수의견의 해석에 따르면, 변호사법을 개정하여 괄호 부분을 신설한 취지가 완전히 몰각되게 되므로 이 점에서도 다수의견에 찬성할 수 없다. 즉, 다수의견이 괄호 부분에 해당할 수 있다고 열거하고 있는 경우 중에서 ① 구체적으로 변호사법 제111조의 적용에 있어서 공무원으로 의제하는 경우나, ② 일반적으로 공무원이 범죄구성요건으로 들어가 있는 모든 형사처벌 조항의 적용에 있어서 공무원으로 의제한다는 규정을 두고 있는 경우에는 굳이 괄호 부분이 없더라도 의제되는 사람이 취급하는 사건·사무를 변호사법 제111조에서 정한 공무원이 취급하는 사건·사무로 해석할 수 있는 것이고, 다만 ③ 공무원이 아닌 자가 취급하는 사건·사무에 대해서도 공무원이 취급하는 사건·사무와 동일시하여 그에 관하여 청탁·알선이 이루어지는 경우에는 일반적으로 형사처벌의 대상으로 삼아 그들을 공무원으로 의제한다는 뜻을 담고 있는 경우만이 괄호 부분이 의미를 갖게 될 것이다. 그런데 위 ③의 경우에 해당하는 경우는 현재로서는 그 어디에도 없고, 또한 앞서 본 변호사법 제111조의 입법 목적과 기능 등에 비추어 볼 때 형법 제129조 내지 제132조의 적용에 있어서는 공무원으로 의제한다는 조항보다 더욱 위 ③의 경우에 해당된다고 볼 수 있는 경우가 얼마나 있을지 의문이다. 결국, 다수의견에 의하면 괄호 부분의 신설은 아무런 의미를 갖지 않는다는 결론에 이르게 되는 것이다.[48)

---

46) 대법원 1996. 2. 15. 선고 95다38677 전원합의체 판결.
47) 잉여 회피 해석은 통상 논리-체계적 해석의 일환으로 사용되나 다른 해석방법의 보조 수단으로 활용되기도 한다. 가령 이른바 휴일근로수당 판결로 알려진 대법원 2018. 6. 21. 선고 2011다112391 전원합의체 판결에서는 역사적 해석을 보조하는 논거로, 또 이른바 전교조 판결로 알려진 대법원 2020. 9. 3. 선고 2016두32992 전원합의체 판결에서는 결과 고려적 해석을 보조하는 논거로 활용되었다.
48) 대법원 2006. 11. 16. 선고 2006도4549 전원합의체 판결.

3. 역사적 해석

우리나라 법원은 전통적으로 역사적 해석을 그다지 중시하지 않았다. 역사적 해석이 핵심적인 논거로 활용된 판례는 드문 편이며, 입법의 역사적 배경이나 입법과정이 비교적 분명한 경우에도 여러 해석논거 중 하나로 활용되는 정도에 그쳤다.[49] 그리고 이른바 금액 판결이나 백지어음 판결에서 보듯이 역사적 해석을 주요 논거로 삼더라도 판결이유에서 입법준비자료까지 상세히 검토하는 판결은 드문 편이다. 5·18민주화운동 등에 관한 특별법 제2조의 소급입법 여부가 문제되었던 헌법재판소 1996. 2. 16. 선고 96헌가2,96헌바7·13 전원재판부 결정에서 볼 수 있듯이, 헌법재판소도 제정경위와 심의 내용이 비교적 명확한 특별법의 경우에는 역사적 해석을 사용하지만, 입법준비자료까지 철저히 분석하지는 않는 듯하다.

이러한 소극적 태도는 법원이 역사적 해석의 의미와 중요성을 충분히 인식하지 못한다는 방법론적 한계, 또 법원이 역사적 해석과 목적론적 해석을 명확하게 구별하지 않는다는 이론적 한계, 그리고 과거 입법준비자료가 부실하고 잘 보관되지 못하여 입법자의 의사를 정확히 파악하기가 어렵다는 실무적 한계 등에서 그 원인을 찾을 수 있을 듯하다.

대법원은 형법규정의 해석을 두고 논란이 벌어지는 경우 "형벌법규의 해석에서도 법률문언의 통상적인 의미를 벗어나지 않는 한 그 법률의 입법취지와 목적, 입법연혁 등을 고려한 목적론적 해석이 배제되는 것은 아니다."라는 표현을 한동안 즐겨 사용하였다.[50] 이 판시 내용만 놓고 보면 법원은 입법취지와 목적뿐 아니라 입법연혁을 고려한 해석도 목적론적 해석으로 파악하는 듯하다.[51]

---

49) 이른바 실화 판결에서 보듯이 역사적 해석이 판결이유에 충분히 드러나지는 않지만 해석 결론을 뒷받침하는 숨은 논거로 활용되는 경우는 적지 않다. 이에 대해서는 신동운 외 (2000), 15-18면; 김학태(2017), 163-164면. 우리나라 법원은 문언적 해석과 체계적 해석을 법해석의 기준으로 삼으면서 주로 법 문언의 통상적인 의미와 다른 해석을 하려는 경우 역사적 해석을 시도한다는 지적은 이윤정, "입법자의 의사와 법해석 —입법연혁을 활용한 판례분석을 중심으로—", 『서울법학』 제27권 제2호(2019), 75-110면, 특히 102-103면.

50) 대법원 2002. 2. 21. 선고 2001도2819 전원합의체 판결; 대법원 2003. 1. 10. 선고 2002도 2363 판결; 대법원 2006. 5. 12. 선고 2005도6525 판결 등 다수 판결.

51) 고봉진(2013), 89면. 판례가 '입법의 취지와 목적'이라는 표현을 관례적으로 사용하는 까닭에 '입법의 취지'를 입법의 목적과 구별하여 입법자의 의도를 뜻하는 것으로 이해할 수도 있을 것이다. 하지만 법원이 입법 취지의 의미를 설명하지 않기 때문에 역사적 입법자

역사적 해석과 목적론적 해석의 경계, 나아가 주관적 해석이론(주관설)과 객관적 해석이론(객관설)의 경계가 그다지 분명치 않다는 점을 감안하더라도 법원과 같이 입법취지나 목적뿐 아니라 입법연혁을 고려하는 해석까지 목적론적 해석으로 보는 것은 목적론적 해석을 지나치게 확장하는 것이다. 이는 역사적 해석의 입지를 축소시키고 주관적 해석이론의 무용성이나 시대착오성을 강화하는 주장을 뒷받침하는 사이비 논거로 이어질 수 있으므로 지양되어야 한다.

역사적 해석은 일찍이 이른바 금액 판결에서 반문언적 해석을 지지한 다수의견을 뒷받침하는 논거로 사용되었다. 이 판결에서는 형법 제55조 제1항 6호에서 "벌금을 감경할 때에는 그 다액의 2분의 1로 한다."라고 명문으로 규정하고 있음에도 불구하고 법정형이 벌금의 상한과 함께 하한을 규정하고 있는 경우 하한도 감경되는지 여부가 쟁점이 되었다. 다수의견은 법전편찬위원회의 형법기초자가 착오로 원래 '금액'으로 할 것을 '다액'으로 부주의하게 표현하였고 위원회에서도 이를 통과시켰을 것으로 추단하고 이를 편집오류로 보아 벌금의 상한과 함께 하한도 감경되는 것으로 수정(보정) 해석하였다. 역사적 해석의 관점에서 형법의 성립사 등을 고려하여 입법자의 의도를 추단한 것은 적절하지만 입법준비자료에 대한 치밀한 검토를 통해 이를 뒷받침하려는 논증 과정이 생략된 점은 아쉽다.

> [다수의견] 우리 형법과 거의 그 형벌체제를 같이하고 있던 구형법에서도 벌금을 감경할 때는 그 금액의 2분의 1로 감경하는 것으로 하여 그 하한까지도 내려가는 것으로 하고 있다(구형법 68조 4호 참조). 위에서 본 여러 가지 사정으로 미루어 보아 우리 형법을 제정할 당시 형법 각 본조에는 물론 기타 법률에 벌금을 정함에 있어 그 상한만을 규정하였을 뿐 그 하한은 특별히 정한바가 거의 생각할 수 없었으므로 그 상한만을 염두에 둔 나머지 법전편찬위원회의 형법기초자가 구형법 68조 6호에 과료를 경감할 때는 그 "다액"의 2분의 1로 한다는 규정과 동일시한 경과(다만 과료에 관한 이와 같은 규정은 그 특별한 입법정책이 있었다. 즉 과료는 당시 하한선이 10전(이상) 이었는데 이것을 만일 2(두)번 감경한다면 2전5리까지 내릴 수 있었으나 이것은 과료가 형벌적 가치보다 웃음거리에 불과한 결과를 가져올 우려도 있었던 까닭이다) 형법 55조 1항 6호를 금액이라고 규정할 것을 착

의 실제 의도를 뜻하는지 아니면 해석자가 상정하는 합리적인 입법자의 의도를 뜻하는지 분명치 않다. 같은 취지의 비판으로 김영환(2018), 394면 각주105 참조.

오로 "금액"을 "다액"으로 부주의하게 표현방법만을 바꿀 생각으로 "개정"하였고 위원회에서도 부주의하게 이 개정초안을 기초자의 설명대로 통과시켰다고 본다. 왜냐하면 위원회에서 당시 이 점에 관하여 특별한 정책적 고려나 충분한 토의도 없이 구법의 규정이 개정된 당시의 경위나 심지어 그 분위기에 맞추어 명백하다 고 본다.52)

앞서 살펴본 이른바 콜밴 판결에서는 입법사에 초점을 맞춘 역사적 해석이 반문언적 해석을 시도한 반대의견을 뒷받침하는 주요 논거로 사용되었다. 또 이 른바 통근재해 사건의 반대의견도 산업재해보상보험법의 제정경위 및 개정경과 에 대한 검토를 통해 산재보험법의 업무상 재해와 공무원연금법의 업무상 재해 의 개념이 사실상 동일하다는 점을 역사적 해석으로써 뒷받침하였다.

[대법관 유지담, 이규홍, 박재윤, 고현철의 반대의견] 여객자동차운수사업법과 화 물자동차운수사업법으로 나누어지기 전에 여객과 화물의 운수사업에 관하여 함께 규율하던 구 자동차운수사업법 제72조는 "면허 또는 등록을 받지 아니하고 자동 차운송사업을 경영한 자"를 처벌하도록 하고 있고, 같은 법 제2조 제2호는 '자동 차운송사업'에 대하여 "타인의 수요에 응하여 자동차를 사용하여 여객 또는 화물 을 유상으로 운송하는 사업"이라고 정의하였으며, 같은 조 제5호는 '자동차'에 대 하여 "자동차관리법에 의한 자동차"라고 정의함으로써, 여객자동차운수사업법이 시행되기 전에는 어떤 자동차를 사용하든 간에 면허나 등록이 없이 여객을 유상 으로 운송하면 처벌할 수 있다고 해석하는 데 아무런 의문이 제기되지 않았고, 실 제로 화물자동차를 사용하여 유상으로 여객운송행위를 하면 구 자동차운수사업법 제72조 위반죄로 모두 처벌되어 오다가 그 이후에 구 자동차운수사업법이 1997. 8. 30. 화물자동차운수사업법과 1997. 12. 13. 여객자동차운수사업법으로 나누어 지면서 무면허·무등록 여객자동차운송사업 경영의 점은 여객자동차운수사업법 제81조 제1호로, 무등록 화물자동차운송사업 경영의 점은 화물자동차운수사업법 제48조 제1호로 각각 분리되어 규율되기에 이른 사실은 주지하는 바와 같다. 이와 같이 구 자동차운수사업법이 2개의 법률로 분리되면서 그중 여객자동차운수 사업법이 여객자동차운수사업만을 규율하게 된 결과로, 같은 법 제2조 제3호는

52) 대법원 1978. 4. 25. 선고 78도246 전원합의체 판결. 이에 대한 법학방법론적 검토는 김대 휘, "법관의 법발견의 3단계 — 특히 법률수정의 문제", 『사법연구자료』 제13집(1986), 5-35면, 특히 30-32면 참조.

"여객자동차운송사업이라 함은 다른 사람의 수요에 응하여 자동차를 사용하여 유상으로 여객을 운송하는 사업을 말한다."고 정의하고, 제2조 제1호에서 같은 법에서 사용하는 자동차라는 용어는 "자동차관리법 제3조의 규정에 의한 승용자동차 및 승합자동차를 말한다."고 정의하는 규정을 두게 되었으나, 이러한 자동차 정의규정을 둔 입법자의 의도가 여객자동차운수사업법의 제정·시행으로 종래 구 자동차운수사업법 아래에서 처벌대상으로 되어 있던 무면허·무등록 유상여객운송행위 중에서 승용·승합자동차를 사용하는 경우만을 처벌하고 화물자동차 등을 사용하는 경우는 처벌대상에서 제외하려는 것이라고는 도저히 볼 수 없(다.)[53]

[반대의견에 대한 대법관 김영란, 박시환, 김지형의 보충의견] 우리나라에서 산재보험법이 입법화될 당시, 입법자의 의도가 일반근로자의 산재보험 수급권을 공무원 또는 군인, 더 나아가 사립학교 교직원 등의 그것과 달리 정하고자 하였다고 볼 근거는 어디에서도 찾아볼 수 없다. 오히려 관련되는 법률규정을 전체적으로 대비하여 보더라도 출·퇴근 중의 재해 등에 관하여 그 보험급여 수급권의 존부나 범위 등을 달리 정하려는 취지를 읽을 수 있기보다는, 동일한 사항이기는 하지만 그 대상자가 일반근로자인지, 공무원 또는 군인인지, 나아가 일반근로자 중에서도 특히 사립학교 교직원인지에 차이가 있어 입법기술상의 필요에 따라 해당되는 개별 법률을 달리 제정하였을 뿐이었던 것으로 보는 것이 훨씬 자연스러울 것이다. 산재보험법이 1963. 11. 5.에, 공무원연금법이 1960. 1. 1.에 각 제정된 후, 산재보험 수급업무를 담당하는 노동부에서는 1982년경 그에 관한 세부사항으로서 자체적으로 '업무상 재해 인정기준'을 정한 노동부예규를 제정하였고, 공무원연금 수급업무를 담당하는 총무처 역시 1981년경 '공무상 재해 인정기준'을 정한 총무처훈령을 제정하였는데, 위 노동부예규에서는 출·퇴근 중의 재해를 업무상 재해로 명시하지 않았던 반면에, 위 총무처훈령에서는 출·퇴근 중의 재해를 공무상 재해에 명시적으로 포함시킴으로써, 그 수급업무에 관하여 전혀 상반된 해석을 하여 왔다. … 이와 같이 출·퇴근 중의 재해에 대한 각 소관 행정부처의 서로 다른 해석이 입법자의 입법의도와는 무관하게 아무런 법률적 근거 없이 이루어진 것을 두고 사법부가 이를 그대로 용인하는 해석을 해버린다면, 사법부가 행정부와 함께 입법권을 침해하는 것과 다를 바 없다.[54]

나아가 법원은 우리나라 법체계가 기본적으로 일본을 거쳐 독일 등의 법체

---

53) 대법원 2004. 11. 18. 선고 2004도1228 전원합의체 판결.
54) 대법원 2007. 9. 28. 선고 2005두12572 전원합의체 판결.

계를 계수한 것이고 실제로 다수의 법령이 일본이나 독일 등의 관련 법제를 참조하였다는 점을 감안하여 연혁적 해석의 관점에서 법령을 해석함에 있어서 유사한 법제를 가진 외국의 판례나 학설을 검토하였다. 예컨대 공무원의 직무상 불법행위책임 판결에서 별개의견과 반대의견은 독일과 일본의 학설 및 판례를 들어 다수의견을 반박하는 등 역사적 해석을 적극 활용하였다.55) 입법의 전사(前史)에 초점을 맞추는 역사적 해석은 비교법적 해석방법의 하위 유형으로도 이해될 수 있을 것이다.

법령의 제·개정 과정에 초점을 맞추는 입법사적 해석과 관련하여, 기존 법규정에 포함된 문언의 의미가 핵심적인 쟁점이 되는 사건이 발생한 후 해당 법규정이 해석상 논란을 해소하는 방향으로 개정된 경우 이를 어떻게 해석할 것인지의 문제는 종종 우리나라의 실무에서도 논란이 된다. 이 문제가 쟁점이 되었던 대표적인 사례가 이른바 세월호 판결이었다.

[대법관 이상훈, 김용덕, 김신, 조희대, 이기택의 반대의견] 수난구호법은 2015. 7. 24. 「수상에서의 수색·구조 등에 관한 법률」(법률 제13440호, 2016. 1. 25. 시행)로 개정되면서, 수난구호법 제18조 제1항도 개정되었다. 그 내용은 현행 수난구호법 제18조 제1항 본문은 그대로 둔 채, 같은 항 단서를 '다만 조난된 선박 또는 조난사고의 원인을 제공한 선박의 선장 및 승무원은 요청이 없더라도 조난된 사람을 신속히 구조하는 데 필요한 조치를 하여야 한다'라고 개정한 것으로, 단서의 의무주체에 '조난된 선박'을 추가하는 것이다.

앞서 본 제18조 제1항 본문과 단서의 관계, 본문이 규정하는 구조지원자와 구조요청자의 관계 등에 비추어 보면, '조난된 선박'의 구조조치의무를 제1항과 별개의 항으로 규정하지 않고 제1항 단서에 추가한 것은 적절한 입법으로 보이지 않는다. 그러나 위와 같은 개정 내용에 비추어 보면, 현행 수난구호법 제18조 제1항 단서의 '조난사고의 원인을 제공한 선박'에는 '조난된 선박'이 포함되기 어렵기 때문에 개정에 이른 것임을 넉넉히 알 수 있다.

[수난구호법 위반 유죄판단 부분에 관한 다수의견에 대한 대법관 김소영, 박상옥의 보충의견] 세월호 조난사고가 발생한 이후에 2015. 7. 24. 수난구호법에서 개정된 수상에서의 수색·구조 등에 관한 법률 제18조 제1항은 본문과 그 단서의 입법목적이 상이함을 재확인하고 법문을 보다 명확히 하기 위하여 그 조문 제목과 본문 내용을 그대로 두면서도 단서의 구조조치의무자를 '조난된 선박 또는 조난사고의

---

55) 대법원 1996. 2. 15. 선고 95다38677 전원합의체 판결.

원인을 제공한 선박의 선장 및 승무원'으로 규정함으로써 '조난된 선박'의 선장 및 승무원에 대하여 조난사고의 원인제공 여부와 상관없이 언제나 구조조치의무가 있음을 명시하여 그 범위를 확대하였다.[56)]

다른 해석방법과 마찬가지로, 동일한 역사적 해석을 시도하지만 입법 경위 등을 서로 다르게 이해함으로써 상반된 결론에 이르는 사례도 적지 않다. 최근 민사집행법 제267조에서 말하는 '담보권의 소멸'에 대한 해석이 쟁점이 되었던 이른바 임의경매 공신력 판결이 이를 잘 보여주고 있다.

[다수의견] 담보권의 실체적 하자는 담보권이 처음부터 유효하게 성립하지 않아 부존재하는 경우와 일단 유효하게 성립한 담보권이 변제나 담보권설정계약 해지 등과 같은 후발적인 사유로 소멸한 경우로 나누어 볼 수 있다. 이 사건 조항을 입법하는 과정에서는 이러한 사유에 대한 구별 없이 담보권에 실체적 하자가 있다면 전면적으로 경매의 공신력을 인정할 것인지가 논의되었다. 그 결과 임의경매를 개시하기 위해 담보권이 실체적으로 존재하는지 공적으로 확정하는 절차가 없고, 부동산등기에 공신력이 인정되지 않는 점과 진정한 소유자의 권리를 보호할 필요성 등을 고려하여 부분적으로만 경매의 공신력을 인정하는 취지로 이 사건 조항이 신설되었다.
[대법관 김재형, 안철상, 김선수, 이흥구, 오경미의 별개의견] 구 민사소송법 제727조를 입법하는 과정에서 담보권의 부존재와 소멸을 가리지 않고 전면적으로 경매의 공신력을 인정할지 논의하였는데, 담보권 소멸의 경우에만 부분적으로 공신력을 인정하는 취지로 입법이 이루어졌다. 이 조항과 함께 신설된 구 민사소송법 제725조는 "경매절차의 개시결정에 대한 이의에서는 담보권의 부존재 또는 소멸을 주장할 수 있다."라고 정하였다.
[다수의견에 대한 대법관 노태악의 보충의견] 이 사건 조항이 신설되기 전에는 임의경매의 공신력에 관하여 아무런 규율이 없었음에도 판례의 해석론으로서 이를 부분적으로 인정해 오고 있었다. 이러한 상황에서 구 경매법을 폐지하고 임의경매에 관한 규정을 구 민사소송법에서 흡수하면서 임의경매의 공신력을 전면적으로 인정할지가 논의되었다. 그러나 입법자는 이 사건 조항에 담보권이 부존재하는 경우를 포함시키지 않았는데, 이는 담보권이 부존재하는 경우까지 경매의 공신력을 인정하는 것은 부동산등기에 공신력이 없고 임의경매는 집행권원을 요하지 않는

---

56) 대법원 2015. 11. 12. 선고 2015도6809 전원합의체 판결.

우리 법체계와 어울리지 않는다고 보았기 때문이다.[57]

근래 법원은 판결 결과만 놓고보면 여전히 역사적 해석을 중요시하지 않는 듯하지만, 과거에 비해 자주 법률안 초안이나 원안 및 대안뿐 아니라 법률안 제안이유서, 법제사법위원회 회의록 내지 심사자료 등을 통해 입법자의 실제 의도를 파악하려고 시도한다는 점에서 긍정적인 변화의 움직임이 관찰된다.[58] 이러한 변화를 잘 보여주는 사례로는 앞서 살펴본 세월호 판결 이외에도 이른바 대한항공 회항 판결과 이른바 휴일근로수당 판결을 들 수 있으며, 이른바 코미드 판결에서도 이러한 경향을 확인할 수 있다.

[다수의견] 입법자가 유달리 본죄 처벌규정에서만 '항로'를 통상의 의미와 달리 지상에서의 이동 경로까지 포함하는 뜻으로 사용하였다고 볼 만한 입법자료는 찾을 수 없다.
본죄는 항공보안법의 전신인 구 항공기운항안전법(1974. 12. 26. 법률 제2742호) 제11조에서 처음으로 범죄로 규정되었다. 구 항공기운항안전법의 제정과정에서 법률안 심사를 위해 열린 1974. 11. 26. 국회 법제사법위원회 회의록은, 본죄의 처벌규정에 관하여는 아무런 논의가 없어서 '항로'의 의미를 알 수 있는 직접적인 단서가 되기 어렵다. 다만 제안이유에 관한 설명을 보면, 민간 항공기에 대한 범죄 억제를 위한 국제협약에 우리나라가 가입한 데 따른 협력의무의 이행으로 범죄행위자에 대한 가중처벌규정 등을 마련하기 위해 구 항공기운항안전법이 제정된 것임을 알 수 있다.[59]

[다수의견] 구 근로기준법상 '1주'에 휴일을 포함할 것인지 여부는 근본적으로 입법 정책의 영역에 속하는 문제이다. 따라서 이에 관한 법해석을 할 때에는 입법자의 의사를 최대한 존중하여 법질서의 통일성과 체계적 정당성을 유지하는 방향으로 하여야 한다. 그런데 근로기준법의 제정 및 개정 경위를 통해 알 수 있는 입법자의 의사는 휴일근로와 연장근로를 명확히 구분하여 휴일근로시간을 연장근로시간에 포함하지 않겠다는 것임이 분명해 보인다.

---

57) 대법원 2022. 8. 25. 선고 2018다205209 전원합의체 판결.
58) 이러한 경향은 독일 최고법원이나 유럽연합 사법재판소의 실무에서도 확인된다고 한다. Möllers(2023), 174-175면.
59) 대법원 2017. 12. 21. 선고 2015도8335 전원합의체 판결.

[다수의견에 대한 대법관 김재형의 보충의견] 구 근로기준법 제56조의 입법 연혁에 비추어 보면, 휴일근로에 대해서는 그에 대한 가산임금 외에 연장근로에 대한 가산임금을 중복해서 지급할 것을 예정하지 않았음이 명백하다.

제정 근로기준법 원안에서 연장근로보다 휴일근로에 대하여 더 높은 가산율을 정한 것은, 연장근로와 휴일근로는 모두 근로제공의무가 없는 시간에 이루어진 근로이고 근로자의 휴식권을 침해하는 점에서 차이가 없지만, 본래 휴일 아닌 근로일의 연장근로보다 휴일근로의 휴식권 침해 정도가 더욱 무겁다고 보았기 때문으로 이해된다. 이는 휴일근로와 연장근로를 준별하여 취급하는 것에 중점을 두었을 뿐 처음부터 가산수당의 중복 지급 가능성을 염두에 두었던 것으로 보이지는 않는다. 그런데 국회 심의 과정에서 유급휴일제를 채택하면서 근로자가 휴일에 근로하지 않더라도 휴일임금이 지급되므로 휴일근로 시 당일 근로에 대한 임금을 추가 지급하는 것만으로도 휴일근로에 대한 규제와 보상으로 충분하다는 판단에 따라 "사용자는 연장시간근로(제42조와 제43조의 규정에 의하여 연장된 시간외근로)와 야간근로(하오 10시부터 상오 6시까지)에 대하여는 통상임금의 100분의 50 이상을 가산하여 지급하여야 하며 휴일근로(본법에서 정한 임금지급휴일의 근로)에 대하여는 사용자는 당해 일에 소당(소당)임금을 지급하는 것을 이유로 본법에서 정한 휴일에 지급할 임금의 지급을 거절할 수 없다."라는 수정안(제정 근로기준법 제46조)이 통과되었다. 이로써 휴일근로에 대하여는 별도의 가산임금을 인정하지 않고, 동시에 연장근로에 따른 가산임금 역시 적용되지 않음을 분명히 하였다. … 1961년 개정된 근로기준법(1974. 12. 24. 법률 제2708호로 개정되기 전의 것, 이하 '1961년 근로기준법'이라고 한다) 제46조는 "사용자는 연장시간근로와 야간근로 또는 휴일근로에 대하여는 통상임금의 100분의 50 이상을 가산하여 지급하여야 한다."라고 정하여 비로소 구 근로기준법 제56조와 같은 규정방식을 취하게 되었다. 이는 연장근로 등에 따른 가산임금 관련 조항의 전체적인 형식을 그대로 유지하면서 제정 근로기준법에서 논란이 되었던 휴일근로 자체에 대한 가산임금 지급을 인정하는 것으로 변경한 것이다.[60]

[다수의견] 정부는 1992. 7. 7. 전부개정 형식의 형법개정법률안을 국회에 제출하면서 제309조에서 공전자기록위작·변작죄를, 제315조에서 사전자기록위작·변작죄를 두었다. 그러나 전부개정 형식의 위 형법개정법률안은 개정내용 중에 의견이 대립되는 부분이 많이 있을 뿐만 아니라 형법의 전부개정에 따른 혼란이 야기될 우려가 있다는 이유 등으로 1995. 12. 2. 폐기되었다. 다만 국회 법제사법위원장

---

60) 대법원 2018. 6. 21. 선고 2011다112391 전원합의체 판결.

은 사회변화에 맞추어 시급히 개정되어야 할 부분을 발췌·정리하여 1995. 12. 1. 형법중개정법률안(대안)을 제안하였고, 위 형법중개정법률안(대안)이 1995. 12. 2. 의결됨으로써 1995. 12. 29. 법률 제5057호로 공포되어 1996. 7. 1.부터 시행되었다(이하 '개정 형법'이라고 한다). 위와 같은 개정 과정에서 당초 정부가 제안한 제309조는 개정 형법 제227조의2로, 제315조는 개정 형법 제232조의2로 의결·신설되었다. 한편 정부가 1992. 10. 작성한 '형법개정법률안 제안이유서'에는 제309조 및 제315조에서의 '위작'이란 '권한 없이 전자기록 등을 만드는 경우뿐 아니라 허위내용의 전자기록을 만드는 경우를 포함한다'고 기재되어 있고, 국회 법제사법위원회가 1993. 3. 작성한 '형법개정법률안 심사자료'에도 동일한 내용이 기재되어 있다. 그리고 1995년 형법 개정 당시 국회에서 '위작'의 개념과 관련하여 추가로 논의되었다고 볼 자료는 없다. 이러한 형법 개정 과정에 따르면 비록 정부의 전부개정 형식의 형법개정법률안이 폐기되었더라도, 형법 제232조의2에서의 '위작'에 '허위의 전자기록을 만드는 경우'도 포함한다는 것이 입법자의 의사였음은 명확하다.

[대법관 이기택, 김재형, 박정화, 안철상, 노태악의 반대의견] 정부가 작성한 '형법개정법률안 제안이유서'나 국회 법제사법위원회가 작성한 '형법개정법률안심사자료'에 위와 같은 내용이 있음은 인정된다. 그러나 형법 개정요강에서는 일본 형법과 같이 '전자적기록부정작출죄'를 신설하기로 의견이 일치되었다가 그 후 행위태양이 '위작·변개'를 거쳐 최종적으로 '위작·변작'으로 확정되었는데, 이를 변경한 이유에 관한 자료나 국회 공청회 과정에서 형법 제232조의2에서 정한 '위작'이 무엇을 뜻하는지에 대한 진지한 논의가 이루어졌다는 자료를 찾을 수 없다. 이러한 사정에 비추어, 위와 같은 자료만으로는 개정 당시 입법자의 의사가 명확하였다고 볼 수 없다.[61]

4. 목적론적 해석

법원은 그 어떤 해석방법보다도 입법목적(ratio legis)을 강조하는 목적론적 해석을 빈번하게 사용한다. 앞서 지적했다시피 법원은 구체적 타당성, 사법적극주의, 판결의 사법정책성을 중시하는데, 이를 위하여 법해석 과정에서 전면에 내세우는 해석기준이 입법목적이다. 판례는 목적론적 해석을 통해 사실상 오류를 정정하고 흠결을 보충하며 심지어 반문언적 해석을 감행한다.

문제는 같은 법령이나 법규정을 두고 법관마다 입법목적을 다르게 파악할

---

61) 대법원 2020. 8. 27. 선고 2019도11294 전원합의체 판결.

수 있다는 데에 있다. 예나 지금이나 입법목적을 밝혀내는 방법이나 그 근거가 관건이 된다. 정책적 성격이 강한 법령이나 법규정일수록 입법목적에 대한 이해가 달라지므로 목적론적 해석의 적정성에 대한 논란은 더 커지기 마련이다. 이를 단적으로 보여주었던 판례가 바로 공무원의 직무상 불법행위책임에 대한 대법원 전원합의체 판결이었다. 이 사건에서 다수의견·별개의견·반대의견은 국가배상법 제2조의 입법목적을 각각 다르게 파악하였다. 즉 다수의견이 공무집행의 안정성 확보와 위법행위 억제의 조화로 본 반면, 별개의견은 공무집행의 안정성 내지 효율성 확보로 보았고 반대의견은 피해자구제 및 공무수행의 적극성·능동성 확보로 보았다.

> [다수의견] 국가배상법 제2조 제1항 본문 및 제2항의 입법 취지는 공무원의 직무상 위법행위로 타인에게 손해를 끼친 경우에는 변제자력이 충분한 국가 등에게 선임감독상 과실 여부에 불구하고 손해배상책임을 부담시켜 국민의 재산권을 보장하되, 공무원이 직무를 수행함에 있어 경과실로 타인에게 손해를 입힌 경우에는 그 직무수행 상 통상 예기할 수 있는 흠이 있는 것에 불과하므로, 이러한 공무원의 행위는 여전히 국가 등의 기관의 행위로 보아 그로 인하여 발생한 손해에 대한 배상책임도 전적으로 국가 등에만 귀속시키고 공무원 개인에게는 그로 인한 책임을 부담시키지 아니하여 공무원의 공무집행의 안정성을 확보하고, 반면에 공무원의 위법행위가 고의·중과실에 기한 경우에는 비록 그 행위가 그의 직무와 관련된 것이라고 하더라도 그와 같은 행위는 그 본질에 있어서 기관행위로서의 품격을 상실하여 국가 등에게 그 책임을 귀속시킬 수 없으므로 공무원 개인에게 불법행위로 인한 손해배상책임을 부담시키되, 다만 이러한 경우에도 그 행위의 외관을 객관적으로 관찰하여 공무원의 직무집행으로 보여질 때에는 피해자인 국민을 두텁게 보호하기 위하여 국가 등이 공무원 개인과 중첩적으로 배상책임을 부담하되 국가 등이 배상책임을 지는 경우에는 공무원 개인에게 구상할 수 있도록 함으로써 궁극적으로 그 책임이 공무원 개인에게 귀속되도록 하려는 것이라고 봄이 합당하다.
> [대법관 김석수, 김형선, 신성택, 이용훈의 별개의견] 국가배상법 제2조 제2항의 입법취지가 공무원의 직무집행의 안정성 내지 효율성의 확보에 있음은 의문이 없는 바이나, 위 법 조항은 어디까지나 국가 등과 공무원 사이의 대내적 구상관계만을 규정함으로써, 즉 경과실의 경우에는 공무원에 대한 구상책임을 면제하는 것만으로써 공무집행의 안정성을 확보하려는 것이고, 대외적 관계 즉 피해자(국민)와

불법행위자(공무원) 본인 사이의 책임관계를 규율하는 취지로 볼 수는 없다. 그것은 국가배상법의 목적이 그 제1조가 밝히고 있는 바와 같이 국가 등의 손해배상책임과 그 배상절차 즉 국가 등과 피해자인 국민 간의 관계를 규정함에 있고 가해자인 공무원과 피해자인 국민 간의 관계를 규정함에 있는 것이 아닌 점에 비추어 보아도 명백하다.

[대법관 안용득, 박준서의 반대의견] 헌법 제29조 제1항 및 국가배상법 제2조 제1항의 규정이 공무원의 직무상 불법행위에 대하여 자기의 행위에 대한 책임에서와 같이 국가 또는 공공단체의 무조건적인 배상책임을 규정한 것은, 오로지 변제자력이 충분한 국가 또는 공공단체로 하여금 배상하게 함으로써 피해자 구제에 만전을 기한다는 것에 그치는 것이 아니라, 더 나아가 국민 전체에 대한 봉사자인 공무원들로 하여금 보다 적극적이고 능동적으로 공무를 수행하게 하기 위하여 공무원 개인의 배상책임을 면제한다는 것에 초점이 있는 것으로 보아야 한다.[62]

입법목적이 해석상 논란이 되었던 형사 사례로는 이른바 세월호 판결을 들 수 있다. 다수의견은 '조난된 선박의 선장 및 승무원도 구조활동이 불가능한 상황이 아니라면 구조조치의무를 부담하게 하는 것이 조난된 사람의 신속한 구조를 목적으로 하는 수난구호법의 입법취지에 부합한다'고 판단한 반면, 반대의견은 '수난구호법 제18조 제1항은 기본적으로 조난된 선박의 구조요청에 따라 발생하는 인근 선박 선장 등의 조난된 선박 내외의 조난된 사람에 대한 구조지원 내지 구조조치의무를 규정하고 있는 것'이라고 보았다.[63]

입법목적으로서의 보호법익이 특히 논란이 되었던 형사 사례로는 군형법상 추행죄가 사적 공간에서의 동성애에도 적용되는지가 쟁점이 되었던 이른바 군 동성애 판결을 들 수 있다. 다수의견과 별개의견이 추행죄를 규정하는 군형법 제92조의6의 보호법익에는 군의 건전한 생활과 군기라는 전통적 보호법익과 함께 군인의 성적 자기결정권도 포함된다고 판단한 반면, 반대의견과 또 다른 별개의견은 군의 건전한 생활과 군기를 보호법익으로 파악하였다.

[다수의견] 현행 규정의 체계와 문언, 개정 경위와 함께, 동성 간 성행위에 대한 법규범적 평가의 변화에 따라 동성 군인 간 합의에 따른 성행위를 아무런 제한 없

---

62) 대법원 1996. 2. 15. 선고 95다38677 전원합의체 판결.
63) 대법원 2015. 11. 12. 선고 2015도6809 전원합의체 판결.

이 군기를 침해하는 행위라고 보기 어려운 점 등을 종합하면, 현행 규정의 보호법익에는 '군이라는 공동사회의 건전한 생활과 군기'라는 전통적인 보호법익과 함께 '군인의 성적 자기결정권'도 포함된다고 보아야 한다.

[대법관 안철상, 이흥구의 별개의견] 현행 규정은 기본권 보장, 권력분립 원칙 등 헌법 질서의 테두리 안에서 전승을 위한 전투력 확보라는 군형법의 특수한 목적과 군의 건전한 생활과 군기라는 현행 규정의 보호법익을 충분히 고려하여 합리적으로 해석되어야 한다. …

다수의견은 성적 자기결정권을 현행 규정의 보호법익에 포함시키고 있다. 이에 따르면, 군인 등의 위와 같은 성적 행위가 자발적 합의에 의한 것이 아닌 경우 사적 공간에서의 행위라 하더라도 현행 규정의 적용 대상이 될 수 있게 된다. 그러나 이것은 군형법에서 비동의추행죄를 신설하는 의미가 되고, 이에 관한 충분한 논의와 사회적 공감대가 형성되지 않은 상태에서 이를 도입하는 것은 형사법체계에 큰 논란을 초래하는 것이어서 선뜻 받아들이기 어렵다.

[대법관 김선수의 별개의견] 군형법이라는 법률 명칭과 제1조의 규정에 비추어 보면 '군기 보호'라는 법익은 군형법상의 모든 장 및 모든 조항의 공통된 기본적인 보호법익이므로, 각 장 및 각 조항의 범죄는 '군기 보호'라는 공통된 보호법익을 기본으로 하여 각각의 독자적인 법익을 추가로 보호하는 것이라고 해석하는 것이 타당하다. '강간과 추행의 죄'에 관하여 규정한 제15장과 그중에서 추행의 죄에 관해 규정한 현행 규정은 군형법상의 모든 범죄의 보호법익인 '군기 보호'에 위 장 고유의 보호법익인 '성적 자유' 또는 '성적 자기결정권'을 함께 보호법익으로 한다고 해석하는 것이 군형법의 전체적인 체계와 현행 규정의 위치와 제목 등을 고려할 때 지극히 타당하다.

[대법관 조재연, 이동원의 반대의견] 현행 규정의 보호법익에 관하여 본다.

대법원과 헌법재판소는 일치하여 제정 군형법 및 구 군형법상 추행죄의 주된 보호법익은 '개인의 성적 자유'라는 개인적 법익이 아니고 '군기'라는 사회적 법익이라고 밝혔다(위 대법원 2008도2222 판결, 위 헌법재판소 2001헌바70 전원재판부 결정 등 참조). 이러한 판단은 수차례 일관되게 재확인되어 이미 확립되어 있다. …

입법자가 형법과 별도로 군형법에만 존재하는 특수한 '추행죄'를 규정하여 이에 해당하는 행위를 처벌함으로써 주되게 보호하고자 하는 것은 형법에서 보호되지 않는 사회적 법익인 '군기'의 유지이다. 사적 공간에서 자유로운 합의에 의하여 이루어지는 성행위가 구성요건에 해당하지 않거나 위법성이 배제되려면 기본적으로 개인적 법익을 주된 보호법익으로 하여야 한다. 국가적 법익 또는 사회적 법익이 주된 보호법익이라면 비록 개인적 법익이 일부 관련되어 있다고 하더라도 상대방과의 합의 또는 공간의 사적 성격이 구성요건 또는 위법성의 배제를 가져온다고 할 수 없다.[64]

가사사건에서도 동일한 법규정의 입법목적이 법관에 따라 달리 파악되곤 한다. 성전환자의 성별정정이 지금은 폐지된 구 호적법 제120조에 따른 호적정정 사유에 해당되는지가 쟁점이 되었던 이른바 성전환자 호적정정 결정이 대표적인 사례가 되겠다. 다수의견은 구 호적법 제120조의 입법목적을 부적법하거나 진실에 반하는 기재 내용을 간이한 절차에 의해 수정할 수 있도록 하는 데에 있다고 본 반면, 반대의견은 호적기재 시부터 존재하는 착오나 유루를 정정하고자 하는 데 있다고 보았다.

[다수의견] 호적법 제120조에 의한 호적정정 절차를 둔 근본적인 취지가 호적의 기재가 부적법하거나 진실에 반하는 것이 명백한 경우에 그 기재 내용을 판결에 의하지 아니하고 간이한 절차에 의하여 사실에 부합하도록 수정할 수 있도록 함에 있다.
[대법관 손지열, 박재윤의 반대의견] 호적법을 제정할 당시의 입법 취지도 그 내용이 처음 호적에 기재된 시점부터 존재하는 착오나 유루를 정정하고자 하는 것으로서 만일 호적기재가 기재 당시의 진정한 신분관계에 부합되게 적법하게 이루어졌다면 정정의 대상이 될 수 없는 것이었음이 명백하(다.)[65]

제3절 현대적 해석방법

우리나라 법원은 고전적 해석방법뿐 아니라 헌법합치적 해석, 이익평가적 해석, 결과고려적 해석, 비교법적 해석, 실질적 이유에 근거한 해석 등 현대적 해석방법도 두루 활용하고 있다. 특히 현대 법학방법론의 주류인 평가법학의 관점에서 이익평가적 해석, 결과고려적 해석, 실질적 이유에 근거한 해석을 빈번하게

64) 대법원 2022. 4. 21. 선고 2019도3047 전원합의체 판결.
65) 대법원 2006. 6. 22.자 2004스42 전원합의체 결정.

활용하는데, 이는 객관적 해석이론(객관설)에서 중시하는 목적론적 해석과 종종 결합되어 등장한다.

1. 헌법합치적 해석

논리-체계적 해석의 특수한 유형 중 하나인 헌법합치적 해석은 헌법재판제도의 정착과 더불어 헌법재판소는 말할 것도 없고, 대법원을 비롯한 각급 법원에서도 널리 활용된다. 이는 형사사건뿐 아니라 행정사건이나 민사사건에서도 큰 차이가 없다.

어떤 법률조항에 대한 여러 갈래의 해석이 가능한 경우, 특히 법률조항에 대한 해석이 한편에서는 합헌이라는 해석이, 다른 편에서는 위헌이라는 해석이 다 같이 가능하다면, 원칙적으로 헌법에 합치되는 해석을 선택하여야 한다는 '헌법합치적 법률해석'의 원칙도 존중되어야 하는 것은 당연할 것이다.[66]

[다수의견에 대한 대법관 김지형의 보충의견] 구체적 사건의 재판에서 법령을 해석·적용하는 것은 법원에 주어진 권한이자 사명에 속하므로, 법원이 재판규범으로서 그 법률규정을 해석·적용함에 있어서는 마땅히 헌법합치적인 해석에 따라야 한다. …
만약 어떤 법률규정에 대해 합헌적 법률해석의 가능성이 열려 있음에도 불구하고, 법원이 그러한 해석을 단념하여 버린다면 합헌적 법률이 제정될 때까지는 위헌적인 법률공백 상태가 계속되는 것을 그대로 방치하는 셈이 되고, 이는 법원에게 주어진 사법권 행사의 권한과 사명을 동시에 저버리는 결과를 낳게 된다.
그러므로 합헌적 법률해석을 무조건 유추해석 또는 확장해석이라는 이름으로 경계할 것은 아니고 법규의 문언적 의미가 갖는 내포와 외연을 모두 고려하여 헌법질서의 테두리 안에서 이루어질 수 있는 합리적인 해석방법이라면 이를 받아들이는 것이 온당하다.[67]

[대법관 김재형의 별개의견] 법률의 해석은 헌법 규정과 그 취지를 반영해야 한다. 어떤 법률조항에 대하여 여러 갈래의 해석이 가능한 경우에는 우선 그중 헌법에 부합하는 의미를 채택함으로써 위헌성을 제거하는 헌법합치적 해석을 해야 하고,

---

66) 헌법재판소 2012. 5. 31. 선고 2009헌바123등 전원재판부 결정.
67) 대법원 2006. 6. 22.자 2004스42 전원합의체 결정.

나아가 헌법에 부합하는 해석 중에서도 헌법의 원리와 가치를 가장 잘 실현할 수 있는 의미를 채택하는 헌법정향적 해석을 해야 한다. 어떤 법률조항을 그 문언, 체계와 입법 경위 등에 비추어 해석한 결과 불합리하거나 부당한 결론이 도출된다면 이와 같이 헌법을 고려하는 합헌적 해석을 통하여 교정할 수 있다.[68]

헌법합치적 해석이 해석으로 남으려면 법 문언의 가능한 의미라는 한계를 넘어서는 안 된다. 헌법재판소도 합헌적 법률해석은 법률조항의 문언과 목적에 비추어 가능한 범위 안에서의 해석을 전제하므로 법규정의 문구 및 그로부터 추단되는 입법자의 명백한 의사에도 불구하고 문언상 가능한 해석의 범위를 넘어 다른 의미로 해석하는 것은 허용되지 않는다는 점을 분명히 한 바 있다.

법률 또는 법률의 위 조항은 원칙적으로 가능한 범위안에서 합헌적으로 해석함이 마땅하나 그 해석은 법의 문구와 목적에 따른 한계가 있다. 즉, 법률의 조항의 문구가 간직하고 있는 말의 뜻을 넘어서 말의 뜻이 완전히 다른 의미로 변질되지 아니하는 범위 내이어야 한다는 문의적 한계와 입법권자가 그 법률의 제정으로써 추구하고자 하는 입법자의 명백한 의지와 입법의 목적을 헛되게 하는 내용으로 해석할 수 없다는 법목적에 따른 한계가 바로 그것이다. 왜냐하면, 그러한 범위를 벗어난 합헌적 해석은 그것이 바로 실질적 의미에서의 입법작용을 뜻하게 되어 결과적으로 입법권자의 입법권을 침해하는 것이 되기 때문이다.[69]

오늘날 헌법합치적 해석에서 다루어지는 헌법규범은 평등원리를 비롯한 주요 헌법원리뿐 아니라 각종 기본권으로 확장되고 있다. 예를 들면 이른바 신촌세브란스병원 김할머니 판결에서는 인간의 존엄과 가치, 특히 자기결정권과 생명권이 다수의견과 반대의견의 주된 해석논거로 각각 사용되었다.

[다수의견] 이미 의식의 회복가능성을 상실하여 더 이상 인격체로서의 활동을 기대할 수 없고 자연적으로는 이미 죽음의 과정이 시작되었다고 볼 수 있는 회복불가능한 사망의 단계에 이른 후에는, 의학적으로 무의미한 신체 침해 행위에 해당하는 연명치료를 환자에게 강요하는 것이 오히려 인간의 존엄과 가치를 해하게

---

68) 대법원 2020. 9. 3. 선고 2016두32992 전원합의체 판결.
69) 헌법재판소 1989. 7. 14. 선고 88헌가5등 전원재판부 결정.

되므로, 이와 같은 예외적인 상황에서 죽음을 맞이하려는 환자의 의사결정을 존중하여 환자의 인간으로서의 존엄과 가치 및 행복추구권을 보호하는 것이 사회상규에 부합되고 헌법정신에도 어긋나지 아니한다. 그러므로 회복불가능한 사망의 단계에 이른 후에 환자가 인간으로서의 존엄과 가치 및 행복추구권에 기초하여 자기결정권을 행사하는 것으로 인정되는 경우에는 특별한 사정이 없는 한 연명치료의 중단이 허용될 수 있다.

[대법관 이홍훈, 김능환의 반대의견] 생명에 직결되는 진료에서 환자의 자기결정권은 소극적으로 그 진료 내지 치료를 거부하는 방법으로는 행사될 수 있어도 이미 환자의 신체에 삽입, 장착되어 있는 인공호흡기 등의 생명유지장치를 제거하는 방법으로 치료를 중단하는 것과 같이 적극적인 방법으로 행사되는 것은 허용되지 아니한다. 환자가 인위적으로 생명을 유지, 연장하기 위한 생명유지장치의 삽입 또는 장착을 거부하는 경우, 특별한 사정이 없는 한, 비록 환자의 결정이 일반인의 관점에서는 비합리적인 것으로 보이더라도 의료인은 환자의 결정에 따라야 하고 일반적인 가치평가를 이유로 환자의 자기결정에 따른 명시적인 선택에 후견적으로 간섭하거나 개입하여서는 아니 된다. 그러나 이와는 달리, 이미 생명유지장치가 삽입 또는 장착되어 있는 환자로부터 생명유지장치를 제거하고 그 장치에 의한 치료를 중단하는 것은 환자의 현재 상태에 인위적인 변경을 가하여 사망을 초래하거나 사망시간을 앞당기는 것이므로, 이미 삽입 또는 장착되어 있는 생명유지장치를 제거하거나 그 장치에 의한 치료를 중단하라는 환자의 요구는 특별한 사정이 없는 한 자살로 평가되어야 하고, 이와 같은 환자의 요구에 응하여 생명유지장치를 제거하고 치료를 중단하는 것은 자살에 관여하는 것으로서 원칙적으로 허용되지 않는다.[70]

인간의 존엄과 가치와 관련하여 자기결정권과 생명권이 충돌했던 또 다른 사례로는 이른바 무수혈 판결을 들 수 있다. 이 사건은 여호와의 증인 신도가 종교적 신념에 따라 위급 상황에서도 수혈을 받지 않겠다는 의사를 미리 밝히고서 무수혈 수술을 받았는데, 의사가 위급 상황에서 수혈하지 아니하여 환자가 사망한 사건이다. 대법원은 생명권 못지않게 자기결정권, 즉 자율성(autonomy)도 중요한 가치를 갖는다는 이유로 업무상 과실치사죄로 기소된 의사에게 무죄를 선고한 원심 판결을 유지하였다.

---

70) 대법원 2009. 5. 21. 선고 2009다17417 전원합의체 판결.

우리 헌법은 인간의 생명을 최고의 가치로 존중하고 있고, 여기에 자살관여죄를 처벌하는 우리 형법의 태도와 생명 보존 및 심신상의 중대한 위해의 제거를 목적으로 하는 응급의료에 관한 법률의 취지 등을 보태어 보면, 회복가능성이 높은 응급의료상황에서 생명과 직결된 치료방법을 회피하는 것은 원칙적으로 허용될 수 없다고 보아야 한다.

그렇지만 환자의 자기결정권도 인간으로서의 존엄과 가치 및 행복추구권에 기초한 가장 본질적인 권리이므로, 특정한 치료방법을 거부하는 것이 자살을 목적으로 하는 것이 아닐 뿐만 아니라 그로 인해 침해될 제3자의 이익이 없고, 그러한 자기결정권의 행사가 생명과 대등한 가치가 있는 헌법적 가치에 기초하고 있다고 평가될 수 있다는 등의 특별한 사정이 있다면, 이러한 자기결정권에 의한 환자의 의사도 존중되어야 한다.

그러므로 환자의 명시적인 수혈 거부 의사가 존재하여 수혈하지 아니함을 전제로 환자의 승낙(동의)을 받아 수술하였는데 수술 과정에서 수혈을 하지 않으면 생명에 위험이 발생할 수 있는 응급상태에 이른 경우에, 환자의 생명을 보존하기 위해 불가피한 수혈 방법의 선택을 고려함이 원칙이라 할 수 있지만, 한편으로 환자의 생명 보호에 못지않게 환자의 자기결정권을 존중하여야 할 의무가 대등한 가치를 가지는 것으로 평가되는 때에는 이를 고려하여 진료행위를 하여야 한다.[71]

이른바 통근재해 판결은 각각 기본권과 헌법원리에 입각한 헌법합치적 해석 방법이 서로 충돌한 사건이었다. 다수의견에 대한 보충의견은 사회적 기본권을 고려한 헌법합치적 해석을, 반대의견에 대한 보충의견은 평등원칙을 고려한 헌법합치적 해석을 내세웠다.

[다수의견에 대한 대법관 양승태, 김황식, 안대희의 보충의견] 출·퇴근 재해에 따른 산재보험 수급권을 비롯하여 근로자에게 인정되는 산재보험 수급권은 산업재해보상보험법에 의하여 비로소 구체화되는 사회적 기본권으로서 적극적으로 급부를 요구할 수 있는 권리를 주된 내용으로 하고 있기 때문에 그 권리의 구체적인 부여 여부, 내용 등은 필요성이나 정책적 선호도를 따지기에 앞서 무엇보다도 국가와 국민의 경제적인 수준 등에 따르는 재원확보의 가능성이라는 요인 등을 고려하여 결정되어야 한다.

[반대의견에 대한 대법관 김영란, 박시환, 김지형의 보충의견] 산업재해보상보험법

---

71) 대법원 2014. 6. 26. 선고 2009도14407 판결.

과 공무원연금법 두 법률규정의 '문언'으로 보나 '입법 취지'로 보나 산업재해보상
보험법상의 '업무상의 재해'와 공무원연금법상의 '공무로 인한 재해'에 대하여 그
의미를 달리 해석할 근거가 없고, '국가의 재정적 부담규모의 현격한 차이', '보험
주체의 차이' 및 '기여금의 불입 여부' 등을 이유로 출·퇴근 중의 재해라는 동일
한 유형의 재해에 대한 보험수급권의 부여 여부에 관하여 일반근로자와 공무원
등을 구분하여 이를 전혀 달리 취급하는 것은 형평성 내지 헌법상 평등의 원칙에
반하는 것으로서 위헌의 의심이 있다.[72)]

기본권의 충돌이 문제되는 헌법합치적 해석에 비하면, 기본권과 기본의무의
충돌이 문제되는 헌법합치적 해석은 상대적으로 자주 발견된다. 그 대표적인 사
례로 양심적 병역거부가 병역법 제88조 제1항의 '정당한 사유'에 해당하는지 여
부가 문제되었던 이른바 양심적 병역거부 판결을 들 수 있을 것이다. 이 판결에
서는 가히 '헌법합치적 해석의 향연'이라고 불러도 좋을 정도로 다수의견, 별개의
견, 반대의견 모두 헌법규정과 그에 대한 해석론을 주된 논거로 삼았다.[73)]

헌법합치적 해석은 대개 고전적 해석방법들을 강화 내지 보충하는 보조적인
논거로 활용되지만 독자적인 논거로서 위헌적 법령의 효력을 무효화하는 논거로
사용되기도 한다. 그 대표적인 사례로는 법외노조 통보 제도를 규정한 구「노동
조합 및 노동관계조정법 시행령」 제9조 제2항이 법률유보 원칙에 위반되어 무효
인지 여부가 쟁점이 되었던 이른바 전교조 판결을 들 수 있다.

[다수의견] 법외노조 통보를 받은 노동조합은 더 이상 노동조합이라는 명칭을 사
용할 수 없고, 사용자가 단체교섭을 거부하는 등 부당노동행위를 하더라도 적절히
대응할 수 없게 되는 등 노동조합으로서의 활동에 지장을 받게 된다. 물론 법외노
조가 되더라도 노동조합으로서의 지위 자체를 상실하는 것은 아니므로 노동3권의
일반적인 행사는 가능하다고 볼 수 있으나(대법원 1997. 2. 11. 선고 96누2125 판
결, 대법원 2016. 12. 27. 선고 2011두921 판결 및 헌법재판소 2012. 3. 29. 선고
2011헌바53 전원재판부 결정 등 참조), 그렇다 하더라도 현실적인 제약과 불이익
을 피할 수는 없다. 노동3권은 노동조합을 통하여 비로소 실질적으로 보장될 수
있는데, '노동조합'이라는 명칭조차 사용할 수 없는 단체가 노동3권을 실효적으로
행사할 수 있다고 기대하기는 어렵기 때문이다. 결국 법외노조 통보는 형식적으로

---

72) 대법원 2007. 9. 28. 선고 2005두12572 전원합의체 판결.
73) 대법원 2018. 11. 1. 선고 2016도10912 전원합의체 판결.

는 노동조합법에 의한 특별한 보호만을 제거하는 것처럼 보이지만 실질적으로는 헌법이 보장하는 노동3권을 본질적으로 제약하는 결과를 초래한다. …

법외노조 통보는 이미 법률에 의하여 법외노조가 된 것을 사후적으로 고지하거나 확인하는 행위가 아니라 그 통보로써 비로소 법외노조가 되도록 하는 형성적 행정처분이다. 이러한 법외노조 통보는 단순히 노동조합에 대한 법률상 보호만을 제거하는 것에 그치지 않고 헌법상 노동3권을 실질적으로 제약한다. 그런데 노동조합법은 법상 설립요건을 갖추지 못한 단체의 노동조합 설립신고서를 반려하도록 규정하면서도, 그보다 더 침익적인 설립 후 활동 중인 노동조합에 대한 법외노조 통보에 관하여는 아무런 규정을 두고 있지 않고, 이를 시행령에 위임하는 명문의 규정도 두고 있지 않다. 더욱이 법외노조 통보 제도는 입법자가 반성적 고려에서 폐지한 노동조합 해산명령 제도와 실질적으로 다를 바 없다. 결국 이 사건 시행령 조항은 법률이 정하고 있지 아니한 사항에 관하여, 법률의 구체적이고 명시적인 위임도 없이 헌법이 보장하는 노동3권에 대한 본질적인 제한을 규정한 것으로서 법률유보원칙에 반한다.[74]

2. 이익평가적 해석

우리나라 법원은 신의성실, 신뢰보호를 비롯한 법의 일반원리, 또 정의와 형평 등 다양한 법가치에 바탕한 평가적 논거를 수용하고 관련 이익 내지 가치에 대한 형량을 통해 사안에 적합한 해결책을 모색한다.

재판은 법이라는 천칭으로 대립하는 가치들의 무게를 저울질하여 균형을 찾는 작업이다. 저울의 균형은 우리가 살아오면서 경험한 역사성과 현실성을 바탕으로 그 속에서 생활하고 있는 구성원들에게 미치게 될 영향을 고려하여 사회 시스템이 최적의 상태로 기능하고 최고의 효율로 작동하도록 하는 것이어야 한다.[75]

이익평가적 해석은 그 사례를 일일이 열거하기 어려울 정도로 빈번하게 판례에서 활용되는데, 이익평가적 해석이 주된 근거로 사용되었던 대표적인 사례로는 이른바 러브호텔 판결을 들 수 있다. 이 사건에서는 관련 법령의 위임에 따라 구체적으로 지정·고시하는 조례 없이도 준농림지역 내 숙박시설에 대한 건축

---

74) 대법원 2020. 9. 3. 선고 2016두32992 전원합의체 판결.
75) 대법원 2021. 3. 11. 선고 2018오2 판결; 대법원 2021. 3. 18. 선고 2018두47264 전원합의체 판결 중 다수의견에 대한 대법관 안철상의 보충의견.

허가신청을 반려할 수 있는지 여부가 쟁점이었다. 다수의견에 대한 보충의견은 문언적 해석 및 논리-체계적 해석을 거부하고 헌법합치적 해석과 이익평가적 해석에 입각하여 자연환경 및 생활환경의 보호를 전면에 내세워 조례 없이도 건축허가신청의 반려가 가능하다고 보았다.

> [대법관 정귀호, 이용훈의 다수의견에 대한 보충의견] 환경오염으로 인한 위해를 예방하고 자연환경 및 생활환경을 적정하게 관리·보전할 책무는 일차적으로는 법집행을 직접 담당하고 있는 행정기관의 책무가 될 것이지만, 환경보전이 국가와 국민 모두에게 부과된 의무인 이상 법원도 가능한 한 구체적인 법규를 해석·적용함에 있어 헌법 및 환경관련 법률의 정신을 존중하여 전체 공동체의 삶의 질을 높여야 할 의무가 있다고 하지 않을 수 없다.
> 지난날 우리 대법원은 환경훼손의 우려가 있다며 농촌지역의 숙박시설에 대한 건축허가신청을 반려한 행정청의 반려처분취소 청구사건에서 '주변의 자연환경과 주민의 생활환경을 훼손할 우려가 있다는 사유는 건축허가를 불허할 만한 사유가 되지 못한다.'는 견해를 피력한 나머지(대법원 1995. 12. 12. 선고 95누9051 판결, 1996. 1. 26. 선고 95누5479 판결, 1996. 2. 13. 선고 95누16981 판결 등), 국민과 행정기관으로 하여금 환경보전에 대한 법원의 태도에 관하여 의구심을 갖게 하는 결과를 초래하였으며, 그 결과 지방자치단체의 이른바 러브호텔 등의 무분별한 허가로 이어지고, 이러한 러브호텔의 난립은 한강변 등 농촌지역의 자연환경과 생활환경이 심각하게 훼손되는 결과로 나타나게 되었음은 주지의 사실이다. 이는 법원이 위와 같은 헌법 및 환경관련 법률의 정신을 외면한 채 법규의 자구에만 얽매인 법운용을 한 결과라는 점을 부정할 수 없을 것이다. …
> 이 사건 서산시 조례는 그 규정 형식이나 문언으로 보아 환경에 관한 헌법과 관련 법률의 이념에 대한 철저한 인식과 심각한 고려가 미흡한 상태에서 제정된 것으로 보이므로, 법원이 이를 해석함에 있어서 마땅히 그 문언의 의미 내용이 헌법과 환경관련 법률을 비롯한 전체 법질서와 모순을 초래하지 않도록 환경보전의 이념에 부합하게 합목적적으로 해석하여야 하는 것이지, 그 자구에만 매달려 형식적으로 해석하여 헌법과 환경관련 법률이 지향하는 법의 이념을 몰각하는 결과를 초래케 하여서는 아니된다. 그러한 형식적이고 기능적인 해석은 헌법이 지향하고 있는 환경보전을 통하여 공동체의 삶의 질을 높여야 할 우리 모두의 임무를 저버리는 일이 되는 것임은 물론이고, 법해석의 일반원칙에도 반하는 것이다. …
> 법원은 마땅히 이러한 헌법 및 환경관련 법률의 정신을 존중하여 환경을 보전하

려고 하는 행정기관의 노력을 지지하고, 오히려 지방자치단체를 비롯한 일선행정
기관이 목전의 이익에 집착하여 환경을 훼손하는 행정을 펴나가는 것을 엄히 견
제하여야 할 것이다. 그리함으로써 무분별한 환경훼손을 방지하여 후손들에게 쾌
적한 삶의 토대를 물려주어야 함은 오늘을 사는 우리 세대의 임무이기도 하다.[76]

3. 결과고려적 해석

법적 판단이나 결정이 가져올 결과를 고려하여 법규정을 해석하려는 결과고
려적 해석 역시 판례에서 빈번하게 사용되지만, 주로 불합리한 결과 원리의 형태
로 등장한다. 그럼에도 불구하고 법원은 결과고려적 해석이나 불합리한 결과 원
리의 의미나 적용기준·효과 등에 대해 제대로 논의하지 않는다.

[다수의견] 사회현상이 급속도로 변천되고 법률이 미처 그 사회변천에 따라가지
못하여 그 법률과 사회실상과의 괴리가 심하게 되어서 해석여하에 따라서 그 결
과가 심히 부당하게 혹은 국민에게 가혹한 결과를 가져온다고 보일 때에는 이를
완화하는 방향으로 해석함은 형법해석에서도 불가능한 것이 아닐 뿐 아니라 필요
한 것이라고 할 것이다.[77]

[다수의견] 집행유예기간이 경과하기 전에는 어떤 경우에도 다시 집행유예를 선
고할 수 없는 것으로 한다면 형법 제37조의 경합범관계에 있는 수죄가 전후로 기
소되어 각각 별개의 절차에서 재판을 받게 된 결과 어느 하나의 사건에서 먼저 집
행유예가 선고되어 그 형이 확정되었을 경우 다른 사건의 판결에서는 다시 집행
유예를 선고할 수 없게 되는데 이것은 만약 위 수죄가 같은 절차에서 동시에 재판
을 받아 한꺼번에 집행유예를 선고받을 수 있었던 경우와 비교하여 보면 현저히
균형을 잃게 되므로 이러한 불합리한 결과가 생기는 경우에 한하여 위 단서 규정
의 "형의 선고를 받아"라는 의미는 실형이 선고된 경우만을 가리키고 형의 집행
유예를 선고받은 경우는 포함되지 않는다고 해석함이 상당하다.[78]

[다수의견에 대한 대법관 권순일, 김재형, 조재연, 민유숙의 보충의견] 법을 해석할
때에는 그 결과를 감안하여야 하다. 법문이 그 자체로 다양한 해석의 가능성을 내
포하고 있는 경우 설령 외견상 문언, 논리와 체계에 부합하는 것으로 보이는 해석

---

76) 대법원 1999. 8. 19. 선고 98두1857 전원합의체 판결.
77) 대법원 1978. 4. 25. 선고 78도246 전원합의체 판결.
78) 대법원 1989. 9. 12. 선고 87도2365 전원합의체판결.

이라 하더라도 그 결과가 심히 부당하고, 특히 그것이 헌법 등 상위법의 가치에 반하는 것이라면 달리 생각하여야 한다. 합헌적 법률해석이란 헌법을 기준으로 위와 같은 정신을 되새기는 것이다.[79)]

[대법관 김재형의 별개의견] 법을 해석·적용할 때에는 그 결과를 고려해야 한다. 만일 해석의 결과 심히 불합리하거나 부당한 결론이 도출된다면 그러한 해석을 배제하는 방안을 강구해야 한다. 통상 이를 위하여 문언적 해석 외에 논리적·체계적 해석, 역사적 해석, 목적론적 해석 등 여러 해석방법이 동원된다. 이러한 시도에도 불구하고 불합리와 부당함이 교정되지 않는다면 법원은 법의 문언을 넘어서는 해석, 때로는 법의 문언에 반하는 정당한 해석을 해야 한다.[80)]

4. 비교법적 해석

우리나라 법원은 과거 역사적 해석과 관련하여 비교법적 해석방법을 제한적으로 활용해왔으나 점차 별도의 해석방법으로 비중있게 다루는 추세를 보이고 있다. 이는 앞서 살펴보았던 이른바 백지어음 판결 이외에도 이른바 공무원 국가배상 판결의 별개의견이나 성전환자 호적정정 결정의 다수의견에 대한 보충의견 등에서 확인할 수 있다.

[대법관 김석수, 김형선, 신성택, 이용훈의 별개의견] 반대의견의 위와 같은 해석은 직무상 불법행위를 한 공무원 개인의 피해자에 대한 직접적인 손해배상책임을 인정하지 아니하는 독일·일본에서의 통설·판례를 유념한 것으로 보이나, 이는 독일의 기본법과 국가책임법 및 민법이 국가의 대위책임을 명문으로 규정하고 있고 독일과 일본에서는 우리 헌법 제29조 제1항 단서와 같은 규정을 두고 있지 않은 것을 간과한 것은 아닌지 의문스럽다. 이와 같이 명문의 규정을 달리하는 법제하에서 전개된 이론이나 판례가 우리나라의 경우에 그대로 원용될 수는 없을 것으로 본다. 오히려 국가의 대위책임을 입법화한 독일에서조차 자기책임설을 도입하도록 학계에서 100년간에 걸쳐 건의하였던 사정을 참고하여야 할 것이다. 생각건대 불법행위자가 피해자에게 손해배상책임을 지는 것은 당연한 사리에 속하는 것이고, 영·미법 체계하에서는 공무원 개인의 피해자에 대한 직접 책임이 일반적으로 인정되고 있음을 감안하면 직무상 불법행위자인 공무원 개인의 피해자에 대한 직접책임을 면제할 것인지의 여부는 헌법정책 내지 입법정책의 문제라고 할

---

79) 대법원 2018. 11. 1. 선고 2016도10912 전원합의체 판결.
80) 대법원 2020. 9. 3. 선고 2016두32992 전원합의체 판결.

것인데 우리 헌법 제29조 제1항 단서는 공무원 자신의 책임은 면제되지 아니한다고 못박아 규정함으로써 이를 헌법적으로 해결하였다고 보아야 할 것이다.[81]

[다수의견에 대한 대법관 김지형의 보충의견] 외국의 사례를 보더라도, 유럽의 경우 초기에는 성전환자의 성 변경을 인정하지 않았으나 현재 유럽의 거의 모든 국가에서는 입법이나 판례를 통하여 이를 허용하고 있고, 특히 독일은 1978년에 선고된 연방헌법재판소의 판례가 나온 후 1981년에 성전환자의 성 변경을 인정하는 입법이 마련되었으며, 유럽인권재판소가 2002년 만장일치로 성별 변경을 인정하는 판례를 남긴 것은 특히 주목할 일이다. 미국의 경우에도 상당수의 주에서 이를 허용하는 입법을 두고 있으며, 일본의 경우에도 종래 하급심에서 서로 엇갈리는 판결을 하다가 현재는 입법(2003년 제정되어 2004. 7. 16.부터 시행 중인 '성 동일성 장해자의 성별 취급의 특례에 관한 법률')을 통하여 허용하고 있는 실정이다. 결국, 성전환자의 법률적 성을 출생시와 다르게 고치는 것을 허용하는 것이 세계적인 대세이고 법리적으로도 설득력을 얻고 있음을 충분히 확인할 수 있다.[82]

비교법적 해석방법은 종종 소수의견에서 자신의 의견에 유리한 외국 입법례만을 선별적으로 인용하는 경향을 보이는데, 이른바 통근재해 판결이나 양심적 병역거부 판결이 대표적인 사례가 되겠다.[83]

[반대의견에 대한 대법관 김영란, 박시환, 김지형의 보충의견] 출·퇴근 중의 재해에 관한 외국의 입법례를 보면, 유럽의 경우 대표적으로 오스트리아는 1917년경부터, 독일은 1925년경부터, 프랑스는 1946년경부터 이미 이를 산업재해의 한 유형으로 인정하여 보험급여의 대상으로 삼아왔다. 그리고 가까운 일본도 1973년부터 노재(노재)보험의 보호대상으로 정하고 있다. 뿐만 아니라 국제노동기구(ILO)도 1964년 제121호 협약에서 출·퇴근 중 재해를 산업재해에 포함하도록 하고 있다. 이와 같이 근로자의 출·퇴근 중 재해가 보험급여의 대상으로 보호되는 것은 세계적으로 거의 한 세기 전부터 진행되어온 커다란 추세임을 알 수 있다.

---

81) 대법원 1996. 2. 15. 선고 95다38677 전원합의체 판결.
82) 대법원 2006. 6. 22.자 2004스42 전원합의체 결정.
83) 양심적 병역거부 판결의 경우 부분적인 인용이 쉽지 않을 정도로 방대한 비교법적 논의가 이루어졌다. 다수의견과 반대의견의 비교법적 논의는 양 진영의 보충의견, 특히 다수의견에 대한 대법관 박정화, 김선수, 노정희의 보충의견에서 국제인권규약인 자유권규약을 중심으로 이례적으로 상세히 다루어졌다. 대법원 2018. 11. 1. 선고 2016도10912 전원합의체 판결 참조.

[다수의견에 대한 대법관 안대희의 재보충의견] 외국의 입법례에서도 출·퇴근 재해를 업무상 재해로 인정하지 아니하는 국가들이 다수 있으며(미국, 영국, 호주, 캐나다, 이탈리아), 출·퇴근 재해를 업무상 재해로 인정하는 국가들도 그 재정적 부담이 심하여 사회문제화되고 있다고 한다.84)

5. 실질적 이유에 근거한 해석85)

현대적 해석방법 중에서 실질적 이유에 근거한 해석은 대륙법계나 영미법계를 가릴 것 없이 전 세계적으로 널리 활용되는데 우리나라 법원 역시 법이념적 이유나 제도적 이유뿐 아니라 도덕적·종교적 이유와 정책적 이유에 이르기까지 실질적 이유에 근거한 해석을 과도할 정도로 빈번하게 활용하고 있다.

(1) 법이념에 근거한 해석

정의나 법적 안정성과 같은 법이념 자체를 판결의 이유로 직접 제시하는 판례는 흔치 않으나, 하위개념인 평등, 형평, 신뢰보호, 예측가능성 확보 등에 근거한 논거는 널리 사용된다. 다만 정의의 요체로서 평등에 대한 요청은 이미 헌법 제10조에서 헌법의 기본원리로 실정화되어 있다. 그에 따라 평등의 요청이라는 실질적 이유에 근거한 해석은 헌법합치적 해석의 형태로 등장한다.

정의나 형평의 관념이 현대 법학방법론을 대표하는 이익평가적 해석의 배후에 자리잡고 있는 것은 분명하지만, 판례에서 형평에 근거한 해석이 독자적인 해석논거로서 전면에 등장하는 경우는 그다지 많지 않다. 형평 내지 공평에 근거한 해석은 종종 결과고려적 해석, 특히 불합리한 결과의 원리와 결합되어 등장한다.

[대법관 박만호의 반대의견] 이미 금품제공자 등 다른 관련자에 대한 수사를 통하여 금품을 수령한 피고인의 범행이 전부 밝혀지고 구속영장까지 발부되었으나 피의자의 도피로 인한 소재불명으로 기소중지가 된 상태에서 뒤늦게 수사기관에 자진 출두하여 범행을 자백하여도 형을 면제하지 않으면 아니되는 불합리한 결과가 초래되는바, 이러한 결과는 첫째 피고인이 범행발견에 아무런 기여를 한 바가 없음에도 불구하고 제262조의 특혜를 주는 것이 되어 앞에서 본 바와 같이 제262조가 자수에 대하여 형의 필요적 면제를 규정한 입법취지에 반하고, 둘째 범죄와 형

---

84) 대법원 2007. 9. 28. 선고 2005두12572 전원합의체 판결.
85) 이하의 서술은 오세혁, "실질적 이유에 근거한 해석", 『중앙법학』 제16집 제3호(2014), 449–485면을 수정·보완한 것이다.

벌의 균형에 관한 국민 일반의 법감정에 맞지 않아 정의와 형평에도 현저히 반하는 것(이다).[86]

신뢰보호나 예측가능성 확보는 법적 안정성의 파생원리로서 주로 정책적 논거와 결합되어 등장하지만, 기존 관습법이나 관행, 판례의 변경이 쟁점이 되는 사건에서 변경의 부당성을 지적하거나 소급적용을 배제하기 위한 법이념적 근거로도 다루어진다.

[다수의견] 제사주재자의 결정방법에 관한 대법원의 새로운 법리 선언은 제사승계제도에 관한 관습의 근간을 바꾸는 것인바, 대법원이 이 판결에서 새로운 법리를 선언하기에 이른 것은 앞서 본 바와 같이 그동안 제사제도에 대한 우리 사회 구성원들의 인식 및 전체 법질서가 변화되었기 때문인데, 만약 위 새로운 법리를 소급하여 적용한다면 종래 대법원판례를 신뢰하여 형성된 수많은 제사용 재산 승계의 효력을 일시에 좌우하게 됨으로써 법적 안정성과 신의성실의 원칙에 기초한 당사자의 신뢰 보호에 반하게 되므로, 위 새로운 법리는 이 판결 선고 이후에 제사용 재산의 승계가 이루어지는 경우에만 적용된다고 봄이 상당하다.[87]

[다수의견] 제사주재자 결정방법에 관한 대법원의 견해 변경은 부계혈족인 남성 중심의 가계계승에 중점을 두었던 관습상 제사제도의 근간을 바꾸는 것이다. 그런데 만약 새로운 법리를 소급하여 적용하면 종전 전원합의체 판결을 신뢰하여 형성된 제사용 재산 승계의 효력에 바로 영향을 미침으로써 법적 안정성과 당사자의 신뢰 보호에 반하게 된다. 따라서 새로운 법리는 이 판결 선고 이후에 제사용 재산의 승계가 이루어지는 경우에만 적용된다고 봄이 타당하다.[88]

[대법관 손지열, 박재윤의 반대의견] 성 변경에 관한 사회적 의견수렴과정을 거치지도 아니하고 의학적·법률적 요건이나 절차 및 효과 등을 구체적으로 규정하는 입법조치도 선행되지 아니한 상태에서 법원이 개별사건에서 호적법 제120조를 적용하여 성전환수술을 받은 사람의 호적정정허가신청을 선별적으로 인용한다면, 성변경 허가재판의 적법성, 타당성에 관한 보장이 미흡하고 법원마다 재판결과가 구구해질 가능성이 있을 뿐만 아니라 신청인에게 충분하고 적절한 배려가 되는

86) 대법원 1997. 3. 20. 선고 96도1167 전원합의체 판결.
87) 대법원 2008. 11. 20. 선고 2007다27670 전원합의체 판결.
88) 대법원 2023. 5. 11. 선고 2018다248626 전원합의체 판결.

것인지 여부도 의문이며, 당사자 본인이나 이해관계인들의 법률관계에 미치는 영향도 불분명하여 법적 안정성을 크게 해치게 된다. 또한, 개별사건에 관한 법원의 재판만으로 객관적이고 일률적인 요건과 절차를 제시할 수 없는 결과, 이 사건 신청인과 유사한 처지에 있는 다른 성전환자들이 구체적으로 성변경 허가를 받을 수 있을 것인지, 성변경 허가를 받으려면 어떠한 절차를 밟아야 하는지에 관하여 예측가능성이 없어서 법적 지위의 불안을 겪게 된다.[89]

(2) 제도적 이유에 근거한 해석

제도적 이유에 근거한 해석에서 주로 원용되는 제도는 기본권이나 입법·사법 등 헌법제도나 이를 지탱하는 핵심원리이다. 그에 따라 제도적 이유에 근거한 해석은 헌법합치적 해석과 상당 부분 중첩된다. 하지만 전통적인 제사 및 제사용 재산의 승계제도, 재심제도, 시효제도, 등기제도, 자동차보험제도, 어음제도, 고교 평준화 및 강제배정제도처럼 개별 법영역에서 발전되어 온 법제도도 종종 원용된다.

권력분립 제도와 관련하여 사법권의 권한 또는 그 한계를 강조하는 제도적 해석은 우리나라 법해석 방법론의 기념비적인 판결 중 하나인 이른바 금액 판결에서 제시된 이후로 후속 판결에서 반복되었다. 이는 입법론과 해석론의 구별이나 법원의 법형성적 기능과도 관련되며 사법적극주의와 사법자제론과도 교차한다. 특히 입법권의 존중을 근거로 하는 사법자제론은 종종 입법재량론과 결합되어 등장한다.

> [다수의견] 형법조문을 엄격하게 해석해야 한다는 요청은 이를 자의적으로 해석함으로써 국민들에게 불이익하게 법률을 적용하는 것을 막자는 데 있는 것이지 (소위 죄형법정주의의 일단면) 입법정신을 해하지 않는 범위 내에서 국민들에게 불이익이 되지 않는 방향으로 그리고 합리적으로 해석하는 것까지도 절대적으로 금하려는 것은 아닌 것으로 생각된다. 또 사회현상이 급속도로 변천되고 법률이 미쳐 그 사회변천에 따라가지 못하여 그 법률과 사회실상과의 괴리가 심하게 되어서 해석여하에 따라서 그 결과가 심히 부당하게 혹은 국민에게 가혹한 결과를 가져온다고 보일 때에 이를 완화하는 방향으로 "해석"함은 형법해석에서도 불가능한 것이 아닐 뿐 아니라 필요한 것이라고 할 것이다.
> 도대체 모든 법은 법규정의 본질을 바꾸는 정도의 것이 아닌 한도에서 이를 합리적으로 해석함으로써 뒤쳐진 법률을 앞서가는 사회현상에 적응시키는 일방 입법

89) 대법원 2006. 6. 22.자 2004스42 전원합의체 결정.

기관에 대하여 법률의 개정 등을 촉구하는 것은 오히려 법원의 임무에 속하는 일이고 법률개정이라는 입법기관의 조치가 있을 때까지는 그 뒤쳐진 법규정의 재래적 해석적용이 부당한 결과를 초래한다는 것을 뻔히 알면서 이를 그래도 따를 수밖에 없다고 체념해 버리는 것은 온당치 않은 태도라고 생각한다.

[대법원판사 이영섭, 주재황, 김윤행, 강안희, 라길조, 김용철, 유태흥의 반대의견] 무릇 재판할 사안에 대하여 적용할 법규가 없을 경우 법관이 법률이념에 맞도록 다른 법규를 유추적용한다던가 또는 법규가 있기는 있으되 그 의미 내용이 모호 애매할 경우 법관이 그 입법취지에 따라 적절한 해석을 함으로써 그 법규의 의미 내용을 확정한다던가 하는 작업은 법관의 직권인 동시에 직무라고 할 것이고 그와 같은 작업의 결과가 법률의 형식적 연원의 하나가 될 때 이를 판례입법이라고 일컫는다.

본건 다수설과 같이 다액이라는 명문을 금액으로 고쳐서 해석한다는 것은 법관의 법률해석권의 범위를 일탈하여 국회의 입법권을 침해하는 것이라는 비난을 들어도 할 말이 없을 것이다. 널리 일반적 법률에 있어서도 그러하거늘 황차 죄형법정주의가 지배하는 형벌법규에 있어서랴.[90]

[다수의견에 대한 대법관 이돈희, 신성택, 이용훈의 보충의견] 법원은 형식적인 자구해석에 얽매일 것이 아니라 그 법이 구현하고자 하는 입법정신이 무엇인가를 헤아려서 그 입법정신을 실현하는 방향으로 법의 의미를 부여하여야 하며, 그 실현을 위하여 필요한 한도 내에서 명문규정의 의미를 확대하거나 또는 축소·제한 해석을 함으로써 실질적인 법형성적 기능을 발휘하여야 할 것이다.

[대법원장 윤관, 대법관 최종영, 천경송, 정귀호, 김형선, 이임수의 반대의견] 우리 법률보다 우리의 거래실정에 더 맞는 외국법률의 규정이 있다고 하여 우리 법률의 명문의 규정에 반하여 외국법률과 마찬가지로 해석하자는 것은 입법관과 해석론을 혼동한 것이라고 아니할 수 없으며 … 법원은 모름지기 헌법과 법률에 의하여 심판하여야 하고 법률에 대하여 심판하여서는 아니 된다.[91]

[대법관 손지열, 박재윤의 반대의견] 사법적극주의의 입장에서 입법목적에 충실한 결과를 이룰 수 있도록 목적론적 해석을 하여야 할 경우도 있지만, 유추해석 등에는 입법에 의하여 설정된 한계를 넘어설 수 없다는 기본적인 한계가 있으며, 만약 이와 같은 한계를 넘는다면 이는 법해석이 아니라 새로운 법률의 형성으로서 헌

---

90) 대법원 1978. 4. 25. 선고 78도246 전원합의체 판결.
91) 대법원 1998. 4. 23. 선고 95다36466 전원합의체 판결.

법상의 입법권 침해 문제를 야기하게 된다. 뿐만 아니라 일정한 법적인 문제를 해결하기 위하여 목적론적 해석이 필요한 경우에도 그 해석이 문제의 해결을 위하여 유효적절하고 법체계상 아무런 문제점이 없어서 만일 입법자가 그와 같은 문제를 인식하였다면 그와 같은 해석과 궤를 같이 하는 입법을 하였으리라고 상정할 수 있는 경우에 한하여 유추해석 등을 하게 되는 것이고, 그 해석이 문제해결에 유효적절한 수단이 되지 못하고 오히려 다른 문제점을 낳을 우려마저 있다면, 위와 같은 유추해석 등은 허용되지 아니한다.[92)]

[다수의견에 대한 대법관 양승태, 김황식, 안대희의 보충의견] 산재보험법에 의하여 비로소 구체화되는 사회적 기본권의 하나인 출·퇴근 재해에 따른 산재보험 수급권을 산재보험법령이 규정하고 있는 취지를 넘어서서 해석한다면 사회적 기본권에 속한 사항에 대하여 입법과 행정의 역할을 사법이 대신하여 권력분립의 원칙에 위반하는 것이 된다. 즉, 그러한 출·퇴근 재해가 보상의 범위에 포함됨으로써 부담하게 되는 막대한 재정과 이해관계의 조정에 대한 고려없이 사법이 적극적으로 이를 유도·개입하는 것은 입법재량을 침해하는 것(이다).[93)]

한편 민주주의는 헌법 원리로서 모든 법령의 해석에서 고려되어야 한다. 하지만 민주주의의 다의성과 다양성을 고려할 때 민주주의에 근거한 해석은 이른바 범민련 사건에서 보듯이 법관의 주관적인 판단에 좌우될 가능성이 없지 않다.

[대법관 박시환, 김지형, 전수안의 별개의견] 사회의 모든 사회 구성원에게 권력이 귀속되는 민주 사회는 다수의 반대편에 서서 다수를 비판하고 견제하는 소수자를 반드시 전제로 하고 있으며, 만일 공동체의 의사와 권력 형성 과정에서 소수자의 의사가 표출되지 못할 경우 이는 다수에 의한 독재 내지 소수자 억압으로서 용납할 수 없는 민주주의의 부정이 되고 만다. 이러한 민주주의의 기본원리는 이적단체의 구성·가입죄의 구성요건 해석에서도 충분히 고려되어야 한다.[94)]

민주주의의 핵심적 요소인 다수결의 원리는 주로 헌법 분야나 회사법 분야에서 문제되지만, 민법 분야에서도 제도적 이유에 근거한 해석의 한 유형으로 드물게 등장한다. 하지만 교회와 같은 종교 영역, 가정사(家庭事)와 같은 사적 영역

---

92) 대법원 2006. 6. 22.자 2004스42 전원합의체 결정.
93) 대법원 2007. 9. 28. 선고 2005두12572 전원합의체 판결.
94) 대법원 2008. 4. 17. 선고 2003도758 전원합의체 판결.

에 다수결의 원리가 적용 가능한지를 두고 논란이 없지 않다.

[대법관 이회창의 반대의견] 다수결의 원리는 소수가 다수에 매몰되어 다수의 의결만이 단체 자체의 의사로 확정되는 단체의사 결정방식인 바, 교리 및 예배에 관한 소수의 신앙이 다수의 신앙에 매몰되어야 한다는 것은 신앙의 본질에 반할 뿐 아니라 신앙자유의 원칙에도 어긋나는 것이므로 교리 및 예배에 관련된 신앙단체의 의사결정에는 다수결의 원리가 그대로 적용되지 않는다고 보아야 한다.[95]

[대법관 손지열, 박재윤, 김용담, 김지형의 별개의견] 다수의견은 다수결의 원리를 기본으로 하는 민법상 사단법인의 법리를 신앙단체인 교회에도 그 특성을 무시한 채 수용함으로써 교리 및 예배에 관한 소수 교인들의 종교의 자유를 침해하게 될 뿐만 아니라 오히려 다수자에 의한 교회의 분열을 조장하는 결과가 (된다.)
[대법관 김영란의 다수의견에 대한 보충의견] 사단법인 의사결정의 기본원칙은 다수결로서 이는 구성원의 개성이 사단 속에 매몰되는 단체법의 기본원리이고, 이에 따른 소수파의 불이익은 다수결의 원리가 적용되는 모든 단체법관계에서 일어날 수 있는 문제(이다.)[96]

[대법관 박시환, 전수안의 반대의견] 대등한 입장에 있는 사람들 사이에서 의사결정을 하는 방법 중에서는 다수의 의사를 따르는 것이 그 중 합리적이고 민주적이라는 민주사회의 기본원칙에 비추어 보아도, 장남에게 우선권을 인정하던 종래의 관습이 정당성을 잃어가고 있는 현재에 와서는 동등한 입장에 있는 상속인들 사이에서 다수결의 방식에 따라 제사주재자를 정하는 것이 가장 조리에 합당할 것이다.
[대법관 김영란, 김지형의 반대의견] 법 제1008조의 3 및 관련 규정의 해석상 제사주재자에 해당하는지 여부를 결정하는 것은 신분법적 요소가 다분히 포함되어 있음에도 단순히 다수결이라고 하는 재산법적 일반론에 통용되는 획일적 기준을 적용하는 방식을 취함으로써, 제사주재자의 결정이 문제되는 다양한 사안에서 경우에 따라 정작 중요하게 고려되어야 할 만한 요소들이 제사주재자 판단 기준에서 전혀 배제될 수도 있어 서로 저촉될 수 있는 전통과 현대에 걸친 다양한 이념과 가치 및 현실 사이의 조화로운 실현을 달성하기 어렵게 하고 구체적 타당성이 없는 결론에 이를 염려가 있다.[97]

---

95) 대법원 1993. 1. 19. 선고 91다1226 전원합의체 판결.
96) 대법원 2006. 4. 20. 선고 2004다37775 전원합의체 판결.
97) 대법원 2008. 11. 20. 선고 2007다27670 전원합의체 판결.

(3) 도덕적 · 종교적 이유에 근거한 해석

도덕적 이유나 종교적 이유는 간주관성을 확보하기 어려운 평가적 차원 또는 가치초월적 차원의 해석논거이기 때문에 논란이 있을 수밖에 없다. 특히 다원주의와 개인주의로 상징되는 현대 사회에서 공평하고 정의로운 사람들의 도덕감정에 기반한 비판도덕은 현실적으로 실현불가능하다. 하지만 어느 정도 품위있는 사람들이 공유하는 공통도덕으로서의 일상도덕은 존재한다. 형법은 물론, 가족법에서도 이러한 일상도덕에 터잡은 보편적인 도의관념에 기초하여 도덕적 이유에 근거한 해석이 드물지 않게 시도된다. 반면 도덕 중립적인 재산법이나 행정법 분야에서 도덕이나 윤리를 해석논거로 제시하는 경우는 비교적 드물다.

[대법관 안대희, 양창수의 반대의견] 다수의견은 유족에게는 장례 기타 유체의 사후처리에 관한 망인의 의사에 좇을 도의적 의무는 있으나 법적 의무는 없다고 한다. 그렇다고 하면 이 사건에서 원고가 존중할 도의적 의무가 있는 망인의 의사대로 개설된 분묘를 파헤쳐 유체를 인도할 것의 청구를 인용하는 것은 도덕적 의무의 내용대로 이미 실현된 바를 법이 뒤집는 것이 된다. 그러나 그것은 결국 부도덕을 부추기는 것으로서, 법이 그에 조력하여서는 안 된다.
우리 법도 그러한 태도 위에 서 있다. 무엇보다도 민법 제744조는 변제가 아무런 채무 없이 이루어졌다고 하더라도 그 변제가 "도의관념"에 적합한 것이면 그 반환을 청구할 수 없다고 정한다. 이 규정은 법이 국민의 윤리의식을 해치는 바에 가담하여서는 안 되며, 도덕에 맞는 상태가 이미 형성된 경우에 그 상태를 법적 수단을 써서 원상에 돌리는 것은 허용되지 않음을 웅변으로 말하여주고 있다.[98]

[다수의견에 대한 대법관 이용훈의 보충의견] 일반적으로 법은 공동체 안에서 살고 있는 평균인의 최소한도의 도덕이라고 할 수 있지만 재산법은 비교적 도덕으로부터 중립적이거나 무관심한 경향을 취하고 있다고 말하여지고 있다. 그러나 재산법에도 신의성실의 원칙이나 선량한 풍속 등과 같이 평균인의 보편적 도덕성을 하나의 해석 기준으로 삼을 수밖에 없는 일반적 준칙이 있을 뿐만 아니라 민법이 조리를 법원(法源)의 하나로 규정하고 있는 점에 비추어 볼 때, 재산법도 평균인의 보편적 도의관념을 도외시한 법체계라고 말할 수는 없다. 따라서 재산법의 해석에 있어서도 평균인의 보편적 도의관념이 존중되어야 함은 당연하다. …

---

98) 대법원 2008. 11. 20. 선고 2007다27670 전원합의체 판결.

오늘날 우리 사회에 살고 있는 평균인의 보편적 도의관념에 비추어 볼 때 부동산을 무단점유한 경우에 자주점유의 추정이 깨어진다고 보는 것은 지극히 타당한 법적 판단이며, 최소한도의 도의관념을 가진 평균인의 사고라고 할 것이다.[99]

[다수의견] 만일 연속되는 일련의 거래에 있어 어느 한 단계의 악의적 사업자가 당초부터 부가가치세를 포탈하려고 마음먹고, 오로지 부가가치세를 포탈하는 방법에 의해서만 이익이 창출되고 이를 포탈하지 않으면 오히려 손해만 보는 비정상적인 거래(이하 '부정거래'라고 한다)를 시도하여 그가 징수한 부가가치세를 납부하지 않는 경우, 그 후에 이어지는 거래단계에 수출업자와 같이 영세율 적용으로 매출세액의 부담 없이 매입세액을 공제·환급받을 수 있는 사업자가 있다면 국가는 부득이 다른 조세수입을 재원으로 삼아 그 환급 등을 실시할 수밖에 없을 것인바, 이러한 결과는 소극적인 조세수입의 공백을 넘어 적극적인 국고의 유출에 해당되는 것이어서 부가가치세 제도 자체의 훼손을 넘어 그 부담이 일반 국민에게 전가됨으로써 전반적인 조세체계에까지 심각한 폐해가 미치게 된다 할 것이다.
...
이러한 경우의 수출업자가 매입세액의 공제·환급을 구하는 것은 보편적인 정의관과 윤리관에 비추어 도저히 용납될 수 없다 할 것이므로 이는 국세기본법 제15조 소정의 신의성실의 원칙에 반하는 것으로서 허용될 수 없다고 보아야 한다.
[대법관 전수안의 반대의견] 다수의견은, 부가가치세법 제17조 제2항에 열거된 사유가 아닌 '정의관과 윤리관'을 기준으로, 합법성의 원칙을 희생하더라도 신의칙을 적용하는 것이 이 사건에 있어 정의로운 과세권의 행사라고 보고 있으나, 이는 실정법 규정을 넘어서는 해석일 뿐 아니라 그 기준이 모호하여 과세관청의 처분기준으로 용인하기 어렵다. ...
과세관청으로 하여금 과세의 필요성이나 정의관·윤리관을 매개로 합목적성을 추구하는 길을 터주게 되면 법적 안정성과 예측가능성을 생명으로 하는 조세법률주의의 훼손은 피할 수 없다.[100]

종교적 이유에 근거한 해석은 신앙뿐 아니라 양심, 사상과 관련되며 종교단체의 자치와도 관련되기 때문에 도덕에 근거한 해석보다 논란이 더 클 수 있는데, 이는 이른바 교회분열 판결들이나 이른바 강의석 판결에서 확인될 수 있다.

---

99) 대법원 1997. 8. 21. 선고 95다28625 전원합의체 판결.
100) 대법원 2011. 1. 20. 선고 2009두13474 전원합의체 판결.

[대법관 이회창의 반대의견] 교리 및 예배에 관한 분쟁으로 교회가 두 쪽으로 분립된 경우에 정통성이 어느 쪽에 있는가를 가려서 정통성있는 쪽만이 종전교회와의 동일성을 유지하고 다른 쪽은 종전교회에서 탈퇴한 것으로 보아야 한다는 견해가 없지 않으나, 신앙단체의 기초인 교리 및 예배에 관한 정통성 유무는 사법권이 개입하여 심사할 수 없는 종교적 신앙의 문제이다. 즉, 법은 제단에 들어가지 못하는 것이다.101)

[대법관 안대희, 양창수, 신영철의 반대의견] 종립학교의 종교교육을 지나치게 제한하여 불법행위의 성립을 넓게 인정한다면, 헌법상 보장된 종교교육의 자유를 심하게 침해하는 결과를 초래하여 종교교육을 위축시킬 것은 물론이거니와, 종교단체의 사립학교 설립 등 교육투자를 크게 위축시키는 부작용을 초래할 수 있다. 이는 종교단체가 설립한 사립학교의 공교육 담당비율이 상당한 수준에 이르고 있는 우리나라에서 자칫 공교육의 부실로도 이어질 수 있고, 다른 한편으로 학생들이 다양한 종교적 자극을 받고 그를 통하여 자신이 신앙할 종교를 선택할 기회를 제한받게 되는 결과가 될 수도 있어 바람직하다고 보기 어렵다.102)

(4) 정책적 이유에 근거한 해석

우리나라 법원은 거래관행을 비롯한 관행의 존중, 거래의 안전 보호과 같은 경험적 이유, 권리보호 내지 권리구제의 필요성, 법해석의 통일, 소송경제, 불필요한 분쟁예방, 신속한 분쟁해결과 같은 사법정책적 이유, 재원확보 가능성이나 국가부담 증가와 같은 경제적인 이유 등 수많은 정책적 이유를 해석 논거로 활용한다.

무엇보다도 거래관행을 비롯한 관행의 존중은 사적 자치가 지배하는 사법 분야는 물론 형법 분야에서도 해석논거로 널리 사용된다. 그 대표적인 사례로는 이른바 백지어음 판결과 기계적 복사문서 판결을 들 수 있다.

[다수의견] 일반의 어음거래에 있어서 발행지가 기재되지 아니한 국내어음도 어음요건을 갖춘 완전한 어음과 마찬가지로 당사자 간에 발행·양도 등의 유통이 널리 이루어지고 있으며, 어음교환소와 은행 등을 통한 결제 과정에서도 발행지의 기재가 없다는 이유로 지급거절됨이 없이 발행지가 기재된 어음과 마찬가지로 취급되고 있음은 관행에 이른 정도이고, 나아가 이러한 점에 비추어 보아 발행지의

---

101) 대법원 1993. 1. 19. 선고 91다1226 전원합의체 판결.
102) 대법원 2010. 4. 22. 선고 2008다38288 전원합의체 판결.

기재가 없는 어음의 유통에 관여한 당사자들은 완전한 어음에 의한 것과 같은 유효한 어음행위를 하려고 하였던 것으로 봄이 상당하다 할 것이다.

거래관행을 존중해야하는 이유는, 시대가 바뀌고 사회가 달라짐에 따라 법과 실제 생활과의 사이에 불가피하게 간격이 생길 수 있는데 명문규정의 엄격한 해석만을 고집한다면 이는 사회생활의 유동·발전에 대한 적응성을 결여하는 중대한 결함이 생길 수 있기 때문이다.[103]

[대법원판사 주재황, 민문기, 양병호, 임항준, 이일규, 나길조, 유태흥의 반대의견] 사진기, 복사기 등을 사용하여 원본을 복사한 문서는 그 내용과 필적형상에 있어서 원본과 동일한 외관을 가지고 있어 보는 사람으로 하여금 동일한 내용과 형상의 원본이 존재하고 있는 것으로 믿게 하는 강력한 증명력을 가지고 있기 때문에 오늘날 각계의 거래사회에 있어서는 사무의 간소화, 신속화, 합리화를 기하기 위하여 문서의 원본을 요구하는 대신 이러한 복사문서를 제출시키고 있는 관행이 정착되어 가고 있는 현실에 비추어 볼 때 이러한 복사문서의 작성은 작성명의를 모용하여 문서를 위조한 행위에 해당한다고 보아야 할 것(이다).[104]

또 사법적극주의에 기초하여 권리구제의 필요성을 내세우거나 권리구제 기회의 부당한 제한 금지를 강조하는 등 정책적 이유에 근거한 해석이 드물지 않게 사용되는데, 이는 종종 이익고려적 해석이나 결과고려적 해석과 결합되어 등장한다.

[다수의견에 대한 대법관 김지형의 보충의견] 성전환자의 성별 정정에 관한 절차적 규정을 입법적으로 신설하는 것이 이상적임은 두말할 필요도 없지만, 아직까지 어떠한 형태로든 그에 관한 가시적인 입법조치를 예상하기 힘든 현재의 시점에서 본다면 완전한 입법 공백에 따른 위헌적인 상황이 계속되는 것보다는 법원이 구체적·개별적 사안의 심리를 거쳐 성전환자로 확인된 사람에 대해서는 호적법상 정정의 의미에 대한 헌법합치적 법률해석을 통하여 성별 정정을 허용하는 사법적 구체수단의 길을 터놓는 것이 미흡하나마 성전환자의 고통을 덜어 줄 수 있는 최선의 선택일 것이라고 믿어 의심치 않기 때문이다.[105]

---

103) 대법원 1998. 4. 23. 선고 95다36466 전원합의체 판결.
104) 대법원 1978. 4. 11. 선고 77도4068 전원합의체 판결. 이는 10여 년 만에 동일한 법적 쟁점에 대하여 상반된 결론을 내린 대법원 1989. 9. 12. 선고 87도506 전원합의체 판결에서는 다수의견의 논거로 사용되었다.
105) 대법원 2006. 6. 22.자 2004스42 전원합의체 결정.

　　법원은 결과고려적 해석을 하면서 곧잘 법원 내지 재판의 신뢰와 권위라는 사법정책적 이유를 내세우는데, 이는 이른바 실무상의 난점이라는 한층 더 모호한 실질적 이유와 관련하여 등장하기도 한다.

> [다수의견] 대법원의 환송판결이 재심의 대상이 되지 않는다는 점은 이러한 재심제도의 본래의 취지에 비추어 볼 때 당연할 뿐만 아니라 다음과 같은 우리 민사소송법의 여러 가지 제도적 장치와 재심이 된다고 할 때 생기는 실무상 난점이 이를 뒷받침하고 있다. …
>
> 다섯째, 환송판결을 취소한 재심판결에 대하여 다시 재심을 청구할 수도 있을 것인데, 만일 이를 인용하는 판결이 선고될 경우에는 다시 사건을 제2심법원에 파기환송하게 될 것이므로 이러한 경우에 생기는 절차의 혼란과 재판에 대한 신뢰의 손상은 도저히 묵과할 수 없다.106)

　　법원은 사법자제론과 관련하여 종종 권리구제에 따른 국가의 재정부담 증가, 예산이나 재원의 확보 가능성 등을 그 근거로 제시하는데, 사회적 기본권과 관련하여 이를 문제삼았던 사례가 이른바 통근재해 판결이었다.

> [다수의견에 대한 대법관 양승태, 김황식, 안대희의 보충의견] 출·퇴근 재해에 따른 산재보험 수급권을 비롯하여 근로자에게 인정되는 산재보험 수급권도 산재보험법에 의하여 비로소 구체화되는 사회적 기본권으로서 적극적으로 급부를 요구할 수 있는 권리를 주된 내용으로 하고 있기 때문에 그 권리의 구체적인 부여 여부, 내용 등은 필요성이나 정책적 선호도를 따지기에 앞서 무엇보다도 국가와 국민의 경제적 수준 등에 따르는 재원확보의 가능성이라는 요인 등을 고려하여 결정되어야 할 것이다.
>
> [다수의견에 대한 대법관 안대희의 재보충의견] 일반근로자의 출·퇴근 재해를 업무상 재해에 포함할지 여부는 입법적으로 해결하여야 한다는 것이 다수의견임은 앞에서 본 바와 같다. 그리고 이를 포함할 경우에는 산재보험의 재정적 부담이 연간 3,000억 원 이상 소요되고 또 그 소요예산은 연차적으로 증가하여 20년이 지나면 9,000억 원 이상 소요될 것으로 예상되며 이것은 현재도 2조 원 이상의 재정적자를 안고 있는 보험재정(현 상태로도 유동성의 위기까지 있다 한다)에 최악의 상황을 맞게 할 수 있고, 또 기업이 부담하여야 할 보험료율도 30% 안팎의 인

---

106) 대법원 1995. 2. 14. 선고 93재다27·34 전원합의체 판결.

상이 불가피하다는 자료도 있다. 어쨌든 그 해결은 경제적 여건을 고려하고 당사
자의 의견을 조정하여 입법적으로 하여야 할 것이(다.) …

국가가 국민의 복지를 위하여 해줄 수 있는 것을 다하는 것이 현대 사회복지국가
의 이념 중의 하나일 것이나 거기에는 경제적 여건과 현실을 감안하여야 하는 제
약이 있음은 어느 나라나 마찬가지일 것이다. 사회적 보장을 위하여는 의료보험,
실업보험 등 기본적 보장 이외에도 장애인, 노령자, 극빈자 등을 위한 많은 복지
예산이 소요되므로, 그중에서 재정적 여건을 감안한 우선순위와 보장범위를 정하
는 입법정책적 선택을 하는 것은 국민들의 진정한 복지를 위하여 필수불가결한
일이다.[107]

(5) 소결

이상에서 살펴본 바와 같이 우리나라 판례에서도 실질적 이유에 근거한 해
석은 광범위하게 사용되고 있다. 법이념적 이유에 근거한 해석의 경우 해석상 쟁
점이 문제되는 사건의 배후에 종종 법이념의 충돌이 자리 잡고 있기 때문에 이
를 통해 수긍할만한 결론을 이끌어낼 수 있을지 의문이다. 대부분 헌법제도가 문
제되는 제도적 이유에 근거한 해석은 점차 헌법합치적 해석으로 전환되고 있으
며 정당화 가능성에도 별 문제가 없어 보인다. 반면 도덕적·종교적 이유에 근거
한 해석은 여러 판례에서 확인하였듯이 법관의 주관적인 가치판단에 좌우될 수
있다는 점에서 정당화 가능성에 대한 논란이 적지 않다.

물론 가장 논란이 되는 것은 정책적 이유에 근거한 해석이다. 이른바 백지
어음 판결과 같이 법률의 명문규정이 있고, 그 규정이 강행규정임에도 불구하고
거래의 안정이라는 정책적 이유를 앞세워 강행규정을 유명무실하게 만들어 버
리는 것은 결코 정당화될 수 없다. 판례에서 널리 활용되는 법원 또는 재판의
신뢰·권위라는 이유에 근거한 해석 역시 정당화되기 어렵다. 사법의 고유한 임
무가 권리구제라는 점을 감안하면 법원 또는 재판의 권위를 내세워 권리구제의
필요성이라는 더 중요한 정책적 이유를 무시해서는 안 된다. 법원의 실무관행을
이유로 하는 해석 역시 마찬가지이다. 법원의 실무 관행이 권리구제를 저해한다
면 실무 관행을 개선할 일이지 이를 이유로 권리구제를 막아서는 안 된다. 심지
어 법원은 국가 재정의 부담 증가나 재원확보 가능성 등을 해석근거로 고려하고

---

107) 대법원 2007. 9. 28. 선고 2005두12572 전원합의체 판결.

있으나, 법의 세계에서 경제적, 재정적 이유를 고려하는 것은 원칙적으로 국회나 행정기관의 임무이다. 권리구제의 임무를 담당하는 법원이 재원을 문제삼아 권리구제를 외면하는 것은 적절치 않다. 우리나라 대법원은 미국의 연방대법원이나 우리나라 헌법재판소와 같은 정책법원이 아니다.

이처럼 판례에서 활용되는 실질적 이유, 특히 정책적 이유에 근거한 해석은 대부분 정당화되기 어려우므로 법원이 이를 주요 논거로 사용하는 것은 가급적 지양하는 것이 바람직해 보인다.

정책적 이유에 근거한 해석을 선호하는 법원의 실무와 관련하여 추가로 지적하고 싶은 점은, 법원이 굳이 정책적 논거를 끌어들일 필요가 없는 사건에서는 정책적 논거를 내세우면서, 정작 정책적 논거에 대한 논의가 필요한 사건에서는 이를 외면한다는 것이다. 예컨대 흡연과 폐암 발병 사이에 인과관계가 인정되는지 여부가 쟁점이 되었던 이른바 담배소송의 경우[108] 사회적 파장을 감안하면 전원합의체에 회부하여 다양한 정책적 이유에 근거한 해석까지 다각도로 검토했어야 마땅하다. 그럼에도 대법원은 공개변론도 없이 소부의 판결로 마무리하였을 아니라 판결이유도 제조물책임을 비롯한 불법행위법리에 한정함으로써 아마도 판결의 숨은 논거로 작동하였을 정책적 이유에 근거한 논거들에 대해서는 제대로 논의하지도 않았다.

제4절 정리[109]

지금까지 살펴본 바와 같이 법원은 고전적 해석방법과 현대적 해석방법을 다양하게, 또 복합적으로 사용하고 있다. 그리고 각 해석방법을 적용한 해석결과가 상이한 결론에 이르는 경우 어떤 방법이 우선하는지에 대한 충분한 고민 없

---

108) 대법원 2014. 4. 10. 선고 2011다22092 판결.
109) 이하의 서술은 오세혁, "한국에서의 법령 해석 —우리나라 법원의 해석방법론에 대한 비판적 분석—", 『법철학연구』 제6권 2호(2003), 93-118면 및 오세혁, "사법부의 해석방법론에 대한 비판", 『법과 사회』 제27호(2004), 185-209면, 오세혁, "사법부의 해석방법론에 대한 비판: 재론(再論) – 법 해석방법의 우선순위에 대한 논의를 중심으로 –", 『중앙법학』 제22권 제3호(2020), 121-187면을 수정·보완한 것이다.

이 방법 선택의 관점에서 사건별로 해석방법을 재량적으로 사용해왔다. 이 점에서 우리나라 법원의 법해석 실무는 주요 외국의 실무와 크게 다르지 않다.[110]

이하에서는 앞서 제시했던 해석방법의 우선순위에 대한 시론적 모델을 준거틀로 삼아 주요 해석방법들이 경합했던 주요 판결들을 분석하고 우리나라 법원의 법해석 방법론을 종합적으로 평가하고자 한다.

1. 해석방법의 우선순위

법원은 각 해석방법, 특히 고전적 해석방법에 따른 해석결과가 상충하는 경우에 적용할 수 있는 해석방법의 우선순위를 명확하게 밝히지 않고 있었다. 그러다가 임대주택의 분양전환 시 우선분양권을 갖는 임차인에 실질적 의미의 임차인이 포함된다고 보았던 이른바 아름다운 판결[111]을 파기환송하는 대법원 판결에서 기존 판결들의 단편적이고 불충분한 논의를 종합하여 해석방법의 우선순위를 제시하였다.[112]

> 법은 원칙적으로 불특정 다수인에 대하여 동일한 구속력을 갖는 사회의 보편타당한 규범이므로 이를 해석함에 있어서는 법의 표준적 의미를 밝혀 객관적 타당성이 있도록 하여야 하고, 가급적 모든 사람이 수긍할 수 있는 일관성을 유지함으로써 법적 안정성이 손상되지 않도록 하여야 한다. 그리고 실정법이란 보편적이고 전형적인 사안을 염두에 두고 규정되기 마련이므로 사회현실에서 일어나는 다양한 사안에서 그 법을 적용함에 있어서는 구체적 사안에 맞는 가장 타당한 해결이 될 수 있도록, 즉 구체적 타당성을 가지도록 해석할 것도 요구된다. 요컨대, 법해석의 목표는 어디까지나 법적 안정성을 저해하지 않는 범위 내에서 구체적 타당성을 찾는 데 두어야 한다. 그리고 그 과정에서 가능한 한 법률에 사용된 문언의

---

110) Summers/Taruffo(1991), 464–474면.
111) 대전고등법원 2006. 11. 1. 선고 2006나1846 판결. 이른바 아름다운 판결이 아리스토텔레스의 형평개념과 로마시대의 자비 개념을 잇는 것이라고 우호적으로 평가하는 견해로 김정오 외(2017), 226면. 또 법해석 일반론의 측면에서는 대법원 판결보다 원심 판결이 더 설득력이 있다는 견해로 양천수(2021), 314면.
112) 이계일 교수는 이 판결에서 제시된 해석지침을 다음과 같은 네 가지 원칙으로 요약하고 있다. 1. 원칙적으로 '문언의 통상적 의미'를 중시하여 해석하는 것이 가장 우선되어야 한다. 2. '규정의 취지와 목적'을 고려하여 통상적 의미를 벗어날 수 있는 경우가 없지 않다. 3. 목적론적 해석을 투입하는 경우라도 '관련 규정 및 법률들의 체계'가 그 제한 조건으로 기능한다. 4. '법률규정의 의미가 명확한 경우'라면 다른 해석방법을 활용한 해석은 불필요하거나 제한되어야 한다. 이계일(2015), 130–131면.

통상적인 의미에 충실하게 해석하는 것을 원칙으로 하고, 나아가 법률의 입법 취지와 목적, 그 제·개정 연혁, 법질서 전체와의 조화, 다른 법령과의 관계 등을 고려하는 체계적·논리적 해석방법을 추가적으로 동원함으로써, 앞서 본 법해석의 요청에 부응하는 타당한 해석이 되도록 하여야 한다.

한편, 법률의 문언 자체가 비교적 명확한 개념으로 구성되어 있다면 원칙적으로 더 이상 다른 해석방법은 활용할 필요가 없거나 제한될 수밖에 없고, 어떠한 법률의 규정에서 사용된 용어에 관하여 그 법률 및 규정의 입법 취지와 목적을 중시하여 문언의 통상적 의미와 다르게 해석하려 하더라도 당해 법률 내의 다른 규정들 및 다른 법률과의 체계적 관련성 내지 전체 법체계와의 조화를 무시할 수 없으므로, 거기에는 일정한 한계가 있을 수밖에 없다.113)

이 판결은 문언적 해석이 해석의 출발점이며 논리적-체계적 해석이 추가적인 해석방법이라는 점, 또 목적론적 해석이 문언적 해석 및 논리적-체계적 해석의 제한을 받는다고 판시함으로써 사실상 문언중심적 방법론을 받아들인 것으로 보인다.114) 영미식의 용례에 따르면, 법원은 일상적 의미 규칙(ordinary meaning rule)과 명백한 의미 규칙(plain meaning rule)을 수용한 셈이다.

아울러 이 판결은 해석목표로서 법적 안정성과 구체적 타당성에 대해서도 판시하였다는 점에서 법해석의 목표에 관한 리딩케이스로서의 의미도 갖는다. 물론 법적 안정성과 구체적 타당성은 법해석의 목표라기보다는 법의 해석 과정에서 고려해야 할 법이념 내지 법가치이다. 다만 입법자의 의사를 중시하는 주관설이 법적 안정성을 강조하는 반면 입법목적을 중시하는 객관설이 구체적 타당성을 강조한다는 점에서 법해석의 목표와도 무관치 않기 때문에 이러한 판결 이유도 수긍이 된다.

그러나 이 판결은 개별 해석방법과 해석목표에 대한 설명이 부정확하며 고전적 해석방법 사이의 상호관계에 대한 이해가 부족하다는 한계를 갖는다. 과거 유럽 고·중세의 이원론적 법해석 방법론과 같이 체계적·논리적 해석을 입법목적이나 취지, 제·개정의 연역까지 고려하는 해석으로 설시하였는데, 이는 목적론적 해석과 역사적 해석이 마치 논리-체계적 해석의 하위 범주인 것처럼 설명

---

113) 대법원 2009. 4. 23. 선고 2006다81035 판결.
114) 이와 달리 이 판결에 대하여 "엄격한 문언중심적 법해석론보다는 좀 더 다양한 해석의 가능성을 열어 두면서, 의도중심적 해석론, 체계중심적 해석론, 목적중심적 해석론 사이에서는 중립적인 태도를 취하고 있다"고 평가하는 견해로 공두현(2019), 216면.

함으로써 해석방법을 이해하는 데에 혼란을 불러일으킬 수 있다. 나아가 입법 취지와 목적을 중시하여 문언의 통상적 의미로부터 이탈할 수 있다는 점을 인정하면서도 논리-체계적 관점에서 일정한 한계를 갖는다고 설시함으로써 법의 문언, 논리체계적 연관성 그리고 입법 취지와 목적의 상관관계를 단선적으로 이해하는 듯한 모습을 보인다.

더구나 이 사건은 엄밀히 말해 의사표시의 해석이 문제되는 사례일 뿐 법의 해석이 문제되는 사례로 보기 어렵다.115) 의사표시 해석의 관점에서 보면, 원심 법원이 구 임대주택법상 '임차인'을 해석하는 데 있어서 영리하게 형식적 임차인 개념과 실질적 임차인 개념의 대비를 통해 해석결과를 정당화하려 한 데 비해, 대법원은 이를 법적 임차인 개념과 사실적 임차인 개념으로 치환함으로써 원심과 상반되는 결론을 내렸다. 법해석의 관점에서 보면, 원심 판결이 정책목표나 가치, 공익적 목적과 계획 등 실질적 이유에 근거한 해석에 주로 의존한 반면, 대법원 판결은 문언적 해석, 논리-체계적 해석뿐 아니라 목적론적 해석, 나아가 결과고려적 해석과 실질적 이유에 근거한 해석까지 동원하여 원심 판결의 부당성을 설득력있게 논증하였다.

그럼에도 불구하고 이 판결은 그간 해석방법의 경합 시 사용하던 임기응변식 대응에서 벗어나 한층 구체화된 해석방법의 우선순위를 제시하였다는 점에서 진일보한 측면이 없지 않다.116) 그로 인해 앞서의 판결 이유 전단(前段) 부분에서 설시된 해석방법의 우선순위는 후속 판결에서 거듭 인용되면서 확립된 판례로 자리 잡기에 이르렀다. 다만 후단(後段) 부분의 타당성에 대해서는 여전히 논란이 이어지고 있는데, 흥미롭게도 이른바 휴일근로 수당 판결에서 다수의견과 반대의견은 각자의 의견을 뒷받침하는 참조판례로 각각 전단 부분과 후단 부분을 인용하였다.

[다수의견] 법은 원칙적으로 불특정 다수인에 대하여 동일한 구속력을 갖는 사회의 보편타당한 규범이므로 법의 표준적 의미를 밝혀 객관적 타당성이 있도록 해석하여야 하고, 가급적 모든 사람이 수긍할 수 있는 일관성을 유지함으로써 법적

---

115) 유추와 역추론(반대해석)을 양자택일적인 추론형식으로 파악하는 전제 위에서 원심이 유추를 감행한 데에 비하여, 대법원은 형평을 고려한 유추 내지 법 문언을 넘어서는 법형성을 거부하고 역추론을 시도하였다고 평가하는 견해로 김영환(2018), 374면 각주22.

116) 이계일(2015), 131면.

안정성이 손상되지 않도록 하여야 한다. 한편 실정법은 보편적이고 전형적인 사안을 염두에 두고 규정되기 마련이므로 사회현실에서 일어나는 다양한 사안에서 구체적 사안에 맞는 가장 타당한 해결이 될 수 있도록 해석·적용할 것도 요구된다. 요컨대 법해석의 목표는 어디까지나 법적 안정성을 저해하지 않는 범위 내에서 구체적 타당성을 찾는 데 두어야 한다. 나아가 그러기 위해서는 가능한 한 법률에 사용된 문언의 통상적인 의미에 충실하게 해석하는 것을 원칙으로 하면서, 법률의 입법 취지와 목적, 제·개정 연혁, 법질서 전체와의 조화, 다른 법령과의 관계 등을 고려하는 체계적·논리적 해석방법을 추가적으로 동원함으로써, 위와 같은 법해석의 요청에 부응하는 타당한 해석을 하여야 한다.

[대법관 김신, 김소영, 조희대, 박정화, 민유숙의 반대의견] 법률을 해석할 때는 가능한 한 법률에 사용된 문언의 통상적인 의미에 충실하게 해석하는 것을 원칙으로 하여야 하고, 법률의 문언 자체가 비교적 명확한 개념으로 구성되어 있다면 원칙적으로 다른 해석방법은 활용할 필요가 없거나 제한된다.[117)

그런데 파산재단에 대한 임금채권 등의 지연손해금이 파산채권인지 아니면 재단채권인지가 쟁점이 되었던 대법원 판결에서는 반대의견에 대한 대법관 조희대의 보충의견이 리딩케이스를 좇으면서도 목적론적 해석의 한계로서 법 문언을 강조함으로써 결과적으로 문언적 해석에 더 비중을 두는 흥미로운 변주를 보여주고 있다.

[반대의견에 대한 대법관 조희대의 보충의견] 법률을 해석할 때 그 법률에서 따로 정의된 용어의 해석은 그에 따르고, 그 밖의 경우에는 일반 국민들이 사용하고 이해하는 통상의 의미를 기준으로 합리적인 논리에 따라 법률 문언을 해석하여야 한다. 그와 같은 해석이라야 누구나 승복할 수 있다. 법률의 각 조항 사이에 존재하는 논리적 의미체계와 언어의 통상적 의미로부터 하나의 분명한 해석이 도출된다면, 설령 그것이 모든 면에서 만족스러운 결과를 가져오지는 못한다 하더라도 그와 다른 해석은 허용되지 않는다. 법률의 문언과 다른 해석은 존재하고 있는 규범을 해석하는 것이 아니라 해석이라는 이름으로 새로운 규범을 창설하여 입법자의 권한을 행사하는 것이 되기 때문이다. 법률의 입법 취지와 목적, 연혁 등을 고려하여 이루어지는 목적론적 해석도 이와 같은 한계 내에서만 가능한 것이다. 문언에 의할 때 하나의 해석만이 가능하고 다른 해석이 불가능한 경우라면, 가능한

---

117) 대법원 2018. 6. 21. 선고 2011다112391 전원합의체 판결.

그 하나의 해석을 받아들이는 것 외에 어떤 다른 목적론적 해석은 있을 수 없다. 그 하나의 해석이 도저히 용인할 수 없는 정도의 것일 때에는 그 법률조항이 헌법에 반하는지 여부를 살펴야 할 뿐, 어떤 목적을 위하여 문언의 의미를 초월하는 것은 해석의 영역에서는 허용되지 않는 것이고 이는 법률의 개정을 통해서만 가능한 일이다. 사법부의 법률해석에 대한 기본적 신뢰와 설득력은 법률 문언에 체화된 입법자의 의사를 합리적인 사람이라면 누구나 수긍할 수 있는 언어의 의미와 논리로 풀어내는 일관성에서 얻어지는 것이고, 이를 통하여 승복을 끌어내는 것이야말로 사법의 가장 기초적인 존재의미이다. 다소의 불합리를 시정하기 위하여, 나아가 어떤 정책적 목적을 달성하기 위하여 문언을 벗어나서 법을 왜곡한다면, 법에 의한 재판을 기대하였던 당사자가 승복할 리 만무하다. 이는 사법이 갖는 본래의 권한을 넘어서는 것이 될 뿐만 아니라, 경우에 따라서는 당사자에게 참을 수 없는 고통을 안기고 심각한 사법불신과 저항을 불러와, 결국에는 법적 안정성을 훼손하고 법의 규범력을 약화시키는 결과를 초래하며, 때로는 촘촘하게 짜인 법률 체계 전체의 해석과 운용을 왜곡하게 된다.[118)]

해석방법의 우선순위라는 문제는 결국 해석의 목표에 대한 논의를 수반한다는 점에서 주관설과 객관설의 대립과 무관치 않다. 과거 법원은 해석의 목표를 직접 언급하지는 않았으나, 전반적으로 객관설의 관점에서 역사적 해석과 목적론적 해석이 충돌하는 경우 목적론적 해석을 선호한 것으로 보인다. 이는 이른바 금액 판결에서 처음 정형화된 이후로 후속 판결에서 거듭 확인되었다. 특히 이른바 양심적 병역거부 판결은 비록 보충의견이긴 하나 '법은 입법자보다 현명하다'는 객관설의 진부한 구호까지 인용하면서 객관설에 경도된 성향을 뚜렷이 드러낸 바 있다.

> [다수의견] 모든 법은 법규정의 본질을 바꾸는 정도의 것이 아닌 한도에서 이를 합리적으로 해석함으로써 뒤쳐진 법률을 앞서가는 사회현상에 적응시키는 일방 입법기관에 대하여 법률의 개정 등을 촉구하는 것은 법원의 임무에 속하는 일이라 할 것이고, 그 뒤쳐진 법규정의 재래적 해석·적용이 부당한 결과를 초래한다는 것을 알면서도 법률 개정이라는 입법기관의 조치가 있을 때까지는 이를 그대로 따를 수밖에 없다고 체념해 버리는 것은 온당치 않은 태도이다.[119)]

118) 대법원 2014. 11. 20. 선고 2013다64908 전원합의체 판결.
119) 대법원 1978. 4. 25. 선고 78도246 전원합의체 판결; 대법원 1998. 4. 23. 선고 95다36466

[다수의견에 대한 대법관 권순일, 김재형, 조재연, 민유숙의 보충의견] 병역법은 제정된 이후 현재까지 단순히 '입영의 기피를 처벌한다'고만 규정하지 않고, 언제나 '정당한 사유 없는 입영의 기피를 처벌한다'고 규정하였다. 즉 병역법은 처음부터 '정당한 사유'라는 문언에 대한 해석을 통해서 복잡다기한 현실과 미처 예상치 못한 사정들을 해결할 수 있는 여지를 마련해 두고 있었다. 입법자들이 정당한 사유로서 실제로 무엇을 상정하고 예상하고 있었는지가 결정적인 것은 아니다. 법을 해석할 때에 입법자의 의도를 고려해야 하지만 그에 구속될 것은 아니다. 오히려 구속되어야 할 것이 있다면 그것은 법 그 자체이다. 그런데 바로 그 법이 위와 같은 '정당한 사유'를 규정하고 있는 것이다. 법은 입법자보다 현명하다.[120]

개별 판결에서 드러나는 여러 한계에도 불구하고 판례에서 법해석 방법론, 특히 해석방법의 우선순위에 대한 논의가 전반적으로 진전되고 있다는 점은 분명해 보인다. 아래에서는 법 분야별로 주요 판결의 이유를 분석하여 해석결론을 정당화하는 논증에 사용된 해석방법들을 추출하고 그 타당성을 비판적으로 검토할 것이다.

(1) 사법 분야
법원은 법 문언의 통상적 의미를 해석의 출발점으로 보면서도 문언적 해석이 불합리한 결과에 이른다고 판단하는 경우 곧바로 다른 해석방법을 모색한다. 특히 민사사건의 경우에는 문언적 해석이 논리-체계적 해석의 결과와 상반되거나 역사적 해석이나 목적론적 해석의 결과와 상반된다고 판단하는 경우에는 과감하게 법 문언의 한계를 이탈하여 대안적 해석을 모색한다. 심지어 법률해석권의 범위를 일탈하는 것은 아니라는 단서를 붙인 채 숨은 흠결에 대한 목적론적 축소를 넘어 정면으로 반문언적 해석을 통한 수정해석을 시도하기도 한다.[121]

이러한 경향은 발행지가 흠결된 국내어음의 효력이 쟁점이 되었던 이른바 백지어음 판결에서 단적으로 드러난 바 있다. 어음법 제1조 제7호 및 제75조 제6

전원합의체 판결.
120) 대법원 2018. 11. 1. 선고 2016도10912 전원합의체 판결.
121) 법원이 명확한 의미/통상적 의미/문언의 한계의 구분을 전제로 "통상적 의미가 우선하며, 경우에 따라 이를 다른 해석론에 입각해 벗어날 수 있더라도 문언의 한계는 벗어날 수 없다. 그리고 문언의 의미가 명확한 경우라면, 다른 해석론보다 반드시 우선한다."는 명제를 정립하고 있다는 평가로는 이계일(2015), 174-175면.

호는 발행지를 어음요건의 하나로 규정하고 있으므로 어음법 제2조 및 제76조에 따라 발행지 또는 발행지로 간주되는 발행인의 명칭에 부기한 지(地)가 없는 경우 그 어음은 원칙적으로 효력이 없다. 그럼에도 불구하고 다수의견 및 그에 대한 보충의견은 국내어음인 경우 발행지의 기재는 별다른 의미가 없고 발행지의 기재가 없는 어음도 완전한 어음과 마찬가지로 유통·결제되고 있는 거래의 실정 등에 비추어 유효하다고 판시하였다. 반면 반대의견은 법 문언에 충실하게 발행지가 흠결된 국내어음이 강행규정에 위반되어 무효라고 보았다.

[다수의견] 어음에 있어서 발행지의 기재는 발행지와 지급지가 국토를 달리하거나 세력(세력)을 달리하는 어음 기타 국제어음에 있어서는 어음행위의 중요한 해석 기준이 되는 것이지만 국내에서 발행되고 지급되는 이른바 국내어음에 있어서는 별다른 의미를 가지지 못하고, 또한 일반의 어음거래에 있어서 발행지가 기재되지 아니한 국내어음도 어음요건을 갖춘 완전한 어음과 마찬가지로 당사자 간에 발행·양도 등의 유통이 널리 이루어지고 있으며, 어음교환소와 은행 등을 통한 결제 과정에서도 발행지의 기재가 없다는 이유로 지급거절됨이 없이 발행지가 기재된 어음과 마찬가지로 취급되고 있음은 관행에 이른 정도인 점에 비추어 볼 때, 발행지의 기재가 없는 어음의 유통에 관여한 당사자들은 완전한 어음에 의한 것과 같은 유효한 어음행위를 하려고 하였던 것으로 봄이 상당하므로, 어음면의 기재 자체로 보아 국내어음으로 인정되는 경우에 있어서는 그 어음면상 발행지의 기재가 없는 경우라고 할지라도 이를 무효의 어음으로 볼 수는 없다.

[다수의견에 대한 대법관 이돈희, 신성택, 이용훈의 보충의견] 법률을 해석·적용함에 있어서는 법률규정의 문언의 어의(어의)에 충실하게 해석하여야 함이 원칙임은 말할 것도 없다. 그러나 법률 제정 당시에 입법자가 전혀 예상하지 못하였기 때문에 법률로 규정되지 않았거나 불충분하게 규정된 경우가 있을 수 있고, 이 경우에도 법원은 재판을 하지 않으면 아니 되므로 법원의 법형성적 활동이 개입될 수밖에 없다. 뿐만 아니라 법률에 명문의 규정이 있는 경우에도 시대가 바뀌고 사회가 달라짐에 따라 법과 실제 생활과의 사이에 불가피하게 간격이 생길 수 있으며, 이 때에 만일 명문규정의 엄격한 적용만을 고집한다면 그것은 법적 안정성이 유지될지는 모르나 사회생활의 유동·발전에 대한 적응성을 결여하는 중대한 결함이 생길 수 있으므로 이를 실제 생활에 부합하게 해석할 사회적 필요가 생기게 된다. 이와 같은 경우 법원은 형식적인 자구 해석에 얽매일 것이 아니라 그 법이 구현하고자 하는 입법정신이 무엇인가를 헤아려서 그 입법정신을 실현하는 방향

으로 법의 의미를 부여하여야 하며, 그 실현을 위하여 필요한 한도 내에서 명문규정의 의미를 확대해석하거나 또는 축소·제한해석을 함으로써 실질적인 법형성적 기능을 발휘하여야 할 것이다. …

어음법이 강행법·기술법적 성질을 가지고 있음에 비추어 볼 때 어음법에서 정한 어음요건은 이를 엄격하게 해석함이 원칙일 것이나, 이러한 엄격해석의 요청은 이를 자의로 해석함으로써 어음거래 당사자에게 불이익하게 법률을 적용하는 것을 막자는 데에 있는 것이지 입법취지를 해하지 않는 범위 내에서 합리적으로 해석하는 것까지도 절대적으로 금지하려는 것은 아니다. 따라서 어음면의 기재 자체에 의하여 국내어음으로 인정되는 경우에 단지 발행지의 기재가 없다는 이유로 이를 무효의 어음이라고 보는 것은 지나치게 형식논리에 치우친 해석이라고 하지 않을 수 없을 뿐만 아니라 어음 유효해석의 원칙에 비추어 보더라도 타당한 해석이 아니므로, 국내어음에 한하여는 발행지의 기재가 없다고 하더라도 이를 무효의 어음으로 볼 수 없다고 해석함이 상당하며, 이러한 해석은 국내어음에 한하는 것으로서 국제어음에 있어서는 발행지의 기재가 없으면 그 어음은 무효라는 입장을 견지하고 있으므로 위 해석에 의하더라도 발행지를 어음요건의 하나로 규정하고 있는 어음법의 조항을 완전히 사문화시키는 것은 아니며, 법원의 법률해석권의 범위를 일탈하는 것도 아니다.

[대법원장 윤관, 대법관 최종영, 천경송, 정귀호, 김형선, 이임수의 반대의견] 재판할 사항에 대하여 적용할 법규가 있고 그 의미 내용 역시 명확하여 달리 해석할 여지가 없는 경우에는 다른 것을 다르게 취급하여야 한다는 정의의 요청(이른바 목적론적 축소해석의 경우) 또는 합헌적인 해석의 요청(이른바 헌법합치적 해석의 경우)에 의하여, 그 법규의 적용 범위를 예외적으로 제한하여 해석할 필요가 있는 등의 특별한 사정이 없는 한, 설사 명문의 규정이 거래의 관행과 조화되지 아니하는 점이 있다고 하더라도, 법원으로서는 모름지기 국회의 입법 작용에 의한 개정을 기다려야 할 것이지 명문의 효력규정의 적용 범위를 무리하게 벗어나거나 제한하는 해석을 하여서는 아니 될 것인바, 어음법은 발행지의 기재가 없는 어음에 관하여 그 효력이 없다고 명문으로 규정하고 있는 한편, 이 명문의 규정에 관하여는 정의의 요청 또는 합헌적인 해석의 요청에 의하여 그 적용 범위를 예외적으로나마 제한하여 해석할 만한 아무런 특별한 사정이 있다고 할 수 없으므로, 다수의견과 같이 위 어음법의 명문규정이 이른바 '국내어음'에는 적용되지 아니한다고 하는 것은 법원이 어음법에도 없는 단서 조항 즉 '발행지에 관하여 국내어음의 경우에는 그러하지 아니하다.'라는 규정을 신설하는 셈이고, 이는 명문의 규정에 반하는 법형성 내지 법률수정을 도모하는 것으로서 법원의 법률해석권의 범위를

명백하게 일탈한 것이라는 비난을 면하기 어렵다.[122)]

다수의견은 일견 체계적 해석을 통해 해석 결과를 논증하는 것처럼 보이지만 실제로는 관련 규정을 나열한 것에 불과하다. 오히려 판결례의 횟수나 기간에 비추어 확립된 판례라고 불러도 좋을 만한 종전 판례들을 무시한다는 점에서 체계적 해석의 일종인 선례에 근거한 해석을 거부하였다.

또 다수의견에 대한 보충의견은 과거 편집오류에 기인한 법 문언을 보정해석했던 이른바 금액 판결을 인용하여 실제로는 반문언적 해석으로 보이는 목적론적 축소해석을 정당화하려 하였다.[123)] 더욱이 다수의견에 대한 보충의견이 제시하는 반문언적 법형성의 요건은 지나치게 추상적이어서 향후 유사 사건에서 기준이 기능하기 어려울 것으로 보인다.[124)] 그리고 반대의견을 반박하기 위하여 사용된 어음법 제75조에 대한 목적론적 해석과 비교법적 해석도 어음법의 입법취지와 외국 입법례에 대한 불충분한 이해에서 비롯된 사이비 논거에 불과한 것으로 보인다. 결국 다수의견에 대한 보충의견은 어음거래의 실정 내지 관행이라는 실질적 이유에 근거한 해석을 결과고려적 해석과 결합시켜 정당화 논거로 삼고 있을 뿐이다.

반면 반대의견은 문언적 해석의 관점에서 어음법이 발행지를 어음요건으로 삼고 있을 뿐 아니라 발행인의 명칭에 부기한 지(地)가 없는 한, 발행지를 기재하지 않은 어음은 어음으로서의 효력이 없다고 명시하고 있다는 점을 강조하면서 반문언적 해석을 시도하는 다수의견을 비판한다.

또한 반대의견은 어음법에 대한 목적론적 해석과 함께 '어음법의 개정 당시 최소한 국내어음에 있어서는 발행지를 어음요건에서 배제하는 어음법의 개정이 이루어져야 한다는 입법론적 주장이 있었음에도 불구하고 위 발행지의 요건에 관하여는 개정하지 아니한 채 그대로 둔 점'을 들어 이른바 입법자의 의미심장한 침묵을 원용하는 역사적 해석방법도 활용하였다. 나아가 비교법적 해석의 관점

---

122) 대법원 1998. 4. 23. 선고 95다36466 전원합의체 판결.
123) 이른바 백지어음 사건의 법학방법론적 쟁점이 법정책적 흠결이라는 이유로 다수의견을 비판하는 견해로 김영환(2012), 426면 특히 각주69. 반면 다수의견의 해석이 문언의 한계를 벗어났지만 법의 목적에 비추어 타당하므로 충분히 승인받을 만한 법해석이라는 견해로 최봉철(1999), 293-294면.
124) 양천수(2021), 388면.

에서 어음법에 대한 외국 입법례를 비교 분석하고 '우리 어음법의 운용에 대한 국제법적 신뢰'라는 또 다른 실질적 이유에 근거한 해석을 결과고려적 해석과 결합하여 설득력 있게 제시하였다.

요컨대 반대의견은 문언적 해석, 논리-체계적 해석, 역사적 해석, 목적론적 해석뿐 아니라 비교법적 해석 나아가 실질적 이유에 근거한 해석에 의해서도 정당성이 논증된다. 반면 오로지 어음거래의 실정 내지 관행이라는 실질적 이유에 근거한 해석에만 터 잡아 반문언적 해석을 감행하는 다수의견 및 그에 대한 보충의견은 대법원의 주류적인 법해석 원칙에 비추어 보더라도 정당화되기 어렵다: 해석방법의 우선순위 제1단계 및 제5단계.

최근의 이른바 임의경매 공신력 판결에서도 다수의견 및 그에 대한 보충의견은 법 문언상 경매개시결정 전에 담보권이 소멸한 경우에도 경매의 공신력을 인정하려는 것인지 여부가 분명치 않고 해석의 여지가 남아 있다는 것을 전제로 입법경위, 법체계와의 조화 등을 내세워 목적론적 축소 내지 축소해석을 통해 경매개시결정 전에 담보권이 이미 소멸한 경우에는 위 법규정이 적용되지 않으므로 경매가 무효라고 판시하였다. 반면 별개의견은 법 문언의 통상적 의미에 충실하게 경매개시결정 전에 담보권이 소멸한 경우에도 위 법규정이 적용되어 경매가 유효하다고 해석하였다.

> [다수의견] 이 사건 조항은 매수인의 부동산 취득이 '담보권 소멸'로 영향을 받지 않는다고 규정하고 있으므로, 담보권이 애초에 존재하지 않았던 경우에는 경매의 공신력을 인정하지 않으려는 취지임은 분명하다. 그런데 경매개시결정이 있기 전에 담보권이 소멸하였다면 그 담보권은 실체가 없으므로 담보권이 부존재하는 것과 법률적으로 아무런 차이가 없고, 그러한 경매개시결정은 애초에 적법하게 개시된 것이라고 볼 수 없음은 앞서 본 바와 같다. 그러므로 이 사건 조항이 담보권의 소멸 시기를 언급하지 않고 있더라도 그것이 경매개시결정 전에 담보권이 소멸한 경우까지도 포함하여 경매의 공신력을 인정하려는 취지인지는 그 문언만으로는 분명하지 않고, 여전히 법률해석의 여지가 남아 있게 되었다. …
> 결국 대법원이 현재에 이르기까지 이 사건 조항이 경매개시결정이 있은 뒤에 담보권이 소멸한 경우에만 적용되는 것으로 해석해 온 것은 이 사건 조항의 입법 경위, 임의경매의 본질과 성격 및 부동산등기제도 등 법체계 전체와의 조화를 고려하여 다양한 해석이 가능한 법문언의 의미를 분명히 밝힌 것으로 보아야 한다.

[대법관 김재형, 안철상, 김선수, 이흥구, 오경미의 별개의견] 법률은 가능한 한 법률에 사용된 문언의 통상적인 의미에 충실하게 해석하여야 한다. 민사집행법 제267조는 '대금완납에 따른 부동산 취득의 효과'라는 제목으로 "매수인의 부동산 취득은 담보권 소멸로 영향을 받지 아니한다."라고 정하고 있다. 이 조항에서 '담보권 소멸'은 담보권이 유효하게 성립한 후 나중에 소멸한 경우를 가리키는 것으로서 그 문언의 객관적 의미와 내용이 명확하므로, 여기에는 경매개시결정 이전에 담보권이 소멸한 경우도 포함된다고 해석하는 것이 법률의 문언에 부합한다. 이러한 해석은 민사집행법의 체계에도 부합한다. 이 조항보다 두 조문 앞에 있는 민사집행법 제265조는 '경매개시결정에 대한 이의신청사유'라는 제목으로 "경매절차의 개시결정에 대한 이의신청사유로 담보권이 없다는 것 또는 소멸되었다는 것을 주장할 수 있다."라고 정하고 있는데, 여기에서도 담보권 소멸을 경매개시결정 이후의 것으로 한정하고 있지 않다. 그러므로 민사집행법 제267조에서도 담보권 소멸을 제265조와 마찬가지로 경매개시결정 전후를 묻지 않고 담보권의 사후적 소멸을 모두 포함하는 것으로 보아야 한다. 이 조항의 입법 과정에서 담보권의 부존재와 소멸을 가리지 않고 전면적으로 경매의 공신력을 인정할지가 논의되었는데, 담보권 소멸의 경우에만 부분적으로 공신력을 인정하는 취지로 입법이 이루어진 경위를 보더라도 위와 같은 해석이 타당하다. 나아가 경매제도에 대한 신뢰와 법적 안정성, 거래안전과 이해관계인의 이익형량을 고려하더라도 경매개시결정 당시 담보권이 이미 소멸한 경우에도 경매의 공신력을 인정할 필요가 있다.

위와 같은 민사집행법 제267조의 문언과 체계, 입법 경위와 목적에 비추어, 이미 소멸한 담보권에 기초하여 경매절차가 개시되고 부동산이 매각된 경우에도 특별한 사정이 없는 한 경매는 유효하고 매각대금을 다 낸 매수인은 부동산 소유권을 적법하게 취득한다고 보아야 한다. …

다수의견은 민사집행법 제267조에서 정한 '소멸'이 경매개시결정 전에 담보권이 소멸되는 경우를 포함하는 의미인지가 불분명하고 종래 판례는 그 의미를 분명히 밝힌 것이라고 한다. 그러나 이 조항은 그 의미가 명확하여 달리 해석할 여지가 없으므로, 다수의견과 같은 해석은 법규정의 가능한 범위를 넘는 목적론적 축소로서 법관에 의한 법형성에 해당한다. 그런데 담보권 소멸의 시기가 경매개시결정을 기준으로 하여 그 전인지 후인지에 따라 이 조항의 적용 여부를 달리 볼 만한 근거가 없다. 이러한 목적론적 축소는 법원의 법률해석권의 범위를 명백히 벗어난 것이다.

[다수의견에 대한 대법관 노태악의 보충의견] 경매개시결정이 가지는 실체법적 효력에 비추어 보면, 담보권이 부존재하는 것과 경매개시결정 전 담보권이 이미 소

멸한 경우는 법률적으로 아무런 차이가 없고, 오히려 경매개시결정 후 담보권이 소멸된 경우와는 분명히 구별된다. 다수의견은 이러한 측면에서 이 사건 조항에서 정한 '담보권 소멸'이라는 표현이 그 의미가 명확하여 달리 해석할 여지가 없는 경우라고 볼 수 없으며, 문언이 갖는 사실상의 의미에 대한 법률적 평가를 같이함으로써 '법문언의 가능한 의미' 안에서 구체적인 법발견을 할 수 있다는 것이다. 설령 그렇지 않다고 하더라도 경매개시결정 후 담보권이 소멸한 경우에만 이 사건 조항을 적용하는 것은, '다른 것은 다르게' 취급하여야 한다는 정의의 요청에 따라 그 법규의 적용 범위를 제한하여 해석할 필요가 있는 경우에 허용되는 목적론적 축소해석에 해당하므로 법원의 법률해석권의 범위를 벗어난 것이 아니다.[125]

이 판결에서 다수의견 및 그에 대한 보충의견은 법 문언의 통상적 의미를 따르지 않고 체계적 해석 및 역사적 해석에 기초하여 법 문언의 가능한 의미 내의 대안적 해석을 시도한 반면, 반대의견은 문언적 해석뿐 아니라 체계적 해석, 역사적 해석, 나아가 이익평가적 해석, 실질적 이유에 근거한 해석을 시도하였다.

법학방법론의 관점에서 보면 입법경위나 입법목적이 분명치 않은 상황에서 치밀한 논증 없이 기존 판례를 좇아 사실상 반문언적 해석을 유지하는 다수의견은 법원의 법해석 원칙에 비추어 보더라도 정당화되기 어렵다. 모든 법 문언은 원칙적으로 통상적 의미에 따라 해석되어야 하며 정의나 법적 안정성을 비롯한 법이념에 반하지 않는 이상 최종적으로 문언적 해석에 따른 해석 결과에 따라야 한다: 해석방법의 우선순위 제1단계. 가사 문언적 해석의 결과가 법이념에 반할 뿐 아니라 대안적 해석이 법 문언의 가능한 의미 내에 있다고 하더라도 대안적 해석이 논리-체계적 해석이나 역사적 해석, 목적론적 해석에 부합하는지가 불분명하므로 정당화되기 어렵다: 해석방법의 우선순위 제2~4단계. 다수의견은 외관상 목적론적 축소해석일 뿐 법 문언의 가능한 의미를 벗어난 반문언적 해석으로서 논리-체계적 해석, 역사적 해석, 목적론적 해석에 의하여 충분히 논증되지 않으므로 정당화될 수 없다: 해석방법의 우선순위 제5단계.

대법원은 가사사건에서도 문언적 해석보다 목적론적 해석을 선호하는 듯한데, 이른바 성전환자 호적정정 결정에서 반대의견이 지금은 폐지된 호적법 제120

---

125) 대법원 2022. 8. 25. 선고 2018다205209 전원합의체 판결.

조의 문언에 부합하는 문언적 해석을 주요 근거로 제시한 데 비하여, 다수의견은 법관이 주관적으로 이해한 입법목적을 앞세워 성전환자의 호적정정을 허용하였다.

> [다수의견] 호적법 제120조에 의한 호적정정 절차를 둔 근본적인 취지가 호적의 기재가 부적법하거나 진실에 반하는 것이 명백한 경우에 그 기재 내용을 판결에 의하지 아니하고 간이한 절차에 의하여 사실에 부합하도록 수정할 수 있도록 함에 있다는 점을 함께 참작하여 볼 때, 구체적인 사안을 심리한 결과 성전환자에 해당함이 명백하다고 증명되는 경우에는 호적법 제120조의 절차에 따라 그 전환된 성과 호적의 성별란 기재를 일치시킴으로써 호적기재가 진정한 신분관계를 반영할 수 있도록 하는 것이 호적법 제120조의 입법 취지에 합치되는 합리적인 해석이(다.)
>
> [대법관 손지열, 박재윤의 반대의견] 호적법 제120조에 규정된 '착오', '호적의 정정'이라는 문구 등은 그 객관적 의미와 내용이 명확하여 해석상 의문의 여지가 없고, 호적법을 제정할 당시의 입법 취지도 그 내용이 처음 호적에 기재된 시점부터 존재하는 착오나 유루를 정정하고자 하는 것으로서 만일 호적기재가 기재 당시의 진정한 신분관계에 부합되게 적법하게 이루어졌다면 정정의 대상이 될 수 없는 것이었음이 명백하(다.)[126]

이 사건은 사실 법의 흠결 사안으로 보이는데, 성전환자의 호적정정이 법 문언의 '통상적인 의미'는 벗어나지만 '가능한 의미' 내에 있는 것으로 본다면 법해석의 관점에서도 정당화 가능할 것이다. 반대의견이 지지하는 법 문언의 통상적 의미에 따른 해석결과가 행복추구권을 비롯한 기본권을 침해하며 정의 이념에 반하는 것은 분명해 보인다. 하지만 헌법합치적 해석과 실질적 이유에 근거한 해석에 의해 뒷받침되는 다수의견은 논리-체계적 해석이나 역사적 해석, 목적론적 해석의 관점에서는 정당화되기 어렵다: 해석방법의 우선순위 제2단계 및 제3단계. 다수의견이 암묵적으로 전제하는 이른바 헌법합치적 법형성은 단지 예외적으로만 허용될 수 있는데,[127] 성전환자 호적정정 사건은 그 기준에 못미치는 것으로 보인다.

---

126) 대법원 2006. 6. 22.자 2004스42 전원합의체 결정.

127) 제3자의 단순한 기본권 침해가 아니라 중대명백한 기본권 침해 시에만 반문언적 해석이 헌법합치적 법형성(verfassungskonforme Rechtsfortbildung)으로서 허용된다는 견해로 Möllers(2023), 430-439면, 특히 437-439면.

가사사건으로서 목적론적 해석보다 문언적 해석과 논리-체계적 해석을 우선시한 사례로는 미성년자이었던 상속인이 성년에 이른 다음 새롭게 구 민법 제1019조 제3항에 따른 특별한정승인을 신청할 수 있는지 여부가 쟁점이 되었던 이른바 미성년자 특별한정승인 판결을 들 수 있다. 다수의견 및 그에 대한 보충의견은 법 문언의 전문적 의미에 따른 문언적 해석, 또 개념적 해석과 선례에 근거한 해석을 비롯한 논리-체계적 해석 이외에 법정대리인 제도 및 제척기간 제도 등을 고려한 실질적 이유에 근거한 해석 등을 보태어 미성년 상속인의 법정대리인이 이미 상속개시 있음과 상속채무초과사실을 인식하고 있었다면 그 상속인이 성년에 이른 뒤 본인의 인식을 기준으로 새로 특별한정승인을 할 수 없다고 보았다. 반면 반대의견 및 그에 대한 보충의견은 구 민법 제1019조 제3항의 입법 경위까지 고려한 목적론적 해석과 법 문언의 통상적(일상적) 의미에 충실한 문언적 해석, 민법의 편제뿐 아니라 신의성실의 원칙이나 상속인의 자기책임 원칙과 같은 민법 기본원리와의 조화를 추구하는 논리-체계적 해석, 나아가 헌법합치적 해석뿐 아니라 상속채권자와의 이익형량을 고려하는 이익평가적 해석, 법적 안정성이나 거래의 안전을 고려하는 실질적 이유에 근거한 해석 등 다양한 해석방법에 기초하여 정반대의 결론에 이르렀다.

[다수의견] 민법 제1019조 제3항은 민법 부칙(2002. 1. 14. 개정 법률 부칙 중 2005. 12. 29. 법률 제7765호로 개정된 것, 이하 같다) 제3항, 제4항에 따라 ① 1998. 5. 27.부터 위 개정 민법 시행 전까지 상속개시 있음을 안 상속인과 ② 1998. 5. 27. 전에 상속개시 있음을 알았지만 그로부터 3월 내에 상속채무 초과사실을 중대한 과실 없이 알지 못하다가 1998. 5. 27. 이후 상속채무 초과사실을 알게 된 상속인에게도 적용되므로, 이러한 상속인들도 위 부칙 규정에서 정한 기간 내에 특별한정승인을 하는 것이 가능하였다. 그러나 위 부칙 규정상 1998. 5. 27. 전에 이미 상속개시 있음과 상속채무 초과사실을 모두 알았던 상속인에게는 민법 제1019조 제3항이 적용되지 않으므로, 이러한 상속인은 특별한정승인을 할 수 없는 것으로 귀결된다. …

민법 제1019조 제1항, 제3항의 각 기간은 상속에 관한 법률관계를 조기에 안정시켜 법적 불안 상태를 막기 위한 제척기간인 점, 미성년자를 보호하기 위해 마련된 법정대리인 제도와 민법 제1020조의 내용 및 취지 등을 종합하면, 상속인이 미성년인 경우 민법 제1019조 제3항이나 그 소급 적용에 관한 민법 부칙 제3항, 제4

항에서 정한 '상속채무 초과사실을 중대한 과실 없이 제1019조 제1항의 기간 내에 알지 못하였는지'와 '상속채무 초과사실을 안 날이 언제인지'를 판단할 때에는 법정대리인의 인식을 기준으로 삼아야 한다(대법원 2012. 3. 15. 선고 2012다440 판결, 대법원 2015. 4. 23. 선고 2012다15268 판결 참조). …

이러한 효과가 발생한 이후 상속인이 성년에 이르더라도 상속개시 있음과 상속채무 초과사실에 관하여 상속인 본인 스스로의 인식을 기준으로 특별한정승인 규정이 적용되고 제척기간이 별도로 기산되어야 함을 내세워 새롭게 특별한정승인을 할 수는 없(다.)

[대법관 민유숙, 김선수, 노정희, 김상환의 반대의견] 반대의견은 위와 같은 경우 특별한정승인이 허용되어야 한다는 견해이다. 이는 합헌적 법률해석의 원칙 및 특별한정승인 제도의 입법 경위, 미성년자 보호를 위한 법정대리인 제도, 상속인의 자기책임 원칙 등을 고려하여 법규정을 해석한 결과로서 문언의 통상적인 의미에 충실하게 해석하여야 한다는 원칙에 부합할뿐더러, 상속채권자와의 이익 형량이나 법적 안정성 측면에서도 타당하다. …

헌법재판소는 신고기간이 도과하면 단순승인한 것으로 간주하는 개정 전 민법 제1026조 제2호가 상속인의 재산권과 사적자치권을 침해한다고 판단하여 헌법불합치결정을 하였고(헌법재판소 1998. 8. 27. 선고 96헌가22 등 전원재판부 결정), 2002년 민법 개정으로 특별한정승인 제도가 신설되었다. …

법률해석의 기본 원칙에 비추어 볼 때, 미성년이었던 상속인이 성년에 이르러 스스로 법률상 유효하게 상속채무 초과사실을 알게 된 때를 기준으로 3월 동안 특별한정승인을 할 수 있는지에 관하여 민법 상속 편의 특별한정승인에 관한 규정과 더불어 총칙 편의 대리에 관한 규정의 문언과 체계를 종합하여 보면, 반대의견의 견해는 위 규정들의 문언의 통상적인 의미에 충실하게 해석한 것이다.

[다수의견에 대한 대법관 김재형, 이동원의 보충의견] 반대의견이 취한 해석론은 특별한정승인과 대리에 관한 법률 문언의 통상적인 의미를 벗어난 것이다. …

민법 제1019조 제3항의 문언은 '상속인'을 단일한 주체로 하여 특별한정승인의 요건과 기간에 대해 규정할 뿐이다(행위능력이나 대리 외에 대부분의 민법 규정은 권리자나 의무자 본인에 대해서만 규정하고 대리인을 따로 구분하여 규정하지 않는다). 위 조항을 비롯한 특별한정승인에 관한 규정 어디에도 특별한정승인을 법정대리인이 대리하는 경우와 상속인 본인이 직접 하는 경우의 두 가지로 구분하여 정하고 있지 않다. …

법정대리인이 특별한정승인을 하지 않고 신고기간을 도과하면 그에 따른 효과가 상속인 본인에게 귀속되어 상속인은 더 이상 특별한정승인을 할 수 없고, 이러한 효과를 인정한다면 상속인이 성년자가 되어도 새롭게 특별한정승인을 할 수 없다고 보는 것이 당연한 논리적 귀결이다. …

대리행위의 방식이나 효력 등에 대해서는 총칙 편에서 규정하고 있고 이러한 규정은 임의대리, 법정대리를 구분하지 않고 대리행위 일반에 적용된다. 민법은 제1020조 외에 특별한정승인의 대리에 관해 달리 정하고 있지 않으므로, 특별한정승인의 법정대리에 관해서도 대리의 일반 법리에 의하여야 한다(반대의견도 특별한정승인에 총칙 편에 규정된 민법 제116조가 적용된다고 한다). …

상속인이 미성년자인 경우 그 선택권을 반드시 법정대리인이 아닌 본인이 직접 행사할 수 있어야 한다거나 법정대리의 예외를 인정해야 한다는 점은 위 헌법재판소 결정이나 민법 개정이유 중 어디에서도 찾을 수 없고, 위에서 본 것처럼 민법 제1019조 제3항의 문언에서 그와 같이 예외적인 해석을 할 근거를 찾을 수도 없다. …

합헌적 법률해석을 할 때에도 마땅히 법률해석의 한계를 준수해야 한다. 법률 문언과 체계 등을 통해 나타난 입법자의 의사가 명확함에도 합헌적 법률해석이라는 명목하에 법률해석의 한계를 뛰어넘는 해석을 하여 입법권을 침해하는 것은 허용될 수 없다. 반대의견의 해석은 법률해석의 한계를 넘어서므로 합헌적 법률해석의 방법으로도 그와 같은 결론에 이를 수 없다.

[반대의견에 대한 대법관 민유숙, 김상환의 보충의견] 개선 입법이 되었다고 하여 보호의 사각지대가 해소된 것이 아니므로, 법원이 입법 취지를 고려하여 법을 유연하게 해석할 필요가 있다. …

상속 포기는 헌법재판소의 심판대상이 아니었고 위와 같은 두 차례 개선 입법에도 불구하고 법 개정이 이루어지지 않았다. 그러나 상속 포기의 기산점에 관해서도 종전의 해석론을 완화할 필요성이 있었고, 대법원 2005. 7. 22. 선고 2003다43681 판결은 상속 포기의 신고기간을 상속개시 있음을 안 날부터 3월로 엄격히 제한함으로써 불합리한 결과가 발생하는 경우 그 기산점의 의미를 유연하게 해석함으로써 상속인 보호의 요청에 부응하였다. 사회의 변화에 따라 채무 상속인을 보호할 필요성은 또 다른 영역에서 발생할 것이고, 이 사건도 그중 하나라고 할 수 있다.[128)]

미성년 상속인의 경우 특별한정승인 신청의 요건과 기간을 판단하는 기준이 되는 '상속인'은 전문적 의미로 상속인의 법정대리인을 뜻하지만 일상적 의미로

---

128) 대법원 2020. 11. 19. 선고 2019다232918 전원합의체 판결.

는 상속인 본인을 뜻할 수 있다는 점에서 해석상 논란의 여지가 있다. 다수의견이 사용하는 전문적 의미에 기초한 문언적 해석의 결과가 법이념에 반하는 것은 비교적 분명한 반면, 논리-체계적 해석 결과와 일치하는지는 불분명하다: 해석방법의 우선순위 제1단계 및 제2단계. 이 점에서 법 문언의 일상적 의미에 기초한 반대의견이 내세우는 대안적 해석의 정당화가능성이 검토될 수 있다. 하지만 대안적 해석은 민법의 편제나 선례 등에 비추어 논리-체계적 해석에 부합하는지 의심스러우며 역사적 입법자의 의도나 입법목적에 일치하는지도 불분명하다. 반대의견은 헌법합치적 해석이나 이익평가적 해석 등을 추가적인 해석논거로 내세우고 있으나 다수의견에 대한 보충의견의 지적처럼 대부분 사이비 논거로 보이고 단지 미성년 상속인 보호라는 정책적 이유에 근거한 해석이 대안적 해석을 뒷받침할 뿐이다. 그렇다면 결국 전문적 의미에 기초한 문언적 해석, 선례에 근거한 해석을 비롯한 논리-체계적 해석, 그리고 법정대리인이나 제척기간 등 관련 제도를 고려한 실질적 해석에 부합하는 다수의견이 방법론적으로 정당한 것으로 보인다: 해석방법의 우선순위 제4단계.

목적론적 해석 우위의 흐름은 민사적인 임금청구의 형태로 등장하는 노동사건에서도 다르지 않은데 가장 논란이 되었던 사례로는 휴일근로시간이 구 근로기준법 제50조 제1항의 '1주간 기준근로시간 40시간' 및 제53조 제1항의 '1주간 연장근로시간 12시간'에 포함되는지 여부가 쟁점이 되었던 이른바 휴일근로수당 판결을 들 수 있다.

다수의견 및 그에 대한 보충의견은 구 근로기준법 및 시행령 규정의 내용과 체계 및 취지, 법률 규정의 제·개정 연혁과 이를 통해 알 수 있는 입법 취지 및 목적, 근로관계 당사자들의 인식과 기존 노동관행 등을 종합적으로 고려하여 휴일근로시간은 1주간 기준근로시간 및 1주간 연장근로시간에 포함되지 않으므로 휴일근로에 따른 가산임금과 연장근로에 따른 가산임금은 중복하여 지급될 수 없다고 보았다. 하지만 반대의견 및 그에 대한 보충의견은 법 문언을 기초로 구 근로기준법상 1주간 기준근로시간인 40시간을 초과하여 휴일에 근로하는 경우 휴일근로에 따른 가산임금과 연장근로에 따른 가산임금을 중복 지급해야 하는 것으로 해석해야 한다고 보았다.

[다수의견] 구 근로기준법과 근로기준법 시행령 규정의 내용과 체계 및 취지, 법률 규정의 제·개정 연혁과 이를 통해 알 수 있는 입법 취지 및 목적, 근로관계 당사자들의 인식과 기존 노동관행 등을 종합적으로 고려하면, 휴일근로시간은 구 근로기준법 제50조 제1항의 '1주간 기준근로시간 40시간' 및 제53조 제1항의 '1주간 연장근로시간 12시간'에 포함되지 않는다고 봄이 타당하다.

구 근로기준법상 '1주'에 휴일을 포함할 것인지 여부는 근본적으로 입법 정책의 영역에 속하는 문제이다. 따라서 이에 관한 법해석을 할 때에는 입법자의 의사를 최대한 존중하여 법질서의 통일성과 체계적 정당성을 유지하는 방향으로 하여야 한다. 그런데 근로기준법의 제정 및 개정 경위를 통해 알 수 있는 입법자의 의사는 휴일근로와 연장근로를 명확히 구분하여 휴일근로시간을 연장근로시간에 포함하지 않겠다는 것임이 분명해 보인다.

[대법관 김신, 김소영, 조희대, 박정화, 민유숙의 반대의견] 구 근로기준법 제56조는 "사용자는 연장근로와 야간근로 또는 휴일근로에 대하여는 통상임금의 100분의 50 이상을 가산하여 지급하여야 한다."라고 규정한다. …

위 제56조는 연장·야간·휴일근로에 대한 각각의 경제적 보상기준을 정한 것이므로 위 규정에서 정한 근로 중 어느 하나에 해당하면 사용자는 그에 대한 가산임금을 지급하여야 하고, 다른 요건을 중복하여 충족하면 가산임금을 중복하여 지급하는 것으로 해석하는 것이 이러한 규정 문언의 형식과 체계에 부합한다. …

구 근로기준법 제56조 규정과 관련 규정인 제50조, 제53조의 규정을 함께 살펴보면 제56조에서 말하는 가산임금 지급대상이 되는 연장근로시간에 휴일근로시간이 포함된다고 해석하는 것이 관련 규정들의 법체계적 해석이나 개념 정의에도 부합한다.

[다수의견에 대한 대법관 박상옥의 보충의견] 구 근로기준법상 1주간을 휴일을 포함한 7일로 보는 것이 문언의 통상적인 의미로 볼 수도 있으나, 입법자는 개정 근로기준법에 정의 규정 및 부칙 규정을 둠으로써, 이와 달리 구 근로기준법상 휴일근로시간이 1주간 기준근로시간 및 1주간 연장근로시간에 포함되지 아니한다는 의도를 명시하였다. …

[다수의견에 대한 대법관 김재형의 보충의견] 근로기준법상 연장근로 등에 대한 가산임금 관련 조문의 내용, 연장근로와 휴일근로의 법적 성격, 연혁과 입법 취지, 비교법적 자료 등을 종합적으로 고려하여 문언적·법체계적·목적론적 해석을 하면, 휴일근로가 근로기준법이 정한 1주간 기준근로시간 40시간을 초과하여 이루어진 연장근로에 해당하더라도 휴일근로에 따른 가산임금 외에 연장근로에 따른 가산임금을 중복 지급할 의무를 인정할 수 없다. …

구 근로기준법 제56조의 문언해석만으로 연장근로와 휴일근로에 따른 가산임금 중복 지급 여부에 관한 결론을 도출할 수 없다. …

구 근로기준법 제56조의 입법 연혁에 비추어 보면, 휴일근로에 대해서는 그에 대한 가산임금 외에 연장근로에 대한 가산임금을 중복해서 지급할 것을 예정하지 않았음이 명백하다. …

연장근로 등에 따른 가산임금에 관한 외국의 입법례를 보면, 대체로 연장근로에 따른 가산임금과 휴일근로에 따른 가산임금을 중복 지급하는 경우는 드물고, 연장근로와 휴일근로의 가산율 또한 각 50% 미만이며, 특별한 요건에 해당하는 경우에만 50% 이상 가산하는 방식으로 규율하고 있음을 알 수 있다. 반면 우리 구 근로기준법 제56조는 연장근로와 휴일근로에 대하여 각각 처음부터 50% 이상의 높은 가산율을 정하고 있다.

[반대의견에 대한 대법관 김신의 보충의견] 법원이 법률을 해석할 때 문언 자체가 명확하지 않다면 입법 취지와 목적까지 두루 고려한 해석을 하는 것이 타당하고, 그 경우에도 법원이 법 해석 및 법 발견 과정에 탐구하여야 하는 입법 취지와 목적이라는 것은 현재 적용하여야 하는 법률에 대한 것이다.

그런데 구 근로기준법 문언상 1주간 최대 근로시간은 52시간으로 해석하는 것이 자연스럽다는 것은 재론을 요하지 않는다. 나아가 개정 근로기준법은 공포 이후의 장래 법률관계를 규율하겠다는 것이어서 입법 의도 역시 장래를 향해 있을 뿐이므로, 이 사건에 적용되는 구 근로기준법에 관한 해석이 개정 근로기준법의 입법 취지와 목적에 따라 좌우될 것도 아니다.[129)]

다수의견처럼 가산임금의 지급 사유를 택일적인 것으로 이해함으로써 중복 지급이 불가능하다고 해석하는 것은 논리-체계적 해석은 물론, 역사적 해석이나 목적론적 해석에 부합하는 것으로 보인다. 이 점에서 다수의견은 법 문언의 통상적 의미에서 벗어나지만 법 문언의 가능한 의미 내에 있는 대안적 해석으로서 논리-체계적 해석, 역사적 해석, 목적론적 해석에 의해 정당화될 수 있다: 해석 방법의 우선순위 제3단계.

드물게 문언적 해석과 목적론적 해석의 충돌 상황에서 문언적 해석을 우선시한 민사 사례로는 과거 구 이식제한령이 금전이 아닌 정조(正租)의 대차에도 유추적용되는지 여부가 쟁점이 되었던 대법원 전원합의체 판결을 들 수 있다.

---

129) 대법원 2018. 6. 21. 선고 2011다112391 전원합의체 판결.

[다수의견] 구 이식제한령은 금전대차에 관한 이자를 제한하였을 뿐 금전이외의 대차에 관한 이자를 제한한 것이 아님이 법문상 명백함에도 불구하고(1959. 2. 10 선고 4290민상805 판결 참조) 원판결이 정조의 대차에도 구 이식제한령 소정 이자제한에 관한 규정이 적용되는 취의의 판단을 하였음은 구 이식제한령의 해석을 잘못한 위법을 범한 것(이다.)

[대법원판사 손동욱, 한성수, 방순원, 나항윤의 반대의견] 구 이식제한령 제1조에 의하면 "금전대차에 관한 계약상의 이식"에 대하여 일정 한도로서 이식을 제한한다는 것이니 위 조문을 개념적으로 보면 원본이 금전인 소비대차의 경우에 국한하여 그 이자가 금전이거나 양곡이거나를 막론하고 이에 이식제한령을 적용한다는 것으로 해석될 것이다. …

우리는 금전의 소비대차에 관하여 폭리를 취한다는 등 이유로서 민법 제103조, 동 제104조에 의거하여 그 소비대차계약을 무효로 하는 방식 이외에 일정한도 이상의 고리의 억제를 목적으로 하고 있는 이식제한령의 제한이율초과의 계약부분은 무효로 하면서 제한이율이내의 계약부분은 유효로 보는식의 해석에 의하여 금전소비대차관계를 규제하고 있는바와 같이, 아니 그 이상으로 식량의 소비대차관계에 관하여도 폭리등 이유로 위 민법 제103조, 동 제104조에 의거하여 그 소비대차계약을 무효로 하는 방식 이외에 일정한도 이상의 고리의 억제를 목적으로 하는 이식제한령의 입법정신에 따라 금전소비대차에 관한 것과 같이 위 이자제한법에 의한 일부 무효의 해석이 절실히 요청되는 것이다.[130]

(2) 공법 분야

법원은 행정법을 비롯한 공법 분야에서는 문언적 해석을 경시하는 경향을 보이는데 이른바 공무원 국가배상 판결이 대표적인 사례가 되겠다.[131] 이 판결에서 별개의견이 헌법 제29조 제1항 단서의 문언 및 체계에 충실하게 공무원의 중과실이나 경과실을 구별하지 않고 불법행위책임을 인정한 데 비하여 다수의견은 입법목적을 내세워 공무원의 불법행위책임이 고의 및 중과실에 한정된다고 판단하였으며, 반대의견 역시 입법목적을 내세워 공무원의 불법행위책임이 면책된다고 판단하였다.

[다수의견] 헌법 제29조 제1항 단서는 공무원이 한 직무상 불법행위로 인하여 국

---

130) 대법원 1965. 11. 25. 선고 65다1422 전원합의체 판결.
131) 이 판결에 대한 법학방법론적 평석으로는 김학태(2017), 307-337면.

가 등이 배상책임을 진다고 할지라도 그 때문에 공무원 자신의 민·형사책임이나 징계책임이 면제되지 아니한다는 원칙을 규정한 것이나 그 조항 자체로 공무원 개인의 구체적인 손해배상책임의 범위까지 규정한 것으로 보기는 어렵다. …

공무원이 직무수행 중 불법행위로 타인에게 손해를 입힌 경우에 국가 등이 국가 배상책임을 부담하는 외에 공무원 개인도 고의 또는 중과실이 있는 경우에는 불법행위로 인한 손해배상책임을 진다고 할 것이지만, 공무원에게 경과실뿐인 경우에는 공무원 개인은 손해배상책임을 부담하지 아니한다고 해석하는 것이 헌법 제29조 제1항 본문과 단서 및 국가배상법 제2조의 입법취지에 조화되는 올바른 해석이라고 할 것이다.

[대법관 김석수, 김형선, 신성택, 이용훈의 별개의견] 위 헌법조항 단서의 공무원 개인책임은 그 본문과 연관하여 보면 이는 직무상 불법행위를 한 그 공무원 개인의 불법행위 책임임이 분명하며 여기에서 말하는 불법행위의 개념은 법적인 일반 개념으로서 그것은 고의 또는 과실로 인한 위법행위로 타인에게 손해를 가한 것을 의미하고 이 때의 과실은 중과실과 경과실을 구별하지 않는다는 일반론에 의문을 제기할 여지가 없어 보인다. 우리의 법체제하에서의 '과실' 개념은 일반적으로 '중과실'과 '경과실'을 포함하는 개념이고 양자를 구별할 필요가 있는 경우에는 예컨대 국가배상법 제2조 제2항이나 실화책임에관한법률 또는 형벌법규에서와 같이 '중과실'이라고 특별히 규정하여 이를 구별짓고 있다. …

공무원의 직무상 경과실로 인한 불법행위의 경우에도 공무원 개인의 피해자에 대한 손해배상책임은 면제되지 아니한다고 해석하는 것이 우리 헌법의 관계 규정의 연혁에 비추어 그 명문에 충실한 것일 뿐만 아니라 헌법의 기본권보장 정신과 법치주의의 이념에도 부응하는 해석이라고 생각한다.

[대법관 안용득, 박준서의 반대의견] 헌법 제29조 제1항 단서의 규정은 단순히 '책임'이라고 하였을 뿐 '민사책임' 내지 '배상책임'이라고 명시하지 아니하였을 뿐만 아니라, 헌법 제7조 제1항에서 공무원의 국민에 대한 책임을 규정하고 있다는 점에 비추어 보면, 헌법 제29조 제1항 단서에서 규정하고 있는 '책임'이 민사상의 손해배상책임을 포함하고 있다는 것이 법문상 명백하다고 단정할 수는 없다. …

헌법 제29조 제1항 단서의 규정은 직무상 불법행위를 한 공무원 개인의 손해배상 책임이 면제되지 아니한다는 것을 규정한 것으로 볼 수는 없고 이는 다만 직무상 불법행위를 한 공무원의 국가 또는 공공단체에 대한 내부적 책임 등이 면제되지 아니한다는 취지를 규정한 것으로 보아야 할 것이다.132)

---

132) 대법원 1996. 2. 15. 선고 95다38677 전원합의체 판결.

헌법 제29조 제1항 단서(또는 후단)의 '공무원 자신의 책임'에 대하여 다수의 견과 반대의견이 각각 '공무원 자신의 고의 및 중과실 책임', '공무원 자신의 내부적 책임'으로 축소 해석하는 것은 문언의 통상적인 의미에서 벗어난 것으로 보인다. 또 별개의견이 통상적 의미에 따라 해석한 결과가 정의를 비롯한 법이념에 반한다고 보기 어렵다: 해석방법의 우선순위 제1단계. 나아가 통상적 의미와 달리 해석하는 대안적 해석이 법 문언의 가능한 의미에 있다고 하더라도 논리–체계적 해석이나 역사적 해석에 부합하는지는 의문이다: 해석방법의 우선순위 제2단계 및 제3단계. 더욱이 다수의견과 반대의견에서 각각 이해하는 입법목적이 현 시점의 객관적인 입법목적이라고 볼 수 있는지 여부도 불분명하다: 해석방법의 우선순위 제4단계. 요컨대 문언적 해석을 제외한 논리–체계적 해석, 역사적 해석, 목적론적 해석의 타당성이 충분히 논증되지 않으므로 대안적 해석을 받아들이기 어렵다. 따라서 법해석 방법론의 관점에서만 보면 문언적 해석에 충실한 별개의견이 더 설득력이 있는 것으로 보인다.

행정사건에서도 목적론적 해석 중심의 흐름은 꾸준히 이어지는데, 이를 보여주는 또 다른 사례로는 구 도시정비법에 따른 정비사업을 시행하는 데에 있어서 국가 또는 지방자치단체 소유의 국·공유지가 포함되어 있는 경우 정비사업조합설립과 정비사업추진에 대한 동의의 의사가 서면 등에 의하여 명시적으로 표시되어야 하는지 여부가 쟁점이 되었던 대법원 전원합의체 판결을 들 수 있다.

[다수의견] 구 도시정비법은 제17조 제1항에서 토지 또는 건축물 소유자의 동의 방법에 관하여 인감도장을 사용한 서면 동의에 의하도록 하고, 나아가 인감증명서를 첨부하도록 규정하면서도, 인감도장이나 인감증명서를 갖출 수 없는 국가 또는 지방자치단체의 동의방법에 관하여는 아무런 규정을 두고 있지 않다. …

국가와 지방자치단체가 정비사업 시행과 관련하여 여러 공적 권한과 역할을 부여받고 있음과 아울러 공공복리 실현을 위하여 정비사업을 지원하고 사업의 추진에 협조할 의무를 지고 있는 점 등에 비추어 보면, 해당 정비사업조합에 대한 설립을 인가하는 관할관청이 대표하는 지방자치단체가 정비구역 내에 토지를 소유하는 경우에 그 지방자치단체는 조합설립인가처분을 통하여 해당 정비사업조합의 설립에 동의한 것으로 볼 수 있고(대법원 2005. 3. 11. 선고 2004두138 판결,대법원 2013. 5. 24. 선고 2011두14937 판결 등 참조), 또한 국가 또는 정비구역 지정권자가 대표자로 있는 지방자치단체가 해당 정비구역 내에 국·공유지를 소유하는 경우에 정비기본계획의 수립 및 정비구역의 지정으로부터 관할관청의 구체적인 조합설립인가처분에 이르기까지의 과정에서 협의 절차 등을 통하여 정비사업 자체나 해당 정비사업조합에 의한 사업추진에 대하여 명시적으로 반대의 의사를 표시하거나 반대하였다고 볼 수 있는 행위를 하지 아니하였다면, 국가 또는 그 지방자치단체는 관할관청의 인가에 의하여 이루어지는 해당 정비사업조합의 설립에 동의한 것으로 볼 수 있을 것이다.

[대법관 이인복, 김신의 반대의견] 구 도시정비법 제16조 제2항, 제3항은 주택재건축사업의 추진위원회가 조합을 설립하고자 하는 때에는 일정 비율 이상 토지등소유자의 동의를 얻어야 한다고 규정하고 있고, 제17조는 토지등소유자의 동의방법에 관하여 규정하고 있다. …

조합설립 동의방법에 관한 구 도시정비법 제17조의 규정은 다른 해석방법을 활용할 필요가 없을 정도로 명확하여 달리 해석할 여지가 없다. 다수의견이 제시하고 있는 구 도시정비법의 규정 내용과 입법 취지 등을 고려하더라도, 국가나 지방자치단체가 동의서를 제출하지 않았는데도 불구하고 조합설립에 동의한 것으로 보아야 한다는 다수의견의 결론은 법 해석의 한계를 벗어난 예외적이고 자의적인 해석이라는 비판을 면할 수 없다.[133]

반대의견이 법 문언에 충실하게 문언적 해석을 시도한 데 비하여, 다수의견은 법의 드러난 흠결을 전제로 법의 일반원칙으로 흠결을 보충하는 것처럼 논지를 전개하지만 실제로는 반문언적 해석을 감행한 것으로 보인다. 법해석 방법론의 관점에서 보면 법 문언상 서면 동의가 필요하다고 명시적으로 규정되어 있음에도 불구하고 서면 동의가 필요 없다고 판단한 다수의견은 법 문언의 가능한 의미를 벗어난 반문언적 해석에 해당된다. 선례에 의거한 논거를 제외하면 역사적 해석이나 목적론적 해석 등에 의해 반문언적 해석의 타당성이 충분히 논증되지 않았으므로 법해석 방법론의 관점에서 정당화될 수 없다: 해석방법의 우선순위 제5단계.

문언적 해석보다 목적론적 해석을 우위에 놓았던 이른바 쌀소득 직불금 판결도 그 연장선에서 평가될 수 있다. 이 사건에서는 쌀소득보전 직불금을 부정수령한 경우 구 「쌀소득 등의 보전에 관한 법률」 제13조의2 제1항 후문에 따른 추가징수의 기준액이 핵심 쟁점이었다. 다수의견은 입법취지 이외에 결과고려적

---

133) 2014. 4. 14. 선고 2012두1419 전원합의체 판결.

해석 및 실질적 이유에 근거한 해석 등을 내세워 2배의 추가징수 기준인 '지급한 금액'이 '거짓이나 그 밖의 부정한 방법으로 수령한 직불금'에 한정된다고 보았다. 반면 반대의견은 문언적 해석, 논리-체계적 해석, 역사적 해석 및 목적론적 해석을 내세워 상반된 결론을 이끌어내었다.

> [다수의견] 구 쌀소득 등의 보전에 관한 법률(2013. 3. 23. 법률 제11690호로 개정되기 전의 것, 이하 '구 쌀소득보전법'이라 한다) 제13조 제1항 각호에 따라 지급이 제한되는 쌀소득 등 보전 직접 지불금(이하 '직불금'이라 한다)을 이미 지급한 경우에는 같은 법 제13조의2 제1항 전문에 따라 이를 반환하도록 하여야 한다. 구 쌀소득보전법 제13조 제1항 제1호 사유가 있는 경우에 지급이 제한되는 직불금은 '등록된 모든 농지에 대한 직불금 전액'이므로, 이 경우 이미 지급된 직불금이 있다면 그 전액이 반환 대상이 된다.
> 이와 달리 같은 법 제13조의2 제1항 후문에 따른 2배의 추가징수 기준인 '지급한 금액'은 '거짓이나 그 밖의 부정한 방법으로 수령한 직불금'에 한정된다고 새겨야 한다. 그 이유는 다음과 같다. …
> 위 조항에 따른 2배의 추가징수 기준인 '지급한 금액'이 해당 농업인 등이 등록된 모든 농지에 관하여 수령한 직불금 전액인지 아니면 거짓이나 그 밖의 부정한 방법으로 수령한 직불금액으로 한정되는 것인지가 위 조항의 문언만으로는 명확하지 않다. …
> 거짓·부정을 이유로 하는 직불금 추가징수는 침익적 행정처분이고, 침익적 행정처분의 근거가 되는 행정법규는 엄격하게 해석·적용하여야 하며, 그 의미가 불명확한 경우 행정처분의 상대방에게 불리한 방향으로 해석·적용하여서는 아니 된다. 따라서 위와 같이 이 사건 조항에서 말하는 '지급한 금액'의 의미가 명확하지 않은 이상, 이것이 '지급한 직불금 전액'을 의미한다고 함부로 단정할 수 없다. …
> 추가징수제도를 도입할 당시의 입법 의도에 등록된 복수의 농지 중 일부 농지에 관하여만 거짓·부정이 있는 경우에도 전체 농지에 관하여 지급한 직불금 전액의 2배를 추가징수하겠다는 취지가 포함되었다고 볼 만한 근거는 찾기 어렵다. …
> 따라서 추가징수제도가 도입된 경위나 도입 취지를 고려하더라도 위 조항에 따른 2배의 추가징수 기준인 '지급한 금액'이 지급한 직불금 전액으로 당연히 해석되는 것은 아니다.
> 등록된 농지 중 일부 농지에 관하여 거짓·부정이 있는 경우에도 등록된 모든 농지에 관한 직불금 전액의 2배를 추가징수하여야 한다고 해석하게 되면, 그 자체로

지나치게 가혹할 뿐 아니라 제재를 함에 있어 위반행위의 경중이 전혀 고려되지 않게 되므로, 비례의 원칙이나 책임의 원칙에 부합하지 않게 된다. 이러한 결론은 추가징수제도 도입 취지나 이에 의하여 달성되는 공익을 고려하더라도 정당화되기 어렵다.

[대법관 김재형, 박정화의 반대의견] 구 쌀소득보전법 제13조의2 제1항 후문의 '지급한 금액' 앞에 아무런 수식어가 없으므로 이를 부정수령액으로 제한해서 해석할 근거가 없다. …

2009. 3. 25. 법률 제9531호로 개정된 구 쌀소득보전법의 개정이유에 비추어 보더라도 위 조항에 따른 2배의 추가징수 기준인 '지급한 금액'을 부정수령액으로 한정하는 등 제한을 두려고 한 것으로는 보이지 않는다. …

위 조항의 '지급한 금액'을 부정수령액으로 해석해야만 비례원칙에 어긋나지 않고, 직불금 전액으로 해석하면 비례원칙 위반이 된다고 보기도 어렵다.

위 조항의 문언이나 입법 취지에 비추어 위 조항에 따른 2배의 추가징수 기준인 '지급한 금액'은 등록된 모든 농지에 관하여 지급한 직불금 전액으로 해석하여야 하고, 이와 같이 새기더라도 비례원칙 등에 반한다고 볼 수도 없다.[134]

다수의견과 같이 '지급한 금액'을 '부정한 방법으로 수령한 직불금'으로 축소 해석하는 것이 가능한 의미 내의 대안적 해석이라고 보더라도 논리-체계적 해석이나 목적론적 해석에 부합하는지는 불확실하다. 또 구 쌀소득보전법의 개정이유에 비추어 다수의견은 역사적 해석과도 일치하지 않는 듯하다: 해석방법의 우선순위 제4단계. 그렇다면 문언적 해석 및 역사적 해석의 관점에서 법 문언에 충실하게 '직불금 전액'으로 해석하는 반대의견이 더 설득력이 있는 것으로 보인다.

공법 분야에서 목적론적 해석 등이 중시되는 전반적인 흐름 속에서도 문언적 해석을 중시한 판결이 없지 않았다. 구 환경영향평가법 시행령 제23조 제16호에서 규정한 '기본설계의 승인 전'이라는 법 문언의 해석이 쟁점이 되었던 이른바 강정해군기지 판결이 이를 대표한다. 다수의견이 문언적 해석과 논리-체계적 해석의 관점에서 법 문언에 충실하게 구 건설기술관리법 시행령 제38조의9에 따른 '기본설계의 승인 전'으로 해석한 반면, 반대의견은 모법인 환경영향평가법과 국방·군사시설사업과 관련된 국방사업법을 고려한 논리-체계적 해석, 국방사업법의 개정경위를 고려한 역사적 해석 또 환경영향평가법의 입법목적 등을 고려

134) 대법원 2019. 2. 21. 2014두12697 전원합의체 판결.

한 목적론적 해석을 통해 그 문언을 구 국방사업법에 따른 '실시계획의 승인'으로 해석하였다.

> [다수의견] 시행령 제23조 [별표 1] 제16호 (가)목 소정의 '기본설계의 승인 전'은 문언 그대로 구 건설기술관리법 시행령(2009. 11. 26. 대통령령 제21852호로 개정되기 전의 것, 이하 같다) 제38조의9 소정의 '기본설계'의 승인 전을 의미하는 것으로 해석함이 상당하고, 그렇게 보는 것이 법의 위임 범위를 벗어나는 것도 아니다. …
> 구 환경정책기본법령, 환경영향평가법령 및 구 국방사업법령의 내용과 체제에 비추어 보면, 구 환경정책기본법령 및 환경영향평가법령은 사전환경성검토와 환경영향평가가 갖는 각각의 고유한 목적과 기능, 구 국방사업법 제4조에 따른 국방·군사시설사업에 대한 실시계획 승인의 법적 성격 등을 고려하여, … 그 법적 성격이 사업지역의 지정 단계에 불과한 실시계획 승인 전에는 구 환경정책기본법에 따라 환경측면의 적정성 및 입지의 타당성을 검토하는 사전환경성검토를, 구 건설기술관리법령상 기본설계의 승인 전에는 법에 따라 환경보전방안을 강구하는 환경영향평가를 각 거치도록 규정한 것으로 해석하는 것이 합리적이다.
> [대법관 전수안, 이상훈의 반대의견] 국방사업법의 개정 경위나 내용 등에 비추어 보아도 이 사건 법률규정의 '사업계획 등의 승인 등'은 구 국방사업법의 '실시계획의 승인'을 의미한다고 보는 것이 타당하다.
> 국방사업법은 2011. 7. 25. 법률 제10926호로 개정되었는데, 그 개정 취지는 환경영향평가 협의요청시기를 명확하게 하기 위하여 종래 '실시계획'으로만 추진되던 국방·군사시설사업 절차를 '국방·군사시설사업계획'과 '국방·군사시설사업 실시계획'의 두 단계로 구분하여 추진하도록 함으로써 실시계획 승인이 필요한 사업의 경우 실시계획 승인 전에 환경영향평가 협의요청이 가능하도록 한 것이고, 이에 따라 개정된 국방사업법은 제4조에서 '국방·군사시설사업계획의 승인'을, 제6조에서 '국방·군사시설사업 실시계획의 승인'을 각기 규정하는 한편 구 국방사업법상 '실시계획의 승인'에 대하여 주어지던 효력을 나누어서 그 중 '수용 및 사용'에 관한 효력은 개정된 국방사업법의 '사업계획의 승인'에(제5조), 일부 '허가 등의 의제'에 관한 효력은 개정된 국방사업법의 '실시계획의 승인'에(제7조) 각기 부여하였다. 아울러 개정된 국방사업법 부칙 제2조는 '법 시행 당시 종전의 국방사업법 제4조에 따라 실시계획의 승인을 받은 경우에는 개정된 국방사업법 제4조에 따른 국방·군사시설사업계획의 승인과 제6조에 따른 국방·군사시설사업 실시계획의 승인을 받은 것으로 본다'고 규정하고 있다.

이를 종합하면 구 국방사업법상 국방·군사시설사업에 대한 '실시계획의 승인'은 개정된 국방사업법의 '사업계획의 승인'과 '실시계획의 승인'의 성격을 함께 가진 것이라 볼 수 있고, 따라서 이 사건 법률규정의 '사업계획 등에 대한 승인 등'은 이러한 두 가지 성격을 모두 가진 구 국방사업법의 '실시계획의 승인'을 의미한다고 보는 것이 맞다. …

환경영향평가절차는 개발사업을 실시하기 전에 환경에 대한 영향을 평가·검토하여 그 영향을 최소화하기 위한 제도이므로 국방·군사시설사업의 실시계획 승인 이전에 환경영향평가절차를 거쳐야 할 필요가 있고, 환경영향평가를 거쳐야 할 대상사업에 대하여 환경영향평가를 거치지 아니하였음에도 승인 등 처분이 이루어진다면 사전에 환경영향평가를 하면서 평가대상지역 주민들의 의견을 수렴하고 그 결과를 토대로 하여 환경부장관과의 협의 내용을 사업계획에 미리 반영시키는 것 자체가 원천적으로 봉쇄되며, 이렇게 될 경우 환경파괴를 미연에 방지하고 쾌적한 환경을 유지·조성하기 위하여 환경영향평가제도를 둔 입법 취지를 달성할 수 없게 되는 결과를 초래할 우려가 클 뿐만 아니라 평가대상지역 안의 주민들의 직접적이고 개별적인 이익을 근본적으로 침해하게 된다.[135]

(3) 형법 분야

지금까지 살펴본 바와 같이 법원은 문언적 해석이 불합리한 결과에 이른다고 판단될 경우 과감하게 법 문언의 통상적 의미를 벗어나며, 종종 법 문언의 가능한 의미조차 넘어선 반문언적 해석도 마다하지 않는다. 이러한 태도는 죄형법정주의가 지배하는 형법 분야에서는 다소 신중하게 이루어지는 것처럼 보이지만 최종적인 해석 결과를 보면 실제로 크게 다르지 않은 듯하다.[136]

고전적 해석방법으로서의 논리-체계적 해석은 흔히 법 문언을 해석하는 보조적인 해석방법으로 기능하므로 문언적 해석과 논리-체계적 해석이 충돌하는 사례는 보기 드문 편이다. 그 드문 사례가 바로 우리나라 법학방법론의 중흥기를 이끌었던 이른바 실화 판결이었다.

다수의견은 평가모순을 이유로 관련 조문을 전체적, 종합적으로 해석하면 구 형법 제170조 제2항에서 말하는 '자기의 소유에 속하는 제166조 또는 제167

---

135) 대법원 2012. 7. 5. 선고 2011두19239 전원합의체 판결.
136) 이 점에서 죄형법정주의가 지배하는 형법 분야에서 문언적 해석의 우선성뿐 아니라 일상적 의미의 우선성을 강조하는 독일과 뚜렷한 차이를 보여준다. Alexy/Dreier(1991), 72-121면, 특히 95면.

조에 기재한 물건'이라 함은 '자기의 소유에 속하는 제166조에 기재한 물건 또는 자기의 소유에 속하든, 타인의 소유에 속하든 불문하고 제167조에 기재한 물건'을 의미한다고 해석하였다. 이에 대해 반대의견은 문언의 가능한 의미를 넘는 것은 법창조 내지 새로운 입법행위로서 유추해석금지의 원칙상 허용되지 않는다고 전제하면서 우리말의 보통의 표현방법으로는 '자기의 소유에 속하는'이라는 말은 제166조 또는 제167조에 속하는 물건을 한꺼번에 수식하는 것으로 볼 수밖에 없다고 보았다.

> [다수의견] 형법 제170조 제2항에서 말하는 '자기의 소유에 속하는 제166조 또는 제167조에 기재한 물건'이라 함은 '자기의 소유에 속하는 제166조에 기재한 물건 또는 자기의 소유에 속하든, 타인의 소유에 속하든 불문하고 제167조에 기재한 물건'을 의미하는 것이라고 해석하여야 할 것이며, 제170조 제1항과 제2항의 관계로 보아서도 제166조에 기재한 물건(일반건조물 등) 중 타인의 소유에 속하는 것에 관하여는 제1항에서 이미 규정하고 있기 때문에 제2항에서는 그중 자기의 소유에 속하는 것에 관하여 규정하고, 제167조에 기재한 물건에 관하여는 소유의 귀속을 불문하고 그 대상으로 삼아 규정하고 있는 것이라고 봄이 관련조문을 전체적, 종합적으로 해석하는 방법일 것이다.
>
> [대법관 천경송, 정귀호, 박준서, 김형선의 반대의견] 형벌법규의 해석은 문언해석으로부터 출발하여야 하고, 문언상 해석 가능한 의미의 범위를 넘어서는 것은 법창조 내지 새로운 입법행위 바로 그것이라고 하지 아니할 수 없으며, 이는 죄형법정주의의 중요한 내용인 유추해석의 금지원칙상 쉽게 허용되어서는 안 될 것이다. 형법 제170조 제2조은 명백히 '자기의 소유에 속하는 제166조 또는 제167조에 기재한 물건'이라고 되어 있을 뿐 '자기의 소유에 속하는 제166조에 기재한 물건 또는 제167조에 기재한 물건'이라고는 되어 있지 아니하므로, 우리말의 보통의 표현방법으로는 '자기의 소유에 속하는'이라는 말은 '제166조 또는 제167조에 기재한 물건'을 한꺼번에 수식하는 것으로 볼 수밖에 없고, 위 규정이 '자기의 소유에 속하는 제166조에 기재한 물건 또는, 아무런 제한이 따르지 않는 단순한, 제167조에 기재한 물건'을 뜻하는 것으로 볼 수는 없다고 하지 아니할 수 없다. … 처벌의 필요성은 법의 개정을 통하여 이를 충족시켜야 할 것이고 법의 개정에 의하지 아니한 채 형법의 처벌규정을 우리말의 보통의 표현방법으로는 도저히 해석할 수 없는 다른 의미로 해석하는 것에 의하여 그 목적을 달성하려고 한다면 그것은 죄형법정주의의 정신을 훼손할 염려가 크다고 아니할 수 없다.[137)]

문언적 해석 내지 구문론적 해석의 관점에서 보면 다수의견은 법 문언의 가능한 의미를 넘어선 반문언적 해석을 감행한 것으로 보인다.138) 일견 다수의견은 논리-체계적 해석을 통해 대안적 해석을 이끌어낸 것처럼 보이지만, 논리-체계적 해석을 통해서는 법의 흠결이 드러날 뿐이다. 즉 다수의견은 피고인에게 불리한 유추를 통한 흠결 보충을 시도한다는 점에서 죄형법정주의에 위반된다. 그렇다면 다수의견은 문언적 해석뿐 아니라 논리-체계적 해석(헌법합치적 해석)에 반한다는 점에서 반문언적 해석으로서 정당성을 확보하지 못한 것으로 보인다: 해석방법의 우선순위 제5단계.

오늘날 해석방법의 우선순위에 대한 논의는 주로 문언적 해석과 목적론적 해석의 충돌을 둘러싸고 전개되는데, 형법분야에서도 이른바 판결하기 어려운 사건에서 목적론적 해석이 우선시되는 경향을 보여 왔다. 법해석 방법론의 관점에서 논란이 분분했던 사례는 자동차를 운행하여 사람을 충격한 행위가 위험한 물건을 휴대한 폭행에 해당하는지가 쟁점이 되었던 대법원 판결이었다.139)

구「폭력행위등 처벌에 관한 법률」(이하 '폭력행위처벌법'이라고 함) 제3조 제1항은 '흉기 기타 위험한 물건을 휴대하여' 폭행 등의 범죄를 범한 자에 대해서는 가중 처벌하도록 규정하고 있었다. 그런데 견인료납부를 요구하며 승용차의 앞을 가로막고 있는 피해자를 피고인이 자동차로 충격한 경우에 과연 위험한 물건을 휴대하여 폭행한 것으로 볼 수 있는가?

자동차를 위험한 물건으로 볼 수 있는지의 문제는 일단 제쳐놓더라도,140)

---

137) 대법원 1994. 12. 20.자 94모32 전원합의체 결정.
138) 다수의견이 체계적, 논리적 기준과 결부된 객관적인 해석론을 전면에 내세우고 있지만 해석의 출발점이 되는 법 문언의 일상적인 의미부터 확인했어야 한다는 비판으로 김영환(2012), 318-319면 및 322면.
139) 대법원 1997. 5. 30. 선고 97도597 판결. 이 판결에 대한 평석으로는 강용현, "자동차를 이용한 폭행과「위험한 물건의 휴대」", 『형사판례연구』 제7집(1999), 238-255면. 이와 유사하게 미국 연방대법원에서도 총기를 소지하고 않고 자동차 조수석 서랍(glove box)에 비치한 것을 '총기를 휴대(carry a firearm)'한 것으로 볼 수 있는지 여부가 쟁점으로 다루어진 바 있다. Muscarello v. United States, 524 U.S. 125, 139, 143(1998) 참조.
140) 참고로 독일 연방헌법재판소는 피고인이 개인 승용차를 몰고 경찰관에게 돌진한 행위가 독일 형법 제113조 제2항 제1호의 '흉기 또는 위험한 물건을 휴대한' 공무집행 방해 — 우리나라 형법 제144조 제1항 특수공무방해 — 에 해당하는지 여부가 쟁점이 된 사건에서 개인 승용차를 '흉기(Waffe)'로 표현하는 것은 가능한 어의를 벗어난 것이라고 보아 피고인을 유죄로 인정한 판결이 위헌이라고 판시하였다. BVerfG Beschluss vom 1. 9. 2008 - 2 BvR 2238/02 = NJW 2008, 3627.

휴대(携帶)라는 말의 일상적 의미는 손에 들거나 몸에 지닌다는 것을 뜻한다. 따라서 휴대의 일상적 의미에 충실하게 해석하면 승용차를 운전하여 폭행행위를 가한 경우는 위험한 물건을 휴대하고 폭행한 것으로 보기 어렵다. 그럼에도 불구하고 대법원은 별다른 논증도 없이 위험한 물건과 관련하여 휴대란 소지뿐 아니라 널리 이용한다는 뜻도 포함하고 있다는 이유로[141] 구 폭력행위처벌법 제3조를 적용한 원심 판결에 법리오해의 위법이 없다고 판단하였다.

그러나 어느 사전이나 말뭉치 등을 살펴보아도 휴대가 널리 이용한다는 의미로 사용되는 용례를 찾기 어렵다는 점에서 대법원의 해석은 휴대의 일상적 의미 뿐 아니라 가능한 의미도 벗어나는 것으로 보인다. 형사사건에서 피고인에게 불리한 반문언적 해석은 죄형법정주의에 위반되므로 헌법합치적 해석의 관점에서도 정당화되기 어렵다. 가사 널리 이용한다는 의미가 휴대의 가능한 의미에 포함된다고 보더라도 이러한 행위태양을 가중처벌 대상으로 삼는 것이 과연 입법자의 의도 또는 입법목적에 부합하는지 의문이므로 역사적 해석이나 목적론적 해석에 의해서도 정당화되기 어렵다: 해석방법의 우선순위 제1단계 및 제2단계.

요컨대 자동차를 운전하여 상해를 가한 사례에 대하여 위험한 물건을 휴대한다는 규정을 적용하는 것은 허용되는 확장해석이 아니라 금지되는 유추 내지 목적론적 확장일 뿐이다. 법원이 굳이 정당화하기 어려운 법형성까지 감행하면서 가중적 구성요건을 인정한 다음에 다시 감경하여 경미한 형을 선고할 바에야 기본적 구성요건을 인정하고 그 법정형의 범위 내에서 죄질을 고려하여 엄중하게 선고형을 결정하는 것이 간명한 해결방법이었을 것이다.[142]

문언적 해석과 목적론적 해석이 충돌한 또 다른 형사 사례로서는 타인의 인적 사항을 도용한 신용카드를 이용하여 재산상 이익을 취득한 행위가 구 형법 제347조의2 컴퓨터등사용사기죄에 해당되는지가 문제되었던 대법원 판결을 들 수

---

141) 대법원의 이러한 해석은 일찍이 동일한 법 문언을 포함하는 형법 제144조 특수공무방해죄 성립여부가 쟁점이 되었던 대법원 1984. 10. 23. 선고 84도2001, 84감도319 판결에서도 시도되었는데, 선행 판결은 이 판결의 참조판례로 인용되었다.

142) 대상판결의 제1심 법원은 무리한 유추를 감행하여 피고인의 상해 행위를 위험한 물건을 휴대한 상해로 인정하면서도 법정형인 3년 이상의 유기징역 — 형법 개정을 통해 형법에 편입된 제258조의2 제1항에 따르면 1년 이상 10년 이하의 유기징역 — 을 선고하지 않고 이를 감경하여 징역 1년 6월 집행유예 2년을 선고하였으며, 항소심 법원 역시 위험한 물건을 휴대한 상해로 인정하고 양형부당을 이유로 제1심 판결을 취소하고 더 경미한 형을 선고하였다. 광주지방법원 1996. 9. 6 선고 96고단994 판결; 광주지방법원 1997. 2. 14 선고 96노1288 판결 참조.

있다. 이 사건에서 대법원은 위 규정의 입법취지와 목적이 진실한 자료의 권한
없는 사용에 의한 재산상 이익 취득행위도 처벌대상으로 삼으려는 것이었음을
알 수 있으며 권한 없는 자에 의한 명령 입력행위를 '부정한 명령을 입력하는 행
위'에 포함된다고 해석하는 것이 그 문언의 통상적인 의미를 벗어나는 것이라고
볼 수 없다고 판시하였다.

> 구 형법(2001. 12. 29. 법률 제6543호로 개정되기 전의 것) 제347조의2 규정의 입
> 법취지와 목적은 프로그램 자체는 변경(조작)함이 없이 명령을 입력(사용)할 권한
> 없는 자가 명령을 입력하는 것도 부정한 명령을 입력하는 행위에 포함한다고 보
> 아, 진실한 자료의 권한 없는 사용에 의한 재산상 이익 취득행위도 처벌대상으로
> 삼으려는 것이었음을 알 수 있고, 오히려 그러한 범죄유형이 프로그램을 구성하는
> 개개의 명령을 부정하게 변경, 삭제, 추가하는 방법에 의한 재산상 이익 취득의
> 범죄 유형보다 훨씬 손쉽게 또 더 자주 저질러질 것임도 충분히 예상되었던 점에
> 비추어 이러한 입법취지와 목적은 충분히 수긍할 수 있으며, 그와 같은 권한 없는
> 자에 의한 명령 입력행위를 '명령을 부정하게 입력하는 행위' 또는 '부정한 명령을
> 입력하는 행위'에 포함된다고 해석하는 것이 그 문언의 통상적인 의미를 벗어나는
> 것이라고 할 수도 없고, 그렇다면 그 문언의 해석을 둘러싸고 학설상 일부 논란이
> 있었고, 이러한 논란을 종식시키기 위해 그와 같이 권한 없이 정보를 입력, 변경
> 하여 정보처리를 하게 하는 행위를 따로 규정하는 내용의 개정을 하게 되었다고
> 하더라도, 구 형법상으로는 그와 같은 권한 없는 자가 명령을 입력하는 방법에 의
> 한 재산상 이익 취득행위가 처벌대상에서 제외되어 있었다고 볼 수는 없는바, 이
> 러한 해석이 죄형법정주의에 의하여 금지되는 유추적용에 해당한다고 할 수도 없
> 다.[143]

그러나 행위의 내용에 초점을 맞추고 있는 '부정한 명령을 입력하는 행위'에
행위의 주체와 관련된 '권한 없는 자에 의한 명령 입력 행위'까지 포함시키는 것
은 아무래도 법 문언의 통상적 의미를 벗어나는 것으로 보인다. 다만 '권한 없는
자에 의한 명령 입력 행위'가 '부정한 명령을 입력하는 행위'라는 법 문언의 가능
한 의미 내에 있는 것으로 해석할 여지는 남아 있다.

하지만 제1심 판결이 선고되기도 전에 구 형법 제347조의2가 '타인의 인적

---

143) 대법원 2003. 1. 10. 선고 2002도2363 판결; 서울지방법원 2002. 5. 1. 선고 2002노1368
   판결(원심); 서울지방법원 서부지원 2002. 1. 18. 선고 2001고단3685 판결(제1심).

사항을 도용하여 타인명의로 발급받은 신용카드의 번호와 그 비밀번호를 인터넷 사이트에 입력하는 범행 방식'의 컴퓨터이용사기를 규율하지 못한다는 비판을 수용하여 '권한 없이 정보를 입력·변경하여 정보처리를 하게 하는 행위'를 추가하는 방식으로 개정되었다는 법령의 개정 경위를 고려하면[144] 목적론적 해석에 근거한 대안적 해석은 역사적 해석에 반하는 것으로 보인다: 해석방법의 우선순위 제3단계. 그렇다면 위 판결은 문언적 해석과 역사적 해석에 반하는 해석으로서 정당화되기 어렵다고 할 것이다.

문언적 해석보다 목적론적 해석을 우선시하는 대법원의 성향을 보여주는 또 다른 흥미로운 형사 사례는 인터넷을 통한 성인 화상채팅 서비스가 구 청소년보호법 제8조 등에 따른 청소년보호위원회 고시에서 규정하는 '불건전 전화서비스 등'에 포함되는지 여부가 쟁점이 되었던 대법원 판결을 들 수 있다.[145]

원심 법원은 위 고시가 청소년유해매체물의 한 종류로 '불건전 전화서비스 등 전화번호 광고'를 규정하고 그 구체적인 내용으로 '폰팅, 전화방, 화상대화방 등의 전화번호 광고와 이러한 서비스 이용을 안내하는 전화번호 광고'를 열거하고 있을 뿐 인터넷사이트를 통한 성인 화상채팅 서비스를 알리는 전화번호 광고는 열거하지 않고 있다는 이유로 고시 위반이 아니라고 판단하였다. 하지만 대법원은 위 고시의 제정취지와 목적에 비추어 화상채팅서비스를 제공하는 인터넷사이트를 안내하는 전화번호를 광고하는 것 역시 위 고시 위반이라고 판시하였다.

이 사건 고시[청소년보호법 제8조 등에 의한 청소년보호위원회 고시]의 제정취지와 목적은 '폰팅, 전화방, 화상대화방 및 그와 동일시 할 수 있을 정도의 서비스 전화번호 광고' 혹은 '폰팅, 전화방, 화상대화방 및 그와 동일시 할 수 있을 정도의 서비스 이용을 안내하는 전화번호 광고'를 '불건전 전화 서비스 등 전화번호 광고'로 규제하려는 것임을 알 수 있는바, 피고인의 광고 내용인 화상채팅 서비스는 컴퓨터를 이용하여 상대방의 용모 등을 보면서 글자 또는 음성으로 상대방과

---

144) 개정 형법 제347조의2(컴퓨터등 사용사기) 컴퓨터등 정보처리장치에 허위의 정보 또는 부정한 명령을 입력하거나 권한 없이 정보를 입력·변경하여 정보처리를 하게 함으로써 재산상의 이익을 취득하거나 제3자로 하여금 취득하게 한 자는 10년 이하의 징역 또는 2천만원 이하의 벌금에 처한다.[전문개정 2001. 12. 29. 2002. 6. 29. 시행]

145) 다만 현행 고시는 '인터넷을 통한 성인화상채팅 및 애인대행서비스'를 '불건전 전화서비스 전화번호 광고', '성매매 알선 또는 암시 전화번호 광고'와 별개로 청소년유해매체물의 일종으로 추가함으로써 이를 입법적으로 해결하고 있다.

대화를 주고받을 수 있게 한다는 점에서 폰팅의 기능 및 그 이상의 기능을 함께 포함하는 한편, 화상대화방 서비스 제공자의 물적 시설 이용이라는 공간적 개념의 차이 외에는 화상대화방 서비스와도 별다른 차이가 없다고 보여진다. 따라서 화상 채팅 서비스는 폰팅 및 화상대화방 서비스와 동일시 할 수 있을 정도의 것으로서 이 사건 고시의 '불건전 전화 서비스 등'에 포함된다고 보는 것이 상당하며, 이러 한 해석이 형벌법규의 명확성의 원칙에 반하는 것이거나 죄형법정주의에 의하여 금지되는 확장해석이나 유추해석에 해당한다고 할 수도 없다.146)

위 판결은 목적론적 해석에 입각하여 문언적 해석을 시도한 원심판결을 파 기환송하였다는 점에서 목적론적 해석을 중시하는 대법원의 성향이 잘 드러난다. 이를 반문언적인 목적론적 해석으로 평가하는 견해도 있으나,147) 문언적 해석의 관점에서도 정당화될 수 있는 여지가 있기 때문에 반문언적 해석이라고 단정짓 기 어렵다. 왜냐하면 인터넷을 통한 성인 화상채팅이 청소년보호위원회 고시에 서 규정하고 있는 불건전 전화서비스 중 폰팅, 전화방, 화상대화방 서비스의 가 능한 의미에 포함되는 것으로 보이기 때문이다. 인터넷을 통한 화상채팅의 경우 인터넷을 통해 이루어진다는 점을 제외하면 화상대화방 서비스라는 법 문언의 가능한 의미 내에 있는 것으로 보인다. 또 폰팅 및 전화방의 경우에는 전화를 통 한 음성으로 대화하는 것인데 폰팅이 스마트폰을 이용한 화상통화로도 가능해진 현실을 감안하면 인터넷을 통한 화상채팅도 '폰팅'의 가능한 의미 내에 있는 것 으로 볼 여지도 없지 않으므로 이 판결은 문언의 가능한 의미를 벗어나지 않는 목적론적 해석이라고 평가하는 것이 적절할 듯싶다.

나아가 논리-체계적 해석의 관점에서 보더라도 대법원 판결이 설시하듯이 피고인의 광고 내용인 화상채팅 서비스가 컴퓨터를 이용해 상대방의 용모 등을 보면서 글자 또는 음성으로 상대방과 대화를 주고받을 수 있게 한다는 점에서 최소한 폰팅의 기능을 포함하고 있으므로 이른바 '소(小)에서 대(大)로의 추론'에 의해 정당화될 수 있을 것으로 보인다. 요컨대 이 판결에서 채택한 대안적 해석 은 법 문언의 통상적인 의미는 벗어나지만 가능한 의미 내에 있으며 논리-체계 적 해석과 목적론적 해석을 통해 정당화될 수 있다: 해석방법의 우선순위 2단계 및 제4단계.

---

146) 대법원 2005. 5. 12. 선고 2005도6525 판결.
147) 고봉진(2013), 94-96면.

목적론적 해석을 우선시하는 법원의 성향은 규범적 개념을 비롯한 불확정개념에 대한 해석에서 한층 더 두드러진다. 그 대표적인 사례로서는 양심적 병역거부가 병역법 제88조 제1항의 '정당한 사유'에 해당하는지 여부가 문제되었던 이른바 양심적 병역거부 판결을 들 수 있다. 다수의견 및 그에 대한 보충의견은 일상적 의미에 바탕한 문언적 해석, 목적론적 해석 그리고 양심의 자유에 관한 헌법합치적 해석을 통하여 양심적 병역거부를 병역법상 정당한 사유에 해당한다고 보았다. 반면 반대의견은 전문적 의미에 바탕한 문언적 해석 이외에도 논리-체계적 해석, 역사적 해석, 목적론적 해석에 병역의무에 관한 헌법합치적 해석을 추가하여 상반된 결론을 이끌어내었다.

[다수의견] 병역법 제88조 제1항은 국방의 의무를 실현하기 위하여 현역입영 또는 소집통지서를 받고도 정당한 사유 없이 이에 응하지 않은 사람을 처벌함으로써 입영기피를 억제하고 병력구성을 확보하기 위한 규정이다. …
정당한 사유는 구체적인 사안에서 법관이 개별적으로 판단해야 하는 불확정개념으로서, 실정법의 엄격한 적용으로 생길 수 있는 불합리한 결과를 막고 구체적 타당성을 실현하기 위한 것이다. 위 조항에서 정한 정당한 사유가 있는지를 판단할 때에는 병역법의 목적과 기능, 병역의무의 이행이 헌법을 비롯한 전체 법질서에서 가지는 위치, 사회적 현실과 시대적 상황의 변화 등은 물론 피고인이 처한 구체적이고 개별적인 사정도 고려해야 한다. …
자신의 내면에 형성된 양심을 이유로 집총과 군사훈련을 수반하는 병역의무를 이행하지 않는 사람에게 형사처벌 등 제재를 해서는 안 된다. 양심적 병역거부자에게 병역의무의 이행을 일률적으로 강제하고 그 불이행에 대하여 형사처벌 등 제재를 하는 것은 양심의 자유를 비롯한 헌법상 기본권 보장체계와 전체 법질서에 비추어 타당하지 않을 뿐만 아니라 소수자에 대한 관용과 포용이라는 자유민주주의 정신에도 위배된다. 따라서 진정한 양심에 따른 병역거부라면, 이는 병역법 제88조 제1항의 '정당한 사유'에 해당한다.
[대법관 김소영, 조희대, 박상옥, 이기택의 반대의견] 병역법상 '입영'이란 병역의무자가 징집에 의해 군부대에 들어가는 것을(제2조 제1항 제3호), '징집'이란 국가가 병역의무자에게 현역에 복무할 의무를 부과하는 것을(같은 항 제1호) 말한다. 병역법은 입영에 관한 통지를 받거나 받게 될 병역의무자가 질병·심신장애·재난 등의 사유로 입영기일에 입영하기 어려운 사정이 있는 경우에는 그 기일을 연기할 수 있게 하는 '입영연기' 제도를 두고 있는데(제61조 제1항), 입영연기 제도에

따른 연기기간은 2년으로 제한된다[구 병역법 시행령(2013. 12. 4. 대통령령 제24890호로 개정되기 전의 것, 이하 반대의견에서는 '병역법 시행령'이라 한다) 제129조 제2항]. 또한 처벌규정에 의할 때 병역의무자는 원칙적으로 지정된 입영기일에 입영해야 하지만, 지정된 기일이 지난 경우라도 '천재지변, 교통 두절, 통지서 송달의 지연, 그 밖의 부득이한 사유'로 인한 경우에는 그때부터 3일 이내에만 입영하면 되는 '지연입영' 제도가 마련되어 있다(병역법 시행령 제24조 제1항). …
이 같은 병역법과 그 시행령상의 입영 및 징집의 의미, 입영연기 및 지연입영 제도의 취지와 사유 등을 종합해 보면, 현역병입영과 관련하여 처벌규정의 '정당한 사유'란 입영통지에 기해 지정된 기일과 장소에 집결할 의무를 부과받았음에도 즉시 이에 응하지 못한 것을 정당화할 만한 사유로서, 병역법에서 입영을 일시적으로 연기하거나 지연시키기 위한 요건으로 인정된 사유, 즉 질병, 재난 등과 같은 개인의 책임으로 돌리기 어려운 사유로 한정된다고 보아야 한다. …
다수의견이 주장하는 것처럼 위 '정당한 사유'를 구체적 시기 및 대상 등에 관한 아무런 제한 없이, '병역의무의 부과와 구체적 병역처분을 하는 과정에서 고려되지 않은 사정이라 하더라도 입영하지 않은 병역의무자로 하여금 그 병역의 이행을 감당하지 못하도록 하는 구체적이고 개별적인 사정'이라는 지극히 추상적·포괄적인 의미로까지 확장하여 해석하는 것은 입법목적의 범위 내에서 문언·논리·체계에 입각하여 이루어져야만 하는 법률해석의 원칙과 한계를 벗어난 것이다.
[다수의견에 대한 대법관 권순일, 김재형, 조재연, 민유숙의 보충의견] 이 사건 처벌조항인 병역법 제88조 제1항 외에도 '정당한 사유 없이'라는 문언을 포함하고 있는 형사처벌 조항들이 많이 있다. 이처럼 '정당한 사유 없이'라는 문언이 있는 경우는 그렇지 않은 경우와 분명히 구분되어야 한다. 법해석의 출발은 문언에 있고, 이는 죄형법정주의를 대원칙으로 하는 처벌조항을 해석할 때에는 더욱 그러하다. 법규정이 다른 방식과 문언으로 규정되어 있다면 그에 합당한 차이를 두어 이를 해석·적용해야 한다.[148]

대법원이 양심적 병역거부에 관한 대체입법을 기다리지 않고 합헌으로 판단된 구 병역법 제88조 제1항을 독자적으로 해석하여 양심적 병역거부를 허용하는 것이 적절한지의 논란을 제쳐놓더라도, 법학방법론의 관점에서 볼 때 다수의견의 논증에 여러 문제점이 발견된다. 다만 여기서는 '정당한 사유'에 대한 일상적 의미와 전문적 의미의 충돌 사안에서 다수의견이 일상적 의미를 우선시한 데에

---

148) 대법원 2018. 11. 1. 선고 2016도10912 전원합의체 판결.

대하여 충분한 논증이 이루어졌는지는 의문이라는 점만 지적한다: 해석방법의 우선순위 제1단계.

문언적 해석을 그다지 중시하지 않는 대법원은 이른바 불합리한 결과의 원리를 비롯한 결과고려적 해석까지 문언적 해석에 우선시하기도 한다. 구 형법 제62조 제1항[149])의 해석과 관련하여 집행유예기간 중에 다시 집행유예를 선고할 수 있는지 여부가 쟁점이 되었던 대법원 전원합의체 판결이 단적인 사례이다.

> [다수의견] 집행유예기간이 경과하기 전에는 어떤 경우에도 다시 집행유예를 선고할 수 없는 것으로 한다면 형법 제37조의 경합범관계에 있는 수죄가 전후로 기소되어 각각 별개의 절차에서 재판을 받게 된 결과 어느 하나의 사건에서 먼저 집행유예가 선고되어 그 형이 확정되었을 경우 다른 사건의 판결에서는 다시 집행유예를 선고할 수 없게 되는데 이것은 만약 위 수죄가 같은 절차에서 동시에 재판을 받아 한꺼번에 집행유예를 선고받을 수 있었던 경우와 비교하여 보면 현저히 균형을 잃게 되므로 이러한 불합리한 결과가 생기는 경우에 한하여 위 단서 규정의 "형의 선고를 받아"라는 의미는 실형이 선고된 경우만을 가리키고 형의 집행유예를 선고받은 경우는 포함되지 않는다고 해석함이 상당하다 할 것이다.
> [대법원장 이일규 및 대법관 김주한의 반대의견] 형법 제62조 제1항 단서는 금고 이상의 형의 선고를 받아 집행을 종료한 후 또는 집행이 면제된 후로부터 5년을 경과하지 아니한 자에 대하여는 형의 집행을 유예할 수 없도록 규정하고 있는 바 여기에서 "금고 이상의 형의 선고를 받아"라고 함은 실형만을 지칭하는 것은 아니고 집행유예의 선고를 받은 경우도 포함하는 것으로 해석되며 이는 같은 법 제63조에 집행유예의 선고를 받은 자가 유예기간 중 금고 이상의 형의 선고를 받아 그 판결이 확정된 때에는 집행유예의 선고는 그 효력을 잃는다고 규정된 데에 비추어 보아도 명백하다. …
> 형의 집행유예에 관한 위 제62조는 집행유예기간내에 범한 죄에 대한 경우와 집행유예를 선고한 판결확정 전에 범한 죄에 대한 경우를 구별하여 규정하고 있지 아니하고 형법이나 다른 어느 법률에 의하더라도 집행유예기간 중에 범한 죄와 그 집행유예 판결확정 전에 범한 죄를 구별하여 해석할 수 있는 근거를 찾아볼 수 없으므로 다수의견과 같이 집행유예를 선고한 판결이 확정된 죄와 그 판결확정

---

149) "3년 이상의 징역 또는 금고의 형을 선고할 경우에 제51조의 사항을 참작하여 그 정상에 참작할 만한 사유가 있는 때에는 1년 이상 5년 이하의 기간 형의 집행을 유예할 수 있다. 단 금고 이상의 형의 선고를 받아 집행을 종료한 후 또는 집행이 면제된 후로부터 5년이 경과하지 아니한 자에 대하여는 예외로 한다."

전에 범한 죄에 대해 동시에 심판하였더라면 한꺼번에 집행유예가 선고되었으리라고 인정되는 경우에는 판결확정 전에 범한 죄에 대하여 다시 집행유예를 선고할 수 있다고 해석하는 것은 법관의 법률해석의 범위를 일탈하는 것이라고 하지 않을 수 없다.

[대법관 윤관, 김상원, 김용준의 별개의견] 형법 제62조 제1항 단서의 "금고 이상의 형의 선고를 받아"에서 말하는 "형"이란 실형만을 가리키는 것이지 집행유예를 받은 형까지도 포함하는 것으로는 해석되지 아니한다.

왜냐하면 집행유예의 선고를 받은 후 무사히 그 유예기간을 경과하면 형법 제65조에 의하여 형의 선고는 그 효력을 잃게 되는 반면에 그 기간이 경과하기 전의 미확정상태에서는 형의 집행의 종료 또는 면제란 처음부터 있을 수가 없기 때문이다.

다시 말하면 형법 제62조 제1항 단서에서 "금고 이상의 형의 선고를 받아"라는 부분만 따로 떼어서 보면 그 "형의 선고"는 실형 뿐만 아니라 집행유예를 받은 형의 선고도 포함하는 것으로 보이지만 위 문언에 바로 연결되어 있는 "집행을 종료한 후 또는 집행이 면제된 후로부터 5년이 경과하지 아니한 자"라는 부분까지를 묶어 보면 "금고 이상의 형"은 당연히 실형만을 가리킨다고 볼 수밖에 없는 것이다.

형법 제35조 제1항에서의 "금고 이상의 형을 받아 그 집행을 종료하거나 면제를 받은 후"라는 문언은 형법 제62조 제1항 단서의 그것과 다를 바 없는데 일찍이 당원은 위 제35조 제1항의 금고 이상의 형은 실형만으로 보아 온 것이다(1983. 8. 23. 선고 83도1600 판결 등 참조).…

죄형법정주의의 원칙상 형법의 해석은 엄격하여야 하고 차등해석은 배제되어야 한다.

여죄만을 따로 차등을 두어 집행유예기간중에도 집행유예를 할 수 있다는 문언이나 그렇게 유추할 만한 근거마저도 우리 형법전에는 아무데도 없다.

[대법관 배만운의 별개의견] 우리 형법에서 형의 집행유예제도를 규정한 것은 모든 징역형과 금고형을 기계적으로 집행함으로써 생기는 폐단을 방지하고 특별예방의 목적을 달성하고자 하는 형사정책상의 고려에 의한 것이며 그러므로 집행유예의 요건을 어떻게 정할 것인지는 입법에 관한 문제라고 할 것이나 집행유예제도의 위와 같은 목적과 기능에 비추어 보면 집행유예기간중에 있는 자에 대한 집행유예를 일률적으로 배제하는 것이 반드시 옳다고 할 수는 없다고 보며 오히려 집행유예기간중에 있는 자에 대하여도 다시 집행유예를 선고하는 것이 타당하다고 인정되는 사건이 허다하게 있음을 우리가 경험하는 바이다.[150]

---

150) 대법원 1989. 9. 12. 선고 87도2365 전원합의체 판결.

　　반대의견은 법 문언에 충실하게 구 형법 제62조 제1항 단서 소정의 '금고 이상의 형의 선고를 받아'라고 함은 실형뿐 아니라 집행유예의 선고를 받은 경우도 포함하며 집행유예기간 이전의 범죄 가운데 형법 제37조 후단 경합범의 경우에도 그 의미를 달리 해석할 것이 아니라고 판시하였다. 반면 대법관 윤관 등의 별개의견은 논리-체계적 해석을 통해 구 형법 제62조 제1항 단서의 '형'이 실형만을 의미한다고 보았다.

　　하지만 다수의견은 절충적으로 형법 제37조 후단 경합범에 한하여 실형이 선고된 경우만을 가리키고 형의 집행유예를 선고받은 경우는 포함되지 않는다고 해석함이 상당하다고 판시하였다. 다수의견은 결과고려적 해석의 관점에서 법 문언의 적용범위를 제한하는 축소해석을 시도하고 있으나 문언적 해석과 논리-체계적 해석에 반한다는 점에서 정당화되기 어렵다: 해석방법의 우선순위 제1단계 및 제2단계.

　　이처럼 형법 분야에서 법원이 법해석의 출발점으로서의 문언적 해석을 경시하는 것도 문제이지만, 더 큰 문제는 법원이 형사사건에서 법 문언의 의미가 비교적 명확한 경우에도 종종 그 의미가 불명확하다거나 통상적인 의미를 벗어나지 않는다는 이유를 대면서 다른 해석방법을 끌어들여 사실상 반문언적 해석을 감행한다는 데에 있다. 아마도 법원도 형사사건에서 정면으로 반문언적 해석을 시도하는 데에는 상당한 부담을 느끼기 때문일 것으로 보인다.

　　앞서 살펴본 이른바 금액 판결과 실화 판결에서 이러한 고민을 엿볼 수 있다. 전자가 반문언적 법해석에 대한 대법원의 찬반논거가 처음 뚜렷하게 제시되었다는 점에서, 후자는 평가모순을 앞세워 반문언적 해석을 감행했다는 점에서 방법론적 의의를 찾을 수 있다. 사실 실화 판결은 오류론에서 말하는 전형적인 '애매구(曖昧句)의 오류'[151]에 해당하는 사례로서 편집오류의 가능성이 있음에도 불구하고 이에 대한 논증 없이 논리-체계적 해석을 통해 성급하게 문제를 해결하려 하였다.

　　반문언적 해석이 논란이 된 또 다른 판결로는 이른바 세월호 사건을 들 수 있다. 이 사건에서는 구 수난구호법 제18조 제1항 단서의 '조난사고의 원인을 제

---

151) 애매구의 오류(fallacy of amphiboly)는 문언의 의미가 아니라 문장의 구조가 문법적으로 애매하여 생기는 언어적 오류(verbal fallacy)로서 구문론적 애매성 또는 구조적인 애매성에 대한 지적이다. 김준섭(1995), 362면; 소광희(1985), 8-9면.

공한 선박의 선장 및 승무원'에 조난사고의 원인을 스스로 제공하여 '조난된 선박의 선장 및 승무원'이 포함되는지 여부가 주된 쟁점으로 다루어졌다. 이에 대하여 다수의견 및 그에 대한 보충의견은 법 문언의 의미가 불명확하며 체계적 해석을 통해서도 그 의미가 명확히 밝혀지지 않는다고 보고 입법목적과 입법연혁 등을 내세워 이를 긍정하는 결론을 내렸다. 반면 반대의견은 법 문언의 의미가 비교적 분명할 뿐 아니라 논리-체계적 해석을 통해 법 문언의 통상적인 의미를 명확하게 확정할 수 있고 여기에 역사적 해석까지 추가함으로써 정반대의 결론에 이르렀다.

[다수의견] 수난구호법 제1조, 제2조 제3호, 제4호, 제7호, 제18조 제1항의 체계, 내용 및 취지와 더불어, 수난구호법 제18조 제1항은 구조대상을 '조난된 선박'이 아니라 '조난된 사람'으로 명시하고 있는데, 같은 법 제2조 제4호에서 조난사고가 다른 선박과의 충돌 등 외부적 원인 외에 화재, 기관고장 등과 같이 선박 자체의 내부적 원인으로도 발생할 수 있음을 전제로 하고 있으므로, 조난된 선박의 선장 및 승무원이라 하더라도 구조활동이 불가능한 상황이 아니라면 구조조치의무를 부담하게 하는 것이 조난된 사람의 신속한 구조를 목적으로 하는 수난구호법의 입법 취지에 부합하는 점을 고려하면, 수난구호법 제18조 제1항 단서의 '조난사고의 원인을 제공한 선박의 선장 및 승무원'에는 조난사고의 원인을 스스로 제공하여 '조난된 선박의 선장 및 승무원'도 포함된다.
[대법관 이상훈, 김용덕, 김신, 조희대, 이기택의 반대의견] '조난된 선박의 선장 및 승무원'은 수난구호법 제18조 제1항 본문의 구조대상이 되는 '조난된 사람'에 해당한다. 선박 조난사고에서 위 본문의 '조난현장의 부근에 있는 선박, 항공기, 수상레저기구 등의 선장·기장 등'은 조난된 선박의 조난된 사람에게서 직·간접적으로 구조요청을 받는 사람이므로, 그 자신은 '조난된 선박의 선장 및 승무원'이 될 수 없다. …
따라서 위 본문의 요건 충족을 전제로 하는 단서의 '조난사고의 원인을 제공한 선박의 선장 및 승무원'에 '조난된 선박의 선장 및 승무원'은 포함될 수 없다.
요컨대, 수난구호법 제18조 제1항은 기본적으로 조난된 선박의 구조요청에 따라 발생하는 인근 선박 선장 등의 조난된 선박 내외의 조난된 사람에 대한 구조지원 내지 구조조치의무를 규정하고 있는 것이지, 조난된 사람이라는 지위에 차이가 없어 모두 구조대상이 된다는 점에서 다르지 않은 조난된 선박 내부 사람들 상호 간의 구조지원 내지 구조조치의무를 규정한 것으로 볼 수는 없다. …

그런데 설령 위 조항 본문과 단서의 입법연혁이 상이하더라도, 이를 이유로 이들 규정을 병렬적으로 규정된 것에 불과하다고 보는 것은 위 조항의 본문과 단서 문언의 통상적인 의미를 명백히 벗어난 해석이다. …

그리고 위 조항 본문과 단서가 의무귀속 주체나 의무의 내용을 달리 정하고 있는 것은 원칙과 예외의 관계에 있다는 점에서 오히려 자연스러운 것이지, 의무귀속 주체나 내용을 달리 정하고 있다는 사정만으로 단서가 본문의 예외가 아니라 본문과 병렬적인 조항이라고 해석할 수도 없다. …

한편 수난구호법은 2015. 7. 24. 「수상에서의 수색·구조 등에 관한 법률」(법률 제 13440호, 2016. 1. 25. 시행)로 개정되면서, 수난구호법 제18조 제1항도 개정되었다. 그 내용은 현행 수난구호법 제18조 제1항 본문은 그대로 둔 채, 같은 항 단서를 '다만 조난된 선박 또는 조난사고의 원인을 제공한 선박의 선장 및 승무원은 요청이 없더라도 조난된 사람을 신속히 구조하는 데 필요한 조치를 하여야 한다'라고 개정한 것으로, 단서의 의무주체에 '조난된 선박'을 추가하는 것이다.

앞서 본 제18조 제1항 본문과 단서의 관계, 본문이 규정하는 구조지원자와 구조요 청자의 관계 등에 비추어 보면, '조난된 선박'의 구조조치의무를 제1항과 별개의 항으로 규정하지 않고 제1항 단서에 추가한 것은 적절한 입법으로 보이지 않는다. 그러나 위와 같은 개정 내용에 비추어 보면, 현행 수난구호법 제18조 제1항 단서 의 '조난사고의 원인을 제공한 선박'에는 '조난된 선박'이 포함되기 어렵기 때문에 개정에 이른 것임을 넉넉히 알 수 있다.

[다수의견에 대한 대법관 김소영, 박상옥의 보충의견] 수난구호법 제18조 제1항 본 문과 단서의 입법의 연혁 및 경위, 조난사고로부터 국민의 생명과 재산을 보호하 는 것을 목적으로 하는 수난구호법의 취지 등에 비추어 볼 때, 수난구호법 제18조 제1항 단서는 그 본문과는 별개의 입법목적을 가진 내용을 규정한 것이므로 '조난 된 선박의 선장과 승무원'도 수난구호법 제18조 제1항 단서에서 정한 구조조치의 무의 귀속주체인 '조난사고 원인 제공자'에 해당한다. …

본문과 같은 내용의 인근 선박의 구조지원의무 규정은 1994. 12. 22. 법 개정으로 신설되었음에 비하여, 단서와 같은 내용의 조난원인 제공자의 신고 및 구조조치의 무 규정은 그로부터 17년 이상 경과한 2012. 2. 22. 도입된 것이다. 그런데 단서 신설 당시 입법적 논의를 보면 본문과의 유기적 관계에서 본문에 대한 별도의 예 외를 정하거나 보충을 할 필요성이 있어 그 신설이 이루어진 것으로 볼 만한 사정 이 전혀 보이지 아니한다. …

문언적 해석상으로도 '조난사고의 원인을 제공한 선박'이라는 문구에서 '조난된 선 박'을 제외한다는 해석이 필연적으로 도출된다고 볼 수 없고, 조난사고의 원인을 제공한 선박이 제3의 가해선박에 한정되어야 한다고 축소하여 해석해야 할 아무런 근거도 없다. 해양 조난사고는 그 원인이 다양하고 해당 선박의 선장이나 승무원의 고의나 과실로 인하여 선박에 조난사고가 발생할 수도 있는 것이며, 이러한 경우 조난사고의 원인을 가장 잘 파악하고 있고 필요한 조치를 즉시적으로 취할 수 있는 선장이나 승무원에게 구조조치의무를 부과할 필요가 있어 이런 규정을 둔 것으로 해석할 수 있을 뿐이다. …

수난구호법 제18조 제1항의 본문과 단서는 입법형식상으로는 본문과 단서의 형태를 가지고 있지만, 양자는 의무귀속의 주체가 '조난현장 부근에 있는 선박의 선장'과 '조난사고의 원인을 제공한 선박의 선장 및 승무원'으로 상이하고, 의무부과의 근거도 '해상 조난사고에서의 인명구조라는 전통적 인도주의적 요청 및 국제법규'와 '선박사고 후 도주방지를 위한 입법적 대처'로 상이하며, 의무의 내용도 '구조지원의무'와 '구조조치의무'로 상이하다고 할 것이어서, 별개의 입법목적을 가진 별개의 규정이 한 조항의 본문과 단서에 규정된 것에 불과하다고 할 것이다. 따라서 '조난사고의 원인을 제공한 선박의 선장 및 승무원'이라면 조난된 선박이든 가해선박이든 구별하지 않고 수난구호법 제18조 제1항 단서의 책임을 부담한다고 해석하더라도 단서 신설의 입법 취지에 반한다고 볼 수 없고, 유추해석금지원칙이나 죄형법정주의원칙에 위배된다고 볼 수도 없다.[152]

세월호 사고가 발생하기 전에는 승객의 생명과 안전을 최우선시하여야 할 선장 및 승무원이 수난사고에서 승객을 방치하고 자신들만 탈출하는 상황을 누구도 예상하기 어려웠을 것이다. 그렇다면 역사적 입법자의 관점에서든 합리적 입법자의 관점에서든 간에, 구 수난구호법이 조난된 선박의 선장 및 승무원이 구조의무를 소홀히 하는 행위에 대해서 미처 규율하지 못하였다고 보는 것이 합당해 보인다. 다시 말해 세월호 사건과 같은 사례에 대해서는 구 수난구호법에 흠결이 존재한다고 보아야 한다.

물론 법의 흠결을 인정하는 데에 따른 법 적용 결과가 평가모순으로 이어지는 경우 논리-체계적 해석 등의 관점에서 흠결 보충의 필요성이 인정되어 유추나 목적론적 축소 등을 통하여 흠결이 보충될 수 있다. 그러나 형사 사건인 세월호 사건에서는 피고인에게 불리한 흠결 보충이 허용되지 않는다. 그러한 이유로 다수의견이 법의 흠결에 대한 논의를 애써 피하려 했던 것은 이해되지만, 반대의

---

152) 대법원 2015. 11. 12. 선고 2015도6809 전원합의체 판결.

견조차 법의 흠결을 분명하게 지적하고 흠결 보충의 부당성을 충분히 논증하지 않은 점은 아쉽다.

사실상의 반문언적 해석이 논란이 된 비교적 최근의 판결로는 이른바 군 동성애 판결을 들 수 있다. 법원이 본질적으로 헌법 사안인 군동성애 문제를 헌법 재판소의 위헌법률심사를 거치지 않고 독자적으로 판단하는 것이 적절한지의 문제를 차치하더라도,153) 법해석 방법론의 관점에서도 다수의견을 뒷받침하는 해석방법의 정당성이 논란이 되고 있다. 다수의견과 그에 대한 보충의견은 군형법 제96조의6의 '추행'이라는 법 문언이 동성애를 포함하는 것인지 명확하지 않다는 것을 전제로, 목적론적 해석에 헌법합치적 해석을 보태어 군인들이 독신자 숙소에서 상호 합의에 따라 동성애 행위에 대해서는 추행죄로 처벌할 수 없다고 판단하였다. 반면 반대의견은 다수의견이 법 문언의 가능한 의미를 넘어 법률해석 권한의 한계를 벗어나는 반문언적 법형성 내지 법률 수정을 시도하였다고 지적하면서 문언적 해석, 연혁적 해석, 목적론적 해석에 헌법합치적 해석을 보태어 추행죄로 처벌할 수 있다고 보았다. 한편 별개의견은 다수의견의 법해석이 법률 해석을 넘어서는 실질적인 법률제정이라는 점을 인정하면서도 목적론적 해석, 헌법합치적 해석을 통해 평시 상황의 군 동성애 행위에는 추행죄가 적용되지 않는다고 보았고, 또 다른 별개의견은 다수의견이 상호합의에 기초한 군인 사이의 동성애도 처벌할 수 있는 여지를 남긴다는 이유로 아예 동성애가 추행에서 제외된다고 해석하였다.

> [다수의견] 군형법 제92조의6의 문언, 개정 연혁, 보호법익과 헌법 규정을 비롯한 전체 법질서의 변화를 종합적으로 고려하면, 위 규정은 동성인 군인 사이의 항문 성교나 그 밖에 이와 유사한 행위가 사적 공간에서 자발적 의사 합치에 따라 이루어지는 등 군이라는 공동사회의 건전한 생활과 군기를 직접적, 구체적으로 침해한 것으로 보기 어려운 경우에는 적용되지 않는다고 봄이 타당하다. …
> 제정 당시 군형법(2009. 11. 2. 법률 제9820호로 개정되기 전의 것, 이하 '제정 군형법'이라 한다) 제92조와 구 군형법 제92조의5의 대표적 구성요건인 '계간(鷄姦)'은 사전적(辭典的)으로 '사내끼리 성교하듯이 하는 짓'으로서 남성 간의 성행

---

153) 헌법재판소는 대법원 전원합의체 판결 이후 군동성애를 규정한 군형법 제96조의6 추행 규정이 합헌이라고 판결함으로써 종전 판례를 유지하였다. 2023. 10. 26. 선고 2017헌가16,2020헌가3(병합), 2017헌바357,414,501(병합) 전원재판부 결정.

위라는 개념요소를 내포하고 있다. 반면, 현행 규정의 대표적 구성요건인 '항문성교'는 '발기한 성기를 항문으로 삽입하는 성행위'라는 성교행위의 한 형태를 가리키는 것으로서, 이성 간에도 가능한 행위이고 남성 간의 행위에 한정하여 사용되는 것이 아니다. 따라서 현행 규정의 문언만으로는 동성 군인 간의 성행위 그 자체를 처벌하는 규정이라는 해석이 당연히 도출될 수 없고, 별도의 규범적인 고려 또는 법적 평가를 더해야만 그러한 해석이 가능하다. …

현행 규정의 체계와 문언, 개정 경위와 함께, 동성 간 성행위에 대한 법규범적 평가의 변화에 따라 동성 군인 간 합의에 따른 성행위를 아무런 제한 없이 군기를 침해하는 행위라고 보기 어려운 점 등을 종합하면, 현행 규정의 보호법익에는 '군이라는 공동사회의 건전한 생활과 군기'라는 전통적인 보호법익과 함께 '군인의 성적 자기결정권'도 포함된다고 보아야 한다. …

동성 간 성행위에 대한 법규범적 평가에 비추어 보면, 동성 군인 간 합의에 의한 성행위로서 그것이 군이라는 공동사회의 건전한 생활과 군기를 직접적, 구체적으로 침해하지 않는 경우에까지 형사처벌을 하는 것은 헌법을 비롯한 전체 법질서에 비추어 허용되지 않는다고 보아야 한다. 이를 처벌하는 것은 합리적인 이유 없이 군인이라는 이유만으로 성적 자기결정권을 과도하게 제한하는 것으로서 헌법상 보장된 평등권, 인간으로서의 존엄과 가치, 그리고 행복추구권을 침해할 우려가 있다.

[대법관 안철상, 이흥구의 별개의견] 다수의견은 '군이라는 공동사회의 건전한 생활과 군기'를 현행 규정의 적용 여부를 판단하는 기준으로 삼으면서도, 동성 군인 사이의 항문성교나 그 밖의 추행행위가 사적 공간에서 '자발적 의사 합치'에 따라 이루어진 경우에는 현행 규정이 적용되지 않는다고 한다. 그러나 합의 여부를 현행 규정 적용의 소극적 요소 중 하나로 파악하는 것은 법률해석을 넘어서는 실질적 입법행위에 해당하여 찬성하기 어렵다. …

현행 규정의 적용 범위는 합헌적 해석을 바탕으로 군형법 체계와 보호법익을 고려하면, 행위 시 상황을 기준으로 판단함이 합리적인 해석이다. 이에 따르면, 현행 규정은 적전, 전시·사변과 같은 상황에서 기본적으로 적용되고, 평시의 경우에는 군사훈련, 경계근무 그 밖에 이에 준하는 군기를 직접적, 구체적으로 침해할 우려가 있는 상황에서만 적용된다고 봄이 타당하다.

[대법관 김선수의 별개의견] 다수의견은 두 사람이 상호 합의하여 성적 행위를 한 경우에도 현행 규정을 적용하여 형사처벌을 할 수 있는 여지를 남겨둔 것으로 보이므로, 그와 같은 해석은 가능한 문언해석의 범위를 벗어난 것으로 허용될 수 없다는 의견을 밝힌다. …

동성애에 대한 우리 사회 인식의 변화에 비추어 볼 때, 성인 사이의 상호 합의에 의한 동성 간의 성적 행위를 지금 이 시대의 성적 도덕관념에 비추어 '더럽고 지저분한 행동'으로 평가할 수는 없다. 아무리 군의 특수성을 감안한다고 하더라도 형법상 추행과 같이 현행 규정상 추행도 일방의 의사에 반하여 구체적인 피해를 야기하는 행위만이 '더럽고 지저분한 행동'으로 평가하여야 한다. 이는 규범적 개념인 '추행'의 의미를 확정하는 법률해석의 과정에서 충분히 가능하고 반드시 필요한 것으로서, 문언해석의 범위를 벗어난다거나 법원의 해석 권한을 벗어나는 것이 아니다.

[대법관 조재연, 이동원의 반대의견] 다수의견과 같이 목적론적 축소해석 또는 합헌적 해석방법을 이용하여 문언의 가능한 의미를 벗어나 현행 규정의 구성요건을 변경하는 해석은 허용되지 않는다고 보아야 한다. 즉, 현행 규정에서 정하고 있는 '항문성교나 그 밖의 추행'에 해당하면 그로써 위 규정의 적용 대상이 되는 것이고, 여기에 더하여 다수의견과 같이 '사적 공간인지 여부', '자발적 합의에 의한 것인지 여부' 등의 사정을 고려하여 '군기를 직접적이고 구체적으로 침해하였는지'에 따라 그 적용 여부를 달리해야 할 근거는 없다. 다수의견과 같이 해석하는 것은 법원이 법률 문언에 없는 단서 조항을 신설하는 것과 같다. 이는 명문의 규정에 반하는 법형성 내지 법률 수정을 도모함으로써 법원이 가지는 법률해석 권한의 한계를 명백하게 벗어나는 것이다. 다수의견은 입법론으로 고려할 수 있을 뿐 현행 규정의 해석론으로는 받아들이기 어렵고, 입법정책의 문제를 법률해석의 문제로 다루는 것이라 할 수 있다. …

법률의 노후화 또는 해석결과의 불합리라는 이유만으로 법률 그 자체의 적용을 거부한 채 형벌법규 문언의 명백한 의미를 제한하거나 수정하는 해석을 하는 것은 국민이 법원에 부여한 권한에 속한다고 할 수 없다. 피고인에게 유리한 방향 또는 결과적으로 옳은 방향이라고 하더라도 마찬가지이다. 이는 민주주의의 기반인 삼권분립 원칙의 본질적 요청이고, 헌법 제40조(입법권), 제103조(법관의 독립), 제111조(헌법재판소의 권한 등)에 따른 한계이다. …

다수의견은 시민사회, 학계, 법률가 및 정치권 등의 소통을 통한 논의와 입법절차를 통하여 얻어야 할 결론을 법률 문언을 넘어서는 사법판단을 통하여 이루고자 하는 것이어서 받아들이기 어렵다.

[다수의견에 대한 대법관 김재형, 노정희, 천대엽, 오경미의 보충의견] 법률해석은 제정 당시 입법자의 주관적 의사에 얽매여서는 안 되고 문언의 가능한 의미를 탐구하여 최고 규범인 헌법의 내용과 가치를 반영하고 시간의 흐름에 따른 현재의 법상황과 법의식의 변화를 고려하여 현시대에 맞는 법률의 정당한 의미를 밝혀내

는 것이 되어야 한다. …

현행 규정은 '항문성교'를 추행의 대표적 행위로 예시하고 이어서 '그 밖의 추행'이라는 표현을 사용하고 있다. 항문성교라는 문언의 의미대로 해석한다면, 남녀 군인의 합의에 의한 항문성교를 구성요건에서 배제할 수 없으므로 '항문성교'를 대표적 행위로 한 '그 밖의 추행'은 그 문언만으로는 남녀 군인이 합의하여 항문성교에 이르지 않는 성행위를 한 경우도 포함한다고 볼 여지가 있다. 이처럼 현행 규정은 문언의 사전적·일반적 의미가 지나치게 포괄적이어서 그 문언대로 해석·적용하는 경우 현행 규정에 대한 전통적 해석에 반하여 그 처벌 범위를 넓히는 부당한 결과를 가져온다. …

다수의견은 현행 규정의 내용과 체계, 법률의 개정 연혁과 보호법익, 헌법 규정을 비롯한 전체 법질서의 변화 등을 종합적으로 고려하여 그 적용 범위를 더욱 축소하여 형벌법규를 엄격하게 해석·적용함으로써 문언에 포함될 수 있는 모든 사안을 형사처벌 대상에 포함시킬 때 발생하는 부당한 결과를 막으려는 것일 뿐, 문언의 가능한 의미를 벗어난 것이 아니다. 오히려 다수의견이 현행 규정의 적용 범위를 정할 때 군기는 물론 행위자의 의사에 반하는지를 함께 고려하여 추행 여부를 판단하는 것은 문언해석에 근거를 두고 있다. …

다수의견은 헌법규범의 의미와 가치를 반영하고 지금 우리 사회의 법의식을 고려한 것으로서, 현행 규정의 위헌성을 제거하고 처벌범위를 합리적으로 설정하기 위하여 법원의 법률해석 권한 내에서 이루어진 정당한 해석이다.[154]

군 동성애 판결에 있어서 다수의견 및 보충의견이 판시하는 바와 같이 법문언의 '추행'이 가치충전이 필요한 규범적 법개념인 것은 분명하므로 그 시대의 도덕관념 등을 고려하여 해석해야 하는 것은 당연하다. 하지만 군형법의 추행은 전통적으로 동성 간의 성관계를 포함하는 것으로 해석하되, 입법론적 개선의 필요성을 지적하는 견해가 지배적이었고 지금도 법률가나 법학자들의 이해는 크게 달라지지 않은 듯하다. 즉 군인 간의 동성애 행위는 군형법상 추행의 일상적 의미에 포함되는지는 불분명하다고 하더라도 적어도 전문적 의미에는 포함되는 것은 분명해 보인다: 해석방법의 우선순위 제1단계. 가사 추행죄에서 동성애 행위

---

154) 대법원 2022. 4. 21. 선고 2019도3047 전원합의체 판결. 이 판결에 대한 법학방법론 차원의 검토는 안준홍, "군형법 추행죄 판결(2019도3047)에 대한 법학방법론적 비판", 『가천법학』 제16권 제2호(2023), 41-76면; 김형돈, "우리 대법원 법해석론의 공통 전제와 대립 지점: 대법원 2022. 4. 21. 선고 2019도3047 전원합의체 판결을 중심으로", 『저스티스』 통권 제195호(2023), 147-179면 참조.

를 제외하는 대안적 해석이 법 문언의 가능한 의미 내에 있고 헌법합치적 해석을 비롯한 논리-체계적 해석에 부합한다고 하더라도 군형법의 제·개정 과정에서 거듭 확인되는 입법자의 의사에는 부합하지 않는 것으로 보인다: 해석방법의 우선순위 제3단계. 나아가 대안적 해석이 추행죄의 입법목적에 부합하는지도 불분명하므로 대안적 해석은 정당화되기 어렵다: 해석방법의 우선순위 제4단계. 오히려 전문적 의미에 기초한 문언적 해석에 충실한 반대의견이 선례에 기초한 논리-체계적 해석, 역사적 해석, 목적론적 해석에 충실한 것으로 보인다.155) 양심적 병역거부나 군 동성애와 같이 사회적으로 의견 충돌이 극심한 법률에 대하여 국회나 헌법재판소가 아닌 대법원에서 그 정당성에 대한 종국적인 결정을 내리는 것은 민주적 법치국가 이념이나 권력분립의 원칙에 비추어 결코 바람직하지 않다.

전반적으로 형사사건에서도 문언적 해석에 비해 목적론적 해석을 중시하는 판례의 주류적인 흐름 속에서 문언적 해석을 우선시한 사례는 상대적으로 드문 편이다. 이른바 염소 판결, 자수 판결, 콜밴 판결, 그리고 최근의 전동킥보드 음주 운전 판결 정도가 문언적 해석을 우선시한 것으로 보인다.156)

이른바 염소 판결은 염소를 도축한 사람을 구 축산물가공처리법위반으로 기소한 사건으로서 염소가 축산물가공처리법 소정의 "수축(獸畜)"에 해당되는지 여부가 쟁점이 되었다. 당시 축산물가공처리법 및 동 시행령·시행규칙에서 정하는 수축 중에 양(羊)은 포함되었으나 염소는 포함되지 않았다. 흔히 염소는 산양(山羊)으로도 불리기 때문에 통상적 의미나 가능한 의미로 양의 개념에 포함되는 것으로 해석할 여지가 없지 않았음에도 불구하고 대법원은 죄형법정주의를 내세워 양의 개념 속에 염소가 포함되는 것으로 해석할 수 없다고 보았다.157)

이른바 자수판결에서는 반대의견은 논리-체계적 해석·역사적 해석·목적론적 해석 등 고전적 해석방법뿐 아니라 헌법합치적 해석·실질적 이유에 근거한 해석 등 다양한 현대적 해석방법을 동원하여 구 공직선거및선거부정방지법 제

---

155) 같은 결론으로 안준홍, 앞의 논문, 68-69면.
156) 그 밖에 형법 제37조 후단 경합범에 대한 작량감경에서 그 형기의 1/2 미만으로 감경할 수 있는지 여부가 쟁점이 되었던 대법원 2019. 4. 18. 선고 2017도14609 전원합의체 판결은 피고인에게 유리한 목적론적 해석방법을 거부하고 피고인에게 불리한 문언적 해석방법 및 체계적 해석방법 등을 고수하였다는 점에서 눈길을 끈다.
157) 대법원 1977. 9. 28. 선고 77도405 판결. 이 판결에 동조하는 견해로 안성조(2009), 86면.

262조에서 필요적 면제사유로 규정한 '자수(自首)'를 '범행발각 전의 자진 출두'로 축소해석하는 것이 목적론적 축소해석으로 정당화될 수 있다고 보았다.158) 반면 다수의견은 가능한 의미 내에 있는 대안적 해석을 거부하고 피고인에게 불리한 유추금지의 원칙을 내세우면서 '자수'에 대한 통상적인 의미에 기초한 문언적 해석을 통해 피고인에게 유리한 해석결과의 정당성을 논증하였다.

> [다수의견] 형법 제52조나 국가보안법 제16조 제1호에서도 공직선거법 제262조에서와 같이 모두 '범행발각 전'이라는 제한 문언 없이 "자수"라는 단어를 사용하고 있는데 형법 제52조나 국가보안법 제16조 제1호의 "자수"에는 범행이 발각되고 지명수배된 후의 자진출두도 포함되는 것으로 판례가 해석하고 있으므로 이것이 "자수"라는 단어의 관용적 용례라고 할 것인바, 공직선거법 제262조의 "자수"를 '범행발각 전에 자수한 경우'로 한정하는 풀이는 "자수"라는 단어가 통상 관용적으로 사용되는 용례에서 갖는 개념 외에 '범행발각 전'이라는 또 다른 개념을 추가하는 것으로서 결국은 '언어의 가능한 의미'를 넘어 공직선거법 제262조의 "자수"의 범위를 그 문언보다 제한함으로써 공직선거법 제230조 제1항 등의 처벌범위를 실정법 이상으로 확대한 것이 되고, 따라서 이는 단순한 목적론적 축소해석에 그치는 것이 아니라, 형면제 사유에 대한 제한적 유추를 통하여 처벌범위를 실정법 이상으로 확대한 것으로서 죄형법정주의의 파생원칙인 유추해석금지의 원칙에 위반된다.
>
> [대법관 박만호의 반대의견] 공직선거및선거부정방지법 제262조의 자수를 선거법 위반행위의 발견 전에 행하여진 것에 한정된다고 해석하지 아니하고 그 시기에 있어서 제한 없이 체포 전에만 하면 이에 해당하여 형이 필요적으로 면제된다고 해석하게 되면, 첫째 범행발견에 아무런 기여를 한 바가 없음에도 불구하고 같은 법 제262조의 특혜를 주는 것이 되어 같은 법 제262조가 자수에 대하여 형의 필요적 면제를 규정한 입법 취지에 반하고, 둘째 범죄와 형벌의 균형에 관한 국민 일반의 법감정에 맞지 않아 정의와 형평에도 현저히 반하며, 셋째 형법 제52조에 의하여 형이 임의적으로 감경되는 다른 범죄의 자수자, 특히공직선거및선거부정

---

158) 반대의견이 '자수'라는 법 문언의 가능한 의미를 넘어서는 목적론적 축소로서 정당화될 수 없다는 견해로 김영환(2012), 330-332면, 특히 332면 각주18; 양천수(2021), 381면. 하지만 '자수'의 사전적 의미가 '범인이 스스로 수사 기관에 자기의 범죄 사실을 신고하고, 그 처분을 구하는 일' 또는 '범죄자가 수사 기관에 자발적으로 자기의 범죄 사실을 신고하고 그 처분을 구함'이라는 점에서 범행발각 후의 자수는 물론 범행발각 전의 자수도 자수의 가능한 의미의 범위 내에 있다는 점에서 목적론적 축소해석으로 볼 여지가 없지 않다.

방지법 제230조 제1항 등 3개 죄의 금품 등의 제공범행을 한 후 자수한 자와는 달리 위 3개 범죄의 범행을 하고 범행발각 후에 자수한 자만 아무런 합리적 이유도 없이 필요적 형면제라는 차별적 특혜를 받게 되어 헌법 제11조 제1항의 평등위반이라는 위헌의 소지도 있게 된다. 그러므로 공직선거및선거부정방지법 제262조의 자수를 그 입법 취지와 목적에 비추어 위 규정과 형의 필요적 면제의 대상이 되지 아니하는 같은 법상의 다른 처벌규정 등을 전체적, 종합적으로 헌법에 합치되게 해석하려면 '범행발각 전에 수사기간에 자진출두하여 자백한 경우'만을 의미하는 것으로 해석하여야 되는 것이다.[159]

이른바 콜밴 판결에서는 여객자동차운송사업면허를 받지 않은 채 화물자동차를 사용하여 유상으로 여객을 운송하는 행위가 여객자동차운수사업법 위반인지 여부가 쟁점이 되었다. 반대의견이 역사적 해석 이외에도 논리-체계적 해석·목적론적 해석을 시도하면서 물론해석을 해석기술로 활용한 반면, 다수의견은 정의(定義)조항 등에 근거한 문언적 해석·논리-체계적 해석을 앞세워 화물자동차에 해당하는 콜밴 영업을 승용자동차나 승합자동차를 이용한 유상여객운송행위로 처벌할 수 없다고 보았다.[160]

[다수의견] 여객자동차운수사업법 제81조 제1호는 "제5조 제1항의 규정에 의한 면허를 받지 아니하거나 등록을 하지 아니하고 여객자동차운송사업을 경영한 자는 2년 이하의 징역 또는 2천만 원 이하의 벌금에 처한다."고 규정하고 있고, 한편 같은 법 제2조 제1호는 "자동차라 함은 자동차관리법 제3조의 규정에 의한 승용자동차 및 승합자동차를 말한다.", 같은 법 제2조 제3호는 "여객자동차운송사업이라 함은 다른 사람의 수요에 응하여 자동차를 사용하여 유상으로 여객을 운송하는 사업을 말한다."라고 각 규정하고 있는바, 위 규정들의 문언에 비추어 볼 때 여객자동차운수사업법 제81조 제1호에서 면허를 받지 아니하거나 등록을 하지 아니하고 경영하였을 때 처벌하는 '여객자동차운송사업'이라 함은 자동차관리법 제3조의 규정에 의한 승용자동차 및 승합자동차를 사용하여 유상으로 여객을 운송하는 사업을 말하고, 여객자동차에 해당하지 않는 자동차인 화물자동차, 특수자동차

---

159) 대법원 1997. 3. 20. 선고 96도1167 전원합의체 판결.
160) 이와 달리 다수의견이 입법자의 의사를 존중하여 자동차관리법의 입법취지나 죄형법정주의를 해석근거로 내세우는 반면, 반대의견은 법의 목적을 중시하는 객관적 해석이론에서 출발하여 관련 조문을 전체적·종합적으로 해석하려 하였다고 평가하는 견해로 김영환 (2012), 299면.

또는 이륜자동차 등(이하 '화물자동차 등'이라 한다)을 사용하여 유상으로 여객을 운송하는 행위는 위 여객자동차운수사업법 관련 규정의 해석상 여객자동차운송사업에 포함되지 않는다. …

자동차에 관한 정의 규정을 두고 있는 이상, 여객자동차운수사업법 제81조 제1호의 처벌조항을 문언상의 가능한 의미의 범위를 넘어서까지 유추해석 내지 확장해석하여 화물자동차 등을 사용한 여객유상운송행위까지 처벌할 수 있다고 해석하는 것은 죄형법정주의의 원칙에 어긋나 허용될 수 없다.

[대법관 유지담, 이규홍, 박재윤, 고현철의 반대의견] 같은 법[여객자동차운수사업법] 제2조 제3호의 '여객자동차운송사업'에 관한 정의규정은 적법한 사업을 전제로 하는 것이므로 그 조항에서 사용된 '자동차'의 의미는 같은 법 제2조 제1호의 정의규정에 따라 승용자동차 및 승합자동차를 말하는 것으로 한정하여 해석하여야 할 것이지만, 면허나 등록이 없이 위법하게 여객자동차운송사업을 경영하는 자를 처벌하는 조항인 같은 법 제81조 제1호의 구성요건에 포함되어 있는 '여객자동차운송사업'의 의미를 해석함에 있어서는 위 '자동차' 정의규정에 따른 승용자동차나 승합자동차를 사용하는 경우뿐만 아니라 애초부터 면허나 등록 자체를 받을 수 없는 화물자동차 등을 사용하는 경우도 포함된다고 봄이 상당하다.

따라서 같은 법 제81조 제1호에서 정하고 있는 구성요건인 "같은 법 제5조 제1항의 규정에 의한 면허를 받지 아니하거나 등록을 하지 아니하고 여객자동차운송사업을 경영한 자"라 함은, 면허나 등록도 없이 여객자동차운송사업을 경영하는 자를 처벌하기 위한 조항으로서 면허나 등록이 없이 승용·승합자동차를 사용하여 유상여객운송행위를 한 경우는 물론이요, 화물자동차 등을 사용하여 유상여객운송행위를 하는 경우와 같이 애초부터 법에서 요구하는 최소한의 사업기준조차 갖추지 못하여 면허나 등록 자체를 받을 수 없는 위법한 사업의 경우에도 이에 해당한다고 해석하는 데 아무런 무리가 없고, 이렇게 해석하는 것이 관련 조문을 전체적·종합적으로 해석하는 길일 것이(다.) …

2002. 8. 26. 법률 제6731호로 개정되기 전의 구 화물자동차운수사업법에서는 화물자동차운송사업을 정의함에 있어서 화물에 대하여 명문의 제한규정을 두지 않는 바람에 … 택시업계와 사이에 갈등과 대립이 끊이지 않자, 서로 간의 영업범위를 명백히 구분하기 위하여 2002. 8. 26. 법률 제6731호로 화물자동차운수사업법이 개정되어 제2조 제3호 후단 … 이 신설되었고, 위 조항의 위임에 따라 같은법 시행규칙이 2003. 2. 27. 건설교통부령 제352호로 개정되어 제3조의2(화물의 기준 및 대상차량) … 이 신설되고 위 규정은 같은 날부터 시행되기에 이르렀는데, … 이러한 조항이 신설되면서도 위 조항 위반행위에 대한 제재조항은 화물자동차

운수사업법에 별도로 신설되지 아니하였다. 입법자의 이러한 태도는 화물자동차 운수사업법 및 같은법 시행규칙의 위와 같은 개정은 명문의 규정이 없어서 논란 이 되고 있던 화물의 개념을 명백히 한 것일 뿐, 밴형 화물자동차의 영업범위를 축소하거나 종래 금지대상이 아닌 행위를 새롭게 금지한 것이 아니고 이러한 개 정조항의 위반행위를 형사처벌대상에서 제외하겠다는 것은 더더욱 아니며, 오히 려 위와 같은 화물자동차운수사업법 및 같은법 시행규칙의 개정 이전에도 밴형 화물자동차를 사용하여 여객을 운송하는 행위는 여객자동차운수사업법 제81조 제 1호에 의하여 처벌할 수 있다는 전제하에, 위 개정조항에 대한 위반행위의 형사처 벌은 여객자동차운수사업법의 위 조항에 의하여 여전히 가능한 것이니 굳이 화물 자동차운수사업법에 중복되는 처벌조항을 신설할 필요가 없다는 취지였다고 봄이 상당하고, 이러한 화물자동차운수사업법의 개정경과에 비추어 보더라도 앞에서 본 해석론의 타당성이 확인된다. …
반대의견은 법률문언의 통상적인 의미와 범위 안에서 여객자동차운수사업법의 취 지에 따른 목적론적 해석을 한 것인 만큼 죄형법정주의가 경계하는 확장해석이나 유추해석에 해당하지 아니한다.161)

콜밴 판결에서 반대의견은 법 문언의 가능한 의미를 벗어난 대안적 해석을 시도하였는데, 문언의 가능한 의미를 벗어난 대안적 해석이 역사적 해석이나 목 적론적 해석과는 부합하는 것으로 보이지만 논리-체계적 해석에 부합하지 않는 다는 점에서 반문언적 해석을 정당화하기에는 부족하다: 해석방법의 우선순위 제5단계. 오히려 문언적 해석과 논리-체계적 해석에 충실한 다수의견이 더 설득 력이 있어 보인다.162)

마지막으로 이른바 전동킥보드 음주운전 판결에서는 "범죄 후 법률이 변경 되어 그 행위가 범죄를 구성하지 아니하게 되거나 형이 구법(舊法)보다 가벼워진 경우에는 신법(新法)에 따른다."고 규정한 형법 제1조 제2항의 해석이 주된 쟁점 이 되었다. 종전 대법원 판례는 뚜렷한 근거도 없이 이른바 동기설의 입장에서 '반성적 고려에 따라 변경된 경우'를 적용 요건으로 추가함으로써 위 규정을 목

---

161) 대법원 2004. 11. 18. 선고 2004도1228 전원합의체 판결.
162) 같은 취지로 안성조(2009), 105면. 이와 달리 콜밴을 화물자동차가 아니라 승용겸화물형 의 승용차로 파악하여 여객자동차운수사업법 위반으로 처벌하는 것은 법 문언의 가능한 의미를 넘지 않는 전체적 종합적 해석방법으로서 죄형법정주의에 위반되는 유추해석에 해당되지 않는다는 이유로 반대의견을 지지하는 견해로 허일태, "형법상 해석원칙과 그 한계", 『형사판례연구』 제13호(2005), 25-52면.

적론적 축소 내지 축소해석하고 있었다. 다수의견은 법 문언에 충실하게 종전 법령이 반성적 고려에 따라 변경된 것인지를 따지지 않고 신법이 적용된다고 판시하였다: 해석방법의 우선순위 제1단계. 다만 다수의견이 형법 제1조 제2항에서 말하는 '법령의 변경'이 해당 형벌법규에 따른 범죄의 성립 및 처벌에 관한 형사법적 관점의 변화를 전제로 하여야 한다고 판시한 부분은 또 다른 목적론적 축소 내지 축소해석의 시도로 의심받을 수 있고 향후 유사한 사건에서 해석상 논란이 될 것으로 예상된다.

[다수의견] 범죄 후 법률이 변경되어 그 행위가 범죄를 구성하지 아니하게 되거나 형이 구법보다 가벼워진 경우에는 신법에 따라야 하고(형법 제1조 제2항), 범죄 후의 법령 개폐로 형이 폐지되었을 때는 판결로써 면소의 선고를 하여야 한다(형사소송법 제326조 제4호). 이러한 형법 제1조 제2항과 형사소송법 제326조 제4호의 규정은 입법자가 법령의 변경 이후에도 종전 법령 위반행위에 대한 형사처벌을 유지한다는 내용의 경과규정을 따로 두지 않는 한 그대로 적용되어야 한다. 따라서 범죄의 성립과 처벌에 관하여 규정한 형벌법규 자체 또는 그로부터 수권 내지 위임을 받은 법령의 변경에 따라 범죄를 구성하지 아니하게 되거나 형이 가벼워진 경우에는, 종전 법령이 범죄로 정하여 처벌한 것이 부당하였다거나 과형이 과중하였다는 반성적 고려에 따라 변경된 것인지 여부를 따지지 않고 원칙적으로 형법 제1조 제2항과 형사소송법 제326조 제4호가 적용된다. 형벌법규가 대통령령, 총리령, 부령과 같은 법규명령이 아닌 고시 등 행정규칙·행정명령, 조례 등(이하 '고시 등 규정'이라고 한다)에 구성요건의 일부를 수권 내지 위임한 경우에도 이러한 고시 등 규정이 위임입법의 한계를 벗어나지 않는 한 형벌법규와 결합하여 법령을 보충하는 기능을 하는 것이므로, 그 변경에 따라 범죄를 구성하지 아니하게 되거나 형이 가벼워졌다면 마찬가지로 형법 제1조 제2항과 형사소송법 제326조 제4호가 적용된다.
그러나 해당 형벌법규 자체 또는 그로부터 수권 내지 위임을 받은 법령이 아닌 다른 법령이 변경된 경우 형법 제1조 제2항과 형사소송법 제326조 제4호를 적용하려면, 해당 형벌법규에 따른 범죄의 성립 및 처벌과 직접적으로 관련된 형사법적 관점의 변화를 주된 근거로 하는 법령의 변경에 해당하여야 하므로, 이와 관련이 없는 법령의 변경으로 인하여 해당 형벌법규의 가벌성에 영향을 미치게 되는 경우에는 형법 제1조 제2항과 형사소송법 제326조 제4호가 적용되지 않는다.[163]

---

163) 대법원 2022. 12. 22. 선고 2020도16420 전원합의체 판결.

2. 평가와 전망

지금까지의 검토를 통해 우리나라 법원이 받아들이고 있는 법해석 방법론의 대략적인 윤곽이 드러난 듯하다. 다만 법원의 해석방법론을 최종 평가하기 위해서는 최고법원의 판례를 분석하는 것만으로 충분한지, 또 최고법원의 판례에 한정하더라도 이른바 판결하기 어려운 사건(hard case), 즉 해석방법들이 경합하고 충돌하는 사건에 초점을 맞출 것인지 아니면 법령 또는 판례로부터 연역을 통해 기계적으로 결론을 내릴 수 있는 판결하기 쉬운 사건(easy case)까지 포함할 것인지가 선결되어야 한다.164)

법원이 법적 쟁점을 판단하는 데에 모든 해석방법을 남김 없이 검토할 필요는 없다. 실제로 통상적인 사건에서는 문언적 해석이 일차적인 또는 유일한 해석방법으로서 말 그대로 기계적으로 관련 법령이 적용된다. 하급심 법원의 경우에도 관련 대법원 판례를 중시한다는 점에서 일종의 논리-체계적 해석으로서 선례에 의한 해석을 추가하는 정도에서 차이가 있을 뿐이다. 물론 문언적 해석으로 불충분하거나 해석방법들이 경합하는 사건도 적지 않지만, 이 경우에도 고전적 해석방법에 따른 해석결과가 첨예하게 대립하는 경우는 드물다. 그렇다면 전체 사건을 기준으로 보면 법원이 문언중심적 해석방법론을 따르고 있다는 평가도 크게 틀리지 않을 것이다. 마찬가지로 2000년대 이후 판례에서 헌법합치적 해석을 비롯한 논리-체계적 해석이 적극적으로 활용되고 있다는 점에 주목하면 대법원의 해석방법론을 체계중심적 해석방법론으로 평가하는 입장도 이해될 수 있을 법하다.

그럼에도 불구하고, 판례의 전반적인 흐름에 비추어 보면 법원의 법해석 방법론이 전통적으로 문언중심적 방법론을 취하고 있다거나 오늘날 체계중심적 방법론으로 변화하고 있다고 평가하는 것은 타당한 것같지 않다. 특히 법학방법론이 주목하는 이른바 판결하기 어려운 사건에 한정해 보면 법원이 다른 해석방법에 비해 목적론적 해석을 선호하고 있으며 결과고려적 해석이나 실질적 이유에 근거한 해석을 적극적으로 활용하고 있다는 사실은 부인하기 어렵다. 해석의 목표와 관련하여 판례가 입법목적을 중시하는 객관적 해석이론의 관점에 서 있다

---

164) 우리나라 실무의 해석방법론에 대한 상반된 평가는 전통적 해석방법이 얼마나 애매모호한지를 보여주는 것이기도 하고, 실제로 통계기법을 활용해서 모든 판례를 분석한다고 해도 어떤 해석방법이 우위에 있는지를 정확하게 분석하는 것이 사실상 불가능하다는 견해로 이상돈(2018), 124면.

는 점에 비추어 보더라도 그러하다. 오늘날 이익평가적 해석을 비롯한 현대적 해석방법이 고전적 해석방법 못지않게 법원의 해석방법론에 영향을 미치는 현실까지 감안하면, 현대적 해석방법에 친화적인 목적중심적 해석방법론이 판례를 주도하고 있다고 평가할 수 있다.

법원은 문언적 해석을 기본적인 출발점으로 삼는다고 하면서도 실제로는 입법 목적이나 취지를 내세워 상당한 법창조적 역할을 수행하고 있다. 특히 법원은 특정한 해석이 해당 사건에서 불공정한 결과에 이르게 되거나 대단히 불합리한 결과에 이른다고 판단될 경우에는 과감하게 법 문언의 가능한 의미를 벗어나는 반문언적 해석도 마다하지 않는다. 근래 소수의견이기는 하나, 일정한 전제조건 하에 문언에 반하는 법해석 내지 법형성이 예외적으로 허용될 수 있다고 하여 반문언적 해석을 정면으로 인정하려는 움직임도 발견된다.

> [대법관 김재형의 별개의견] 만일 해석의 결과 심히 불합리하거나 부당한 결론이 도출된다면 그러한 해석을 배제하는 방안을 강구해야 한다. 통상 이를 위하여 문언적 해석 외에 논리적·체계적 해석, 역사적 해석, 목적론적 해석 등 여러 해석방법이 동원된다. 이러한 시도에도 불구하고 불합리와 부당함이 교정되지 않는다면 법원은 법의 문언을 넘어서는 해석, 때로는 법의 문언에 반하는 정당한 해석을 해야 한다.165)

우리나라 법원의 해석방법론은 과거의 입법 현실과 그로 인한 법령의 여러 특성, 또 과거 식민법학으로부터 수입법학으로 이어지는 법학계의 현실, 그리고 오랫동안 일본의 주류적인 해석방법론166)에 의존해왔던 실무 관행에서 비롯된 것으로 보인다. 약간의 과장을 보태면, 우리나라의 입법 현실에서 비롯된 법령의 특성, 수입법학 중심의 고답적인 법학 그리고 수험법학 위주의 법학교육이 목적중심적 해석방법론을 선호하도록 조장해 왔으며, 이는 법원이 사법의 한계를 넘어 법창조적 기능을 수행하는 데에 일조하였고, 이는 다시 사법적극주의를 매개로 목적중심적 해석방법론을 정당화하는 악순환을 거듭해왔다.

물론 법의 해석에서 입법목적을 중시한다는 것만으로 비판받아야 될 이유는

---

165) 대법원 2020. 9. 3. 선고 2016두32992 전원합의체 판결.
166) 일본 학계와 실무의 법해석방법론에 대한 논의는 남기윤(2014), 678-765면 참조.

없다. 목적법학의 창시자인 예링을 소환할 필요도 없이, 법은 목적의 산물이다. 법해석에서 목적론적 또는 평가적 고려가 행해진다는 사실은 놀랄 일도 아니다. 해석방법이 충돌하는 경우 문언적 해석이나 논리-체계적 해석만으로 설득력 있게 해석결과의 정당성을 논증하기 어렵고 목적론적-평가적 고려가 필요하다. 특히 가치와 관련되거나 가치관의 차이에서 비롯되는 법적 쟁점은 가치관련적 판단, 즉 목적론적 논증이나 평가적인 논증에 의거하지 않고서는 정당한 판단이나 결정을 내릴 수 없다.

그러나 해석의 정당성을 논증하기 위해 가치를 원용하는 것은 목적론적 해석의 전유물(專有物)이 아니다. 문언적 해석, 논리-체계적 해석, 역사적 해석 역시 근원적인 가치에 바탕해 있다. 가령 문언적 해석이나 역사적 해석은 국민주권, 권력분립, 법의 지배에 터 잡은 입법부의 권위에 바탕해 있으며, 논리-체계적 해석은 법체계의 정합성원리에 바탕해 있다.167) 따라서 문언적 해석, 논리-체계적 해석, 역사적 해석을 무시하는 목적론적 해석은 그 자체가 추구하는 가치만으로 정당화된다고 보기 어렵다.

목적론적 해석의 적정성은 궁극적으로 입법목적이 얼마나 명확한지 또 해석자가 이를 얼마나 정확하게 파악하는지에 달려 있다. 만일 입법목적이 그리 명확하지 못하고 해석자의 주관에 따라 다르게 파악될 개연성이 높다면 입법목적은 결국 법관이 갖고 있는 선이해(선판단)가 투영된 것으로서 법관이 그러한 결론을 원한다는 사실을 드러낼 뿐 근거지음의 기능을 수행하지 못한다. 요컨대 법관 스스로 판단하는 입법목적은 주관적일 수밖에 없어서 해석의 객관성을 담보하기 어렵다. 문언적 해석을 경시하고 역사적 해석을 존중하지 않는 목적론적 해석 중심의 법해석 방법론은 결코 바람직하지 않다. 법해석과 법형성의 경계가 불분명해지고 또 입법과 사법이 기능적으로 재구성된다고 하더라도 사정이 달라지지 않는다.

오늘날 입법기술과 입법학이 나날이 발전하고 학계에서도 현실적응력을 갖춘 법이론을 수립하려는 노력이 널리 확산됨에 따라 과거 목적중심적 해석방법론을 뒷받침했던 주장과 논거들은 점차 설득력을 잃어가고 있다. 여전히 법치국가 이념이 완전히 정착된 것인지 의문스러운 상황에서 법 문언에 충실한 해석, 입법자의 의도를 존중하는 해석은 아무리 강조해도 지나치지 않다.

---

167) MacCormick/Summers(1991), 532-539면, 특히 538-539면.

제 6 장

법의 흠결과 그 보충

법은 인간의 작품이기에 하자가 없을 수 없다. 입법자도, 법도 완벽하지 않다. 입법의 홍수라고 비판받는 현대 사회에도 법의 흠결은 존재한다. 제아무리 잘 만들어진 법이라고 하더라도 발생가능한 모든 사건에 대하여 완벽한 해결책을 제공하지는 못한다. 그러한 법이 제정된다고 하더라도, 과학기술의 발전 등에 따른 사회의 변화로 후발적인 흠결은 불가피하다. 새로운 유형의 분쟁을 해결하기 위해 새로운 법규범이 필요하지만, 법령을 제·개정하는 데에는 상당한 시간이 소요된다. 그 시차로 인해 법의 흠결이 초래된다. 한마디로 모든 법체계는 결코 완전무결할 수 없다.

제정법이 중심이 되는 대륙법계에서는 법의 흠결이 일반적으로 받아들여지고 있다. 법에 흠결이 존재할 수 있다는 것은 원래 대륙법계의 법전사상(Kodexdenken)을 전제로 한다.[1] 물론 대륙법계에서도 법의 흠결을 부정하는 학자들이 없지 않았다. 그들은 자연법 또는 고차법이라는 초법률적 질서를 내세우거나 법체계의 완전성을 내세워 법의 흠결을 부정하려 하였다. 후자의 경우 법체계의 논리적 완결성을 전제로 흠결의 존재가능성을 부정했던 개념법학과 이를 계승한 법률실증주의가 대표적이다. 특히 베르그봄(K. Bergbohm)은 법률을 법과 동일시하면서 흠결은 법 자체가 아니라 법을 탐구하는 자에게 있을 뿐,[2] 법에는

---

1) Fikentscher IV(1977), 161면.
2) K. Bergbohm, *Jurisprudenz und Rechtsphilosophie*, Leipzig: Duncker&Humblot, 1892,

아무런 흠결이 없으므로 흠결 보충도 필요 없다고 보았다.[3]

켈젠도 한때 법체계의 완전성을 전제로 하는 이른바 소극원리에 기초하여 법의 흠결을 부정하였다. '법적으로 금지되지 않은 것은 허용된다'는 일반적 소극원리(allgemeiner negativer Satz)에 따르면 모든 법적 규율의 대상은 금지되거나 허용되므로 법논리적으로 법의 흠결은 존재할 수 없다.[4]

하지만 근대 후기 이후 목적법학과 이익법학, 자유법론을 거쳐 평가법학이 법학방법론의 주류를 차지하게 되면서 법체계의 완결성 신화는 점차 사라지게 되었고 이제 대륙법계에서는 법의 흠결이 더 이상 부정되지 않는 듯하다.

반면 판례법 중심의 영미법계에서는 오랫동안 법의 흠결이 부정되었다. 법관의 임무는 이미 존재하는 코먼로를 드러내는 것이라는 이른바 선언적 판결 이론(declaratory theory of judicial decision)이 지배했었기 때문이다. 즉 선례가 존재하지 않는 경우에도 법관은 이미 존재하는 법을 발견하는 것처럼 의제되었으므로 법의 흠결은 애당초 존재할 수 없었다. 19세기 이후 법관이 법을 적용할 뿐 아니라 창설하기도 한다는 인식이 자리 잡으면서 비로소 법의 흠결을 묵시적으로 함축하는 법관법(judge-made law)이라는 표현이 사용되기 시작하였다.[5] 그리고 현대에 와서 영미법계에서도 제정법이 법질서의 중심을 차지하게 되면서 제정법의 불완전성을 전제로 하는 법의 흠결(gaps in law)이 널리 인정되게 되었다.

이렇게 보면 이제 법계나 법체계를 구분할 것 없이 법의 흠결은 더 이상 부정되지 않는 것으로 보인다. 일단 법의 흠결이 인정되면, 그 다음에는 흠결 보충의 문제가 등장한다.[6] 만일 개별 사건에서 확정된 사실관계에 적용할 법규정이 존재하지 않으면 어떻게 판결을 내리는가?

법의 해석에 논란이 생기는 경우 입법자 조회의무를 규정했던 과거의 예외적인 입법례를 제외하면, 법관은 해당 사건에 적용할 법이 없다는 이유로 재판불능(non liquet)을 선언할 수 있을 것이다. 실제로 구체제하의 프랑스 법관은 법규범이 없다는 이유로 판결을 유보할 수 있었다. 하지만 프랑스 혁명 이후 법관은

382면: "… die Lücke in den nach dem Recht Forschenden, nicht im Recht steckt."
3) 같은 책, 352-353면 및 382-385면.
4) Kelsen(1960), 251-255면.
5) Cross/Harris(1991), 27-28면 및 30-32면.
6) 흔히 흠결 확정(Lückenfeststellung)과 흠결 보충(Lückenschließung)은 동시에 이루어지지만 개념적으로는 구별되어야 한다.

법의 흠결 시에도 정당한 결론을 내려야 할 책무를 부담하게 되었다. 즉 재판
거부 금지가 원칙이 되면서 흠결 보충이 의무화되었다.[7] 이는 "법률의 침묵·
모호·불충분을 구실로 재판을 거부하는 법관은 재판거부로 소추될 수 있다."
는 프랑스 민법전 제4조에 잘 드러나 있다. 법학자는 흠결 시 판단을 중지하거
나 결론을 유보할 수 있지만, 법관은 어떻게든 판단하고 결정내려야 한다: 결정
강제(Entscheidungszwang).

　　오늘날 우리나라를 비롯한 대부분의 국가에서는 법관에게 판결할 수 있는
권한과 함께 판결해야 하는 의무가 부과되어 있다. 법관의 흠결 보충은 권력분립
이라는 헌법원리에 의해 정당화되고 또 한계 지어진다.[8] 즉 법관은 법규정이 흠
결된 사건에서도 어떻게든 그 사건에 적용할 수 있는 법규범을 형성 내지 획득
하여 사건에 적용하여[9] 판결을 내려야 한다.

　　전통적 법학방법론에서는 흠결을 보충하기 위한 법형성이 법해석이나 법발
견과 별개의 활동인 것처럼 인식되었으나 현대 법학방법론에서는 법 문언을 벗
어나는 법해석 내지 법형성의 일환으로 인식되고 있다. 특히 흠결 보충으로서의
법형성이 법해석과 개념적으로, 또 방법론적으로 본질적인 차이가 있는지에 대
해서 상당수 학자들은 회의적이다. 그들에 따르면 법해석과 법형성, 또 법해석과
흠결 보충이 일응 구별될 수 있다고 하더라도 본질적으로 다르지 않다. 노후화된
법률, 불확정개념, 일반조항, 잘못된 법률 규정, 모순된 법률, 상위법에 위반된
하위법 등에서는 법해석과 법형성이 동시에 문제될 수 있다. 창조성의 관여 여부
만으로 법해석과 법형성의 확고한 질적 경계를 설정하는 것은 불가능하다.[10] 흠
결 보충을 위한 법형성은 법해석의 연장과 다름없다.[11] 한마디로 모든 법해석은
넓은 의미에서 법형성이라는 것이다.[12]

---

7) 재판거부 금지에 대한 상세한 논의는 E. Schumann, "Das Rechtsverweigerungsverbot",
　 ZZP 81 (1968), 79-102면; 윤재왕, "법관의 결정의무 — 재판거부금지의 역사적 전개과
　 정에 관하여", 『고려법학』 제92권(2019), 1-60면 참조.
8) Wank(2020), 353-354면 및 355면.
9) 독일 연방헌법재판소는 이를 '창조적 법발견(schöpferische Rechtsfindung)'으로 표현하나
　 법의 흠결 상황에서는 법을 발견할 수 없다는 점에서 부적절한 조어이다. 이에 대한 지적
　 은 Rüthers/Fischer/Birk(2022), 517-518면. 이를 비유적으로 '법발명을 통한 법발견
　 (Rechtsfindung durch Rechtserfindung)'으로 표현하는 견해로 Schmalz(1992), 137면.
10) Möllers(2023), 136-137면.
11) Esser(1970), 179면.
12) Alexy(1995), 91-92면. 코먼로 법계의 학자들이나 프랑스 학자들 역시 통상 법해석과 법

물론 대다수 학자들은 법해석과 법형성의 경계가 불분명하다는 것을 인정하면서도 여전히 법해석과 법형성을 구별하고 그 기준을 법 문언의 가능한 의미로 삼는다.[13] 특히 형사법에서는 원칙적으로 법 문언의 가능한 의미를 넘는 법형성이 허용되지 않는다고 한다.

사실 현실의 법적용 과정에서 법 문언을 기준으로 법해석과 법형성이 엄격하게 구분될 수 있는지는 의심스럽다. 특히 법 문언의 가능한 의미가 법해석과 법형성을 경계지을 수 있는 객관적인 기준으로 기능할 수 있는지 의문이다. 법해석과 법형성은 근거지음의 방법이나 수준에서 양적 차이만 인정될 뿐이다. 그럼에도 불구하고 법해석과 법형성은 개념적으로 구별될 수 있을 뿐 아니라 법 문언의 가능한 의미도 양자를 구분짓는 일응의 기준으로 유용하게 기능한다. 법학방법론이 법관의 법(률) 구속을 전제하는 이상, 법학방법론의 주임무는 법적용자가 언제 법을 적용하고, 언제 법을 형성하며 언제 법을 수정하는지를 인식하게 하는 것이다. 이를 위해 법해석, 법형성 그리고 법(률)수정을 가능한 한 구분할 필요가 있다.[14] 이를 감안하여 여기에서도 법의 흠결 보충으로서의 법형성을 법해석과 별도로 논의한다.

제1절 법 흠결의 의의

법의 흠결을 이해하기 위해서는 먼저 법의 흠결(Rechtslücke)과 법률의 흠결(Gesetzeslücke)을 구별할 필요가 있는지부터 숙고해야 한다. 법을 제정법으로 이해하면 '법의 흠결'은 곧 '법률의 흠결'을 의미하지만, 법을 제정법·관습법·조리까지 포함하는 전체 체계로 이해하면 법의 흠결은 전체 법질서에 있어서의 흠결 내지 불완전성을 의미한다. 이렇게 법의 흠결과 법률의 흠결을 구별한다면, 법률의 흠결만 존재할 뿐 법의 흠결은 존재하지 않는다는 주장도 가능하다. 실제로 일부 학자들은 법의 흠결이라는 개념을 부정하고 법에는 흠결이 없다고 주장한

형성을 구분하지 않는다. Vogenauer(2001), 1280면.

13) Larenz(1991), 322-323면 및 366-367면; Bydlinski(1991), 467-471면; Kramer(2019), 64-65면; Zippelius(2021), 51-52면 및 64-70면.

14) Rüthers/Fischer/Birk(2022), 521면.

다.[15] 하지만 후발적 흠결에서 보듯이 입법자가 미처 생각조차 못했던 새로운 유형의 법적 분쟁이 등장하는 경우 이를 해결할 수 있는 법이 존재할 리 없다. 즉 법률의 흠결뿐 아니라 법의 흠결도 존재한다.가사 법의 흠결을 예상하고 이를 해결할 수 있는 대안적 법규정을 법질서에 미리 마련해 둔다고 하여 흠결 자체가 존재하지 않는다고 볼 수는 없다.

사실 법의 흠결은 법(Recht)과 법률(Gesetz)의 구별이나 법체계의 완결성(완전성) 등 법철학적 난제들과 맞물려 있는 복잡한 문제이다. 일단 법철학적 난제를 우회하기 위하여 법의 흠결을, 그 존재가능성에 대하여 이견이 없는 법률의 흠결로 이해하는 전제하에서 논의를 진행한다.

1. 법 흠결의 의미

법의 흠결(gaps in law; Rechtslücke; lacunes du droit)은 일상적인 의미에서는 구체적인 사건에 적용할 법규정이 없다는 것, 다시 말해 전체 법체계에 만족스럽지 못한 불완전성이 존재한다는 것을 뜻한다. 하지만 이러한 이해로는 법의 흠결을 '법으로부터 자유로운 영역'[16]이나 법정책적 오류와 같은 유사개념과 구별하기 어렵다. 이에 법학자들은 오래전부터 법의 흠결을 입법자의 계획 또는 현행 전체 법질서에 반하는 반계획적 불완전성(planwidrige Unvollständigkeit)으로 개념정의해왔다.[17]

물론 이러한 개념정의가 의도된 흠결 개념 등을 포섭하기에 너무 협소하다는 점을 차치하더라도 그 개념징표들이 명확하지 않다. 즉 법의 흠결은 일정 사건에 대한 법적 규율이 기대되거나 계획됨에도 규율되지 않았다는 것을 의미하는데 '기대'와 같은 주관적 개념징표는 법적용자의 평가에 따라 달라질 수 있다. 또 일견 중립적인 개념징표처럼 보이는 '입법자의 계획'도 어떤 기준으로 어떻게

---

15) 예컨대 Engisch(1977), 138-141면; Larenz/Canaris(1995), 196-197면; Kramer(2019), 213면.

16) '법으로부터 자유로운 영역(rechtsfreier Raum)' 내지 '법적으로 공허한 영역'은 법적 규율이 부적절한 법의 한계상황으로서 입법자가 규율하지 않은 채 방임하는 영역이나 입법자가 규율하려 해도 할 수 없는 영역을 말한다. 이에 대한 상세한 논의는 Fikentscher IV(1977), 160-175면; 심헌섭(2001), 491-513면 참조.

17) Engisch(1977), 138-139면 및 141면; Canaris(1983a), 39-40면; Larenz(1991), 371면 및 375-377면; Bydlinski(1991), 472-473면; Rüthers/Fischer/Birk(2022), 521-522면; Zippelius (2021), 53-56면.

파악하는지에 따라, 가령 주관적 해석이론의 관점에서 입법자의 의도에 가깝게 이해하는지 아니면 객관적 해석이론의 관점에서 입법목적에 가깝게 이해하는지에 따라 흠결의 존재 여부에 대한 판단 결과가 달라질 수 있다.

예컨대 우리나라에서는 대리모에 관한 법률안이 여러 차례 제출되었으나 거듭 좌초되어 지금도 대리모를 규율하는 법이 존재하지 않는다. 과연 이와 같은 대리모에 관한 법적 규율의 부재를 '입법자의 계획에 모순되는 반계획적 불완전성'으로 볼 수 있는가? 과연 국민들이 대리모에 관한 법적 규율을 기대하는지, 또 국회가 대리모를 법적으로 규율하려고 계획했는지, 그리고 현상태가 반계획적인지에 대해서는 논란이 없을 수 없다. 그렇다면 대리모에 관한 법의 흠결이 존재하는지 여부도 논란이 될 수밖에 없다. 마찬가지로 헌법재판소의 헌법불합치 결정으로 낙태관련 규정이 일부 효력상실된 이후 아직까지 대체입법이 마련되지 못한 상황에서 낙태에 관한 법적 규율에 흠결이 존재하는지 여부도 논란이 없지 않다.

이러한 고전적 개념정의의 한계는 이른바 실화 판결에서 잘 확인된다.[18] 해석방법의 출발점으로서의 문언적 해석에 해석기술로서의 반대해석을 보태어 보면 형법 제2편 제13장 방화와 실화의 죄에서 '타인 소유에 속하는' 일반물건에 대한 실화는 규율되지 않는 것으로 보인다. 전형적인 편집오류일 개연성이 크지만[19] 법의 흠결로 보는 것도 가능하다. 물론 형법이 '자기 소유에 속하는' 일반물건에 대한 실화를 처벌하는 것과 비교할 때 이러한 흠결이 부당하다는 점은 두말할 필요가 없다. 한마디로 전형적인 평가모순에 해당한다. 그런데 형사사건의 경우 일단 법의 흠결로 판단되면 유추 등을 통한 흠결 보충이 불가능해진다. 대법원의 다수의견은 흠결을 인정하고 흠결 보충이 불가능하다고 결론내리지 않고 아예 흠결의 존재 자체를 부정하고 평가모순을 전제로 논리-체계적 해석을 통해 획득한 가상의 법규범을 적용하는 방식으로 사실상의(de facto) 흠결 보충을 감행하였다.

이러한 여러 문제점에도 불구하고 법학자들은 지금도 법의 흠결을 현행 전체 법질서를 기준으로 '반계획적 불완전성'으로 이해하는 고전적 개념정의를 고

---

18) 대법원 1994. 12. 20.자 94모32 전원합의체 결정.
19) 입법자의 법전 편찬상의 과오로 인하여 형벌법규에 결함이 발생한 사례로서 전체적, 종합적 해석방법을 통해 그 결함을 보완해야 할 필요성도 있고 다수의견의 결론도 타당하다는 견해로 신동운 외(2000), 19-21면.

수한다.[20] 마땅한 대안이 없는 상황에서 기존 개념정의를 따르더라도 종종 흠결로 혼동되는 유사개념들과 명확하게 구별할 필요가 있다.

먼저 법의 흠결은 법정책적 오류와 구별되어야 한다. 정의 등 법이념을 고려할 때 현행법과 다르게 규율할 필요가 있다는 점에서 법의 흠결과 법정책적 오류는 공통적이다. 하지만 법관은 법의 흠결이 아닌 법정책적 오류는 바로잡을 수 없다. 법정책적으로 희망하는 것은 해석론으로 마무리될 수 있는 흠결이 아니다.

또 법의 흠결은 기술적 흠결과도 구별되어야 한다. 기술적 흠결은 입법자가 법규정을 제정하면서 관할 기관, 절차 등에 대한 세부 규정을 누락한 경우이다.[21] 예컨대 법률에서 국가보상청구권이 인정되었음에도 불구하고 그에 관한 세부적인 절차를 규정하는 시행령이 미처 마련되지 못한 경우가 그러한 사례가 되겠다.

마지막으로 법의 흠결은 이른바 충돌흠결과 구별되어야 한다. 충돌흠결은 진정 규범충돌의 상황, 즉 동일한 법체계의 두 법규범이 충돌하는데 이를 해소할 수 없는 경우에 등장한다. 어느 법규범이 우선하는지가 확인되지 않으면 두 법규범 모두 효력이 상실되어 법의 흠결이 발생한다는 것이다. 그러나 법체계가 명시적으로 또는 묵시적으로 전제하는 효력상실의 요건이 충족되지 않았음에도 단지 충돌이 해소되지 않는다는 이유로 충돌하는 법규범이 모두 효력을 상실한다고 볼 수는 없다. 충돌흠결에 대해서는 법의 충돌에서 다시 상세히 논의할 것이다.

2. 법 흠결의 유형

법의 흠결은 앞서 살펴본 법률흠결/법흠결 이외에 진정/부진정 흠결, 규범흠결/규율흠결, 드러난(공개된)/숨은(은폐된) 흠결, 의도된/의도되지 않은 흠결, 원시적/후발적 흠결 등으로 다양하게 유형화될 수 있다.[22]

(1) 진정 흠결과 부진정 흠결

법의 흠결에 대한 기념비적인 저작을 남긴 치텔만(E. Zitelmann)이 법의 흠결을 진정(echt) 흠결과 부진정(unecht) 흠결로 나눈 이후로[23] 여러 법학자들이 이

---

20) Kramer(2019), 214-216면; Wank(2020), 359면; Möllers(2023), 267-268면.
21) Kelsen(1960), 254-255면; Kramer(2019), 220-221면.
22) 법 흠결의 다양한 유형에 대해서는 Canaris(1983a), 129-143면; Rüthers/Fischer/Birk (2022), 526-534면; 최봉경(2003), 34-41면 참조.

를 받아들였다. 진정 흠결은 일정한 사태에 대해 기대된 규율이 결여된 흠결인 반면, 부진정 흠결은 규율이 있기는 하나 잘못된 규율로서 제대로 된 규율이 없다는 의미에서의 흠결이다. 전자에서는 법률 자체의 규율의도나 입법목적이 판단 기준이 되지만, 후자에서는 법정책이나 법가치가 판단 기준이 된다. 이 점에서 부진정 흠결은 법정책적 흠결, 입법론적(de lege ferenda) 흠결, 평가적 흠결로도 불린다.[24] 부진정 흠결은 종종 특별한 사정에 따른 예외적인 규율이 입법론적으로 요구된다는 점에서 뒤에서 살펴볼 숨은 흠결과 교차한다.

진정 흠결은 일정한 사태에 대한 개별 규범이 결여되어 있다는 점에서 규범흠결(Normlücke)로, 부진정 흠결은 일정한 사태에 대한 규범은 존재하나 적절한 규율이 결여되어 있다는 점에서 규율흠결(Regelungslücke)로도 불린다.[25] 규범흠결은 추가적인 법규정 없이 적용할 수 없음에도 그러한 규정이 아예 결여되어 있는 불완전한 법규정에서 나타난다. 반면 규율흠결은 다른 규정을 통한 보충·수정 없이는 평등원칙 등에 반하는 규율 결과가 되는 경우에 나타난다.[26] 규범흠결과 달리 규율흠결은 해석자, 종종 특정 해석자만 현재의 법규범을 불만족스럽게 생각할 뿐이다. 흠결은 대부분 규율흠결이고 규범흠결은 드물게 존재한다.

(2) 드러난 흠결과 숨은 흠결

라렌츠를 비롯한 다수의 법학자들은 드러난(공개된, offen) 흠결과 숨은(은폐된, verdeckt) 흠결을 구분한다. 전자는 일정한 사안에 적용되는 법규정이 존재하지 않는 경우이고, 후자는 특정 사례의 특수성을 간과함으로써 일정한 사안에 적용되는 법규정을 제한하는 예외규정이 존재하지 않는 경우이다. 즉 드러난 흠결에서는 해당 사건을 규율하는 법규정이 없어 아예 적용할 수 없는 데 비해, 숨은 흠결에서는 법규정이 있기는 하나 이를 적용하면 불합리한 결과를 초래하게 된다.[27]

드러난 흠결과 달리, 숨은 흠결의 경우 일견 법규정이 존재한다는 점에서

---

23) E. Zitelmann, *Lücken im Recht*, Leipzig: Duncker&Humblot, 1903, 1-46면. 하지만 카나리스는 진정 흠결과 부진정 흠결의 구분이 부정확할 뿐 아니라 실제로도 근거가 빈약하다고 평가절하하였다. Canaris(1983a), 132-133면.
24) Engisch(1977), 142면.
25) Wank(2020), 361면.
26) Pawlowski(1999), 211-214면.
27) 김영환(2012), 257-258면.

법의 흠결이라고 말하는 것이 기이하다. 하지만 관련 법 문언의 의미가 지나치게 넓어서 마땅히 배제되어야 할 사안까지 적용되는 것을 제한하는 예외규범이 결여되어 있다는 점에서 숨은 흠결도 법의 흠결로 이해할 수 있다.[28]

드러난 흠결의 사례로는 사업양도, 기간의 정함이 있는 근로계약, 사실혼관계에 있는 배우자의 일상가사 대리권·재산분할청구권, 대상청구권, 퇴임한 기존 정식이사의 긴급처리권, 형법상 불능미수의 중지 등을 들 수 있고, 숨은 흠결은 근로자를 상대로 한 사용자의 구상권 제한, 발행지가 흠결된 국내어음의 효력 등을 들 수 있다.

드러난 흠결과 숨은 흠결은 흠결을 보충하는 방식에서 차이를 보인다. 드러난 흠결은 전형적인 흠결로서 일정한 사건에 적용되어야 할 법규정이 존재하지 않으므로 유추 등을 통해 흠결을 보충한다. 반면 숨은 흠결은 법규정이 원래 상정했던 전형적인 사건이 아닌 예외적인 사건에 적용되지 않도록 하기 위해 목적론적 축소 등을 시도한다는 점에서 법 문언에 반하는 해석 내지 형성을 필요로 한다. 자세한 내용은 흠결의 보충방법에서 다시 설명하기로 한다.

(3) 기타 유형

법의 흠결은 의도된 흠결과 의도되지 않은 흠결로도 나뉜다. 고전적 개념정의에 따르면 의도되지 않은 흠결이 본래 의미의 흠결에 해당되고 의도된 흠결은 이른바 입법자의 의미심장한 침묵(beredte Schweigen des Gesetzgebers)이라는 점에서 법의 흠결로 보기 어렵다. 의도된 흠결을 굳이 흠결로 보더라도 이는 흠결 보충 권한을 법적용기관에 일임한 것이다. 가령 입법자가 일정한 사안을 규율하면서 개별 사안에서의 해석을 사법(司法)이나 행정에 위임하는 것이다.[29]

일반조항·불확정규정·재량규정도 따지고 보면 의도된 흠결과 크게 다르지 않은 것처럼 보인다. 이들 법규정은 법적용 과정에서 법관에 의한 보충적 입법을 전제함으로써 입법자의 결정 권한을 법관에게 넘기는 것이다.[30] 하지만 입법자가 불확정적인 규범적 개념 또는 일반조항이나 재량조항을 통해 법관에게 결정

---

28) 숨은 흠결이 예외 규정의 부존재라는 점을 강조하여 예외흠결(Ausnahmelücke)이라고 부르는 견해로 Rüthers/Fischer/Birk(2022), 527-528면 및 574면; Kramer(2019), 223-225면.
29) 그에 따라 위임흠결(Delegationslücke)이라고도 불린다. Kramer(2019), 218-219면.
30) Wank(2020), 363면. 일반조항이나 불확정규정 그 자체로 흠결일 뿐 아니라 흠결 확정을 척도로 기능한다는 견해로 Rüthers/Fischer/Birk(2022), 523면.

여지를 부여하는 이른바 법 내재적(intra legem) 흠결은 어디까지나 법규정을 통해 법관에게 일정한 지침 내지 한계를 사전에 제시한 것이므로 법의 흠결로 볼 수는 없다.[31]

한편 법의 흠결은 원시적 흠결과 후발적 흠결로도 나뉠 수 있다. 원시적(일차적) 흠결이 법제정 당시 이미 존재하는 흠결인 데 비해, 후발적(이차적) 흠결은 규율 대상 또는 법적 평가의 변화, 다른 규정의 변경 등 사정변경에 따른 흠결이다. 가령 의료 및 생명공학의 발전이나 지식정보화 사회로의 변화 과정에서 등장한 새로운 사회현상이 법적 문제를 야기함에도 불구하고 이를 규율할 수 있는 법이 제정되지 않은 경우 또는 사회적 현상에 대하여 평가가 달라졌음에도 그에 관한 기존 법규범이 그대로 유지되는 경우가 후자에 해당한다. 판례에서 문제되었던 후발적 흠결 사례로는 이른바 성전환자의 호적정정 사건이나 신촌세브란스병원 김할머니 사건을 들 수 있다.

앞서 살펴본 의도된 흠결은 원시적으로도, 후발적으로도 발생할 수 있다. 입법자가 법령 제정 당시 충분한 토의에도 불구하고 합의에 이르지 못한 경우에 이를 법제화하지 않고 판례와 학설에 맡기면 원시적으로 의도된 흠결이 등장한다. 반면 후발적으로 의도된 흠결은 법령 제정 이후 특정 법규정의 해석을 두고 논란이 발생하고 입법자가 이를 인지하고서도 의도적으로 개정 대상에서 제외하는 이른바 입법자의 의미심장한 침묵의 상황에서 등장한다. 이 논증은 다음과 같은 순서로 진행된다. (i) 특정 법규정의 해석상 논란은 법령 개정 당시에도 이미 알려져 있었다. (ii) 하지만 입법자는 해석상의 논란을 불식시킬 수 있는 방향으로 법령을 개정하지 않았다. (iii) 따라서 입법자는 해당 법규정에 대한 기존 판례의 해석에 동의한 것이다. 입법자의 의미심장한 침묵은 입법준비자료를 통해 객관적으로 확인가능하지만, 입법자의 명시적인 의사가 확인되지 않으면 이를 후발적으로 의도된 흠결이라고 속단해서는 안 된다.[32]

의도된 흠결이 존재한다는 사실이 확정된다고 해서 그에 대한 심사 과정이 종결되는 것은 아니다. 입법자가 그에 대한 법적 규율을 법관에게 위임하는 것이 정당화되는지 여부가 심사되어야 한다. 만일 입법준비자료 등을 통해 그것이 정당하지 않다고 밝혀지면 법원은 법형성적으로 활동해서는 안 된다.

---

31) Engisch(1977), 141면.
32) Wank(2020), 362면.

의도되지 않은 흠결도 원시적 흠결과 후발적 흠결로 나뉠 수 있다. 원시적으로 의도되지 않은 흠결은 판별하기도 입증하기도 쉽지 않다. 입법자가 일정한 규율을 의도하였지만, 해석자는 이를 법의 흠결로 볼 수 있다. 법적 사실이나 환경이 변화함에 따라 기존 규율이 개선이 필요한 것으로 드러나는 경우에 후발적으로 의도되지 않은 흠결이 등장한다.

제2절 흠결의 확정

법의 흠결은 법 문언 자체만으로 확인 가능한 사례가 없지 않으나, 대개 입법자가 미처 예상하지 못했던 사건이 발생하여 법적 분쟁으로 비화되고 나서야 비로소 드러난다. 현실에서 법 흠결의 확정은 관련 법규정의 해석 및 흠결 보충 방법에 대한 검토와 함께 이루어진다. 종종 흠결 확정만으로도 어떻게 흠결이 보충되어야 하는지의 문제에 대한 해답이 도출된다. 즉 흠결 확정과 흠결 보충은 동일한 사고과정 속에서 동시에 이루어진다.[33] 법의 흠결은 일반적으로 사례 비교나 유형 비교 등을 통해 확인되는데 법의 흠결을 최종적으로 확정하는 작업은 그리 간단치 않다. 특히 흠결 확정 자체가 흠결 보충을 위한 법형성 내지 법창조의 길을 열게 되는 것이기 때문에 흠결의 확정은 법원의 중요한 방법론적인 행위이자 법정책적인 행위이다.[34]

흠결의 확정은 법률의 목적 또는 평등취급의 원칙을 잣대로 법률에 대한 비판적 평가로서 이루어지는 작업이다. 특히 법의 문언과 체계뿐 아니라 입법자의 의도, 입법목적 사이의 상관관계 속에서 결정된다.[35] 이렇듯 개별 사례에서 법의 흠결이 존재한다고 확정하기 어렵다는 점에서 법의 흠결은 고정된 개념이 아니

---

33) Canaris(1983a), 169면; Larenz(1991), 401-402면; Bydlinski(1991), 474면: Kramer(2019), 216면. 특히 카나리스는 흠결 확정과 흠결 보충이 완전히 분리된 두 사고과정이라는 기존의 통설을 비판하고 흠결의 유형에 따라 양자의 관계가 달라진다고 보았다. Canaris(1983a), 144-171면.

34) Rüthers/Fischer/Birk(2022), 538면.

35) 유추나 목적론적 축소를 통한 흠결 보충적 내지 보정적 해석에서 법의 흠결을 확정하는 것보다 그렇게 해석하지 않으면 모순이 된다는 점, 다시 말해 평등원칙에 반한다는 것을 보여주는 것이 더 중요하다고 보는 견해로 Pawlowski(1999), 214면.

라 유동적인 개념이다.

흔히 흠결 확정과 흠결 보충은 동시에 이루어지지만 논리적 순서에 따르면 흠결의 존재 여부를 확인하는 것이 흠결 보충의 선결 과제이다. 법의 흠결이 존재하지 않는다고 최종 판단되면 법관은 해석을 통해 법 문언을 기초로 해당 사건에 적용되는 법규범을 발견 내지 획득하면 된다. 하지만 법률의 흠결이 존재하면 이를 보충할 방법을 모색하여야 할 뿐 아니라 흠결 보충의 정당성도 검토해야 한다.36)

법의 흠결은 해당 사건에 대한 관련 법규정의 적용이 그 법규정의 가능한 의미를 벗어나는 경우에 등장한다.37) 이렇게 보면 법의 흠결은 법해석에 앞서 미리 확정되는 것이 아니라 법해석의 결과로 비로소 확정되는 것이다. 그러한 까닭에 문언적 해석, 특히 법 문언의 통상적 의미에 충실하게 해석하는 경우에는 비교적 흠결 확정이 용이하고 또 확대되는 반면, 목적론적 해석이나 체계적 해석을 좇아 가능한 의미까지 넓혀서 해석하는 경우에는 법의 흠결을 확정하기 어려울 뿐 아니라 대체로 법의 흠결을 축소하거나 사실상 부정하는 경향을 보인다. 또 흠결의 확정은 종종 입법자의 의사를 확인하는 것만으로도 가능하다는 점에서 입법자의 의사를 중시하는 역사적 해석의 관점과 밀접하게 관련된다.38) 이 점에서 흠결의 확정 문제도 해석의 목표에 대한 주관적 해석이론(주관설)과 객관적 해석이론(객관설)의 대립과 무관하지 않다. 주관설은 입법자의 의도에 충실하게 법 문언의 의미를 한정적으로 파악하기 때문에 흠결의 범위를 비교적 넓게 인정하는 편이다. 반면 객관설은 입법목적 등을 고려하여 법해석을 넘어 법형성까지도 허용하기 때문에 흠결의 범위를 비교적 좁게 인정하는 편이다.

그에 따라 이른바 성전환자 호적정정 결정에서 확인할 수 있듯이 하나의 법규정에 대하여 주관설에 입각한 역사적 해석방법은 법의 흠결을 인정하고 유추를 통한 흠결 보충을 주장하는 반면, 객관설에 입각한 목적론적 해석방법은 흠결을 부정하고 해석을 통해 결론을 얻으려 한다.

사실 유추가 허용되는 사법(私法)의 경우 주관설의 관점에서 법 문언의 가능한 범위를 벗어난다고 보아 유추를 통한 흠결 보충의 방식을 따르든 아니면 객

---

36) 김영환(2012), 327면.
37) Canaris(1983a), 25면.
38) 김영환(2018), 394면.

관설의 관점에서 법 문언의 가능한 범위 내에 있다고 보아 해석 방식을 따르든 간에, 두 입장이 동일한 결론에 이르게 될 개연성이 높다. 더욱이 법발견과 법형성의 경계가 모호하다는 점을 상기하면 법의 유추 적용인지 단순 적용인지가 문제될 뿐이고 그 해석결과가 달라지지 않을 것이다.

그러나 죄형법정주의·조세법률주의가 지배하는 형법이나 세법에서는 유추가 금지되기 때문에 주관설을 따르는지 아니면 객관설을 따르는지에 따라 금지되는 유추가 될 수도, 허용되는 확장해석이 될 수도 있다. 그로 인해 형법이나 세법에서는 법의 흠결이 분명해 보이는 사례에서 법의 흠결을 부정하고 억지로 관련 법규정을 적용함으로써 원하는 결론을 이끌어내기도 한다. 어쩌면 흠결을 인정하는 순간, 흠결 보충의 정당성에 대한 추가적인 논의가 필요하게 되고 죄형법정주의나 조세법률주의로 인해 흠결 보충이 금지되는 원치 않는 결론에 이를 수 있다. 그로 인해 법관은 처음부터 흠결이 존재하지 않는다고 전제하고 목적론적 해석을 통해 자신이 원하는 결론을 얻는 해결 방법을 선택한다는 의심을 피하기 어렵다. 이러한 의심을 받는 최근의 사례로는 앞서 살펴본 이른바 세월호 판결을 들 수 있다.

요컨대 원론적으로 법원이 법의 흠결을 인정하면 할수록 법관의 법형성 내지 법창조를 향한 입구도 더 넓게 열리기 마련이지만,[39] 역설적으로 우리나라와 같이 법원이 법의 흠결을 인정하지 않으면 않을수록 법관의 법창조 영역이 실질적으로 더 확대되는 기이한 현상이 벌어질 수 있다.

제3절 흠결의 보충

법의 흠결이 확정되면 법형성(Rechtsfortbildung)을 통한 흠결 보충이 문제된다. 기존의 논의에서는 흠결 보충의 필요성이 인정되면 곧바로 유추나 목적론적 해석, 법일반원리의 적용 등 흠결 보충의 방법 내지 수단이 다루어졌다. 하지만 흠결 보충의 방법을 논의하기 전에 흠결 보충이 허용되는지부터 검토되어야 한

---

39) Rüthers/Fischer/Birk(2022), 525면 및 538-542면; Wank(2020), 359면.

다.[40] 아울러 흠결 보충의 순서도 선행적으로 검토되어야 한다.

법형성은 흔히 법률내재적 법형성과 법률초월적 법형성으로 나뉜다. 일부 학자는 이른바 반문언적 법형성(contra legem Rechtsfortbildung)을 이야기하지만[41] 법의 흠결을 전제로 하는 법형성에서 법 문언의 존재를 전제로 하는 반문언적 법형성은 그 자체로 모순적이다.[42]

흠결 보충은 원칙적으로 법률내재적 법형성이어야 한다. 법률내재적 법형성은 판례뿐 아니라 학설로도 폭넓게 수용되고 있다. 흠결의 보충은 합리적인 논거 제시와 전제탐색을 위한 발견술로서의 토픽적 사고에 의해 작성된 관점 목록에서 출발해야 한다. 예를 들면 법적 안정성의 확보, 평화 조성, 사회적 복지, 생존 배려, 인도성, 거래상의 요청과 신뢰보호, 형평, 정의, 평등, 사물의 본성, 나아가 법윤리적 원리 등이 그것이다.[43] 물론 법의 흠결과 같은 예외적인 상황에서도 법률·개념·논리는 유용하며, 흠결이 문제되는 지점까지 인도한다. 흠결의 보충은 법규정의 부존재를 전제한다는 점에서 문언적 해석이나 역사적 해석보다 논리-체계적 해석이나 목적론적 해석방법에 친화적일 수밖에 없다.

1. 흠결 보충의 정당화

법의 흠결을 보충하기에 앞서 흠결 보충이 허용되는지부터 검토해야 하는데, 이를 위해서는 법 영역의 특성이나 명문 규정의 존재 여부 등을 살펴보아야 한다. 원칙적으로 법의 흠결이 확정되면 법관에 의한 흠결 보충은 허용된다. 이는 재판거부 금지 내지 법관의 결정강제에 근거하여 정당화될 수 있다. 그러나 헌법이나 법률이 법관의 법형성을 허용하지 않는 경우에는 그렇지 않다.[44]

나아가 권력분립 원리, 법치국가 원리, 민주주의 원리에서 비롯되는 다양한 논거 사이의 비교형량에 의해서도 법형성을 통한 흠결 보충이 제한될 수 있다.[45] 일단 입법자의 근본결정과 주변적인 문제를 구분할 필요가 있다. 만일 법형성이 입법자의 근본결정을 침해한다면 법의 흠결이 평등원리에 반하더라도 법형성은

---

40) Larenz(1991), 427면; Wank(2020), 365면.
41) 예컨대 Larenz/Canaris(1995), 252면.
42) Wank(2020), 359면.
43) 심헌섭(2001), 224면.
44) Koch/Rüßmann(1982), 254-257면.
45) Wank(2020), 356-357면 및 366면; Möllers(2023), 491면.

허용되지 않는다. 반면 입법자의 근본결정이 침해되지 않는다면 법관의 법형성은 허용될 뿐 아니라 요청된다.[46] 사실 법관의 법형성이 허용된다는 것이 법관이 법형성을 선택적으로 행사할 수 있는 재량을 갖는다는 것을 뜻하지 않는다. 법관도 법 앞의 평등이라는 헌법적 요청 아래에 있는 이상 법적 상황의 등가성이라는 요건이 충족되면 법관은 원칙적으로 유추적용하여야 할 의무를 부담한다: 유추 명령(Analogiegebot). 다만 형벌명확성 원칙이 지배하는 형사법 영역에서는 법치국가 원리가 평등원리에 우선하므로 유추 명령이 제한될 뿐이다.[47] 즉 형사법에서는 행위의 가벌성이 인정되더라도 처벌규정이 흠결된 경우에는 죄형법정주의에 의해 유추를 통한 흠결 보충이 금지된다.[48] 과거 "범죄에 대한 처벌조항이 없으면 형법의 기본개념과 국민의 건전한 양식에 따라 처벌한다."라고 규정했던 1935년 나치형법 제2조와 같이 형법에서 흠결 보충을 정면으로 인정하는 입법례는 더 이상 존재하지 않는다. 조세법률주의를 강조하는 세법에서 흠결 보충으로 납세자에게 불리하게 과세범위를 확대하게 되는 경우에도 마찬가지이다.

형법이나 조세법 이외의 법 영역에서도 유추에 의한 법형성은 법관의 법률구속 원칙에 반하여 법치국가적 관점에서 정당성이 문제될 수 있으므로 법의 흠결을 보충하는 유추가 허용되더라도 별도의 정당화 과정이 필요하다. 이러한 심사과정을 거쳐 해당 사건에서 흠결 보충이 허용된다는 결론에 이르게 되면, 그 다음 단계는 어떤 방법으로, 어떤 순서로 흠결을 보충할 것인지를 결정하는 것이다.

흠결 보충의 방법이나 순서도 방법론적으로 적합해야 하고 법적으로 허용되는 것이어야 한다. 우리나라 민법 제1조는 흠결 보충의 순서에 대하여 다음과 같이 규정한다. "민사에 관하여 법률에 규정이 없으면 관습법에 의하고 관습법이 없으면 조리에 의한다." 하지만 민법이나 민사특별법이 흠결된 사안에서 실무가는 물론 학자들도 관습법에 대해서는 제대로 검토하지 않는 듯하다. 물론 오늘날 관습법의 위상이나 관습법 확인의 어려움 등을 고려할 때 이러한 태도는 수긍이 된다.

---

46) Wank(2020), 377면.
47) Kramer(2019), 231면.
48) 다만 법규정에 숨은 흠결이 존재하는 경우 피고인에게 유리하게 가벌성의 범위를 축소하는 흠결 보충은 허용된다. 이를 피고인에게 불리한 법형성의 금지 원칙으로 부르는 견해로 김영환(2012), 259면.

하지만 법의 흠결이 일응 인정되는 사안에서 종종 조리를 탐색하려는 시도조차 이루어지지 않는 것은 납득하기 어렵다. 관행적으로 실무가들은 법의 흠결이 문제되는 사건에서 유사한 법규정의 유추 적용을 통해 문제를 해결하거나 아예 유사한 법규정을 확대해석함으로써 흠결 자체가 존재하지 않는다고 본다. 그러나 이는 민법 제1조의 명문 규정에 반한다. 이 조항을 훈시규정으로 해석하더라도, 법관이 민사 사건에 있어서 관습법의 존재여부 및 적용여부, 조리의 존재여부 및 적용여부에 대하여 판단하지 않고 바로 유추 등을 통해 결론을 내리는 것은 부적법하다. 흠결 보충에 있어서 보충 순서는 지켜져야 한다. 요컨대 적어도 민사에 관해서는 법률과 관습법이 없는 경우에는 조리에 대한 검토가 선행되어야 하고 조리를 발견하기 어렵거나 그 적용이 불합리한 결과에 이르게 되는 등의 특별한 사정이 있는 경우 유추 등의 다른 흠결 보충 방법이 고려될 수 있다.

물론 민사에 관한 것이 아닌 경우에는 민법 제1조가 적용되지 않고 유추(적용)되지도 않으므로 이 순서를 지킬 필요는 없을 것이다. 이 경우에는 흠결 보충의 순서에 구애받지 않고 유추나 목적론적 축소를 통하거나 조리로서의 법의 일반원칙을 적용하여 법의 흠결을 보충할 수 있다.

2. 흠결 보충의 방법

(1) 고전적 논의

법의 흠결은 일차적으로 유추나 목적론적 축소를 통해 보충된다고 이야기된다. 유추 등을 흠결 보충의 수단으로 법제화한 입법례도 있으나,[49] 우리나라에서는 명문 규정이 따로 없다. 만일 유추적용하기에 적합한 법규정이 없으면 사안에 적합한 법의 일반원리를 원용하여 흠결을 보충하고 법의 일반원리도 없으면 법관에 의한 법형성의 방식으로 흠결이 보충된다.[50]

---

49) 예컨대 이탈리아 민법전(Codice Civile) 법 일반에 대한 규정 제12조 제2문: 분쟁이 정확한 규정으로 결정될 수 없으면 유사한 사안 또는 유사한 사항을 규율하는 규정이 고려된다. 사건이 여전히 의심스러운 경우 국가 법질서의 일반 원칙에 따라 결정된다(Se una controversia non può essere decisa con una precisa disposizione, si ha riguardo alle disposizioni che regolano casi simili o materie analoghe; se il caso rimane ancora dubbio, si decide secondo i principi generali dell'ordinamento giuridico dello Stato).

50) 실무의 흠결 보충 방법으로 유추, 반대추론, 목적론적 축소, 사물의 본성 또는 법형상의 본질, 법관의 자유로운 법제정을 드는 견해로 Rüthers/Fischer/Birk(2022), 545면.

1) 유추 및 목적론적 축소

법의 흠결이 드러난 흠결인 경우 그 보충은 유추의 방식으로 이루어진다. 전통적인 견해에 따르면 유추는 법 문언의 가능한 의미를 넘는 것이다. 유추는 해당 사안과 유사한 사안에 대하여 규율하는 법규정을 적용하는 것이다. 다시 말해 법적 관점에서 충분히 유사한 것으로 인식되는 두 법적 조건에 동일한 법적 효과를 부여하는 것이다. 유추적용되는 법규정의 관점에서 보면, 해석을 통해 통상적으로 적용 가능한 범위를 넘어 유사한 사안에 확대 적용되는 것이다. 그에 따라 유추를 통한 흠결 보충에서는 유추적용되는 법규정에 대한 해석이 수반될 수밖에 없다. 반면 유추적용되는 사안의 관점에서 보면, 법령에 의해 규율되지 않지만 규율이 필요한 사안이 원래 유사한 사안에 적용되는 다른 법규정에 포섭되는 것이다.

유추는 흠결이 존재하고 평등원칙에 의해 흠결 보충이 명령될 때 허용된다. 동일하지 않은 두 사례군을 유추를 통해 법적으로 동일시하는 것은 두 사례군이 그와 결합된 법적 효과의 측면에서 본질적으로 일치하기 때문에 '같은 것은 같게'라는 평등원칙에 의해 정당화된다. 즉 유사성 판단으로서의 유추는 엄밀히 말하면 논리적 시도가 아니라 메타논리적, 가치론적 시도 또는 목적론적 시도이다.[51] 유추가 평등원칙에 의해 정당화될 수 있다고 하더라도 항상 허용되는 것은 아니다. 유추는 법령에 의해 금지될 수 있기 때문이다. 유추가 금지된 곳에서는 목적론적 축소 등 유사한 방식의 흠결 보충도 원칙적으로 금지된다.

이처럼 유추는 기본적으로 해당 사건과 유사한 사건에 적용되는 다른 법규정을 개별적으로 유추하는 개별유추 내지 법률유추(Gesetzesanalogie)의 방식으로 이루어진다. 개별유추는 이미 학설휘찬 — D.9.1.4(Paulus); D.1.3.12(Iulianus) — 에서 논의될 정도로 오랜 역사를 지니고 있으며 법계를 가릴 것이 보편적으로 사용된다.

유추는 다수의 법규정으로부터 법의 일반원칙을 추출한 다음에 이를 해당 사건에 적용하는 전체유추 내지 법유추(Rechtsanalogie)의 방식으로도 가능하다.[52] 전체유추는 일단 귀납추론의 방식으로 다수의 법규정으로부터 일반화를

---

51) Engisch(1977), 287면 후주166c.
52) 법원칙으로부터 임의의 모든 것이 추론될 수 있다는 이유로 법원칙으로부터 유추적용할 법규범을 직접 이끌어내는 방식의 전체유추에 대해 비판적인 견해로 Bydlinski(1991), 484~485면; Wank(2020), 374면.

통해 법원칙을 이끌어낸 다음에 연역의 방식으로 기존 법령에서 포착하지 못하는 사건에 그 법원칙을 적용한다. 전체유추를 통해 획득하게 되는 법규범은 유사한 사건에 대해 구체적 타당성이 있어야 할 뿐 아니라 해당 법령에 부합하여야 하고, 법질서의 내적 체계와 모순되지 않아야 한다. 전체유추의 타당성이 의심스러울 경우 전체유추 대신에 개별유추에 만족해야 한다.[53] 다만 개별유추와 전체유추 사이에 구조적 차이가 있다고 보는 견해가 있으나,[54] 양자의 차이는 기본사상을 도출할 때 귀납추론이 얼마나 비중을 차지하는지에 달려 있을 뿐, 정도의 차이에 불과한 것으로 보인다.[55]

한편 라렌츠와 카나리스에 의하여 정교하게 개념화된 목적론적 축소(teleologische Reduktion)는 법규정의 입법목적에 부합하지 않는 예외적인 사안에 그 법규정의 적용을 배제하는 것이다.[56] 이 점에서 목적론적 축소는 법 문언에 반하지만 입법목적에 따른(contra verba sed secundum rationem legis) 법발견 내지 법형성이다.[57]

목적론적 축소의 경우 문언적으로는 사안에 부합하지만 규율목적에는 반하는 법규정이 문제된다. 입법자의 의사가 법 문언의 의미와 상반된다면 이는 목적론적 축소를 통한 수정이 필요한 것이 아닌지를 숙고하는 계기가 될 수 있다. 해석자는 목적론적 축소를 통해 법 문언을 제한하고 축소함으로써 입법목적에 부합하는 해석 결과를 도출한다. 한마디로 목적론적 축소는 예외를 근거짓는 것이다. 목적론적 축소는 숨겨진 예외규정을 전제하기 때문에 숨은 흠결의 보충 방법으로 이해된다.[58] 유추에서는 해당 사건이 법의 문언이 아니라 입법목적에 의하여 포착되는 데 비해, 목적론적 축소에서는 법의 문언에 포착되나 입법목적에는 포착되지 않는다. 목적론적 축소는 법규정의 문언을 더 제한적으로 해석하는 것,

---

53) Larenz(1991), 386면.
54) Larenz/Canaris(1995), 205면. 같은 맥락에서 전체유추에서는 비교점으로서의 일반 법원칙을 이용한 '특수에서 일반 그리고 일반에서 특수로'의 유사성 비교가 이루어지는 것과 달리 개별유추에서는 '특수에서 특수로'의 유사성 비교가 이루어진다는 견해로 Möllers(2023), 258면 및 268-269면.
55) Engisch(1977), 151면; Kramer(2019), 234면.
56) Larenz/Canaris(1995), 210-216면.
57) Kramer(2019), 251-252면.
58) Larenz(1991), 391면. 하지만 언제나 숨겨진 예외규정을 상정할 수는 없기 때문에 원칙적으로 유추와 목적론적 축소의 원칙적인 구별은 유지되어야 한다는 견해로 Schmalz(1992), 149면.

다시 말해 법적 조건을 추가 내지 강화함으로써 그 적용영역을 축소하는 것이다.

이러한 목적론적 축소는 정의의 명령으로 '다른 것은 다르게'라는 차등원리에 의해 정당화된다. 목적론적 축소는 법규정을 그 문언에 포함되는 일정한 사례군에 적용하는 것이 오히려 평등원리를 침해할 때 허용된다. 물론 목적론적 축소를 시도하는 사람이 논증책임을 부담한다. 구체적인 논증은 다음과 같은 네 단계의 심사과정을 거치게 된다. (i) 해당 사건은 일단 법규정의 적용범위에 포섭되지만, 그 법규정의 목적에는 부합하지 않는다. (ii) 통상 사건과 해당 사건이 서로 비교될 수 없다는 전제가 성립된다. 이러한 비대등성으로 인하여 반대해석이 요구된다. 이를 위해 적용될 규범의 목적이 탐색된다. 사건에 따라 그 전제가 분명해진다. (iii) 해당 사건이 규범목적에 의하여 포착되지 않는 이유가 논증적으로 근거지워져야 한다. 이때 결과고려적 해석, 특히 불합리한 결과 논증 등이 해석방법 내지 해석기술로서 원용될 수 있다. (iv) 결론적으로 해당 사건은 법규정으로의 포섭이 배제된다. 즉 법규범의 적용영역이 목적론적으로 축소된다.[59]

사실 법규정의 적용에 따른 불공평한 결과를 개별 사안별로 권리남용금지 원칙 등을 통해 시정하는 것과 일반화 가능한 목적론적 축소를 활용하는 것 사이의 경계는 유동적이다. 따라서 실무에서 권리남용금지 원칙을 지렛대로 삼아 사안별 시정을 귀납적으로 목적론적 축소로 점차 발전시키는 현상도 납득될 수 있다.[60]

독일과 우리나라에서 공통적으로 인용되는 목적론적 축소의 대표 사례로는 본인에게만 유리한 경우에도 본인과 대리인 사이의 쌍방대리가 무효인지의 문제이다.[61] 민법 제124조는 대리인은 본인의 허락이 없으면 동일한 법률행위에 관하여 당사자 쌍방을 대리하지 못한다고 규정한다. 하지만 통설과 판례는 법정대리인인 친권자가 부동산을 미성년 자녀에게 증여하는 것처럼 본인에게 이익만 주는 경우에는 쌍방대리도 유효하다고 봄으로써 쌍방대리 금지의 적용영역을 축소한다.[62]

---

59) Möllers(2023), 261면.

60) Kramer(2019), 261-262면.

61) Larenz(1991), 392-393면; 최봉경, "효력유지적 축소에 관한 소고", 『민사재판의 제문제』 제21권(2012), 183-210면.

62) 대법원 1981. 10. 13. 선고 81다649 판결;『주석민법 총칙(3)』(권순민), 제5판, 한국사법행정학회, 2019, 150-151면.

유추가 문언의 가능한 의미를 벗어난다는 점에서 확장해석과 구별되듯이, 목적론적 축소도 문언의 가능한 의미를 벗어난다는 점에서 축소해석과 구별된다.[63] 유추가 해석을 넘어서는 법률 확장이라면, 목적론적 축소는 해석에 못 미치는 법률 제한(auslegungsunterschreitende Gesetzeseinschränkung)이다.[64] 물론 문언의 가능한 의미 자체가 유동적인 까닭에 유추와 확장해석의 경계와 마찬가지로 목적론적 축소와 축소해석의 경계도 유동적이다. 그로 인해 목적론적 축소는 종종 축소해석이라는 이름으로 배후에 은폐된다.

법 문언의 관점에서 보면, 확장해석은 법 문언의 가능한 의미의 범위 내에서 이루어지는 법에 따른(secundum legem) 해석인 반면, 유추는 법 문언의 가능한 의미를 넘어서되 그 목적을 고려하는 법을 넘어선(praeter legem) 해석 내지 법형성이고, 목적론적 축소는 그 목적을 고려하는 법에 반하는(contra legem) 해석 내지 법형성이다. 그에 따라 사례 비교나 유형화의 방법 등을 동원하여 목적론적 축소의 정당성을 엄격하게 심사하여야 한다. 다만 지나치게 넓게 표현된 법률 텍스트가 편집오류에서 비롯된 경우에는 목적론적 축소를 정당화하는 강력한 논거가 존재한다.

목적론적 축소는 반문언적 해석의 외관으로 등장하므로 유추보다 논란이 더 클 수밖에 없다. 그에 따라 반문언적 해석으로서의 수정해석이 허용되는 사법(私法)에서도 법 문언에 따른 해석결과가 정의관념에 현저히 반하는 경우에만 제한적으로 목적론적 축소가 정당화될 수 있다. 나아가 목적론적 축소가 규범의 사실상 전부 폐지를 야기해서는 안 된다.[65]

형법에서는 피고인에게 불리한 법형성으로서의 유추가 금지되듯이 목적론적 축소도 피고인에게 불리한 경우 금지된다. 예컨대 자수판결에서 보듯이 목적론적 축소에 의하여 가벌성의 범위가 확장되는 것은 죄형법정주의에 위반되므로 정당화되기 어렵다. 사실 구 공직선거법 관련규정의 입법목적에 초점을 맞추면 형벌 감면 사유로서의 자수는 일반적인 자수와 달리 '범행발각 전'으로 축소하여 해석하는 것이 적절해 보인다. 이는 법 문언의 가능한 의미 내에 있는 것으로 판

---

63) 김영환(2012), 257면. 코흐와 뤼스만의 세 영역 이론에 따르면 축소해석이 법 문언에 포섭되는지 여부가 불확실한 중립적 후보자를 배제하는 데 비하여 목적론적 축소는 법 문언에 확실하게 포섭되는 적극적 후보자를 배제하는 것이다. Kramer(2019), 252면 각주708.

64) Schmalz(1992), 146면.

65) Kramer(2019), 254면 및 260면.

단될 수 있다는 점에서 목적론적 축소해석으로 정당화될 여지는 남아 있다.

이상의 논의를 정리하면, 법의 흠결을 보충하는 유추와 목적론적 축소 모두 입법목적을 고려하여 법 문언을 교정하는 것이다. 또한 유추와 목적론적 축소 둘 다 '같은 것은 같게, 다른 것은 다르게'라는 정의원리에 바탕해 있다.[66] 단지 유추가 '본질적으로 같은 것은 같게'라는 평등원리가 작동하는 반면, 목적론적 축소는 '본질적으로 다른 것은 다르게'라는 차등원리가 작동할 뿐이다. 유추와 목적론적 축소는 그 논증구조가 서로 대칭적이다. 유추는 유사성을 기준으로 법규정의 적용범위를 확대하는 것인 반면, 목적론적 축소는 차별성을 기준으로 예외 사례군을 해당 법규정의 적용대상에서 배제시킴으로써 법규정의 적용범위를 축소한다.[67] 이 점에서 목적론적 축소는 전도(顚倒)된 유추이다.

2) 법원리의 적용

법의 흠결에 있어서 유추나 목적론적 축소를 통해 사안 해결에 적합한 결과가 도출되지 않는 경우 법의 일반원리(general principle of law) 내지 법원리(legal principle)로 회귀하여 흠결을 보충할 수 있다.[68] 민법 제1조에서 규정하는 조리(條理)가 바로 그것이다. 이는 입법례에 따라 '자연적 법원칙'(ABGB 제9조) 또는 '입법자로서 제정하였을 규칙'(ZGB 제1조)으로도 표현된다. 오늘날 법의 일반원리는 법형성 단계에서 흠결을 보충하는 수단에 그치지 않고 종종 헌법 원리로서 법해석 단계부터 해석기준으로 등장한다.

법의 일반원리는 보편타당한 법의 일반원리와 문명국가의 법질서에서 널리 받아들여지는 법의 일반원리로 나눌 수 있다. 전자로는 정의원리 및 그 파생원리로서의 평등원칙, 비례원칙 및 과잉금지 원칙, 책임원리 등을 들 수 있고, 후자로는 법의 일반원리로는 신의성실의 원칙(신의칙), 사정변경, 모순행위 금지(금반언), 권리남용 금지, 이익형량 원리 등을 들 수 있다. 그런데 보편타당한 법의 일반원리는 대개 헌법에 근거하고 있다. 예컨대 평등원칙은 대한민국 헌법 제11조 법 앞의 평등 및 차별금지에, 비례원칙과 과잉금지 원칙은 법치국가 이념에 기초하고 있다. 이 원칙들은 이미 흠결 확정 단계에서 헌법합치적 해석의 방식으로

---

66) 이에 유추와 목적론적 해석을 구분할 필요가 없다는 견해로 Bydlinski(1991), 475면.

67) 김영환(2012), 307면; 김학태(2017), 256면.

68) 다만 라렌츠는 신의칙이나 신뢰원리 등 법의 일반원리가 대부분 윤리적인 성격을 갖는다고 보아 법윤리적 원리(rechtsethische Prinzip)라고 표현하고 있다. Larenz(1991), 421-426면.

개입할 것이므로 흠결 보충의 단계에서 흠결 보충 방법으로 작동하는 경우는 흔치 않을 것이다.

법의 일반원리는 흔히 법언(法諺)의 형태로 등장하는데 대부분 로마법에서 유래하지만, 영미법에서 유래한 것도 없지 않다. 예컨대 이른바 수여 불가 규칙(nemo dat rule), 즉 "누구도 자신이 갖지 않은 것을 주지는 못한다(Nemo dat quod non habet)."라는 법언이 전자의 예라면, 영미의 "누구도 자신의 잘못을 통하여 이익을 얻을 수 없다(No man may profit from his own wrong)."라는 법언은 후자의 예이다. 전자는 이른바 상지대 판결에서 사립학교법상 임시이사의 권한에 대한 법규정이 없는 상황에서 사실상의 흠결을 보충하는 논거로 사용되었고,[69] 후자는 드워킨이 잘 설명한 바와 같이 상속결격에 대한 법규정이 없는 미국 뉴욕주의 최고법원(Court of Appeal) 판결[70]에서 할아버지를 살해한 손자의 상속권을 박탈하는 논거로 사용된 바 있다.

하지만 법의 일반원리는 흠결을 보충하는 데 있어서 신중하게 사용되어야 한다. 법의 일반원리로부터의 논거는 그에 따른 판결이 허용된다는 것을 보여줄 뿐 그러한 판결이 의무화되어 있다는 것을 뒷받침하지는 않는다.[71] 이를 위해서는 해당 법원리가 전체 법질서의 다른 법원리와 모순되지 않거나 우선한다는 증거가 추가되어야 한다. 이른바 마법의 공식(Zauberformel — E. Fechner)으로서의 사물의 본성 역시 그에 대한 근거지음이 결여된 경우 공허한 공식에 불과하므로 거부되어야 한다.[72]

3) 법관의 법형성

현실에서 유추 및 목적론적 축소, 그리고 법원리 등을 활용해도 보충되지 않는 법의 흠결은 거의 없을 것이다. 그럼에도 불구하고 이러한 흠결 보충 방법을 통해서 해결되지 않는 흠결이 있다면 어떻게 보충할 것인가? 법관이 사건을 해결할 수 있는 새로운 법규정을 형성함으로써 이를 보충할 수밖에 없다. 물론 하급심 법원도 법의 흠결을 보충하기 위한 법형성은 시도될 수 있지만 최종 권

---

69) 대법원 2007. 5. 17. 선고 2006다19054 전원합의체 판결.
70) Riggs v. Palmer, 115 N.Y. 506, 22 N.E. 188(1889). 드워킨과 달리 파운드는 이 판결을 이른바 부진정 해석(spurious interpretation), 즉 해석의 형식을 취한 사법입법의 대표적인 사례로 보았다. R. Pound, "Spurious Interpretation", *Columbia Law Review* 7 (1907), 379-386면, 특히 382면.
71) MacCormick(1978), 188-189면.
72) Raisch(1995), 178면.

한은 최고법원이 갖는다.[73]

스위스 민법 제1조 제2항은 법관에게 그가 입법자로서 제정하였을 규칙에 따라 판결하도록 규정하고 있다. 즉 사건을 해결할 수 있는 새로운 법규범을 입법하라는 것이다. 법관이 이러한 방식으로 법을 형성하는 데에는 규율목적이나 입법취지뿐 아니라 토픽법학에서 말하는 다양한 논점 내지 관점이 도움될 것이다. 다만 법관이 '입법자로서(modo legislatoris) 제정하였을 규칙'은 아마도 유사한 법규정의 유추나 법의 일반원칙 등을 통해 획득될 것이어서 실제로는 다른 흠결보충 방법을 적용한 결과와 큰 차이가 없을 것으로 보인다. 이 점에서 스위스 민법 식의 해결방안은 법관의 법형성을 정당화하는 법적 근거를 제공한다는 정도의 의미를 가질 뿐이다.

국내외의 판례에 비추어 보면 법관의 법형성은 대체로 네 가지 정도의 사례군으로 나뉠 수 있다.[74] 첫 번째는 양도담보와 같이 법적 거래의 필요를 고려한 법형성, 두 번째는 법인격 없는 사단과 같이 사물의 본성 내지 사물논리적 구조를 고려한 법형성, 세 번째는 대상청구권이나 인격권 침해에 대한 손해배상청구와 같이 법윤리적 원리를 고려한 법형성, 네 번째는 시민불복종과 같이 사회정의를 고려한 법형성이다. 특히 네 번째 사례군은 법과 법률의 구별, 법이념에 반하는 법의 효력 등 법철학적 난제에 대한 심도 있는 논의를 필요로 한다.

법관의 법형성은 정교하고도 충분한 근거지음을 필요로 한다. 법관의 법형성을 통해 성립된 법규범이 확립된 판례로 자리잡게 되면 간이한 근거지음으로도 충분할 것이다. 드물게 법관의 법형성이 오랫동안 관행적으로 이루어져 관습법으로 격상되면 근거지음이 아예 필요 없게 될 수도 있다.

법관에 의한 법형성이 기존의 흠결 보충 방법과 다른 성격을 갖는다고 하더라도 그를 통해 형성된 법규범은 보편타당하여야 한다.[75] 법관의 법형성을 통한 사건 해결은 일반화 내지 보편화될 수 있어야 하며 규칙화될 수 있어야 한다. 개별 사건에 대한 법감정적 고려에 의해 처리되어서는 안 된다. 다시 말해 개별 사건에 타당한 법규범이라고 하더라도 동종 사건에 똑같이 적용될 수 있는 법규범

---

73) Pawlowski(1999), 207-208면.
74) Schmalz(1992), 153-155면.
75) Hager(2009), 197-198면 및 312면.

이어야만 정당화될 수 있다. 이는 법 앞의 평등원칙에 따른 당연한 요청이다. 그리고 법관은 법형성에 있어서 입법자처럼 자신의 결정에 관하여 의식적으로, 자율적으로 그리고 공개적으로 그 근거를 제시하여야 한다.[76]

(2) 현대적 논의

1) 해석방법의 원용

앞서 살펴보았듯이, 오늘날 흠결 보충으로서의 법형성이 개념적으로나 방법론적으로나 법해석과 본질적인 차이가 있는지에 대하여 많은 의문이 제기되고 있다. 사실 법학방법론의 관점에서 법해석과 법형성의 개념적 구분이 가능하다고 하더라도 구체적인 방법에 있어서는 실질적으로 차이가 없다. 가령 전래적인 흠결 보충의 방법인 유추나 목적론적 축소는 논리-체계적 해석의 일환으로 이해될 수 있다. 유추와 목적론적 축소는 법규정을 전제로 그 적용영역의 확장 내지 축소를 시도한다는 점에서 해석기술로서의 확장해석이나 축소해석과 흡사한 논증구조를 가진다.[77]

나아가 이익형량적 해석이나 비교법적 해석, 실질적 이유에 근거한 해석 등 현대적 해석방법도 흠결 보충을 위한 법형성에 널리 활용되고 있다. 특히 비교법적 해석은 국제거래법 분야에서 법해석뿐 아니라 법형성의 수단으로도 활용된다. 오늘날 입법과정에서 거의 필수적으로 외국의 유사 법제에 대한 비교법적 검토가 이루어진다는 점을 감안하면 법해석뿐 아니라 법형성에 있어서도 비교법적 해석방법의 활용은 지극히 당연해 보인다.

이러한 관점에서 보면, 법해석과 마찬가지로 법의 흠결을 보충하는 법형성에 있어서도 고전적 해석방법이나 현대적 해석방법을 활용하는 것은 오늘날 더 이상 논란이 되지 않을 것으로 보인다.

2) 법률초월적 법관법: 법관의 법창조?

법관에 의한 법형성은 원래 법의 흠결 상황에서 불가피하게 예외적으로 허용되는 것이었으나, '법률초월적 법관법'이라는 이름으로 법관의 법창조를 인정하려는 시도도 없지 않았다. 사법(司法)의 법창조적 기능을 정면으로 허용하는 대신, 법관의 주관적 평가가 개입될 가능성을 차단하고 반문언적 해석을 엄격하

---

76) Kramer(2019), 281면.
77) 장영민(1999), 9-12면.

게 심사하는 등 그에 대한 통제에 초점을 맞추자는 것이다. 이러한 시도는 멀리는 자유법운동이 주창했던 '법관에 의한 자유로운 법발견'과 연결되며 가깝게는 20세기 중반 한동안 유행되었던 법관국가(Richterstaat)라는 모토와 맞닿아 있다. 이렇게 보면 법관의 법형성은 순수한 법이론적 문제처럼 보이나 실제로는 법정책적 문제이다. 법관에 의한 법형성은 법학방법론적으로 통제되는 법적용이 아니라 법정책적인 법창조일 뿐이다.[78]

물론 법관이 법의 흠결 상황에서 최종적으로 내리는 판결이 자의적인 판단이나 법외적인 힘과 영향의 결과물은 아닐 것이다.[79] 아마도 대다수 법관은 문제지향적인 관점들(Topoi)을 검토하고 관련 이익에 대한 평가 및 결과 고려를 거쳐 사안중심적인 변증론적·수사학적 논증을 통해 가장 적절한 결론을 도출하려 할 것이다. 그리고 진실과 정의를 추구하는 법관은 방법론적 고려 이후에도 아직 남아 있는 자신의 의심을 정의에 가장 근접한 해결책을 결정함으로써 극복할 것이다.[80] 여기에서는 자기심사와 숙고를 거친 비판적인 법의식이나 법감정이 중요하게 작동한다.

그럼에도 불구하고 법관이 기존 법규정에 대한 충분한 참조 없이 새로운 법규정을 제정하는 법관의 법창조는 헌법적 한계를 벗어난다.[81] 특히 법관이 목적론적 해석에서 출발하여 법률의 명백한 법 문언에서 이탈하여 그에 반대되는 의미를 부여하거나 법규정의 규범 내용을 새롭게 채워넣는 방식으로 수정하는 것은 헌법적으로 금지된다. 즉 법관의 반문언적 법형성 내지 법률수정은 원칙적으로 허용되지 않는다.[82]

법관은 입법자에 비해 민주적 정당성이 취약하다. 법관은 법제정 특권을 갖는 입법자를 존중하여야 한다. 더구나 법관이 법제정 과정에서 요구되는 관련 이익에 대한 종합적 검토나 결과 고려, 또 입법 영향을 평가하는 역량에 있어서 입법자보다 뒤떨어진다는 것은 부인하기 어렵다. 따라서 사법부는 법정책적으로 근본적이고도 전략적인 개척 판결을 지양하고 기존 가치관련성 내에서 전술적으

---

78) Rüthers/Fischer/Birk(2022), 560-561면.
79) 크라머는 법률초월적 법관법의 내용적인 지향점으로 선례, 학설, 법의 일반원리, 비교법 외에 법 외재적 논거를 들고 있다. Kramer(2019), 284-309면.
80) K. Larenz, "Richterliche Rechtsfortbildung als methodisches Problem", *NJW 1965*, 1-10면, 특히 9면.
81) BVerfG-Beschluss vom 26. 09. 2011, 2 BvR 2216/06, *NJW 2012*, 669(671).
82) Rüthers/Fischer/Birk(2022), 580-589면; Möllers(2023), 437-439면.

로 법을 조정하고 형성하는 데에 자신의 역할을 한정해야 한다. 법원은 현재 사회적으로 논란이 되고 있는 질문에 답해야 한다는 강박관념에 사로잡혀서는 안된다.[83]

법관의 법률초월적 법형성은 대체입법자(Ersatzgesetzgeber)로서의 입법적 활동이다. 스위스 민법 제1조처럼 입법자가 법관에게 권한을 명시적으로 위임한 경우에는 법률초월적 법형성도 제한적으로 정당화될 수 있을 것이다. 하지만 우리나라 민법 제1조와 같이 조리에 의해 판단하도록 규정하는 것은 법관에게 법률내재적 흠결 보충권을 부여한 것일 뿐 법률초월적 법형성권까지 부여한 것으로 보기 어렵다. 법의 흠결을 보충하는 최종적인 수단은 입법자의 입법 조치, 즉법규정의 제·개정일 수밖에 없다.

제4절 법의 흠결: 법원의 실무

우리나라 법원은 전통적으로 '입법(상)의 불비'라는 이름으로 법의 흠결을 다루고 있는데, 흠결 보충을 위한 법형성을 법해석과 개념적으로 구분하고 있을 뿐, 흠결의 확정, 흠결 보충의 방법과 정당화 등 법의 흠결과 관련된 주요 쟁점에 대한 법리를 체계적으로 정립하지 못한 것으로 보인다. 이는 법의 후발적 흠결이 문제되었던 이른바 성전환자 호적정정 결정, 관습법의 소멸로 인한 후발적 흠결이 문제되었던 이른바 여성 종중원 판결과 이른바 유체 인도 판결에서 잘드러난다.

이른바 성전환자의 호적정정 사건은 구 호적법에 성전환자의 성별 변경 절차를 따로 두지 않았던 데에서 비롯된 후발적 흠결 사안으로서, 구 호적법 제120조의 호적정정 규정을 적용 내지 유추적용할 수 있는지가 주된 쟁점으로 다루어졌다. 당시 호적법 제120조는 "호적의 기재가 법률상 허용될 수 없는 것 또는 그기재에 착오나 유루가 있다고 인정한 때에는 이해관계인은 그 호적이 있는 지(地)를 관할하는 가정법원의 허가를 얻어 호적의 정정을 신청할 수 있다."라고 규

---

83) Kramer(2019), 337-338면.

정하고 있었다.

다수의견은 호적법을 포함한 당시 법체계에 남성과 여성의 구분, 즉 성의 결정기준은 물론, 성전환자의 성별을 변경하기 위한 별도의 절차가 없다는 점을 인정하면서도 흠결 보충이 아닌 법해석의 관점에서 목적론적 확장해석을 통해 이 문제를 해결하려 하였다. 나아가 다수의견에 대한 보충의견은 헌법합치적 해석이나 비교법적 해석, 결과고려적 해석, 실질적 이유에 근거한 해석 등 다양한 현대적 해석방법을 동원하여 다수의견을 뒷받침하려 하였다. 그러나 이 사안은 법의 후발적 흠결이 분명한 사안이니만큼, 정면으로 헌법합치적 법형성의 관점에서 유추 또는 목적론적 확장이 정당화된다는 점을 논증하는 것이 더 바람직했을 것이다.

반면 반대의견은 법의 흠결을 인정하는 데에서 출발하여 문언적 해석 내지 역사적 해석을 통해 구 호적법 제120조의 확장해석이나 유추해석이 부당하다는 것을 논증하는 데에 초점을 맞추었다. 그런데 유추해석 ― 정확하게는 유추 ― 이 민사법의 영역에서도 법 문언의 가능한 의미 내에 한정되는 것으로 오해함으로써 흠결 보충 방법으로서의 유추에 대한 이해 부족을 드러내었다. 특히 반대의견은 유추해석이 허용되지 않는 근거로 신분관계의 특수성을 내세웠는데, 오히려 헌법합치적 법형성의 한계로서 배우자나 자녀 등 제3자의 중대한 기본권 침해를 내세워 유추의 부당성을 논증하였더라면 더 설득력이 있었을 것이다.

> [다수의견] 현행 호적법에는 출생시 호적에 기재된 성별란의 기재를 위와 같이 전환된 성에 따라 수정하기 위한 절차 규정이 따로 마련되어 있지 않다. … 호적법은 1960. 1. 1. 법률 제535호로 제정된 후 실체법규나 관장기관의 변동에 수반한 절차규정의 개정 외에는 근본적인 변화 없이 현재에 이르렀으며, 특히 성별의 기재와 호적정정 사유에 관한 기본적 내용은 전혀 변경되지 아니하였음에 비하여 그동안 성의 결정 기준이나 성전환증에 관한 의학적 연구 성과의 집적으로 성염색체를 출발점으로 하는 성의 이분법과 불가변성의 기본 전제가 수정의 필요성을 맞게 되었다는 점에 비추어 볼 때, 호적법이 성전환자의 호적상 성별란 기재를 수정하는 절차규정을 두지 않은 이유는 입법자가 이를 허용하지 않기 때문이 아니라 입법 당시에는 미처 그 가능성과 필요성을 상정하지 못하였기 때문이라고 할 것이다.
> 일반적으로 호적법 제120조에 의한 호적정정 절차는 경정 절차와는 달리 호적 기

재 당시부터 존재하는 잘못을 시정하기 위한 절차로 이해되고 있다. 그렇지만 위 호적정정사유 중 호적의 기재가 법률상 허용될 수 없는 경우를 해석함에 있어서 호적 기재 후의 법령의 변경 등 사정의 변경에 의하여 법률상 허용될 수 없음이 명백하게 된 경우를 반드시 배제하여야 할 필요가 있다고 보기 어려울 뿐 아니라, 호적법 제120조에 의한 호적정정 절차를 둔 근본적인 취지가 호적의 기재가 부적법하거나 진실에 반하는 것이 명백한 경우에 그 기재 내용을 판결에 의하지 아니하고 간이한 절차에 의하여 사실에 부합하도록 수정할 수 있도록 함에 있다는 점을 함께 참작하여 보면, 구체적인 사안을 심리한 결과 성전환자에 해당함이 명백하다고 증명되는 경우에는 호적법 제120조의 절차에 따라 그 전환된 성과 호적의 성별란 기재를 일치시킴으로써 호적기재가 진정한 신분관계를 반영할 수 있도록 하는 것이 호적법 제120조의 입법 취지에 합치되는 합리적인 해석이라 할 것이다.

[대법관 손지열, 박재윤의 반대의견] 성전환자의 경우는 선천적으로 불완전한 성적 특징을 가진 자에 대하여 착오나 출생신고 당시 오인으로 인하여 호적에 잘못된 성별로 기재한 경우와 달리, … 처음부터 잘못 기재된 호적을 출생시에 소급하여 정정하기 위한 호적법 제120조가 그대로 적용될 수 없는 사안인 것이다. … 호적법 제120조에 규정된 '착오', '호적의 정정'이라는 문구 등은 그 객관적 의미와 내용이 명확하여 해석상 의문의 여지가 없고, 호적법을 제정할 당시의 입법 취지도 그 내용이 처음 호적에 기재된 시점부터 존재하는 착오나 유류를 정정하고자 하는 것으로서 만일 호적기재가 기재 당시의 진정한 신분관계에 부합되게 적법하게 이루어졌다면 정정의 대상이 될 수 없는 것이었음이 명백하(다.) …

다수의견은 결국 성전환자의 경우에 호적법 제120조를 유추해석하여 호적에 기재된 사항의 '변경'을 허용하자는 취지로 이해할 수밖에 없다. 그런데 이러한 다수의견의 견해는 호적법 제120조에 대한 문언적 해석이나 입법 취지 등과는 관계없이, 객관적으로 명백한 호적법 제120조의 규정내용에 일부 내용을 추가·제거 또는 변경하는 것과 동일한 효과를 가져 오는 것으로서 정당한 유추해석의 한계를 벗어나는 것이(다.) …

성전환자에 대한 성 변경의 문제는 우리 헌법이나 관련 법률의 제정 당시에 전혀 예상하거나 고려하지 아니한 새로운 문제로서 우리 법체계가 이에 대하여 아무런 제도적 장치를 마련하지 않은 것은 어쩌면 당연하다고 할 수 있다. 따라서 호적법 제120조의 호적정정제도가 이러한 문제 또는 이와 유사한 문제에 대처하기 위하여 마련된 것이 아님은 분명하다. … 이는 애당초 명백한 호적기재의 오류를 정정하기 위하여 마련된 제도인 호적정정절차에 대한 새로운 해석 내지 유추해석을 통하여 해결할 수 있는 단순한 문제가 아닌 것이다. …

어느 사람이 남자인가 여자인가를 결정하거나 남자·여자의 성을 실질적으로 변경하는 문제는 단순히 개인적인 문제가 아니라 가족·친족관계 등에 직접적 영향을 미치는 것이고, 나아가 사회적·국가적으로 상당한 영향을 미칠 수 있는 본질적 문제이다. …

다수의견은 호적법 제123조도 아닌 호적법 제120조의 매우 간이한 절차를 통하여 성전환자에 대하여 실질적으로 남녀 간의 성 변경을 허용한다는 것으로서, 성의 변경이 가지는 국가적·사회적인 중요성과 가족·친족관계에 미치는 직접적 영향 등을 고려할 때 이와 같은 간이한 절차에 의하여 남녀 간의 성 변경을 허용한다는 견해에는 도저히 찬동할 수 없다.

따라서 호적상 성별란의 단순한 기재 착오를 시정하기 위한 호적정정제도를 성전환자에 대한 실질적인 성변경의 경우에 확대 적용하는 방법은 법문의 가능한 의미에서 현저히 벗어나고 그 입법 취지에도 반하는 유추해석으로서 허용될 수 없음이 명백하다. …

성전환자의 성 변경 문제와 같은 중요하고 민감한 문제를 근본적이고 합리적인 대처방법인 입법이 아니라 미봉책에 불과한 호적법 제120조의 적용 내지 유추적용 방식을 활용하는 경우, 자칫하면 추가적인 입법조치의 필요성에 대한 사회적 관심을 약화시킴으로써 오히려 유사한 처지에 있는 당사자들의 문제를 근본적으로 해결할 수 없도록 하는 부작용을 야기할 수도 있다. 따라서 현 단계에서 법원으로서는 이 사건과 같은 사안에서 당사자의 성을 적절한 기준에 따라서 변경할 수 있는 법적·제도적인 보완이 절실하다는 점을 충분히 지적하면서, 현행 호적법 제120조의 호적정정의 방법으로는 이 문제를 해결할 수 없다는 점을 선언하고, 국민의 대의기관인 국회가 사회적 여론을 수렴하여 구체적인 요건과 절차, 효과 등을 담은 입법조치를 하기를 강력히 촉구함으로써 당사자들에게 근본적이고 효과적인 구제가 가능한 여건을 조성하는 데에 일조하는 것이 더욱 중요하다.

[다수의견에 대한 보충의견] 호적법 제120조의 '정정'의 의미와 범위에 관하여 반대의견과 같이 해석할 여지도 없지 아니하나, 앞서 본 합헌적 법률해석이라는 법리에 비추어 볼 때 성전환자에게 출생 당시 확인되어 신고된 성이 출생 후 그 개인의 성적 귀속감의 발현에 따른 일련의 과정을 거쳐 최종적으로 사회통념상 확인된 성과 부합하지 않는다고 인정할 수 있다면 그와 같이 확인된 성에 맞추어 성별을 바꾸는 것은 호적법 제120조가 말하는 '정정'의 개념에 포함된다고 풀이하는 것이 옳다고 본다.

이러한 해석방법이 호적 기재가 진정한 신분관계를 반영할 수 있도록 하기 위하

여 마련된 호적정정제도의 취지와 어긋난다고 볼 아무런 이유가 없을 뿐더러 앞
서 다수의견에서 자세히 지적한 것처럼 호적법 제120조의 입법목적에 비추어 보
더라도 입법자가 이러한 해석을 처음부터 금지하였던 것은 아니라고 보이고, 나아
가 호적법 제120조가 규정하는 '정정'이라는 문언의 의미에 성전환자의 성별 전환
을 포함시키지 않는 해석을 한다면 성전환자에게 헌법상 보장되는 기본권의 침해
상태가 초래되는 위헌의 소지를 남기게 된다.[84]

이른바 여성 종중원 판결은 종중구성원을 성년 남자로 한정하던 종전 관습
법이 소멸한 데에 따른 법의 후발적 흠결 사안으로서, 조리를 통한 흠결 보충이
핵심적인 쟁점으로 다루어졌다.

[다수의견] 민법 제1조는 민사에 관하여 법률에 규정이 없으면 관습법에 의하고
관습법이 없으면 조리에 의한다고 규정하고 있는바, 성문법이 아닌 관습법에 의하
여 규율되어 왔던 종중에 있어서 그 구성원에 관한 종래 관습은 더 이상 법적 효
력을 가질 수 없게 되었으므로, 종중 구성원의 자격은 민법 제1조가 정한 바에 따
라 조리에 의하여 보충될 수밖에 없다.
종중이란 공동선조의 분묘수호와 제사 및 종원 상호간의 친목 등을 목적으로 하
여 구성되는 자연발생적인 종족집단이므로, 종중의 이러한 목적과 본질에 비추어
볼 때 공동선조와 성과 본을 같이 하는 후손은 성별의 구별 없이 성년이 되면 당
연히 그 구성원이 된다고 보는 것이 조리에 합당하다고 할 것이다.
[별개의견] 일반적으로 어떤 사적 자치단체의 구성원의 자격을 인정함에 있어서
구성원으로 포괄되는 자의 신념이나 의사에 관계없이 인위적·강제적으로 누구
든지 구성원으로 편입되어야 한다는 조리는 존재할 수 없으며 존재하여서도 안
된다.
주지하는 바와 같이 결사의 자유는 자연인과 법인 등에 대한 개인적 자유권이며,
동시에 결사의 성립과 존속에 대한 결사제도의 보장을 뜻하는 것이다. 그리고 그
구체적 내용으로서는 조직강제나 강제적·자동적 가입의 금지, 즉 가입과 탈퇴의
자유가 보장되는 것을 말하며, 특히 종중에서와 같이 개인의 양심의 자유·종교의
자유가 보장되어야 할 사법적(사법적) 결사에 있어서는 더욱 그러한 것이다.[85]

---

84) 대법원 2006. 6. 22.자 2004스42 전원합의체 결정.
85) 대법원 2005. 7. 21. 선고 2002다1178 전원합의체 판결.

한편 이른바 유체 인도 사건은 민법이 유체의 귀속 주체와 제사주재자를 결정하는 방법이나 절차를 명확하게 규정하지 않은 데에서 비롯된 법의 흠결 사안으로서 종전 관습법의 소멸을 전제로 하는 흠결 보충이 핵심 쟁점이었다. 다수의 견과 두 개의 반대의견은 장자·장손이 제사주재자가 된다고 하는 종전 관습법이 소멸함으로써 민법 및 관습법의 흠결이 존재한다는 점을 전제로 조리를 통해 제사주재자를 결정하여야 하는데 일단 상속인 사이의 협의가 우선한다고 보았다. 다만 상속인 사이에 협의가 되지 않을 경우, 다수의견이 종전 관습법과 유사하게 장남 내지 장손자, 장녀 등의 순서로 결정하여야 한다고 본 반면, 대법관 박시환, 전수안의 반대의견은 다수결의 방식에 따라, 또 대법관 김지형, 김영란의 반대의 견은 제반 여건을 고려하여 제사를 주재하기에 가장 적합한 자를 법원이 결정하여야 한다고 보았다. 한편 대법관 안대희, 양창수의 반대의견은 유체의 귀속 등에 있어서는 망인의 의사가 최우선적으로 존중되어야 한다고 보면서도 제사주재자를 결정하는 문제는 민법 제1008조의3에 대한 해석론으로 해결함으로써 충분하다고 하여 법의 흠결 자체를 부정하였다.[86]

[다수의견] 민법 제1조는 민사에 관하여 법률에 규정이 없으면 관습법에 의하고 관습법이 없으면 조리에 의하도록 정하고 있는바, 누가 제사주재자가 되는지에 관하여는 법률에 아무런 규정이 없고, 제사주재자에 관한 종래의 관습 내지 판례법이 그 효력을 유지할 수 없게 된 현재의 상황에서는, 민법의 일반원리와 아울러 제사용 재산의 성격, 제사용 재산의 승계에 관한 민법 제1008조의3의 입법 목적, 제사가 가지는 역사적·사회적 의미 등을 종합적으로 고려하여 조리에 의해 제사주재자의 결정방법을 정해야 할 것이다. …
제반 사정을 종합해 보면, 망인의 공동상속인들 사이에 협의가 이루어지지 않는 경우에는 적서를 불문하고 장남 내지 장손자가, 공동상속인들 중 아들이 없는 경우에는 장녀가 제사주재자가 된다고 보는 것이 다른 상속인을 제사주재자로 하는 것보다는 사회통념상 상대적으로 정당성이 있고, 예측가능성도 어느 정도 확보된다고 볼 수 있어 가장 조리에 부합한다고 할 것이다.
[대법관 박시환, 대법관 전수안의 반대의견] 제사는 집안 내부의 행사이고 제사용

---

86) 제사주재자의 결정 문제가 해석을 통해 해결 가능한지 아니면 조리에 의한 흠결 보충이 필요한지는 방법론적으로 선택 가능하다고 보는 견해로 임미원, "대법원의 유체인도 판결의 법철학적 고찰", 『법조』 통권 제683호(2013), 264-303면, 특히 292면.

재산을 누가 승계하느냐 하는 것 역시 집안 내부의 문제이므로, 제사주재자를 누구로 할 것인지 제사용 재산을 누가 승계할 것인지 하는 문제 역시 집안 내부 사람들의 의사에 따라 자율적으로 결정하도록 맡겨두는 것이 바람직하다. 민법 1008조의3이 제사용 재산의 승계자를 '제사를 주재하는 자'라고만 규정하고 누가 제사주재자가 되어야 할지에 관하여는 아무런 규정을 두지 않은 취지도 그에 있다고 생각된다. 대등한 입장에 있는 사람들 사이에서 의사결정을 하는 방법 중에서는 다수의 의사에 따르는 것이 그 중 합리적이고 민주적이라는 민주사회의 기본원칙에 비추어 보아도, 장남에게 우선권을 인정하던 종래의 관습이 정당성을 잃어가고 있는 현재에 와서는 동등한 입장에 있는 상속인들 사이에서 다수결의 방식에 따라 제사주재자를 정하는 것이 가장 조리에 합당할 것이다.

재산을 누가 승계하느냐 하는 것 역시 집안 내부의 문제이므로, 제사주재자를 누구로 할 것인지 제사용 재산을 누가 승계할 것인지 하는 문제 역시 집안 내부 사람들의 의사에 따라 자율적으로 결정하도록 맡겨두는 것이 바람직하다. 민법 1008조의3이 제사용 재산의 승계자를 '제사를 주재하는 자'라고만 규정하고 누가 제사주재자가 되어야 할지에 관하여는 아무런 규정을 두지 않은 취지도 그에 있다고 생각된다. 대등한 입장에 있는 사람들 사이에서 의사결정을 하는 방법 중에서는 다수의 의사에 따르는 것이 그 중 합리적이고 민주적이라는 민주사회의 기본원칙에 비추어 보아도, 장남에게 우선권을 인정하던 종래의 관습이 정당성을 잃어가고 있는 현재에 와서는 동등한 입장에 있는 상속인들 사이에서 다수결의 방식에 따라 제사주재자를 정하는 것이 가장 조리에 합당할 것이다.

[대법관 안대희, 양창수의 반대의견] 누가 제사주재자가 되는지를 조리에 의해 정해야 한다는 다수의견의 입장에 대하여 방법론적인 관점에서 이의를 제기하고자 한다. … 법원으로서는 분묘 등의 승계가 문제된 경우에 민법 제1008조의3에서의 '제사'란 무엇인지, '주재'란 무엇인지 또는 '주재하는 자'란 무엇인지 등을 해석하여 그 의미를 구체적인 사건에 적용할 수 있도록 명확하게 하면 족한 것이다. … 민법 제1008조의3은 그 부분체계성으로 말미암아 이제 유체의 귀속자를 정하는 일반적 기준이 될 수 없다(구체적으로 그 규정의 적용요건이 무엇이며, 그 법률효과는 무엇인지, 또 그 적용이 유체의 귀속에 어떠한 영향을 미치는지를 여기서 논의할 필요는 없을 것이다). 그러므로 우리는 민법 제1008조의3의 판단틀 바깥에서 유체의 처리·귀속에 관한 일반법리를 모색할 필요가 있다.

[대법관 김영란, 김지형의 반대의견] 1990. 1. 13. 신설된 민법 제1008조의3의 '제사를 주재하는 자'라고 함은 '공동상속인들 중 제사용 재산을 승계받아 제사를 주재하기에 가장 적합한 자'라고 규정한 것과 다를 바 없고, 공동상속인들 가운데 누가 이러한 자에 해당하는가는 결국 위와 같은 다양한 요소를 종합적으로 고려하여 판단하는 것이 오늘날 우리 사회의 조리에 가장 들어맞는 것이라고 할 수 있을 것이다. …

민법 제1008조의3에 정한 제사주재자라 함은 조리에 비추어 제사용 재산을 승계받아 제사를 주재하기에 가장 적합한 공동상속인을 의미한다 할 것이고, 공동상속인 중 누가 제사주재자로 가장 적합한 것인가를 판단함에 있어서 공동상속인들 사이에 협의가 이루어지지 아니할 경우의 보충적 판정기준으로는 다수의견이 제시하는 종법사상에 입각한 장남 등 우선의 원칙은 물론 대법관 박시환 등의 반대의견이 제시하는 다수결의 원리 역시 찬성하지 아니하고, 그 대안으로서 제사주재자의 지위에 관한 분쟁이 발생한 경우 민법 제1008조의3의 문언적 해석과 그 입법 취지에 충실하면서도 인격의 존엄과 남녀의 평등을 기본으로 하고 가정평화와 친족상조의 미풍양속을 유지·향상한다고 하는 가사에 관한 소송의 이념과 앞서 본 다양한 관련 요소를 종합적으로 고려하여 개별 사건에서 당사자들의 주장의 당부를 심리·판단하여 결정되어야 한다고 본다.

[다수의견에 대한 대법관 이홍훈, 김능환의 보충의견] 1990. 1. 13. 법률 제4199호로 개정된 구 민법은 제사용 재산의 승계권자를 '호주상속인'에서 '제사를 주재하는 자'로 변경하여 민법 제1008조의3으로 규정하면서도 누가 '제사를 주재하는 자'가 되는지에 관하여는 아무런 규정을 두지 않았다. 여기서 '제사를 주재하는 자'라 함은 '사실상 제사를 주재하는 자'가 아니라 '제사를 주재하여야 하는 자'를 말하므로 그것이 누구인지를 정하는 것이 필요하고, 단순히 '제사를 주재하는 자'의 의미에 관한 해석만으로는 문제를 해결할 수 없다.

따라서 민법에서 '제사를 주재하는 자'가 누구인지에 관하여 정하지 않은 것은 법의 흠결에 해당하므로, 민법 제1조의 규정에 따라 관습법에 의해 이를 정해야 할 것인데, 다수의견이 판시하는 바와 같이 이에 관한 종래의 관습 내지 관습법과 대법원판결들의 효력이 더 이상 유지될 수 없게 된 이상, 조리에 의해 이를 정할 수밖에 없다.

[대법관 안대희, 양창수의 반대의견에 대한 대법관 안대희의 보충의견] 제사의 주재자가 누구인지에 관하여는 기본적으로 '사회의 거듭된 관행으로 생성된 관습 내지 관습법'에 의해 결정되어야 할 것이지 조리에 의해 결정되어야 할 것은 아니다. 종래 대법원은 종손이 제사주재자라는 관습을 인식하여 왔는데, 그러한 관습이 헌법이념에 합치되지 않거나 사회의 변화에 따라 바뀌었다면 새로운 '사회의 거듭된 관행'을 찾아내어 그에 따른 해석을 해야 한다. …

이 사건에서 굳이 누가 제사주재자가 되는지를 논할 필요성이 있다면, 이는 광범위한 조사와 심리를 통하여 오늘날의 제사에 관한 습속 및 사회적 변화를 수용한 제사주재자를 정하는 습속이 어떠한지를 명확히 인식한 후에 결정해야 할 것이다.

[대법관 김영란, 김지형의 반대의견에 대한 대법관 김영란의 보충의견] 다수의견이 공동상속인들의 자율적인 의사로 이루어진 협의 결과를 무시하고 적서 간의 차별을 두고 있다는 이유로 종래의 관습 내지 관습법의 효력을 전부 배제한 점에서나, 협의 등으로 망인의 장남이 아닌 다른 아들들이나 딸들도 제사주재자가 될 수 있다는 것이 조리라고 한 점에서 보면 종래의 관습 등에서 자유로워졌음을 전제하고 있음이 명백한데도, 협의가 이루어지지 않는 경우에는 부계혈족 중심의 가계계승을 이유로 종래의 관습 및 관례법으로 돌아가자고 하여 스스로 배제한 관습 등을

다시 끌어들인 것은, 장남이 아닌 다른 아들들이나 딸들도 엄연히 부계혈족이라는 점을 굳이 지적할 필요도 없이, 그 자체로도 앞뒤가 맞지 않는다.[87]

법의 흠결에 대한 우리나라 실무의 가장 두드러진 특징은, 법원이 명백한 법의 흠결 사안에서도 보정해석을 시도하는 등 흠결을 인정하는 데에 소극적인 태도를 보인다는 것이다. 앞서 언급한 바와 같이 법의 흠결은 법해석에 앞서 미리 확정되는 것이 아니라 법해석의 결과로 비로소 확정된다. 그에 따라 이른바 유체 인도 판결, 이른바 통상임금에 관한 노사합의 판결, 이른바 전교조 판결, 이른바 위약벌 감액 판결에서 확인할 수 있는 바와 같이[88] 법관에 따라 법 흠결의 존재 여부에 대한 판단이 엇갈리는 것은 어쩌면 당연해 보인다. 하지만 흠결을 인정함으로써 불가피해지는 흠결 보충의 방법이나 한계에 대한 논란을 우려하여 이를 회피하기 위해서 처음부터 법의 흠결을 인정하지 않으려는 법원의 태도는 바람직하지 않다.

특히 법원은 형사사건에서 처벌의 공백을 우려하여 법의 흠결을 인정하는 데에 소극적인데 이를 확인할 수 있는 사례로는 앞서 살펴본 이른바 실화 판결 이외에 미성년자 의제강간 미수 판결을 들 수 있다. 미성년자 의제강간·강제추행죄에 관한 구 형법 제305조는 강간죄와 강제추행죄의 미수범을 처벌하는 구 형법 제300조를 누락한 채 "13세 미만의 부녀를 간음하거나 13세 미만의 사람에게 추행을 한 자는 제297조, 제298조, 제301조 또는 제301조의2의 예에 의한다."라고만 규정하고 있다. 이는 일종의 부진정 흠결로 보이는데 이를 문언적 해석에 충실하게 해석하면 성년에 대한 강간·강제추행 미수와 비교할 때 평가모순이 발생한다.

대법원은 이를 법의 흠결 문제로 논의하지 않고 구 형법 제305조의 입법 취지가 성적으로 미성숙한 13세 미만의 미성년자를 특별히 보호하기 위한 것이라는 이유로 미성년자 의제강간·강제추행 미수범에 대해서도 당연히 강간죄와 강제추행죄의 예에 따른다는 취지로 해석된다고 판시하였다.

---

87) 대법원 2008. 11. 20. 선고 2007다27670 전원합의체 판결.

88) 대법원 2008. 11. 20. 선고 2007다27670 전원합의체 판결; 대법원 2013. 12. 18. 선고 2012 다89399 전원합의체 판결; 대법원 2020. 9. 3. 선고 2016두32992 전원합의체 판결; 대법원 2022. 7. 21. 선고 2018다248855,248862 전원합의체 판결.

미성년자의제강간·강제추행죄를 규정한 형법 제305조가 "13세 미만의 부녀를 간음하거나 13세 미만의 사람에게 추행을 한 자는 제297조, 제298조, 제301조 또는 제301조의2의 예에 의한다."로 되어 있어 강간죄와 강제추행죄의 미수범의 처벌에 관한 형법 제300조를 명시적으로 인용하고 있지 아니하나, 형법 제305조의 입법 취지는 성적으로 미성숙한 13세 미만의 미성년자를 특별히 보호하기 위한 것으로 보이는바 이러한 입법 취지에 비추어 보면 동조에서 규정한 형법 제297조와 제298조의 '예에 의한다'는 의미는 미성년자의제강간·강제추행죄의 처벌에 있어 그 법정형뿐만 아니라 미수범에 관하여도 강간죄와 강제추행죄의 예에 따른다는 취지로 해석된다. 따라서 이러한 해석이 형벌법규의 명확성의 원칙에 반하는 것이거나 죄형법정주의에 의하여 금지되는 확장해석이나 유추해석에 해당하는 것으로 볼 수 없다고 할 것이다.[89]

이러한 법원의 태도는 이른바 세월호 판결에 이르기까지 꾸준히 이어지고 있다. 앞서 언급했다시피 세월호 사건이 발생하기 전까지 평균적인 사고를 가진 일반인이라면 그 누구도 '가해 선박이 아닌 피해 선박의 선장 및 승무원이 조난의 원인을 제공하는 상황', 또 '조난된 선박의 선장 및 승무원이 자신의 선박에 탑승한 승객을 구조하지 않고 방치한 채 탈출하는 상황'을 상상하기 어려울 것이다. 이 점에서 세월호 사건은 입법자가 예상하지 못한 법의 원시적 흠결로 보인다. 그럼에도 다수의견 및 보충의견은 반대의견에 따를 경우 발생하게 될 형벌의 공백을 숨은 논거로 삼아 아예 법의 흠결을 부정한 것으로 보인다.

법의 흠결을 인정하는 데에 소극적인 법원의 태도는 최근의 민사사건에서도 크게 다르지 않다. 이른바 위약벌 감액 판결에서 다수의견은 위약벌에 대하여 감액 규정을 두지 않은 것이 입법자의 결단이라고 보면서도 설사 법의 흠결로 보더라도 손해배상액의 예정에 대한 감액 규정을 유추적용하는 것은 정당하지 않다고 판단하였다. 반면, 반대의견은 위약벌에 대하여 감액 규정을 두지 않은 것이 입법자의 의도라고 보기 어렵다고 하여 법의 흠결로 보고 손해배상액의 예정에 대한 감액규정을 유추적용하는 것이 정당하다고 판단하였다.

---

89) 대법원 2007. 3. 15. 선고 2006도9453 판결. 이 판결에 대한 비판적 평석으로는 최병각, "법해석의 한계: 미성년자 의제강간, 미수범까지 처벌?", 『형사법연구』 제21권 제1호 (2009), 223-244면 참조.

[다수의견] 법률의 유추적용은 법률의 흠결을 보충하는 것으로 법적 규율이 없는 사안에 대하여 그와 유사한 사안에 관한 법규범을 적용하는 것이다. 이러한 유추를 위해서는 법적 규율이 없는 사안과 법적 규율이 있는 사안 사이에 공통점 또는 유사점이 있어야 하지만, 이것만으로 유추적용을 긍정할 수는 없다. 법규범의 체계, 입법 의도와 목적 등에 비추어 유추적용이 정당하다고 평가되는 경우에 비로소 유추적용을 인정할 수 있다(대법원 2020. 4. 29. 선고 2019다226135 판결 참조).

앞서 본 바와 같이 민법 제398조 제2항은 손해배상액의 예정 외에 그와 구별되는 다른 위약금 약정이 존재함을 전제로 하면서도 손해배상액의 예정에 대해서만 법관의 재량에 의한 감액을 인정하고 있는바, 이는 입법자의 결단으로 볼 수 있으므로 위약벌에 대하여 같은 취지의 규정이 없다고 하여 법률의 흠결이 있다고 할 수 없다.

설사 이를 법률의 흠결로 보더라도 위약벌의 독자적 기능과 사적 자치의 원칙, 대법원이 위약벌로 정한 금액이 공정하지 않은 경우 계약의 전부 또는 일부 무효 법리에 따라 위약벌을 통제하는 법리를 확립하여 공평을 기하고 있는 점 등에 비추어 보면, 위약벌 약정이 손해배상액의 예정과 일부 유사한 점이 있다고 하여 위약벌에 민법 제398조 제2항을 유추적용하지 않으면 과다한 위약벌에 대한 현실적인 법적 분쟁을 해결할 수 없다거나 사회적 정의관념에 현저히 반하게 되는 결과가 초래된다고 볼 수 없어, 유추적용이 정당하다고 평가하기 어렵다.

[위약벌 감액 여부에 관한 대법관 김재형, 박정화, 안철상, 이흥구, 천대엽, 오경미의 반대의견] 위약벌은 손해배상액의 예정과 함께 위약금의 일종으로서 손해배상액의 예정에 관한 민법 제398조 제2항을 유추하여 감액할 수 있다고 해석하여야 한다. 무엇보다도 손해배상액의 예정과 위약벌은 그 기능이 유사하다. 그런데도 약정의 형식이나 해석 결과에 따라 감액 여부를 달리 취급하는 것은 납득하기 어렵다. …

민법 제398조의 제목이 '배상액의 예정'으로서 입법자는 손해배상액의 예정에 관해서만 명문의 규정을 두고 위약벌에 관해서는 법률해석에 맡겨 두었다. 이와 같이 위약벌을 감액할 수 있는지는 민법에서 명확하게 정하지 않고 있으므로, 법률해석의 방법으로 그 감액 여부를 결정할 수 있다. …

민법은 손해배상액의 예정에 관해서는 감액할 수 있다고 하면서 위약벌에 관해서는 이에 관한 규정을 두지 않고 있다. 이러한 규율 상황에서 손해배상액의 예정과 위약벌의 기능적 유사성에 비추어 볼 때 위약벌에 관해서도 손해배상액 예정의 감액 규정을 유추하는 방법으로 해결하는 것이 바람직하다. …

위약벌에 대해서는 감액을 허용하지 않고 오로지 손해배상액의 예정에 대해서만 감액을 인정하는 것이 민법 제398조 제2항을 둔 입법자의 의도라고 보기도 어렵다. 민법 제정 당시의 입법자료를 살펴보면 입법자는 손해배상액 예정의 증감을 명문으로 부정하였던 구 일본 민법, 즉 의용민법 제420조 제1항 후문의 입법태도를 바꾸는 데에 관심이 있었던 것으로 보일 뿐 위약벌에 대한 논의는 발견하기 어렵다. 따라서 입법자의 의도가 감액의 대상을 손해배상액의 예정만으로 한정하고자 했던 것이라고 단정하기 어렵다.[90)]

한편 흠결 보충의 방법과 관련하여, 법원은 표면적으로 흠결을 인정하지 않으면서도 논리-체계적 해석을 비롯한 다양한 해석방법, 유추 등 해석기술을 활용하여 사실상 흠결을 보충하고 있다. 흠결보충 방법으로서의 유추에 대하여 민법학자 출신의 대법관이 그 의미와 적용 조건 등에 대하여 판시하였는데 이후 유추의 본질 및 그 한계에 대한 정형화된 판결이유로 자주 인용되고 있다.

> [대법관 김재형의 보충의견] 법적 규율이 없는 사안에 대하여 그와 유사한 사안에 관한 법규범을 적용하는 것을 유추적용 또는 유추해석이라고 한다. 유추는 법규범이 법의 공백을 메우기 위하여 그 문언의 통상적인 의미를 벗어나 적용되는 것으로 법률의 흠결 보충이라고 할 수 있다. 이것은 해석을 통하여 문언의 가능한 의미를 찾아내는 법발견이 아니라, 법관이 있어야 한다고 판단하는 법을 다른 법규범을 매개로 만들어내는 법형성이다. 이러한 유추를 위해서는 먼저 법적 규율이 없는 사안과 법적 규율이 있는 사안 사이에 공통점 또는 유사점이 있어야 한다. 그러나 이것만으로 유추적용을 긍정할 수는 없다. 법규범의 체계, 입법의도와 목적 등에 비추어 유추적용이 정당하다고 평가되는 경우에 비로소 유추적용을 인정할 수 있다.[91)]

법률의 유추적용은 법률의 흠결을 보충하는 것으로 법적 규율이 없는 사안에 대하여 그와 유사한 사안에 관한 법규범을 적용하는 것이다. 이러한 유추를 위해서는 법적 규율이 없는 사안과 법적 규율이 있는 사안 사이에 공통점 또는 유사점이 있어야 한다. 그러나 이것만으로 유추적용을 긍정할 수는 없다. 법규범의 체계, 입법 의도와 목적 등에 비추어 유추적용이 정당하다고 평가되는 경우에 비로소

---

90) 대법원 2022. 7. 21. 선고 2018다248855,248862 전원합의체 판결.
91) 대법원 2018. 3. 22. 선고 2012다74236 전원합의체 판결.

유추적용을 인정할 수 있다.[92)]

물론 법원도 죄형법정주의가 지배하는 형사 사건에서는 법의 흠결을 인정하는 경우 유추를 통한 흠결 보충을 허용하지 않는다.[93)] 앞서 살펴보았던 이른바 기계적 복사문서 판결 외에도 이른바 염소 판결이 그 대표적인 사례가 될 것이다.

이른바 염소판결은 흔히 산양(山羊)으로 불리는 염소를 도축한 사람이 구 축산물가공처리법위반으로 기소된 사건으로서 염소가 위 법 소정의 '수축(獸畜)'에 해당되는지 여부가 쟁점이었다. 당시 수축에 양(羊)은 명시되어 있었으나 염소는 명문으로 규정되어 있지 않았기 때문이다. 대법원은 죄형법정주의를 내세워 양의 개념 속에 염소가 당연히 포함되는 것으로 유추해석할 수 없다고 판시하였다.

> "양"과 "염소"는 다같이 우과에 속하는 반추하는 가축이기는 하나 같은 동물이라고는 할 수 없다 할 것인 즉, 죄형법정주의의 정신에 미루어서 보면 형벌법규인 축산물가공처리법소정의 "수축"중의 하나인 "양"의 개념속에 "염소"가 당연히 포함되는 것으로 유추해석할 수는 없다고 봄이 상당하다.[94)]

이러한 법의 흠결을 보완하기 위하여 1982년 개정된 축산물가공처리법 제2조 제1호는 수축으로서의 양에 대하여 "양(山羊을 포함한다. 이하 같다)"이라고 추가적으로 정의함으로써 산양으로서의 염소가 포함된다는 점을 분명히 하였다.

다만 위 판결에서 염소가 양이 아닌 소의 개념에 포함되는지 여부가 쟁점으로 다루어졌더라면 결론이 달라질 수 있었을 것으로 보인다. 왜냐하면 구 축산물가공처리법 소정의 수축에 '소'가 규정되어 있고 일상적인 의미로든 전문적인 의미로든 염소는 소과(牛科)로 분류되기 때문이다. 소의 개념에 염소가 포함된다는 해석은 아마도 법 문언의 가능한 의미 내에서 이루어지는 확장해석으로 정당화될 수 있었을 것이다.

흠결보충 방법으로서의 목적론적 축소는 숨은 흠결에서 활용되는데,[95)] 형사

---

92) 대법원 2020. 4. 29. 선고 2019다226135 판결; 대법원 2022. 7. 21. 선고 2018다248855, 248862 전원합의체 판결 등 참조.
93) 김대휘(1998), 134-135면.
94) 대법원 1977. 9. 28. 선고 77도405 판결.
95) 이른바 백지어음 판결도 발행지가 흠결된 '어음'을 '국내어음'으로 한정하는 목적론적 축소가 쟁점이었으며 다수의견이 이를 받아들였다고 보는 견해 —김영환(2012), 425-426면;

사건에서는 종종 금지되는 목적론적 축소인지 아니면 허용되는 목적론적 축소해석인지가 논란이 된다. 대표적인 사례로는 한국수자원공사 사장이 구 변호사법 제111조에 따른 의제공무원에 해당되는지가 쟁점이 되었던 대법원 전원합의체 판결을 들 수 있다.

구 변호사법 제111조는 "공무원(법령에 의하여 공무원으로 보는 자를 포함한다)이 취급하는 사건 또는 사무에 관하여 청탁 또는 알선을 한다는 명목으로 금품·향응 기타 이익을 받거나 받을 것을 약속한 자 또는 제3자에게 이를 공여하게 하거나 공여하게 할 것을 약속한 자는 5년 이하의 징역 또는 1천만원 이하의 벌금에 처하거나 이를 병과할 수 있다."라고 규정하고 있었다. 그런데 구 정부투자기관 관리기본법 제18조는 "투자기관의 임원 및 대통령령이 정하는 직원은 형법 제129조 내지 제132조의 적용에 있어서는 이를 공무원으로 본다."라고 규정하고 있었다. 그렇다면 한국수자원공사 사장이 자신이 취급하는 사무에 대하여 청탁 또는 알선한다는 명목으로 금품을 수령하는 행위가 구 변호사법 제111조에 위반되는가?

다수의견은 문언적 해석, 목적론적 해석에 논리-체계적 해석을 보태어 형법 제129조 내지 제132조의 뇌물 범죄에 한정해서만 의제공무원이라고 해석하여 한국수자원공사 사장은 구 변호사법 제111조의 의제공무원에 해당되지 않는다고 판시하였다. 반면 반대의견은 목적론적 축소해석의 여지를 남겨두면서도 문언적 해석과 역사적 해석에 충실하게, 또 같은 의제공무원인 한국도로공사 사장에 대하여 변호사법 위반을 인정한 대법원 판결(2005. 5. 13. 선고 2005도1903)을 참조하여 한국수자원공사 사장도 의제공무원에 해당된다고 판시하였다.

[다수의견] 변호사법 제111조에서 규정하고 있는 공무원이 아닌 자를 공무원으로 보는 법령은, 개별 법령의 내용이 구체적으로 변호사법 제111조의 적용에 있어서 공무원으로 의제한다거나 또는 일반적으로 공무원이 범죄구성요건으로 들어가 있는 모든 형사처벌 조항의 적용에 있어서 공무원으로 의제하는 경우 등을 비롯하여, 공무원이 아닌 자가 취급하는 사건 또는 사무에 대해서도 공무원이 취급하는 사건 또는 사무와 동일시하여 그에 관하여 청탁 또는 알선이 이루어지는 경우에

고봉진(2013), 146-147면— 가 있으나, 백지어음 판결의 다수의견은 입법목적이 아닌 실질적 이유에 근거하여 법 문언에 반하는 해석을 감행한 것이므로 이를 목적론적 축소의 사례로 보기는 어려울 듯하다.

는 일반적으로 형사처벌의 대상으로 삼아 그들을 공무원으로 의제한다는 뜻을 담고 있는 때로 한정함이 상당하다. …

정부투자기관 관리기본법 제18조의 공무원 의제조항은 정부투자기관의 임·직원에게 형법이 규정하고 있는 뇌물에 관한 죄를 적용함에 있어서 공무원으로 의제한다는 의미에 불과하고, 그러한 경우가 아닌 일반적인 사안에서 그들이 취급하는 사건 또는 사무가 청탁·알선행위의 대상으로 되기만 하면 모두 이를 형사처벌하겠다는 취지는 아니라고 할 것이므로, 위 공무원 의제조항만으로는 정부투자기관의 임·직원이 변호사법 제111조에서 규정하고 있는 '법령에 의하여 공무원으로 보는 자'에 해당한다고 볼 수 없다.

[대법관 김용담, 양승태, 김황식, 박일환, 김능환, 안대희의 반대의견] 변호사법 제111조의 '공무원(법령에 의하여 공무원으로 보는 자를 포함한다)'이라는 문언의 가능한 의미에 관하여 보건대, 위 문언 중 괄호 안 부분(이하 '괄호 부분'이라 한다)은 문언상으로 '법령에 의하여 공무원으로 보는 자'라고만 되어 있을 뿐 공무원으로 보는 범위나 규정형식 등에 관하여 아무런 제한을 가하고 있지 않으므로, 개별 법령의 구체적인 형식과 공무원으로 보는 범위 등 그 내용에 관계없이 공무원으로 의제되는 사람은 모두 괄호 부분에 해당한다고 읽힌다. 그런데 정부투자기관 관리기본법 제2조에서 정한 정부투자기관의 임원과 대통령령이 정하는 직원(이하 '임·직원'이라 한다)은 형법 제129조 내지 제132조의 적용에 있어서는 이를 공무원으로 보도록 규정되어 있으므로(정부투자기관 관리기본법 제18조) 괄호 부분의 문언의 가능한 의미 범위 내에서 보면 한국수자원공사의 임·직원은 변호사법 제111조에서 말하는 공무원에 해당한다고 볼 수 있다. 우리의 이러한 해석은 괄호 부분 문언의 가능한 의미의 범위 안에서 변호사법 제111조를 해석한 것으로서 죄형법정주의가 경계하는, 피고인에게 불리한 방향으로의 지나친 확장해석이나 유추해석에 해당한다고 할 수 없다. …

만약 이러한 문언의 가능한 의미에 따른 해석이, 다른 법령에서 공무원으로 보는 이유와 변호사법 제111조의 입법목적 등에 비추어 불합리한 결과를 낳거나 죄형법정주의의 요청에 어긋나는 경우에는 법질서 전체의 이념, 형벌법규의 기능과 목적, 보호법익과 보호의 목적 등 여러 요소를 모두 고려하여 괄호 부분의 의미를 통상보다 한정적으로 해석하여야 할 것이다(목적론적 축소해석).[96]

---

96) 대법원 2006. 11. 16. 선고 2006도4549 전원합의체 판결.

제 7 장

법의 충돌과 그 해소

동일한 법체계에 속한 법규범들이 서로 충돌하는 경우 수범자에 대하여 행위지시 기능을 수행하지 못하게 되므로 법의 충돌은 가급적 예방되어야 하고 또 신속히 제거되어야 한다. 이는 법체계의 통일성 공준에 의해 정당화된다. 물론 오늘날 입법학 및 입법기술의 발전으로 법의 충돌은 대부분 예방되고 있다. 그렇다고 하더라도 법의 충돌 가능성을 부정할 수 없을 뿐 아니라 무시해도 좋을 만큼 실제로 희소하지도 않다. 현대의 고도화되고 다원화된 법체계에서 입법자가 법령의 제·개정 시 경과규정이나 적용규정을 두는 등 최선을 다하더라도 법의 충돌을 완전히 방지하기는 쉽지 않다.[1] 더구나 현실에서는 다양한 법제정기관이 존재하고 그에 상응하는 다양한 법의 형식이 존재하기 때문에 법의 충돌을 방지하는 것은 사실상 불가능하다.

그에 따라 법체계의 통일성 공준은 입법자에게 법의 충돌을 해소하는 메커니즘을 법체계에 미리 마련해둘 것을 요청한다. 이를테면 켈젠의 대안 규정 또는 메르클의 하자 예측(Fehlerkalkül)이 그것이다.[2] 법의 충돌이 확인될 때마다 법령의 제·개정을 통해 제거하는 것보다는 법의 충돌을 해소하는 절차를 미리 마련해두는 편이 더 합리적이다. 이렇게 보면 법체계의 합리성은 법의 충돌이 등장하

---

1) R. Hare, *Moral Thinking*, Oxford: Clarendon, 1981, 32면; Wiederin(1990), 330-331면.
2) Kelsen(1960), 277-280면; A. Merkl, *Die Lehre von der Rechtskraft entwickelt aus dem Rechtsbegriff*, Leipzig: F. Deuticke, 1923, 277-302면.

는 빈도가 아니라 법의 충돌을 취급하는 방식에 달려 있다.

만일 법체계의 통일성 공준을 평가적 차원의 통일성에 대한 요청까지 포함하는 것으로 이해하게 되면 단순히 법의 충돌을 회피하는 것만으로는 부족하고 이를 넘어 법체계를 조화로운 가치질서로 구성하여야 한다. 이는 입법자가 입법기술적 모순, 목적론적 모순, 평가모순과 같은 다양한 형태의 모순이 발생되지 않도록 내적 체계에 충실하게 입법해야 한다는 것을 뜻한다.

제1절 법 충돌의 의의

법의 충돌, 정확하게는 법규범의 충돌은 일견 단순해 보이지만 본격적으로 분석해 보면 그 의미부터 분명치 않다. 법의 충돌을 구성하는 두 개념 요소, 즉 법이나 충돌의 개념이 명확하지 않기 때문이다.

법의 충돌을 정확하게 이해하기에 앞서 용어 문제를 정리해둘 필요가 있다. 일반적으로 독일어권의 학자들은 충돌이 법규범 사이에서 발생한다는 점을 강조하여 '규범충돌(Normenkonflikt)'이라는 용어를 널리 사용해왔다. '규범저촉(Normen-kollision)'도 같은 의미로 혼용된다.3) 그 외에 '규범모순(Normenwiderspruch)'도 사용되지만,4) 법의 충돌이 논리적 모순이 아닐뿐더러 충돌의 범위를 협소하게 만들 수 있으므로 부적절해 보인다. 일부 학자들은 '규범경합(Normenkonkurrenz)'을 규범충돌과 호환적으로 사용하지만,5) 이는 충돌을 필연적으로 전제하지 않는다는 점에서 오히려 규범충돌의 상위개념이다. 여기에서는 법체계 내 규범 사이의 충돌이라는 점을 강조하여 법규범의 충돌, 줄여서 법의 충돌이라고 부른다.

---

3) Larenz(1991), 404-413면; Schmalz(1992), 43면; Möllers(2023), 56면. 규범저촉을 규범충돌뿐 아니라 규범모순, 평가모순까지 포함하는 개념으로 이해하는 견해로 Wank(2020), 84-86면.

4) Engisch(1977), 160-170면; Larenz(1991), 335면. 다만 엥기쉬가 말하는 규범모순은 협의의 규범모순뿐 아니라 입법기술적 모순, 평가모순, 목적론적 모순, 원리모순을 포함하는 광의의 규범모순이다.

5) Rüthers/Fischer/Birk(2022), 480-483면; Zippelius(2021), 30-34면; Kramer(2019), 125-135면; Wank(2020), 80-86면.

1. 법 충돌의 의미

(1) 개념 및 기준

법의 충돌은 구체적으로 '하나의 법규범은 일정한 행동을 명령하고 다른 법규범이 이와 양립될 수 없는 행동을 명령하는 상황', '일정한 행동이 동시에 명령되고 명령되지 않거나, 동시에 금지되고 금지되지 않거나, 동시에 명령되고 금지되는 상황', '두 법규범 중 하나의 규범을 준수하거나 적용하면 다른 규범이 침해되는 상황', '두 법규범 중 하나의 규범을 충족하면 다른 규범의 충족이 논리적으로 배제되는 상황' 등으로 다양하게 정의된다. 이는 법의 충돌에 대한 판단기준의 관점에서 모순성 검사, 준수성 검사, 침해성 검사의 3가지로 유형화할 수 있다.[6]

의무논리 초창기에 주로 논의되었던 모순성 검사(Widerspruchstest)는 일정한 법규범에 상응하는 이른바 준수 명제, 다시 말해 법규범이 준수된 상황을 기술하는 명제들을 하나로 결합함으로써 모순적인 문장이 되는 경우에 두 규범이 충돌하는 것으로 판단하는 것이다. 가령 법체계 LS1에서 수범자에게 창문을 닫을 것을 명령하는 법규범 N1, 그리고 창문을 닫는 것을 금지하는 법규범 N2가 있다고 생각해 보자. 이때 법규범 N1에 상응하는 준수명제는 '창문을 닫는다', 법규범 N2에 상응하는 준수명제는 '창문을 닫지 않는다'가 된다. 두 준수명제를 결합하면 '창문을 닫고 동시에 창문을 닫지 않는다'는 결합명제가 도출된다. 모순성 검사에 따르면, 이 결합명제는 논리적인 분석만으로도 확인 가능한 전형적인 모순명제이므로 두 법규범이 충돌한다는 판단이 가능하다.

하지만 현실의 법체계에서 모순성 검사에 의해 충돌로 인정될 수 있는 사례는 매우 드물다. 사실 법의 충돌에는 경험적으로 양립불가능한 두 행위를 지시하는 사례가 빈번한데 이는 모순성 검사를 통해 확인하기 어렵다. 가령 법체계 LS2에서 수범자에게 두 시간 만에 자동차로 서울부터 부산까지 운전하도록 하는 의무가 부과되면서, 동시에 운전 중에 고속도로에서 시속 100킬로미터의 속도제한을 지키도록 하는 의무가 부과되는 상황을 생각해 보자. 우리나라의 지리를 안다면 시속 100킬로미터의 속도제한을 지키면서 두 시간 만에 서울에서 부산까지

---

6) 이에 대한 자세한 논의는 Wiederin(1990), 311-333면, 특히 314-320면.

운전한다는 것이 불가능하다는 것을 쉽게 알 수 있다. 하지만 법체계 LS1과 달리 법체계 LS2에서는 준수명제의 결합만으로는 모순명제인지를 쉽게 확인할 수 없다. 준수명제의 결합이 모순적인지 여부는 부산과 서울간의 거리, 즉 사실적 요소를 확인한 후에야 판단 가능하다.

이러한 이유로 오늘날 준수성 검사(Befolgungstest) 또는 동시이행 불가능성 검사(impossibility of joint conformity test)로 불리는 기준이 널리 받아들여진다.[7] 이에 따르면, 수범자가 두 법규범 중 하나를 준수하면서 또 다른 법규범을 준수하는 것이 가능한지 여부가 법의 충돌을 판단하는 기준이 된다.

하지만 준수성 검사 역시 한계가 없지 않다. 가령 법체계 LS3에서 방학 중에는 등교하지 말라는 금지규범 N1과 방학 중에도 등교해도 좋다는 허용규범 N2이 존재하는데, 학생 갑(甲)은 방학 중에 등교하고 학생 을(乙)은 등교하지 않았다고 생각해 보자. 갑의 경우 규범 N2를 준수함으로써 규범 N1을 준수할 수 없게 된 것이 명백하므로 규범충돌을 인정하는 데에 어려움이 없다. 반면 을의 경우 규범 N1을 준수한 것은 분명하지만 그렇다고 해서 을이 규범 N2를 준수하지 않았다거나 준수할 수 없게 되었다고 단정 짓기 어렵다. 앞서 살펴본 허용규범의 특성 때문이다. 법체계 LS3에서 수범자가 두 법규범을 동시에 준수 내지 이행하는 것이 항상 불가능한 것은 아니다.

또 다른 예로서 법체계 LS4에서 기존 법규범 N1이 '주차금지구역에서 주차한 차량의 운전자는 과태료 3만 원을 납부하여야 한다'고 규정하고 있는데, '주차금지구역에서 주차한 차량의 운전자는 과태료 5만 원을 납부하여야 한다'는 내용의 법규범 N2가 신설되었다고 하자. 이때 직관적으로는 두 규범이 충돌하는 것처럼 보인다. 하지만 준수성 검사에 따르면 법의 충돌은 존재하지 않는다. 왜냐하면 주차위반자 병(丙)이 3만 원을 납부함으로써 규범 N1을 준수한 이후에도 추가로 2만 원을 납부함으로써 규범 N2를 준수할 가능성이 남아 있기 때문이다.

이에 켈젠을 비롯한 일군의 학자들은 침해성 검사(Verletzungstest)의 관점에서 법의 충돌을 두 법규범 중 하나의 법규범을 준수하는 것이 다른 법규범의 침해를 함축하는 경우로 이해하려 하였다.[8] 이 입장에서는 법체계 LS4와 같이 두

---

7) von Wright(1963), 145면; Searle(1978), 84-85면; Weinberger(1984), 469-470면; Ziembinski(1984), 480-481면.
8) Kelsen(1979), 99면; Wiederin(1990), 318-319면; S. Paulson, "Zum Problem der Normenkonflikte", *ARSP 66* (1980), 487-506면, 특히 490-491면.

법규범이 동일한 대상과 관계되기 때문에 하나의 법규범을 준수함으로써 이미 다른 법규범이 침해되는 결과에 이르는 충돌 사례도 포함한다. 다만 하나의 법규범을 준수함으로써 필연적으로 다른 법규범을 침해하는 경우만 충돌로 볼 것인지 아니면 개연적으로 침해하는 경우도 충돌로 볼 것인지에 대해서는 분명치 않다. 또 침해성 검사도 수권규범을 비롯한 허용규범의 경우 침해된다는 것이 무엇을 의미하는 것인지 불분명할뿐더러 그 판단기준이 불분명하다는 한계가 없지 않다.

이렇듯 법의 충돌을 판단하기 위한 기준에 대하여 다양한 이론이 존재하지만 그 핵심이 양립불가능성(incompatibility)에 있다는 점에는 의견이 모아지는 듯하다. 다만 법의 충돌을 법의 양립불가능성으로 이해하더라도 그 의미에 대해서는 논란이 남아 있다. 한편에서는 논리적 의미의 양립불가능성을 넘어 사실적 내지 경험적 양립불가능성까지 포함하는 것으로 넓게 이해하는 반면,[9] 다른 한편에서는 사실적 양립불가능성에서 말하는 '사실적(factual)'의 의미를 규명하기 어려워 법의 충돌을 확정하기 곤란하다는 이유로 논리적·분석적 양립불가능성에 한정하려 한다.[10]

법의 충돌을 확정하는 데에는 사실이 아니라 논리가 최종적인 기준이 되지만, 행위 지시 내지 조정이라는 법의 실천적 기능을 고려할 때 양립불가능성을 논리적 의미뿐 아니라 경험적 의미로도 이해하는 것이 적절해 보인다. 물론 경험적 양립불가능의 경우 최종적으로 법의 충돌 여부를 판단하기 위해서는 경험적 사실을 고려하여 재구성된 법규범들이 논리적으로 양립불가능한지 여부를 살펴볼 수밖에 없다. 앞서의 법체계 LS2에서 충돌하는 법규범 N1 및 법규범 N2를 재구성하면 법규범 N1'이 수범자에게 서울에서 부산까지 시속 100킬로미터 이상으로 주행하라고 명령하는 데 비해, 법규범 N2'는 수범자에게 서울에서 부산까지 시속 100킬로미터 이상으로 주행하는 것을 금지하는 것이다. 이렇게 재구성된 두 규범들은 수범자에게 동일한 행동을 명령하고 동시에 금지한다는 점에서 논리적 양립불가능성의 관계가 있다는 것을 쉽게 확인할 수 있다. 요컨대 법학방법론의 관점에서는 법의 충돌을 논리적인 모순이 아니라 양립불가능성 정도로 이

9) Ross(1941), 53-54면; Wiederin(1990), 316면.
10) von Wright(1963), 135-136면; Bulygin/Alchourron(1977), 23-24면; Weinberger(1984), 468-469면.

해하면 충분할 듯싶다.

(2) 유사개념

법의 충돌을 정확하게 이해하기 위해서는 그 개념과 판단기준에 대한 검토와 함께 유사개념과도 구별할 필요가 있다. 먼저 구별되어야 할 유사개념은 법조경합이라는 이름으로 우리에게 익숙한 규범경합(Normenkonkurrenz)이다. 규범경합은 하나의 사안에 적용가능한 법규범이 다수 존재하는 것이다. 이때 법규범들은 동일한 법적 효과를 부여할 수도, 상이한 법적 효과를 부여할 수도 있다. 규범경합은 오래전 에넥케루스(L. Enneccerus)와 니퍼다이(H.C. Nipperdey)에 의해 중첩적 경합, 선택적 경합, 배제적 경합으로 구분된 이후 오늘날 여러 학자들이 이러한 구분을 따르고 있다.11) 개별적인 규범경합이 어떤 하위 유형에 해당되는 지를 판단하는 데에는 관련 법규정에 대한 체계적인, 목적론적 검토가 필요하다.

중첩적 규범경합은 여러 법규정의 구성요건이 전체적으로 또는 부분적으로 일치하나 서로 배제하지 않기 때문에 동일한 사실관계에 동시에 적용되는 것이다. 중첩적 규범경합은 입법의 효율성을 떨어뜨릴 뿐 아니라 다른 법령이 개정될 경우 충돌이 야기될 우려가 많으므로 지양되어야 한다. 입법에서도 필요한 것 이상으로 입법되지 않아야 하는 것과 마찬가지로 법해석에서도 중복성이 감소하는 방향으로 해석이 이루어져야 한다. 선택적 규범경합은 경합하는 두 법규범이 택일적인 관계에 있고 권리자가 둘 중 하나를 선택하여 그 법률효과를 실현할 수 있는 것이다. 이는 그 구조에 있어서 배제적 규범경합과 유사하나, 행위자에게 권한을 부여한다는 점에서 차이가 있다. 끝으로 배제적 규범경합은 경합하는 두 법규범이 서로 배제하는 관계에 있기 때문에 동시에 적용될 수 없는 것이다. 법의 충돌은 배제적 규범경합에 해당되므로 법의 충돌은 규범경합의 하위 유형이 된다.

법의 충돌은 수범자의 관점에서는 의무 또는 권리 사이의 충돌로 등장한다. 그 중에서도 의무충돌(conflict of duties)은 이미 고대 그리스부터 지속적으로 논의되어 왔다. 의무충돌은 법의 충돌로 논의되기 전부터 법과 법 또는 법과 도덕

---

11) Larenz(1991), 266-270면; Schmalz(1992), 42-50면; Wank(2020), 80-86면. 규범경합은 경합하는 두 규범 사이의 관계에 따라 보충(Subsidiarität) 내지 배제(Ausschließlichkeit) 관계, 특수(Spezialität) 관계, 흡수(Konsumtion) 관계로도 나뉠 수 있다. Wank(2020), 417-420면.

의 긴장·갈등 관계에서 파생되는 법철학적인 문제로 다루어져 왔다.

실정법학에서 의무충돌을 다루는 학자들은 대개 의무충돌을 법의 충돌과 연관시켜 검토하지 않지만 의무는 규범을 전제하므로 법의 충돌이 의무의 충돌보다 더 근원적인 문제이다. 다시 말해 의무충돌은 법 충돌의 한 측면에 불과하며 법의 충돌이 더 일반적인 개념이다.12) 따라서 의무충돌에 대하여 논의하기 위해서는 법의 충돌에 대한 논의가 선행되거나 적어도 병행되어야 한다.

의무충돌은 일반규범 사이의 충돌에 따른 추상적 의무충돌도 가능하지만, 동일한 일반규범이 동일한 수범자에게 부과하는 구체적 의무들 사이에 충돌이 발생하는 구체적 의무충돌이 주로 문제된다. 예를 들어 아버지가 물에 빠져 허우적거리는 두 자녀를 발견했지만 한 사람밖에 구조할 수 없어 한 자녀를 구조하는 순간 다른 자녀가 익사하게 되는 상황을 생각해 보자. 이는 민법 제913조에 근거한 친권자의 자에 대한 보호의무로부터 두 자녀에 대한 구조의무가 각각 발생하는 것으로서 동일한 법규범에서 도출되는 개별 의무 간의 충돌이다. 물론 엄밀하게 말하면 동일한 일반규범에서 도출되는 두 개별규범에 의해 각각 부과되는 의무 사이의 충돌이다.

한편 법의 충돌은 법규범적 모순의 하위 유형들인 입법기술적 모순, 목적론적 모순, 평가모순과 구별된다. 입법기술적 모순(Gesetzestechnischer Widerspruch)은 법개념의 상대성 내지 다차원성에서 비롯되는 법률용어의 불일치 상황을 의미한다.13) 이는 전통적으로 법개념의 불확정성 내지 다의성이라는 문제로 다루어져 왔다. 예컨대 민법상 불법행위책임의 발생요건인 과실과 형법상 과실범의 구성요건인 과실은 동일한 법률용어임에도 불구하고 그 판단기준이나 효과 등에서 차이가 있다. 이는 고의·점유·착오·책임 등도 마찬가지이다. 입법기술적 모순은 복잡한 전문용어를 피하기 위해서 감수할 수밖에 없는 측면도 있지만, 일관된 법적용을 위해서는 가급적 모순을 피할 수 있도록 구성되어야 한다.

목적론적 모순(Teleologischer Widerspruch)은 수단과 목적 관계에 있는 법규범이 서로 일치하지 않는 경우로서 비교적 드문 편이다.14) 예컨대 입법자가 법

---

12) 의무충돌에 대응하여 권리충돌도 상정할 수 있을 것이나, 허용규범 사이에는 충돌이 있을 수 없고 단지 경합만 있으므로 권리충돌은 원칙적으로 존재할 수 없다.

13) Engisch(1977), 161면.

14) Engisch(1977), 165-166면. 다만 목적론적 모순이 법의 내적 체계에 부합하지 않는다는 점에서 평가모순과 다르지 않다는 견해로 Kramer(2019), 179-182면.

령을 통해 일정한 목적을 추구하면서 다른 법규범에서는 그 목적을 달성하기 위한 수단을 허용치 않는 경우, 입법자가 일정한 수단을 예정하면서도 집행을 위해 필요한 하위규범을 제정하지 않는 경우, 입법자가 집행기관에 일정한 권한을 부여하였으나 그 집행기관이 존재하지 않는 경우에 목적론적 모순이 발생한다.[15] 목적론적 모순은 법의 충돌로도 등장할 수 있으나 대개 용인될 수밖에 없고 종국적으로는 입법적인 수단을 통해 해소되어야 한다.

평가모순(Wertungswiderspruch)은 동일한 법질서에서 입법자의 평가가 자신의 다른 평가와 충돌되는 것이다. 따라서 입법자의 평가가 법적용자의 평가와 충돌하는 경우와는 구별되어야 한다. 예컨대 형법 제323조는 타인의 점유 또는 권리의 목적이 된 자기의 물건을 취거·은닉 또는 손괴하는 행위를 권리행사방해죄로 5년 이하의 징역 또는 700만 원 이하의 벌금에 처하도록 규정하고 있다. 그런데 형법 제329조의 절도죄는 6년 이하의 징역 또는 1천만 원 이하의 벌금에 처하는 반면, 형법 제366조의 재물손괴죄는 3년 이하의 징역 또는 700만 원 이하의 벌금에 처하도록 되어 있다. 즉 권리행사방해죄에서 자기의 물건을 절취한 때에는 타인의 물건을 절취한 절도죄보다 가볍게 처벌하는 데 비하여, 자기의 물건을 손괴한 때에는 타인의 물건에 대한 손괴죄보다 무겁게 처벌하는 결과가 되어 평가모순에 빠지게 된다.

또 다른 사례로는 형법 제319조 제1항의 주거침입죄와 형법 제330조의 야간주거침입절도죄에 대한 친족상도례의 적용과 관련된 것이다. 주지하다시피 야간주거침입절도죄는 야간이라는 시간적 제약을 받은 주거침입죄와 절도죄의 결합범으로 이해되고 있다.[16] 그에 따라 형법은 야간주거침입절도죄에 대해 절도죄보다 중하게 벌금형도 없이 10년 이하의 징역에 처하고 있다. 반면 주거침입죄는 절도죄보다도 가벼운 3년 이하의 징역 또는 500만 원 이하의 벌금에 처한다. 즉 형법은 구성요건의 관점이나 법정형의 관점 등 어느 모로 보나 주거침입죄보

---

15) Ross(1959), 133면. 가령 '닫혀 있는 창문을 열라', '열려 있는 창문을 닫으라'고 동시에 명령하는 이른바 시지포스 규범도 목적론적 모순의 특수 사례가 된다. 법의 충돌을 서로 반대방향으로 작용하는 두 개의 힘으로 비유했던 켈젠에 따르면 시지포스 규범도 규범충돌의 한 유형으로 이해될 수 있다. 그러나 시지포스 규범의 두 명령은 상이한 적용 조건을 가지고 있으므로 하나의 명령을 준수한 다음에 다시 다른 명령을 준수하는 것이 불가능하지 않다. 따라서 시지포스 규범은 양립가능하고 단지 그 목적을 달성할 수 없다는 점에서 규범충돌이 아니라 목적론적 모순의 한 유형에 해당된다. Wiederin(1990), 321면.

16) 『주석형법』(김경선), 제5판, 한국사법행정학회, 2017, 411면.

다 야간주거침입절도죄를 더 중대한 범죄로 평가한다. 그럼에도 불구하고 형법은 야간주거침입절도죄에 대해서는 친족 간의 범행과 고소에 관해 규정하는 제328조를 준용하는 반면, 주거침입죄에 대해서는 이를 준용하지 않고 있다. 이 점에서 법의 흠결로 볼 수밖에 없는 평가모순이 존재한다.

평가모순은 '같은 것은 같게, 다른 것은 다르게'라는 평등원리를 침해하는 것이므로 가능한 한 회피되어야 한다.[17] 하지만 제아무리 통일적인 법체계라 하더라도 일정한 행동이 언제나 적법한 것 또는 언제나 위법한 것으로, 또 언제나 중대한 것 또는 언제나 경미한 것으로 평가되어야 하는 것은 아니다. 이 점에서 평가모순은 법 자체에서 유래하는 것으로서 반드시 제거되어야 하는 것도 아니고 제거될 수 있는 것도 아니다. 특히 죄형법정주의가 지배하는 형사사건에서는 평가모순을 제거하기 위한 반문언적 해석이나 흠결 보충이 허용되지 않는다. 최선의 노력에도 불구하고 해석을 통해 제거할 수 없는 평가모순이 확인되면 그저 주어진 것으로 받아들여져야 한다. 평가모순이 축소해석이나 확장해석, 해소원리의 적용, 유추나 목적론적 축소 등 적절한 해석 방법론을 통해 제거될 수 없거나 완전히 제거될 수 없으면 평가모순이라는 이유만으로 반문언적 해석이 정당화되지는 않는다. 이 경우 입법론적 해결방안이 남을 뿐이다.[18]

그럼에도 불구하고 평가모순은 법원의 실무에서 종종 논리-체계적 해석이나 결과고려적 해석 등을 통해 반문언적 해석을 정당화하는 논거로 작동한다. 이는 이른바 실화 판결이나 세월호 판결에서 잘 드러난 바 있다. 실화 판결에서는 자신의 일반물건을 과실로 소훼하여 공공의 위험을 발생시킨 경우에도 처벌받는데, 타인의 일반물건을 과실로 소훼하여 공공의 위험을 발생시킨 경우에 처벌받지 않는다는 것은 체계적 해석에 반한다는 점이 다수의견의 주된 논거였다. 세월호 판결에서 다수의견도 평가모순을 핵심적인 논거로 활용하여, 수난구호법이 원래 선의에 기초한 도의적·인도적 조력의무만 부담하는 사고현장 인근 선박의 선장 등에게도 법적 구조의무를 부과하는데 정작 자신의 과실로 조난 선박에 조난의 원인을 제공하여 그 승객들을 위험에 빠지게 하였을 뿐 아니라 여객운송계약에 따라 승객에 대한 구조의무를 부담하고 있는 해당 선박의 선장 및 승무원에게 수난구호의무가 없다고 보는 것은 균형에 맞지 않는다고 판단하였다.

---

17) Engisch(1935), 62-63면; Larenz(1991), 334면.
18) Kramer(2019), 179면 및 181-182면.

2. 법 충돌의 유형

법의 충돌은 흔히 동위 규범 간의 충돌과 상·하위 규범 간의 충돌로 구분
되지만, 충돌의 본질을 규명하고 해소방안을 모색하기 위해서는 진정 충돌·부진
정 충돌, 규칙충돌·원리충돌, 체계내적 충돌·체계외적 충돌 등의 구분이 더 중
요하다.

법의 충돌은 해소원리에 의하여 충돌이 해소될 수 있는지 여부에 따라 진정
한 충돌과 부진정(외관상) 충돌로 구분된다.[19] 전자는 신법우선의 원리를 비롯한
해소원리를 적용할 수 없거나 적용하더라도 충돌하는 두 규범 중 어느 하나에
우위를 인정할 수 없는 충돌이다. 반면 후자는 해소원리의 적용을 통해 해소될
수 있는 충돌이다. 법의 충돌이 해소원리를 통하여 결과적으로 해소된다고 해서
처음부터 충돌이 없었다고 볼 수는 없다. 따라서 부진정 충돌도 충돌의 한 유형
이라고 보는 것이 타당하다.

부진정 충돌의 예는 어렵지 않게 발견할 수 있다. 예를 들어 상습절도의 경
우 형법 제332조에 의하면 절도죄에 규정된 6년 이하의 징역 또는 1천만원 이하
의 벌금형을 2분의 1까지 가중할 수 있지만, 2016. 1. 6. 개정되기 전의 구「특정
범죄 가중처벌 등에 관한 법률」 제5조의4 제1항은 무기 또는 3년 이상의 징역에
처한다고 규정하고 있었기 때문에 법의 충돌이 발생하였다. 다만 특별법 우선 원
리의 적용을 통해 「특정범죄 가중처벌 등에 관한 법률」을 우선적으로 적용함으
로써 어렵지 않게 법의 충돌을 해소할 수 있었다.

이에 비해 진정한 충돌은 실제 드문 편이지만,[20] 우리나라의 법질서에도 존
재한다. 민사소송법에 있어서 이송법원이 전속관할에 위반하여 이송결정을 한
경우에 그 재판의 효력을 둘러싼 문제가 대표적이다.[21] A법원이 전속관할이 있
음에도 민사소송법 제35조 본문에 의거하여 손해나 지연을 피하기 위하여 소송
을 B법원으로 이송한 경우 B법원은 이를 다시 전속관할이 있는 A법원으로 이송

---

19) Engisch(1935), 43면.
20) 일부학자들은 해소원리의 적용을 통해서도 해소되지 않는 법의 충돌이 있는지에 대하여
　　의구심을 갖고 법의 충돌을 회피하기 위한 수단이 실정법적으로 완전히 배제된 체계에서
　　만 법의 충돌이 가능하다고 하면서 진정 규범충돌을 인정하지 않으려 한다. 예컨대
　　Canaris(1983b), 124면 각주45.
21) 『주석 민사소송법 (I)』(황진구), 제8판, 한국사법행정학회, 2018, 259-259면 참조.

할 수 있는가? 민사소송법 제38조 제1항에 의하면 이송결정은 이송을 받은 법원을 기속하고 제2항은 이송을 받은 법원은 다시 사건을 다른 법원에 이송하지 못하도록 규정하고 있다. 이는 전속관할이 있는 소를 이송할 수 없도록 규정한 민사소송법 제35조 단서와 충돌하게 된다. 이때 충돌하는 두 법규범은 동일한 민사소송법 규정으로서 상위법 우선 원리나 신법 우선 원리가 적용될 수 없으므로 특별법 우선 원리가 적용될 수 있는지 여부가 관건이 된다. 민사소송법 제35조가 관할이라는 측면에서는 특별성을 갖는 것처럼 보이지만, 민사소송법 제38조도 소송의 이송이라는 측면에서는 특별성을 갖는다. 즉 특별법 우선 원리를 적용하기도 어렵다. 여기에서 진정한 법의 충돌이 발생한다.[22]

이러한 진정 충돌은 동일한 법령의 법규정 사이에서 발생하는 경우가 일반적이지만, 상이한 법률의 법규정 사이에서도 발생한다. 이른바 시화공단 사건, 즉 시화공업단지의 관리권을 둘러싼 시흥시와 정부 사이의 권한쟁의사건이 바로 그러한 사례였다.[23] 구「산업입지 및 개발에 관한 법률」(법률 제4216호, 이하 '산입법'이라 한다) 제26조 제1항은 새로이 설치된 공공시설은 그 시설을 관리할 국가 또는 지방자치단체에 무상으로 귀속한다고 규정하고 있으므로 지방자치단체가 일부 공공시설에 대한 관리권을 갖는다. 반면 구「공업배치 및 공장설립에 관한 법률」(법률 제4212호, 이하 '공배법'이라 한다) 제2조 제8호는 '산업단지의 관리'를 '산업단지 안의 시설의 설치, 용지 및 시설의 매각·임대·유지·보수 및 개량 등에 관한 것으로서 대통령령이 정하는 업무'로 정의하고 같은 법 제30조 제1항 제1호에서 국가산업단지의 관리권자를 상공자원부 장관으로 규정하고 있다. 그에 따라 국가산업단지에 있어서는 지방자치단체와 상공자원부 장관의 관리권한이 충돌한다. 그런데 공배법과 산입법 모두 1990. 1. 13. 제정된 형식적 의미의 법률로서 신법 우선의 원리나 상위법 우선의 원리를 적용할 수 없기 때문에 특별법 우선 원리의 적용 가능성만 남는다. 일견 산입법이 산업단지만을 규율하는 법률인데 비하여 공배법은 산업단지뿐 아니라 모든 유형의 공장을 관리하는 법률이

22) 대법원은 이송결정의 기속력은 원칙적으로 전속관할의 규정을 위배하여 이송한 경우에도 미친다고 하면서도 당사자의 심급의 이익 등을 고려하여 심급관할에 위배한 이송결정의 기속력은 이송받은 상급심법원에는 미치지 않는다고 하여 이를 절충적으로 해결하였다. 대법원 1995. 5. 15.자 94마1059 결정. 이는 이 사례가 진정한 법의 충돌이라는 것을 방증한다.
23) 헌법재판소 1998. 8. 27. 선고 96헌라1 전원재판부 결정 참조.

라는 점에서 산입법이 특별법에 해당된다. 하지만 산입법이 산업단지의 개발계획·지정·개발 등 설립과정을 규율하는 법률인 데 비해, 공배법은 설립된 산업단지의 관리를 규율하는 법률이라는 측면에서 보면 공단 관리에 있어서는 공배법이 특별법에 해당한다고 볼 여지도 있다. 결국 두 법률 중 어느 법률도 상위법·신법·특별법으로서의 우선성을 인정하기 어려우므로 해소불가능한 진정 규범충돌에 해당한다.

또 다른 진정 충돌 사례 유형으로서 해소원리 사이의 충돌로 인한 진정 충돌 사례로는 변호사의 국회의원직 겸직의 허용 여부에 관한 변호사법 제38조와 국회법 제29조의 충돌을 들 수 있다. 변호사법 제38조 제1항 단서에 의하면 변호사는 소속 지방변호사회의 겸직허가 없이도 국회의원을 겸직할 수 있다. 그러나 국회법 제29조는 국회의원의 겸직을 원칙적으로 허용하지 않는다. 국회의원의 겸직이 논란이 되자, 이를 원칙적으로 금지하기 위하여 국회법이 개정되었다는 입법 경위를 고려하면 국회법이 신법 우선의 원리에 따라 변호사법 제38조에 우선한다고 보는 통설이 타당해 보인다. 하지만 변호사의 겸직제한이라는 문제에 초점을 맞추면 변호사법 제38조가 특별법이 되므로 특별법 우선 원리에 따라 국회법 제29조에 우선한다고 볼 여지도 없지 않다. 현재의 해석론과는 별개로, 이는 상위법 우선 원리와 특별법 우선 원리가 경합한다는 점에서 진정 규범충돌로 볼 수 있다.

현대 법체계는 법규칙뿐 아니라 법원리로도 구성되므로 법의 충돌은 법규칙 사이의 충돌 외에도 법원리 사이의 충돌이나 법규칙과 법원리의 충돌로도 등장한다. 원리충돌은 동일한 법체계에 속하는 법원리 사이의 충돌이다. 법원리 사이에도 우열관계가 있으므로 원리충돌에서도 해소원리를 적용할 수 있지만 법원리는 상·하, 선·후, 일반·특별의 관계가 분명하지 않기 때문에 이를 적용하기가 쉽지 않다. 더구나 충돌하는 원리 중 하나를 폐지하는 것은 현실적으로 기대하기 어려울 뿐 아니라 입법기술적으로도 쉽지 않다. 그에 따라 원리충돌은 해석과정에서 이익형량 등의 평가적인 방법에 의존하여 해결되는 경우가 많다.[24] 이는 두 법원리의 효력을 인정하는 것을 전제로 두 원리를 형량하는 것이므로 충돌하

---

24) Koch/Rüßmann(1982), 97-99면; Larenz(1991), 404-413면 및 475면. 정합성 이념의 관점에서 원리충돌의 해소방안을 모색하는 견해로 강일신, "정합적 법해석의 의미와 한계—원리규범충돌의 해결이론 관점에서—", 『법철학연구』 제17권 제1호(2014), 225-248면.

는 원리 어느 하나도 효력을 상실하지 않는다.[25] 다시 말해 원리충돌은 일종의
고차원적인 평가모순으로서 평가모순과 마찬가지로 용인할 수밖에 없다.[26]

법규칙과 법원리 사이의 충돌은 종종 헌법의 원리와 하위법령의 법규칙 사
이 충돌로 등장한다. 법원리는 직접 적용되기보다는 대개 근거 또는 해석규준으
로서 법규칙을 통해 간접적으로 기능하기 때문에 충돌 여부의 확정부터 그리 용
이하지 않다. 일단 충돌이 확인되면, 법규칙과 법원리 사이의 충돌도 규칙 충돌
과 유사한 방식으로 충돌을 해소할 수 있다. 일부 학자들은 법원리가 적극적으로
법규칙의 근거 내지 지도이념으로 기능하고, 소극적으로는 그와 모순되는 법규
칙을 배제하는 기능을 한다는 이유로 법원리에 우선성을 부여한다.[27] 하지만 동
등한 위계의 법원리와 법규칙의 경우 대개 묵시적으로 전제되는 법원리를 명시
적인 법규칙에 우선시킬 수 있는지 의문스럽다. 오히려 법규칙이 법원리에 비해
더 새롭고 더 구체적이라는 점에서 법규칙에 우선성을 부여하는 것이 타당해 보
인다.

끝으로 현실에서는 다수의 법체계가 다원적으로 존재한다. 그에 따라 일정
한 행위가 법체계 LS1에서는 명령되는 데 비해 다른 법체계 LS2에서는 금지될
수 있다. 법체계의 다원성에 기초하여 법의 충돌은 동일한 법체계에 속한 법규범
사이의 충돌인지, 아니면 상이한 법체계에 속한 법규범과의 충돌인지에 따라 체
계내적 충돌과 체계외적 충돌로 구분될 수 있다. 체계외적 충돌이 가능한지에 대
해서는 논란이 없지 않다. 일부 학자들은 상이한 법체계에 속한 법규범 사이에서
는 충돌이 발생하지 않는다고 본다.[28] 하지만 상이한 법체계에 속한 법규범들이
동일한 수범자에 대하여, 동일한 사물적 효력영역을 규율할 수 있고 동일한 시·
공간적 효력영역을 가질 수 있으므로 충돌을 부정할 이유는 없다. 예컨대 유럽
연합의 경우 유럽연합법과 회원국 법은 별개의 법체계로 병존하지만 유럽연합법
과 회원국의 국내법 사이에 충돌이 있을 수 있다. 나아가 동일한 국가에서 법규
범과 도덕규범 간의 충돌과 같이 법체계와 도덕체계 사이의 충돌과 같은 체계외
적 충돌도 가능하다.

---

25) Dworkin(1977), 24-25면 및 27면; Alexy(1994), 79면.
26) Engisch(1977), 167면; Canaris(1983b), 27면.
27) 예컨대 Raz(1972), 837면; Bydlinski(1991), 132면; Wank(2020), 118면.
28) 예컨대, O. Weinberger, *Normentheorie als Grundlage der Jurisprudenz und Ethik*,
Berlin: Duncker&Humblot, 1981, 99면.

물론 상이한 체계에 속한 규범 사이에서 법의 충돌이 가능하다고 하더라도 이를 해소할 수 있는지는 별개의 문제이다. 유럽연합법과 회원국 법과 같이 상이한 법체계에 속한 법규범 사이에 해소원리가 적용될 수 있다고 하더라도, 법체계와 도덕체계에 각각 속하는 규범 사이에는 해소원리를 적용할 수도, 폐지할 수도 없다. 예를 들어 도덕체계에서 사형제도를 규정한 법규범을 폐지할 수 없는 것과 마찬가지로, 법체계 역시 사형제도를 부도덕한 것으로 보는 도덕규범을 폐지할 수 없다.

제2절 충돌의 확정

법의 충돌은 어떻게 확정되는가? 실제로 법체계에서 법규범의 충돌을 확정하는 것은 쉽지 않다. 법규범은 법규범의 형태 그대로 입법되지 않고 대개 복수의 법규정으로 입법되므로 관련 법규정을 법규범으로 재구성하기 전에는 충돌 여부를 확인하기 어렵기 때문이다.

나아가 법규정이 처음부터 법규범을 충실하게 반영하든지 아니면 법규범으로 재구성되든지 간에 충돌을 확인하기에 앞서 법해석이 필요하며 그 과정에서 법해석학적 고려가 이미 작동하기 때문에 법의 충돌을 확정하는 데에 또 다른 어려움에 봉착한다. 법의 충돌을 확정하기에 앞서 법의 적용 단계에서 언제 법의 충돌이 문제되는지부터 확인할 필요가 있다.

법해석을 거쳐 획득한 법규범을 일정한 사실관계에 최종적으로 적용하기에 앞서 법규범의 적용가능성을 검토하게 되는데 만일 충돌하는 두 법규범이 동일한 사건에 동시에 적용가능한 것으로 판단되면 법률요건을 비롯한 법적 조건을 심사하여 상·하, 선·후, 일반·특별 관계를 판단하여 적용 순서를 정하게 된다.

경합하는 두 법규범의 법적 효과가 동일한 경우에는 어느 규범을 적용하든 간에 동일한 법적 효과가 부여되므로 법규범의 적용가능성이라는 문제는 실제로 의미가 없을 것이다. 이에 라렌츠는 법규범의 적용가능성이라는 문제를 검토하기에 앞서 관련 법규범들의 법적 효과를 검토하여 법적 효과가 동일한 경우에는 굳이 법규범의 적용가능성을 문제삼을 필요 없이 두 규범을 모두 적용할 수 있

다고 본다.[29]

그러나 법규범의 법적 조건을 검토하여 그 적용가능성을 심사하는 과정과 법적 효과를 심사하는 과정이 엄격히 구분하기 어렵더라도 적용가능성은 법적 효과의 심사에 앞서 검토되어야 한다. 이를 통해 법규범이 불필요하게 심사되는 것을 방지할 수 있다. 예컨대 법규범 N1이 '모든 계약은 서면이나 구두로 가능하다'고 규정하고 법규범 N2는 '모든 매매계약은 서면이나 구두로 가능하다'고 규정한다고 상정해보자. 이 경우 법규범 N1과 법규범 N2는 법률요건의 측면에서는 일반법과 특별법의 관계에 있지만 법률효과의 측면에서는 동일하다. 따라서 라렌츠의 관점에서는 두 규범 사이에 중첩적 경합이 있을 뿐 충돌은 없기 때문에 법규범 N1이 적용되는지, 법규범 N2가 적용되는지 관심이 없을 것이다. 하지만 특별법 우선의 원리에 의하여 법규범 N2가 법규범 N1을 배제하기 때문에 위 사건에서는 법규범 N2만이 적용된다. 이는 국제사법에서 경합하는 두 법규정이 동일한 법률효과를 갖더라도 어느 법규정이 적용되는지의 준거법 문제가 선결되어야 하는 것과 다르지 않다. 다만 법적용자는 법의 충돌을 확인하기 위해 충돌이 의심되는 법규범의 법적 조건뿐 아니라 법적 효과도 함께 검토할 수 있지만, 일단 법의 충돌이 확정되면 법규정의 적용가능성 단계에서 해소원리를 적용함으로써 법의 충돌을 해소하게 된다.

앞서 언급했다시피 법의 충돌 역시 법의 해석 문제와 밀접하게 관련되어 있다. 충돌을 확정하기 위해서 관련 법규정의 해석이 필요하고, 법규정의 문언뿐 아니라 각 규정들의 입법목적, 규정사항 및 그 적용범위 등을 종합적으로 검토하여 법의 충돌을 판단하게 된다. 특히 경험적 충돌이 문제되는 경우 당대의 기술 수준뿐 아니라 법·도덕·정치·경제·사회문화 등 모든 제도적 배경까지 검토해야 한다.

문제는, 법의 충돌을 확정하기 위하여 어느 범위까지 그러한 해석을 시도하여야 할 것인가이다. 만일 고전적 해석방법, 특히 체계적 해석방법을 극한까지 시도할 경우에는 각종 해소원리까지 적용되어 법의 충돌이 대부분 해소되어 버릴 것이고 결과적으로 충돌이 없는 것처럼 보일 수 있다. 가령 법체계 LS1에서 법규범 N1이 '살인자는 처벌되어야 한다'고 규정하고 법규범 N2가 '정당방위는

---

29) Larenz(1991), 266면.

처벌되어서는 안 된다'고 규정하고 있다고 하여 두 규범이 실제로 충돌한다고 보기 어렵다. 왜냐하면 법규범 N1은 이미 법규범 N2에 의하여 제한되기 때문이다. 이 경우 우리는 법규범 N1 및 N2를 결합하여 '살인자는 정당방위가 아닌 한, 처벌되어야 한다'는 것으로 재해석한다.

예를 달리하여,[30] 법체계 LS2에서 법규범 N1은 '일정한 성역(聖域)을 지날 경우에는 모자를 벗어야 한다', 법규범 N2는 '일정한 성역을 지날 경우에는 모자를 벗어서는 안 된다'고 규정하는 상황을 상정해보자. 법규범 N1과 법규범 N2는 '일정한 성역을 지날 경우'라는 동일한 조건에 대하여 '모자를 벗을 것'과 '모자를 벗지 말 것'을 각각 명령하고 있으므로 일견 충돌하는 것처럼 보인다. 하지만 법체계 LS2에 포함된 다른 법규범 또는 사회문화적인 배경, 법의식 등을 통하여 일정한 성역을 터부시하고 출입을 금지하는 사회적인 합의가 있는 것으로 전제하면 두 법규범으로부터 제3의 법규범, 즉 '일정한 성역을 지나지 말라'는 법규범 N3을 도출할 수 있다. 기이하지만 이렇게 해석하면 법규범 N1과 법규범 N2가 충돌하지 않는다.

과연 법체계 LS2에서 법규범 사이에 충돌이 없다는 해석을 수긍할 수 있는가? 아마도 합리적인 사람이라면 법체계 LS1와 달리 법체계 LS2에 대해서는 법의 충돌이 있다고 판단할 것이다. 법의 해석에 있어서 체계적 해석을 극단적으로 밀고 나가면 법의 충돌이 극히 제한적으로 인정될 수밖에 없다. 그뿐 아니라 충돌 해소방법으로서의 해소원리의 적용도 충돌의 확정단계에 흡수되는 등 법의 충돌을 독자적인 주제로 논의해야 할 이론적인 가치나 실천적인 필요성까지 사라진다. 따라서 법의 충돌을 확정하는 단계에서는 법의 문언을 해석기준으로 삼는 문언적 해석에 가급적 충실할 필요가 있다. 그럼에도 불구하고 법 충돌을 확정하는 단계에서 이미 법의 충돌을 가능한 한 회피하도록 해석해야 한다는 정책적 고려 내지 사유경제적 사고가 은연중에 작동할 수 있을 것이다.

이러한 해석학적 고려를 감안하여 법의 충돌을 인정하기 위한 조건을 정리해 보면, 법규범이 서로 충돌하기 위해서는 사물적 효력영역만 동일하면 충분하고 두 법규범이 동일한 법체계에 속할 필요는 없다. 그리고 상이한 수범자에게 명령되거나 상이한 시간·장소에서 명령되는 경우 법의 충돌이 존재한다고 보기

---

30) 이는 로스의 유명한 예를 변형한 것이다. Ross(1968), 172-174면.

어렵다. 따라서 법의 충돌은 법규범의 내용으로서의 사물적·대인적·시간적·공간적 효력영역이 동일할 것을 요구한다. 다만 두 법규범의 모든 효력영역이 완전히 일치할 필요는 없고 두 법규범 중 한 규범의 효력영역이 다른 규범의 효력영역을 포함하거나 일부 교차하더라도 무방하다.

일부 학자들은 동등한 위계의 법규범 사이에만 충돌을 인정하고 상·하위 규범사이의 충돌 자체를 부정하나,[31] 수범자가 아닌 법제정자는 법규범의 내용에 포함되지 않으므로 법제정자가 다르다고 하여 법의 효력영역이 달라지지는 않는다. 따라서 상·하위 법규범 사이의 충돌을 인정하지 않을 이유는 없다. 더욱이 상·하위 규범 사이의 충돌을 부정하는 것은 이미 상위법 우선의 원리를 자명한 법원리로 전제하는 것이다. 상·하위 규범 사이의 충돌이 별 문제 없이 해소될 수 있다고 하여 상·하위 규범 사이의 충돌 그 자체가 존재하지 않는다고 볼 수는 없다.

이러한 과정을 거쳐 법의 충돌이 확정되면 그 자체로 일정한 법적 효과가 발생되는지에 대해서는 논란이 없지 않다. 대다수 학자들은 법의 충돌만으로 충돌하는 법규범 중 하나의 효력이 상실하지는 않는다고 본다. 하지만 일각에서는 규범적 모순율을 받아들여 법의 충돌만으로 두 법규범 중 하나의 효력이 상실한다고 주장하거나,[32] 극단적으로 법의 충돌이 발생하면 법체계가 제대로 작동하지 못한다고 주장한다.[33] 그러나 규범적 모순율을 받아들인다는 것은 법의 충돌 자체를 부정하는 결과가 될 것이고, 충돌하는 법규범들을 포함한 법체계는 하자 있는 체계일 수 있어도 법체계 전체가 작동불능 상태에 빠지지는 않는다. 물론 법의 충돌을 해소하는 방법, 또 그 효과를 둘러싸고 의견이 분분할 수 있으나, 적어도 충돌하는 두 규범 모두 효력을 유지한다는 점에는 대체로 의견이 모아지는 것으로 보인다.

31) 예컨대 Larenz(1991), 267면.
32) G. Kalinowski, "Über die Bedeutung der Deontik für Ethik und Rechtsphilosophie", *Deontische Logik und Semantik* (A. Conte et al. hrsg.), Wiesbaden: Athenaion, 1977, 101-129면, 특히 112면.
33) Schreiber(1962), 87면.

제3절 충돌의 해소

법의 충돌은 어떻게 해소되는가? 전통적으로 법질서의 통일성을 전제로 법
규범 간의 충돌은 단지 외관상 나타나는 것일 뿐, 올바른 해석을 통해 충돌이 해
소될 수 있다고 믿어 왔다. 이러한 믿음을 뒷받침하는 일련의 해소원리가[34] 바
로 신법 우선의 원리(lex posterior derogat legi priori), 특별법 우선의 원리(lex
specialis derogat legi generali), 상위법 우선의 원리(lex superior derogat legi in-
feriori)이다.[35]

그러나 우리의 기대와 달리 현실의 법질서가 이러한 해소원리를 전제하지
않거나 해소원리 사이에 충돌이 있는 경우 적절한 해답을 찾기 어렵다. 또 개별
사건에서 해소원리를 적용함으로써 충돌을 해소할 수 있다고 하더라도, 일반적
인 차원에서는 법의 충돌이 여전히 남는다. 그로 인해 유사한 사건임에도 다른
해소원리를 적용함으로써 상이한 해석 결과에 이를 가능성이 없지 않다.

이에 일부 학자는 법의 충돌이 해석을 통해 해소될 수 없거나 일시적으로
해소될 뿐이고 궁극적으로는 법체계의 수정을 통해서만, 다시 말해 폐지규범을
통해서만 해소될 수 있다고 본다.[36] 그러나 법의 충돌이 개별규범 사이에서도
발생할 수 있다는 점을 고려하면 폐지가 충돌해소 수단으로서 언제나 가능한 것
도 아니고 예외없이 적절한 것도 아니다. 가령 동일한 사고를 원인으로 하는 여
러 건의 손해배상청구 사건에서 동일한 법규정에 대한 해석의 차이로 인해 판결
들이 엇갈리는 경우 최종적으로 대법원의 판결을 통해 법의 충돌이 해소될 수
있다.

이렇게 볼 때, 법의 충돌은 해석과정에서 해소원리의 적용만을 통해 완전히

---

34) 이는 해석원리, 폐지원리, 서열규칙, 우선규칙 등 다양한 이름으로 불린다. Ross(1968),
153면 및 181면; Kelsen(1979), 103면; von Wright(1993), 115면. 치펠리우스 등은 저촉
규범 내지 저촉규칙이라고 부르는데, 이는 충돌하는 규범·규칙 자체를 지칭하는 것으로
오해될 수 있으므로 적절치 않다. Zippelius(2021), 32-33면; Möllers(2023), 163-164면
참조.
35) 전통적으로 'derogat'은 '폐지한다'로 번역되어 해소원리는 '일정한 속성을 갖는 법규범 N1
은 그와 반대되는 속성을 갖는 법규범 N2를 폐지한다(derogat)'는 식으로 표현되었다. 하
지만 이는 해소원리의 적용을 통해 우선성이 없는 법규범이 영구적으로 효력을 상실한다
는 오해를 줄 수 있으므로 여기서는 '우선한다'로 번역한다.
36) 예컨대 Kelsen(1979), 101면.

해소될 수 있다고 보기도, 입법적 수단을 통해서만 제거되어야 한다고 보기도 어렵다. 오히려 법의 충돌은 일차적으로 법적용 과정에서 해소원리의 적용을 통해 해소하고, 종국적으로 폐지라는 입법적 수단을 통해 해소하는 통합적 방법이 적절할 것이다.[37)

1. 해소원리의 적용

전통적으로 법의 충돌을 해소하는 해소원리는 논리칙에 유사한 선험적이고 자명한 법원리로 이해되어 왔으나 메르클(A. Merkl)이 그 자명성을 의심하고 해소원리가 실정법적 원리일 뿐이라는 견해를 제시한 이후 법이론과 법학방법론에서는 이러한 실정법적 이해가 자리잡게 되었다. 이는 법령의 경과규정으로써 법의 충돌을 예방하는 입법 실무와도 부합한다.

그럼에도 불구하고 실정법학자들에게는 신법 우선의 원리 등의 해소원리를 마치 자명한 것처럼 인식하는 잘못된 관념이 깊이 각인되어 있다.[38) 물론 현대 법질서에는 신법 우선의 원리를 비롯한 해소원리가 묵시적으로 전제되고 법문화에 융화되어 있다거나 관습법적으로 수용되어 있다는 이유로 이를 실정법화하는 것이 불필요하다고 생각할 수 있다. 그렇다고 하더라도 해소원리를 자명한 원리로 이해하는 것은 법적 규율의 다양성을 처음부터 봉쇄하는 잘못된 접근방법이 될 수 있다. 따라서 신법 우선의 원리를 비롯한 해소원리는 법이론적 관점에서 일단 실정법적 원리로 이해하고 그 정당화 가능성을 별도로 논증하는 것이 타당할 것이다.

(1) 해소원리의 내용
1) 신법 우선의 원리

법규범은 실정법에 효력 상실이 예정된 경우 그 효력이 상실될 수 있고 예정된 조건이 성취된 경우에 효력을 상실한다. 입법 실무에서는 대개 새로운 법령

---

37) Weinberger(1970), 213면; Alchourron/Bulygin(1981), 114–116면.
38) 예컨대 황우려, "법의 일생 ―법규범의 시적 요소―", 『한국공법의 이론』(김도창박사고희 기념논문집), 1993, 193–218면, 특히 197면. 판례도 "동일한 형식의 성문법규인 법률이 상호 모순, 저촉되는 경우에는 신법이 구법에, 그리고 특별법이 일반법에 우선"한다고 하여 신법 우선의 원리 및 특별법 우선의 원리를 당연한 것으로 받아들이고 있는 듯하다. 대법원 1989. 9. 12. 선고 88누6856 판결.

을 통해 기존 법령을 명시적으로 개폐한다. 새로운 법규범이 기존 법규범을 폐지하면 기존 법규범은 효력을 상실하나 명시적으로 폐지하지 않으면 효력을 유지하게 되어 두 규범이 충돌하게 된다. 이때 법의 적용 과정에서 신법 우선의 원리가 등장한다: 신법(후법)은 구법에 우선한다(lex posterior derogat legi priori).[39] 즉 동일한 사건에 충돌하는 두 법규범이 존재하고 두 법규범이 시간적 선후 관계에 있는 경우 기존 법규범은 새로운 법규범에 의하여 적용이 배제된다.

신법 우선의 원리는 법체계에서 대개 묵시적으로 전제되지만, 드물게 명시적으로 법제화되기도 한다. 오스트리아 일반민법전(AGBG) 제9조가 "법률은 입법자에 의하여 변경되거나 명시적으로 폐지될 때까지 그 효력을 갖는다."라고 규정하는 것이 그 예이다. 이는 법의 본질에서 도출되는 당연한 결과를 선언하는 예시적인 규정이 아니라 법규범의 변경을 가능케 하는 수권규범으로서 신법 우선의 원리가 실정법으로 수용되었다는 것을 뒷받침한다.[40] 같은 맥락에서 신법 우선의 원리는 형법 제1조 제2항과 같이 신법이 행위시법보다 피고인에게 유리하게 변경된 경우에만 신법이 우선한다는 절충적인 방식으로 입법될 수도 있다.[41] 다만 이 경우에는 이른바 전동킥보드 음주운전 판결에서 보듯이 '피고인에게 유리하게 변경된 것'이라는 조건을 둘러싸고 해석상 논란이 발생할 수 있다.

신법 우선의 원리는 원칙적으로 기존 법이 동위 내지 하위에 있는 경우에만 적용되고 상위에 있는 경우에는 적용되지 않는다.[42] 이 범위에서 신법 우선의 원리가 적용되지 않고 상위법 우선의 원리가 적용된다. 가령 기존의 헌법과 상충

---

39) 흔히 신법 우선 원리의 연원을 학설휘찬 — D.9.2.1(Ulpianus): 'Lex Aquilia omnibus legibus, quae ante se de damno iniuria locutae sunt, derogavit'; D.29.7.6(Marcianus): '··· nam ea quae postea geruntur prioribus derogant' — 까지 소급하여 찾으려 한다. 예컨대 D. Liebs, *Lateinische Rechtsregeln und Rechtssprichwörter*, 5. *Aufl.*, München: C.H. Beck, 1991, 111면; *Deutsches Rechts-Lexikon*(1992), 905면. 반면 14세기 후반 이탈리아 주해학파의 대표자 발두스(Baldus)에 의하여 'lex posterior derogat legibus prioribus'라는 형태로 처음 정형화하였다고 보는 견해로 Schneider(1991), 309면. 하지만 적어도 1743년에 발간된 『민법 어휘집(*De Verborum Quae ad Ius Civile Pertinent Significatione Opus*)』에 수록되지 않은 점에 비추어 위 원리가 언제 정형화되었는지 확실치 않다. Ermacora(1961), 316면 참조.

40) Schima(1961), 562면.

41) 물론 신법에 경과규정을 두어 이러한 신법의 적용을 배제하는 것도 가능하다. 대법원 1999. 4. 13.자 99초76 결정 참조.

42) H. Kelsen, "Recht und Logik", *Forum 12* (1965), 421-425면 및 495-500면; Weinberger(1989), 263면; Kramer(2019), 131-132면; 대법원 1989. 9. 12. 선고 88누6856 판결.

하는 법률이 새로 제정되더라도 새로운 법률이 헌법에 우선하지 않는다. 헌법개정 관련 헌법규정에서 헌법이 법률에 의해서는 개정되지 않는다는 것을 전제하기 때문이다.

마찬가지로 기존법이 특별한 경우에도 새로운 법과 서로 상이한 적용영역을 가지므로 원칙적으로 기존의 특별법이 계속 적용된다.[43] 하지만 이를 성급하게 특별법 우선의 원리가 신법 우선의 원리에 우선한다고 단정하거나 특별구법 우선의 원리(lex posterior generalis non derogat priori speciali)로 정형화하는 것은 바람직하지 않다. 왜냐하면 입법자가 기존 특별법의 존재를 모른 채 새로운 일반법을 제정할 수 있지만, 새로운 일반법을 통해 기존의 특별법을 배제할 의도로 입법할 수 있기 때문이다. 요컨대 새로운 일반법이 기존의 특별법에 우선하는지는 입법자의 의사에 달려 있고 이를 확인하기 위해서는 해석학적인 검토가 필요하다.

끝으로 신법 우선의 원리를 적용하기 위하여 법규범 사이의 선후관계를 판단함에 있어서 그 기준을 법규범의 성립 시점, 즉 공포 시점으로 할 것인지, 아니면 법규범의 구속성 발생 시점, 즉 시행 시점으로 할 것인지 언급할 필요가 있다. 법이 적용가능성 내지 구속성을 갖게 되는 시행일을 기준으로 삼아야 한다는 견해가 있으나,[44] 법이 법체계에 편입되는 공포일을 기준으로 삼는 것이 입법실무뿐 아니라 입법자의 의사에도 부합하는 것으로 보인다.[45] 가령 법규범 N1이 제정되면서 그 시행에 앞서 일정한 유예기간을 두었는데, 그 유예기간 동안 법제정자가 법규범 N1을 사후에 변경할 의도로 새로운 법규범 N2를 제정하고 곧 바로 효력을 발생시킬 경우 성립일이 아닌 시행일을 기준으로 삼는다면 법규범 N2보다 법규범 N1이 신법이 되어 법제정자의 의도와 어긋나는 결과에 이를 수 있기 때문이다.

2) 특별법 우선의 원리

법규범이 다른 법규범에 비해 특별한 경우 그 법규범은 다른 법규범의 적용을 배제한다: 특별법은 일반법에 우선한다(lex specialis derogat legi generali).[46] 특

43) Bydlinski(1991), 572-573면; Schneider(1991), 310면; Schmalz(1992), 49면; 박영도(1997), 59면.
44) 예컨대 Schima(1961), 536면 주28.
45) Nawiasky(1948), 92면; 박영도(1997), 59면.
46) 특별법 우선의 원리는 유스티니아누스 황제의 칙법전 및 학설휘찬 — C 50, 17, 80; D 48, 19, 41 : 'on toto iure generi per speciem derogatur' — 에서 그 유래를 찾을 수 있다고 한다. *Deutsches Rechts-Lexikon*(1992), 906면 참조.

별법 우선의 원리 역시 법체계에서 대개 묵시적으로 전제되지만 명시적으로 규정되기도 한다. "이 법은 청소년유해환경의 규제에 관한 형사처벌을 할 때 다른 법률보다 우선하여 적용한다."라고 규정하는 청소년보호법 제6조가 그러한 예에 해당된다.

특별법 우선의 원리는 일상적으로 널리 활용될 뿐 아니라 논란이 거의 없는 것으로 보인다.[47] 기존의 특별법이 있으면 새로 일반법이 제정되더라도 기존 특별법이 우선한다. 심지어 특별하고 구체적인 내용의 하위법이 상위법에 대해 적용 우위(Anwendungsvorrang)를 갖는다고 하여[48] 상위법 우선 원리의 적용을 배제하려는 견해도 있다.[49] 하지만 상위법이 하위법에 상위법의 구체화에 대한 재량을 부여한 경우는 별론으로 하더라도, 적어도 충돌하는 상·하위 법 사이에 특별법 우선 원리의 적용을 주장할 수는 없다.

그런데 일반법과 특별법은 상대적인 관념이어서 동일한 법령이 어떤 법에 대해서는 특별법이지만 다른 법에 대해서는 일반법일 수 있기 때문에 특별성을 확인하는 것은 간단치 않다.[50] 어떤 경우에 법규범 N1이 법규범 N2에 비하여 특별하다고 할 수 있는가? 이는 해당 법령 또는 법규정에 입각하여 그 법령 내지 법규정의 문언·체계·입법목적 등 해석의 일반기준, 그리고 입법방식 등을 종합적으로 고려한 해석을 통해 결정되어야 한다. 특별법 우선 원리 역시 자명한 논리적 원리가 아니므로 특별성을 판단하는 데에 있어서, 또 특별법을 우선적으로 적용하는 데에 체계적인 고려나 목적론적 고려가 필요하다.[51] 특히 두 법규범이 부분적으로 충돌하여, 즉 구성요건이 일부 중복되어 어느 것이 더 특별한지 확실

---

47) Ross(1959), 130면; Zippelius(2021), 32면; Schmalz(1992), 46면.

48) 법체계의 위계질서가 효력(Geltung)이 아닌 적용(Anwendung)의 우위까지 정당화하지는 않는다. 다시 말해 구체적인 사건에서는 상위법이 아닌 하위법이 우선 적용될 수 있다. 왜냐하면 하위법일수록 그 내용이 더 구체적으로 규정되기 때문이다. H. Maurer, *Allgemeine Verwaltungsrecht, 9. Aufl.*, München: C.H. Beck, 1994, 70-71면; 김중권(2023), 12면. 하지만 상·하위법 관계에서 이미 효력 우위(Geltungsvorrang)에 의해 하위법이 배제된다는 이유로 적용 우위라는 표현이 적절하지 않다는 견해로 Wank(2020), 260면.

49) 예컨대 Schmalz(1992), 46면.

50) 입법실무상 특별법에서 특례조항을 두면서 '…법의 규정에 불구하고', ' … 법에서 규정한 … 에 관한 특례를 규정함을' 등과 같이 기존 법률과의 특별성을 명시적으로 표현하는 경우는 드물고 입법목적을 통해 그 의도를 간접적으로 표현하는 경우가 많기 때문에 해당 법률이 어떤 법률에 대한 특례를 정하고 있는지 판단하기 애매한 경우가 적지 않다. 박영도, 『입법이론연구(I) ― 입법기초이론과 입법기술』, 한국법제연구원, 1991, 170-171면.

51) Kramer(2019), 126-127면; Vogel(1998), 63면.

치 않는 경우에는 입법자의 의도를 탐색하고 입법목적을 확인하는 등 정교한 법해석학적 검토가 필요하다. 일반법과 특별법의 구별 기준은 일응 다음과 같이 정리될 수 있다.

> 법규범 N1이 적어도 그 법적 조건의 일부가 법규범 N2의 법적 조건과 일치하고, 법규범 N1이 적용영역을 축소시키는 추가적인 법적 조건을 포함하는 경우에, 법규범 N1은 법규범 N2보다 특별하다.[52]

예를 들어 형법 제250조 제1항의 살인죄와 같은 조 제2항의 존속살해죄를 비교해 보면, 존속살해죄는 살인죄의 구성요건과 피해자가 행위자의 직계존속이라는 추가적인 구성요건을 포함하고 있으므로 살인죄에 비해 특별법의 지위에 있다. 바꿔 말해 형법 제250조 제1항의 적용영역은 같은 조 제2항의 적용영역을 완전히 덮고 그것을 넘어선다. 이와 같이 하나의 법규범이 다른 법규범에 비해 추가적인 법적 조건을 요구하는 경우에는 특별성의 판단에 별 문제가 없다.

다만 적용 조건을 기준으로 일반법과 특별법을 구별하는 견해를 고수하면, 두 법규정의 법적 조건이 동일하여 적용영역이 완전히 일치하되 단지 법적 효과만 달리하는 경우에는 특별법 우선의 원리가 적용될 여지가 없게 된다. 예를 들면 형법 제329조는 "타인의 재물을 절취한 자는 6년 이하의 징역 또는 1천만 원 이하의 벌금에 처한다."라고 규정하는데, 상습범에 대해서는 형법 제332조에 의해 절도죄에 정한 형의 2분의 1까지 가중하도록 규정하고 있다. 그런데, 2016. 1. 6. 개정되기 전의 구「특정범죄 가중처벌 등에 관한 법률」(이하 '특정범죄가중법') 제5조의4 제1항은 "상습적으로 형법 제329조부터 제331조까지의 죄 또는 그 미수죄를 범한 사람은 무기 또는 3년 이상의 징역에 처한다."라고 규정하고 있었다.

당시 상습절도에 대해서는 구 특정범죄가중법 제5조의4 제1항이 형법 제332조 및 제329조보다 우선 적용되어 상습절도는 무기 또는 3년 이상의 징역에 처한다고 해석하는 데에 이견이 없었다. 다만 구성요건은 동일한데 법정형만 상향하는 입법 방식이 적절한지에 대해서는 논란이 없지 않았다. 결국 헌법재판소는 구 특정범죄가중법 제5조의4 제1항 상습절도 가중처벌 규정에 대하여 형법과

---

52) Schmalz(1992), 47면.

같은 기본법과 동일한 구성요건을 규정하면서 법정형만 상향한 규정은 형벌체계
상의 정당성과 균형을 잃어 헌법의 기본원리에 위배되고 평등의 원칙에 위반된
다는 이유로 위헌결정을 내렸고[53] 이 조항은 결국 특정범죄가중법을 개정하면서
삭제되었다.

이렇게 보면 일반법과 특별법의 관계는 일차적으로 법적 조건을 기준으로
하지만 법적 효과도 보충적으로 고려해야 한다. 특히 형법의 경우 구성요건이 동
일한 경우 법적 효과인 법정형을 고려하여 일반법과 특별법의 관계를 판단할 필
요가 있다. 다만 법정형만을 기준으로 일반법과 특별법의 관계를 속단해서는 안
된다. 형법 제250조 제1항의 살인죄와 구 형법 제251조의 영아살해죄의 관계에
서 보듯이 영아살해죄가 살인죄보다 법정형이 현저히 낮다. 그럼에도 불구하고
영아살해죄가 살인죄와의 관계에서 특별법으로서 우선 적용된다는 점에 대해서
는 이견이 없었다.

3) 상위법 우선의 원리

오늘날 충돌 해소원리를 대표하는 상위법 우선의 원리(lex superior derogat
legi inferiori)는 법체계의 통일성원리와 결합되어 법학자나 법률가에게 별다른 의
문 없이 받아들여진다. 하지만 상위법 우선의 원리 역시 법이론적으로 분석하기
시작하면 그 개념 및 기준·효과에 대해서 논란이 없지 않은데 우선 상·하위의
의미부터 논란이 있다. 상위(superior)를 라틴어의 표현에 충실하게 우위성으로
이해할 때 이는 결국 '우위의 규범은 열위의 규범에 우선한다'는 것으로서 동어
반복에 불과하다. 위 원리가 공허한 공식에 그치지 않기 위해서는 우위성의 실질
적 기준을 제시하여야 한다.

일부 학자는 법규범 N1의 효력이 법규범 N2의 효력에 기초해 있을 때, 즉
수권관계 내지 위임관계에 있을 때 법규범 N2가 법규범 N1의 상위규범이라고
본다.[54] 그러나 수권관계가 없을 경우에도 일반적으로 법률을 대통령령에 대한
상위법이라고 부른다는 점에 비추어 볼 때, 이러한 이해는 일상적인 용례와는 분
명히 차이가 있다. 일상적으로는 입법의 형식(形式), 즉 법규정의 제정형식과 절
차를 기준으로 우열을 판단하는 것이 보편적인 듯하다. 이렇게 볼 때 상위법우선
의 원리는 '상위의 입법형식을 가진 법규범은 하위의 입법형식을 가진 법규범에

53) 헌법재판소 2015. 2. 26. 선고 2014헌가16·19·23(병합) 전원재판부 결정.
54) 예컨대 Kelsen(1960), 196–197면.

우선한다.'고 해석되어야 한다.[55]

상·하위의 법규범이 아닌 동위의 법규범 사이의 규범충돌, 특히 동일한 법령에 속한 법규정 사이의 충돌에도 상위법 우선의 원리가 적용될 수 있는지의 문제를 논의할 필요가 있다. 이른바 헌법위반의 헌법규범(verfassungswidrige Verfassungsnorm)의 이론, 즉 동일한 헌법 내에서도 상위의 위계를 가진 법규정이 존재하며 지도적인 헌법원리는 그와 충돌하는 헌법규정에 우선한다는 이론이 바로 이와 관련된 것이다. 하지만 이러한 유형의 충돌은 동위의 법원리와 법규칙 사이의 충돌에 불과하므로 상위법 우선의 원리가 적용되기 어렵다.[56]

마찬가지로 동위의 법률에 있어서도 기본법과 집행법, 그리고 처분법 간에 상위법 우선의 원리가 적용될 수 있는지에 대하여 논란이 있다.[57] 이른바 기본법은 입법실무적인 용어로서 일정한 분야에서 정책의 기본 방향을 정하고 관련 정책의 체계화를 위하여 정책의 기본적 지침을 밝히는 법률이다. 이러한 기본법은 일종의 프로그램적인 법률로서 법령집에서도 관련 법률들의 맨 앞에 편제되어 있다. 입법실무의 관점에서 집행법 내지 처분법은 기본법의 입법목적이나 기본이념을 존중하지 않으면 안 되며 기본법에 규정되어 있는 내용을 충실하게 구체화하는 방향으로 제정되어야 한다. 그로 인해 같은 법률임에도 마치 헌법과 법률의 관계와 유사하게 기본법은 집행법 내지 처분법에 우선한다고 볼 여지가 있다. 그러나 법이론의 관점에서 보면 기본법과 집행법·처분법은 동일한 입법형식을 갖고 있어 상위법 우선의 원리가 적용된다고 보기 어렵다. 오히려 집행법 내지 처분법이 특별법으로서 일반법인 기본법에 우선한다고 판단할 수도 있다. 따라서 기본법을 상위법으로 이해하여 상위법 우선의 원리를 적용하는 것은 적절하지 않다.

(2) 해소원리 적용의 효과

법의 충돌에 있어서 해소원리가 적용되어 하나의 법규범이 다른 법규범에

55) Ermacora(1961), 318면; Bydlinski(1991), 456면.
56) 헌법재판소도 헌법의 개별규정은 위헌심사의 대상이 아니라고 거듭 판시하고 있다. 헌법재판소 1995. 12. 28. 선고 95헌바3 전원재판부 결정; 헌법재판소 2001. 2. 22. 선고 2000헌바38 전원재판부 결정 등 다수 결정.
57) H.-U. Erichsen/W. Martens, *Allgemeines Verwaltungsrecht, 9. Aufl.*, Berlin: de Gruyter, 1992, 174면.

대해 우위를 갖는 경우 다른 법규범은 효력을 상실하는가 아니면 단지 그 경우에만 적용이 배제될 뿐 그 효력을 유지하는가? 만일 해소원리의 적용을 통해서도 어느 한 법규범의 우위가 밝혀지지 않는 진정충돌의 경우, 두 법규범의 효력은 어떻게 되는가?

해소원리는 기본적으로 '법규범 N1은 법규범 N2를 폐지한다(derogat)'는 형태로 등장한다. 이에 해소원리를 문언에 충실하게 이해하는 학자들은 우선성을 갖지 못하는 법규범이 폐기됨으로써 그 효력을 상실하고 법체계로부터 제거되는 것으로 본다.[58] 일부 학자는 상·하위 규범 간의 충돌과 동위 규범 간의 충돌을 구분하여 동위 규범 사이에 신법 및 특별법 우선의 원리가 적용되는 경우에 구법 내지 일반법이 단지 적용 배제되는 것과 달리, 상·하위 규범 사이의 충돌에 있어서는 상위규범에 위반된 하위 규범이 아예 무효라고 보기도 한다.[59]

그러나 법적용기관은 특정 사건에서 법 해석 과정에서 해소원리에 따라 상위법·신법·특별법을 적용하는 것에 불과하므로 하위법·구법·일반법이 법질서에서 제거되지는 않는다. 상위법·신법·특별법이 우선한다는 것의 진정한 의미는 하위법·구법·일반법의 영구 제거가 아니라 그 적용가능성의 일시적인 제한일 뿐이다. 적용가능성이 배제된 법규범은 폐지처럼 확정적으로 효력을 상실하는 것이 아니라 단지 일정한 사건에 적용되지 않고 잠재상태(state of latency)에 들어간다. 따라서 우선성을 가진 법규범이 폐지되면 다시 효력을 회복한다. 다만 입법자가 기존 법규범을 충분히 인식하고 이를 변경할 목적으로 그와 충돌하는 새로운 동위법 또는 상위법을 의도적으로 제정하는 예외적인 경우에는 이른바 묵시적 폐지로서 기존 법규범의 효력이 영구적으로 상실될 수 있다.

다음으로 해소원리의 적용을 통해서도 법규범의 우선성이 밝혀지지 않는 상황, 즉 진정 규범충돌의 경우 법규범의 효력에 대해서 논란이 있다. 상당수의 학자들은 충돌하는 두 법규범 모두 그 효력을 상실하는 이른바 충돌흠결(Kollisionslücke)이 발생한다고 본다.[60] 즉 규범충돌의 상황에서 유일한 탈출구는 서로 충돌하는 두 법규범이 모두 효력이 없다고 선언하고 그에 따른 흠결은 흠결 보충의 일반원칙에 따라 해결될 수밖에 없다고 본다. 법관은 충돌흠결의 상황

---

58) von Wright(1993), 115면; Alexy(1994), 78면.
59) 예컨대 Zippelius(2021), 32-33면.
60) Engisch(1935), 84면; Schreiber(1962), 87면; Zippelius(2021), 33면; Canaris(1983a), 65-66면.

에서 재판거부와 흠결 보충 중 선택의 기로에 서게 되지만 재판을 거부할 수는 없으므로 흠결 보충의 방법을 선택할 수밖에 없기 때문이라는 것이다.

그러나 법체계가 명시적으로 규정하거나 묵시적으로 전제하는 효력상실의 요건과 무관하게 단지 해소원리가 적용되지 않는다는 이유로 두 법규범이 모두 효력을 상실한다고 볼 수는 없다. 당연히 충돌하는 두 법규범은 효력을 유지하고 단지 충돌하는 범위 내에서 그 적용이 제한될 뿐이다. 그리고 법의 충돌 상황에서 법관은 원칙적으로 충돌하는 법규범 중 하나를 선택하여 적용할 수밖에 없고 임의의 다른 법규범을 적용할 수는 없다. 특히 모순관계와 같은 필연적 충돌의 경우에 법적용자로서는 배중률(tertium non datur)에 의하여 그 행동을 금지하거나 허용하는 것 둘 중에 하나를 선택할 수 있을 뿐이고 제3의 해결방법을 선택할 가능성이 없다.61) 따라서 법의 충돌이 해소원리로 해결되지 않는 경우 전체적인 법체계, 법이념 또는 법공동체에 의하여 승인된 윤리적 가치 등을 고려하여 법규범의 우선성을 결정하여야 한다. 이는 유추와 같은 흠결 보충의 방법으로 제3의 법규범을 적용하는 것이 아니라 충돌하는 두 법규범 중 하나를 적용하는 것일 뿐이다.

(3) 해소원리의 한계

전통적으로 법체계는 신법우선의 원리를 비롯한 해소원리를 다원적으로 적용함으로써 법의 충돌을 해소해왔다. 하지만 해소원리들은 그 정당화(근거지음) 문제뿐 아니라 해소원리 간의 충돌이라는 풀기 어려운 문제를 안고 있다.

법학자들은 규범충돌의 해소원리를 정당화가 필요 없는 자명한 것으로 받아들이고 있으나, 해소원리는 논리적으로나 선험적으로나 자명한 것이 아니므로 실정법적 또는 법이론적 정당화를 필요로 한다. 다양한 정당화 시도에도 불구하고 아직까지 의심의 여지가 없을 정도로 정당성을 근거짓는 데에는 성공하지 못하였다.

신법 우선 원리의 경우 신법이 어떠한 행동을 규율함에 있어서 그에 대한 상황변화를 감안하여 제정되었을 것이기 때문에 구법보다 더 합리적이라는 논거가 제시된다. 그러나 이는 법적용자의 막연한 추측에 불과한 것으로서 입법자가

61) E. Garcia-Maynez, "Some Considerations on the Problem of Antinomies in the Law", *ARSP 49* (1963), 1-14면, 특히 5면.

법의 충돌을 간과했을 가능성도 없지 않다. 역사적으로 보더라도 십이표법(十二
表法)이 새로운 법보다 우선한다는 원칙이 제정로마시대까지 유지되었던 사실,
또 오래된 법이 좋은 법이라는 이유로 신법보다 우위에 두던 시기가 있었던 사
실에 비추어 신법 우선의 원리가 자명하게 정당화되는지는 의문이다.

특별법 우선의 원리에 대해서도 특별법을 제정하는 법제정기관이 규율대상
이 되는 생활관계를 더 잘 알고 있다거나 특별법에 입법자의 의지가 더 분명하
게 드러난다는 점, 또 일반법을 우선시킬 경우에는 특별법이 적용될 여지가 없어
지므로 특별법의 존재이유가 없게 된다는 점 등을 정당화 논거로 삼고 있다.[62]
하지만 일반법 우선의 원리도 통일화(Vereinheitlichung)의 이념에 의해 정당화될
수 있으므로 특별법 우선의 원리만이 예외없이 정당화된다고 보기 어렵다.

상위법 우선의 원리 역시 상위법·하위법이라는 개념이 단지 언어적 경제성
의 문제일 뿐 논리필연적인 것은 아니라는 점을 감안할 때 정당화가 필요하다.[63]
다만 헌법 제107조 및 제117조에 비추어 헌법이 법률보다, 법률이 명령보다, 법
령이 지방자치단체의 조례·규칙보다 우위에 있는 것이 분명하므로 상위법 우선
의 원칙은 우리나라 법질서에서 실정법적으로 근거 지워져 있다고 보아도 좋을
것이다.

한편 해소원리는 법의 충돌 시 다원적으로 적용되는데, 만일 일반 구법과
특별 신법이 충돌하는 경우라면 신법 우선의 원리를 적용하든 특별법 우선의 원
리를 적용하든 간에 동일한 결론에 이르게 되므로 문제가 없다.

그런데 해소원리들이 서로 상이한 결론에 이르게 될 경우에는 명확한 답이
제공되지 않는다. 다시 말해 해소원리 사이에 충돌이 있는 상황에서는 어떤 해소
원리가 우선하는지 분명치 않다. 해소원리는 상대적인 가치를 가진 원리로서 단
지 제한적인 효력을 가질 뿐이기 때문이다.[64] 가령 기존의 특별법과 새로운 일

---

62) Baldus(1995), 202면.
63) 상위법 우선을 인정하더라도 현실에서 상위법에 반하는 하위법도 효력을 갖고 있다는 사
   실을 무시할 수 없다. 상위법의 우위성은 위헌법률심사 제도와 같이 상위법에 위반되는
   하위법의 위법성을 심사하는 규범통제제도가 있는 경우에 실질적으로 보장될 수 있다. 따
   라서 상위법 우선의 원리가 근거지워질 수 있는지 여부는 규범통제제도의 존재에 달려 있
   다. 이에 대한 지적은 Ross(1959), 132면.
64) Engisch(1935), 47-48면; Ross(1959), 134면. 엄밀하게 말하면, 해소원리의 어느 것도 논
   리적 우위를 갖지는 못한다. F. Lachmayer, *Grundzüge einer Normentheorie*, Berlin:
   Duncker&Humblot, 1971, 106면.

반법 사이의 충돌의 경우 어느 해소원리가 우선하는지는 명확하지 않다. 이는 과거 행정소송의 재판관할과 관련된 실무상의 논란에서도 확인할 수 있다.

1998. 3. 1.부터 시행된 구 행정소송법(법률 제4770호) 제9조에 의하면 행정소송의 제1심 관할법원은 피고의 소재지를 관할하는 행정법원이다. 하지만 행정법 관련 법률에 행정소송의 관할법원을 고등법원으로 규정한 기존 조항들이 존치됨에 따라 행정소송의 재판관할이 행정법원인지, 고등법원인지가 문제되었다. 당시 서울행정법원에서는 관련사건 모두 서울고등법원으로 이송하였다. 이에 서울고등법원에서는 집회 및 시위에 관한 법률 제9조에 의한 집회 및 시위의 금지통고처분취소소송사건을 비롯한 대부분의 사건에 재판관할을 인정하여 재판을 진행하였다. 그러나 구 지방자치법 제131조에 따른 사용료·수수료 또는 분담금의 부과 또는 징수처분취소 사건에 대해서는 재판관할이 없다는 이유로 서울행정법원으로 재이송하였다. 이러한 상황은 기존의 특별법과 새로운 일반법 사이의 충돌에서 신법 우선이나 특별법 우선의 원리만으로 규범충돌을 일관되게 해결할 수 없다는 점을 잘 보여준다. 실제로 구 청소년보호법(법률 제5817호)은 제41조의 개정을 통해 청소년보호법에 의한 처분취소 사건의 전속관할을 고등법원에서 행정법원으로 변경함으로써 입법적으로 해결하였다.

이처럼 해소원리는 선험적으로 자명한 것이 아니라 입법자의 태도에 따라, 즉 실정법에 따라 정당화되는 것이므로 해소될 수 없는 법의 충돌도 분명히 존재한다. 그렇다고 법적용자가 법의 충돌을 내버려 두고 두 법규범 중에서 임의로 선택하여 적용할 수는 없다. 이때 법적용자는 부득이 평가적인 관점에서, 다시 말해 그 사건과 관련되는 정의를 비롯한 가치기준을 고려하거나 이익형량을 통하여 그 법체계가 충돌하는 법규범 중 어떤 규범에 우선성을 부여하는지를 탐색하는 등의 방법을 통해 법의 충돌을 해소할 것이다. 그러나 사건별로 해석을 통해 해소하는 방식은 추상적인 법규범의 차원에서는 충돌이 남게 되므로 유사한 사건에서 동일한 결론이 내려진다는 보장이 없다. 결국 해소원리의 적용을 통해서도 해결되지 않는 법의 충돌은 최종적으로 폐지라는 입법적인 방법을 통해 해소할 수밖에 없다.

2. 폐지

법체계가 인간행위의 조정이라는 본질적인 기능을 수행하기 위해서는 결코 정태적일 수 없고 동태적이어야 한다. 법체계는 사회현실의 변화에 따라 새로운 법규범을 제정하기도 하고, 기존 법규범을 폐지하기도 하는데, 이를 가능케 하는 것이 창설규범과 폐지규범이다. 그중에서도 폐지규범은 기존 법규범이 사회의 변화로 인해 현실과 괴리되는 경우, 또 기존 법규범이 입법목적을 이미 실현하여 더 이상 존속할 필요가 없는 경우에 필요하지만, 처음부터 법규범이 잘못 제정되어 상위법 내지 동위법과 충돌하는 경우에 법체계의 통일성을 확보하기 위해서도 필요하다.

(1) 폐지의 개념 및 특성

일반적으로 폐지(Derogation)는 '다른 법규범을 통한 기존 법규범의 폐기'를 의미한다.[65] 폐지는 법규범의 구속성이나 적용가능성이 아닌 규범 자체를 폐기하는 것이다. 폐지는 종종 폐기(Aufhebung)와 개념적으로 구별되지 않고 동일한 의미를 갖는 것으로 이해된다. 다만 폐지는 법규범, 특히 일반규범의 폐기를 의미하는 전문용어라는 점에서 규범뿐 아니라 행위에도 사용되는 일상언어로서의 폐기와 구분된다.

폐지는 그 요건에 있어서 원시적인 하자뿐 아니라 후발적인 사정변경까지 포함하고 있다는 점, 다시 말해 규범통제기관이 위법성을 문제 삼아 폐지할 수도 있고 법제정기관 스스로 법규범의 목적달성 또는 비현실성을 이유로 폐지할 수 있다는 점에서 직권취소나 철회와 구분된다.[66] 또 폐지는 그 효과에 있어서 원칙적으로 비소급적이라는 점에서 소급효를 갖는 취소와 구분된다. 물론 폐지는 입법자에 의하여 소급효를 가질 수 있고 그 반대로 미래효를 가질 수 있지만 폐지는 기존 법규범의 당연무효를 전제하지 않기 때문에 법적 안정성이라는 이념에 기초하여 원칙적으로 비소급적(ex nunc) 폐지를 의미한다. 다만 입법기관이 아닌 규범통제기관에 의한 폐지, 특히 구체적 규범통제절차에서의 폐지는 그 제도의 취지 등을 고려할 때 오히려 소급효를 갖는 것이 원칙이다. 이와 같이 폐지

---

65) 폐지는 원칙적으로 일반규범뿐 아니라 판결과 같은 개별규범에 대해서도 적용된다. Kelsen(1979), 87면. 그러나 실무상 개별규범의 폐지는 폐지가 아니라 흔히 취소(取消) 또는 파기(破棄)로 불린다.

66) 철회는 넓은 의미의 취소에 포함되는 것으로 이해되며 흔히 취소로도 표현된다. 하지만 취소는 이미 발생된 행위의 효력을 소급적으로 소멸시키는 것인데 비하여, 철회는 행위의 효력을 장래적으로 소멸시킨다는 점에서 양자는 개념적으로 구별된다.

는 하자 있는 규범뿐 아니라 하자 없는 규범을 비소급적으로 폐기한다는 점에서 하자 있는 규범 중 무효화(취소)할 수 있는 규범을 소급적으로(ex tunc) 폐기하는 무효화(취소)와는 구별된다.[67]

일부 학자들은 폐지가 원칙적으로 비소급적이라는 점에서 철회(Widerruf)와 유사하다는 것에 착안하여 폐지 대신에 철회라는 용어를 사용한다.[68] 하지만 철회는 원래의 입법기관에 의해 후발적 사유를 이유로 가능하다는 점에서 원래의 입법기관 이외에 상위 입법기관이나 규범통제기관에 의해서도 가능하고 후발적 사유뿐 아니라 원시적 하자를 원인으로도 가능한 폐지와는 개념적으로 구별되어야 한다.

폐지를 그 기능으로 하는 폐지규범은 다른 법규범의 효력을 폐기한다. 폐지규범은 법규범의 제정행위 그 자체가 아니라 그를 통하여 제정된 법규범 자체 또는 그 효력을 문제 삼는 것이다. 법제정행위는 이미 완결된 사실이므로 폐기될 수 없고, 그 제정행위를 통하여 제정된 법규범만이 폐기될 수 있다. 즉 폐지규범은 일정한 행동을 명령하거나 금지하는 당위가 아니라 비당위(Nicht-Sollen)를 규정한다.[69] 따라서 폐지규범은 언어적으로 명령문 또는 의무문의 형태로는 표현될 수 없다. 명령문 또는 의무문은 행동의 비당위를 표현할 수 없기 때문이다. 만일 기존 법규범과 상반되는 내용의 새로운 규범의 제정을 통해 기존 규범을 폐지하려 한다면 규범충돌을 야기할 뿐이다. 따라서 폐지규범 N2는 원칙적으로 '규범 N1은 폐지된다'는 형식의 서술문으로 등장한다.[70] 물론 폐지규범이 서술문의 형태라고 하더라도 다른 규범의 효력을 폐지하는 것이므로 규정적(prescriptive)

---

[67] 독일 헌법학에서는 위헌법률과 같은 하자있는 규범에 대하여 무효화가능성(취소가능성, Vernichtbarkeit)이라는 표현을 사용한다. 예컨대 J. Ipsen, *Rechtsfolgen der Verfassungs-widrigkeit von Normen und Einzelakt*, Baden-Baden: Nomos, 1980, 148-150면 참조.

[68] 예컨대 K. Wolff, "Das Ende rechtlicher Geltung", *ARSP(ARWP) 19* (1925/26), 243-268면.

[69] Kelsen(1979), 178면.

[70] 우리나라 입법실무에서도 법률전체를 폐지하는 경우 폐지 법률 또는 관련 법률의 부칙에서 '…법은 이를 폐지한다'는 방식을 사용하고, 법률의 일부 규정을 폐지할 경우에는 개정 법률에서 '제…조를 삭제한다'는 방식을 사용하며, 기존 규정을 폐지하고 새로운 규정을 신설할 경우에는 개정 법률에서 "제…조 중 '…'을 '…'로 한다"는 개정 방식을 취한다. 입법실무에서는 법률을 변경함에 있어서 폐지 및 대체 방식보다는 일부 개정 방식 또는 전부 개정 방식이 더 많이 사용된다. 법령입안 심사기준(2022), 630-632면, 735면, 751면, 783-784면.

의미를 갖는다.

이와 같이 폐지규범은 일정한 인간 행위를 규율하는 것이 아니라 다른 규범의 효력을 규율한다. 따라서 폐지규범은 독자적으로 존재할 수 없고 폐기되는 규범과 관련해서만 존재할 수 있다: 폐지규범의 종속성. 이러한 특성에 주목하여 일부 학자는 폐지규범이 그 기능, 즉 다른 규범의 효력을 폐지하고 나면 스스로의 효력도 상실하므로 폐지규범은 시적 적용영역을 갖지 않는다고 주장한다.[71] 그러나 폐지규범이 그 기능을 다하여 적용가능성이 배제될지 모르지만, 법체계에서 여전히 존속하고 있으므로 그 효력을 상실하는 것은 아니다.[72]

폐지규범은 명시적으로 규범제정자가 기존 법률의 폐지를 목적으로 하는 폐지법률을 제정하거나, 관련 법률의 제·개정 시에 그 부칙에 포함된 폐지법률 조항에서 폐지되는 법률을 규정하는 방식으로 성립한다. 폐지규범은 관습을 통해서 성립될 수 없고 원칙적으로 실정법으로 제정되어야 한다.[73] 마치 폐지규범이 관습을 통해서 성립되는 것처럼 보이더라도 실제로는 기존 규범이 사실상의 실효, 즉 실효성의 상실로 인하여 효력을 상실하는 것일 뿐 관습법적으로 성립된 폐지규범이 기존 규범을 폐지하는 것이 아니다.

폐지는 그 요건 및 효과를 비롯한 내용이 기본적으로 실정법에 맡겨져 있으므로 현실에서 입법자의 의지에 따라 다양한 형태로 등장할 수 있다. 즉 폐지는 기존 규범의 효력을 상실시키는 폐지규범을 명시적으로 제정함으로써도 가능하지만 기존 규범과 내용적으로 상충하는 행위(contrarius actus)를 규정하는 규범을 제정함으로써도 가능하다. 흔히 전자를 형식적(formell) 폐지, 후자를 실질적(materiell) 폐지라고 부른다. 하지만 엄밀히 말해 실질적 폐지는 기존 규범과 충돌하는 내용의 새로운 규범이 제정됨에 따라 법의 충돌이 발생하고 해소원리의 적용을 통해 기존 법규범의 적용가능성이 배제되는 것이므로 원래 의미의 폐지가 아니다.

물론 입법자가 기존 규범을 폐지할 의도로 그와 충돌하는 내용의 규범을 새

---

71) 예컨대 Kelsen(1979), 85면.
72) 켈젠도 해소원리가 폐지규범으로서 규범충돌 상황에 적용됨으로써 그 기능을 다하여 효력을 상실한다고 하면서도 해소원리가 일반규범이라면 하나의 규범충돌 상황에서 기능하였다고 하여 효력을 상실하는 것이 아니라 다른 규범충돌 상황에도 적용될 수 있다고 본다. H. Kelsen, "Derogation", *Essays in Jurisprudence in Honor of Roscoe Pound*, Indianapolis: Bobb's Merril, 1962, 339-361면.
73) Kelsen(1979), 87면.

로 제정하는 것이 명백한 경우에는 새로운 규범에 묵시적으로 수반된 폐지규범
이 기존 규범을 폐지한다: 묵시적(impliziert) 폐지.[74] 묵시적 폐지는 일견 실질적
폐지와 유사해 보이지만, 폐지되는 규범의 효력을 상실케 한다는 점에서 오히려
형식적 폐지와 유사하다. 즉 실질적 폐지와 달리 묵시적 폐지는 유사폐지가 아니
라 폐지의 하위 유형이다.

폐지는 반드시 동위의 법규범에 의해 이루어질 필요는 없고 상위의 법규범,
드물게는 하위의 법규범에 의해서도 이루어질 수 있다. 원칙적으로 일정한 법을
제정할 권한을 갖는 기관은 개정하거나 폐지할 권한도 가지므로 동위의 법규범
에 의한 폐지는 아무런 문제가 없다. 가령 국회는 사회 현실의 변화를 반영하여
아무런 제한 없이 기존 법률을 폐지할 수 있다. 상위법에 의한 하위법의 폐지도
법체계의 통일성을 인정하면 별 문제없이 가능한 것으로 보인다. 헌법의 제·개
정 시 부칙에서 헌법에 반하는 법률을 폐지하는 것도 이론적으로 가능하고 실제
로도 드물지 않다. 또 법률의 제·개정 시 그에 반하는 기존의 법률과 함께 그 시
행령까지 폐지하는 것도 가능할 것이다.

그런데 상위법이 하위법을 폐지할 의도로 하위법과 충돌되는 새로운 법을
제정함으로써 묵시적으로 폐지하는 것이 가능한지는 논란이 있다. 물론 헌법 개
정 시에 기존 법률에 반하는 새로운 규정을 헌법에 삽입함으로써 기존 법률을
묵시적으로 폐지하는 것은 법이론적으로 가능해 보인다.[75] 헌법의 최고규범성에
비추어 헌법개정권력이 과거 법률로 규율하던 사항을 헌법에서 규율할 의도로
개정하는 경우 기존 법률규정은 폐지된다고 보는 것이 합리적이다. 우리나라에
서도 이른바 국가배상법 위헌판결[76] 이후 기존 국가배상법과 유사한 내용의 법
규정이 유신헌법으로 알려진 제4공화국 헌법 제26조로 유효하게 편입된 바 있다.

반면 국회가 어떤 법영역을 새로이 규율하기 위하여 법률로써 명령을 폐지
할 수 있다고 하더라도 그러한 명령을 제정할 권한까지 갖고 있는지에 대해서는
논란이 없지 않다. 권력분립 원리에 의하면 법률을 제정할 권한은 입법기관에,
행정입법을 제정할 권한은 행정기관에 부여되어 있기 때문이다. 하지만 오늘날
빈번하게 등장하는 처분적 법률이나 개별사건 법률에서 확인할 수 있듯이 법률

---

74) 일부 학자는 실질적 폐지라는 이름으로 묵시적 폐지를 다룬다. 예컨대 Kramer(2019), 131면.
75) Walter(1972), 325면. 이에 반대하는 견해로 Antoniolli/Koja(1986), 189면.
76) 대법원 1971. 6. 22. 선고 70다1010 전원합의체 판결.

제정권과 명령제정권의 내용적 경계를 구분하기는 어렵다. 그렇다면 입법자가 기존 명령과 충돌하는 내용의 법률을 제정함으로써 기존 명령의 효력을 제거하는 것이 불가능하다고 볼 수는 없다. 요컨대 명령도 그와 상충되는 내용을 갖는 법률에 의해서 묵시적으로 폐지될 수 있다.

드물지만 하위법에 의한 상위법의 폐지도 가능하다. 하위법이 폐지되는 상위법 자체 또는 차상위법으로부터 명시적으로 수권받아 상위법을 폐지하는 경우가 그러하다. 가령 헌법에 근거한 헌법재판소 결정으로 상위의 법률을 위헌으로 폐지하는 위헌법률심사제도가 그 예이다.[77] 하지만 적법하고 정당한 수권이 없으면 하위법에 의한 상위법의 폐지는 불가능하고 아무런 효과를 갖지 못한다.

(2) 폐지의 요건

폐지규범이 기존 규범을 폐지할 수 있기 위해서는 기존 규범과 동일한 체계에 속하여야 한다. 하지만 폐지규범이 폐지되는 규범과 동일한 법제정기관에 의하여 제정될 필요는 없다. 가령 기존 법률은 기본적으로 폐지법률에 의해 폐지되지만 새로운 헌법에 의해서도 폐지될 수 있다.

폐지의 대상이 되는 기존 규범은 효력이 있어야 하므로 원칙적으로 이미 효력을 상실한 법규범은 폐지될 수 없다.[78] 물론 시적 효력영역이 종료하였지만 여전히 효력 있는 법규범은 폐지 가능하다. 또 폐지되는 규범이 성립하기 전에는 폐지의 대상이 확정되지 아니하여 폐지규범이 기능할 수 없으므로 제정되지 않은 규범은 폐지될 수 없다.[79] 다만 규범의 성립과 효력발생(발효)은 구분되므로 아직 시행되지 않은 규범일지라도 일단 제정 공포되어 성립되었으면 폐지 가능하다.[80]

---

77) 이 경우 헌법재판소는 소극적 입법자(negativer Gesetzgeber)로서 입법유사적 기능을 수행한다. H. Kelsen, "Wesen und Entwicklung der Staatsgerichtsbarkeit", *VVDStRL 5* (1929), 30–88면.

78) Schima(1961), 563면. 헌법재판소는 이미 법률이 폐지된 경우의 위헌심판제청은 부적법하다고 보면서도 해당 사건에 적용될 수 있어 재판의 전제가 되는 경우에는 위헌심판제청의 대상이 된다고 본다. 헌법재판 실무제요(2023), 148–150면. 물론 이미 폐지된 규범도 예외적으로 그 위법성이 확인될 수 있다고 하더라도, 이미 폐지된 규범이 다시 폐지될 수는 없다.

79) Weinberger(1984), 474면.

80) R. Thienel, "Der zeitliche Geltungsbereich von Normen im Lichte der Legistik", *Staatsrecht in Theorie und Praxis. Festschrift für R. Walter zum 60.Geburtstag*, Wien:

폐지의 요건과 관련하여 폐지규범을 통해서 폐지될 수 없는 규범이 존재할 수 있는지 여부가 문제된다.[81] 법은 일정한 행동뿐 아니라 그 자체의 효력도 규율할 수 있으므로 일정한 법규범이 폐지되지 않는다고 명시적으로 규정하는 것도 가능하다.[82] 그럼에도 불구하고 모든 법규범은 법제정기관에 의해 폐지될 수 있다. 다시 말해 법이론적으로 폐지불가능한 규범은 존재할 수 없다.[83] 일정한 법규범 N1의 폐지불가능성을 규정하는 법규범 N2를 폐지함으로써 다시 법규범 N1의 폐지가 가능하게 되기 때문이다. 법규범 N2의 폐지불가능성을 규정하는 법규범 N3를 제정함으로써 법규범 N2를 폐지할 수 없도록 규정할 수 있지만, 법규범 N3의 폐지를 통하여 종국적으로 법규범 N1의 폐지가 가능하다. 그뿐 아니라 법규범 N2가 법규범 N1의 폐지불가능성을 규정한다고 하더라도 법규범 N1의 실효성 상실로 인한 효력상실까지 막을 수는 없다. 가령 법체계 LS1에서 법규범 N1의 폐지불가능성이 명문으로 규정되어 있더라도 성공적인 혁명의 결과로 법체계 LS1이 효력을 상실하면 법규범 N1도 효력을 상실하게 된다. 더구나 법규범의 폐지불가능성은 그와 충돌하는 다른 법규범이 제정되어 실질적으로 또는 묵시적으로 폐지되는 것까지 막을 수는 없다.

(3) 폐지의 효과

폐지는 어떠한 효과를 가져 오는가? 특히 폐지된 기존 규범의 효력은 어떻게 되는가? 앞서 지적한 바와 같이 법논리가 아니라 해당 법체계가 법규범이 언제, 어떻게 효력을 상실하는지를 결정한다. 폐지 조건이 충족될 경우 부여되는 법적 효과에 대해서도 실정법은 타협적인 선택방안들을 제공할 수 있다. 따라서 폐지의 효과도 원칙적으로 실정법으로부터 도출하여야 한다.

Manz, 1991, 709-726면, 특히 712면. 그러나 헌법재판소는 위헌법률심판 제도의 속성상 위헌심판제청 대상법률이 특별한 사정이 없는 한 현재 시행 중이거나 과거에 시행되었던 것이어야 하기 때문에 제청 당시 공포는 되었으나, 시행되지 않은 법률은 위헌여부 심판의 대상법률에서 제외된다고 본다. 헌법재판소 1997. 9. 25. 선고 97헌가4 전원재판부 결정 참조.

81) 이 문제는 헌법학에서 헌법개정의 한계라는 주제로 다루어지는데, 법이론적인 차원에서 폐지불가능한 규범을 인정하는 것이 통설이다. 성낙인,『헌법학』, 제22판, 법문사, 2022, 53-56면; 정종섭,『헌법학원론』, 제13판, 박영사, 2022, 106-107면 참조.

82) 독일기본법(GG) 제79조 제3항은 인간존엄의 보호를 규정하고 있는 독일기본법 제1조 등의 개정 금지, 즉 폐지 불가능성을 명문으로 규정하고 있다.

83) Cornides(1969), 1231-1232면.

실정법은 법규범의 무효화 요건을 스스로 규율할 수 있으며 실제로 다양한 무효화 요건이 있으므로 폐지에도 다양한 등급이 있을 수 있다. 즉 폐지는 기존 규범을 완전히 무효화할 수도, 제한적으로 제거할 수도 있으며, 아예 폐지하지 못할 수도 있다. 폐지된 규범이 어떠한 효력을 갖는지는 원칙적으로 실정법에 달려 있다.

그런데 폐지규범에 의하여 폐지된 법규범이 효력을 상실한다고 할 때 효력상실의 의미가 분명치 않다. 법규범의 효력상실은 존재 자체의 종료, 즉 법체계로부터의 제거를 의미할 수도 있고 효력영역의 종료를 의미할 수도 있다. 전통적으로 규범제정기관에 의한 폐지는 시적 효력영역의 종료로 이해되어 왔으나 법규범의 효력이 법체계에의 소속성을 의미하는 이상, 규범의 폐지로 인한 효력상실도 규범 자체의 종료로 이해되어야 한다. 물론 법규범 자체가 폐지된다고 해서 규범의 시적 효력영역까지 종료되지는 않는다. 경과규정에 달리 규정되지 않은 이상, 효력영역의 종료는 시적 요건영역의 종료를 의미한다. 입법자가 반성적 고려에서 기존 법규범의 적용을 더 이상 원치 않는다고 판단되지 않는 이상, 기존 법규범은 그 요건영역이 종료되는데 그칠 뿐 효과영역은 지속된다.

폐지의 효과와 관련하여 실무에서 주로 문제가 되는 것은 헌법재판소와 같은 규범통제기관에 의해 폐지되는 법규범의 효력이다. 일부 학자는 폐지를 일종의 무효확인으로 이해하여 폐지를 통하여 폐지된 법규범이 마치 제정되지 않은 것처럼 취급될 수 있다고 본다.[84] 법규범이 폐지되어 효력을 상실한다는 것은 그 이후로는 어떠한 경우에도 적용되지 않는다는 것이다. 즉 폐지를 법적 효과영역의 종료로 이해한다. 이 경우 폐지된 규범은 구성요건이 이미 실현된 사건에 대해서도 적용되지 않으므로 실질적으로 소급적 폐지를 의미한다. 하지만 다른 학자는 규범이 하자 있을지라도 일단 성립된 이상 아예 존재하지 않았던 것처럼 볼 수는 없다는 이유로 폐지가 원칙적으로 장래에 대하여(pro futuro) 작용하는 것으로 본다.[85] 이 경우 폐지는 시적 요건영역의 종료로 이해된다. 즉 기존 규범의 시적 요건영역 내에서 실현된 사태에 대해서는 폐지된 규범이 계속 적용된다는 것이다.

---

84) 예컨대 Walter/Mayer(1996), 196면.
85) 예컨대 L. Adamovich, *Die Prüfung der Gesetze und Verordnungen durch den österreichischen Verfassungsgerichtshof*, Wien: F. Deuticke, 1923, 306면.

과연 규범통제기관에 의한 폐지를 규범제정기관에 의한 폐지와 달리 볼 필요가 있는가? 폐지의 소급효는 엄연히 존재해온 법규범이 마치 존재하지 않았던 것처럼 의제하는 것에 불과하다. 따라서 규범통제기관에 의하여 기존 규범이 폐지된다고 하더라도 원칙적으로 그 규범이 폐지되기 전까지 구성요건이 이미 실현된 사건에 대해서는 폐지된 규범이 계속 적용된다.[86] 물론 명문 규정으로 구성요건이 이미 실현된 사건에 대해서도 폐지의 효력이 미치게 함으로써 폐지의 소급효를 인정할 수 있다는 점에 대해서는 이론의 여지가 없다.

폐지의 효과와 관련하여 논란이 되는 또 다른 문제는 일정한 법규범의 효력근거가 되는 모법 내지 수권법이 폐지되는 경우 그 법규범의 효력이 어떻게 되는지의 문제이다. 예를 들어 헌법이 폐지되는 경우에 그에 기초한 법률, 조약 또는 대통령의 긴급명령은 효력을 상실하는가? 또 법률에 기초한 집행명령으로서의 대통령령은 그 법률이 폐지되면 동시에 효력을 상실하는가?

새로운 헌법이 기존 법률의 존속을 명시적으로 규정하면 기존 법률은 당연히 효력을 유지한다: 헌법에 의한 법률의 계수. 가령 현행 헌법 부칙 제5조와 같이 "이 헌법시행당시의 법령과 조약은 이 헌법에 위배되지 아니하는 한 그 효력을 지속한다."라고 규정하는 경우에도 효력을 유지한다. 이러한 명문 규정이 없더라도 기존 법률은 원칙적으로 효력을 갖는다. 법규범은 본질상 원칙적으로 폐지되지 않는 이상 그 효력을 유지하기 때문이다. 다만 헌법의 개정이 헌법체제 및 이념, 정치구조의 근본적인 변경과 연관되어 있고 그 새로운 체제 및 이념, 구조에 정면으로 저촉하는 법률은 그 효력을 상실한다고 보아야 한다.[87]

수권 법률이 위헌으로 폐지되는 경우 위임명령 내지 집행명령 또는 자치조례는 그 효력을 유지하는가? 한편에서는 위임명령은 법률의 폐지로 인하여 영향을 받지 않지만 집행명령은 종속성이 강하기 때문에 법률의 폐지로 자동적으로 효력을 상실한다고 본다.[88] 반면 다른 한편에서는 입법자가 명문으로 수권 법률의 폐지에 따른 자동적인 효력상실을 규정하지 않는 이상, 집행명령도 위임명령과 마찬가지로 효력이 자동적으로 상실되지는 않는다고 본다.[89]

---

86) 예외적으로 소급효를 인정하는 것이 형평에 부합하는 사건에서는 효과영역의 종료까지 의미할 수 있다. 폐지 내지 효력상실의 의미가 불명확한 경우 해석론적으로 해결될 수밖에 없다. Walter/Mayer(1996), 196면 참조.
87) Nawiasky(1948), 94-95면; 대법원 1985. 1. 29. 선고 74도3501 전원합의체 판결.
88) Walter(1972), 325면; Schneider(1991), 311면.

이 문제에 있어서도 입법자의 입법 의도 내지 의사가 관건이 될 것이다. 헌법과 비정치적인 법률 사이의 관련성이 느슨한 데 비해 수권법률과 명령·규칙 사이의 관련성은 상당히 긴밀하다. 이 점은 수권법률과 자치조례에 있어서도 마찬가지이다. 따라서 모법으로서의 수권법률이 폐지되면 원칙적으로 위임명령 또는 집행명령도 효력을 상실한다고 보아야 한다.[90]

다만 법규범에 기초하여 이미 구체적인 행위가 이루어진 경우에는 계속효가 인정된다. 이는 행정행위의 확정력 때문이다. 구체적인 행위에 기초하여 성립된 법률관계는 성립 당시의 법규범에 의해 판단되어야 한다. 새로운 법규범은 기존 법규범에 의해 이미 성립된 법률관계에 영향을 미치지 못한다. 여기에서도 기존 법규범의 효력과 구속력은 분리된다. 기존 법규범의 효력은 종료했으나, 구속력은 지속한다. 구체적인 법률행위는 그를 통하여 형성된 권리로 인하여 법규범으로부터 독립성을 갖는다. 마찬가지로 행정처분이 내려지는 순간 그 기초가 된 법규범으로부터 독립하게 되므로 이후 위헌결정이 내려지더라도 원칙적으로 행정처분의 효력은 유지된다. 위헌법률이 당연무효가 아니라 위헌결정에 의해 비로소 폐지된다는 입장에 서면, 위헌법률에 근거한 행정처분 역시 유효하다고 보는 것이 일관될 것이다. 물론 위헌결정으로 폐지되는 법률 또는 그로 인해 실효되는 행정입법·조례에 근거하여 내려진 행정처분의 효력은 행정행위의 하자 문제로 다투어질 수 있다. 하지만 현실적으로 헌법과 법률이 정한 절차에 따라 제정된 법률의 경우 위헌결정 전에는 위헌성이 객관적으로 명백하다고 볼 수 없어 이를 당연무효로 보기는 어려울 것이다.[91]

제4절 법의 충돌: 법원의 실무

오늘날 우리나라 법원은 법령의 저촉, 모순, 충돌이라는 이름으로 법의 충돌

---

89) Antoniolli/Koja(1986), 191면.
90) Nawiasky(1948), 94~95면; 홍정선, 『행정법원론(상)』, 제29판, 박영사, 2021, 261면. 집행명령과 달리 위임명령은 당연 효력상실되지 않는다고 보는 견해로 김중권(2023), 440면.
91) 헌법재판소는 이를 해석에 의한 소급효 제한의 일종으로 파악하는 듯하다. 헌법재판 실무제요(2023), 219면.

가능성을 인정하고 이를 해소하는 법령해석을 제시하는 것이 대법원의 고유한 임무라는 점을 분명히 하면서 법의 충돌을 확정하고 해소하는 방법을 다양하게 제시한다. 하지만 법원은 법의 충돌을 판단하는 일응의 기준을 추상적으로 제시하고 있을 뿐, 충돌의 본질을 논의하거나 충돌의 효과나 충돌해소 방안을 체계적으로 논의하지는 않는다.

> [다수의견] 관계 법령들 사이에 모순·충돌이 있는 것처럼 보일 때 그러한 모순·충돌을 해소하는 법령해석을 제시하는 것은 법령에 관한 최종적인 해석권한을 부여받은 대법원의 고유한 임무이다.[92]

우선 법원은 법의 충돌 여부는 관련 법규정의 입법목적, 규정사항 및 적용범위 등을 종합적으로 검토하여 판단하여야 한다고 하여, 법의 충돌 여부를 판단하는 데에 신중한 태도를 취한다. 특히 관련 법령이나 법규정이 일견 충돌하는 것처럼 보이더라도 상호 조화롭게 해석하는 것이 가능하다면 법의 충돌을 이유로 법규정의 효력을 배제할 필요는 없다고 본다.

> 법률이 상호 모순되는지 여부는 각 법률의 입법목적, 규정사항 및 그 적용범위 등을 종합적으로 검토하여 판단하여야 할 것이(다.)[93]

> [다수의견] 국가의 법체계는 그 자체로 통일체를 이루고 있으므로 상·하규범 사이의 충돌은 최대한 배제하여야 하고, 또한 규범이 무효라고 선언될 경우에 생길 수 있는 법적 혼란과 불안정 및 새로운 규범이 제정될 때까지의 법적 공백 등으로 인한 폐해를 피하여야 할 필요성에 비추어 보면, 하위법령의 규정이 상위법령의 규정에 저촉되는지 여부가 명백하지 아니한 경우에, 관련 법령의 내용과 입법 취지 및 연혁 등을 종합적으로 살펴 하위법령의 의미를 상위법령에 합치되는 것으로 해석하는 것이 가능한 경우라면, 하위법령이 상위법령에 위반된다는 이유로 쉽게 무효를 선언할 것은 아니다.[94]

---

92) 대법원 2018. 6. 21. 선고 2015두48655 전원합의체 판결.
93) 대법원 1989. 9. 12. 선고 88누6856 판결; 대법원 1995. 2. 3. 선고 94누2985 판결; 대법원 2007. 5. 10. 선고 2007도376 판결; 대법원 2012. 5. 24. 선고 2010두16714 판결; 대법원 2014. 5. 16. 선고 2013두4590 판결; 대법원 2016. 10. 13. 선고 2015다233555 판결 등.
94) 대법원 2018. 6. 21. 선고 2015두48655 전원합의체 판결.

이와 같은 법원의 입장은 법의 충돌을 인정하는 데에 소극적인 태도를 보이는 주된 이유가 되는데 이는 앞서 살펴보았던 헌법재판소의 이른바 시화공단 결정을 비롯한 여러 대법원 판결에서도 확인할 수 있다.

> 공배법[공업배치 및 공장설립에 관한 법률]과 그 시행령의 규정에 의하면 국가공업단지의 관리권자가 국가공업단지안에 설치된 모든 공공시설을 관리하여야 한다고 볼 여지도 있으나, 이와 같은 해석에 따른다면 국가공업단지 안에서는 지방자치권이 상당히 제한받게 되어 부당할 뿐 아니라 다음에서 보는 바와 같은 부당한 결과가 초래될 수 있다. 즉 국가공업단지의 관리기관이 국가공업단지안의 모든 공공시설을 관리한다면, 상공자원부장관으로부터 위탁을 받은 입주기업체협의회도 국가공업단지안의 모든 공공시설을 관리할 수 있게 되어 입주기업체협의회가 도로 및 하천의 점용허가를 하거나 항만, 철도 및 상·하수도를 관리하는 것과 같은 공법상의 권한을 행사하게 되고, 시·도지사가 지방공업단지에 설치된 항만, 철도, 하천, 광역상수도 및 공업용수도(이상은 관련법규에 의하여 해운항만청장, 철도청장, 건설교통부장관이 관리하도록 규정되어 있다)를 관리하게 되는 것이다. 따라서 공배법 제30조 소정의 공업단지관리권의 대상이 되는 공공시설은 공업단지안에 설치된 모든 공공시설을 포함하는 것이 아니라고 할 것이므로 공배법과 산입법[산업입지 및 개발에 관한 법률]의 입법취지와 관련조항의 내용을 종합하여 그 범위를 합리적으로 제한하여야 할 것이다.[95]

> 내수면어업개발법과 도시계획법은 그 입법목적과 규정대상 등을 달리하여 토석채취에 관한 허가사항에 있어서 상호 모순, 저촉되는 것은 아니고, 어느 법이 다른 법에 대하여 우선적 효력을 가진다고 해석할 수는 없(다.)[96]

> 공공기관운영법 제53조와 도로교통법 제129조의2는 입법목적, 입법연혁, 규정사항 및 적용범위 등을 달리하여 서로 모순·저촉되는 관계에 있다고 볼 수 없다. 따라서 공공기관운영법에 따른 준정부기관인 도로교통공단의 임직원에 대하여 도로교통법 제129조의2가 특별법 내지 신법으로 우선하여 적용되고 공공기관운영법 제53조의 적용이 배제된다고 볼 수 없다.[97]

---

95) 헌법재판소 1998. 8. 27. 선고 96헌라1 전원재판부 결정.
96) 대법원 1989. 9. 12. 선고 88누6856 판결.
97) 대법원 2016. 11. 25. 선고 2014도14166 판결.

법원의 소극적인 태도는 개별 사건에서 구체적 타당성을 추구할 수는 있지만, 유사한 사건에서 상이한 결론이 내려질 가능성을 남기기 때문에 결과적으로 법적 안정성을 침해할 수 있는 위험이 내재되어 있다.

나아가 법원은 법의 충돌을 해소하기가 용이하지 않다고 판단하는 경우 아예 법 해석 단계에서 해소원리를 적용함으로써 법의 충돌을 선제적으로 회피하려는 태도를 보이기도 한다. 가령 상·하위 법규범 사이의 충돌에 대해서는 법해석 단계에서 상위법 우선의 원리를 적용함으로써 법의 충돌 가능성을 차단한다.

> [대법관 김석수, 김형선, 신성택, 이용훈의 별개의견] 일반적으로 하위법은 상위법에 저촉되어서는 안 되고 하위법을 해석함에 있어서는 상위법의 규정이나 입법취지에 저촉되지 아니하도록 해석하여야 하는 것이지 그와 반대로 하위법의 입법취지에 맞추어 상위법을 해석한다는 것은 법의 체계상 허용하기 어려운 곤란한 일이라고 생각된다.[98]

이와 관련하여 법원은 규범경합이 법의 충돌, 즉 배제적 규범경합이 아닌 이상 중첩적 규범경합이라고 판시하고 있는데, 앞서 살펴보았듯이 규범경합은 배제적 규범경합에 해당되지 않더라도 중첩적 규범경합뿐 아니라 선택적 규범경합도 가능하므로 그 가능성에 대한 검토 없이 중첩적 규범경합으로 단정짓는 것은 부적절해 보인다.

> 입법목적을 달리하는 법률들이 일정한 행위를 관할관청의 허가사항으로 각 규정하고 있는 경우에는 어느 법률이 다른 법률에 우선하여 배타적으로 적용된다고 해석되지 않는 이상 그 행위에 관하여 각 법률의 규정에 따른 허가를 받아야 한다.[99]

> 입법목적을 달리하는 법률들이 일정한 행위에 관한 요건을 각각 규정하고 있는 경우에는 어느 법률이 다른 법률에 우선하여 배타적으로 적용된다고 해석되지 않는 이상 그 행위에 관하여 각 법률의 규정에 따른 요건을 갖추어야 한다.[100]

---

98) 대법원 1996. 2. 15. 선고 95다38677 전원합의체 판결.
99) 대법원 1989. 9. 12. 선고 88누6856 판결.
100) 대법원 1995. 1. 12. 선고 94누3216 판결.

법원은 법의 충돌이 확정되면 충돌하는 법규범의 일방 또는 쌍방이 무효가 되는 것처럼 판시함으로써 규범적 모순율과 충돌흠결을 받아들이는 듯한 태도를 보인다. 그러나 앞서 살펴본 바와 같이 법의 충돌이 확정되더라도 그것만으로 충돌하는 법규범의 효력이 상실되는 것이 아니라 단지 열위에 있는 법규범이 일시적으로 적용배제되는 것에 불과하므로 이 또한 부적절해 보인다.

> [다수의견] 어느 하나가 적용우위에 있지 않은 서로 다른 영역의 규범들 사이에서 일견 모순·충돌이 발생하는 것처럼 보이는 경우에도 상호 조화롭게 해석하는 것이 가능하다면 양자의 모순·충돌을 이유로 쉽게 어느 일방 또는 쌍방의 무효를 선언할 것은 아니다.[101]

한편 법의 충돌을 해소하는 해소원리의 본질과 관련하여, 법원은 특별법 우선의 원리나 신법 우선의 원리가 법률로 개폐할 수 없는 헌법적 원리는 아니라고 판시한 것에 비추어 해소원리를 실정법적 원리로 파악하는 듯하다. 이 점은 신법의 경과규정에서 신법시행 전의 범죄에 구법을 계속 적용하도록 규정하는 것이 가능한지 여부가 쟁점이 되었던 대법원 판결에서 엿볼 수 있다.

> 형법 제1조 제2항 및 제8조에 의하면 범죄 후 법률의 변경에 의하여 형이 구법보다 경한 때에는 신법에 의한다고 규정하고 있으나 신법에 경과규정을 두어 이러한 신법의 적용을 배제하는 것도 허용되는 것으로서, 형을 종전보다 가볍게 형벌법규를 개정하면서 그 부칙으로 개정된 법의 시행 전의 범죄에 대하여 종전의 형벌법규를 적용하도록 규정한다 하여 헌법상의 형벌불소급의 원칙이나 신법우선주의에 반한다고 할 수 없다.[102]

법원은 대등한 효력을 갖는 동위의 법규범 사이의 충돌에서는 특별법 우선의 원리나 신법 우선의 원리에 따라 우열을 판단하여야 한다고 본다.[103] 가령 개발제한구역 내 폐기물처리시설의 설치에 관하여 구「개발제한구역의 지정 및 관리에 관한 특별조치법(약칭: 개발제한구역법)」과 구「국토의 계획 및 이용에 관한

---

101) 대법원 2018. 6. 21. 선고 2015두48655 전원합의체 판결.
102) 대법원 1999. 7. 9. 선고 99도1695 판결.
103) 대법원 1998. 11. 27. 선고 98다32564 판결; 대법원 2016. 11. 25. 선고 2014도14166 판결.

법률(약칭: 국토계획법)」이 충돌하는 사안에서 특별법 우선의 원리를 적용하여 이를 해소한 바 있다.

> 원고가 개발제한구역 안에서 설치하려는 이 사건 폐기물처리시설은 건축물 부지면적 2,185㎡, 연면적 1,127.88㎡, 1일 폐기물처리능력 24t 규모인바, 위와 같이 국토계획법령에 의하면 1일 폐기물처리능력이 10t 이상이어서 국토계획법의 적용대상이 되어 그 법이 정한 절차에 따라 도시계획시설로 설치하여야 하나, 개발제한구역법령에 의하면 건축물의 연면적이나 부지면적이 기준면적에 이르지 아니하여 도시계획시설로 할 필요없이 시장·군수·구청장의 허가를 받으면 설치가 가능하도록 되어 있어, 도시계획시설로 설치해야 하는지 여부에 관하여 양 법령이 충돌하고 있다.
> 이러한 국토계획법과 개발제한구역법 규정의 체계와 내용, 위 법률들의 입법 취지와 목적 등을 종합하여 보면, 개발제한구역에서의 행위 제한에 관하여는 개발제한구역법이 국토계획법에 대하여 특별법의 관계에 있다고 할 것이므로, 개발제한구역에 설치하려는 이 사건 폐기물처리시설은 특별법인 개발제한구역법령의 규정에 따라 이를 도시계획시설로 설치할 필요가 없고 시장·군수·구청장의 허가를 받으면 설치가 가능하다고 볼 것이다.[104]

해소원리가 다원적으로 적용되는 상황으로 일반 구법과 특별 신법이 충돌하는 경우, 법원은 두 원리를 같이 적용하여 특별 신법이 우선한다고 본다. 여객기 사고로 인한 승객의 손해배상청구 사건에 있어서 우리나라 민법과 '1955년 헤이그에서 개정된 바르샤바 협약(조약 제259조 1967. 10. 11. 공포)'의 충돌 사건에 대한 하급심 판결이 참고가 될 수 있을 것이다.

> 우리 국민에 대하여 국내 법률인 민법과 국제법(조약)인 협약은 동등한 효력을 가지면서 함께 적용되는 것이고, 다만, 국내법과 국제법이 서로 충돌하는 경우에는 '신법우선의 원칙' 또는 '특별법우선의 원칙'에 따라 그 우열 여부를 가려내야 할 것인데, '1955년 헤이그에서 개정된 바르샤바협약'이 민법보다 신법임은 역수상 분명할 뿐만 아니라, 위 협약은 그 규율 대상을 국제항공운송 및 그 관련자에 한정하고 있어 민법에 대한 관계에 있어서 특별법이 되므로 민법에 우선하여 적용

될 뿐만 아니라 … 민법과 서로 충돌하는 한도에서는 '1955년 헤이그에서 개정된 바르샤바협약'이 적용되어야 하므로, 1983. 9. 1. 구 소련령 사할린 앞바다에서 격추된 대한항공 007기의 운항에 있어서 승객인 사망자들의 운송에 관하여는 민법과 충돌하는 한도에서 특별법인 '1955년 헤이그에서 개정된 바르샤바협약'이 적용되고 승무원인 사망자들에 관하여는 일반법인 민법이 그대로 적용된다.[105]

하지만 법원은 기존의 특별법과 새로운 일반법이 충돌하는 경우에는 특별구법 우선의 원리를 고수하지 않고 입법자의 의도를 고려하여 사안별로 판단한다. 그런데 입법의도라는 것이 해석자에 따라 달라질 수 있기 때문에 유사한 사건에서 상반되는 취지의 판결이 선고되곤 한다.

판례는 과거 수산업협동조합이 지금은 폐지된 「택지소유상한에 관한 법률」에 따른 초과소유부담금 부과대상이 되는지가 쟁점이 된 사건에서, 실제로 새로운 일반법이 기존의 특별법과 충돌하는 사안임에도 새로운 일반법의 특별규정을 근거로 마치 새로운 특별법과 기존의 특별법이 충돌하는 것으로 파악함으로써 신법 우선의 원칙에 입각하여 「택지소유상한에 관한 법률」이 우선적으로 적용된다고 판시한 바 있다.

반면 농업협동조합이나 농업협동조합중앙회의 업무 및 재산에 대해 농지법에 따른 농지보전부담금을 부과할 수 있는지가 쟁점이 된 사건에서, 부과금 면제에 관한 특별법인 농업협동조합법은 농지법령에 대한 특별법으로서 농업협동조합이나 농업협동조합중앙회의 업무 및 재산에 대하여는 부과금의 일종인 농지보전부담금을 부과할 수 없다고 해석해야 한다고 판시하였다.

법의 적용제외 또는 초과소유부담금의 면제에 관한 택지소유상한에관한법률(1989. 12. 30. 법률 제4174호로 제정된 것) 및 같은 법 시행령의 특별규정들이 법인인 수산업협동조합을 법의 적용제외 단체로서 열거하고 있지 아니하고, 수산업협동조합 소유의 택지에 대하여 일정한 경우에 한하여 초과소유부담금을 부과하지 아니한다는 취지로 규정하고 있는 점에 비추어 볼 때, 위 규정들은 수산업협동조합 소유의 택지도 원칙적으로 초과소유부담금 부과대상으로 포함한 취지로 해석하여야 하고, 따라서 그 규정들은 수산업협동조합이 소유하는 모든 재산에 대하여 부담금 등 부과금을 면제한다는 수산업협동조합법(1970. 8. 12. 법률 제2239호로 개

---

105) 서울고등법원 1998. 8. 27. 선고 96나37321 판결.

정된 것) 제9조의 특별규정과 상호 모순·저촉되는 관계에 있으나, 신법우선의 원칙에 따라 택지소유상한에관한법률 및 같은법시행령의 특별규정들이 수산업협동조합법 제9조보다 우선적으로 적용된다.[106]

구 농업협동조합법(2009. 6. 9. 법률 제9761호로 개정되기 전의 것, 이하 '농협법'이라 한다)의 입법 취지, 농협법 제8조의 규정 내용, 구 농지법 시행령(2009. 6. 26. 대통령령 제21565호로 개정되기 전의 것) 제52조 [별표 2] 각호에서 농지보전부담금의 감면대상으로 규정한 시설물의 내용 및 규정 형식, 그리고 구 농지법 (2009. 6. 9. 법률 제9758호로 개정되기 전의 것) 및 그 시행령에서 조합이나 중앙회의 업무 및 재산과 관련하여 농지보전부담금을 부과하거나 범위를 제한하는 등의 특별한 규정을 두거나 농협법 제8조의 적용을 배제하는 규정을 두고 있지 아니하여 농협법 제8조와 농지법 및 그 시행령 규정이 문언상 서로 충돌되지 않는 사정 등을 앞서 본 법리에 비추어 살펴보면, 농업협동조합이나 농업협동조합중앙회 소유의 시설물이 구 농지법 시행령 제52조 [별표 2] 각호에서 정한 감면대상 시설물로 열거되어 있지 않다는 이유만으로 당연히 농지보전부담금의 부과대상에 포함된다고 해석해서는 안 되고, 부과금 면제에 관한 특별법인 농협법 제8조는 농지법령에 대한 관계에서도 특별법으로 보아 농업협동조합이나 농업협동조합중앙회의 업무 및 재산에 대하여는 부과금의 일종인 농지보전부담금을 부과할 수 없다고 해석해야 한다.[107]

판례가 제시하는 특별법의 판단기준이 추상적이고 다원적이기 때문에 앞으로도 실무상의 논란은 이어질 것으로 예상되는데, 원칙적으로 입법자가 일정한 법영역을 통일적으로 규율할 의도로 일반법을 제정하지 않는 이상, 새로운 일반법이 기존 특별법에 우선한다고 보기는 어려울 것이다.

끝으로 해소원리의 적용을 통해서도 법규범의 우선성이 밝혀지지 않는 상황, 즉 진정 충돌의 경우 법규범의 효력에 대하여 이른바 볼룸댄스학원 판결에서 별개의견은 국민의 기본권을 제한하는 법규범 사이의 충돌에 대하여 이른바 충돌흠결을 인정하여 충돌하는 두 법규범 모두 효력이 없다고 판시한 바 있으나 아직까지 대법원의 법정의견으로 받아들여지지는 않고 있다.

---

106) 대법원 1997. 2. 14. 선고 96누8314 판결.
107) 대법원 2012. 5. 24. 선고 2010두16714 판결.

[대법관 박상옥, 김재형의 별개의견] 국민의 기본권 제한에 관한 둘 이상의 법령 규정이 정면으로 서로 모순되어 법관에 의한 조화로운 해석이 불가능하고 그 규정들이 상위법과 하위법, 구법과 신법, 일반법과 특별법의 관계에 있지도 않아 어느 하나가 적용된다는 결론을 도출하는 것도 불가능한 경우가 있다. 이러한 경우에는 그 규정들 모두 법치국가원리에서 파생되는 법질서의 통일성 또는 모순금지원칙에 반한다고 볼 수 있다. 그 결과 국민의 기본권이 부당하게 제한된다면 서로 모순·충돌하는 범위에서 그 규정들의 효력을 부정해야 한다. 요컨대 두 규정이 모순·충돌하는 경우에 조화로운 해석으로 해결할 수도 없고 어느 한쪽이 우위에 있다고 볼 수도 없다면 두 규정 모두 효력이 없다고 보아야 한다. 이는 법률뿐만 아니라 시행령에 대해서도 마찬가지이다.108)

우리나라 최고법원은 해소원리에 비해 폐지에 대해서는 법이론적인 논의가 현저히 부족해 보인다. 가령 헌법재판소나 대법원은 폐지규범으로서 위헌결정의 본질에 대한 깊이있는 성찰 없이 개별적인 쟁점에 대한 결정이나 판결을 통해 폐지에 대한 이해를 간접적으로 드러내고 있을 뿐이다.

폐지의 효과와 관련하여 대법원은 법률이 위헌이 되면 그에 근거한 법규명령도 자동적으로 위헌 무효가 된다고 하여 수권법률의 폐지에 따른 위임명령의 효력상실을 인정한 바 있다.109) 반면 상위법령이 개정되는 데 그친 경우에는 상위법령의 시행에 필요한 세부적 사항을 정한 집행명령은 성질상 이와 모순·저촉되지 아니하는 한 개정된 상위법령의 시행을 위한 집행명령이 새로이 제정·발효될 때까지는 그 효력을 유지한다고 보았다.110)

이와 달리 대법원은 위헌결정으로 폐지된 법률에 기하여 내려진 확정 판결과 행정처분의 효력에 대해서 확정판결의 기판력과 행정처분의 확정력 등의 법리에 의해 위헌결정의 소급효를 제한한다.111) 다만 위헌으로 선언된 법규정에 근거하여 새로운 행정처분을 할 수 없고, 위헌결정 전에 이미 형성된 법률관계에 기한 후속처분이라도 그것이 새로운 위헌적 법률관계를 생성·확대하는 경우라

---

108) 대법원 2018. 6. 21. 선고 2015두48655 전원합의체 판결.
109) 헌법재판소 1994. 6. 30. 선고 92헌가18 전원재판부 결정; 대법원 1998. 4. 10. 선고 96다52359 판결.
110) 대법원 1993. 2. 12. 선고 92누5959 판결.
111) 대법원 1993. 4. 27. 선고 92누9777 판결; 대법원 1994. 10. 28. 선고 92누9463 판결; 대법원 2000. 6. 9. 2000다16329 판결; 대법원 2013. 10. 31. 선고 2012두17803 판결 등 다수 판결.

면 허용될 수 없다고 보았다.

법률에 근거하여 행정처분이 발하여진 후에 헌법재판소가 그 행정처분의 근거가 된 법률을 위헌으로 결정하였다면 결과적으로 행정처분은 법률의 근거가 없이 행하여진 것과 마찬가지가 되어 하자가 있는 것이 되나, 하자 있는 행정처분이 당연무효가 되기 위하여는 그 하자가 중대할 뿐만 아니라 명백한 것이어야 하는데, 일반적으로 법률이 헌법에 위반된다는 사정이 헌법재판소의 위헌결정이 있기 전에는 객관적으로 명백한 것이라고 할 수는 없으므로 헌법재판소의 위헌결정 전에 행정처분의 근거되는 당해 법률이 헌법에 위반된다는 사유는 특별한 사정이 없는 한 그 행정처분의 취소소송의 전제가 될 수 있을 뿐 당연무효사유는 아니라고 봄이 상당하다. …

위헌인 법률에 근거한 행정처분이 당연무효인지의 여부는 위헌결정의 소급효와는 별개의 문제로서, 위헌결정의 소급효가 인정된다고 하여 위헌인 법률에 근거한 행정처분이 당연무효가 된다고는 할 수 없고, 오히려 이미 취소소송의 제기기간을 경과하여 확정력이 발생한 행정처분에는 위헌결정의 소급효가 미치지 않는다고 보아야 한다.[112]

구 헌법재판소법(2011. 4. 5. 법률 제10546호로 개정되기 전의 것) 제47조 제1항은 "법률의 위헌결정은 법원 기타 국가기관 및 지방자치단체를 기속한다."고 규정하고 있는데, 이러한 위헌결정의 기속력과 헌법을 최고규범으로 하는 법질서의 체계적 요청에 비추어 국가기관 및 지방자치단체는 위헌으로 선언된 법률규정에 근거하여 새로운 행정처분을 할 수 없음은 물론이고, 위헌결정 전에 이미 형성된 법률관계에 기한 후속처분이라도 그것이 새로운 위헌적 법률관계를 생성·확대하는 경우라면 이를 허용할 수 없다.[113]

---

112) 대법원 1994. 10. 28. 선고 92누9463 판결.
113) 대법원 2012. 2. 16. 선고 2010두10907 전원합의체 판결.

제 8 장
법학방법론의 과제와 전망

  법학방법론의 전문분야화(Professionalisierung - H.-M. Pawlowski)에도 불구하고 법학방법론의 기능과 그 효용성은 여전히 논란이 되고 있다. 일각에서는 법학방법론이 현실에서 불필요한 것이라거나 실정법의 학습을 통해 자연스럽게 방법론을 익히게 되므로 법학방법론을 따로 가르칠 필요가 없다고 주장한다. 하지만 법학방법론이야말로 법조인이 반드시 구비해야 할 소양이자 가장 실용적인 법학 분과이다. 앞서 지적했다시피 판례와 학설은 방법적으로 정당화된 법해석과 법형성의 산물이다. 다만 법해석론(legal dogmatics)이 지배하는 학계의 현실을 감안하면 실정법의 학습만으로 법학방법론을 익힐 수 있을 것 같지는 않다.

  법학방법론의 기능과 관련하여, 한편에서는 법학방법론이 올바르고 정의로운 결과를 보장한다고 주장하고 다른 한편에서는 법학방법론이 어떠한 임의의 해석결과도 정당화할 수 있다고 주장한다. 우선 법학방법론이 올바르고 정의로운 결과를 보장한다는 주장은 절반의 진실에 그친다. 포섭을 통해 쉽게 해결되는 아주 간단한 사건에서나 올바른 결정이 존재할 수 있다. 복잡한 사건에서는 하나의 올바른 결정이 아니라 정당화 가능한 결정'들'이 존재할 뿐이다.[1] 마찬가지로 법관이 전적으로 개인적인 법감정에 따라 결론을 먼저 내리고 이를 사후에 방법론으로 정당화할 뿐이라는 감정법학 식의 사고는 이론적 관점에서나 실무적 관

---

1) Kramer(2019), 372-373면; Möllers(2023), 28-29면.

점에서나 대단히 과장된 것이다. 전문적인 훈련을 받은 직업법관들로 구성되는 현대 사법제도에서 설득력 있는 근거를 갖추지 못한 채 오로지 주관적-인격적으로 형성된 법관의 선호가 끝까지 관철되기는 어렵다. 또 법학방법론이 그 어떤 판결도 근거지을 수 있다는 것은, 뒤집어 보면 어떤 판결도 근거지을 수 없다는 것을 의미할 뿐이다.

법적 추론과 같은 실천적 추론에서는 극단적 합리주의와 완전한 비합리주의 사이 어딘가에 나아가야 할 길이 있다.[2] 어떤 법해석이나 법적 결정이 옳다는 것은 검증하기는 어렵더라도 포퍼(K. Popper)의 반증가능성 관점에서 옳지 않다는 것을 확증하는 것은 그다지 어렵지 않다. 즉 법학방법론은 일정한 법적 결정이 옳지 않다는 것을 확증함으로써 수용가능한 결정과 구분짓는 기준을 제공할 수 있다.[3]

이러한 관점에서 메타학문으로서의 법학방법론은 법을 해석하고 적용하기 위한 기초이론을 제공한다. 즉 법학방법론은 법발견 및 법형성을 위한 구조 내지 틀을 제공할 뿐 결정하지는 않는다.[4] 다시 말해 법을 해석하고 적용하는 방법을 설명하고 어떻게 법령이 해석되고 적용되어야 하는지에 대하여 제안할 뿐이다. 더구나 각 시대마다 다양한 법학방법론들이 존재한다. 방법은 하늘에서 뚝 떨어진 것도, 불변적으로 주어진 것도 아니다. 방법 자체도 그 정당성에 대한 입증 내지 논증을 항상 필요로 한다. 그렇다면 동일한 법규범을 두고 다양한 해석가능성이 열려 있다는 것은 너무나도 자연스러운 귀결이다.

하지만 법규범에 대한 다양한 해석가능성이 곧바로 법적 결정의 임의성과 동일시되어서는 안 된다. 법관은 법률초월적인 법형성이나 재량판결뿐 아니라 전통적 의미의 법해석이나 법적용에서도 법적 근거의 테두리 내에서 결정한다. 다시 말해 대부분의 사건에서 수용가능한 해석에 대한 선택의 폭이 존재하고 이러한 선택의 폭 내에서 해석자의 선이해에 따라 최종 결론을 내리게 된다. 하지만 선택의 폭 바깥에는 객관적으로 수용불가능한 영역이 훨씬 더 넓게 존재한다. 따라서 법관 개인의 선입견이나 주관적 평가의 개입가능성이 판결의 비합리성이나 자의성과 동일시되어서는 안 된다. 다만 해석자의 획일적이고 개괄적인 확증

---

2) MacCormick(1978), 265-274면, 특히 274면.
3) Pawlowski(2000), 3면; Kramer(2019), 377-378면 각주1129.
4) Hager(2009), 328면.

과 마찬가지로 심리적으로 제약되는 개인의 일방적인 선판단은 비합리적이며 법치국가적으로 우려스럽다.[5]

요컨대 켈젠(H. Kelsen)을 비롯한 여러 법철학자들이 역설하는 해석의 폭 내지 테두리라는 사고는 법학적 해석의 기초를 이룬다. 특히 해결하기 어려운 사건(hard case)에 대한 법적 결정에서는 다양한 대안들이 가능하다. 지금까지 발전되어 온 모든 해석방법은 언제나 가능한 하나의 결과에 이르게 할 뿐이지 유일하게 올바른 결과에 이르게 할 수는 없다.[6] 법적 상황이 더 복잡하고 덜 분명할수록 법률가는 법학방법론의 다양한 해석방법과 해석기술을 더 광범위하게 적용한다. 동일한 사건에서 동일한 법규정을 두고 법해석의 결과가, 또 법적용의 결과가 달라질 수 있다. 많은 사건에서 일정한 결론을 지지하는 논거들과 그 결론을 반대하는 논거들이 대립한다. 좋은 법률가는 다양한 해결방안을 열어두고 상반된 입장을 고려하는 창의적인 해결책을 찾아낸다.[7] 가능한 대안 중에서 가장 정의롭고 설득력 있는 해결방안을 최종 선택하는 것은 법적용자의 몫이다. 다만 법학에서 구속력 있는 것으로 승인된 방법론 규칙이 과연 존재하는지 의문이거니와[8] 그러한 규칙이 존재한다고 하더라도 해석자는 그 규칙을 지키지 않으면서도 올바른 결과, 정의로운 결과를 이끌어 낼 수 있다. 그렇다고 해도 법학방법론이 임의로 선택 가능한 사례해결의 기술에 그치는 것은 아닐 것이다.[9]

드워킨(R. Dworkin)과 같이 판결하기 어려운 사건이라고 할지라도 법관이 결코 재량을 갖지 않으며 법을 창조하지도 않는다고 보는 극단적인 견해도 없지 않다. 드워킨에 따르면 법관은 규칙(rule)이 없는 경우 정책이 아니라 원리(principle)에 기초하여 권리를 탐색하여 판결하여야 한다. 다시 말해 판결하기 어려운 사건에도 하나의 정답(one right answer)이 존재한다는 것이다.[10] 사실 법관

---

5) Kramer(2019) 376-377면.
6) Kelsen(1960), 350면.
7) Möllers(2023), 31면.
8) Bydlinski(1991), 78-82면.
9) 임의로 선택가능한 사례해결 기술로 이해되는 법학방법론은 과학철학의 관점에서 보면 '무엇이라도 괜찮다(anything goes)'를 모토로 하는 파이어아벤트의 반(反)방법론과 맥이 닿아 있다. P. Feyerabend, *Against Method*, London: New Left Books, 1975. 그러나 방법론이 없음을 드러낸다고 해서 방법론의 결점을 보완할 수는 없다. B. Schlink, "Bemerkungen zum Stand der Methodendiskussion in der Verfassungsrechts-wissenschaft", *Der Staat 19* (1980), 73-107면, 특히 90면 : Kramer(2019), 366면 각주1089에서 재인용.

은 판결을 내리면서 설득력 있는 다른 결론도 가능한 것처럼 서술하는 것 자체를 삼가는 경향이 있을 뿐 아니라, 법관에 대한 역할 기대나 판결의 수용가능성 등을 고려할 때 사법제도적으로 마치 그 판결이 유일하게 정당한 것으로 간주되어야 할 필요성도 없지 않다.

그럼에도 불구하고 법관이 아무런 재량 없이 판결하는 것은 아니다. 법관은 강한 의미의 재량은 아닐지라도 적어도 약한 의미의 제한적인 재량을 갖는다.[11] 법 문언을 중시하는 문언적 해석은 법관의 법률 구속을 지향한다. 하지만 입법자는 다수의 불확정개념을 사용함으로써 법관의 결정재량을 확대하며 방법론적 다원주의는 해석재량 내지 판단여지를 더 확대한다. 특히 오늘날 보편화된 법해석에서의 맥락주의는 문언적 해석에도 재량적 요소를 남긴다. 법해석 방법의 적용 과정에서 법관의 재량이 작동하게 만드는 요소는 곳곳에 숨겨져 있다.

더구나 법관을 비롯한 해석자는 법을 해석하고 적용하는 과정에서 자신의 선이해로부터 영향을 받기 마련이다. 개인적으로 형성된 해석자의 직관·감정·선입견을 무시하는 것은 비현실적이다. 법조인으로 활동하면서 자연스럽게 체득한 직업적 선이해나 시대정신과 같은 집단적 선이해도 작용하는데, 이러한 선이해는 올바르고 객관적인 법발견과 양립가능하다.[12] 법 해석은 이론적 요소와 실천적 요소, 인식적 요소와 창조적 요소, 재생산적 요소와 생산적 요소, 과학적 요소와 초과학적 요소, 객관적 요소와 주관적 요소의 분리 불가능한 혼합물이다.[13]

어떤 법규범에 대하여 단 하나의 올바른 해석이 있다고 단정할 수 없다. 드물게 의문의 여지가 없는 소수의 사건을 제외하면 하나의 정답 테제는 받아들이기 어렵다. 단지 예외적인 상황이 아니라 정상적인 상황에서도 빈번하게 법적으로 정당화 가능한 해석의 폭이 존재한다. 물론 법관은 법발견 과정에서 법의 지배를 받는다. 법관은 법적용 과정에서 자신의 인격을 함양해서는 안 된다. 법관은 자기주장 대신에 법을 관철해야 하고 자아실현이 아니라 법을 실현해야 한다. 법관은 법의 주인이 아니라 하인이다.[14]

---

10) "나의 논거는 법과 정치적 도덕의 복잡한 문제에 대해서도 종종 하나의 정답이 존재한다는 것을 전제한다. … 판결하기 어려운 사건에도 하나의 정답이 존재한다는 신화는 뿌리 뽑기 어려울 뿐 아니라 성공적이다." Dworkin(1977), 279-290면, 특히 279면 및 290면.
11) MacCormick(1978), 251면.
12) Kramer(2019), 371-372면.
13) Radbruch(1973), 207면.
14) Hager(2009), 306-307면 및 329면.

현대 법치국가에서 법해석방법의 선택이 법적용자의 자유재량에 완전히 맡겨져 있지는 않다. 가령 법관의 경우 해석방법의 선택에 있어서 죄형법정주의나 권력분립 원리와 같은 제도적·절차적 제약을 받는다. 이 점에서 오늘날 법령 해석방법의 선택을 비롯한 법학방법론의 문제는 헌법 문제이기도 하다.[15] 다시 말해 방법론적 다원주의가 곧바로 방법론의 근본적 무원칙성 내지 자의적 선택을 뜻하지는 않는다. 법해석 방법론이나 법발견론을 비롯한 법학방법론은 법관의 해석재량 및 결정재량을 축소함으로써 판결에 대한 예측가능성을 높여준다. 요컨대 법학방법론의 과제는 자의적일 수밖에 없는 순(純) 주관적 영역을 가급적 줄이고 해석을 가급적 객관화·합리화하는 것이다.[16]

법학방법론은 그 청중 내지 수강생에 대해서도 고려할 필요가 있다.[17] 법학방법론의 주요 청중은 법관·법률가·법학자·법대생 등으로 생각되는데, 청중에 따라 법학방법론에 대한 이해도나 선호도, 또 주안점이 달라질 것이다. 가령 법관의 경우 선례를 지향하며 법학자와 달리 법리 구성보다 개별 사건의 정의로운 결과를 중시한다. 그로 인해 법관의 논증은 문제중심적인 토픽적 성향을 띠게 된다. 나아가 합의부 사건의 경우 법관 사이의 합의라는 과정도 고려되어야 한다. 같은 법관이더라도 사실심 법관인지 법률심 법관인지에 따라 법학방법론에 대한 이해는 또 달라질 것이다. 법률가의 경우 현재 문제되는 사안에 적합한 해결방안을 추구하므로 실용적이고 결과지향적인 방법론을 선호하는 경향을 보일 것이다. 그렇다고 해서 청중별로 법학방법론이 따로 존재하며, 또 법영역별로 법학방법론이 따로 존재한다고 볼 필요는 없다.

법학방법론은 법 인식의 가능성과 본질·방법을 묻고 답한다. 오늘날의 법학방법론은 법의 해석과 적용이라는 고전적인 주제를 넘어 법의 인식과 관련된 주제들을 광범위하게 다루고 있다. 그리고 이들 주제는 궁극적으로 법제정자와 법적용자의 권한 배분, 법령 해석의 기준 내지 관점, 사회현실 및 법률 배후에 자리 잡은 이익에 대한 고려, 법관의 기능과 역할과 같은 법이론적인 문제와 연결된다. 따라서 법학방법론은 법이론(Rechtstheorie) 차원의 성찰을 필요로 하는데, 이는 법의 본질에 대한 이해와 직·간접적으로 연결된다. 결국 법학방법론은

---

15) Rüthers/Fischer/Birk(2022), 436–442면; Wank(2020), 3면 및 12–13면.
16) Kramer(2019), 57면.
17) 법학방법론의 청중 내지 수강생에 대한 논의는 Wank(2020), 7–11면 참조.

법 인식의 본질이나 방법을 탐구하는 데에 그치지 않고 법의 기능이나 한계, 법이념과 같은 법철학의 근본문제를 숙고하게 만든다.

가령 법해석 방법은 법질서 내지 헌법의 근본 가치에 근거할 때에만 정당화의 힘을 갖는다.[18] 그에 따라 법해석 방법에 대한 정당화는 법가치 내지 법이념에 대한 성찰을 필요로 한다. 법학방법론은 법적 근거지음에 대한 합리적인 심사를 추구함으로써 절차를 통한 정의를 지향한다. 이 점에서 법학방법론은 가치중립적이지 않다.[19] 어떤 법학방법론은 방법론으로서의 몰역사성 또는 비정치성을 추구하지만 법적용의 몰역사성이나 비정치성은 환상에 불과하다.[20] 가령 법해석의 목표와 관련해서 해석방법의 우선순위를 정하는 과정에서 정의와 법적 안정성이 충돌한다. 마찬가지로 현대적 해석방법, 특히 실질적 이유에 근거한 해석은 그 논증의 상당부분을 해석자의 지혜와 가치판단에 맡기고 있다. 이러한 가치관련적인 접근방법이 철학적 근본문제의 해결을 위험스럽게 법관의 주관적 판단에 맡겨 방임하는 것인지 아니면 법관의 객관적인 판단을 신뢰하고 위임하는 것인지도 논란이 되는데 이에 대한 고민도 또 법철학적 문제이다.[21]

개별 실정법이 고유한 법학방법론을 발전시킨다고 하더라도 궁극적으로는 법에 대한 올바른 인식방법이 관건이 될 수밖에 없고 그 해결방안은 오로지 법철학만이 제공할 수 있다. 법의 인식방법을 묻는 법학방법론은 필연적으로 법철학과 연계되어 있다. '법을 어떻게 인식할 것인가?'라는 질문에 대한 해답을 모색하는 법학방법론은 '법이란 무엇인가?'라는 질문에 대한 해답을 모색하는 법개념론과 연계된다. 또 법학방법론은 '무엇이 법인가?'라는 질문에 대한 해답을 모색하는 법원론(法源論)을 통해서도 법철학과 연계된다. 리펠(H. Ryffel)의 표현을 빌리면 방법론은 원하든 원치 않든 간에 철학으로 이어질 수밖에 없다.[22]

드물게 헤크(P. Heck)처럼 철학으로부터 자유로운(philosophiefrei) 법학방법론을 지향하는 학자도 없지 않았다.[23] 하지만 엥기쉬(K. Engisch)가 지적했듯이

---

18) MacCormick/Summers(1991), 532면.
19) Möllers(2023), 44면.
20) Rüthers/Fischer/Birk(2022), 403-406면.
21) MacCormick/Summers(1991), 521면.
22) H. Ryffel, *Grundprobleme der Rechts- und Staatsphilosophie*, Neuwied: Luchterhand, 1969, 59면 : Larenz(1991), 245면에서 재인용.
23) P. Heck, "Rechtsphilosophie und Interessenjurisprudenz", *AcP 143*(1937), 129-196면, 특히 135면 및 180면.

법적 사고는 법해석론이나 방법론을 넘어 철학적 사고와 그 특수한 인식방식의
영역으로 시야를 확대하지 않을 수 없다. 다만 법학의 방법과 철학의 방법에는
양식 있는 법이론가라면 마땅히 존중해야 할 각각의 관할영역이 존재한다.24)

이상의 논의를 통해 우리는 법학방법론에서 '실정법학과 법철학의 제휴
(K. Larenz)'를 엿볼 수 있다. 드워킨 역시 '법철학은 사법의 총론이며 법적 결정
의 묵시적 서장(Jurisprudence is the general part of adjudication, silent prologue to
any decision at law)'이라는 말로 법철학과 법학방법론의 긴밀한 연계를 시사한
바 있다.25)

실정법의 분석에 초점을 맞추는 법이론(Rechtstheorie)이 실정법의 비판에 초
점을 맞추는 법철학(Rechtsphilosophie)과 무관할 수 없듯이, 법의 인식방법을 묻
는 법학방법론도 인식대상으로서 법의 본질을 묻는 법철학과 무관할 수 없다.26)
다시 말해 법학방법론은 법의 본질 및 이해에 대한 일정한 법철학적 관점을 전
제한다. 이 점에서 법학방법론은 응용법철학의 일부이다. 더 정확히 말하면 법철
학은 법학방법론의 서장(序章)이자 종장(終章)이다.

지금까지의 논의를 정리하면, 법의 해석 및 적용은 단순하지 않고 복잡하며
다차원적으로 이루어진다. 유일하게 올바른 결과로 인도하는 신뢰할 만한 매뉴
얼은 존재하지 않는다. 법학방법론이 항상 올바른 결과를 보증하지는 못한다. 그
에 따라 합리적인(rational) 법 획득에 못 미치는 합당한(reasonable) 법 획득에 만
족해야 하는 경우도 적지 않다. 그렇다고 해서 모든 법해석이나 법적용이 임의적
이거나 자의적인 것은 아니다. 법의 해석 및 적용 과정에서 논리적으로 엄정하
게, 방법론적으로 정직하게, 그리고 합당한 관점이라면 모두 받아들여 검토하는
것이 필요하다. 이렇게 볼 때 법의 해석 및 적용, 법 획득의 방법에서 방법론적
다원주의는 불가피해 보인다.27)

앞서 법학방법론의 역사에서 살펴보았듯이 그동안 다양한 법학방법론이 등
장하여 경쟁하고 때론 한 시대를 지배하다가 또 사라져갔다. 법철학사의 관점에

---

24) Engisch(1977), 197면. 엥기쉬는 자신의 저서 마지막 장 제목 '법률에서 법으로, 법학에서
법철학으로(Vom Gesetz zum Recht, von der Jurisprudenz zur Rechtsphilosophie)'을 통
해 법학과 법철학의 긴밀한 연관성을 강조하였다.
25) Dworkin(1986), 90면.
26) 그로 인해 법학방법론이 법철학이나 법이론의 영역으로서 실정법학자가 다룰 연구대상이
아니라는 인식이 여전히 남아 있는 듯하다. 남기윤(2014), 7면 및 31-32면.
27) 심헌섭(2001), 226면.

서 보면 사비니 이후 200년 동안 법률실증주의로 과잉대표되는 법실증주의, 그와 대척점에 서 있는 자연법론, 그리고 사회학적 법학이나 법현실주의까지 나름대로 법의 해석과 적용에 관한 방법론을 제시하였다. 다만 그 어떤 법철학도 올바른 법해석 및 법적용을 추구하는 법학방법론의 목표를 온전히 달성하는 데에는 성공하지 못하였다.

　　법학방법론의 토대가 법철학이고, 법철학의 본령이 분석(分析)과 비판(批判)에 있다고 한다면 법학방법론 역시 분석에 머물러서는 안 되고 비판적인 성찰이 보태져야 한다. 단지 현실의 법관이 일정한 방식으로 법을 해석하고 적용한다는 사실로부터 그러한 해석과 적용이 정당화되지는 않는다. 다시 말해 사실적 차원과 별개로 규범적 차원에서 법의 해석과 적용은 근거지어져야 한다. 맥코믹(N. MacCormick)과 써머스(R. Summers)가 지적했다시피, 해석과 정당화의 상호관련성은 명백하다. 누군가의 법령 해석은 그가 그 법령을 적용하는 방식을 정당화하는 것이다. 따라서 법해석 및 법적용 그 자체가 정당화되어야 한다.[28]

　　따라서 법학방법론에서는 규범적 관점에서 법해석이나 법적용의 우선순위, 흠결 보충 방법의 정당성이나 타당성이 검토되어야 한다. 이 모든 작업은 체계적으로 이루어져야 한다. 문제제기로부터 결과에 이르기 위해서 단계적으로 진행하라는 명령은 모든 인간 사고에 타당하다. 이러한 사고단계 및 작업단계를 정리하고 올바른 심사 순서에 관한 규칙을 준비하는 것은 법학방법론의 가장 중요한 임무이다.[29]

　　다시 한 번 강조하고 싶은 것은, 법학방법론에서도 해석론뿐 아니라 입법론의 관점에서, 바꿔 말해 기술적 접근방법뿐 아니라 규범적 접근방법을 통해 주요 쟁점들이 종합적으로 다루어져야 한다는 점이다. 가령 해석론적 관점이나 기술적 접근방법은 법해석 및 법적용의 현실을 관찰하고 분석하는 것인데 비해, 입법론적 관점 내지 규범적 접근방법은 그러한 법해석이나 법적용이 정당화될 수 있는지를 비판적으로 검토하는 것이다. 이 점에서 법학방법론은 법관사회학 내지 법관심리학처럼 단순히 현실의 법관이 실제로 법을 어떻게 해석하고 적용하는지를 탐구하는 데에 그칠 수 없고, 법관에게 올바른 법해석 및 법적용의 방향을 제시하고 대안을 제공할 수 있는 길잡이가 되어야 한다. 법학방법론은 결코 기술적

---

28) MacCormick/Summers(1991), 511면.
29) Schmalz(1992), 80면.

방법론에 그쳐서는 안 되고 규범적 방법론을 지향해야 한다.[30]

　　이렇게 본다면, 현대적 의미의 법학방법론은 법관의 판결을 정당화하고 법관의 사법권력을 제한하기 위한 정당화이론(Legitimationslehre)이면서 동시에 법적 결정을 근거 짓는 논증이론(Argumentationslehre)인데, 나아가 방법의 내용적인 정의 요청을 지향한다는 점에서 가치관련적 정당화이론 및 논증이론이다.[31] 또 법학방법론은 법규범을 개별 사건에서 헌법에 맞게 합리적으로 통제가능하게 적용하는 것을 목표로 삼는다. 다만 법학방법론 자체가 정의롭지 못한 결과를 저지해야할 책임이 있다거나 법학방법론이 법규범의 구속력과 그 기초적 가치를 보장해야 한다는 주장에는 동의하기 어렵다. 법학방법론은 법철학과 달리 정의의 실질적인 기준을 직접 다루지는 않는다.[32] 법학방법론은 단지 현행법 가운데에서 평가의 기준을 찾을 뿐이고 스스로 정의로운 법과 정의롭지 못한 법을 구별하지는 않는다.

　　입법홍수(Gesetzesflut)라는 말로 상징되듯이 오래전부터 과잉 법제화, 과도한 규율 밀도 내지 강도에 대한 비판과 함께 탈규제화의 요구가 빗발쳤지만, 현대의 지식정보화 시대에도 법에 대한 수요는 확대 재생산되고 있다. 또 재정확보나 인력충원 방안이 결여되어 실현가능성이 희박하고 실천의지조차 의심스러운 상징 입법(symbolische Gesetzgebung)이나 쇼윈도 법률(Schaufenstergesetz)도 나날이 늘어나는 듯하다. 그럼에도 불구하고 현대 법치국가에서 실효성 있는 이익의 충족이나 이익충돌의 조정은 오직 법을 통해서만 가능하다. 사실 탈규제화만으로는 법치국가나 사회국가에 도움이 되지 못한다.[33]

　　지금까지 그래왔던 것처럼 앞으로도 학문적인 방법을 통해서만 체계화된 지식을 얻을 수 있고 지식의 체계화가 가능하다. 따라서 방법론에 대한 연구는 모든 학문 연구의 기초작업이 아닐 수 없다. 그리고 방법론은 고착되지 않고 학문의 발전과 함께 끊임없이 진화한다. 따라서 법학자로서는 기존 방법론을 혁신하고 새로운 방법론을 모색하는 데에 소홀해서는 안 된다.

　　법학방법론의 교육적 함의를 찾자면, 법학교육이 결국 법적 사고(legal mind)의 함양을 지향하는 이상, 법적 사고의 학습으로서의 법학방법론에도 관심을 더

---

30) 같은 취지로 Kramer(2019), 53–55면.
31) Möllers(2023), 40–41면.
32) Rüthers/Fischer/Birk(2022), 601면.
33) Schmalz(1992), 64면.

기울여야 한다. 좋은 법률가는 법을 잘 이해해야 하고 법을 효과적으로 적용할 수 있어야 하며 사건을 분석하고 법적 쟁점을 추출하고 올바로 판단할 수 있어야 한다. 이를 위해서 법학방법론이 결정적인 역할을 한다는 것은 두말할 필요도 없다.

　　법적 사고는 법학과 법실무 모두를 지배하고 또 이들에 의해 지배되기 때문에 법학을 위한 방법론과 법실무를 위한 방법론이 서로 다를 수 없다. 법학방법론이 현실의 문제를 다루지 않고 이론적인 작업에만 머문다면 존재의의가 없다. 법학방법론이 현실의 문제에 대한 설명에 그치고 이를 체계화하고 비판하지 않는다면 이 또한 마찬가지일 것이다. 오래전 사비니(F.C. von Savigny)가 잘 지적했듯이 이론과 실천이 완전히 분리되면 필연적으로 이론은 공허한 유희로, 또 실천은 단순한 수작업으로 전락하고 만다.[34] 이론은 실무적이어야 하고 실무는 학문적이어야 한다. 법학자에게는 실무지향적인 방법론이 필요하며, 법률가에게는 이론지향적인 방법론이 필요하다. 이들이 서로 교차하고 수렴함으로써 법학방법론은 발전할 수 있다.

---

34) von Savigny(1840), Vorrede, XX면.

주요 참고문헌

1. 국내문헌

계희열(1993)   계희열(편역), 『헌법의 해석』, 1993

고봉진(2013)   고봉진, 『판례 법학방법론』, 한국학술정보, 2013

공두현(2019)   공두현, "우리 대법원 법해석론의 흐름: 법실증주의, 법현실주의, 법원리론", 『법철학연구』 제22권 제2호(2019), 185-238면

김대휘(1994)   김대휘, 『법원론에 관한 연구』, 서울대학교 법학박사학위논문, 1994

────(1998)   김대휘, "형법해석의 한계와 법방법론", 『법철학연구』 제1권(1998), 375-390면

────(2021)   김대휘, 『법철학과 법이론 입문』, 성안당, 2021

김도균(2010)   김도균, "우리 대법원 법해석론의 전환: 로널드 드워킨의 눈으로 읽기 ─ 법의 통일성을 향하여", 『법철학연구』 제13권 제1호(2010), 89-132면

김부찬(1994)   김부찬, 『법학의 기초이론』, 동현출판사, 1994

김성룡(2006)   김성룡, 『법적 논증의 기초』, 2006

김영환(2012)   김영환, 『법철학의 근본문제』, 제3판, 홍문사, 2012

────(2018)   김영환, "법률해석의 목표: 주관적 해석이론과 객관적 해석이론 간의 논쟁에 관해", 『법철학연구』 제21권 제1호(2018), 367-400면

김정오 외   김정오/최봉철/김현철/신동룡/양천수, 『법철학: 이론과 쟁점』,
  (2017/2022)   제2/3판, 박영사, 2017/2022

김준섭(1975)   김준섭, 『철학과 논리의 연구』, 서울대학교출판부, 1975

────(1995)   김준섭, 『논리학』, 증보판, 문학과지성사, 1995

김중권(2023)   김중권, 『행정법』, 제5판, 법문사, 2023

김학태(2017)   김학태, 『법의 해석과 적용』, 한국외대 지식출판원, 2017

남기윤(2014)   남기윤, 『법학방법론』, 고려대학교 출판부, 2014

박영도(1997)   박영도, 『입법기술의 이론과 실제』, 한국법제연구원, 1997

박정훈(1996)   박정훈, "판례의 법원성", 『법실천의 제문제(동천김인섭박사 화갑 기념논문집)』, 1996, 1-26면

—— (1999)	박정훈, "행정법의 법원", 『행정법연구』제4호(1999), 33-64면
—— (2015)	박정훈, "행정법과 법해석", 『행정법연구』제43호(2015), 13-46면
박준석(2018)	박준석, "법률 문언의 구속성에 대하여", 『법학연구』(전북대) 통권 제57집(2018), 1-26면
박철(2003)	박철, "법률의 문언을 넘은 해석과 법률의 문언에 반하는 해석", 『법철학연구』제6권 제1호(2003), 185-236면
배종대(1987)	배종대, "법이론(Rechtstheorie)이란 무엇인가?", 『법학논집』(고려대) 제25집(1987), 1-71면
소광희(1985)	소광희, 『기호논리학』, 경문사, 1985
신동운 외(2000)	신동운/김영환/이상돈/김대휘/최봉철, 『법률해석의 한계』, 2000
심헌섭(1982)	심헌섭, 『법철학 I』, 법문사, 1982
—— (2001)	심헌섭, 『분석과 비판의 법철학』, 법문사, 2001
안성조(2009)	안성조, "'법문의 가능한 의미'의 실재론적 의의", 『법철학연구』제12권 제2호(2009), 79-130면
양천수(2017)	양천수, 『법해석학』, 한국문화사, 2017
—— (2021)	양천수, 『삼단논법과 법학방법』, 박영사, 2021
오세혁(2000)	오세혁, 『규범충돌 및 그 해소에 관한 연구』, 서울대 법학박사학위논문, 2000
—— (2012)	오세혁, 『법철학사』, 제2판, 세창출판사, 2012
이계일(2015)	이계일, "법해석기준의 서열론에 대한 비판적 연구", 『법철학연구』제18권 제3호(2015), 125-184면
이상돈(2005)	이상돈, 『새로 쓴 법이론』, 제3판, 법문사, 2005
—— (2018)	이상돈, 『법의 깊이』, 법문사, 2018
장영민(1988)	장영민, "법·이성·논의: 법학에서의 논의이론의 전개", 『법률학의 제문제』(유기천박사 고희기념논문집), 1988, 708-272면
—— (1999)	장영민, "유추금지와 목적적 축소해석", 『형사판례연구(VII)』, 1999, 1-17면
장준혁(2022)	장준혁, 『법률검토의 방법』, 정독, 2022
최대권(1989)	최대권, "제정법의 해석", 『법학』(서울대) 제30권 제1·2호(1989), 122-137면
최대권 외(1994)	최대권/한상희/김문현, 『헌법해석에 관한 연구』, 1994
최병조(2022)	『민법주해(I)』(최병조), 제2판, 박영사, 2022
최봉경(2003)	최봉경, "법률의 흠", 『연세법학연구』제10권 제1호(2003), 25-61면

—— (2007)   최봉경, "편집상의 오류", 『법학』(서울대) 제48권 제1호(2007), 338-370면

최봉철(1999)   최봉철, "문언중심적 법해석론 비판", 『법철학연구』 제2권(1999), 271-296면

—— (2007)   최봉철, 『현대법철학 — 영어권 법철학을 중심으로 —』, 법문사, 2007

—— (2020)   최봉철, "미국의 법률해석론 개관", 『저스티스』 제176권(2020), 204-236면

—— (2022)   최봉철, "한국 대법원의 법해석방법론의 경향", 『법학연구』(연세대) 제32권 제2호(2022), 35-55면

한상수(2011)   한상수, 『법학의 기초』, 제2판, 인제대학교 출판부, 2011

법령입안 심사기준(2019/2022) 『법령입안 심사기준』, 법제처, 2019/2022

헌법재판 실무제요(2023)   『헌법재판 실무제요』, 제3개정판, 헌법재판소, 2023

2. 외국문헌

Adomeit/   K. Adomeit/S. Hähnchen, *Rechtstheorie für Studenten*, 7. Aufl.,
Hähnchen(2018) Heidelberg: C.F. Müller, 2018

Alchourron/   C.E. Alchourron/E. Bulygin, *Normative Systems*, Wien: Springer,
Bulygin(1971)   1971

——/——(1981)   C.E. Alchourron/E. Bulygin, "The Expressive Conception of Norms", *New Studies in Deontic Logic* (R.Hilpinen ed.), Dordrecht: D. Reidel, 1981, 95-124면

Alexy(1978)   R. Alexy, *Theorie der juristischen Argumentation*, Frankfurt a.M.: Suhrkamp, 1978

——(1994)   R. Alexy, *Theorie der Grundrechte*, 2. Aufl., Frankfurt a.M.: Suhrkamp, 1994

——(1995)   R. Alexy, *Recht, Vernunft, Diskurs: Studien zur Rechtsphilosophie*, Frankfurt a.M.: Suhrkamp, 1995

Alexy/   R. Alexy/R. Dreier, "Statutory Interpretation in the Federal Republic
Dreier(1991)   of Germany", *Interpreting Statutes* (N. MacCormick / R. Summers eds.), Dartmouth: Ashgate, 1991, 73-121면

Allott(1980)   A. Allott, *The Limits of Law*, London: Butterworths, 1980

504 법학방법론

Antoniolli/ Koja(1986)	W. Antoniolli/F. Koja, *Allgemeines Verwaltungsrecht, 2. Aufl.*, Wien: Manz, 1986
Baldus(1995)	M. Baldus, *Die Einheit der Rechtsordnung*, Berlin: Duncker& Humblot, 1995
Bankowski/ MacCormick(1991)	Z. Bankowski/N. MacCormick, "Statutory Interpretation in the United Kingdom", *Interpreting Statutes* (N. MacCormick/R. Summers eds.), Dartmouth: Ashgate, 1991, 359–406면
Bennion(2002)	F. Bennion, *Statutory Interpretation, 4th ed.*, London: Butterworths, 2002
Bulygin/ Alchourron(1977)	E. Bulygin/C.E. Alchourron, "Unvollständigkeit, Widersprüchlichkeit und Unbestimmtheit der Normenordnungen, *Deontische Logik und Semantik* (A. Conte et al. hrsg.), Wiesbaden: Athenaion, 1977, 20–32면
Bund(1983)	E. Bund, *Juristische Logik und Argumentation*, Freiburg: Rombach, 1983
Bydlinski(1991)	F. Bydlinski, *Juristische Methodenlehre und Rechtsbegriff, 2. Aufl,*, Wien: Springer, 1991
Canaris(1983a)	C.-W. Canaris, *Die Feststellung von Lücken im Gesetz, 1. / 2. Aufl*, Berlin: Duncker&Humblot, 1964/1983
——(1983b)	C.-W. Canaris, *Systemdenken und Systembegriff in der* 1. / 2. *Aufl*, Berlin: Duncker&Humblot, 1969/1983
Cornides(1969)	T. Cornides, "Der Widerruf von Befehlen", *Studium Generale 22*(1969), 1215–1263면
Cross(1995)	R. Cross, *Statutory Interpretation, 3rd ed.*, London: Butterworths, 1995
——/Harris(1991)	R. Cross/J. Harris, *Precedent in English Law, 4th ed.*, Oxford: Oxford UP, 1991
Dworkin(1977)	R. Dworkin, *Taking Rights Seriously*, Cambridge: Harvard UP, 1977
——(1986)	R. Dworkin, *Law's Empire*, Cambridge: Harvard UP, 1986
Engisch(1935)	K. Engisch, *Die Einheit der Rechtsordnung*, Heidelberg: Carl Winter, 1935
——(1960)	K. Engisch, *Logische Studien zur Gesetzesanwendung, 2. Aufl.*, Heidelberg: Carl Winter, 1960
——(1977/2010)	K. Engisch, *Einführung in das juristische Denken, 7. Aufl. /*

	11. Aufl, Stuttgart: W.Kohlhammer, 1977/2010
Ermacora(1961)	F. Ermacora, "Das Derogationsproblem im Lichte der Wiener Schule", *öZöR 11* (1961), 314–326면
Eskridge(1994)	W. Eskridge Jr., *Dynamic Statutory Interpretation*, Oxford: Oxford UP, 1994
———(2000)	W. Eskridge et al., *Legislation and Statutory Interpretation*, New York: Foundation Press, 2000
Esser(1956/1974)	J. Esser, *Grundsatz und Norm in der richterlichen Fortbildung des Privatrechts, 1. / 3. Aufl.*, Tübingen: J.C.B. Mohr, 1956 / 1974
———(1970)	J. Esser, *Vorverständnis und Methodenwahl in der Rechtsfindung*, Frankfurt a.M.: Athenäum, 1970
Fikentscher I / Ⅱ/ Ⅲ /Ⅳ/ Ⅴ (1975–77)	W. Fikentscher, *Methoden des Rechts in vergleichender Darstellung, 5. Bde.*, Tübingen: Mohr, 1975–77
Haft(1999)	F. Haft, *Juristische Rhetorik*, München: Karl Alber, 1999
Hager(2009)	G. Hager, *Rechtsmethoden in Europa*, Tübingen: Mohr Siebeck, 2009
Hart(1961/1994)	H. L. A. Hart, *The Concept of Law*, 1st ed./2nd ed., Oxford: Oxford UP, 1961/1994
Hart/Sacks(1994)	H. Hart/A. Sacks, *The Legal Process: Basic Problems in the Making and Application of Law*, Westbury: Foundation Press, 1994
Heck(1914)	P. Heck, "Gesetzesauslegung und Interessenjurisprudenz", *AcP 112* (1914), 1–313면
———(1932)	P. Heck, *Begriffsbildung und Interessenjurisprudenz*, Göttingen: Mohr, 1932
Hedemann(1933)	J. W. Hedemann, *Die Flucht in die Generalklausel — Eine Gefahr für Recht und Staat*, Tübingen: Mohr, 1933
Herberger/ Simon(1980)	M. Herberger/D. Simon, *Wissenschaftstheorie für Juristen*, Frankfurt a.M.: A. Metzner, 1980
Holmes(1899)	O. W. Holmes, "The Theory of Legal Interpretation", *Harvard Law Review 12* (1899), 417–420면
Jellum(2013)	L. Jellum, *Mastering Statutory Interpretation, 2nd ed.*, Durham: Carolina Academic Press, 2013
Kaufmann(1982)	A. Kaufmann, *Analogie und "Natur der Sache", 2. Aufl.*, Heidelberg:

	Decker&Müller, 1982
———(1999)	A. Kaufmann, *Das Verfahren der Rechtsgewinnung: Eine ratio-nale Analyse*, München: C.H. Beck, 1999
Kelsen(1960)	H. Kelsen, *Reine Rechtslehre 2. Aufl.*, Wien: F.Deuticke, 1960
———(1979)	H. Kelsen, *Allgemeine Theorie der Normen*, Wien: Manz, 1979
Klug(1982)	U. Klug, *Juristische Logik, 4. Aufl.*, Berlin: Springer, 1982
Koller(1992)	P. Koller, *Theorie des Rechts*, Wien: Böhlau, 1992
Koch/Rüßmann(1982)	H.-J. Koch/H. Rüßmann, *Juristische Begründungslehre*, München: C.H. Beck, 1982
Kramer(2019)	E. Kramer, *Juristische Methodenlehre, 6. Aufl.*, Bern: Stämpfli, 2019
Kriele(1976)	M. Kriele, *Theorie der Rechtsgewinnung, 2. Aufl.*, Berlin: Duncker&Humblot, 1976
Larenz(1991)	K. Larenz, *Methodenlehre des Rechtswissenschaft, 6. Aufl.*, Berlin: Springer, 1991
Larenz/Canaris(1995)	K. Larenz/C.-W. Canaris, *Methodenlehre des Rechtswissenschaft, 3. Aufl.*, Berlin: Springer, 1995
Lee/Mouritsen (2018)	T. Lee/S. Mouritsen, "Judging Ordinary Meaning", *Yale Law Journal 127* (2018), 788-879면
MacCormick(1978)	N. MacCormick, *Legal Reasoning and Legal Theory*, Oxford: Clarendon Press, 1978
MacCormick/Summers(1991)	N. MacCormick/R. Summers(eds.), *Interpreting Statutes*, Dartmouth: Ashgate, 1991
MacCormick/Summers(1997)	N. MacCormick / R. Summers(eds.), *Interpreting Precedents*, Dartmouth: Ashgate, 1997
Manning(2006)	J. Manning, "What Divides Textualists from Purposivists?", *Columbia Law Review 106* (2006), 70-111면
Marciszewski(1981)	W. Marciszewski (ed.), *Dictionary of Logic*, Dordrecht: Matinus Nijhoff, 1981
Marmor(2014)	A. Marmor, *The Language of Law*, Oxford: Oxford UP, 2014
Möllers(2023)	T. Möllers, *Juristische Methodenlehre, 5. Aufl.*, München: C.H. Beck, 2023
Müller(1995)	F. Müller, *Juristische Methodik, 6. Aufl.*, Berlin: Duncker& Humblot, 1995
Nawiasky(1948)	H. Nawiasky, *Allgemeine Rechtslehre als System der rechtlichen*

	Grundbegriffe, 2. Aufl., Zürich: Benzinger, 1948
Neumann(1986)	U. Neumann, *Juristische Argumentationslehre*, Darmstadt: Wissenschaftliche Gesellschaft, 1986
Pawlowski(1999)	H.-M. Pawlowski, *Methodenlehre für Juristen, 3. Aufl.*, Heidelberg: C.F. Müller, 1999
───(2000)	H.-M. Pawlowski, *Einführung in die juristische Methodenlehre, 2. Aufl.*, Heidelberg: C.F. Müller, 2000
Popkin(2007)	W. Popkin, *A Dictionary of Statutory Interpretation*, Durham: Carolina Academic Press, 2007
Puppe(2019)	I. Puppe, *Kleine Schule des juristische Denkens, 4. Aufl.*, Stuttgart: UTB, 2019
Radbruch(1973)	G. Radbruch, *Rechtsphilosophie, 8. Aufl.*, Stuttgart: K.F. Koehler, 1973
Raisch(1995)	P. Raisch, *Juristische Methoden: Vom antiken Rom zur Gegenwart*, Heidelberg: C.F. Müller, 1995
Raz(1972)	J. Raz, "Legal Principles and the Limits of Law", *Yale Law Journal 81* (1972), 823-854면
Reimer(2020)	F. Reimer, *Juristische Methodenlehre, 2. Aufl.*, Baden-Baden: Nomos, 2020
Röhl(1994)	K. Röhl, *Allgemeine Rechtslehre*, Köln: Carl Heymann, 1994
Ross(1941)	A. Ross, "Imperatives and Logic", *Theoria* 7 (1941), 53-71면
───(1959)	A. Ross, *On Law and Justice*, Berkeley: U. of California P., 1959
───(1968)	A. Ross, *Directives and Norms*, London: Routledge&Kegan Paul, 1968
Rüthers/Fischer/ Birk(2022)	B. Rüthers/C. Fischer/A. Birk, *Rechtstheorie und Juristische Methodenlehre*, 12. Aufl., München: C.H. Beck, 2022
von Savigny(1840)	F. C. von Savigny, *System des heutigen römischen Rechts I*, Berlin: Veit und Comp., 1840
Scalia(1997)	A. Scalia, *A matter of Interpretation*, Princeton: Princeton UP, 1997
Scalia/Garner (2012)	A. Scalia/B. Garner, *Reading Law: The Interpretation of Legal Texts*, St. Paul: Thomson / West, 2012
Schauer(2009)	F. Schauer, *Thinking like a Lawyer: A New Introduction to Legal Reasoning*, Harvard: Harvard UP, 2009
Schima(1961)	J. Schima, "Der Derogationbegriff und seine Bedeutung für die

verfassungsgerichtliche Normenkontrolle", *ÖJZ 16* (1961), 533 – 537면 및 561-569면

Schmalz(1992)   D. Schmalz, *Methodenlehre für das juristische Studium, 3. Aufl*, Baden-Baden: Nomos, 1992

Schneider(1995)   E. Schneider, *Logik für Juristen, 4. Aufl.*, München: Franz Vahlen, 1995

Schneider(2002)   H. Schneider, *Gesetzgebung, 3. Aufl*, Heidelberg: C.F. Müller, 2002

Schreiber(1962)   R. Schreiber, *Logik des Rechts*, Berlin: Springer, 1962

Schröder Ⅰ/Ⅱ (2020)   J. Schröder, *Recht als Wissenschaft, 2. Bde., 3. Aufl.*, München: C.H. Beck, 2020

Searle(1978)   J. Searle, "Prima Facie Obligations", *Practical Reasoning* (J. Raz ed.), Oxford: Oxford U.P., 1978, 81-90면

Sinclair(2013)   M. Sinclair, *Traditional Tools of Statutory Interpretation*, Lake Mary: Vandeplas Publishing, 2013

Slocum(2015)   B. Slocum, *Ordinary Meaning: A Theory of the Most Fundamental Principle of Legal Interpretation*, Chicago: Univ. of Chicago, 2015

Summers/Taruffo (1991)   R. Summers / M. Taruffo, "Interpretation and Comparative Anaysis", *Interpreting Statutes* (N. MacCormick / R. Summers eds.), Dartmouth: Ashgate, 1991, 461-510면

Tammelo(1978)   I. Tammelo, *Modern Logic in the service of Law*, New York: Springer, 1978

Twining/Miers (1999)   W. Twining/D. Miers, *How To Do Things With Rules, 4. ed.*, London: Butterworths, 1999

Viehweg(1974)   T. Viehweg, *Topik und Jurisprudenz, 5. Aufl.*, München: C.H. Beck, 1974

Vogel(1998)   J. Vogel, *Juristische Methodik*, Berlin: de Gruyter, 1998

Vogenauer(2001)   S. Vogenauer, *Die Auslegung von Gesetzen in England und auf dem Kontinent, 2. Bde.*, Tübingen: Mohr Siebeck, 2001

Walter(1972)   R. Walter, *Österreichisches Bundesverfassungsrecht*, Wien: Manz, 1972

Walter/Mayer (1996)   R. Walter/H. Mayer, *Grundriss des österreichischen Bundesverfassungsrechts, 8. Aufl.*, Wien: Manz, 1996

Wank(2020)   R. Wank, *Juristische Methodenlehre*, München: Vahlen, 2020

Weinberger (1970/1989)   O. Weinberger, *Rechtslogik, 1. / 2. Aufl.*, Wien: Springer / Berlin: Duncker&Humblot, 1970 / 1989

————(1977) O. Weinberger, "Normenlogik und logische Bereiche", *Deontische Logik und Semantik* (A. Conte et al. hrsg.), Wiebaden: Athenaion, 1977, 176–212면

————(1984) O. Weinberger, "On the Meaning of Norm Sentences, Normative Inconsistency, and Normative Entailment", *Rechtstheorie 15* (1984), 465–475면

Wieacker(1967) F. Wieacker, *Privatrechtsgeschichte der Neuzeit, 2. Aufl.*, Göttingen: Vandenhoeck&Ruprecht 1967

Wiederin(1990) E. Wiederin, "Was ist und Welche Konsequenzen hat ein Normenkonflikt", *Rechtstheorie 21* (1990), 311–333면

von Wright(1963) Georg H. von Wright, *Norm and Action*, London: RKP, 1963

————(1993) Georg H. von Wright, "Gibt es eine Logik der Normen?", *Rechtsnormen und Rechtswirklichkeit, Festschrift für Werner Krawietz zum 60. Geburtstag*, Berlin: Duncker&Humblot, 1993, 101–123면

Wroblewski(1974) J. Wroblewski, "Legal Syllogism and Rationality of Judicial Decision", *Rechtstheorie 5* (1974), 33–45면

Ziembinski(1984) Z. Ziembinski, "Kinds of Discordance of Norms", *Theorie der Normen, Festgabe für Ota Weinberger zum 65. Geburtstag*, Berlin: Duncker&Humblot, 1984, 473–484면

Zippelius(2021) R. Zippelius, *Juristische Methodenlehre, 12. Aufl.*, München: C.H. Beck, 2021

Deutsches Rechts-Lexikon(1992) H. Tilch(hrsg.), *Deutsches Rechts-Lexikon, 2. Aufl.*, München: C.H. Beck, 1992

사항색인

인명색인

저자소개

오세혁

서울대학교 법과대학 졸업
서울대학교 대학원 졸업(법학박사)
제28회 사법시험 합격
사법연수원(19기) 수료
변호사(서울)
한국법철학회 회장, 부회장, 연구이사, 출판이사
현 중앙대학교 법학전문대학원 교수

주요 저서
규범충돌 및 그 해소에 관한 연구(2000)
법철학사(2004/2012)
법의 한계: 법철학 및 사회철학 입문(2013)

법학방법론

초판발행	2024년 3월 5일
지은이	오세혁
펴낸이	안종만·안상준
편 집	심성보
기획/마케팅	조성호
표지디자인	벤스토리
제 작	우인도·고철민·조영환
펴낸곳	(주)**박영사**
	서울특별시 금천구 가산디지털2로 53, 210호(가산동, 한라시그마밸리)
	등록 1959.3.11. 제300-1959-1호(倫)
전 화	02)733-6771
f a x	02)736-4818
e-mail	pys@pybook.co.kr
homepage	www.pybook.co.kr
ISBN	979-11-303-4700-4 93360

copyright©오세혁, 2024, Printed in Korea

* 파본은 구입하신 곳에서 교환해 드립니다. 본서의 무단복제행위를 금합니다.

정 가   32,000원